上海社会科学院城市与人口发展研究所
学科建设丛书

总　编　朱建江
副总编　周海旺　屠启宇

中国人口发展与公共服务

杨　昕　于　宁　等／著

上海社会科学院出版社
SHANGHAI ACADEMY OF SOCIAL SCIENCES PRESS

上海社会科学院城市与人口发展研究所
学科建设丛书编委会

总　编
朱建江

副总编
周海旺　屠启宇

委　员（按姓氏笔画排序）
邓智团　杨　昕　李　健　张同林　林　兰　宗传宏　胡苏云

总　序

为贯彻落实2016年5月17日习近平总书记在哲学社会科学工作座谈会上的重要讲话精神和2017年3月5日中共中央发布的《关于加快构建中国特色哲学社会科学的意见》，上海社会科学院城市与人口发展研究所依据职能定位，按照研究生教学需要和智库建设需要，经本所所务会议和所学术委员会讨论决定，在继续推进"上海社会科学院城市与人口发展研究所学术研究丛书"基础上，制定并按照《上海社会科学院城市与人口发展研究所学科建设规划及实施措施》，集中全所科研人员力量，立足中国实践，集中花几年时间，系统地撰写城市与人口发展领域内的若干基础学科理论读本。

学科建设力求于研究问题的广度，理论构建着眼于全面性、系统性、基础性，追求的学术价值是求同，建设的方式是从教材编写做起。学术研究力求于研究问题的深度，追求的学术价值是求异，建设的方式是从论文或专著做起。学科建设和学术研究是可以转换的，学科建设达不到全面性、系统性、基础性要求，此时该学科建设实际上已转为学术研究；反过来，一项学术研究已达到全面性、系统性、基础性的广度，此时的学术研究成果也就转化成学科建设成果了。总之学科体系的建设难于学术体系的建设，而学术体系的建设最终是为学科体系建设服务和打基础的。从这个角度讲，哲学社会科学研究的最高境界是学科体系建设或教材体系建设，学术体系建设是最活跃、最前沿、最创新的研究领域，但最终是为学科体系建设打基础和服务的。而话语体系建设融于学科体系和学术体系建设之中。

基于上述考虑，上海社会科学院城市与人口发展研究所将继续致力于"学科建设丛书"和"学术研究丛书"的撰写和出版工作。

朱建江

2018年6月29日

前　言

中国是世界上最大的发展中国家,也是世界上最快实现人口转变的国家。在一个人口总量比欧盟、美国、日本等发达国家和经济体相加还多的国家,实现社会成员共享发展成果,确保公平、公正的全面小康,是人类历史上从未有过的伟大壮举。2017年10月,习近平总书记在十九大报告中指出,我们既要全面建成小康社会、实现第一个百年奋斗目标,又要乘势而上开启全面建设社会主义现代化国家新征程,向第二个百年奋斗目标进军。在这个过程中,公共服务作为现代社会管理格局的组成部分,对实现"双百"目标具有重要作用。

人口是国家的基本组成元素,是经济社会发展的核心要件,每个人在生命周期的不同阶段的需求汇总起来,形成了全社会的总需求。不同的人口规模、结构、分布、迁移、阶层变迁等都会通过影响总需求而影响整个国家的经济和社会活动。一般而言,总需求包括生存基本需求、个体发展需求和自我实现需求等。在经济社会发展过程中,人们的需求有很大一部分是通过公共服务来实现的,而公共服务本身也是政府改革和公共行政改革的核心内容。

从党的十九大到二十大,是实现"两个一百年"奋斗目标的历史交汇期。一方面,社会经济发展的宏观环境与中华人民共和国成立初期相比已经不可同日而语,另一方面,人口发展的趋势也发生了巨大变化。2010年以来,我国经济发展进入新常态,同时伴随着人口快速老龄化和超低生育水平的长期化,再加上社会阶层分化、传统价值观受到冲击和挑战,这一切势必带来对公共服务需求的巨大挑战。

本书从人口发展和公共服务的理论出发,在厘清人口发展和公共服务关系的基础上,分别从人口过程、人口结构、人口特征3个方面阐述人口发展与公共服务之间的关系。本书由上海社会科学院城市与人口发展研究所研究团队撰写,书稿大纲经过全体作者多次讨论确定。全书各章节具体分工如下：

第一章	人口发展导论	杨　昕
第二章	公共服务导论	杨　昕
第三章	人口发展与公共服务的关系	于　宁
第四章	中国生育行为变动与生殖健康服务	庄渝霞
第五章	中国死亡变动与公共医疗卫生健康管理服务	肖黎春
第六章	中国人口迁移与人口管理服务	杨传开
第七章	中国家庭变动与社会化支持	高　慧
第八章	中国人口少子化与教育服务	于　宁
第九章	中国劳动年龄人口与就业服务保障	肖黎春
第十章	中国人口老龄化与养老公共服务	胡苏云
第十一章	中国人口城镇化与属地化服务提供	高　慧
第十二章	中国性别结构变动与婚姻行为	周海旺等
第十三章	中国社会分层与公共服务均等化	程　鹏
第十四章	中国人力资本与人口质量提升	杨晓萍
第十五章	中国人口状况与社会治理	陈　晨
第十六章	中国人口健康与医疗卫生公共服务	胡苏云
第十七章	中国贫困人口变化与精准扶贫	周海旺等
第十八章	人口发展与公共安全	张同林
第十九章	跨国人口迁移与跨国人口管理服务	杨晓萍

2023 年 6 月

目　录

前言　001

第一章　人口发展导论　001
第一节　人口发展的基本内涵　001
第二节　人口发展的若干理论　004
第三节　20 世纪 80 年代以来国内外人口发展领域的研究热点　009

第二章　公共服务导论　018
第一节　公共服务概述　018
第二节　公共服务的相关理论及研究　026

第三章　人口发展与公共服务的关系　032
第一节　人口发展与公共服务关系的理论阐述　032
第二节　人口发展与公共服务关系的理论研究　038

第四章　中国生育行为变动与生殖健康服务　044
第一节　生育及其测量指标　044
第二节　中国生育行为　046
第三节　中国生殖健康服务　054

第五章　中国死亡变动与公共医疗卫生健康管理服务　062
第一节　死亡及测量统计指标　062
第二节　死亡分析　065
第三节　死因分析　067
第四节　平均预期寿命与公共医疗卫生健康管理　075

第六章　中国人口迁移与人口管理服务	086
第一节　人口迁移及测量指标	086
第二节　人口迁移理论	089
第三节　人口迁移的作用与影响	094
第四节　人口迁移与人口管理	098

第七章　中国家庭变动与社会化支持	104
第一节　中国家庭规模变动	104
第二节　中国家庭结构变动	108
第三节　中国家庭功能变动	112
第四节　中国家庭的社会化支持	114

第八章　中国人口少子化与教育服务	119
第一节　少子化概念及测度	119
第二节　少子化的影响	127
第三节　少子化与教育服务	129

第九章　中国劳动年龄人口与就业服务保障	137
第一节　劳动年龄人口与劳动力市场	137
第二节　中国劳动年龄人口与劳动力市场	138
第三节　就业服务与就业保障	148

第十章　中国人口老龄化与养老公共服务	154
第一节　中国人口老龄化现状分析	154
第二节　人口基本养老保障及城乡差异	160
第三节　养老服务政策和养老服务发展	169

第十一章　中国人口城镇化与属地化服务提供	182
第一节　人口城镇化与测量指标	182
第二节　中国人口城镇化的趋势与特征	184
第三节　流动人口属地化服务	191

第十二章　中国性别结构变动与婚姻行为	199
第一节　有关概念与理论综述	199
第二节　我国人口性别结构变化趋势与特点	210
第三节　我国人口婚姻状况变化趋势与特点	213

第四节　影响我国婚姻状况变化的社会经济原因分析　　221
　　第五节　我国婚姻状况的未来变化趋势与对策建议　　225

第十三章　中国社会分层与公共服务均等化　　231
　　第一节　社会分层概述　　231
　　第二节　中国社会分层的特征与趋势　　235
　　第三节　公共服务均等化概述　　237
　　第四节　中国推进公共服务均等化的回顾与展望　　240

第十四章　中国人力资本与人口质量提升　　244
　　第一节　西方人力资本理论　　244
　　第二节　中国人力资本和人口质量发展现状　　248
　　第三节　中国人力资本与人口质量的挑战与机遇　　252
　　第四节　促进中国人力资本积累和人口质量提升的政策建议　　254

第十五章　中国人口状况与社会治理　　258
　　第一节　中国人口状况　　258
　　第二节　中国社会治理的概况　　267
　　第三节　中国社会治理的发展　　270
　　第四节　中国社会治理的典型案例　　272

第十六章　中国人口健康与医疗卫生公共服务　　277
　　第一节　健康水平　　277
　　第二节　公共卫生服务　　288
　　第三节　基本医疗保险　　297

第十七章　中国贫困人口变化与精准扶贫　　309
　　第一节　有关概念的界定和理论综述　　309
　　第二节　我国贫困人口发展变化过程与特点　　319
　　第三节　我国从反贫困到精准扶贫战略实施的发展历程　　331
　　第四节　我国减少贫困人口和精准扶贫战略面临的挑战和对策探讨　　342

第十八章　人口发展与公共安全　　352
　　第一节　城市公共安全理论研究、主要特征及类型　　352
　　第二节　国外城市公共安全管理模式　　357
　　第三节　我国城市公共安全问题防控的思路　　366

第十九章 跨国人口迁移与跨国人口管理服务 369
第一节 跨国人口迁移与国际社会发展 369
第二节 跨国人口迁移的含义及国际移民分类 371
第三节 中国国际人口迁移现状及特征 374
第四节 跨国人口管理服务政策 376

第一章 人口发展导论

人口发展是作为社会主体的人口随着社会经济条件变化,在规模、结构、质量,以及与外部环境之间的关系等方面发生变化的过程。人口发展既涉及数量的增减,也涉及质量的升降,是一个复杂多维的概念。本章首先对人口发展的基本内涵做出定义,然后介绍人口发展的相关经典理论,最后对国内外人口发展方面的研究进展进行梳理。这一章的内容将使读者对于人口发展有一个初步的整体性认识,以便更好理解后续章节的内容。

第一节 人口发展的基本内涵

一、"人口"与"发展"的基本内涵

人口发展是由"人口"和"发展"两个词组合而成,在考察人口发展的内涵时,有必要先分别搞清楚这两个词的含义。

根据联合国国际人口学会编著的《人口学词典》的定义,"人口"(population)在统计术语中是指具有某种特征的群体,但从人口学的角度来看,这个词是指一定空间范围内的全体居民,在分析具体问题时,这个词也可以被用来指一定空间范围内具有某一特征的人的全部[1]。人口是一个集合名词,用于描述一定数量的人所组成的群体。人口与社会经济息息相关,前者可以看作是后者过去发展的产物,同时也是后者未来发展的基础,人口与世间万物一样始终处于运动、变化和发展的过程中,不存在绝对静止的状态。

根据《现代汉语词典》的定义,"发展"是"事物由小到大、由简单到复

---

[1] 联合国国际人口学会.人口学词典[M].北京:商务印书馆,1992:7.

杂、由低级到高级的变化"[1]，也就是说发展是事物不断更新的变化过程。发展一词被广泛用于描述几乎所有具象或抽象事物的变化过程，可以是宇宙、星系、全球局势、国家社会经济这样的宏观事物，也可以是一株植物、一只动物、一个人、一个细胞这样的微观事物；可以用来表现数量上的增加和减少、外形上的缩小与扩大、结构上的简单与复杂，也可以用来表现质量上的优化与劣变、关系上的简化与复杂化，等等。

二、"人口发展"的基本内涵

当"人口"与"发展"两个词语合并在一起时，"人口发展"是指一定数量的人群在一定时期和空间内在数量、结构、质量及空间分布等方面发生的变化。具体可以从以下几个方面来讨论。

（一）人口发展的第一维度是人口数量的变化

在提及人口发展这个问题时，人口规模的变动是首先被提及的方面。人口是社会生活的主体，是经济发展的三要素之一，人口再生产过程与社会经济的发展过程是并行齐进的。某一区域内在某段时间内的人口数量变动取决于人口在该区域、该时间范围内出生、死亡与迁移的水平。当出生人口规模大于死亡人口规模，并且迁入人口规模大于迁出人口规模时，人口数量就会呈现出上升的趋势，反之，则会呈现出下降的趋势。在论及人口规模变化的时候，人口增长绝对值和增长率是核心的指标。

影响出生、死亡和迁移规模的因素有很多，包括社会经济发展水平、科学技术特别是医疗技术发展水平、思想观念和文化传统等。在人类发展的早期，医疗水平有限，虽没有节育避孕，但孕产妇及婴儿死亡情况很普遍，再加上人类寿命较短，所以在相当长的时期内，世界人口规模的增长速度都非常缓慢，在17世纪中期以前，世界人口规模的年增长率不到0.1%。

需要指出的是，人口数量的变化不仅是增长，也可能减少。虽然世界总人口目前而言一直呈现增长的趋势，但在个别国家已经出现了人口总量下降的情况。

（二）人口发展的第二维度是人口结构的变化

人口结构是人口发展的第二个判断维度，其中最重要的是性别结构和年龄结构。人口性别结构可以用每个性别的人数与总人口数之比来计量，但更多的情况下是用一个性别的总人数与另一个性别的总人数之比来表示，一般而言是男性人数与女性人数之比，即性别比（sex ratio）[2]。相比其他结构，性别结构是一个相对稳定的结构，虽然在不同时期、不同空间范围内略有不同，但总体而言变化不会很明显。而影响性别结构的因素主要是出生性别比和分性别的死亡率。

年龄结构是人口结构的另一个重要的组成部分。年龄是用年数来表示的人已经存活的时间。不同年龄的人占总人数的比例即是年龄结构。人口的年龄结构，可以用一

---

[1] 中国社会科学院语言研究所词典编辑室.现代汉语词典（修订本第三版）[M].北京：商务印书馆，1996：340.
[2] 联合国国际人口学会.人口学词典[M].北京：商务印书馆，1992：39.

岁组来表示，也可以用年龄组来表示。年龄组可以是 5 岁组，也可以是 10 岁组或者必要的大组距年龄组。影响年龄结构的因素主要是生育水平和平均预期寿命。在年龄结构的变化中，人口老龄化（aging）是最受瞩目的问题。人口老龄化是指 60 岁或者 65 岁及以上老年人口占总人口比例逐渐上升的过程，这是世界上大多数国家正在经历的人口发展的过程。

这里需要强调的是，人口老龄化与人的老化不同，人口老龄化是对于人口而言的变化过程，而人的老化是对个人而言的变化过程。

（三）人口发展的第三个维度是人口空间分布的变化

人口空间分布也可以看作是人口的地域结构，即按地域标志将人口划分为各个组成部分而形成的人口结构。这里的地域标志包括人口所在地的自然地理标志、行政区域标志、经济区域标志、城乡标志，等等。

影响人口空间分布的因素，除了不同地域内出生、死亡等自然过程，还有人口在不同地域之间的迁移。迁移是人口进行空间流动的行为，主要是指人口发生了常住地跨越行政边界的改变，常住地不发生改变的短期旅行不属于迁移之列。

人口空间分布的变化中最受关注的是人口城市化进程。从人口学的角度来看，城市化（urbanization）是指农村人口向城镇迁移，使得城镇人口占总人口的比例逐渐上升的过程。但实际上，这种人口空间分布上的变动只是城市化的一个方面。城市化除了人口逐渐向城市集聚的特征外，应该还伴随着经济模式和生产方式的升级、生态环境和地理风貌上的转变，以及社会关系和组织变迁方面的变迁。

（四）人口发展的第四个维度是人口质量的变化

人口质量也称为人口素质（population quality），是用来描述人口的社会属性和特征的术语，是身体素质和精神文化素质两个方面的综合表现，被认为是人口总体认识和改造世界的条件与能力。人口的"身体素质"一般用衡量健康水平和寿命的指标来表示，例如婴儿死亡率、平均预期寿命、平均健康预期寿命、残障率、青少年身高体重的增长速度等；人口的"精神文化素质"一般用受教育水平和劳动技能等方面的指标来表示，例如识字率、文盲率、平均受教育年限、每十万人接受不同程度教育的人口数、专业技术人员规模及占比等。在我国的人口学界，曾经出现过人口质量应该是两分法还是三分法的争论，有部分学者认为思想素质应该单独用指标进行衡量。但由于思想道德品质很难用定量化的指标来描述，所以人口质量三分法的指标体系最终并没有建立起来。

身体素质和精神文化素质分别代表了人口的生物属性和社会属性，其中身体素质被看作是前提和基础，精神文化素质受到社会经济发展的影响，与人们接受的教育训练程度有关，而无论是身体素质还是精神文化素质都受到生产力和科学技术发展水平的制约，例如身体素质与人均粮食占有量、每万人医生数量、卫生总经费等指标呈现正相关关系，而精神文化素质与人均教育经费、教育总投入等指标呈现正相关关系。

在人口发展的过程中，人口规模和人口质量是核心方面，但在不同的历史时期，有不同的侧重点。随着世界人口整体生育水平的下降，人口增长的速度会有所放慢，对于发达国家尤其如此,日本甚至已经出现人口规模下降的情况。在这样的人口发展背景下,对人口质量的关注大大增加了。延长寿命、提高健康水平、提高劳动力素质,成为发达国家应对人口老龄化带来的劳动力规模下降的重要手段。通过提升身体素质,可以适当延长退休年龄,通过提升精神文化素质,可以提高劳动生产率,进而在劳动力规模可能减少的情况下保持经济产出的增长。

第二节 人口发展的若干理论

关于人口发展理论的思想渊源可追溯到古代。无论是古希腊时期的柏拉图、亚里士多德,还是春秋战国时期的孔子、孟子、墨子,都在其著作中论述过人的发展与国家兴衰、社会发展之间的关系。到了近现代,西方经济学和社会学体系逐渐确立并完善,在这两个学科领域中,人口发展的研究都较为深入。17世纪人口学正式确立以后,人口发展理论有了更加准确的表述。

一、经济学视角的人口发展理论

17世纪时西方古典政治经济学理论体系正式确立,对人口发展与经济发展之间的关系有了更加清晰的表述。从威廉·配第、亚当·斯密、大卫·李嘉图、马尔萨斯、马克思,一直到20世纪的凯恩斯、汉森、库兹涅茨、伊斯特林,都将人口发展作为影响和制约宏观经济发展的因素加以研究,以找出人口发展与经济发展之间的关系。

(一)古典经济学中关于人口发展的表述

古典经济学奠基人威廉·配第的著名论断"地是财富之母,劳动是财富之父"反映出他将生产性人口作为财富增长重要因素的思想。在他看来,人口具有规模效应,生产性人口多的国家自然比生产性人口少的国家要富裕。亚当·斯密继承了威廉·配第的观点,并从劳动价值论入手进一步分析了人口增长与经济增长之间的关系。他认为生产出来的国民财富与人口之间存在一定的比例关系,人口的增加受到国民财富增长的影响,是国家财富增长的明确标志,但总人口中非生产人口过多将不利于财富的增加。斯密还认为,从长期来看,当社会发展到一定阶段后,资本积累会出现停滞,同时人口也达到容纳上限。类似的观点,法国古典经济学重农学派的代表人物弗朗斯瓦·魁奈在他的著作《论人口》中也曾经表达过。他指出"要使国家维持下去并加以扩大,这决定于人们劳动力的使用和人口的增长",而人口的增长必须以经济增长为条件。

到了19世纪初,马尔萨斯和大卫·李嘉图对人口发展问题有了进一步的认识。马尔萨斯于1798年发表了简称为《人口原理》的小册子,并于1803年修订后再次出版。在这部著作中,他提出了著名的两个公理:"第一,食物为人类生存所必需;第二,两性间的情欲是必然的,并且几乎会保持现状"。基于两个公理,"人口增殖力比土地生产人类生活资料的能力大得多",在无其他障碍因素存在时,人口将以几何级数增长,而生活资料只能以算术级数增长,两者的增长速度差异明显,并且随着时间的推移,人口和生活资料的增长速度差异将越拉越大。根据两个公理和两个级数，马尔萨斯推出3个命题：一是人口增加必然受到生活资料的限制；二是生活资料增加了，人口就会增加；三是只有出现外来力量的阻碍，才会使人口增长和生活资料增长达到平衡。而外来力量可分为"积极抑制"和"预防性抑制"，前者是指贫困、灾荒和战争，后者是指禁欲（也即不婚）、晚婚或不生育。

大卫·李嘉图关于人口发展的思想受到了马尔萨斯的影响，但对人口与经济发展之间的关系又有不同的表述。李嘉图认为，人要活下去，就必须通过劳动获得工资购买食物和必需品，工资是劳动的价格，受到劳动市场供求关系的影响。当劳动市场上供不应求时，劳动的市场价格高于自然价格，劳动者能够获得更高的工资，从而可以购买更多的食物和必需品，也就能够供养更多的家庭成员。因此，劳动市场价格高时会带来人口增长，直到人口增长使得劳动市场的供需关系发生变化。在讨论人口与生活资料关系时，他不同意之前的学者认为食物增加带来人口增加的观点，他认为先是资本增加引起了劳动需求的增加，劳动需求增加通过工资上涨引起人口增加，人口增加带来了对食物需求的增加，进而促使食物生产得到发展。但他同时认为，由于土地和资本都存在边际报酬递减的趋势，而人口的增殖力不变，因而最终生产将赶不上人口的增长。但他不认为应该通过马尔萨斯所说的积极或者预防性抑制手段来缓解人口增长对生产的压力，而应该通过增加资本积累、提升劳动生产率来减轻人口压力。

总体而言，在古典经济学理论中，人口——特别是劳动力人口，被看作是经济发展的重要因素之一，劳动力的增加会带来财富的增长，但由于人口增殖速度和财富增值速度不一致，财富的增长会制约人口的增长。为了实现两者之间的平衡，人们可以采取多种手段来干预。既可以采取削弱人口增殖力的方式，也可以采取增加财富增值速度的方式。

（二）凯恩斯主义与新凯恩斯主义者关于人口发展的表述

英国经济学家J.M.凯恩斯于1936年出版了《就业、利息和货币通论》，以"有效需求不足"为核心，探讨了人口增长与经济发展之间的关系。他的理论与传统的古典经济学不同，将失业归因于"有效需求不足"，认为人口下降不利于经济增长，提出应该通过国家干预的办法来提振经济、增加就业岗位，进而解决人口过剩的问题。

凯恩斯最初秉持的人口观点是与马尔萨斯一致的，认为人口增长可能带来劳动生产率的降低、环境的恶化以及储蓄和投资的降低，进而带来经济的停滞。但是第一次世界大战后，欧洲各国人口减少，1929—1933年的经济大萧条却使得经济停滞、失业增加，人口也出现了缩减。在这样的现实下，凯恩斯对自己过去的理论观点进行修正，进而提出有效需求的概念。他提出人口缩减会造成消费减少，导致有效需求不足，因此带来失业；而从投资的角度来看，当其他条件不发生变化时，人口缩减会使企业主因悲观预期而减少投资行为和生产活动，因而也会减少有效需求并导致失业。如果能够改善有效需求不足的问题，则失业问题就会解决，而人口过剩也就不存在了。

与他持相同观点的还有凯恩斯学派的其他几位代表人物，例如美国经济学家A.汉森,英国经济学家 H.R.F.哈罗德、J.罗宾逊等人。他们在谈及人口增长与经济增长之间的关系时,都延续了凯恩斯有效需求的观点。汉森认为,西方经济自产业革命到 20 世纪初期的飞速发展,有赖于技术进步、人口增长和新领土开发 3 个主要因素;20 世纪 30 年代以后,这些有利方面都消退了,西方经济进入了停滞时期,而其中人口数量的减少造成有效需求大幅下降,是 20 世纪 30 年代"大萧条"爆发的重要因素。哈罗德在研究人口和经济增长的关系时,认为人口增长率是经济长期增长的关键,如果劳动人口增长率停滞,即使储蓄和投资保持较高增长率,经济的增长也会停滞。

总体而言,对于凯恩斯学派的经济学家而言,有效需求是阐述人口增长与经济增长之间关系的核心概念,失业、经济危机等都可以借助这一概念予以解释,他们意识到"人口不足"和"人口过剩"一样,都会对经济增长带来负面影响。

(三)新古典经济学中关于人口发展的表述

新古典经济学中关于人口增长与经济增长之间关系的理论,最著名的是由库兹涅茨提出、由伊斯特林补充和发展的人口经济增长长波理论,该理论认为经济增长存在一个长度大体为 20 年的长波周期,人口增长和劳动力增长也存在这样的长波周期,其与经济长波相适应,构成了人口经济变动长波。

西蒙·库兹涅茨在 20 世纪 30 年代初提出,生产与价格相互作用形成了平均长度约为 20 年的长期波动,多数情况下价格变化先于生产变化,当把总产值、价格、劳动生产率和实际工资等指标联系起来研究时,会发现价格运动会带来投资方向的变动,引起经济部门的扩张或收缩,进而通过影响工资带来对劳动力需求的变动。他对美国的实证研究表明,19 世纪 70 年代到 20 世纪 20 年代美国经济增长的波动是由国际移民引起的,移民规模的波动与经济增长的波动表现出高度的一致性。

理查德·A.伊斯特林在库兹涅茨研究的基础上进一步深入,指出经济增长对生育率具有长期正向效应。他认为 20 世纪 20 年代之前的美国人口变动主要是大批移民的进入,但之后的人口变动主要来自生育率的上升。经济条件的改善让美国人口的生育率上升,引起了人口规模的变动,人口增长长波、劳动力增长长波与经济增长长波虽然具有各自独立的时间序列趋势,但也呈现出相互联系的特征。人口变量的变动受到收入和就业机会的制约,反过来,人口变量的变动可以减缓经济变量波动的波峰。伊斯特林特别指出,人口因素与经济因素之间的联系点是劳动力,人口和经济变量的变动最终会通过劳动的供求关系影响彼此,但人口与劳动力增长的波动是经济增长波动的结果而不是原因。

总体而言,库兹涅茨和伊斯特林的研究对人口增长与经济发展之间的关系进行了更为深入的研究,他们的研究表明,人口增长和经济发展具有更加复杂的关系,而其中人口和劳动力对经济增长的联系与区别的表述使得他们的研究有别于一般的总量研究,表现出对结构性问题的关注。

(四)马克思主义经济学中关于人口发展的表述

马克思、恩格斯基于辩证唯物主义和历史唯物主义提出的人口理论,将人口变化过程的现象和规律放在生产力和生产关系、经济基础和上层建筑的整体系统中考察,提出了两种生产理论。

根据马克思主义的两种生产理论,物质资料生产和人类自身生产是人类发展的基础,缺一不可。这两种生产是人类社会存在和发展的前提,共同制约着社会的进步,但其中物质资料生产是决定社会发展的主要力量,而人口生产也会反作用于物质资料生产。

与古典经济学家们认为人口发展是自然规律的观点不同,马克思和恩格斯认为人口发展的规律是社会规律,是由生产方式决定的,要揭示人口发展的规律必须将人放在社会的环境中去认识。他们认为人是生产者和消费者的统一体,但由于成为生产者具有一定的条件,而成为消费者不需要,所以一定时期内消费者规模必然会多于生产者规模。但从历史上来看,生产者的生产力会大于消费力,因而生产总是多于消费的。总体而言,人口发展是社会发展的必要条件,人口发展与社会发展之间应当相互协调,人口过快或者过慢增长都不利于社会发展,但人口素质提高对于社会发展是有促进作用的。

二、社会学视角的人口发展理论

早期对人口发展的研究主要是从经济学的视角进行的,之后有了社会学和人口学的研究视角。19世纪中叶至20世纪初,法国的埃米尔·涂尔干(Émile Durkheim)、阿森·杜蒙特(Arsene Dumont),英国的赫伯特·斯宾塞(Herbert Spencer),德国的马克斯·韦伯(Max Weber)等相继提出了各自的理论主张。

涂尔干是社会分工理论的提出者,他从社会学的视角研究了一个经济命题,认为分工并不是一个天然的经济问题,通过分工,个体的人被联系在一起。涂尔干将人口的增加视为社会发展的重要动因,因为人口增长会导致人口密度增加,进而对稀有资源的竞争会加剧,这将促进社会分工,而社会分工能够提高效率,带来经济快速增长。因此,人口增长会推动社会的进步。

杜蒙特是社会毛细管学说的提出者。他将法国生育率的下降与现代文明的发展、社会结构变化和个人提高自身地位的愿望等因素联系起来,并用社会毛细管学说予以解释。他认为所有的人都有一种对社会地位提升的渴望,这种向上发展的渴望就像油灯中的油,会顺着燃烧的灯芯自然向上延伸。而生育率的变化与这种社会毛细管现象的作用程度成反比。随着社会文明的进步,个人为了满足自己向上的欲望,宁愿减少生育,以减轻养育子女的负担。而这就是法国生育率下降的原因。

斯宾塞在他的社会有机论及社会进化论里也阐述了人口发展与社会发展之间的关系。他认为社会也像生物体一样,是具有进化能力的有机体,社会与其成员的关系就好像生物个体与其细胞之间的关系一样,因而生物进化理论也适用于社会发展上。他认为,社会与周围环境之间是相互适应的,而适应的过程通过斗争来实现,适应前后其内部功能和结构都会发生相应变化。人类的个体发展同种族延续成反比关系,优胜劣汰是人口发展的规律。

总体而言,社会学视角的人口发展理论有很多观点并不科学,在一定程度上歪曲了社会发展规律和人口发展规律,例如斯宾塞的社会进化论一方面被其拥护者用来说明社会进步和变革的不可避免,但另一方面也会被用来为社会不平等甚至种族主义辩护,这一理论也因此而受到批评。

三、人口学视角的人口发展理论

人口学中最有代表性的关于人口发展的理论是人口转变理论。这是根据西方发达国家人口出生率和死亡率变化的历史轨迹,对人口发展过程做出的阶段性划分,并对各阶段特征进行详细阐述的理论。

人口转变理论最先由法国人口经济学家兰德里(A. Landry)提出,之后由汤普森(W. Thompson)、布莱克(C. P. Blacker)和诺特斯坦(F. W. Notestein)等人予以完善。这些人口经济学家通过对各国长期人口出生率和死亡率的考察,发现在传统社会里的生育率和死亡率都比较高,而在现代社会里会比较低,并且任何现代社会的生育率和死亡率都经历了由高到低的转变过程。虽然这种变化在不同的国家和地区会以不同的速度和形式表现出来,但这种从高出生、高死亡、低增长到低出生、低死亡、低增长的转变过程是具有普遍性的。人口转变理论描述的就是人口再生产从传统型向现代型转变的过程,在这个转变的过程中,人口发展过程与社会经济条件的变化是密切相关的,死亡率将先于生育率下降,因而在人口转变的中间阶段会有一个人口高速增长的时期。

人口转变的现象首先由兰德里观察到。他分别在 1909 年的《人口的三种主要理论》和 1934 年的《人口革命》中阐述了人口转变的思想,将人口发展划分为原始阶段、中期阶段和现代阶段[①]。其中,原始阶段是不限制生育的时代,人口增长由死亡率波动决定;中期阶段是限制生育达到普及的阶段,人们为了维持已经取得的生活水平而有意识地限制生育,由于死亡率下降较快而生育率下降较慢,这一期间的人口增长率反而较快;现代阶段是人们自觉限制家庭规模的时代,不断追求更高的生活水平导致人们自觉节制生育,"人口减少"成为一种实际可能性。由于兰德里的结论仅是从法国的人口变动趋势中得到,缺乏有力的科学论证,因而只能说奠定了人口转变理论的基础。

在兰德里之后,汤普森尝试着将更多国家纳入这一分析框架中,根据世界各国在 1908—1927 年之间的人口变动数据,总结出 3 种人口增长模式:第一类是北欧、西欧和美国,这些国家的出生率和死亡率都经历了大幅下降,人口自然增长率已经降到很低;第二类是南欧、中欧一些国家,虽然出生率和死亡率都大幅下降,但死亡率下降幅度明显大于出生率,因而人口自然增长率甚至会出现逐渐增大的情况;第三类是其他国家和地区,由于出生率和死亡率都没有出现下降,因而这类国家的人口增长率会随着生存资料的变化而变化。汤普森的研究在更广泛的范围里观察了人口转变的现象,是对兰德

---

① 李仲生.人口经济学[M].北京:清华大学出版社,2006:201—206.

里研究成果的深化。

到了1945年,诺特斯坦在《人口——长远观点》一文中明确提出"人口转变"(demographic transition)一词,将发生在不同空间上的人口增长模式拼接为时间上依次发生的转变阶段,从而使人口转变理论最终确立。之后的学者在他的研究基础上,继续将人口转变的三阶段模型发展成为四阶段、五阶段模型。而人口转变理论的主流一直将经济发展看作生育率下降和人口转变的决定性动因。

到了20世纪80年代,一些社会文化论者对经济决定论提出了异议。他们试图将文化因素引入生育率下降动因的分析中。伊斯特林等人在《生育率革命》中将生育率控制成本分成货币、时间和精神3个层次。

但不管如何争论,多数学者还是认可人口转变理论的几个基本原理:一是出生率和死亡率在社会经济条件发生变化时,存在由高位均衡向低位均衡转变的发展趋势;二是人口转变与社会经济发展条件的根本性转变密切相关;三是与死亡率转变的影响因素相比,生育率转变的影响因素更加复杂。

第三节　20世纪80年代以来国内外人口发展领域的研究热点

人口发展是国内外经济学、社会学、人口学等各学科长盛不衰的研究议题,但研究的热点会随着时间的变化而有所不同。20世纪80年代以来始终被各方关注的问题主要涉及人口规模增长、结构变动、空间集聚等若干方面。

一、国内外对人口增长的研究

人口增长是人口发展的第一个维度,长期以来始终受到各方关注。不仅联合国这样的国际组织定期发布《世界人口展望》,利用各国的出生死亡数据预测全世界的人口规模,美国这样的发达国家也会不定期地发布对世界及主要国家的人口增长预测。而在中国,人口增长也是很重要的研究热点。

(一)国外人口增长研究

根据联合国发布的2019年《世界人口展望》[1]的预测结果,目前全球人口仍呈现继续增长趋势,但增长速度是1950年以来最慢的。2019年全球人口规模为77亿人,到2030年时将增长到85亿,21世纪中叶达到97亿。到21世纪末,全球人口将超过100亿,达到109亿。但这份报告也指出,虽然全球人口继续增长的趋势到21世纪末不会变化,但国家之间的差异十分明显。2050年之前,撒哈拉以南的非洲国家将保持人口的快速增长,并且直到21世纪末这些地区的人口也都会保持增长;但在东亚、中亚、南亚、拉美和加勒比,以及欧洲、北美等地区,到21世纪末,将迎来人口规模的下降。联合

---

[1] Population Division, Department of Economic and Social Affairs, United Nation. World Population Prospects 2019: Highlights[R/OL]. [2019-06-01]. https://population.un.org/wpp.

国预计,到 2050 年,全球人口增长的一半以上将集中在刚果民主共和国、埃及、埃塞俄比亚、印度、印度尼西亚、尼日利亚、巴基斯坦、坦桑尼亚联合共和国和美利坚合众国这 9 个国家,而其中美国将是唯一人口增长速度较快的发达国家。在此期间,有 55 个国家和地区的人口将减少至少 1%。由于印度的人口增长率远高于中国,该报告认为到 2027 年时印度会成为世界上人口最多的国家。

不同的人口增长率给不同的国家带来了不同的烦恼。对于 47 个世界上最不发达国家来说,人口增长过快将给本已紧张的资源带来更大压力,但与此同时,他们也将收获人口红利。对于相对发达的国家而言,持续低迷的生育水平导致人口增长速度非常缓慢,而到 21 世纪中叶甚至会出现人口规模减少的现象,其中保加利亚、拉脱维亚、立陶宛、乌克兰等国家人口大量外迁可能会导致人口规模下降幅度高达 20% 左右,对于人口规模增长前景悲观的国家而言,如何应对劳动力减少是首要问题。

当前世界人口规模的增长主要来自死亡水平的下降,这一点从世界范围内平均预期寿命提高、各国预期寿命差异有一定程度的缩短上能够清楚反映出来。与此同时,世界范围内的生育水平也处于不断下降的过程中,截至 2019 年全球近一半人生活在生育水平低于人口更替水平的国家和地区,而未来的人口增长在很大程度上将取决于生育率的走向。在某些地区,国际迁移也是造成当地人口规模巨大变动的重要原因。根据联合国的研究,在 2010—2020 年的 10 年之间,有 10 个国家的人口净流出超过 100 万,其中包括大量难民。

除了联合国,以美国为代表的发达国家对于世界人口的增长趋势也有长期的研究。1980 年 7 月,美国政府发表了一个题为《2000 年的世界——21 世纪的开端》的报告,对 2000 年的世界人口进行了预测。该报告认为,虽然当时的发展中国家广泛采取了节育措施,但并没有明显降低人口的增长速度。人口的快速增长使得发展中国家的人口从农村向城市集聚,对城市基础设施、住宅、粮食供应及就业等都带来很大压力,这也是发展中国家"大城市病"爆发的原因。根据这份报告的预测,到 2000 年,地球上的资源就不足以支撑人类的生存了。可以说,在 20 世纪 80 年代初美国对世界人口增长是持有悲观态度的。

但之后的一些研究又对这些观点进行了修正。1986 年美国国家科学院发表研究报告[1],对人口增长和经济发展之间的关系提出了新的观点。这份报告指出,人口增长是一个中性现象,总体而言,人口增长与资源消耗、投资、城市失业等并不存在直接的关系,但的确会造成再生资源退化、儿童健康和教育福利受损,由于人口增长带来的规模经济、经济体制改革、资源利用和新技术革新等积极影响并不足以抵消由其带来的消极影响,因此,有意识地控制人口增长是必要的。美国国家科学院的报告发表后引发了学界的论战,涉及许多重大的理论问题、实际问题,也使美国人口研究在 20 世纪 80 年代后期将研究重点从研究人口增长的原因转向研究人口增长的后果。

---

[1] 郭申阳.人口与经济关系——美国国家科学院的报告及其启示[J].复旦学报(社会科学版),1990(1):16—20.

(二)中国的人口增长研究

中国对于人口增长的研究也可以分为两个重要的方向,一是研究影响人口增长的因素,二是研究人口增长对社会经济发展的影响。

从人口增长趋势来看,中国人口在中华人民共和国成立后的几十年里实现了从高出生、高死亡、低增长向低出生、低死亡、低增长的转变。20世纪50—60年代,由于公共卫生条件的改善、新式接生方法在农村的普及,婴儿死亡率和孕产妇死亡率快速下降,而同期的生育水平保持了无干预的状态,这使得1970年之前的年人口增长率一度接近2.90%,20年人口净增长近3亿。20世纪70年代末期开始,计划生育政策逐渐在全国范围内推开,中国人口的增长趋势得到控制,年人口增长率逐年下降,到1999年时已经降低至0.88%[①],2009年以后进一步降低到0.50%以下[②]。

中国人口增长速度的下降除了受到社会经济发展带来的生育观念、行为模式改变的影响,也源自生育政策的强有力约束。从1962年开始的提倡节制生育,到20世纪70年代的"晚、稀、少"政策,再到80年代开始的独生子女政策,使中国的生育水平短时间内就从70年代的接近3下降到1992年的更替水平,2000年进一步下降到1.8,之后始终在1.5左右的低位徘徊[③]。

在20世纪的中国,人们担心人口过快增长会造成国民收入增长缓慢、失业率上升、社会公共资源严重不足,但到了21世纪,由于短时期内生育水平下降到很低的水平,人口增长速度控制住的同时出现了人口年龄结构方面的问题。为此,中国政府自2015年底开始在全国范围内实施全面二孩政策,希望能够以此提振低迷的总和生育率,放缓人口老龄化的步伐,并尝试用提升人口素质等方式解决因人口老龄化而带来的劳动年龄人口下降的问题。

总体而言,无论是哪个国家,人口增长是始终需要关注的问题,其过快、过慢会引发不同的问题,而政府需要做的是通过政策干预使人口增长在经济增长和环境可持续之间达到平衡。

二、国内外对人口老龄化的研究

人口年龄结构的变动是人口发展的第二个维度,从世界范围来看,随着平均预期寿命的延长和生育水平的下降,人口老龄化成为必然的趋势。

(一)国外人口老龄化研究

联合国对全球人口发展的预测中,人口年龄结构是一项很重要的研究内容。根据

[①] 李仲生.人口增长对经济发展的影响——中国人口增长的经济效果分析[J].首都经济贸易大学学报,2001(3):10—13.
[②] 鲁能,白永秀.激励机制、社会观念与中国人口增长[J].人文杂志,2016(2):111—117.
[③] 国家统计局.人口总量平稳增长、人口素质显著提升——新中国成立70周年经济社会发展成就系列报告之二十[R/OL].[2019-08-22].http://www.stats.gov.cn/ztjc/zthd/bwcxljsm/70znxc/201908/t20190822_1692901.html.

2019年《世界人口展望》,从2018年起,世界上65岁及以上的人口就超过了5岁以下儿童。预测表明,到2050年时65岁及以上人口规模将达到5岁以下儿童的2倍多,65岁及以上的人口也将超过15—24岁青少年和青年人口。2019年时全球65岁及以上的老年人口占比约为9%,到2030年时会达到12%,2050年时上升到16%,21世纪末则可能会达到23%。分区域来看,21世纪中叶欧洲和北美洲的老年人口占比将达到25%,拉美和加勒比地区达到19%,东亚和东南亚达到24%。

虽然联合国预计所有国家和地区的人口在可预见的未来都会变老,但在生育率仍然很高的欠发达国家和地区,人口将保持相对年轻。例如,撒哈拉以南非洲国家2019年25岁及以下的人口占比在62%,之后这一比例会有所降低,但到2050年时,仍能保持在52%左右①。这些国家和地区由于死亡率先于生育率下降,所以在未来30年里可能都会处于人口红利期。而对于生育率和死亡率都进入低水平的国家而言,未来的人口老龄化速度会比较快,特别是欧洲国家。

世界各国之所以都对人口老龄化问题很重视,是因为人口老龄化的后果已经在经济发展、社会福利等方面显现出来。以欧洲为例,根据欧盟统计局的官方数据,2017年欧盟二十八国中65岁及以上的老年人口占比为19.4%,欧元区十九国已经超过20%,人口老龄化程度最高的意大利占比达到22.3%。2005年以来的数据更显示老龄化进程自2013年以后进一步加快。随着时间推移,老年人口步入高龄行列的规模越来越大,健康水平将出现断崖式下降,失能半失能的老年人口将增多,这都会加剧欧洲各国政府的养老金和公共支出负担。更糟糕的是,伴随着人口老龄化的是低生育率和人口低增长带来的劳动力短缺。有数据表明,2007—2018年之间,欧盟二十八国15—64岁劳动年龄人口占总人口的比重从67.1%下降到了64.7%,而且其中15—49岁的青壮年劳动力下降幅度更加明显②。为了应对这些问题,欧洲各国纷纷从改革福利制度、延迟退休、建立长期照护保险等方面入手。在亚洲,日本也面临与欧洲相同的问题,同时采取了类似的措施。

(二)中国的人口老龄化研究

短时期内完成人口转变让中国的人口增长被控制在较低水平,而人口转变过程中形成的人口红利也帮助中国在改革开放的40年里取得了辉煌的发展成就。但进入21世纪后,中国的人口老龄化问题日益凸显,并且由于未富先老,将面临比发达国家更困难的局面。

从历史数据来看,1982年时中国65岁及以上老年人口占比仅5.7%③,还属于成年型人口,但到2019年时已经达到12.6%④,成为老年型人口。有研究表明,在生育水平

---

① Population Division, Department of Economic and Social Affairs, United Nation. World Population Prospects 2019:Highlights[R/OL].[2019-06-01]. https://population.un.org/wpp.
② 吕普生.21世纪欧洲福利国家面临的新挑战[J].武汉大学学报(哲学社会科学版),2020(1):146—160.
③ 陆大同.人口老龄化之研究[J].人口学刊,1985(5):30—34.
④ 国家统计局.2019年国民经济和社会发展统计公报[R/OL].[2020-02-28]. http://www.stats.gov.cn/tjsj/zxfb/202002/t20200228_1728913.html.

长期保持低位的情况下,随着死亡率的继续降低,中国的人口老龄化将日益加剧,但人口年龄结构呈现收敛的态势,到 2100 年之后人口变化将保持稳定,而那时的人口老龄化水平将保持在 37% 以上的高位,深度老龄化的状态将长期保持[1]。

与国外人口老龄化研究一样,中国学者也注重对人口老龄化的经济社会后果进行研究。研究结果表明,随着中国人口老龄化的不断加剧,人口红利逐渐消失,宏观经济增长、社会保障体系都将承受一定压力,特别是养老保险的可持续运行受到很大影响,包括养老服务、长期照护在内的公共服务供给显得捉襟见肘,家庭规模的萎缩使得家庭对老年人的照料能力也出现下降[2]。

面对这些问题,中国学者也提出了与发达国家类似的解决办法,一方面通过多渠道投入增加公共服务的供给,另一方面通过延迟退休来缓解社会养老保险金机制的可持续运行困境。

总体而言,人口老龄化是一个全球性的问题,发达国家因为率先实现了人口转变而较早出现这一问题,欠发达国家中的多数虽然暂时还没有出现类似问题,但终究也会出现这一问题。而中国,由于快速完成了人口转变,所以人口老龄化呈现出未富先老的特征。目前,加大公共服务供给和延迟退休能够在短期内缓解人口老龄化带来的养老问题、养老金危机问题,但从长期来看,调整人口政策,将总和生育率提高到更替水平才是解决问题的根本之道。

三、国内外对人口迁移的研究

人口的空间移动是人口发展的第三个维度。自古以来,人类就一直在流动,有些是为了寻找更好的发展机会,有些是为了逃离战乱、灾荒、迫害,有些则单纯受到气候变化或其他环境因素的影响。人口迁移是社会经济发展到一定阶段的产物,也是人类社会进步的重要动力,人口空间的再分布往往会带来经济、政治和文化格局的重塑。

(一)国外人口迁移的研究

联合国移民机构——国际移民组织(International Organization for Migration, IOM)将移民定义为"任何一个正在跨越或已经跨越了国际边界的人,或任何在一国之内离开其常居地的人,无论此人的法律地位是什么,无论其迁徙是否自愿、出于何种原因或者停留多久"[3]。根据 2020 年《世界移民报告》[4],截至 2019 年,世界上在非出生地国家生活的人口数达到了一个新的高度,全球国际移民数量从 1995 年时的 1.74 亿人增加到 2.72 亿人,占当年全球人口的比例从 2.8% 上升到 3.5%。从国际移民的来源地来看,印度是国际移民的最大来源国,居住在印度以外的印度移民有 1 750 万人,墨西

---

[1] 倪宣明,沈心如,黄嵩,张俊玉.我国人口结构及老龄化收敛趋势研究[J].数理统计与管理,2020(2):191—205.
[2] 杨菊华,刘轶锋,王苏苏.人口老龄化的经济社会后果——基于多层面与多维度视角的分析[J].中国农业大学学报(社会科学版),2020(1):48—65.
[3][4] International Organization for Migration. World Migration Report 2020[R/OL].[2020-09-15]. https://publications.iom.int/.

哥和中国是国际移民的第二、第三来源国,海外移民数量分别达到1 180万和1 070万。从目的地来看,虽然欧洲和亚洲接纳了全球国际移民总数的61%,但美国仍是最大的移民目的地国,在美国生活着多达5 070万国际移民。大洋洲、北美洲和欧洲等发达国家的国际移民占地区总人口的比例相对较高,分别达到了21%、16%和11%,而亚洲、非洲、拉丁美洲等经济相对欠发达的区域则国际移民占比较低,都在2%以下。国际移民中20—64岁的劳动年龄人口占比达到74%,他们在世界各地的分布在2013—2017年之间有所变动,高收入国家的移民工人数量略有下降,从1.123亿人下降到1.112亿人,而中等偏上收入国家的移民工人数量有明显增长,从1 750万人上升到3 050万人。移民工人在不同国家分布的变化,可能受到中等收入国家经济增长和高收入国家劳务移民法规变化的影响。

国际上对人口迁移的研究分为几个领域,一是人口迁移的理论论证,二是人口迁移趋势的实证分析,三是人口迁移对迁入和迁出地带来的影响,四是对各国移民政策进行比较分析。

在人口迁移的理论方面,对于人口迁移的理论研究早在19世纪下半叶就已经开始,经典理论在20世纪70年代之前已基本确立。威廉·配第在《政治算术》中就提出不同产业间收入的差异是造成人口流动的直接动因①。在此基础上,新型古典城市化理论学派又从交易效率的角度对人口迁移与城市化动因做出了论证。马克思、恩格斯和列宁也在他们的著作中指出社会分工和劳动的社会化对人口流动起着决定性作用②。到了现代,关于迁移的经典理论包括推拉理论、二元经济发展理论、托达罗城乡流动理论及人口再分布理论。这些理论都表明,人口之所以会迁移流动都是因为在两个地区之间或者两个部门之间存在经济发展水平、生产效率、就业机会等方面的不同,这些不同促使人们发生迁移,而迁移又会对经济发展水平、生产效率和就业机会等产生影响。

20世纪80年代以后,对人口迁移的研究日益增多,其中对于人口迁移趋势的实证分析是重要的方面。世界人口迁移自15世纪以来有3次浪潮:第一次是15世纪初到19世纪上半叶,这一时期以发达国家的殖民扩张为主;第二次是19世纪下半叶到20世纪初,以欧洲工业化国家的经济扩张为主;第三次则是20世纪中叶以后,主要受到第二次世界大战的影响。到了当代,国际人口迁移无论是规模、路线还是移民构成都发生了很大变化。从迁移规模上看,年增长呈现不断加快的趋势,从路线上看,基本都是从发展中国家迁移至发达国家或者新兴经济体,从构成上看,国际劳工的占比在逐年上升,而难民的数量一度下降,但在近些年又有上升的势头,非法移民的数量也在增加。

很多学者对于国际人口迁移的影响做了分析。有的学者认为国际移民对迁入国的负面影响占上风,会加重迁入国的经济和社会负担,有的学者则认为人才和人力资源的流动有助于劳动力的合理配置,特别是在人口老龄化的背景下,会缓解发达国家劳动力

---

① 刘家强.人口经济学新论[M].成都:西南财经大学出版社,2004:102.
② 列宁.列宁全集:第3卷[M].北京:人民出版社,1984:20.

短缺的问题,因而总体上是促进世界经济的发展。总体而言,国际移民的存在既有益处也有弊端,对国家的经济发展、社会生活和国际关系都产生了重要影响,我们应当以积极的态度尽可能促进合理流动,减少国际人口流动的消极影响。

在研究人口国际迁移的趋势、特点、原因、影响的同时,还有很多关于移民政策的研究成果,这其中包括对东亚国际移民政策、移民调查、以英法德为代表的欧洲移民政策、美国和加拿大的移民政策、国际移民输出国的移民政策研究,以及移民政策比较研究等。

（二）国内人口迁移的研究

与人口研究的其他方面一样,相比西方国家,中国的人口迁移研究起步较晚,但随着改革开放以后人口空间流动的强势发展,中国的人口迁移研究迅猛发展。特别是 20 世纪 90 年代以后,中国从很少迁移的"乡土中国"向大规模、高频率迁移的"迁徙中国"转变①,人口迁移研究逐渐形成了数量研究、空间与模式变化研究、影响因子分析,以及其他等四个大类。

改革开放以后,中国的户籍制度有所松动,出现了有利于人口流动的社会环境,流动人口规模在短时间内出现了爆发式增长,过去的人口信息统计方法不再适应这样的现实。户籍迁移由于需要在公安机关登记,有较为准确的数据,而非户籍迁移的规模在一段时间里无法掌握。为了顺应这样的改变,自 20 世纪 80 年代开始,人口普查、人口普查之间的 1% 抽样调查、国家计生委的全国生育节育调查等都增加了有关人口迁移的项目,从而为非户籍人口迁移的数据统计和估算打下基础。而一些学者也通过统计估算的方法,利用不同年份的调查数据对非调查年份的人口迁移规模及结构进行估算。鉴于不同调查中的口径可能存在不一致,还有学者对估算结果进行修正和补充。

自 20 世纪 80 年代以来,中国的人口迁移空间、迁移模式也发生了重大变化。从空间上看,不同学者总结了中国 20 世纪 80 年代、20 世纪 90 年代、21 世纪以来不同发展阶段的人口迁移走向,发现在第六次人口普查之前,东、中、西部的人口迁移总体表现为东部持续上升、中西部人口持续流出的趋势。2010 年前后,随着国家户籍制度改革的深化和新型城镇化道路的推进,情况发生了变化,东部沿海发达地区的人口一度出现回流,人口呈现继续向大城市集中、同时部分流向县级以下城镇的情况。迁移吸引中心也发生了量的"多极化"和质的"强势化"转变。2010 年之后,随着国家城市群战略的推进,人口向长三角、珠三角、环渤海城市群、长江中游城市群、成渝城市群等集聚。从人口迁移的模式来看,中国的人口迁移从最初的以青年男性为主迅速转化为全员流动,从农民工向各类劳动者覆盖,从个人流动向以家庭为单位流动转变,从低素质人口向平均受教育水平超过初中毕业转变②。

相较对人口迁移规模的估算和对人口迁移趋势的刻画,探究人口迁移的原因更受学界关注,学者们对此做了大量的实证研究工作。根据各个时期的研究成果,学者们在

---

①② 段成荣,吕利丹,王涵,谢东虹.从乡土中国到迁徙中国:再论中国人口迁移转变[J].人口研究,2020(1):19—25.

一些问题上达成了一致:首先,迁移者的个人特征是影响迁移的重要原因,年龄、受教育水平、婚姻状况等都会对迁移产生显著影响;其次,以经济利益为主要动机具有普遍意义,追求经济利益最大化始终是人口自主迁移的最根本原因;第三,中国人口迁移的快速发展是多种机制组合的结果,农村家庭联产承包责任制将农民与土地松绑,快速人口转变带来的人口年龄结构让人口红利大量释放,市场经济改革激发了城市对劳动力的巨大需求,户籍制度改革让大规模的人口乡城转移成为可能,21世纪以后政府在人口市民化和基本公共服务均等化方面采取了一系列有力措施,这一切使得中国人口迁移的制度基础得以夯实①。

总体而言,自20世纪90年代以来,中国的人口迁移已经发生了质的变化,虽然从规模变动上看,非户籍流动人口的增长速度有所放缓,但从结构上看,其有着更加复杂的特征,而从空间分布上看,即使是东部沿海发达区域不同城市之间的分化情况也更加明显。

参考文献

联合国国际人口学会.人口学词典[M].北京:商务印书馆,1992.

中国社会科学院语言研究所词典编辑室.现代汉语词典(修订本第三版)[M].北京:商务印书馆,1996.

李仲生.人口经济学[M].北京:清华大学出版社,2006.

Population Division, Department of Economic and Social Affairs, United Nation. World Population Prospects 2019:Highlights[R/OL].[2019-06-01]. https://population.un.org/wpp.

郭申阳.人口与经济关系——美国国家科学院的报告及其启示[J].复旦学报(社会科学版),1990(1).

李仲生.人口增长对经济发展的影响——中国人口增长的经济效果分析[J].首都经济贸易大学学报,2001(3).

鲁能,白永秀.激励机制、社会观念与中国人口增长[J].人文杂志,2016(2).

国家统计局.人口总量平稳增长、人口素质显著提升——新中国成立70周年经济社会发展成就系列报告之二十[R/OL].[2019-08-22]. http://www.stats.gov.cn/ztjc/zthd/bwcxljsm/70znxc/201908/t20190822_1692901.html.

吕普生.21世纪欧洲福利国家面临的新挑战[J].武汉大学学报(哲学社会科学版),2020(1).

陆大同.人口老龄化之研究[J].人口学刊,1985(5).

国家统计局.2019年国民经济和社会发展统计公报[R/OL].[2020-02-28]. http://www.stats.gov.cn/tjsj/zxfb/202002/t20200228_1728913.html.

---

① 段成荣,吕利丹,王涵,谢东虹.从乡土中国到迁徙中国:再论中国人口迁移转变[J].人口研究,2020(1):19—25.

倪宣明,沈心如,黄嵩,张俊玉.我国人口结构及老龄化收敛趋势研究[J].数理统计与管理,2020(2).

杨菊华,刘轶锋,王苏苏.人口老龄化的经济社会后果——基于多层面与多维度视角的分析[J].中国农业大学学报(社会科学版),2020(1).

International Organization for Migration. World Migration Report 2020[R/OL]. [2020-09-15]. https://publications.iom.int/.

刘家强.人口经济学新论[M].成都:西南财经大学出版社,2004.

列宁.列宁全集:第3卷[M].北京:人民出版社,1984.

段成荣,吕利丹,王涵,谢东虹.从乡土中国到迁徙中国:再论中国人口迁移转变[J].人口研究,2020(1).

第二章 公共服务导论

公共服务是为满足公民生存、生活与发展所需的直接需求而实施的行为,对其行为主体、行为类别、行为方式等都有相应的规定。公共服务的数量和质量将直接影响公民的发展质量,而不同区域之间公共服务的差异也是造成人口空间移动的重要原因。本章将对公共服务的基本概念、类别、作用及意义、与相关概念的区别等进行介绍,并对公共服务的相关理论及研究进行梳理,以为本书后续章节做出铺垫。

第一节 公共服务概述

一、基本概念及类别

(一) 公共服务的基本概念

"公共服务"(public service)是指由政府部门、国有企事业单位和相关中介机构履行法定职责,根据公民、法人或者其他组织的要求,提供帮助或者办理有关事务的行为。公共服务包含的事项由国家法律、法规、规章或者行政机关的规范性文件设定,是相关部门和机构必须履行的义务。[1]根据该定义,公共服务的界定有如下要素。

首先,公共服务是由政府主导的法定职责和义务,通过国家法律、法规、规章或者政策文件予以明确,凡是明确的公共服务项目,政府部门及相关的机构必须提供,以使该职责与义务得以履行与实现。由于这是法定职责与义务,因而公共服务提供不能以营利作为目的。

其次,公共服务提供的主体不仅仅是政府部门,还包括国有企事业单

---

[1] 顾平安.推行公共服务便捷化切实转变政府职能[EB/OL].[2016-01-14].http://www.gov.cn/zhengce/2016-01/14/content_5032926.htm.

位及政府购买服务的其他第三方中介机构,这说明对于公共服务的判断与服务提供单位的性质无关。

第三,公共服务是政府、国有企事业单位及其他相关机构对公民、法人或者其他组织直接服务需求的回应,但不是所有政府部门、国有企事业单位及其他相关机构从事的活动都是公共服务。例如,中央及各级地方政府代表国家从事经济调节、市场监管、社会管理等职能活动,这些职能活动的行为主体是相关政府部门,其行为的目的是维护市场秩序和社会秩序,这些监管行为会影响整个国家的宏观经济运行、影响全社会的共同利益,但宏观经济稳定、市场秩序和社会秩序平稳等只是公民活动的间接需求,因而相关政府部门的这类职能活动都不是对公民某种具体的直接需求的回应,不能使公民的直接需求得到满足,因而都不属于公共服务。

第四,公共服务是对公民、法人或者其他组织直接服务需求的回应,但不是所有的回应内容都属于公共服务。根据马斯洛的需求层次理论,人的需求可分为生理的需求、安全的需求、归属与爱的需求、尊重的需求以及自我实现的需求。这5类不同等级的需求与人的关系紧密程度不同,低级需求直接关系个体生存,而高级需求虽不是维持个体生存所绝对必须的,但却能使人健康、长寿、精力旺盛。衣食住行需求是公民最低层次的直接需求。其中,部分住房服务(廉租房等住房保障)和出行服务(公共交通体系)属于公共服务的范畴,教育、医疗、养老服务等也都属于满足公民的直接需求。教育服务能够满足人们的发展及自我实现的需求,医疗服务能够满足人们的健康需求,养老服务能够满足人们的健康和幸福感需求。人们可以从这些服务中得到某种满足,并有助于他们的人生发展。当这些需求的满足过程中使用了公共权力或公共资源,就属于公共服务。而诸如执法、监督、税收、登记注册以及处罚等政府行为,虽然也同公民发生关系,也是公民从事经济发展与社会发展所必需的政府工作,但这些类别的公共活动却并不是在满足公民的某种直接需求,公民也不会从中感到享受,只是公民活动的间接公共需求的满足,所以类似政府行为都不是公共服务。

(二)公共服务的基本事项及分类

对于公共服务,可以从其内容、属性等方面进行划分。

1. 根据公共服务内容划分

就公共服务内容而言,既可以根据内容大类进行划分,也可以根据专业细分进行划分。根据内容大类划分,公共服务可分为经济性公共服务、安全性公共服务、社会性公共服务等三大类。

首先是经济性公共服务。经济性公共服务是指通过国家权力介入或公共资源投入为公民、法人单位即企业和机构从事经济发展活动所提供的各种服务,其中包括公用事业的公共生产(如水、电、煤气等的提供)、生产者的公共补贴(如价格补贴)、公共基础设施建设(如交通、邮电、科研与技术服务体系等构建)等。

其次是安全性公共服务。安全需求是人类仅次于生理需求的需求层次,可以视为人类生存发展的基本条件之一,公共安全缺失将严重影响国家和社会的发展,因而安全性公共服务受到各国重视。公共安全服务是指通过国家权力介入或公共资源投入为公民提供的安全服务,如军队、警察、消防等方面的服务,也包括公共卫生应急服务、防灾减灾服务、信息安全、环境安全等。

最后是社会性公共服务。社会性公共服务是指通过国家权力介入或公共资源投入为满足公民的社会发展活动的直接需要所提供的服务。社会发展领域包括就业、教育、科学普及、医疗卫生、社会保障以及环境保护等领域。因而社会性公共服务是为满足公民的生存、生活、发展等社会性直接需求所提供的服务,如公共教育、公共医疗、社会养老、社会保障、就业服务等。

公共服务也可以根据专业细分来进行划分,包括国防建设、国内与国际公共救助与灾害援助、法律法规政策规范、文化经济产业开发建设、精神文明和物质文明建设、信息化建设、标准化建设、工业化建设、城镇化建设、特色产业建设、金融保险与消费建设、职业化和专业化建设发展等。

2. 根据公共服务的属性划分

公共服务还可以根据其属性分为基本公共服务和非基本公共服务。基本公共服务是指建立在一定社会共识基础上,根据一国经济社会发展阶段和总体水平,为维持本国经济社会的稳定、基本的社会公正和公平,保持持续的国家民族凝聚力,以及保护公民最基本的生存权和发展权,为实现人的全面发展,由国家权力介入或公共资源投入所提供的服务。

区分基本和非基本公共服务可基于基础性、广泛性、迫切性、可行性、非营利性5个标准。第一是基础性标准。所谓基础性,是指那些对公民发展有着重要影响的公共服务。如果一项公共服务是保障公民基本生存权（或生存的基本需要）、满足公民基本尊严（或体面）和基本能力、满足基本健康需求的,那么这项公共服务就属于基本公共服务,例如生活保障、医疗服务等。第二是广泛性标准。所谓广泛性,是指那些影响全社会每个家庭、每个公民、每个组织或机构,或是影响大多数家庭、公民、组织或机构的公共服务。如果一项公共服务仅针对特定人群或少部分人群,涉及面不够广,则不能够称之为基本公共服务,例如就业保障、公共卫生服务、义务教育等。第三是迫切性标准。所谓迫切性标准是指事关广大社会最直接、最现实、最迫切利益的公共服务。例如,基本养老保障、基本养老服务等。第四是可行性标准。所谓可行性是指公共服务的提供要与一定的经济发展水平和公共负担能力相匹配。每一项公共服务的提供都有数量和质量两个评价维度,都需要相应的资金投入,基本公共服务的数量应与公民数量相匹配。第五是非营利性标准。与基本公共服务相对应的是非基本公共服务,是指政府为满足更高层次的社会公共需求而提供的公共服务和产品。这一类公共服务用于满足高于基本生存和发展的需求,可以引入市场机制提供或运营,但也不能以营利为服务提供的目的。这一类公共服务包括高等教育、职业教育、学前教育、特殊教育等非义务教育,基本医疗服务以外的其他医疗服务,为老年人和残疾人提供的政府定价且不足以补偿成本的多样化专业服务等。

二、公共服务的作用、意义

正如本章开篇所说,公共服务是为满足公民生存、生活与发展所需的直接需求而实施的行为。公共服务供给规模的大小、供给质量的高低都会影响公民直接需求得到满足的程度,而公民的直接需求与生存、生活与发展紧密相关,因而从这个角度上讲,公共服务对于公民的发展具有十分重要的意义。鉴于公民是组成国家的基本元素,公民发展的程度会影响国家和社会的发展,因而公共服务对于国家和社会发展的意义也就不言而喻。

(一)对于公民生存与发展的作用与意义

1. 公共服务是保障公民生存生活需求得到满足的重要手段

人类的生存和生活,首先必须满足生理的需要,其中包括充足的水分、空气、食物、衣物、睡眠、性的需要等。在这些生理的需要里,食物、衣物的需要是最重要和最基本的。虽然大多数情况下,人们可以通过劳动获得报酬,然后通过市场交易获得基本的生存资料,但也有部分人群没有劳动的能力,而给这些人提供基本的生存条件是公共服务的内容之一。除此之外,安全性的公共服务能够为公民生存和生活提供安全保障,使公民的安全需求得到满足;而经济性公共服务,虽然主要使法人单位和机构受益,但鉴于法人单位和机构的发展将直接影响其雇员的收入,因而也会影响公民的生存和生活水平。从这个角度讲,公共服务是保障公民生存生活需求得到满足的重要手段。

2. 公共服务是保障公民高层次需要得到满足的重要手段

人的高层次需要包括尊重的需要和自我实现的需要。其中,尊重的需要包括自尊和受到别人尊重。无论是自尊还是受到别人尊重,都会使人相信自己的力量和价值,进而释放出更大的能量,提升自我,有益社会。而自我实现的需要是人们追求实现自己的能力或潜能并使之不断完善的需要。自我实现需要得到满足,无论对人们自己还是对他人、对社会、对国家都会带来益处。在实现这两类高层次需要的过程中,教育起着举足轻重的作用。对于公民个人而言,教育是提高自身发展能力的重要手段,是促进阶层流动、促进社会整合与社会公平的重要途径。对公民提供教育服务是公共服务的重要内容,其中义务教育更是属于基本公共服务的范畴。实现义务教育的均等化供给是社会公平的最直观体现,意味着个人成长起点的公平。

3. 公共服务是保障公民可行能力提高的重要手段

人的全面发展,重要标志之一是人的可行能力的提高。人的基本可行能力对人的自身发展具有极端重要性,也对其他方面的可行能力提高具有举足轻重的影响。教育和健康方面的基本公共服务直接影响人们教育水平和健康水平的提高。教育落后直接制约着个体的技能,使他们不得不陷入"收入水平低—人力资本投资不足—谋生能力差—收入水平低"的恶性循环。完善的公共就业服务,不仅意味着稳定的收入来源,而且还关系到人的尊严和自信。基本社会保障服务为人们提供基本的安全感,而且有可能影响家庭对子女教育的投资和下一代人的可行能力。

（二）对国家与社会发展的作用与意义

1. 公共服务有助于保障国家人力资源供给

国家和社会的发展离不开充足和高质量的人力资源，而医疗和教育等公共服务的提供将是保障国家人力资源供给的重要手段。

公共卫生与基本医疗服务造福于人类，在国民经济和社会发展中具有独特的地位。对于个人来说，健康具有重要的本体性价值，是衡量人的素质的主要指标。从社会角度讲，健康构成一个社会人口素质的基础。投资于健康就是投资于未来经济发展，社会拥有了健康就是拥有了"财富"。中华人民共和国成立以来人口规模和健康水平的变化就是最好的例证。

公共医疗卫生服务是中华人民共和国成立以后最先提供的公共服务之一，数年之间中国就构建起三级医疗卫生体系，各类卫生机构快速增长，低廉普及的医疗卫生服务让中国的死亡水平有了快速而明显的下降，其中婴儿死亡率从20世纪40年代中期的200‰以上，下降到20世纪50年代的122.3‰，进而在20世纪60年代下降到74.6‰，70年代下降到47.3‰[1]，同一时期，中国人口的粗死亡率从20‰下降到6‰左右，而平均预期寿命从35岁快速上升到近60岁。1949—1970年，我国人口迅速从5.4亿人增长到8.3亿人[2]，并且人口健康指标都有了迅速提高，这为自20世纪80年代开始的改革开放提供了充足的劳动力资源。

进入21世纪，中国实现了从高出生、高死亡、低增长向低出生、低死亡、低增长发展的人口转变，人口增长速度缓慢，经济发展所需的劳动力规模自2012年开始出现下降，使得人力资源的质量提升显得愈发重要和迫切。在这一过程中，公共医疗卫生服务的量增质升是中国人口健康水平持续提升的重要保障因素。

在中国人口健康水平不断提升的同时，受教育水平也在快速提升。中华人民共和国成立初期，中国文盲人口占比达到80%，适龄儿童入学率不足20%。1982年第三次人口普查时全国人口中高中及以上受教育程度的比例为7.2%，2010年第六次人口普查时这一比例达到22.9%，2018年达到29.3%。大专及以上受教育程度人口占比则从1982年时的0.6%上升到2010年的8.9%，2018年达到13.0%。同期，全国6岁及以上人口的平均受教育年限从1982年的5.2年提高到2018年的9.26年，其中劳动年龄人口的平均受教育年限从1982年的8年提高到10.63年[3]。这样的成就是教育公共服务普及，特别是九年义务教育制度普及的结果。教育公共服务的发展让中国逐步从人口大国转变成为人力资源大国，进而会继续转变成为人力资本大国。

2. 公共服务有助于保障国家与社会安全、稳定

公共服务中很重要的内容包括就业服务、社会保障等。其中，社会保障被认为是社

---

[1] 顾江,施元莉,高尔生,顾杏元.中国婴儿死亡率及其影响因素分析[J].人口与经济,1991(4):26—33.
[2][3] 国家统计局.人口总量平稳增长、人口素质显著提升——新中国成立70周年经济社会发展成就系列报告之二十[R/OL].[2019-08-22]. http://www.stats.gov.cn/ztjc/zthd/bwcxljsm/70znxc/201908/t20190822_1692901.html.

会的"安全网"和"减震器",而就业服务被认为是解决民生问题、维持稳定的重要手段。

社会保障是以国家或政府为主体,依据法律法规进行的国民收入再分配,对公民因暂时或永久丧失劳动能力以及其他多种原因而导致的生活困难予以物质帮助。中国的社会保障是以社会保险为主体,以社会救助、社会优抚和社会福利为重要补充的体系架构。社会保障体系是现代工业文明的产物,有助于提高全体社会成员的生活质量,营造安定有序的社会环境,被认为是经济发展的"推进器"、维护公民切身利益的"托底"机制。社会保障体系的不断完善、保障水平的不断提升,会给公民带来更多的安全感。中华人民共和国成立之后,一直致力于扩大社会保障的范围和提升社会保障的水平。进入21世纪后,随着社会经济水平的飞速发展,民生保障网越织越牢。截至2019年底,中国基本养老保险、失业保险和工伤保险分别覆盖了9.68亿人、2.05亿人和2.55亿人,而包括城镇职工基本医疗保险、城镇居民基本医疗保险和农村新型合作医疗在内的基本医疗保险覆盖人群高达13.5亿人[①]。广覆盖、兜底线,让民众安心,让国家稳定。

如果说社会保障是兜底线,就业就是民生之本,是人们改善生活的基本前提和基本途径,决定着每个家庭的生计。对劳动者而言,就业和再就业是他们赖以生存、融入社会和实现人生价值的重要途径和基本权利;对社会而言,就业关系到亿万劳动者及其家庭的切身利益,是促进社会和谐的重要基础;对经济发展而言,就业关系到劳动力要素与其他生产要素的结合,是生产力发展的基本保证;对国家而言,就业是民生之本、国家稳定之基,也是安国之策。公共就业服务是促进就业的重要手段,是缓解就业压力的重要途径。中国政府一向重视公民就业问题的解决,职业介绍、职业指导、就业训练、社区就业岗位开发等各种服务为促进公民就业提供了很大的帮助。2020年新冠疫情暴发后,保就业成为中央和地方各级政府的首要工作,对相关公共就业服务的投入也大幅上升。总体而言,公共就业服务对促进就业、提高劳动力市场运作效率、保护弱势群体、保持社会稳定具有十分积极的影响。

3. 公共服务有助于缓和与解决各类社会问题

进入21世纪,伴随着社会经济的快速发展,中国的恩格尔系数、第一产业就业比重、城镇化率等多项经济社会发展指标相继超越了生存型社会的临界值,这意味着中国正由生存型社会向发展型社会过渡。在这个过程中,广大人民群众的公共需求全面、快速增长,使得公共产品短缺、基本公共服务不到位的问题日益凸显。这其中既有城乡差距、地区差异造成的不协调,也有社会群体差距造成的不公平。正如习近平总书记在党的十九大报告中强调的,"中国特色社会主义进入新时代,我国社会主要矛盾已经转化为人民日益增长的美好生活需要和不平衡不充分的发展之间的矛盾",强化政府公共服务职能,加快改善我国公共服务状况,有利于更好地满足"人民在经济、政治、文化、社会、生态等方面日益增长的需要",缓解我国当前经济社会中所面临的各种突出矛盾,顺

---

① 国家人力资源和社会保障部. 2019年度人力资源和社会保障事业发展统计公报[R/OL]. [2020-09-11]. http://www.mohrss.gov.cn/SYrlzyhshbzb/zwgk/szrs/tjgb/202006/t20200608_375774.html.

利推进和谐社会建设。

强化公共服务,尤其是基本公共服务,将有助于缩短不同人群之间的差距,进而促进社会公平。公共服务,尤其是基本公共服务,能够帮助弱势人群,包括因病、因残、因年老而体弱的人,以及缺乏劳动力的家庭和身处自然环境恶劣地区的人们,获得必要的生存、生活和发展条件。这其中包括提供最低生活保障、医疗救助、义务教育、基本养老服务等。公共服务不但能在相当大程度上缓解他们的贫困程度,改善他们的生存状态,还能增强他们的发展能力。

强化公共服务将有助于缩小城乡之间的差距,推进城乡一体化发展。中国的城市户籍对于农村居民具有莫大吸引力,原因不仅仅是城乡就业存在巨大收入差距,还因为城市户籍与更好的教育资源、医疗资源、就业资源、养老服务资源、社会保障等联系在一起。公共服务的城乡差距对城乡居民的收入影响可能达到30%—40%。从这个角度上讲,强化公共服务(特别是农村地区的公共服务)将显著缩小城乡差距。

强化公共服务将有助于缩小不同区域之间的差距,推进区域的协调发展。中国不同区域之间发展差距之大甚至相当于欧洲不同国家之间的差距,除了经济发展阶段、产业结构等方面存在不同,公共服务供给方面也存在不同。东部地区社会经济发展水平较高,整体的公共服务供给规模和水平也优于中西部地区。因而在推进区域协调发展时,并不能简单将区域协调发展等同于经济协调发展,而要将公共服务的推进也考虑进去。推进公共服务均等化将有助于区域的整体协调发展。

正因为提升公共服务有这些作用,中央和地方各级政府始终将增强政府提供公共服务能力、推进基本公共服务均等化、加快建设城乡一体化的公共服务体系作为工作的主要任务和抓手。

4. 公共服务是扩大内需、推动经济发展的重要前提

我国消费率过低的重要原因之一在于基本公共服务供给不到位。由于教育、医疗、社会保障等基本公共服务的价格上涨速度远远超过居民收入的增长速度,城乡居民很大一部分收入用于预防性储蓄,减少了即期消费。中国(海南)改革发展研究院在《中国人类发展报告2007》中指出,2005年中国城乡居民用于教育和医疗的额外支出对其他商品和服务消费产生的挤出效应达到5 810.7亿元。如果政府在基本公共服务领域的投入到位,消费率可以从51.9%提高到55.2%。由此,促进经济增长可以由主要依靠投资、出口拉动向依靠消费、投资、出口协调拉动转变。2020年的新冠疫情之后,中国的经济发展将进入国内大循环为主体、国内国际双循环相互促进的新阶段,扩大内需对于维护国内产业链与供应链安全具有重要意义,在这样的发展趋势下,增强公共服务能力将是扩大内需的重要前提。

除此之外,增加公共服务还能够突破资源环境对经济发展的约束,以人力资源代替自然资源成为经济持续发展的动力。根据联合国的测算,初等、中等教育的社会收益率,在世界上的平均水平是20%、13.5%,低收入国家是23.4%、15.2%,均大于物质生产领域的平均收益率。在健康和教育领域的基本公共服务供给,有助于促进人力资本

的积累,实现我国由人口大国向人力资源大国的转变,为建立资源、环境友好型社会奠定坚实的基础。

5. 公共服务是公众参与公共服务管理与监督的重要渠道

随着信息化水平和人民生活水平的不断提高,公众对公共服务需求越来越大、质量要求越来越高,对国家之间、地方之间公共服务的差异也越来越敏感,已经不再仅仅满足于知道政府在公共服务上花了多少钱,更关心这些支出取得了哪些效果,以及对公众的工作生活带来了什么切实的改善。从满足信息需求的层面来看,加快政府公共服务绩效评估,并形成定期公开报告制度,不仅可为政府进一步改善我国公共服务提供决策参考,而且可以满足公众的信息需求,提高他们参与政府管理和监督的能力,有利于推动决策的科学化和民主化,有利于提升政府在公众心中的公信力。

6. 公共服务是提升政府管理能力的重要抓手

在经济全球化和一体化日趋深入发展的背景下,以跨国企业为代表的国际竞争逐步演变为国家间市场、企业、政府、资源等全方位的竞争。政府不再是传统意义上国际竞争的后台支持者,而是直接走上了国际竞争的前沿舞台。政府作为资源配置的最重要的主体之一,其竞争力已经成为决定国家竞争力的重要因素。而政府竞争力又直接取决于其在资源配置中的管理能力和效率。因此,加快完善我国政府管理体制、确保政府的高效运行、充分发挥公共服务职能、不断提升政府管理效能和竞争力,已经成为我国政府应对国际竞争的战略性选择。

三、公共服务与其他行为的区别

(一)公共服务与私人服务、社会服务的区别

教育和医疗卫生等都是专业性服务。在现代社会中,这些服务的提供可以来自3个方面,即由营利性的私人企业使用私人资源提供的私人服务、由非营利性的社会组织使用社会资源提供的社会服务,以及由公共组织机构使用公共权力与公共资源提供的公共服务。可见,判断一种服务是否属于公共服务,关键在于其提供方以及其所使用的权力与资源的性质。所以,现代社会中的所谓公共服务就是指使用公共权力和公共资源向公民及其被监护的未成年子女等所提供的各项服务。例如,教育服务本身只是特定专业性服务,使用了公共权力或公共资源所提供的教育服务才是公共服务,而为了个人牟利使用私人资源所提供的教育服务或私立教育是营利性的私人服务,非营利社会组织使用来自捐赠等渠道的社会资源所提供的教育服务或所办的公益性学校则是非营利性的社会公益性服务。所以,不应将教育等专业性服务本身笼统地看作是公共服务或非营利性的社会公益性服务。虽同是教育服务,但这3种不同类型服务的性质是不同的:公共服务体现的是公民权利与国家责任之间的公共关系,私人服务体现的是以货币可支付能力为前提的私人牟利追求与消费者之间的市场关系,而社会公益性服务则体现的是部分社会成员的善意与志愿精神同特定社会群体之间的社会关系。

(二) 公共服务与公共行政的区别

公共服务不同于公共行政。公共服务是有国家行为介入的一种服务活动,而公共行政则是以国家行政部门即政府为主体的一种权力运作。公共服务可以使公民的某种直接需求得到满足,如教育和医疗保健。公共行政则是规范公民开展社会活动的行为以及公民的其他间接需求。公共服务可以由公民根据个人需要进行一定程度的选择,公共行政则要求公民必须接受。公共服务涉及的人与人之间的关系是平等的,公共行政则是自上而下的等级式体制。公立学校和公立医院等是专门的公共服务机构,政府则是专门的公共行政机构。

(三) 公共服务与公共管理的区别

所有涉及国家管理的行为与活动都在公共管理的涵盖之内。公共服务管理属于公共管理的组成部分。但公共服务管理与公共行政管理是不同的,是两种不同性质与形式的公共管理。例如,对公办教育或公立学校的管理属于公共服务管理,但政府对教育的执法与行政管理则属于公共行政管理。

(四) 公共服务与经济调节、市场监管、社会管理的区别

这4项职能都是国家应承担的,都属于由公职人员所从事的工作。在广义上,可以将公职人员使用公共权力与资源所从事的各项工作都看作是公共服务。当国家是建立在普遍的公民主权基础之上的时候,国家具有公共性质,国家存在的目的和职能,就是为全体公民的利益和需求服务。在这个意义上,由国家的公共性质所决定,国家体系中的所有机构,如立法机构、行政机构和司法机构等都是提供公共服务的机构,在这些机构中任职的人们的工作都是在提供公共服务。在中国,这意味着在人大、法院、国务院以及各地方政府等国家机构中的工作人员都是在从事公共服务。但是,对公共服务的概念只有进行狭义、具体和明确的界定,才能在理论和实际操作上具有实质性意义,即提供公共服务是国家的主要职能之一,有其具体的内容和形式,并且可与政府或国家的其他职能相区分。也就是说,公共服务只是同经济调控、市场监管、社会管理相并列的国家的又一项职能。

第二节 公共服务的相关理论及研究

一、公共服务的相关理论

从公共服务的定义可以看出其是政府公共行政与公共管理体系中的一部分,因而公共服务的相关理论也属于公共行政与公共管理理论的一部分,属于行政学的学科范畴。从理论发展来看,其实际上是公共行政与公共管理理论从"管理主义"向"服务优先"的转变。

(一) 新公共管理理论

自美国行政学家托马斯·伍德罗·威尔逊(Thomas Woodrow Wilson)1887年发

表《行政学研究》以来,行政管理被作为一门独立学科加以研究。在该学科发展的100多年里,历经多次学科研究范式的转换,到20世纪80年代,伴随着西方国家政府重塑运动的兴起和发展,新公共管理理论逐渐成为当代公共行政理论与实践中的主导范式。

新公共管理理论强调管理至上,高度认可私营机构的管理技术,认为分权、放松规制、委托等是解决公共管理机制僵化问题的组织原则[1]。国外学者将新公共管理理论的特质归纳为7点,包括:第一,强调专业化的管理模式;第二,在管理过程中设立明确目标,并据此对公共部门的管理进行绩效评估;第三,与过程相比,更注重管理结果,强调产出控制;第四,强调公共部门之间的协同与行政管理的整体效果,反对公共部门内部的本位主义;第五,为了降低管理成本、提高管理效率,倾向于在公共部门中引入竞争机制;第六,强调对私营部门管理模式的借鉴与应用;第七,强调对资源的有效利用和开发[2]。

新公共管理理论被认为是将"管理主义"(managerialism)或"新管理主义"(neo-managerialism)用于公共部门的现代公共行政理论。该理论的核心理念包括两点。一是管理的自由化。所谓管理的自由化是指公共管理人员是掌握高度专业化知识且懂得如何管理的个人,公共官僚体制下烦琐和不必要的规则、规制及其他约束会使这些公共管理人员的能力大打折扣,因而应当解除规制并进行分权,以使管理人员的能力充分发挥,使管理效率提升。二是管理的市场化取向。所谓管理的市场化取向是指管理部门需要有竞争机制,以此实现管理的高效率和低成本,公共管理还应当借鉴私营部门的技术和模式以更好地提高管理的绩效水平。

新公共管理理论在20世纪90年代被进一步提炼成为企业家政府理论。该理论认为应当运用企业家精神来对政府进行重新塑造。根据这一理论,政府进行行政管理时应遵循十条原则:一是政府应集中精力做好决策工作(掌好舵),而不是做好具体的服务性工作(划好桨);二是政府应当善于授权,鼓励公众参与管理;三是政府应通过各种形式引入竞争机制,以降低成本提高效率;四是政府应当尽量减少各种约束性规定,只根据目标制定必要的规章和预算即可,管制宜粗不宜细;五是政府应当以管理成果作为衡量标准;六是政府应当具备"顾客意识",建立"顾客驱使"的制度;七是政府管理者应该具有企业家思维,将利润动机引入公共管理过程中;八是政府决策应当考虑长远,以预防为主而不是事后补救;九是政府应当善于下放权力,实行参与式管理,通过参与及合作分散公共行政机构的权力,简化行政机构的层级;十是政府的行政管理行为应以市场为依托,通过市场的力量推动变革。

新公共管理理论一度风靡西方,对于推动西方国家的行政改革起到了重要作用,但也有学者对企业家政府理论秉持的价值观提出了异议,认为简单地将企业家精神概念

---

[1] 国家行政学院.西方国家行政改革评述[M].北京:国家行政学院出版社,1998:142.
[2] C Hood. A Public Management for All Seasons? [J]. Public Administration, 1991(69):3—19.

推广为任何公务员或公共组织都可以效仿的行为准则并不合适[1],反而会损害公平、正义、代表制等民主和宪政价值[2][3]。而对新公共管理理论的反思直接导致了新公共服务理论的诞生。

(二) 新公共服务理论

新公共服务理论源自美国公共行政学家罗伯特·B.登哈特（Robert B. Denhardt）为代表的学者对新公共管理理论的反思,是从市场和经济学的角度重塑行政的理念和价值的理论体系。

该理论的核心观点包括以下几点。第一,政府的职能和工作重点是服务,公务员应帮助公民表达并满足他们共同的利益需求,而不是试图通过控制或"掌舵"使社会朝着新的方向前进。第二,政府应当将公共利益作为追求目标。公共利益不是公民单个个体利益的叠加和集合,而是管理者和公民共同的利益和共同的责任。"公共行政官员必须致力于建立集体的、共享的公共利益观念","应当积极地为公民通过对话清楚地表达共同的价值观念并形成共同的公共利益观念提供舞台"[4]。第三,政府决策应当具有战略性眼光,但在实现职责的过程中须注意民主性,政府应当是开放的、可接近的,政府是有回应力的。第四,政府与公民的关系不同于企业与顾客的关系,因而政府必须秉持公平和公正的原则为公民提供服务,应关注全体公民的公共利益,要与公民建立信任与合作关系、注重公民的呼声。第五,政府及公务员的责任是复杂的而不是单一的,他们不应仅关注市场,还应关注宪法法律、社区价值观、政治规范、职业标准以及公民利益,公共行政官员应当受到各种制度和标准的综合影响,同时对这些制度和标准等复杂因素负责。第六,与生产率相比,政府应该更加重视人。新公共服务理论强调公共行政行为是通过人来实施的,如果要求公务员具有责任心、奉献精神和公民意识,那么公务员首先应该获得善待。第七,在公共行政治理过程中,公民权和公共服务比企业家精神更加重要。政府的所有者是公民,因而公共行政官员有责任通过担当公共资源的管理员、公共组织的监督者、公民权利和民主对话的促进者、社区参与的催化剂以及基层领导等角色来为公民服务。

可以看到,新公共服务理论是对新公共管理理论的补充和完善,是更加适合现代公民社会发展的新理论。新公共服务理论强调尊重公民权利,提出政府必须真正了解公民的需要与利益并进而做出回应;新公共服务理论强调追求公共利益,提出通过公民参与实现社会广泛利益的统一,进而惠及所有人;新公共服务理论对政府在社会治理中的

---

[1] Richard T Green, Lawrence Hubbel. Refunding Democratic Public Administration[M]. US: Sage Publication Inc, 1996:38—62.
[2] Larry D Terry. Why We Should Abandon the Misconceived Quest to Reconcile Public Entrepreneurship with Democracy[J]. Public Administration Review, 1993, 53(4):393—395.
[3] Larry D Terry. Administrative Leadership, Neo-Managerialism, and the Public management Movement[J]. Public Administration Review, 1998, 58(3):194—200.
[4] 珍妮特·V.登哈特,罗伯特·B.登哈特.新公共服务——服务而不是掌舵[M].丁煌,译.北京:中国人民大学出版社,2004:7.

角色进行了重新定位,指出公共管理的本质是服务,政府的首要任务是帮助公民进行诉求表达并对这些诉求进行回应。新公共服务的核心理念对于指导公共服务的实践具有很重要的意义。

二、公共服务的相关研究

(一)关于公共服务内涵的研究

根据公共服务的基本概念,其内涵大多数情况下能够清晰界定,但随着社会的发展,学界对于公共服务的内涵是否应当拓展存在一定争议。这其中,关于媒体服务、旅游服务等是否属于公共服务的讨论尤其热烈。

有学者认为广播电视作为大众传播媒介,其产品具有较强的公共性和公益性,从这个角度讲,广播电视传播服务应当属于公共服务。广播电视传播公共服务属性的弱化会导致其产品呈现完全娱乐化、商业化倾向,进而导致节目内容的庸俗化,从而丧失传媒本身应承担的社会责任。广播电视提供的是精神文化产品,虽然在形态上与公共交通、公用事业产品等不同,但其公共品属性毋庸置疑,而不良节目内容的传播有损社会公众的公共利益,因而广播电视服务应当被看作是专业公共服务之一[1]。

随着旅游产业的快速发展,旅游活动大众化、常态化趋势日益明显,这使得关于旅游公共服务的讨论逐渐增多。但中国关于旅游公共服务的系统理论探讨仍较为缺乏,旅游公共服务的提供实践甚至快于理论发展。在不多的研究中,李爽等人从公共服务相关概念入手,通过对旅游公共服务的服务对象、特性以及相关概念的区分,对旅游公共服务的内涵进行了界定[2]。他们认为"旅游公共服务是由政府或其他社会组织提供的,以满足旅游者共同需求为核心,不以营利为目的,具有明显公共性的产品和服务的总称",旅游公共服务与一般公共服务之间存在包涵所属的关系。但也有学者认为,旅游公共服务是由政府和社会组织联合提供的直接和间接、具有外部效果、非排他性服务的总称[3],或者是由政府、企业、第三部门等服务主体为旅行前、旅行中、旅行后的旅游者提供的具有明显公共性的、满足旅游者共同需要的公共产品和服务的总和[4]。总体而言,现有研究对旅游公共服务的内涵进行了界定,并从旅游公共服务的目标、性质、供给内容、供给方式等方面予以分析。这些研究为中国旅游公共服务管理的部门设置、有效提供、制度安排及绩效评价等提供了理论指导。

(二)关于公共服务供给主体的研究

各类公共服务的供给主体的研究是中国公共服务相关研究中的热点,其中包括不同供给主体的合作机理和多元参与机制分析、特定区域内公共服务供给主体分析,等等。

---

[1] 夏宇煊.广播电视公共服务的内涵分析[J].现代交际,2017(24):192.
[2] 李爽,黄福才,李建中.旅游公共服务:内涵、特征与分类框架[J].旅游学刊,2010(4):20—26.
[3] 郭胜.节事活动的旅游公共服务——以政府的视角[J].无锡职业技术学院学报,2008(6):67—69.
[4] 李建中,李爽,甘巧林.节事活动旅游公共服务第三部门供给研究[J].社会科学,2009(10):51—56.

公共服务的供给主体一直是公共行政和公共管理理论研究和实践领域中具有争议性的议题。西方国家20世纪30年代以来的实践表明，单一供给主体经常会遇到失灵的情况。20世纪30年代经济大萧条，"凯恩斯革命"导致了国家概念的重新定义和政府职能的转变，为了避免市场在提供公共产品时的失灵现象，政府成为公共产品的当然提供者；到了20世纪70年代，西方发达国家的经济"滞涨"局面让凯恩斯主义面临挑战，行政人员的有限理性使得公共产品的提供中出现了政府失灵的现象，新公共管理运动开始倡导公共服务的市场化生产，即由市场与政府联合供给公共产品；到了20世纪90年代，公共物品供给的PPP(Public-Private-Partnership)模式被创造出来，即政府与私营部门之间建立长期合作伙伴关系，"以'契约约束机制'督促私营部门按政府规定的质量标准进行公共物品的生产，政府则根据私营部门的供给质量分期支付服务费"[1]。由此可见，随着经济和社会领域自组织力量的发展，私营部门与公共部门、市场与政府、非政府组织与政府部门之间的传统界线逐渐被打破，公共产品（公共服务）的供给过程逐渐演变成为由各种不同角色共同参与的复杂过程，政府、企业和第三方部门通过优势互补，有可能实现更高效的公共服务供给[2]。

但需要指出的是，历史发展的经验表明，任何一种选择都不可能完美，现在的多元供给也并不是一个完美的解决方案，由于制度约束、信息通畅程度及其他原因的存在，多元供给主体之间可能存在协调与合作方面的问题，进而对公共服务提供带来负面影响[3]。对于中国而言，现行的公共服务供给体系需要在协调参与主体关系的基础上完成对各自功能的优化，各个供给主体之间的协调关系是功能优化的前提与基础，而构建"共建、共治、共享"的社会治理新格局是指导公共服务供给主体关系调适的重要依据。"共建"理念有助于打破制度藩篱，为多元参与提供制度保障；"共治"理念有助于供给手段的有机组合以实现公共服务供给的效率提升；"共享"理念有助于推动服务资源的公平分配[4]。

在中国，农村公共服务的供给和城镇非户籍人口的公共服务供给是短板。改革开放以来，农村的公共服务供给模式逐渐从政府垄断向基层政府、市场、农村社会组织以及农村资质组织的协同供给转变，但在这个过程中，由于政府长期掌握大部分的人力、财力和物力，农村社会组织独立性不强、能力不足，企业供给动力不足，村民参与意识和参与能力不足等原因，使得"各供给主体之间的合作关系仍处于断裂状态"，必须加以重构与完善[5]。而对于城镇非户籍人口而言，其公共服务供给问题的解决有赖于主体协同、流程优化、资源配套及利益补偿等4个环节的共同推进[6]。

---

[1][2] 徐艳晴.公共服务供给主体多元化的理论来源[J].兰州学刊,2010(5):51—54.
[3] 仲兵,周义程.双失灵:公共服务供给主体选择的困境解析[J].江海学刊,2009(5):224—228.
[4] 昌硕.社会治理新格局下公共服务供给主体的关系调适与功能优化[J].天津行政学院学报,2019(4):70—77.
[5] 蔺丰奇,赵雪.农村公共服务供给主体关系重构的制度基础——基于社会学制度主义的分析视角[J].河北经贸大学学报(综合版),2014(2):56—61.
[6] 于海燕,李靖.着力提升流动人口公共服务的协同供给——以新型城镇化为视角[J].理论探索,2017(1):105—110.

参考文献

顾平安.推行公共服务便捷化切实转变政府职能[EB/OL].[2016-01-14].http://www.gov.cn/zhengce/2016-01/14/content_5032926.htm.

顾江,施元莉,高尔生,顾杏元.中国婴儿死亡率及其影响因素分析[J].人口与经济,1991(4).

国家统计局.人口总量平稳增长、人口素质显著提升——新中国成立70周年经济社会发展成就系列报告之二十[R/OL].[2019-8-22].http://www.stats.gov.cn/ztjc/zthd/bwcxljsm/70znxc/201908/t20190822_1692901.html.

国家人力资源和社会保障部.2019年度人力资源和社会保障事业发展统计公报[R/OL].[2020-09-11].http://www.mohrss.gov.cn/SYrlzyhshbzb/zwgk/szrs/tjgb/202006/t20200608_375774.html.

国家行政学院.西方国家行政改革评述[M].北京:国家行政学院出版社,1998.

C Hood. A Public Management for All Seasons? [J]. Public Administration, 1991(69):3—19.

Richard T Green, Lawrence Hubbel.Refunding Democratic Public Administration[M]. US:Sage Publication Inc,1996:38—62.

Larry D Terry. Why We Should Abandon the Misconceived Quest to Reconcile Public Entrepreneurship with Democracy[J]. Public Administration Review,1993, 53(4):393—395.

Larry D Terry. Administrative Leadership, Neo-Managerialism, and the Public management Movement[J].Public Administration Review,1998,58(3):194—200.

珍妮特·V.登哈特,罗伯特·B.登哈特.新公共服务——服务而不是掌舵[M].丁煌,译.北京:中国人民大学出版社,2004.

夏宇煊.广播电视公共服务的内涵分析[J].现代交际,2017(24).

李爽,黄福才,李建中.旅游公共服务:内涵、特征与分类框架[J].旅游学刊,2010(4).

郭胜.节事活动的旅游公共服务——以政府的视角[J].无锡职业技术学院学报,2008(6).

李建中,李爽,甘巧林.节事活动旅游公共服务第三部门供给研究[J].社会科学,2009(10).

徐艳晴.公共服务供给主体多元化的理论来源[J].兰州学刊,2010(5).

仲兵,周义程.双失灵:公共服务供给主体选择的困境解析[J].江海学刊,2009(5).

昌硕.社会治理新格局下公共服务供给主体的关系调适与功能优化[J].天津行政学院学报,2019(4).

蔺丰奇,赵雪.农村公共服务供给主体关系重构的制度基础——基于社会学制度主义的分析视角[J].河北经贸大学学报(综合版),2014(2).

于海燕,李靖.着力提升流动人口公共服务的协同供给——以新型城镇化为视角[J].理论探索,2017(1).

第三章　人口发展与公共服务的关系

第一节　人口发展与公共服务关系的理论阐述

一、人口发展的界定

（一）人口发展

人口发展是作为社会生活主体的人口，随着生产力的发展和社会生产方式的进步、社会经济条件的变化，其数量、质量和结构及其与外部社会经济、环境等诸方面的关系不断由低级向高级运动的过程。具体包括人口数量的增减变化、人口素质的提高以及人口状况的变动等各个方面，因而成为与社会经济发展相协调的人口最高运动形式。人口发展意味着作为社会生活主体的人口，特别是劳动力人口征服自然能力的发展，科学技术水平和文化教育水平的全面提高，认识和运用自然规律、社会规律不断改造自然、改造社会的能力的发展。人口发展既有数量的发展变化，也有质量的发展和飞跃。[1]

人口是社会历史发展的产物，又是今后社会发展的起点，没有绝对静止、永恒不变的人口。人口发展首先是人口量变与质变的过程。人口发展不仅是人口数量的增减变化，而且包括人口质量诸方面的飞跃发展，即人口的身体素质、文化教育和科学技术水平的全面提高，认识、改造自然和社会的能力的发展。人口发展也包括人口结构的变动。人口数量的增减、质量的高低，以及人口变动过程都会导致人口结构的变化，而人口结构是人口发展的内在机制。[2]

人口发展还包括作为基本生产力和消费力的人口与经济相互制约关

---

[1] 吴忠观，周君玉，封希德，方英仁.人口科学辞典[M].成都：西南财经大学出版社，1997.
[2] 吕红平.均衡发展：新时代人口发展的内在要求和战略选择[J].人口与计划生育，2018(5)：31—33.

系的发展。人口作为基本生产力，必须与生产资料的性质和比例相适应。原始社会的劳动人口只占有非常简陋的生产工具，现代化生产的工人则装备有极为庞大而复杂的劳动手段体系，劳动条件和劳动内容及劳动者自身的素质都有了质的飞跃。作为消费力的人口与消费资料之间也有着相互制约的关系。随着生产力的发展，人们的消费水平、内容和结构都在不断提升。①

人口发展过程是生物学过程和社会过程的统一，生物学规律和自然环境是人口发展的自然基础，人口发展本质上是社会过程。引起人口发展的根本原因是社会生产方式由低级向高级的更替运动。人口发展由构成社会生产力的人口要素和物的要素之间的矛盾运动所推动，生产力的发展要求劳动者的数量和质量与之相适应，这是人口发展的基本推动力。

（二）人口发展战略

人口发展战略是一国或者一个地区关于人口发展所采取的总的方针政策。主要指为实现人口现代化所做的具有全局性、长远性、根本性的决策。人口发展战略是经济、社会发展战略的重要组成部分，包括人口数量发展战略、人口质量发展战略、人口结构发展战略、人口分布发展战略等几个方面。人口发展战略是社会经济发展规划中制订人口发展计划的纲领和核心。②

人口作为社会生活的主体，通过生产、分配、交换、消费各个环节，对社会经济、文化艺术、体育卫生等各项事业起促进或阻碍作用，从而加速或延缓社会发展。在社会发展战略中，人口发展战略与经济发展战略相适应，构成社会发展战略的基本内容。人口发展战略包括人口数量、人口质量和人口构成3个方面。人口数量主要指人口发展速度和规模，是人口战略决策的基础；人口质量主要指人口身体素质和文化科学素质，是人口战略决策的中心环节；人口构成包括人口自然构成、社会构成和地域构成，是人口战略决策的重要内容。

人口发展战略的主要指标体系按内容划分，可分为两大类。一类是反映人口规模和发展速度的指标，另一类是反映人口质量、人口构成的指标。反映人口规模和发展速度的指标主要有：人口总数，是人口发展战略最基本的指标；人口自然增长率，是影响人口总数变动最直接、最主要的指标；人口出生率和死亡率，是决定人口自然增长率的两个基本因素；妇女生育率，是人口发展战略数量指标中最关键的指标。控制人口数量，关键在于调低妇女生育率。反映人口质量、人口构成的指标，主要有：人口性别、年龄构成，是人口最基本的结构指标；人口经济结构、文化教育结构、民族人口结构和婚姻家庭结构，反映人口再生产与社会经济的主要联系；人口地域构成，主要是人口的城乡构成和地域分布；婴儿死亡率和人口平均寿命，是反映人口生命质量和社会发展水平的主要指标。

---

① 沙勇.科学把握人口发展与经济高质量发展的内涵关系[J].人口与社会，2019(1):23—29.
② 何维.加强人口发展战略研究 促进人口长期均衡发展[J].人口与社会，2019(1):5—11.

确定人口发展战略目标是一个十分复杂的问题。人口数量、人口质量、人口构成及其变动,受社会经济、社会文化、社会意识、自然环境、婚姻家庭、人口规律等因素的影响。较长时期内人口发展的战略目标,只有在综合分析诸因素的影响后方能确定。确定人口发展战略目标的指导原则主要包括以下5个方面:第一,要适应社会经济发展的客观要求,有利于加速社会经济及其他社会事业的发展;第二,要符合人类自身生产的发展规律,有利于人口再生产的良性循环;第三,要符合辩证唯物主义和历史唯物主义的科学方法论原则,有利于促进人口与生态环境平衡;第四,要符合人口发展战略最终目的,有利于不断改善和提高人民群众的物质和文化生活水平;第五,要遵循全局与局部相结合、长期和中期相结合的原则,有利于提高人口发展战略透明度和可行性。①

二、公共服务的界定

(一)基本公共服务与非基本公共服务

基本公共服务是指建立在一定社会共识基础上,由政府主导提供,与经济社会发展水平和发展阶段相适应,旨在保障全体公民生存和发展基本需求的公共服务。其特征是维持本国经济社会的稳定、基本的社会正义和凝聚力,保护个人最基本的生存权和发展权,创造为实现人的全面发展所需要的基本社会条件。其宗旨是履行政府"保基本、兜底线、促公平、惠民生"的基本责任,保障公民的基本权利。基本公共服务包括3个基本点:一是保障人类的基本生存权(或生存的基本需要);二是满足基本尊严(或体面)和基本能力的需要;三是满足基本健康的需要。对应上述3个基本点,政府与社会需要对社会成员提供相应保障服务。为了保障基本生存权,需要提供基本就业保障、基本养老保障、基本生活保障等;为了保障基本尊严和基本能力,需要提供基本的教育和文化服务;为了保障基本健康,需要提供基本的健康保障与公共卫生服务。随着经济的发展和人民生活的水平的提高,一个社会基本公共服务的范围会逐步扩展,水平也会逐步提高。

非基本公共服务是指混合公共服务或政府为满足更高层次的社会公共需求而提供的公共服务和产品,可以通过政府和社会合作,或者依靠市场配置资源来满足居民多样化的需求。

在此基础上,我们对基本公共服务、非基本公共服务、市场化服务进行特征辨析与供给主体的匹配分析。基本公共服务聚焦底线民生,其供给主体是政府,强调服务的均等化、普惠化、便捷化;非基本公共服务聚焦基本民生,供给需要充分发挥市场和社会组织等各种社会力量的广泛参与,强调服务的多样化、整合化、优质化;市场化服务聚焦质量民生,充分发挥市场在资源配置中的决定作用,强调服务的市场化、品牌化、高端化。

3个层次的服务范围是动态变化的。随着社会经济发展水平的提高,基础层次的服务范围将逐步扩大至原先的较高层次服务范围;同时,较高层次的服务范围也将产生

---

① 营立成,尹德挺.40年来人口发展战略的探索与完善[N].经济日报,2019-01-28(15).

新的拓展,从广度与高度等方面进一步满足社会成员对高品质服务的多样化需求。在此动态调整过程中,政府与市场的作用也将随之出现相应的扩展或收缩。

(二)广义的公共服务与狭义的公共服务

狭义的公共服务不包括国家所从事的经济调节、市场监管、社会管理等一些职能活动,即凡属政府的行政管理行为、维护市场秩序和社会秩序的监管行为,以及影响宏观经济和社会整体的操作性行为,都不属于狭义公共服务,因为这些政府行为的共同点是都不能使公民的某种具体的直接需求得到满足。公民作为人,有衣食住行、生存、生产、生活、发展和娱乐的需求。这些需求可以称作公民的直接需求。至于宏观经济稳定、市场秩序和社会秩序等则是公民活动的间接需求,不是满足公民特定的直接需求的。公共服务要满足公民生活、生存与发展的某种直接需求,能使公民受益或享受。譬如,教育是公民及其被监护人,即他们的子女所需要的。他们可以从受教育中得到某种满足,并有助于其人生发展。如果教育过程中使用了公共权力或公共资源,那么就属于教育公共服务。而诸如执法、监督、税收、登记注册以及处罚等政府行为,虽然也同公民发生关系,也是公民从事经济发展与社会发展所必需的政府工作,但这些类别的公共活动却并不是在满足公民的某种直接需求,公民也不会从中感到享受,只是公民活动的间接公共需求的满足,所以类似政府行为都不是公共服务。[1]

狭义的公共服务可以根据其内容和形式分为基础公共服务、经济公共服务、社会公共服务、公共安全服务。基础公共服务是指那些通过国家权力介入或公共资源投入,为公民及其组织提供从事生产、生活、发展和娱乐等活动所需要的基础性服务,如提供水、电、气,交通与通信基础设施,邮电与气象服务等。经济公共服务是指通过国家权力介入或公共资源投入,为公民及其组织即企业和机构提供从事经济发展活动所需要的各种服务,如科技推广、咨询服务以及政策性信贷等。公共安全服务是指通过国家权力介入或公共资源投入为公民提供的安全服务,如军队、警察和消防等方面的服务。社会公共服务则是指通过国家权力介入或公共资源投入,为满足公民的社会发展活动的直接需要所提供的服务。社会发展领域包括教育、科学普及、医疗卫生、社会保障以及环境保护等领域。社会公共服务是为满足公民的生存、生活、发展等社会性直接需求,如公办教育、公办医疗、公办社会福利等。

(三)公共服务与公共行政的区别

公共服务不同于公共行政。公共服务是一种服务活动,其特征在于有国家行为介入。公共行政则是一种权力运作,其特征在于以国家行政部门即政府为主体。公共服务的作用是满足公民的某种直接需求,如文化教育和医疗保健。公共行政的作用则是规范公民开展社会活动的行为以及维护满足公民的其他间接需求。公共服务的接受可以由公民根据个人需要进行一定程度的选择,公共行政的接受则是由法律法规所规定的,要求公民必须接受。公共服务涉及的人与人之间的关系是平等的,公共行政则是自

---

[1] 李翠兰,邵培德.包容性视角下的中国财政支出结构比较分析[J].广东外语外贸大学学报,2016(1):5—13.

上而下的等级式体制。公立学校、公立医院、公立文化体育场馆等是专门的公共服务机构,政府则是专门的公共行政机构。

三、人口发展与公共服务的关系

(一)人口发展与公共服务的基本关系

人口发展取决于一个国家(地区)的公共服务供给状况,因此,公共服务是人口发展的重要条件,也是人口发展的重要内容。具体而言,教育服务、公共卫生与基本医疗服务、基本社会保障以及就业服务对人口发展都具有保障与促进作用。

教育是直接影响人类发展的重要因素,承担着社会、经济、文化、政治等多项功能。大力发展教育有助于提高一个国家(地区)的人力资本存量,推动其经济发展;有助于促进社会流动、社会整合与社会公平。教育服务的覆盖面越广、年限越长、质量越高,一个国家(地区)的人口文化素质就越高,人力资本储备就越充足优质,人口发展也越好。

公共卫生与基本医疗服务在国民经济和社会发展中不可或缺。就个人角度而言,健康具有重要的本体性价值,是衡量人的身体素质的主要指标;就社会角度而言,健康构成一个社会人口素质的基础之一。一个国家(地区)的人口发展离不开健康这个基础,投资于健康就是投资于未来经济发展,社会拥有健康就是拥有了"财富"。满足社会成员基本健康需求的公共卫生与基本医疗服务的水平、能力与范围直接影响着一个国家(地区)的人口发展水平。

基本社会保障是社会的"安全网"和"减震器",构建规范稳定的基本社会保障制度有助于提高全体社会成员的生活质量,营造安定有序的社会环境,对于一个国家(地区)人口发展的可持续性与稳定性具有举足轻重的意义。

就业是民生之本,是人民群众改善生活的基本前提和基本途径,决定着每个家庭的生计。对劳动者而言,就业和再就业是他们赖以生存、融入社会和实现人生价值的重要途径和基本权利;对社会而言,就业关系到亿万劳动者及其家庭的切身利益,是促进社会和谐的重要基础;对经济发展而言,就业关系到劳动力要素与其他生产要素的结合,是生产力发展的基本保证;对国家而言,就业是民生之本、国家稳定之基,也是安国之策。公共就业服务是促进就业的重要手段,是缓解就业压力的重要途径。

综上所述,人是公共服务的提供者,也是公共服务的享有者。公共服务与人口发展之间的关系密不可分,相互促进。公共服务促进人口发展,人口发展带动公共服务。

第一,公共服务有助于提高人的可行能力。人的全面发展的重要标志之一,是人的可行能力的提高。教育和健康方面的基本公共服务直接影响人们教育水平和健康水平的提高。教育服务的质量直接影响社会成员个体技能的掌握,教育质量越高,社会成员通过所学的知识技能进行劳动就业的收入水平越高,人力资本投资越充分,谋生能力越强,在劳动力市场越有竞争力,由此形成全社会人口发展的良性循环。公共卫生服务的作用是保障社会成员的基本健康需求,维护与促进一个国家(地区)人口身体素质的发展与提升。公共就业服务不仅意味着帮助社会成员获得稳定的收入来源,而且还关系到人的尊严和自信,有助于实现社会成员从生存到发展的需求提升。基本社会保障服务为人们提供社会生活各方面的基本安全感,同时还有可能影响家庭对子女教育的投资决策,并由此影响下一代社会成员的可行能力。

第二,公共服务有助于储备优质人力资源,建设人力资源强国。以中国为例,在经济的快速增长过程中,自然资源、资本、劳动力投入的贡献较高,全要素生产率的贡献较低。提高人口素质,实现人口大国向人力资源强国转变的迫切性日益凸显。在这样的背景下,公共教育服务的扩容需求与积极作用进一步凸显。通过建立共建共享、多元参与的教育公共服务体系,打造便利的"15分钟教育服务圈",配齐中、小、幼公建配套学校,加大基础设施建设投入力度,持续推进学校办学环境的改善工作,更好地支持学校的内涵建设,努力做到幼有善育、学有优教,尽力为民众提供更加公平和更高质量的教育公共服务,有助于从根本上提升人口文化素质,储备优质人力资源,实现建设人力资源强国的目标。

第三,公共服务有助于优化人口规模与人口结构。当社会成员普遍能够获得有保障且优质的公共服务,例如:构建社会化养老体系,替代家庭养老保障模式,提供普惠性托幼服务,降低家庭育儿成本,创新弹性工作模式,帮助职业人士兼顾家庭等,那么,人们的生育观念与生育行为将更趋于理性并符合实际。这将利于一个国家或地区在提高人口素质的同时优化人口规模与人口结构。

(二)公共服务对促进社会进步的意义

第一,发展公共服务有利于缓解社会矛盾。当前我国社会发展进程中常见的挑战主要包括地区间和城乡间发展不平衡、居民收入差距偏大、资源环境约束增加、内外需失衡、投资消费结构不合理等。公共服务作为维护社会基本公平的基础,通常发挥着社会矛盾的"缓冲器"作用。面对当前居民日益增长的公共服务需求与公共服务总体供给不足、质量低下之间的矛盾,以及市场经济体制逐步建立完善对政府职能的新要求与政府职能转变缓慢之间的矛盾,强化政府公共服务职能,改善公共服务内容与质量,无疑是一条有效途径,有利于缓解经济社会中的各种矛盾,维护社会和谐稳定。

第二,发展公共服务有利于健全公共服务供给的体制机制,优化公共服务管理。公共服务所提供的数量和质量以及公共服务基本功能的有效发挥,直接受到可持续的财政支持体制、规范的政府分工和问责机制以及地区间和城乡之间资源的公平配置制度等多种因素的影响。加强政府公共服务绩效管理,通过事前、事中、事后的绩效评价,强化各级政府和政府各部门的责任,有利于健全公共服务供给的体制机制,引导各级政府逐步树立以公共服务为中心的政府职能观和绩效观,提升公共服务管理的能力与效率。

第三,发展公共服务有利于公众参与公共服务的管理与监督。随着社会进步与技术发展,公众对公共服务需求日益增长,质量要求也日益提升,对国家之间、地方之间公共服务的差异也日益敏感。社会公众不仅要求知晓政府在公共服务上的支出规模,更关心这些支出所取得的效果,以及对公众生活带来的改善。由此可见,加快政府公共服务绩效评估,并形成定期公开报告制度,不仅可为政府进一步改善公共服务提供决策参考,而且可以满足公众的信息需求,提高他们参与政府管理和监督的能力,推动决策的科学化和民主化,提升政府公信力。

第四,发展公共服务有利于提高公共资源整体配置效率。提供公共服务作为政府的核心职责,其绩效水平直接影响着全社会资源配置效率和国民整体福利。通过强化公共服务管理、量化公共服务绩效、优化公共服务水平,能够改善政府管理状况,提高政府效率,促进社会资源更有效地配置,提升全体社会成员的福利水平。

第五,发展公共服务有利于提高政府管理能力和国际竞争力。在经济全球化和一体化日趋深入发展的背景下,政府作为资源配置最重要的主体之一,其竞争力已经成为决定国家竞争力的重要因素。加快完善政府管理体制,确保政府的高效运行,充分发挥公共服务职能,不断提升政府管理效能和竞争力,已经成为各国政府应对国际竞争的战略性选择。

第二节 人口发展与公共服务关系的理论研究

一、人口发展与公共服务研究现状

基本公共服务的理论来源可追溯到西方经济学的福利经济学、区域经济思想。庇古作为福利经济学派的代表,对基本公共服务供给开展了深度研究。福利经济学从福利最大化角度出发,对经济活动进行分析,通过测量福利水平的增减来研究其是如何影响社会、经济政策的安排,并强调效用最大化、福利最大化,为公共服务均等化的提出奠定了经济理论支撑。

一般来说,政府的主要职能被概括为"经济调节、市场监管、社会管理和公共服务"4个方面。在学术界,许多学者对公共服务的定义展开了研究。杨团提出社会公共服务"一般是指依托社会公共设施或公共部门、公共资源的服务"。[1]由细致分析可知,管理和服务仍有相当大的区别。一种是被动性的,一种是能动性的。管理一般是以政府为中心。从外延看,公共服务包括行政性的公共服务如行政审批,也包括公益性的公共服务如教育、安全、医疗、健康、环境、卫生服务、交通、道路,等等,还包括私人性物品的公共基础服务,如广播电视、水电煤卫和邮电、中介服务等。公共服务既包括提供物质产品和场地设施供给,也包括非物质产品的服务供给。赵大海提出,医疗卫生供给水平是衡量政府公共服务水平高低的重要因素。可以通过试点区域,在经济发展水平较好的区域建立公立医院补偿机制,逐步调整医疗服务价格和降低药品加成,分步骤、有序地提高全民医疗公共服务供给水平。[2]杨清望认为,公共服务包含静态服务与动态服务两方面。静态的公共服务偏向政府提供服务的结果,动态的公共服务更强调公共服务供

---

[1] 杨团.推进社区公共服务的经验研究——导入新制度因素的两种方式[J].管理世界,2001(4):24—35.
[2] 赵大海.政府对公立医院财政投入的水平和方式研究[J].财政研究,2010(2):7—9.

给的持续行为。①蔡秀云等着力研究了城市化背景下政府的公共服务供给现状,发现我国的公共服务供给水平落后于城市化发展进程,公共服务供给、政府财政支出仍有缺口。为保障公共服务供给与城市化进程相契合,应确保每年公共服务的财政支出增速快于年均 GDP 的增速。②易志坚等认为,公共服务是从公共利益出发,向不特定的社会大众提供的兼具非营利性和非实物性质的服务。整体而言,公共服务是不具排他性、大众普遍享有的基本服务,具有福利色彩。③董玉荣研究指出,政府购买环境公共服务不仅有利于服务标准和质量的提升,而且还有助于环境公共服务模式的创新发展。④然而,我国政府购买环境公共服务的政策和法律尚不健全,存在法律规范"赤字"现象。针对"向谁购买"的主体不明、"购买什么"的范围不清、"怎么购买"的程序缺失等制度问题,今后我国尚须完善政府购买环境公共服务的主体制度,确立合理的环境公共服务购买范围,健全由购买主体、服务对象及专业机构组成的绩效评价程序,推进第三方评价程序的建设,从而不断提升政府购买环境公共服务的法治建设。⑤胡洪曙等通过构建转移支付、财政供养人员规模对地区基本公共服务供给影响的基础模型并结合我国 2008—2017 年 31 个省级行政区的面板数据进行实证,发现转移支付能在一定程度上改善辖区内公共服务的供给,但该促进作用易被缺乏弹性的行政性薪金支出弱化。⑥转移支付在提升公共服务支出占比上存在着以财政努力为门槛的三重门槛效应,随着地区财政努力程度的不断提升,转移支付对基本公共服务的增进效应也呈现阶梯性提升。因此,控制财政支出的可替换效应,加快构建与地区财政努力程度激励相容的转移支付制度,引导地方政府的支出偏好向民生领域倾斜,是优化基本公共服务供给的重要环节。

二、人口发展与公共服务的内在联系

人口发展战略致力于根据人口生命周期的各个阶段提供公共服务,提升人口生活质量和生活环境,追求人的发展和社会福利的增加。人口死亡率的降低,人口预期寿命的提高,出生缺陷率的降低,生殖健康、传染病发病率的下降、重大流行性疾病的控制等,都是人口发展水平的标志,也是公共服务不断完善的结果。因此,包括计划生育管理服务、性与生殖健康服务、教育服务、幼托服务、卫生保健、家庭婚姻服务、老年服务、交通服务、休闲服务等都是促进人口发展的公共服务。

人口发展关系到人口生命质量、家庭和社会的可持续性。高质量的公共服务对人口发展起着至关重要的作用,有助于促进一个国家(地区)的人口发展进程。社会公

---

① 杨清望.公共服务的"意义"探析与内容重构[J].法律科学(西北政法大学学报),2012(4):99—111.
② 蔡秀云.公共服务与人口城市化发展关系研究[J].中国人口科学,2012(6):58—112.
③ 易志坚.政府购买公共服务的几个基本概念界定[J].中国政府采购,2014(4):23—25.
④ 董玉荣.政府购买环境公共服务的制度评估与法治建构[J].江苏大学学报(社会科学版),2019(6):68—79.
⑤⑥ 胡洪曙,武锶芪.转移支付、财政努力对基本公共服务供给影响的研究——一个基于省级面板数据的门槛效应分析[J].华中师范大学学报(人文社会科学版),2019(6):95—105.

服务的投入及设施配置是发挥居住功能、社会交往功能和经济活动功能的基础性依托，是社会发展与规划不可或缺的组成部分。[①]

人口发展状况直接决定了公共服务的内容和需求。人口发展状况主要包括人口数量、人口结构和人口空间分布等，其中人口结构包括人口的年龄结构、性别结构、劳动力的行业职业结构、人口受教育水平等方面。由此可见，人口发展状况包含的各项内容正是公共服务、基础设施的规划基础，并对社会公共服务形成具体需求。国家对城市居民区公共服务配置提出了基本的要求，分为行政管理、金融邮电、文化体育、医疗卫生、商业服务、社区服务、市政公用和教育这8类。随着社会经济技术的发展和人民居住生活观念的变化，公共服务的规模、内容也应有所改变。例如，人口老龄化对于老年福利设施、老年文化设施、老年安全设施等的设置都产生一定影响；家庭结构小型化及核心家庭对生活质量和社会支持的迫切需求，对居住区社会公共服务的推广也提出了更多挑战。

完备的公共服务体系有助于人口发展的全面进步。第一，完备的公共服务体系有助于满足和延展社会功能，不仅为公众提供活动场所，还可聚集人气，提升城市活力。第二，完备的公共服务体系可使社会运转更加有序。公共服务设施的完备使社会组织秩序趋于良性发展，从而带动社会有序更新。第三，完备的公共服务体系有助于促进经济增长。公共服务体系建立有助于增加中低收入者的就业机会，并且重振社会活力，拉动主导产业发展。第四，公共服务体系促使人造环境与自然环境的均衡。建设设施齐全、绿色生态的公共服务体系，不仅能有效改善生态环境，还能解决城区人口密度过大、环境污染严重等问题，而且有助于减少压力，提高人口素质，促进当地社会与经济发展，提高综合竞争力。

一个国家或地区的全面发展不仅要重视经济发展，还应重视公共福利水平的不断提高。公共福利水平的提高需要基于人口生命各个阶段的具体需求。公共服务具有很强的社会性、福利性，公共服务提供的优化有助于促进人口发展与社会进步。

三、结合人口发展特点配置公共服务资源

人口是社会存在和发展的基础，人口的各种特征和多样化需求是社会公共服务建设的基础，建立与人口相适应的公共服务体系，应成为社会发展的重要原则和基本理念。

（一）公共服务应与人口结构变动相适应

随着人口老龄化进程的加速，以老年人为主要对象的公共服务应提高供给量。由于老年群体对医疗卫生、社区商业、居民服务和社会服务的需求较高，人口老龄化对生活居住区的社区养老、医疗卫生、休闲场所等提出了更高标准。老年人口比重较大的区域应加大对各项老年设施的投入，打造老年友好型公共服务体系与社会环境。同时，由

---

① 赵渊博，李鹏.人口发展质量定量分析与现实价值：1978—2016[J].福建行政学院学报，2018(4)：110—120.

于青年与少年儿童对教育文化设施的需求较高,要求优化配置教育资源、建设游乐场所和提升居住区安全保障系数,应着重加强这些方面的公共服务建设。

（二）公共服务应与人口空间分布状况相匹配

公共服务资源配置应与一个国家或地区的人口空间分布状况相匹配,对于生活居住区要注重提高居民生活品质,在环境保护、社区服务、社区管理等方面加大改进力度,提高居民满意度,同时提高生活居住区的设计标准,提升人文氛围,突出高品质特色。对商业商务区则应当注重品位建设,应增加市政交通、商业配套设施、文化娱乐设施的设置,凸显商业氛围,带动经济发展。

（三）公共服务应与区域人口素质提升相协调

随着人口受教育程度不断提升,人口文化素质得到不断提高,对公共服务的需求层次也随之提高。例如,商业商务区大规模"白领"群体的存在和活动,对各种商务配套设施、餐饮娱乐设施以及商业街道的自身建设,不但从"量"上,更从"质"上提出了更高的要求;又如,新建住宅区中不断迁入的高素质人口必然会对社区环境、体育健身设施、休闲娱乐场所等提出更高的要求,也会更加关注生活工作环境的人文氛围和现代理念。规模日益扩大的高素质人口更重视服务质量,对生殖健康、教育、卫生、休闲娱乐等都提出了更高的要求,因此,公共服务的品质也应与之相协调,不断追求"精致化""精品化""现代化""信息化"。

四、基本公共服务力评价研究[①]

2012年7月出台的《国家基本公共服务体系"十二五"规划》从实践操作层面制定了基本公共服务的国家基本标准,明确了主要目标:供给有效扩大、发展较为均衡、服务方便可及、群众比较满意,最终实现基本公共服务均等化。对于基本公共服务均等化的目标,在操作层面必须首先明确界定基本公共服务的内容。从中国的现实看,可以运用基础性、广泛性、迫切性和可行性4个标准来界定。所谓基础性,是指那些对人类发展有着重要影响的公共服务,其缺失将严重影响人类发展。所谓广泛性,是指那些影响到全社会每一个家庭和个人的公共服务供给。所谓迫切性,是指事关广大社会最直接、最现实、最迫切利益的公共服务。所谓可行性,是指公共服务的提供要与一定的经济发展水平和公共财政能力相适应。

从上述标准判断,义务教育、公共卫生与基本医疗、基本社会保障、公共就业服务是广大城乡居民最关心、最迫切需要的公共服务,是建立社会安全网、保障全体社会成员基本生存权和发展权必须提供的公共服务,成为现阶段我国基本公共服务的主要内容。

公共服务力是政府提供公共服务的能力。城市基本公共服务满意度是判断城市基

---

① 本部分研究内容主要参考来源:钟君,等.中国城市基本公共服务力评价(2018)[M].北京:社会科学文献出版社,2018.

本公共服务力强弱的重要标志。坚持在发展中保障和改善民生,坚持以人民为中心是新时代中国特色社会主义的基本方略。发展基本公共服务是新时期保障和改善民生的重要内容。

基本公共服务力的评价指标体系分为主观评价和客观评价两个部分,对地方政府基本公共服务水平可从公众的主观感受、客观投入及成果这两个维度来进行全面的、系统的考察。主观评价主要是考察城市居民对政府基本公共服务在公平性、便利性以及整体性上的满意程度,同时还着重考察城市居民对政府公职服务水平的感受和看法;客观评价主要是考察地方政府在基本公共服务方面的财政投入以及取得的客观成果。

操作层面上,主观评价比较困难,需要大规模的独立客观公正的社会调查。第三方机构在这方面具有优势。为此,中国社会科学院联合华图·红领政信进行了2010—2011年城市基本公共服务力评价,其成果成功纳入"公共服务蓝皮书",为基本公共服务评价开启了新时代。

中国社会科学院课题组每年在调查问卷的基础上,连续8年出版发布调查研究成果暨"公共服务蓝皮书"——《中国城市基本公共服务力评价》,受到中央和地方政府及相关职能部门的高度关注,产生了积极的社会影响。2018年,为克服传统调查难度大、样本少、抽样不均衡等问题,课题组创新调查方式,积极探索大数据和云计算时代网络调查新渠道。

按照优化的基本公共服务力评价指标体系,通过15 613份网络调查问卷,对全国38个主要城市的基本公共服务力进行深入研究,发布了2018年全国38个主要城市调查问卷满意度评价情况及排行榜。采用网络大数据分析方法,通过879.3万条有效评论样本对全国38个主要城市的基本公共服务力进行大数据评价。网络大数据满意度与调查问卷满意度正相关性高,说明网络大数据满意度评价具有科学性、可行性、可靠性。

课题组通过GDP对公共服务满意度杠杆指数等评价工具,对38个城市的基本公共服务调查问卷满意度进行了详细评价。根据网络调查问卷数据,对公共交通、公共安全、公共住房、基础教育、社保就业、医疗卫生、城市环境、文化体育、公职服务9项公共服务要素进行满意度单项分析。同时,参考腾讯指数社会热点舆情数据,归纳总结出2018年在社会公共服务领域公众最关注的十大热点问题,采用舆情大数据分析方法对医疗、教育、住房、交通、社保、个税等公共服务领域典型案例进行深入分析。

参考文献

蔡秀云.公共服务与人口城市化发展关系研究[J].中国人口科学,2012(6).

董玉荣.政府购买环境公共服务的制度评估与法治建构[J].江苏大学学报(社会科学版),2019(6).

何维.加强人口发展战略研究 促进人口长期均衡发展[J].人口与社会,2019(1).

胡洪曙,武锶芪.转移支付、财政努力对基本公共服务供给影响的研究——一个基于省级面板数据的门槛效应分析[J].华中师范大学学报(人文社会科学版),2019(6).

胡宴,朱建君.智慧社区适老化公共服务设施指标分析及系统设计[J].设计,2019(21).

李翠兰,邵培德.包容性视角下的中国财政支出结构比较分析[J].广东外语外贸大学学报,2016(1).

娄兆锋,曹冬英.公共服务导向中基本公共服务与非基本公共服务之研究[J].中国行政管理,2015(3).

陆晓文.面向以人为本的上海2040基本公共服务体系研究[J].上海城市规划,2015(6).

吕红平.均衡发展:新时代人口发展的内在要求和战略选择[J].人口与计划生育,2018(5).

沙勇.科学把握人口发展与经济高质量发展的内涵关系[J].人口与社会,2019(1).

吴忠观,周君玉,封希德,方英仁.人口科学辞典[M].成都:西南财经大学出版社,1997.

杨清望.公共服务的"意义"探析与内容重构[J].法律科学(西北政法大学学报),2012(4).

杨团.推进社区公共服务的经验研究——导入新制度因素的两种方式[J].管理世界,2001(4).

易志坚.政府购买公共服务的几个基本概念界定[J].中国政府采购,2014(4).

菅立成,尹德挺.40年来人口发展战略的探索与完善[N].经济日报,2019-01-28(15).

赵大海.政府对公立医院财政投入的水平和方式研究[J].财政研究,2010(2).

赵渊博,李鹏.人口发展质量定量分析与现实价值:1978—2016[J].福建行政学院学报,2018(4).

钟君,等.中国城市基本公共服务力评价(2018)[M].北京:社会科学文献出版社,2018.

第四章 中国生育行为变动与生殖健康服务

自中华人民共和国成立至今,中国人口由高增长进入稳定增长,人口数量增长经历了3次高增长及紧随其后的3次回落,人口再生产类型也由高出生率、高死亡率、低自然增长率,经历高出生率、低死亡率、高自然增长率,转入低出生率、低死亡率、低自然增长率。本章先介绍生育及其测量指标,然后归纳中国生育行为变动特点,并介绍中国生殖健康服务状况。

第一节 生育及其测量指标

生育是以夫妻双方为基础的,因此,在测量生育水平时就涉及以男性还是女性为基准的问题。实践证明,生育水平度量以育龄妇女为基准更为方便。同时,由于生育属于重复生命事件,同一妇女在生命历程中可以有多次生育,同一妇女在同一年可以生育双胞胎乃至多胞胎,这增加了生育水平测度的难度。当前对生育水平的测量一般是针对15—49岁的育龄妇女,常用的测量指标有粗出生率、一般生育率、年龄别生育率、总和生育率、终身生育率。

(一)粗出生率

粗出生率(Crude Birth Rate,CBR),有时也称为出生率,指的是某一人口在特定时期内(通常为1年)的活产婴儿数与该时期内总人口的生存人年数(person-year)之比。粗出生率通常按年来计算,并以千分数的形式表达。其计算公式如下:

$$粗出生率＝一年内的出生人数/年平均总人口数$$

粗出生率有两个缺点:一是受人口年龄结构、性别结构以及婚姻状态的影响;二是不能客观反映生育水平或生育强调的高低,更不能反映生育时机的分布。

（二）一般生育率

一般生育率（General Fertility Rate）指的是一年中每千名育龄妇女所拥有的活产婴儿人数。其计算公式如下：

$$一般生育率 = 一年内出生的活婴人数 / 育龄妇女年平均人数 \times 1\,000‰$$

虽然一般生育率可以消除育龄妇女比重对出生率的干扰作用，更能反映人口的生育水平，但没有摆脱年龄结构对其的影响。因为，育龄妇女是包含了一个较宽年龄区间的女性人口，不同年龄组的育龄妇女，其生育水平有明显的差异。比如，20—24 岁、25—29 岁年龄段的育龄妇女的生育强度要明显高于其他年龄组。当 20—29 岁年龄段的育龄妇女在全部育龄妇女中所占比重较大时，一般生育水平就会增高，反之则会降低。

（三）年龄别生育率

为了消除育龄妇女年龄结构对生育水平测量结果的影响，就需要计算年龄别生育率（Age-Specific Fertility Rates，ASFR）。年龄别生育率是生育率诸多指标中最简单、最直接、最重要的指标，是计算其他生育率指标的基础，也是进行人口预测和规划的重要依据。年龄别生育率的计算首先是按照育龄妇女的年龄进行分组，习惯做法是将妇女按年龄段分为 1 岁一组或 5 岁一组（即 15—19 岁、20—24 岁、25—29 岁、30—34 岁、35—39 岁、40—44 岁和 45—49 岁），然后对每一年龄组分别计算生育率。在实际计算中，通常是以一年为时间长度。其计算公式如下：

$$分年龄组生育率 = \frac{一年内该年龄组妇女生育的婴儿数}{某年龄组妇女的年平均人数} \times 1\,000‰$$

同样，我们可以计算不同孩次的分年龄组生育率，即计算一孩、二孩和多孩的分年龄组生育率。

分年龄组生育率这个指标也存在缺点。一是对统计资料的要求较高，数据不易获得，计算较难。二是用一系列数值（35 个或 7 个数值）来表示，不能综合地说明人口生育的总体水平，也不方便对不同地区和不同时期的生育水平进行比较。

（四）总和生育率

不难看出，年龄别生育率是一组生育率而不是单一指标，为了说明育龄妇女的整体生育水平，就需要一个综合性指标。总和生育率（Total Fertility Rate，TFR）就是这样一个指标，其在生育率指标体系中占有重要地位，在生育水平分析中具有广泛应用意义。总和生育率指假设妇女按照某一年的年龄别生育率度过育龄期，平均每个妇女在育龄期生育的孩子数。从计算方法上讲，总和生育率就是各个分年龄组生育率相加之和。其计算公式如下：

$$总和生育率 = \sum 育龄妇女分年龄组生育率$$

同样，我们可以计算不同孩次的总和生育率，即计算一孩、二孩和多孩的总和生育率。

总和生育率运用了假设一代人法，即假设有一批刚进入育龄期的妇女，她们在整个育龄期内可以按照目前的各年龄组的生育水平来生育，当她们渡过育龄期后，平均每个妇女一生可能生育的孩子数，就是总和生育率的数值。

（五）终身生育率

为了准确地反映妇女的生育水平，必须考察一批妇女整个育龄期的生育水平。一般采用各年的分年龄组生育率推算，即某地区一批同年进入育龄期的妇女，在她们过了育龄期后，计算其在整个育龄期内各年龄组生育率之和。终身生育率采用的是已经渡过育龄期的妇女资料，能较客观地反映妇女生育水平，而总和生育率是一种假设意义上的生育水平，不能揭示人口的实际生育过程，会随人口政策或其他突发事件而变化。

总而言之，一般生育率、年龄别生育率、总和生育率和终身生育率是用来表示生育水平的几个常用指标，年龄别生育率是其中最基本、最重要的指标。但是，年龄别生育率由于指标多，不易对不同地区或不同时期进行对比分析，所以最常用的指标是总和生育率。一般而言，某地某时期的总和生育率越高，表示该地此时的生育水平越高。

第二节　中国生育行为

中国实行计划生育以来生育行为有哪些变化？本节从总和生育率、初育年龄、生育数量和出生性别比4个方面对中国相关生育行为加以说明。

一、总和生育率持续下降

总和生育率是指一个国家或地区在妇女育龄期内每个妇女平均生育子女数，是用于衡量生育水平最常用的指标之一。《国家人口发展战略研究报告》指出："全国总和生育率在未来30年应保持在1.8左右，过高或过低都不利于人口与经济社会的协调发展。"[1]我国的总和生育率在1949年为6.14，1970年为5.81，20世纪70年代推行计划生育以来，总和生育率逐年下降，1980年为2.613，1990年为2.428，之后开始逐渐低于生育更替水平，从1991年的2.276一直下降至2000年的1.447，2001年至2014年一直保持在1.45至1.56左右，2015年和2016年生育政策调整后，总和生育率略有上升，分别为1.617和1.624。图4-1是1949—2016年总和生育率走势图。

如果中国人口增长始终低于生育更替水平，那么中国今后的人口将出现负增长，加剧老龄化程度。2015年"全面二孩"政策实施后，对缓解老龄化进程有一定积极作用。

---

[1] 参见国家人口发展战略研究课题组发布的《国家人口发展战略研究报告》(http://www.china.com.cn/policy/txt/2007-01/11/content_7643393_6.htm)。

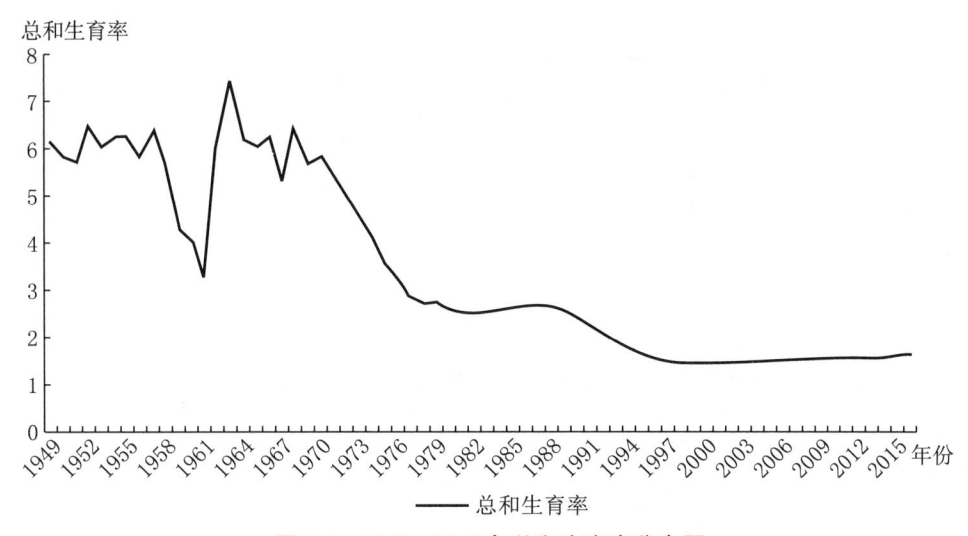

图 4-1　1949—2016 年总和生育率分布图

资料来源:1949—1979 年数据来自 1982 年全国 1‰人口生育率抽样调查,1980—1988 年数据来自 1988 年全国生育节育抽样调查,1989—2016 年数据来自世界银行 WDI 数据库的"Fertility rate, total(births per woman)",参见 http://data.worldbank.org/indicator/SP.DYN.TFRT.IN?page=5。

二、初育年龄变化不大,生育间隔有所延长

在 20 世纪 50 年代和 20 世纪 60 年代,中国尚未全面开展计划生育工作,此时,育龄妇女的第一孩和第二孩之间的平均生育间隔大致在 2.7—3.0 年。20 世纪 70 年代和 20 世纪 80 年代,第一孩与第二孩的平均生育间隔降到 2 年左右,这可能与国家开始推行计划生育政策有关。这一时期计划生育政策尚有较大弹性,人们抓紧时间生育第二孩,使生育间隔变短。1980 年之后,计划生育政策被确定为我国的基本国策,在全国全面铺开并严格执行。此时,育龄妇女的第一孩和第二孩的平均生育年龄都有所提高。相较 20 世纪 50 年代,妇女第一孩平均生育年龄大致提高了 2.5 岁,第一、二孩间的平均生育间隔时间也明显拉大,由 1980 年的约 2 年提高到 1990 年的 3 年,2000 年、2005 年生育间隔更是分别拉大为 4.35 年和 5.15 年,而在 2010 年,生育间隔开始有所缩短,为 4.49 年,2015 年已降至 3.22 年(表 4-1)。

表 4-1　妇女的第一、二孩平均生育年龄和两个孩子的生育间隔

年　份	第一孩平均生育年龄（岁）	第二孩平均生育年龄（岁）	第一、二孩平均生育间隔（年）
1950	21.92	24.86	2.94
1955	21.89	24.77	2.88
1960	22.17	25.01	2.85
1965	22.33	25.03	2.70
1970	22.46	24.96	2.50
1975	23.34	25.36	2.02
1980	24.39	26.35	1.96

(续表)

年 份	第一孩平均生育年龄（岁）	第二孩平均生育年龄（岁）	第一、二孩平均生育间隔（年）
1990	23.56	26.61	3.05
2000	24.49	28.84	4.35
2005	24.64	29.79	5.15
2010	25.95	30.44	4.49
2015	26.35	29.57	3.22

资料来源：2010年、2015年的数据根据第六次全国人口普查资料和《中国统计年鉴2016》计算而得；其他转引自刘爽，邹明洳.一、二孩生育间隔及其政策意义[J].人口研究，2011(2)，其中1990年、2000年和2005年的数据在该文中为1989年、1999—2000年、2004—2005年，可视作1990年、2000年和2005年的数据。

三、出生人口中一孩率比重最高，近些年二孩开始赶超

如图4-2所示，就全国范围而言，从1980年实行计划生育至2015年，从横向（共时性）进行比较可见，生育第一个孩子的最多，生育二孩的次之，生育多孩的比例最小。从纵向（历时性）进行比较可见，总的趋势是生育一孩的比例越来越大，至2014年、2015年有所下降。生育二孩的比例变化不大，2014年、2015年、2016年开始有所回升，2017年、2018年二孩开始反超一孩，而生育多孩的比例在20世纪90年代后几乎持稳。

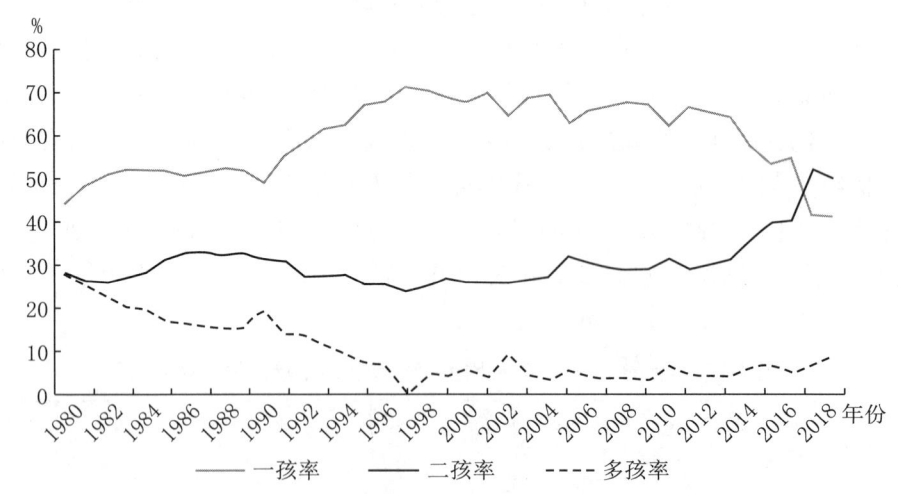

图4-2　全国1980—2018年出生孩次率分布

资料来源：1980—2005年的数据来自国家统计局人口统计司所编《中国人口统计年鉴》（1988—2006年）；2006—2010、2016—2018年的数据来自国家统计局人口和就业统计司所编《中国人口和就业统计年鉴》（2007—2011年、2017—2019年）；2011—2015年的数据来自国家统计局所编《中国统计年鉴》（2012—2016年），皆为中国统计出版社出版。

1980年至2015年出生孩次率可分为4个时期。第一个时期是从1980年至1984

年生育政策规定只能生育"一胎"期间。这时,全国出生一孩率是逐渐上升的,二孩率和多孩率明显处于下降趋势。第二个时期是在1984年"开口子"①政策实施至1990年期间。这时,出生一孩率并没有出现明显的上升趋势,所占比例几乎持衡,而出生二孩率出现了上升的趋势。总体而言,出生多孩率出现了下降的趋势。把第一个时期跟第二个时期进行比较,可以看到,计划生育政策对于出生孩次率是有影响的。总体而言,较严格的计划生育政策(1980—1984年的"一胎"政策)能使人们倾向于采取减少生育行为,而较宽松的计划生育政策(1984—1988年的"开口子"政策)使人们的二孩和多孩生育行为增加。第三个时期是在1990年至1998年期间。这时,出生一孩率的增幅很可观,从占比50%增长至70%,出生二孩率呈现稍微下降趋势,多孩生育率下降趋势是明显的,降至有史以来最低点。第四个时期是1998年至2015年。这一时期出生一孩率处于较平衡状态,保持在将近70%的限度内,而出生二孩率和出生多孩率的波动也较平稳。可以看出,在同样的生育政策条件下,在不同的时间段内人们的生育数量也是不一样的。由于2013年、2015年"单独二孩"政策和"全面二孩"政策的实施,生育二孩的比例开始有所回升,近两年二孩比例开始高于一孩比例。

李建民的研究表明,20世纪90年代中国生育率的下降主要是社会和经济发展的结果,即以市场经济为导向的经济改革和迅速发展是稳定低生育水平的必要条件,②陈卫的研究结果表明,"在过去30年里,1970年代计划生育的作用是主导,1980年代计划生育与社会经济发展二者的作用基本达到了平衡,而1990年代社会经济发展的作用成为主导"。③我们认为:1980—1990年,主要是计划生育政策影响人们的生育数量选择;1990—1998年,主要是经济的发展影响人们的生育数量选择;而1998年之后,需要对生育文化和思想观念进行引导,同时需要建立广覆盖的养老保障制度。为了促进2015年"全面二孩"政策的顺利实施,需要建立广泛的生育配套福利。

显然,在出生孩次率方面,从全国范围来讲,仍然是一孩占主流,近两年稍微有所回落。与出生一孩率相比,出生二孩率要小得多。由于计划生育政策规定除了新疆维吾尔自治区维吾尔、哈萨克等少数民族双女户可以生育第三孩,以及人口特别稀少的少数民族不受生育政策限制外,其余都受到限制,使出生多孩率处于下降趋势,可见计划生育政策具备杜绝三孩及以上孩次生育的良好效果。

21世纪初,在实行了20多年计划生育政策后,独生子女家庭规模不断扩大。根据2005年全国人口1‰抽样调查,全国1975年至2005年出生的总人数为7 163 448人,其中独生子女占该时期全国出生总人数的29.3%;城市、镇和乡村分别占45%、31%和21%,农村显著少于城市。④图4-3是1975年至2005年每年出生的独生子女的城乡分

---

① 转引自:乔晓春,任强.中国未来生育政策的选择[J].市场与人口分析,2006(3).
② 李建民.生育理性和生育决策与我国低生育率水平稳定机制的转变[J].人口研究,2004(6).
③ 陈卫."发展—计划生育—生育率"的动态关系:中国省级数据再考察[J].人口研究,2005(1).
④ 根据国家统计局人口和就业统计司编写的《中国人口统计年鉴》(2006年)提供的全国、城市、镇、乡村的分年龄、性别独生子女数及分年龄、性别的人口数计算。

布情况。①可以看出，全国、城市、镇和乡村当年出生的独生子女所占比例在逐年增加。1975年至2005年，城市独生子女比例占城市出生人口数的比例，都比镇和乡村来得高。城市、镇和乡村独生子女数占总出生人口数的比例，1975年分别为25%、16%和14%，截至2005年，分别上升到78%、68%和57%。

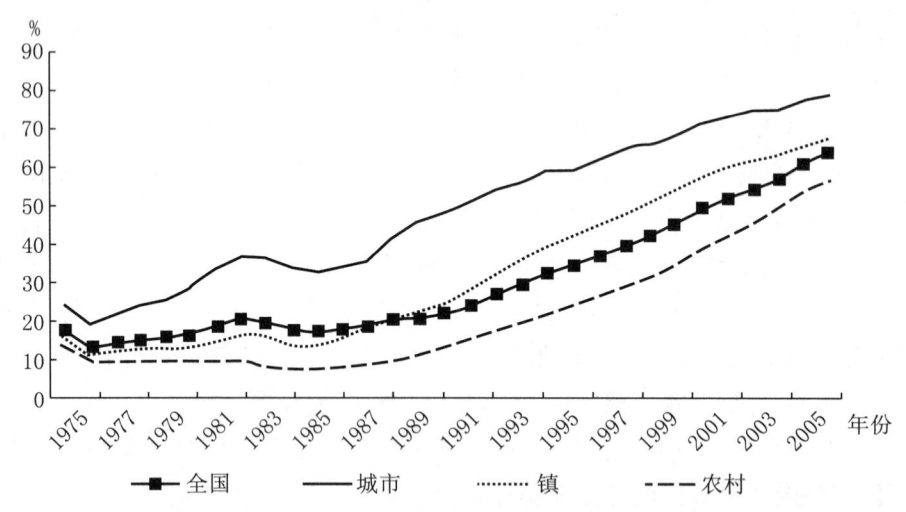

图4-3　1975—2005年每年城市、镇、农村独生子女占各地区出生人数的比例

资料来源：根据国家统计局人口统计司所编《中国人口统计年鉴》(2006年)的资料制作。

总而言之，随着计划生育政策的贯彻执行，中国独生子女家庭的比例越来越高。截至2005年，农村独生子女家庭占近六成，城市已达八成。2015年"全面二孩"政策实行之后，一孩比重有所下降，二孩比例有所回升。

四、出生性别比失衡加剧

性别偏好有两种模式，一种是男孩偏好，一种是女孩偏好。在中国文化中一直存在着重男轻女的偏好，计划生育政策使人们的生育数量变得有限，为了满足生育男孩的需求，群众会利用各种方式进行性别选择，导致出生性别比失衡。以下从两个角度进行分析：一是对城市、镇和农村的出生性别比进行对比，二是对一孩、二孩和多孩的出生性别比进行对比。从表4-2中国历年的出生性别比可以看出，在1980年之前，除了1960年、1966年这两年外，其他各年的出生性别比都处于正常范围内。自20世纪80年代初实行"一胎"生育政策起，出生性别比开始有所提高，90年代后攀升较快，最高值达125，以致严重失衡，近年来略有下降，但是仍然表现为男孩偏好。

---

① 资料来自2005年全国1%人口抽样调查时0—30岁独生子女数据，但不排除其中部分父母在2005年后再生育的可能。

表 4-2　中国历年的出生性别比(1953—2018 年)

年份	出生性别比	年份	出生性别比	年份	出生性别比
1953	104.9	1979	105.8	1999	119.4
1960	110.3	1980	107.4	2000	119.9
1961	108.8	1981	107.4	2001	115.7
1962	106.6	1982	107.2	2002	119.9
1963	107.1	1983	107.9	2003	117.5
1964	106.6	1984	108.5	2004	121.2
1965	106.2	1985	111.4	2005	118.9
1966	112.2	1986	112.3	2006	119.6
1967	106.6	1987	111.0	2007	125.5
1968	102.5	1988	108.1	2008	125.4
1969	104.5	1989	112.5	2009	124.2
1970	105.9	1990	114.7	2010	118.0
1971	105.2	1991	118.3	2011	114.6
1972	107.0	1992	115.9	2012	118.9
1973	106.3	1993	115.1	2013	114.8
1974	106.6	1994	116.3	2014	114.0
1975	106.4	1995	116.6	2015	112.55
1976	107.4	1996	116.2	2016	116.22
1977	106.7	1997	117.0	2017	113.33
1978	105.9	1998	117.0	2018	113.89

资料来源:1953—1988 年数据转引自朱秀杰.出生性别比偏高的社会性别机制[M].北京:社会科学文献出版社,2011:32；1989—2005 年数据来自国家统计局人口统计司所编《中国人口统计年鉴》(1990—2006 年)；2006—2018 年数据来自国家统计局人口和就业司所编《中国人口和就业统计年鉴》(2007—2019 年),皆为中国统计出版社出版。

首先,出生性别比的城乡差异较大,农村出生性别比失衡最严重。从表 4-3 可以看出,自 20 世纪 80 年代中期起,农村的出生性别比开始偏离正常值,并随着时间的推移,失衡越加严重。随着农村育龄人口不断流入城镇,这些地区的出生性别比也不断偏离正常值。从历年城市、镇和县的比较中可以看出,农村的出生性别比最高,镇次之,城市为最低。镇和农村一样,也是 20 世纪 80 年代末就开始偏离正常值,失衡值居于农村和城市之间,而城市是从 20 世纪 90 年代开始有所偏离正常值。

表 4-3　1964—2018 年全国分城市、镇、乡村的出生性别比

年　份	城　市	镇	乡　村
1964	105.5	106.0	103.5
1982	106.9	107.7	107.7
1986	110.5	113.4	113.6
1987	108.4	109.0	110.0
1989	108.0	108.5	113.4

(续表)

年 份	城 市	镇	乡 村
1990	105.5	115.5	116.4
1991	109.3	119.5	119.8
1992	110.3	111.0	117.6
1993	105.1	117.1	117.5
1994	114.5	124.3	116.2
1995	111.9	115.6	117.8
1996	—	—	117.7
1997	108.8	125.9	118.4
1998	110.7	108.7	120.0
1999	110.3	118.4	122.0
2000	114.2	119.9	121.7
2001	109.3	116.0	117.6
2002	111.4	123.1	122.1
2003	112.1	111.0	120.9
2004	114.4	126.9	122.2
2005	113.9	117.2	121.2
2006	109.9	126.0	120.8
2007	107.7	130.1	130.2
2008	113.9	126.0	128.7
2009	121.9	121.7	125.7
2010	114.1	118.6	119.1
2011	99.9	119.6	118.8
2012	120.8	111.7	120.9
2013	114.8	115.8	119.7
2014	110.1	111.8	116.8
2015	109.0	113.8	113.9
2016	112.1	123.2	115.6
2017	107.78	117.51	115.25
2018	112.44	115.44	114.06

注：1. 2000 年以前是以城市、镇、县进行划分，2000 年及其后则是以城市、镇、乡村进行划分。
2. 1996 年的出生性别比没有分城乡。

资料来源：1964 年、1982 年、1986 年的数据转引自朱秀杰.出生性别比偏高的社会性别机制[M].北京：社会科学文献出版社，2011；2000 年、2010 年数据来自第五、六次全国人口普查资料；2005 年及之前数据见国家统计局人口统计司所编《中国人口统计年鉴》（1988—2006 年）；2006—2018 年数据来自国家统计局人口和就业司所编《中国人口和就业统计年鉴》（2007—2019 年），皆为中国统计出版社出版。

其次，不同孩次的出生性别比也有所不同。一孩的出生性别比基本正常，二孩和多孩的出生性别比严重失衡。这是因为在计划生育政策约束下，人们对于男孩的偏好无法通过生育数量的扩张来实现，于是常会通过人为选择出生婴儿性别的方式来实现。从表 4-4 可以看出，1950—1959 年、1960—1969 年、1970—1979 年时，我国还未实行计划生育政策,第一、二、三孩及以上的出生性别比都处于正常范围内。1982年第三次全国人口普查时,第三孩及以上的出生性别比已偏离正常值,为114.30,1987年除第一孩出生性别比处于正常值内,第二孩的出生性别比也开始偏离正常值,为117.30,第三孩及以上出生性别比偏离程度更高,为125.10。截至2010年,第一孩出生性别比也偏离了正常值,为113.73,第二、三孩及以上的出生性别比异常偏高,分别为130.29和150.57。

总而言之,近30年的统计数据表明出生性别比逐步偏高,不仅出现了第二、三孩及以上的出生性别比逐年上升的趋势,而且出生性别比失衡也波及第一孩。

表4-4 中国历年分孩次的出生性别比

年代或年份	合 计	一 孩	二 孩	三孩及以上
1950—1959	105.92	106.86	103.60	106.84
1960—1969	106.66	107.85	106.16	106.28
1970—1979	106.31	106.84	104.45	106.66
1982	108.50	104.60	107.20	114.30
1987	113.10	107.70	117.30	125.10
1990	111.30	105.20	121.00	127.00
1995	115.60	106.40	141.10	154.30
2000	116.90	107.10	151.90	159.40
2005	120.49	108.41	143.22	152.88
2010	121.21	113.73	130.29	150.57

资料来源:转引自朱秀杰.出生性别比偏高的社会性别机制[M].北京:社会科学文献出版社,2011:30、44,并通过计算而得;2010年数据来自第六次全国人口普查。

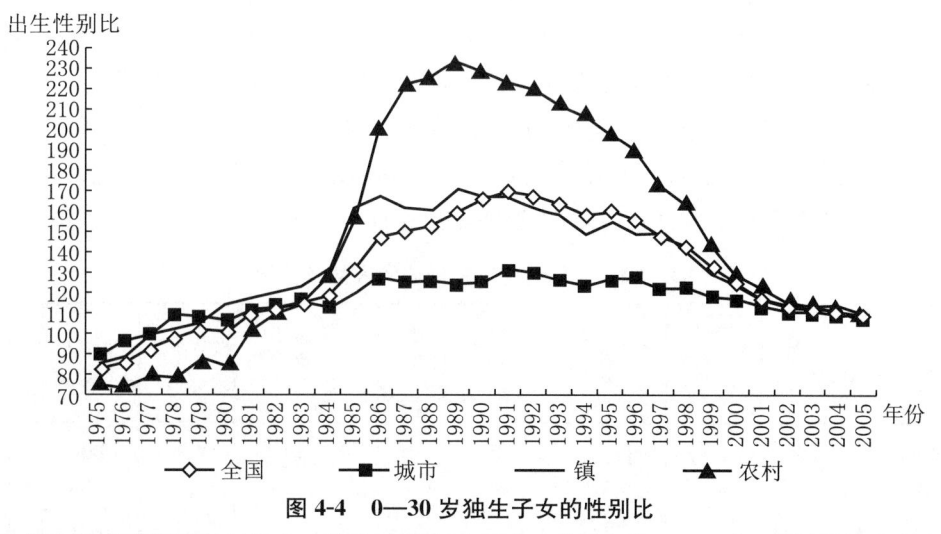

那么,在独生子女群体中,出生性别比又呈现何种状态?从图4-4可以看出,从20

图4-4 0—30岁独生子女的性别比

数据来源:根据国家统计局人口统计司所编《中国人口统计年鉴》(2006年)所提供的独生子女数和总人口数计算而得。

世纪 80 年代始,由于计划生育政策提倡一胎化,农村地区独生子女的出生性别比一直持续上升,至 1989 年到最高点后缓慢下降,至 21 世纪初开始与城市、镇交汇,较为平衡。显然,在 1980—1984 年严格"一胎"生育政策时期,出生性别比开始有所升高,在 1984—1988 年生育政策"开口子"的探索期,出生性别比异常升高,而当 1988 年将"开口子"政策确定下来,即"农村某些群众确有特殊困难,包括独女户,要求生二胎的,经过批准可以间隔几年以后生第二胎"后,人们对第一胎生育男孩的偏好和选择有所缓解。通过对城市、镇、农村独生子女出生性别比的比较,仍然可以看出城市、镇和农村对待生育男孩和女孩的态度,城市的男孩偏好相对较弱,农村对男孩的偏好最为严重。

第三节 中国生殖健康服务

生殖健康是指生殖系统及其功能和相关过程所涉一切事宜上身体、精神和社会等方面的完好状态。继 1994 年在开罗举行的人口与发展大会上,与会人员强调在全球范围内重视生殖健康后,中国政府积极兑现促进"生殖健康"的承诺,1995 年中国国家计生委开始实行"计划生育优质服务"试点工作。2000 年,中国政府在《关于加强人口与计划生育工作 稳定低生育水平的决定》中提出"开发、推广避孕节育、优生优育、生殖保健的新技术、新产品,发展生殖健康产业"。之后,国家计生委决定全面推进计划生育优质服务,开始实施"避孕节育优质服务工程""出生缺陷干预工程"和"生殖道感染干预工程"这三大生殖健康优质服务工程。下面拟从生育控制、生育保健和生育健康 3 个方面介绍中国计划生育服务和孕产妇生殖健康情况。

一、节育方式多元化,女性仍为避孕主体

20 世纪 80 年代之后,随着计划生育科研攻关项目的不断推进,节育手术的选择项目越趋多样化,也越发安全、经济。如表 4-5 所示,1981—1993 年,主要有 4 种可供选择的节育方式。1994 年起,又出现了小部分育龄人群选择"皮下埋植"的节育措施,所占比例甚微。显然,在所有节育措施中,放置宫内节育器仍然是最主要的选择,女性绝育的选择比例在 30% 左右,而男性绝育的比例却是越来越低,截至 2016 年,仅占 3.45%,育龄人口通过使用避孕套进行节育的比例缓慢增加,占 16.16%。

表 4-5 采用各种节育措施的人数及比例

年份	合计(人)	男性绝育(%)	女性绝育(%)	宫内节育器(%)	皮下埋植(%)	口服及注射避孕药(%)	避孕套(%)	外用药(%)	其他(%)
1981	104 993 605	10.07	26.18	51.24	—	7.49	2.84	0.54	1.64
1982	114 048 641	10.13	26.79	50.28	—	7.55	2.95	0.66	1.65
1983	124 525 921	12.9	37.44	40.96	—	5.09	2.06	0.51	1.04
1984	132 482 469	12.58	38.07	39.92	—	5.31	2.43	0.58	1.12

(续表)

年份	合计(人)	男性绝育(%)	女性绝育(%)	宫内节育器(%)	皮下埋植(%)	口服及注射避孕药(%)	避孕套(%)	外用药(%)	其他(%)
1985	139 235 627	11.94	36.78	39.97	—	6.3	3.21	0.72	1.09
1986	145 889 724	11.65	36.19	40.3	—	6.38	3.67	0.82	0.99
1987	154 665 987	11.62	36.12	40.67	—	6.05	3.85	0.88	0.81
1988	164 349 990	11.41	36.05	41.11	—	5.78	4.01	0.9	0.75
1989	172 693 228	11.59	36.58	41.09	—	5.36	3.83	0.85	0.71
1990	183 013 139	11.79	37.45	40.61	—	5	3.68	0.85	0.62
1991	192 263 360	12.11	38.89	38.95	—	4.83	3.87	0.84	0.51
1992	198 861 871	12.06	39.64	39.12	—	4.13	3.88	0.7	0.46
1993	203 059 320	11.44	40.31	39.98	—	3.61	3.6	0.6	0.45
1994	208 954 562	10.97	40.25	40.66	0.19	3.22	3.77	0.56	0.38
1995	214 117 924	10.57	39.92	41.65	0.31	2.92	3.76	0.52	0.34
2000	226 828 602	8.88	37.6	46.32	0.36	2.14	4.23	0.3	0.17
2005	232 105 155	6.98	33.84	50.57	0.35	1.54	6.31	0.24	0.17
2010	243 369 285	5.19	30.78	53.5	0.29	0.96	8.89	0.18	0.22
2015	235 420 222	3.85	26.24	54.56	0.19	0.9	13.8	0.14	0.32
2016	221 236 313	3.45	25.83	53.03	0.23	0.8	16.16	0.15	0.34
2017	216053620	3.32	24.93	52.18	0.19	0.82	18.04	0.15	0.37

资料来源：1981—1995、2000年数据来源于中国计划生育年鉴编辑委员会所编《中国计划生育年鉴》(1982—1996年)，由人民卫生出版社出版。2005年数据来源于国家统计局人口统计司所编《中国人口统计年鉴》(2006年)；2010年、2015年、2016年、2017年数据来源于国家统计局人口和就业统计司所编《中国人口和就业统计年鉴》(2011年、2016年、2017年、2018年)，皆由社会科学文献出版社出版。比例为计算而得。

同样，从表4-6可以看出，在计划生育手术中，人工流产所占比例仅次于宫内节育器，在1980年以前，约为25%左右。1980年之后，除个别年份，人工流产占计划生育手术的比例一直在30%—40%之间。截至2011年时，放置节育器为33.2%，人工流产率占30.2%，两者相差3个百分点。而从1971年至2016年的30多年间，在所列出的节育手术中，女性一直是主要参与者，除2009—2013年，其他年比例高达90%以上。虽然生育一事离不开女性，但是，"节育避孕"一事似乎也还是与女性有关，这不得不令人沉思，男性在节育避孕上的参与性不高，反映了在与生育相关的所有事务上，男性都处于被保护的地位。

表4-6 计划生育手术情况

年份	节育手术总例数(人)	放置节育器	取出节育器	输精管结扎	输卵管结扎	人工流产	女性承担
1971	13 051 123	47.3	—	9.4	13.4	30.0	—
1972	18 690 446	49.3	4.6	9.2	11.2	25.8	90.9

(续表)

年　份	节育手术总例数(人)	放置节育器	取出节育器	输精管结扎	输卵管结扎	人工流产	女性承担
1973	25 075 557	55.6	4.5	7.7	11.8	20.4	92.3
1974	22 638 229	55.6	6	6.4	10.1	22	93.7
1975	29 462 861	56.8	5.8	9.0	11.1	17.3	91.0
1976	22 385 435	51.9	8.1	6.7	12.1	21.2	93.3
1977	25 539 086	50.8	7.6	10.2	10.9	20.5	89.8
1978	21 720 096	50.5	9.6	3.5	11.6	24.8	96.5
1979	30 581 114	44.1	7.5	5.5	17.3	25.7	94.6
1980	28 628 437	40.1	8.4	4.8	13.4	33.3	95.2
1981	22 760 305	45.4	6.6	2.9	6.8	38.2	97.0
1982	33 702 389	41.7	6.1	3.7	11.6	36.9	96.3
1983	58 205 572	30.5	9.1	7.3	28.2	24.7	92.5
1984	31 734 864	37.0	13.8	4.1	17.1	28.0	95.9
1985	25 646 972	37.3	8.9	2.2	8.9	42.6	97.7
1986	28 475 506	37.4	8.1	3.6	10.2	40.7	96.4
1987	34 597 082	38.9	7.0	5.1	12.7	30.3	88.9
1988	31 820 664	38.4	7.1	3.3	11.3	39.8	96.6
1989	29 031 912	37.4	7.1	5.2	14.5	35.8	94.8
1990	34 982 328	35.3	6.7	4.2	15.2	38.6	95.8
1991	38 135 578	32.2	6.9	6.2	17.7	36.9	93.7
1992	28 017 605	36.0	7.7	3.1	16.1	37.2	97.0
1993	25 114 685	37.3	8.1	2.6	14.3	37.8	97.5
1994	27 967 575	37.0	8.3	2.4	13.3	33.9	92.5
1995	22 236 012	37.6	8.3	2.1	10.4	33.6	89.9
1996	22 953 599	38.4	8.8	2.4	11.9	38.5	97.6
1997	20 418 688	38.9	9.2	2.1	11.5	32.3	91.9
1998	19 458 072	39.4	10.7	1.7	10.2	37.9	98.2
1999	18 209 721	39.3	11.7	1.8	10.0	37.1	98.1
2000	17 720 620	38.6	12.6	1.8	9.5	37.6	98.3
2001	17 070 650	38.8	13.8	1.5	9.1	36.8	98.5
2002	17 671 279	37.0	13.6	1.2	7.8	38.6	97.0
2003	18 644 537	36.5	14.0	1.5	7.9	38.8	97.2
2004	18 524 918	36.0	15.2	1.0	7.9	38.5	97.6
2005	19 388 510	35.1	14.4	1.0	7.3	36.7	93.5
2006	19 010 352	36.6	14.7	1.4	7.5	38.4	97.2
2007	19 682 051	36.8	14.2	1.1	8.0	38.8	97.8
2008	22 965 823	33.4	12.8	0.9	7.0	40.0	93.2
2009	22 768 853	34.3	13.6	1.0	7.8	26.8	82.5
2010	22 157 408	34.0	12.7	1.0	7.7	28.7	83.1

(续表)

年 份	节育手术总例数(人)	放置节育器	取出节育器	输精管结扎	输卵管结扎	人工流产	女性承担
2011	21 948 224	33.2	12.8	0.9	7.3	30.2	83.5
2012	21 763 821	33.1	13.0	0.8	7.2	30.7	84.0
2013	20 348 829	33.5	13.7	0.8	6.7	30.7	84.6
2014	24 182 908	35.1	14.6	0.7	6.1	39.8	95.6
2015	23 786 065	34.6	14.8	0.6	5.2	41.4	96.0
2016	20 993 376	25.3	22.5	0.2	2.3	45.9	96.0
2017	19 043 390	24.4	20.7	0.1	2.1	50.6	97.8
2018	18 424 866	20.5	18.9	0.3	2.2	52.9	94.5

资料来源：中华人民共和国国家卫生和计划生育委员会所编《中国卫生和计划生育统计年鉴》(2017年)，2017—2018年数据来自国家卫生健康委员会所编《中国卫生和健康统计年鉴》(2019年)，皆为中国协和医科大学出版社出版。其中，"女性承担"是指放置节育器、取出节育器、输卵管结扎和人工流产4项所占比例之和。

二、孕产妇保健服务不断完善

20世纪80年代，优生优育受到新的关注。在1981年国家计划生育委员会、中华医学会联合召开的"全国优生科普讨论会"上，学者们总结了做好优生工作的3个方面措施。一是遗传医学方面的措施，包括遗传病普查，开展婚前检查，提倡适龄生育等。二是围产期医学方面的措施，包括孕妇保健、早期诊断和产前检查。三是新生儿保健。[1]之后，在《中华人民共和国人口与计划生育法》《中国妇女发展纲要》和全国人民代表大会的政府工作报告中都多次提及"优生优育"这一工作目标，强调优生是提高人口素质的前提条件，是中国人口政策不可分割的重要内容。

因此，中国各级人口和计划生育委员会高度重视围产期育龄妇女的保健工作。如表4-7所示，从1996年至2018年的20多年间，针对孕产妇开展的保健工作，包括产前检查、产后访视、住院分娩等服务，是非常有效的。虽然孕产妇的保健工作开展顺利，但有两个方面仍然值得关注。一是高危产妇的比重在逐年增加，而且所占比例不小，2016年竟高达24.7%。二是出生缺陷问题。2002年卫生部和中国残联联合印发了《中国提高出生人口素质、减少出生缺陷和残疾行动计划(2002—2010)》，指出"中国每年约有20万—30万肉眼可见的先天畸形儿出生，加上出生后数月和数年后才显现出来的缺陷，先天残疾儿童综合高达80万—120万，约占每年出生人口总数的4%—6%"。[2]

---

[1] 国家人口和计划生育委员会.中国人口和计划生育史[M].北京:中国人口出版社,2007:570.
[2] 中华人民共和国卫生部,中国残疾人联合会.中国提高出生人口素质、减少出生缺陷和残疾行动计划(2002—2010)[J].中国生育健康杂志,2002(3).

表 4-7　孕产妇保健情况

年 份	活产数（人）	高危产妇比重（%）	建卡率（%）	产前检查率（%）	产后访视率（%）	住院分娩率（%）	新法接生率（%）
1980	—	—	—	—	—	—	91.4
1985	—	—	—	—	—	43.7	94.5
1990	14 517 207	—	—	—	—	50.6	94
1991	15 293 237	—	—	—	—	50.6	93.7
1992	11 746 275	—	76.6	69.7	69.7	52.7	84.1
1993	10 170 690	—	75.7	72.2	71.0	56.5	83.6
1994	11 044 607	—	79.1	76.3	74.5	65.6	—
1995	11 539 613	—	81.4	78.7	78.8	58.0	—
1996	11 412 028	7.3	82.4	83.7	80.1	60.7	—
1997	11 286 021	8.1	84.5	85.9	82.3	61.7	—
1998	10 961 516	8.6	86.2	87.1	83.9	66.2	—
1999	10 698 467	9.2	87.9	89.3	85.9	70.0	96.8
2000	10 987 691	10.0	88.6	89.4	86.2	72.9	96.6
2001	10 690 630	11.1	89.4	90.3	87.2	76.0	97.3
2002	10 591 949	11.9	89.2	90.1	86.7	78.7	96.7
2003	10 188 005	11.8	87.6	88.9	85.4	79.4	95.9
2004	10 892 614	12.4	88.3	89.7	85.9	82.8	97.3
2005	11 415 809	12.8	88.5	89.8	86.0	85.9	97.5
2006	11 770 056	13.0	88.2	89.7	85.7	88.4	97.8
2007	12 506 498	13.7	89.3	90.9	86.7	91.7	98.4
2008	13 307 045	15.7	89.3	91.0	87.0	94.5	99.1
2009	13 825 431	16.4	90.9	92.2	88.7	96.3	99.3
2010	14 218 657	17.1	92.9	94.1	90.8	97.8	99.6
2011	14 507 141	17.7	93.8	93.7	91.0	98.7	99.7
2012	15 442 995	18.5	94.8	95.0	92.6	99.2	99.8
2013	15 108 153	19.4	95.7	95.6	93.5	99.5	99.9
2014	15 178 881	20.7	95.8	96.2	93.9	99.6	99.9
2015	14 544 524	22.6	96.4	96.5	94.5	99.7	99.9
2016	18 466 561	24.7	96.6	96.6	94.6	99.8	99.9
2017	17 578 815	—	96.6	96.5	94.0	99.9	—
2018	15 207 729	—	92.5	96.6	93.8	99.9	—

资料来源：中华人民共和国国家卫生和计划生育委员会编《中国卫生和计划生育统计年鉴》（2017年），2017—2018年数据来自国家卫生健康委员会所编《中国卫生和健康统计年鉴》（2019年），皆为中国协和医科大学出版社出版。

三、儿童和孕产妇死亡率下降，但妇科病患病率略增

1994年，人口与发展大会提出了"生殖健康"的概念。2006年，联合国大会正式将

"普遍获取生殖健康"作为 4 个新的千年发展目标的内容之一。[1]中国政府积极兑现促进"生殖健康"的承诺。1995 年中国国家计生委开始实行"计划生育优质服务"试点工作,党的十八大提出了"完善国民健康政策,为育龄人口提供安全有效方便价廉的公共卫生和医疗服务"的目标,2017 年党的十九大报告提出了"实施健康中国战略",要求"全面建立中国特色基本医疗卫生制度、医疗保障制度和优质高效的医疗卫生服务体系"。[2]1990 年至 1995 年,卫生部在全国 30 个省(区/市)建立起两个妇幼卫生的监测网(孕产妇死亡监测网,共有 247 个监测点;5 岁以下儿童死亡监测网,共有 81 个监测点),动态地监测我国孕产妇和 5 岁以下儿童的死亡情况。1996 年起,将孕产妇死亡监测、5 岁以下儿童死亡监测和出生缺陷监测三网统一起来。其中,抽取 116 个监测点,建立了全国妇幼卫生监测网。2007 年起,我国妇幼卫生监测点扩大到 336 个点。

从表 4-8 可以看出,监测地区的所有新生儿死亡率、婴儿死亡率、5 岁以下儿童死亡率和孕产妇死亡率近 20 年来有所下降,特别是在农村地区,婴儿死亡率和 5 岁以下儿童死亡率下降的幅度很大,从 1991 年的 58‰和 71.1‰下降至 2016 年的 9.0‰和 12.4‰。显然,这不但与农村地区的医疗卫生条件有了很大改善有关,也与计划生育工作加大了对农村妇幼的保健工作力度有关。

表 4-8 监测地区 5 岁以下儿童和孕产妇的死亡率

年份	新生儿死亡率(‰) 合计	城市	农村	婴儿死亡率(‰) 合计	城市	农村	5 岁以下儿童死亡率(‰) 合计	城市	农村	孕产妇死亡率(1/10 万) 合计	城市	农村
1991	33.1	12.5	37.9	50.2	17.3	58.0	61.0	20.9	71.1	80	46.3	100
1992	32.5	13.9	36.8	46.7	18.4	53.2	57.4	20.7	65.6	76.5	42.7	97.9
1993	31.2	12.9	35.4	43.6	15.9	50.0	53.1	18.3	61.6	67.3	38.5	85.1
1994	28.5	12.2	32.3	39.9	15.5	45.6	49.6	18.0	56.9	64.8	44.1	77.5
1995	27.3	10.6	31.1	36.4	14.2	41.6	44.5	16.4	51.1	61.9	39.2	76.0
1996	24.0	12.2	26.7	36.0	14.8	40.9	45.0	16.9	51.4	63.9	29.2	86.4
1997	24.2	10.3	27.5	33.1	13.1	37.7	42.3	15.5	48.5	63.6	38.3	80.4
1998	22.3	10.0	25.1	33.2	13.5	37.7	42.0	16.2	47.9	56.2	28.6	74.1
1999	22.2	9.5	25.1	33.3	11.9	38.2	41.4	14.3	47.7	58.7	26.2	79.7
2000	22.8	9.5	25.8	32.2	11.8	37.0	39.7	13.8	45.7	53.0	29.3	69.6
2001	21.4	10.6	23.9	30.0	13.6	33.8	35.9	16.3	40.4	50.2	33.1	61.9
2002	20.7	9.7	23.2	29.2	12.2	33.1	34.9	14.6	39.6	43.2	22.3	58.2
2003	18.0	8.9	20.1	25.5	11.3	28.7	29.9	14.8	33.4	51.3	27.6	65.4
2004	15.4	8.4	17.3	21.5	10.1	24.5	25.0	12.0	28.5	48.3	26.1	63.0
2005	13.2	7.5	14.7	19.0	9.1	21.6	22.5	10.7	25.7	47.7	25	53.8
2006	12.0	6.8	13.4	17.2	8.0	19.7	20.6	9.6	23.6	41.1	24.8	45.5

---

[1] United Nations. Report of the Secretary-General on the work of the Organization, Official Records[R]. Sixty-first session, Supplement No.1(A/61/1), New York: United Nations General Assembly, 2006.
[2] 习近平.决胜全面建成小康社会 夺取新时代中国特色社会主义伟大胜利[M].北京:人民出版社,2017:48.

(续表)

年份	新生儿死亡率(‰)			婴儿死亡率(‰)			5岁以下儿童死亡率(‰)			孕产妇死亡率(1/10万)		
	合计	城市	农村	合计	城市	农村	合计	城市	农村	合计	城市	农村
2007	10.7	5.5	12.8	15.3	7.7	18.6	18.1	9.0	21.8	36.6	25.2	41.3
2008	10.2	5.0	12.3	14.9	6.5	18.4	18.5	7.9	22.7	34.2	29.2	36.1
2009	9.0	4.5	10.8	13.8	6.2	17	17.2	7.6	21.1	31.9	26.6	34.0
2010	8.3	4.1	10.0	13.1	5.8	16.1	16.4	7.3	20.1	30.0	29.7	30.1
2011	7.8	4.0	9.4	12.1	5.8	14.7	15.6	7.1	19.1	26.1	25.2	26.5
2012	6.9	3.9	8.1	10.3	5.2	12.4	13.2	5.9	16.2	24.5	22.2	25.6
2013	6.3	3.7	7.3	9.5	5.2	11.3	12.0	6.0	14.5	23.2	22.4	23.6
2014	5.9	3.5	6.9	8.9	4.8	10.7	11.7	5.9	14.2	21.7	20.5	22.2
2015	5.4	3.3	6.4	8.1	4.7	9.6	10.7	5.8	12.9	20.1	19.8	20.2
2016	4.9	2.9	5.7	7.5	4.2	9.0	10.2	5.2	12.4	19.9	19.5	20.0
2017	4.5	2.6	5.3	6.8	4.1	7.9	9.1	4.8	10.9	19.6	16.6	21.1
2018	3.9	2.2	4.7	6.1	3.6	7.3	8.4	4.4	10.2	18.3	15.5	19.9

资料来源：中华人民共和国国家卫生和计划生育委员会所编《中国卫生和计划生育统计年鉴》(2017年)，2017—2018年数据来自国家卫生健康委员会所编《中国卫生和健康统计年鉴》(2019年)，皆为中国协和医科大学出版社出版。

在儿童和孕产妇死亡率缓慢下降的过程中，妇科疾病患病情况却日益严重。1998—2007年，妇科病检查率相当低，只略高于1/3，2008年之后，检查比例才超过一半，这与政府的推动有很大关系[1]。2007年1月24日，国家人口与计划生育委员会下发了《关于切实加强流动人口计划生育工作的意见》；12月3日，又下达了《关于促进形成全国流动人口计划生育工作"一盘棋"格局的意见》，将流动人口的计划生育工作纳入管理和考评。2009年，中华人民共和国国务院第60次常务会议通过了《流动人口计划生育工作条例》，明确规定流动人口在现居住地依法免费享受国家规定的计划生育技术服务基本项目。从此，女性流动人口的计划生育检查有了一定的保证。在所检查的妇女中患病率比例很高，将近30%。其中，滴虫性阴道炎患病率有上升趋势。近些年，随着尖锐湿疣患病率的下降，妇科和乳腺科癌症患病率越来越高，宫颈癌、乳腺癌和卵巢癌成为威胁妇女生命安全的不可小视的病症。

参考文献

陈卫."发展—计划生育—生育率"的动态关系：中国省级数据再考察[J].人口研究，2005(1).

国家人口发展战略研究课题组.国家人口发展战略研究报告[R/OL]. http://www.china.com.cn/policy/txt/2007-01/11/content_7643393_6.htm.

---

[1] 相关数据参见《中国卫生统计年鉴》和《中国卫生和计划生育统计年鉴》，皆由中国协和医科大学出版社出版。

国家人口和计划生育委员会.中国人口和计划生育史[M].北京:中国人口出版社,2007.

李建民.生育理性和生育决策与我国低生育率水平稳定机制的转变[J].人口研究.2004(6).

乔晓春,任强.中国未来生育政策的选择[J].市场与人口分析,2006(3).

习近平.决胜全面建成小康社会　夺取新时代中国特色社会主义伟大胜利[M].北京:人民出版社,2017.

中华人民共和国卫生部,中国残疾人联合会.中国提高出生人口素质、减少出生缺陷和残疾行动计划(2002—2010)[J].中国生育健康杂志,2002(3).

United Nations. Report of the Secretary-General on the work of the Organization, Official Records[R]. Sixty-first session, Supplement No.1(A/61/1), New York: United Nations General Assembly, 2006.

第五章　中国死亡变动与公共医疗卫生健康管理服务

出生、衰老、生病、死亡是人类生命周期的自然规律，无论个体如何畏惧死亡，死亡终将会到来。人的死亡意味着生命的失去，生命活动和新陈代谢的终结。随着中国社会经济的高速发展和医疗卫生水平的提高，中国妇幼保健事业和妇幼健康服务水平得到了极大提升，孕产妇、婴幼儿死亡率快速下降，人口平均预期寿命也逐年提高。然而，由于经济的发展和人口老龄化社会的到来，以及人们生活方式的转变，工作、生活、精神压力的增大，水、空气、食品以及环境污染的加剧等，使得各种非传染性急慢性疾病和传染性疾病的发病率和死亡率越来越高，影响了人民健康水平和生活质量的提高。人们普遍处于亚健康状态，很多疾病愈加倾向于年轻化。这些都对中国公共医疗卫生健康管理服务提出了严峻的挑战，对管理服务水平的进一步提高提出了迫切的要求。

第一节　死亡及测量统计指标

本节主要就死亡的生物学概念、死亡的测量，以及死亡水平统计、死亡原因统计等进行系统性指标阐述和定义。

一、死亡的生物学概念

死亡是生命系统所有的本来维持其存在的属性的丧失且是不可逆转的永久性的终止。通常，生物的死亡是指其一切生命特征丧失且永久性地终止，最终变成无生命特征的物体。死亡是自然流通链中的一个环节，是世界变化中的必然。人的死亡主要是指狭义上的生物学上的死亡，一般以心跳停止和呼吸停止及脑死亡为识别标志。

二、死亡测量指标

(一)脑死亡判断

现代医学是以脑死亡为人死亡的标准。全脑功能不可逆性地永久性停止,称为脑死亡,具体包括如下。一是大脑功能的停止:除运动、感觉之外,思考、感情等精神活动功能,即意识也都永久性丧失,脑电波消失。如果脑干功能尚存,有自发呼吸,则不能称为脑死亡,只能说是处于"植物状态"。二是脑干功能的停止:脑干包含网状结构、脑神经核、延髓血管运动中枢、呼吸中枢等重要结构。脑干功能丧失意味着上述结构功能停止。网状结构功能丧失导致昏迷;脑神经功能丧失则引起对光反射、角膜反射、眼球反射、前庭反射、咽反射、咳嗽反射的消失;延髓功能停止,则自发呼吸停止,血压急剧下降。

(二)诊断标准

表5-1是一些国家制定的脑死亡诊断标准。

表 5-1 脑死亡诊断标准比较

标 准	瑞典	意大利	墨西哥	英国	美国联合调查	日本厚生省脑死亡研究班
年 度	1972	1975	1976	1977	1977	1985
深昏迷	○	○	○	○	○	○
无呼吸	○	○	○	○	○	○
瞳孔散大	○	○	○	○	○	○
脑干反射消失	○	○	○	○	○	○
脊髓反射消失	×	○	○	×	○	○
足底反射消失	○	○	○	×	×	×
脑电波平坦	○	○	○	○	○	○
脑循环消失	○	×	×	×	△	×
低血压	×	×	×	×	×	×
时间(分钟)	×	×	×	×	×	×

注意需要满足以下条件:(1)原因明确,药物中毒除外;(2)脑电波在4小时之内记录3次,每次30分钟;(3)低体温及服用溴化物、巴比妥、酒精等除外;(4)原因明确,抑制剂,肌松剂,低体温,内分泌、代谢性疾病除外;(5)进行了相应治疗;(6)原因疾病诊断明确,为不可逆性脑器质性损害,代谢障碍、药物中毒、低体温除外;(7)器质性脑损害,已进行相应的治疗,6岁以下儿童、急性药物中毒、低体温、代谢、内分泌障碍除外。

资料来源:百度百科词条.死亡[EB/OL].[2020-10-12]. https://baike.baidu.com/item/%E6%AD%BB%E4%BA%A1/1721。

三、死亡水平统计指标

(一)死亡率

死亡率(又称粗死亡率),指在一定时期内(通常为一年)一定地区的死亡人数与同期内平均人数(或期中人数)之比,一般用千分率表示,死亡率是社会、经济、文化卫生水平的综合反映。本章中的死亡率指年死亡率,其计算公式为:

$$死亡率=年死亡人数/年平均人数\times 1\,000‰$$

（二）死亡专率

死亡专率可按死因、年龄、性别、民族、职业等分类计算,这时分母的人口数应与产生分子的人口数相对应[1]。如计算 50 岁以上女性乳腺癌死亡专率,其分母则应为该地区同期 50 岁以上的女性平均人口数。

（三）婴儿死亡率

婴儿死亡率是指一定地区婴儿出生后不满周岁死亡人数与同期出生人数的比率。一般以年度为计算单位,以千分率表示。在婴儿死亡率较高的地方,也有用百分率表示的。婴儿因机体发育尚不够成熟,对外界环境和疾病抵抗力弱,死亡率较高。婴儿死亡率是反映一个国家和民族的居民健康水平和社会经济发展水平的重要指标,特别是妇幼保健工作水平的重要指标。由于本年内登记统计的不满周岁死亡人数中,有一部分是上一个年份出生的,因而婴儿死亡率的计算通常需要进行调整。最常用的简单调整方法是调整分母的出生人数。根据经验,在本年死亡的不满周岁婴儿中约有 2/3 是本年出生的,1/3 是上一年出生的。婴儿死亡率与许多因素有关,例如医疗水平、医学常识、环境因素、新生儿体重、孕期长短、婴儿性别、习俗、喂养方式,等等[2]。

（四）孕产妇死亡率

孕产妇死亡率指年内每 10 万名孕产妇的死亡人数。孕产妇死亡指从妊娠期至产后 42 天内,由于任何妊娠或妊娠处理有关的原因导致的死亡,但不包括意外原因死亡者。按国际通用计算方法,"孕产妇总数"以"活产数"代替计算。

（五）5 岁以下儿童死亡率

5 岁以下儿童死亡率指年内未满 5 岁儿童死亡人数与活产数之比,一般以千分率表示。

（六）新生儿死亡率

新生儿死亡率指年内新生儿死亡数与活产数之比。一般以千分率表示。新生儿死亡指出生至 28 天以内(即 0—27 天)死亡人数。

四、死亡原因统计指标系统

（一）死因别死亡率

根据死因计算的死亡率称为死因别死亡率。死因别死亡率是指全年某种死因死亡

---

[1] 医学教育.人口、疾病、死亡统计的常用指标[EB/OL].（2019-07-25）[2020-10-12]. https://www.med66.com/quankezhuzhi/ziliao/sh1907259000.shtml??c=61846666.

[2] 百度百科词条.死亡[EB/OL].[2020-10-12]. https://baike.baidu.com/item/%E6%AD%BB%E4%BA%A1/1721.

数与同年平均人口数之比。死因别死亡率是死因分析的主要指标,可以反映各种疾病对人群健康危害程度。

(二)死因构成比

死因构成比表示全年因某死因死亡的人数占同年死亡总人数的百分比。

(三)死因顺位

死因顺位是将各类或各项死因按死因构成比的大小排列顺位。可以反映主要死因及各类死因顺位的变化,可提供不同时期的重点防治疾病。

第二节 死亡分析

本节概述了改革开放以来中国总体死亡率水平与变动状况,以及反映中国妇幼健康事业、妇女儿童健康水平的孕产妇死亡率、新生儿死亡率、婴幼儿死亡率等指标发展状况。

(一)中国死亡率水平及其变动趋势

改革开放以来,中国死亡率水平的变动大致经历了上升、下降、上升、平稳4个阶段。第一阶段从1978年至1983年,为中国死亡率上升期。这一时期的特点是死亡率上升较快,短短5年时间内,死亡率从6.25‰上升至6.9‰,上升了0.65个千分点。第二阶段从1983年至2003年,为死亡率下降期。中国用了20年时间将死亡率从6.9‰下降至6.3‰,下降了0.6个千分点。这是一段较长时期的下降,其间,死亡率在4个年份有一定幅度的反弹。第三阶段从2003年至2008年,为死亡率再上升期,死亡率从6.3‰上升至7.06‰。巧合的是第三阶段的死亡率再上升期与第一阶段相同,同样用了

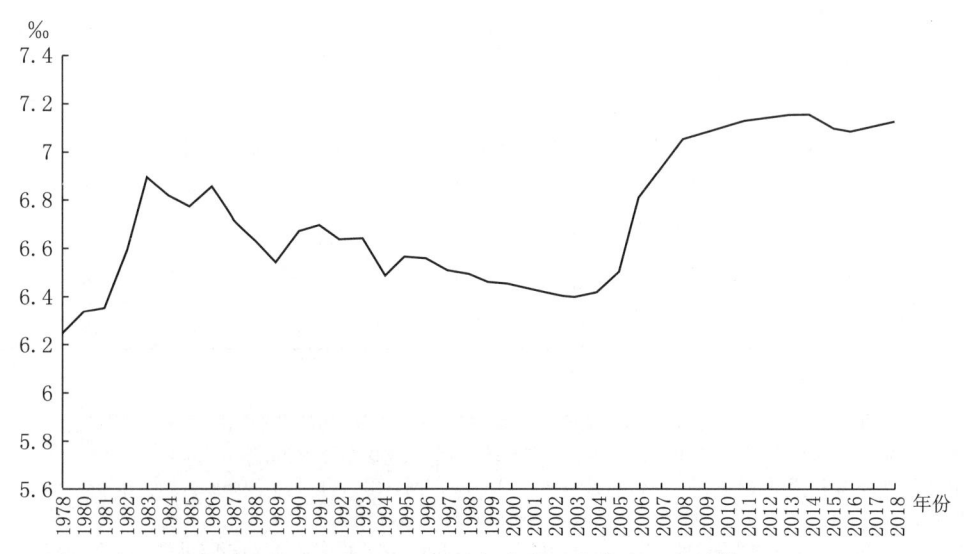

图 5-1　1978—2018 年中国死亡率水平和趋势

资料来源:国家统计局.中国统计年鉴(2019年)[M].北京:中国统计出版社,2019。

5年时间。不同之处在于,这一时期死亡率上升幅度更大,整个升幅达0.76个千分点,比第一阶段高出0.11个千分点。第四阶段从2008年至今,为死亡率基本稳定期。2008年中国死亡率达7.06‰,到2018年死亡率为7.13‰,10年内死亡率仅增加了0.07个千分点,其间,死亡率波幅变动也较小。

(二)中国孕产妇死亡率和新生儿、婴幼儿死亡率

中华人民共和国成立前,中国妇幼健康服务能力薄弱,孕产妇死亡率和婴儿死亡率非常高,《中国妇幼健康事业发展报告》显示,全国孕产妇死亡率高达1 500/10万,婴儿死亡率高达200‰左右。中华人民共和国成立后,妇幼健康事业、妇女儿童健康水平不断提高。全国孕产妇死亡率、婴儿死亡率迅速下降[1]。如表5-2所示,1991年全国孕产妇死亡率为80/10万,新生儿死亡率为33.1‰,婴儿死亡率为50.2‰,5岁以下儿童死亡率为61.0‰。2000年全国孕产妇死亡率为53/10万,新生儿死亡率为22.8‰,婴儿死亡率为32.2‰,5岁以下儿童死亡率为39.7‰。2015年,全国孕产妇死亡率、婴儿死亡率和5岁以下儿童死亡率分别为20.1/10万、8.1‰和10.7‰,均提前实现了联合国千年发展目标,被世界卫生组织评为妇幼健康高绩效国家[2]。2018年,中国孕产妇死亡率继续降至18.3/10万,新生儿死亡率降至3.9‰,婴儿死亡率降至6.1‰,5岁以下儿童死亡率降至8.4‰。目前中国婴儿死亡率远低于全世界婴儿死亡率(29‰),甚至已明显低于中高等收入国家(11‰)[3]。中国农村地区的孕产妇死亡率、新生儿死亡率、婴儿死亡率、5岁以下儿童死亡率均高于城市地区。

表5-2 1991—2018年监测地区孕产妇和5岁以下儿童死亡率

年份	孕产妇死亡率(1/10万)			新生儿死亡率(‰)			婴儿死亡率(‰)			5岁以下儿童死亡率(‰)		
	合计	城市	农村	合计	城市	农村	合计	城市	农村	合计	城市	农村
1991	80.0	46.3	100.0	33.1	12.5	37.9	50.2	17.3	58.0	61.0	20.9	71.1
1992	76.5	42.7	97.9	32.5	13.9	36.8	46.7	18.4	53.2	57.4	20.7	65.6
1993	67.3	38.5	85.1	31.2	12.9	35.4	43.6	15.9	50.0	53.1	18.3	61.6
1994	64.8	44.1	77.5	28.5	12.2	32.3	39.9	15.5	45.6	49.6	18.0	56.9
1995	61.9	39.2	76.0	27.3	10.6	31.1	36.4	14.2	41.6	44.5	16.4	51.1
1996	63.9	29.2	86.4	24.0	12.2	26.7	36.0	14.8	40.9	45.0	16.9	51.4
1997	63.6	38.3	80.4	24.2	10.3	27.5	33.1	13.1	37.7	42.3	15.5	48.5

[1] 根据1954年对14省5万余人的调查,婴儿死亡率为138.5‰;1973—1975年全国肿瘤死亡回顾调查显示婴儿死亡率为47.0‰;根据1981年第三次全国人口普查统计,婴儿死亡率降到34.68‰。
[2] 卫健委.2018年我国婴儿死亡率下降到6.1‰[EB/OL].央广网,(2019-05-27)[2020-10-10]. https://baijiahao.baidu.com/s?id=1634661603968044258&wfr=spider&for=pc.
[3] 世界银行.儿童死亡率的水平和趋势[EB/OL].联合国机构间儿童死亡率估算工作组(儿童基金会,世界卫生组织,世界银行,联合国经社部,联合国人口司)估算开发,[2020-10-11]. https://data.worldbank.org.cn/indicator/SP.DYN.IMRT.IN?locations=CN.

(续表)

年份	孕产妇死亡率(1/10万) 合计	城市	农村	新生儿死亡率(‰) 合计	城市	农村	婴儿死亡率(‰) 合计	城市	农村	5岁以下儿童死亡率(‰) 合计	城市	农村
1998	56.2	28.6	74.1	22.3	10.0	25.1	33.2	13.5	37.7	42.0	16.2	47.9
1999	58.7	26.2	79.7	22.2	9.5	25.1	33.3	11.9	38.2	41.4	14.3	47.7
2000	53.0	29.3	69.6	22.8	9.5	25.8	32.2	11.8	37.0	39.7	13.8	45.7
2001	50.2	33.1	61.9	21.4	10.6	23.9	30.0	13.6	33.8	35.9	16.3	40.4
2002	43.2	22.3	58.2	20.7	9.7	23.2	29.2	12.2	33.1	34.9	14.6	39.6
2003	51.3	27.6	65.4	18.0	8.9	20.1	25.5	11.3	28.7	29.9	14.8	33.4
2004	48.3	26.1	63.0	15.4	8.4	17.3	21.5	10.1	24.5	25.0	12.0	28.5
2005	47.7	25.0	53.8	13.2	7.5	14.7	19.0	9.1	21.6	22.5	10.7	25.7
2006	41.1	24.8	45.5	12.0	6.8	13.4	17.2	8.0	19.7	20.6	9.6	23.6
2007	36.6	25.2	41.3	10.7	5.5	12.8	15.3	7.7	18.6	18.1	9.0	21.8
2008	34.2	29.2	36.1	10.2	5.0	12.3	14.9	6.5	18.4	18.5	7.9	22.7
2009	31.9	26.6	34.0	9.0	4.5	10.8	13.8	6.2	17.0	17.2	7.6	21.1
2010	30.0	29.7	30.1	8.3	4.1	10.0	13.1	5.8	16.1	16.4	7.3	20.1
2011	26.1	25.2	26.5	7.8	4.0	9.4	12.1	5.8	14.7	15.6	7.1	19.1
2012	24.5	22.2	25.6	6.9	3.9	8.1	10.3	5.2	12.4	13.2	5.9	16.2
2013	23.2	22.4	23.6	6.3	3.7	7.3	9.5	5.2	11.3	12.0	6.0	14.5
2014	21.7	20.5	22.2	5.9	3.5	6.9	8.9	4.8	10.7	11.7	5.9	14.2
2015	20.1	19.8	20.2	5.4	3.3	6.4	8.1	4.7	9.6	10.7	5.8	12.9
2016	19.9	19.5	20.0	4.9	2.9	5.7	7.5	4.2	9.0	10.2	5.2	12.4
2017	19.6	16.6	21.1	4.5	2.6	5.3	6.8	4.1	7.9	9.1	4.8	10.9
2018	18.3	15.5	19.9	3.9	2.2	4.7	6.1	3.6	7.3	8.4	4.4	10.2

资料来源：国家统计局.中国统计年鉴（2019年）[M].北京：中国统计出版社，2019。

第三节　死因分析

死亡原因统计是在死亡水平统计的基础上，对死亡原因进行分析，可以了解不同疾病对居民健康的危害大小及程度，以指出不同时期、不同人群如城乡居民、男女居民的重点防治疾病。多年来，中国城市居民恶性肿瘤死亡率高居首位，心脑血管病和呼吸系统疾病等慢性疾病的粗死亡率和死因构成比也居高不下。目前中国农村居民的疾病死因顺序是心脏病、脑血管病和恶性肿瘤，并且三大慢性疾病死亡率上升较快。对近年来中国传染病发病与死亡情况的分析表明，中国传染各种性病的人数上升显著，其中艾滋病报告死亡数上升最快，居传染病首位。

一、中国城乡居民主要疾病死亡率及死因构成

(一)城市居民

如表 5-3 所示,2011 年,中国城市居民主要疾病粗死亡率位列前 5 位的分别是:恶性肿瘤(172.33/10 万)、心脏病(132.04/10 万)、脑血管病(125.37/10 万)、呼吸系统疾病(65.47/10 万)、损伤和中毒外部原因(33.93/10 万)。同期,这 5 种疾病的死因构成比分别为:恶性肿瘤 27.79%,心脏病 21.30%,脑血管病 20.22%,呼吸系统疾病 10.56%,损伤和中毒外部原因 5.47%。

分性别看,2011 年中国城市男性居民恶性肿瘤(30.70%)死亡的比例明显高于女性(23.95%),而城市女性居民心脏病死亡(23.66%)和脑血管病死亡(21.35%)的比例明显高于男性居民心脏病死亡(19.51%)和脑血管病死亡(19.37%)的比例,其余疾病死亡率两性差别不大。

表 5-3 2011 年城市居民主要疾病死亡率及死因构成

疾病名称	粗死亡率(1/10 万) 合计	男	女	构成(%) 合计	男	女	位次 合计	男	女
传染病(不含呼吸道结核)	3.15	4.22	2.06	0.51	0.60	0.38	11	11	13
呼吸道结核	2.14	3.43	0.83	0.35	0.49	0.15	14	13	18
寄生虫病	0.23	0.24	0.22	0.04	0.03	0.04	19	19	19
恶性肿瘤	172.33	215.19	128.86	27.79	30.70	23.95	1	1	1
血液、造血器官及免疫疾病	1.44	1.46	1.42	0.23	0.21	0.26	18	17	17
内分泌,营养和代谢疾病	18.64	17.16	20.15	3.01	2.45	3.74	6	7	6
精神障碍	2.47	2.31	2.63	0.40	0.33	0.49	13	14	11
神经系统疾病	7.63	8.01	7.25	1.23	1.14	1.35	9	8	9
心脏病	132.04	136.72	127.29	21.30	19.51	23.66	2	2	2
脑血管病	125.37	135.74	114.85	20.22	19.37	21.35	3	3	3
呼吸系统疾病	65.47	74.62	56.19	10.56	10.65	10.44	4	4	4
消化系统疾病	16.35	19.73	12.92	2.64	2.82	2.40	7	6	7
肌肉骨骼和结缔组织疾病	1.51	1.10	1.92	0.24	0.16	0.36	17	18	14
泌尿生殖系统疾病	6.60	6.98	6.21	1.06	1.00	1.16	10	10	10
妊娠,分娩产褥期并发症	0.07	—	0.14	0.01	—	0.03	20	—	20
围生期疾病	1.89	2.19	1.58	0.30	0.31	0.29	15	15	16
先天畸形、变性和染色体异常	1.79	1.93	1.64	0.29	0.28	0.31	16	16	15
诊断不明	2.81	3.55	2.06	0.45	0.51	0.38	12	12	12
其他疾病	9.93	7.90	11.98	1.60	1.13	2.23	8	9	8
损伤和中毒外部原因	33.93	43.42	24.31	5.47	6.19	4.52	5	5	5

资料来源:国家统计局.中国统计年鉴(2012 年)[M].北京:中国统计出版社,2012。

如表 5-4 所示,2018 年,中国城市居民主要疾病粗死亡率位列前 5 位的依然是:恶性肿瘤(163.18/10 万)、心脏病(146.34/10 万)、脑血管病(128.88/10 万)、呼吸系统疾病(68.02/10 万)、损伤和中毒外部原因(35.63/10 万)。然而与 2011 年比较,2018 年中国城市居民恶性肿瘤粗死亡率下降了 9.15/10 万,而心脏病、脑血管病、呼吸系统疾病、损伤和中毒外部原因的粗死亡率却略有上升,分别上升了 14.3/10 万、3.51/10 万、2.55/10 万、1.7/10 万。

相应地,2018 年中国城市居民这 5 种疾病死因构成比列前 5 位的依然是:恶性肿瘤 25.98%,心脏病 23.29%,脑血管病 20.51%,呼吸系统疾病 10.83%,损伤和中毒外部原因 5.67%。与 2011 年相比,恶性肿瘤死因构成比下降了 1.81 个百分点,而心脏病、脑血管病、呼吸系统疾病、损伤和中毒外部原因的死因构成比则分别上升了 1.99、0.29、0.27、0.2 个百分点。

分性别看,与 2011 年类似,2018 年中国城市男性居民因恶性肿瘤死亡(28.72%)的比例明显高于女性(22.23%),城市女性居民心脏病死亡(26.38%)和脑血管病死亡(21.43%)的比例明显高于男性心脏病死亡(21.03%)和脑血管病死亡(19.84%)的比例,其余疾病死亡率两性差别不大。

表 5-4　2018 年城市居民主要疾病死亡率及死因构成

疾病名称	合计 死亡率(1/10 万)	合计 构成(%)	合计 位次	男 死亡率(1/10 万)	男 构成(%)	男 位次	女 死亡率(1/10 万)	女 构成(%)	女 位次
传染病(含呼吸道结核)	5.96	0.95	10	8.23	1.15	9	3.61	0.67	10
寄生虫病	0.04	0.01	17	0.05	0.01	16	0.03	0.01	17
恶性肿瘤	163.18	25.98	1	205.00	28.72	1	120.01	22.23	1
血液、造血器官及免疫疾病	1.43	0.23	13	1.42	0.20	15	1.44	0.27	13
内分泌营养和代谢疾病	21.15	3.37	6	20.47	2.87	6	21.85	4.05	6
精神障碍	2.96	0.47	11	2.79	0.39	11	3.12	0.58	11
神经系统疾病	8.62	1.37	8	8.63	1.21	8	8.62	1.60	8
心脏病	146.34	23.29	2	150.13	21.03	2	142.42	26.38	2
脑血管病	128.88	20.51	3	141.63	19.84	3	115.72	21.43	3
呼吸系统疾病	68.02	10.83	4	80.25	11.24	4	55.39	10.26	4
消化系统疾病	14.54	2.31	7	17.74	2.49	7	11.23	2.08	7
肌肉骨骼和结缔组织疾病	2.49	0.40	12	1.96	0.27	12	3.03	0.56	12
泌尿生殖系统疾病	6.84	1.09	9	7.81	1.09	10	5.83	1.08	9
妊娠分娩产褥期并发症	0.05	0.01	16	—	—	—	0.10	0.02	16
围生期疾病	1.30	0.21	15	1.54	0.22	13	1.05	0.20	15

(续表)

疾病名称	合计 死亡率(1/10万)	合计 构成(%)	合计 位次	男 死亡率(1/10万)	男 构成(%)	男 位次	女 死亡率(1/10万)	女 构成(%)	女 位次
先天畸形、变性和染色体异常	1.33	0.21	14	1.45	0.20	14	1.22	0.23	14
损伤和中毒外部原因	35.63	5.67	5	44.84	6.28	5	26.13	4.84	5
诊断不明	2.56	0.41	—	3.45	0.48	—	1.64	0.30	—
其他疾病	6.42	1.02	—	5.07	0.71	—	7.82	1.45	—

注：本表系605个死因监测点的监测结果。
资料来源：国家统计局.中国统计年鉴(2019年)[M].北京：中国统计出版社，2019。

（二）农村居民

如表5-5所示，2011年，中国农村居民主要疾病粗死亡率位列前5位的分别是：恶性肿瘤(150.83/10万)、脑血管病(138.68/10万)、心脏病(123.69/10万)、呼吸系统疾病(84.97/10万)、损伤和中毒外部原因(56.50/10万)。同期，这5种疾病的死因构成比分别为：恶性肿瘤23.62%，脑血管病21.72%，心脏病19.37%，呼吸系统疾病13.31%，损伤和中毒外部原因8.85%。与城市不同，2011年中国农村居民脑血管病粗死亡率及死因构成比均高于心脏疾病。

分性别看，和城市相同，2011年中国农村男性居民因恶性肿瘤死亡(26.75%)的比例也明显高于女性(19.15%)，而农村女性居民脑血管病死亡(23.42%)和心脏病死亡(22.10%)的比例也均高于男性居民脑血管病死亡(20.52%)和心脏病死亡(17.45%)的比例。

表5-5 2011年农村居民主要疾病死亡率及死因构成疾病名称

疾病名称	粗死亡率(1/10万) 合计	粗死亡率(1/10万) 男	粗死亡率(1/10万) 女	构成(%) 合计	构成(%) 男	构成(%) 女
传染病(不含呼吸道结核)	4.53	5.95	3.04	0.71	0.81	0.56
呼吸道结核	2.09	3.01	1.13	0.33	0.41	0.21
寄生虫病	0.13	0.18	0.08	0.02	0.02	0.01
恶性肿瘤	150.83	196.39	103.12	23.62	26.75	19.15
血液、造血器官及免疫疾病	0.88	0.91	0.85	0.14	0.12	0.16
内分泌营养和代谢疾病	10.56	9.29	11.88	1.65	1.27	2.21
精神障碍	3.15	2.91	3.41	0.49	0.40	0.63
神经系统疾病	4.85	4.93	4.76	0.76	0.67	0.88
心脏病	123.69	128.13	119.04	19.37	17.45	22.10
脑血管病	138.68	150.69	126.11	21.72	20.52	23.42

(续表)

疾病名称	粗死亡率(1/10万) 合计	男	女	构成(%) 合计	男	女
呼吸系统疾病	84.97	92.18	77.43	13.31	12.56	14.38
消化系统疾病	13.84	17.86	9.63	2.17	2.43	1.79
肌肉骨骼和结缔组织疾病	1.32	1.08	1.58	0.21	0.15	0.29
泌尿生殖系统疾病	6.50	7.69	5.26	1.02	1.05	0.98
妊娠分娩产褥期并发症	0.18	—	0.36	0.03	—	0.07
围生期疾病	2.27	2.79	1.73	0.36	0.38	0.32
先天畸形、变性和染色体异常	1.89	2.15	1.62	0.30	0.29	0.30
诊断不明	2.17	2.48	1.84	0.34	0.34	0.34
其他疾病	8.83	7.04	10.69	1.38	0.96	1.99
损伤和中毒外部原因	56.50	75.39	36.73	8.85	10.27	6.82

资料来源:国家统计局.中国统计年鉴(2012年)[M].北京:中国统计出版社,2012。

如表5-6所示,值得注意的是,2018年中国农村居民心脏病粗死亡率位居首位,脑血管病的粗死亡率位居第二位,恶性肿瘤排第三,与城市、与2011年时的情况显著不同。并且,心脏病、脑血管病、恶性肿瘤的粗死亡率较之2011年有较大幅度上升。具体来讲,2018年中国农村居民主要疾病粗死亡率位列前5位的分别是:心脏病(162.12/10万)、脑血管病(160.19/10万)、恶性肿瘤(158.61/10万)、呼吸系统疾病(77.67/10万)、诊断不明(51.48/10万)。

表5-6 2018年部分地区农村居民主要疾病死亡率及死因构成

疾病名称	合计 死亡率(1/10万)	构成(%)	位次	男 死亡率(1/10万)	构成(%)	位次	女 死亡率(1/10万)	构成(%)	位次
传染病(含呼吸道结核)	7.26	1.05	10	10.02	1.27	8	4.40	0.75	10
寄生虫病	0.08	0.01	16	0.09	0.01	16	0.07	0.01	17
恶性肿瘤	158.61	22.96	3	202.86	25.76	1	112.71	19.09	3
血液、造血器官及免疫疾病	1.19	0.17	15	1.20	0.15	15	1.18	0.20	15
内分泌营养和代谢疾病	17.01	2.46	6	15.36	1.95	7	18.72	3.17	6
精神障碍	2.81	0.41	11	2.70	0.34	11	2.92	0.49	11
神经系统疾病	8.39	1.21	8	8.29	1.05	10	8.49	1.44	8
心脏病	162.12	23.47	1	166.00	21.08	3	158.10	26.78	1
脑血管病	160.19	23.19	2	176.06	22.36	2	143.73	24.34	2

(续表)

疾病名称	合计 死亡率(1/10万)	合计 构成(%)	合计 位次	男 死亡率(1/10万)	男 构成(%)	男 位次	女 死亡率(1/10万)	女 构成(%)	女 位次
呼吸系统疾病	77.67	11.24	4	87.83	11.15	4	67.13	11.37	4
消化系统疾病	14.57	2.11	7	18.42	2.34	6	10.58	1.79	7
肌肉骨骼和结缔组织疾病	1.96	0.28	12	1.65	0.21	13	2.29	0.39	12
泌尿生殖系统疾病	7.44	1.08	9	8.73	1.11	9	6.09	1.03	9
妊娠分娩产褥期并发症	0.07	0.01	17	—	—	—	0.15	0.03	16
围生期疾病	1.58	0.23	13	1.91	0.24	12	1.24	0.21	14
先天畸形,变性和染色体异常	1.48	0.21	14	1.63	0.21	14	1.32	0.22	13
诊断不明	51.48	7.45	5	67.63	8.59	5	34.74	5.88	5
其他疾病	2.24	0.32	—	2.78	0.35	—	1.67	0.28	—
损伤和中毒外部原因	6.17	0.89	—	4.96	0.63	—	7.43	1.26	—

资料来源:国家统计局.中国统计年鉴(2019年)[M].北京:中国统计出版社,2019.

2018年,农村居民这5种疾病的死因构成比分别为:心脏病23.47%、脑血管病23.19%、恶性肿瘤22.96%、呼吸系统疾病11.24%、诊断不明7.45%。与2011年相比,诊断不明、心脏病和脑血管病的死因构成比分别上升了7.11、4.1和1.47个百分点,而呼吸系统疾病、恶性肿瘤的死因构成比下降了2.07、0.66个百分点。

分性别看,2018年中国农村男性居民因恶性肿瘤死亡(25.76%)、诊断不明疾病死亡(8.59%)的比例明显高于女性因恶性肿瘤死亡(19.09%)和诊断不明疾病死亡(5.88%)的比例,而农村女性居民因心脏病死亡(26.78%)和脑血管病死亡(24.34)的比例明显高于男性因心脏病死亡(21.08%)和脑血管病死亡(22.36%)的比例。

二、中国传染病发病与死亡情况

(一)甲、乙类法定报告传染病发病数及死亡人数

2018年,中国甲、乙类传染病报告发病306.3万例,报告发病数位居前5位的是病毒性肝炎、肺结核、梅毒、淋病、细菌性和阿米巴性痢疾,占甲、乙类传染病报告发病总数的92.2%。其中,病毒性肝炎报告发病数1 280 015人,肺结核823 342人,梅毒494 867人,淋病133 156人,细菌性和阿米巴性痢疾91 152人。与2011年相比,7年间病毒性肝炎减少了近10万人,肺结核减少了近13万人,细菌性和阿米巴性痢疾减少了近14.7万人,而梅毒、淋病却分别增加了近10万人、3.5万人。

2011—2018年,中国传染各种性病的人数显著上升。中国甲、乙类传染性疾病报告发病数上升最多的是梅毒、艾滋病和淋病,7年间分别增加了约10万人、4.4万人和

3.5万人;报告发病数下降最多的是病毒性肝炎、肺结核以及细菌性和阿米巴性痢疾。2018年,新增的传染性疾病中,人感染H7N9禽流感取代了在2011年流行的甲型H1N1流感。

从某传染病报告发病数在全部甲、乙类传染病报告发病数中的排序变动情况来看,2011—2018年,升幅较快的有:登革热(从第22位上升到第12位)、百日咳(从第15位上升到第9位)、炭疽(从第20位上升到第17位),降幅较快的有:血吸虫病(从第13位下降到第19位)、新生儿破伤风(从第18位下降到第21位)、脊髓灰质炎(从第24位下降到第26位)。

表5-7　2011年甲、乙类法定报告传染病发病及死亡人数前十位排序　　单位:人

顺 位	发 病		死 亡	
	疾病名称	发病人数	疾病名称	死亡人数
1	病毒性肝炎	1 372 344	艾滋病	9 224
2	肺结核	953 275	肺结核	2 840
3	梅毒	395 182	狂犬病	1 879
4	细菌性和阿米巴性痢疾	237 930	病毒性肝炎	830
5	淋病	97 954	流行性出血热	119
6	猩红热	63 878	梅毒	75
7	布鲁氏菌病	38 151	甲型H1N1流感	75
8	艾滋病	20 450	乙脑	63
9	伤寒和副伤寒	11 798	新生儿破伤风	52
10	流行性出血热	10 779	疟疾	30

资料来源:国家统计局.中国统计年鉴(2012年)[M].北京:中国统计出版社,2012。

2018年,中国甲、乙类传染病报告死亡数23 174人,报告死亡数居前5位的是艾滋病、肺结核、病毒性肝炎、狂犬病、乙型脑炎,占甲、乙类传染病报告死亡总数的99.3%。2018年,中国艾滋病报告死亡数达到18 780人,是2011年报告死亡数的1倍多。与2011年相比,虽然2018年中国肺结核的报告发病数下降,然而肺结核报告死亡数却增长了近300人。2018年,中国狂犬病报告死亡数仅为410人,与2011年相比显著下降,2011年这一数值是2018年的4.58倍。2018年,病毒性肝炎的报告死亡数为531人,也较2011年(830人)有所下降。

与2011年相比,2018年中国甲、乙类传染病报告死亡数中排序变动幅度较大的疾病有:血吸虫病(从第13位下降到第19位)、新生儿破伤风(从第18位下降到第21位)、脊髓灰质炎(从第24位下降到第26位),以及传染性非典型肺炎(从第27位上升到第25位)。

表 5-8　2018 年 28 种传染病报告发病及死亡人数前十位排序　　　　单位:人

顺位	发病		死亡	
	疾病名称	发病人数	疾病名称	死亡人数
1	病毒性肝炎	1 280 015	艾滋病	18 780
2	肺结核	823 342	肺结核	3 149
3	梅毒	494 867	病毒性肝炎	531
4	淋病	133 156	狂犬病	410
5	细菌性和阿米巴性痢疾	91 152	流行性乙型脑炎	135
6	猩红热	78 864	流行性出血热	97
7	艾滋病	64 170	梅毒	39
8	布鲁氏菌病	37 947	流行性脑脊髓炎	10
9	百日咳	22 057	疟疾新	6
10	流行性出血热	11 966	生儿破伤风	4

资料来源:国家统计局.中国统计年鉴(2019 年)[M].北京:中国统计出版社,2019。

(二)甲、乙类法定报告传染病发病率、死亡率及病死率

2011 年,传染病发病率最高的是病毒性肝炎、肺结核、梅毒、细菌性和阿米巴性痢疾、淋病;死亡率最高的是艾滋病、肺结核、狂犬病、病毒性肝炎;病死率最高的是鼠疫、人感染高致病性禽流感、狂犬病和艾滋病。

表 5-9　2011 年甲、乙类法定报告传染病发病率、死亡率及病死率前十位排序

顺位	发病		死亡		病死	
	疾病名称	发病率(1/10 万)	疾病名称	死亡率(1/10 万)	疾病名称	病死率(%)
1	病毒性肝炎	102.34	艾滋病	0.688 0	鼠疫	100.00
2	肺结核	71.09	肺结核	0.212 0	人感染高致病性禽流感	100.00
3	梅毒	29.47	狂犬病	0.140 0	狂犬病	98.02
4	细菌性和阿米巴性痢疾	17.74	病毒性肝炎	0.062 0	艾滋病	45.11
5	淋病	7.31	流行性出血热	0.009 0	流行性脑脊髓膜炎	10.96
6	猩红热	4.76	梅毒	0.006 0	新生儿破伤风	6.62
7	布鲁氏菌病	2.85	甲型 H1N1 流感	0.006 0	脊髓灰质炎	5.00
8	艾滋病	1.53	流行性乙型脑炎	0.005 0	流行性乙型脑炎	3.88
9	伤寒和副伤寒	0.88	新生儿破伤风	0.003 0	钩端螺旋体病	1.26
10	流行性出血热	0.80	疟疾	0.002 0	流行性出血热	1.10

资料来源:国家统计局.中国统计年鉴(2012 年)[M].北京:中国统计出版社,2012。
注:新生儿破伤风发病率和死亡率单位为‰。

2018年，中国甲、乙类传染病报告发病率为220.5/10万，死亡率为1.7/10万；甲、乙类传染病发病率最高的前5位是病毒性肝炎、肺结核、梅毒、淋病、细菌性和阿米巴性痢疾，占甲、乙类传染病报告发病总数的92.2%；死亡率最高的前4位是艾滋病、肺结核、病毒性肝炎、狂犬病。

表5-10　2018年甲、乙类法定报告传染病发病率、死亡率前十位排序

顺位	发病		死亡	
	疾病名称	发病率(1/10万)	疾病名称	死亡率(1/10万)
1	病毒性肝炎	92.15	艾滋病	1.345 9
2	肺结核	59.27	肺结核	0.225 7
3	梅毒	35.63	病毒性肝炎	0.038 1
4	淋病	9.59	狂犬病	0.029 4
5	细菌性和阿米巴性痢疾	6.56	流行性乙型脑炎	0.009 7
6	猩红热	5.68	流行性出血热	0.007 0
7	艾滋病	4.62	梅毒	0.002 8
8	布鲁氏菌病	2.73	流行性脑脊髓膜炎	0.000 7
9	百日咳	1.59	疟疾	0.000 4
10	流行性出血热	0.86	新生儿破伤风	0.000 3

资料来源：国家统计局.中国统计年鉴(2019年)[M].北京：中国统计出版社，2019。

(三) 丙类传染病报告发病和死亡情况

2018年，中国丙类传染病除丝虫病无发病和死亡病例报告外，其余10种共报告发病470.8万例，死亡203人。报告发病数居前5位的病种依次为手足口病(2 353 310人)、其他感染性腹泻病(1 282 270人)、流行性感冒(765 186人)、流行性腮腺炎(259 071)和急性出血性结膜炎(382 50人)，占丙类传染病报告发病总数的99.8%。报告死亡数较多的病种依次为流行性感冒(153人)、手足口病(35人)和其他感染性腹泻病(15人)，占丙类传染病报告死亡总数的100%。2018年，中国丙类传染病报告发病率为338.9/10万，死亡率为0.014 6/10万。

第四节　平均预期寿命与公共医疗卫生健康管理

平均预期寿命是国际上用来评价一个国家人口的生存质量和健康水平的重要参考指标之一。随着中国经济迅速发展，医疗技术与卫生健康管理水平显著提高，人民物质生活水平改善，人口平均寿命有较大幅度提高。

一、平均预期寿命

(一) 平均预期寿命指标

平均预期寿命亦称"人均预期寿命""平均寿命"。人均预期寿命指在各年龄组死亡

率保持现有水平不变的情况下,新出生的一批人平均可存活年数①。然而实际上,死亡率是不断变化的,因此,平均预期寿命是一个假定的指标。假设有10万人同时出生,把这10万人从1岁开始,逐年存活下来的人年数相加,除以10万,得出这批人出生时的平均预期寿命。以此数值来推算这一代人的平均预期寿命②。

平均预期寿命指标综合反映了一个国家或地区疾病防治和卫生服务水平,对人口分析和人口预测具有重要的作用,国际上通常把它作为衡量一个国家或地区居民生活质量和医疗卫生水平的重要指标③。

(二)中国平均预期寿命情况

1949年以前,中国人均预期寿命仅为35岁。20世纪80年代以来,中国居民人均预期寿命每年都在提高。根据联合国《世界人口前景(2015年修订版)》,全世界2010—2015年出生人口的平均预期寿命为71.5岁(男性为68.3岁,女性为72.7岁),其中最高的为日本,达到了83.7岁,中国排在第53位,平均预期寿命为76.1岁。2019年由国家卫健委发布的《2018年中国卫生健康事业发展统计公报》显示,中国居民人均预期寿命已经由1981年的67.77岁提高到了2018年的77.0岁④。

至今,针对特定疾病和伤害对预期寿命变化的影响,人们还知之甚少。在全球范围内,2013年出生人口的预期寿命比1990年增加5.49岁,这主要是因为更好地控制了传染病,孕产妇、新生儿疾病和营养性疾病。中华人民共和国成立以来,中国不仅在促进整体人口健康方面取得了成就,而且还减少了城乡之间的卫生条件不平等。研究确定会导致国家健康趋势下降的优先疾病和伤害,以遏制非传染性疾病流行、降低发病率,对进一步提高中国平均预期寿命具有重要意义。疾病和伤害影响人口健康变化的具体结果将进一步促进制定国家卫生政策。

表5-11 中国平均预期寿命(1981—2018年) 单位:岁

年 份	合 计	男	女
1981	67.77	66.28	69.27
1990	68.55	66.84	70.47
1996	70.80	—	—
2000	71.40	69.63	73.33
2005	72.95	70.83	75.25
2010	74.83	72.38	77.37

---

① 国家卫健委.2018年中国卫生健康事业发展统计公报[R/OL].[2020-10-22]. http://www.gov.cn/guoqing/2020-04/29/content_5507528.htm.

② 中华人民共和国劳动和社会保障部.什么是平均预期寿命[EB/OL].(2013-03-29)[2020-10-22]. https://zhidao.baidu.com/question/1438438962866616339.html.

③ 陆雄文.管理学大辞典[M].上海:上海辞书出版社,2013.

④ 国家卫健委.又提高零点三岁 中国居民人均预期寿命达七十七岁[N/OL].中国日报,(2019-05-23)[2020-10-14]. https://baijiahao.baidu.com/s?id=1634284751669654910&wfr=spider&for=pc.

(续表)

年　份	合　计	男	女
2015	76.34	73.64	79.43
2017	76.70	—	—
2018	77.00	—	—

资料来源：国家统计局.中国统计年鉴（2019年）[M].北京：中国统计出版社，2019；2017年、2018年数据来自国家卫健委.2018年中国卫生健康事业发展统计公报[R/OL].[2020-10-22].http://www.gov.cn/guoqing/2020-04/29/content_5507528.htm。

二、公共医疗卫生健康管理服务

（一）卫生健康管理服务指标

1. 医疗卫生机构

医疗卫生机构指从卫生（卫生计生）行政部门处取得《医疗机构执业许可证》《中医诊所备案证》《计划生育技术服务许可证》，或从民政、工商行政、机构编制管理部门处取得法人单位登记证书，为社会提供医疗服务、公共卫生服务或从事医学科研和医学在职培训等工作的单位。医疗卫生机构包括医院、基层医疗卫生机构、专业公共卫生机构、其他医疗卫生机构。

2. 卫生人员

指在医院、基层医疗卫生机构、专业公共卫生机构及其他医疗卫生机构工作的职工，包括卫生技术人员、乡村医生和卫生员、其他技术人员、管理人员和工勤人员。一律按支付年底工资的在岗职工统计，则包括各类聘任人员（含合同工）及返聘本单位半年以上人员，不包括临时工、离退休人员、退职人员、离开本单位仍保留劳动关系人员、本单位返聘和临聘不足半年人员。

3. 卫生技术人员

卫生技术人员包括执业医师、执业助理医师、注册护士、药师（士）、检验技师（士）、影像技师、卫生监督员和见习医（药、护、技）师（士）等卫生专业人员，不包括从事管理工作的卫生技术人员。相关计算公式为：

$$每千人口卫生技术人员 = 卫生技术人员数/人口数 \times 1\,000$$

其中，人口数系年末常住人口。

4. 执业（助理）医师

执业（助理）医师是指《医师执业证》中"级别"为"执业（助理）医师"且实际从事医疗、预防保健工作的人员，不包括实际从事管理工作的执业（助理）医师，分为临床、中医、口腔和公共卫生4类。相关计算公式为：

$$每千人口执业（助理）医师 = (执业医师数 + 执业助理医师数)/人口数 \times 1\,000$$

其中,人口数系年末常住人口。

5. 医疗卫生机构床位数

床位数指年底固定实有床位(非编制床位),包括正规床、简易床、监护床、超过半年加床、正在消毒和修理床位、因扩建或大修而停用的床位,不包括产科新生儿床、接产室待产床、库存床、观察床、临时加床和病人家属陪待床。相关计算公式为:

$$每千人口医疗卫生机构床位 = 医疗卫生机构床位数/人口数 \times 1\,000$$

其中,人口数系年末常住人口。

6. 卫生总费用

卫生总费用指一个国家或地区在一定时期内,为开展卫生服务活动从全社会筹集的卫生资源的货币总额,按来源法核算。其反映了一定经济条件下,政府、社会和居民个人对卫生保健的重视程度和费用负担水平,以及卫生筹资模式的主要特征和卫生筹资的公平性、合理性。卫生总费用包括政府卫生支出、社会卫生支出和个人现金卫生支出。

(二) 中国医疗卫生健康管理服务发展状况

1. 发展卫生资源,优化资源结构

(1) 医疗卫生机构总数。2018年末,中国医疗卫生机构总数达997 434个。其中,医院33 009个,占3.3%;基层医疗卫生机构943 639个,占94.6%;专业公共卫生机构18 034个,占1.8%;其他机构2 752个,占0.3%。与2000年相比,医疗卫生机构总计减少了36 795个,主要来自基层医疗卫生机构的减少(减少达56 530个),而医院和专业公共卫生机构分别增加了16 691个和6 648个。国家卫健委《2018年中国卫生健康事业发展统计公报》显示:2018年中国医院中,公立医院有12 032个,占36.5%;民营医院有20 977个,占63.5%。按等级分:三级医院2 548个,占7.7%(其中,三级甲等医院1 442个);二级医院9 017个,占27.3%;一级医院10 831个,占32.8%;未定级医院10 613个,占32.2%。按床位数分:100张以下床位医院20 054个,占60.8%;100—199张床位医院4 786个,占14.5%;200—499张床位医院4 437个,占13.4%;500—799张床位医院1 858个,占5.6%;800张及以上床位医院1 874个,占5.7%。基层医疗卫生机构中:社区卫生服务中心(站)34 997个,占3.7%;乡镇卫生院36 461个,占3.9%;诊所和医务室228 019个,占24.2%;村卫生室622 001个,占65.9%;政府办基层医疗卫生机构121 918个,占12.9%。专业公共卫生机构中,疾病预防控制中心3 443个,占19.1%。其中,省级31个,市(地)级417个,县(区、县级市)级2 758个。卫生监督机构2 949个。其中,省级29个,市(地)级392个,县(区、县级市)级2 515个。妇幼保健机构3 080个。其中,省级26个,市(地)级381个,县(区、县级市)级2 571个。

表 5-12 中国医疗卫生机构及床位数

机构类别	机构数(个) 2000年	机构数(个) 2018年	床位数(万张) 2000年	床位数(万张) 2018年
总计	1 034 229	997 434	317.70	840.41
医院	16 318	33 009	216.67	651.97
♯公立医院	—	12 032	—	480.22
♯民营医院	—	20 977	—	171.76
三级医院	—	2 548	—	256.71
二级医院	—	9 017	—	255.44
一级医院	—	10 831	—	63.03
基层医疗卫生机构	1 000 169	943 639	76.65	158.36
♯社区卫生服务中心(站)	—	34 997	—	23.13
♯政府办	—	17 715	—	16.53
乡镇卫生院	49 229	36 461	73.48	133.39
♯政府办	—	35 973	—	118.64
村卫生室	709 458	622 001	—	—
诊所(医务室)	240 934	228 019	—	0.034 7
专业公共卫生机构	11 386	18 034	11.86	27.44
♯疾病预防控制中心	3 741	3 443	—	—
专科疾病防治机构	1 839	1 161	2.84	4.08
妇幼保健机构	3 163	3 080	7.12	23.28
卫生监督所(中心)	—	2 949	—	—
其他机构	—	2 752	—	2.64

注:(1)基层医疗卫生机构包括社区卫生服务中心、社区卫生服务站、街道卫生院、乡镇卫生院、村卫生室、门诊部、诊所(医务室);(2)专业公共卫生机构包括疾病预防控制中心、专科疾病防治机构、妇幼保健机构(含妇幼保健计划生育服务中心)、健康教育机构、急救中心(站)、采供血机构、卫生监督机构、取得《医疗机构执业许可证》或《计划生育技术服务许可证》的计划生育技术服务机构;(3)♯表示其为上一行中的小项,以下各表同。

资料来源:2000年数据来自国家统计局.中国统计年鉴(2019年)[M].北京:中国统计出版社,2019;2018年数据来自国家卫健委.2018年中国卫生健康事业发展统计公报[R/OL].[2020-10-22]. http://www.gov.cn/guoqing/2020-04/29/content_5507528.htm。

(2)床位数。2018年末,中国医疗卫生机构床位共840.4万张。其中,医院约652万张(占77.6%),基层医疗卫生机构158.4万张(占18.8%)。医院中,公立医院床位占73.7%,民营医院床位占26.3%。与2000年比较,医疗卫生机构床位数增加522.7万张。其中,医院床位增加435.3万张,基层医疗卫生机构床位增加81.8万张。每千人口医疗卫生机构床位数由2017年的5.72张增加到6.03张。

(3) 卫生人员总数。2018 年末,中国卫生人员总数达 1 230.0 万人,比 2000 年增加 539 万人,增长 78%。其中,卫生技术人员 952.9 万人,乡村医生和卫生员 90.7 万人,其他技术人员 47.7 万人,管理人员 52.9 万人,工勤技能人员 85.8 万人。卫生技术人员中,执业(助理)医师 360.7 万人,注册护士 409.9 万人。与 2000 年比较,卫生技术人员增加 503.8 万人,增长 112.2%。卫生人力资源结构不断优化。2018 年末,每千人口执业(助理)医师 2.59 人,每千人口注册护士 2.94 人,分别比 2017 年增加 0.15 人、0.20 人;每万人口全科医生 2.22 人,每千人口卫生技术人员 6.83 人,每万人口专业公共卫生机构人员 6.34 人。卫生技术人员学历水平进一步提高,本科及以上占 36.5%,高级技术职务(聘)占 8.1%,分别比 2017 年提高 2.5 个、0.3 个百分点。

表 5-13　中国卫生人员数

指　　标	2000 年	2018 年
卫生人员总数(万人)	691.0	1 230.0
卫生技术人员(万人)	449.1	952.9
♯执业(助理)医师(万人)	207.6	360.7
♯执业医师(万人)	160.3	301.0
注册护士(万人)	126.7	409.9
药师(士)(万人)	41.4	46.8
技师(士)(万人)	—	50.6
乡村医生和卫生员(万人)	131.9	90.7
其他技术人员(万人)	15.8	47.7
管理人员(万人)	42.7	52.9
工勤技能人员(万人)	51.6	85.8
每千人口执业(助理)医师(人)	1.80	2.59
每万人口全科医生(人)	—	2.22
每千人口注册护士(人)	1.02	2.94
每千人口卫生技术人员(人)	3.63	6.83
♯城市(人)	5.17	10.91
♯农村(人)	2.41	4.63

资料来源:2000 年数据来自国家统计局.中国统计年鉴(2019 年)[M].北京:中国统计出版社,2019;2018 年技师(士)、每万人口全科医生数据来自国家卫健委.2018 年中国卫生健康事业发展统计公报[R/OL].[2020-10-22]. http://www.gov.cn/guoqing/2020-04/29/content_5507528.htm。

(4) 卫生总费用。2018 年中国卫生总费用预计达 59 121.90 亿元,是 2000 年的 12.9 倍。其中,政府卫生支出 16 399.13 亿元(占 27.74%),社会卫生支出 25 810.78 亿元(占 43.66%),个人现金卫生支出 16 911.99 亿元(占 28.6%,较 2017 年下降 0.04 个百分点)。人均卫生总费用 4 236.98 元,是 2000 年的 11.7 倍。卫生总费用占 GDP 比重为 6.57%,比 2000 年高出 2 个百分比,较 2017 年增长 0.03 个百分点。

表 5-14　中国卫生总费用

指　　标	2000 年	2018 年
卫生总费用(亿元)	4 586.63	59 121.90
政府卫生支出(亿元)	709.52	16 399.13
社会卫生支出(亿元)	1 171.94	25 810.78
个人现金卫生支出(亿元)	2 705.17	16 911.99
卫生总费用构成(%)	100.00	100.00
政府卫生支出(%)	15.47	27.74
社会卫生支出(%)	25.55	43.66
个人现金卫生支出(%)	58.98	28.60
卫生总费用占 GDP(%)	4.57	6.57
人均卫生费用(元)	361.88	4 236.98

注:(1)2018 年系初步推算数,2001 年起卫生总费用不含高等医学教育经费,2006 年起包括城乡医疗救助经费;(2)政府卫生支出指各级政府用于医疗卫生服务、医疗保障补助、卫生和医疗保障行政管理、人口与计划生育事务支出等各项事业的经费;(3)社会卫生支出指政府支出外的社会各界对卫生事业的资金投入,包括社会医疗保障支出、商业健康保险费、社会办医支出、社会捐赠援助、行政事业性收费收入等;(4)个人现金卫生支出指城乡居民在接受各类医疗卫生服务时的现金支付,包括享受各种医疗保险制度的居民就医时自付的费用,可分为城镇居民、农村居民个人现金卫生支出,反映城乡居民医疗卫生费用的负担程度;(5)人均卫生费用即某年卫生总费用与同期平均人口数之比;(6)卫生总费用与 GDP 之比是指某年卫生总费用与同期国内生产总值(GDP)之比,用来反映一定时期国家对卫生事业的资金投入力度,以及政府和全社会对卫生事业、居民健康的重视程度。

资料来源:国家统计局.中国统计年鉴(2019 年)[M].北京:中国统计出版社,2019。

2. 提高各类医疗服务水平

(1) 门诊和住院量。2018 年,中国医疗卫生机构总诊疗人次达 83.1 亿人次,比 2017 年增加 1.3 亿人次,年增长率为 1.6%。居民平均就诊次数由 2017 年的 5.9 次增加到 6.0 次。总诊疗人次中,基层医疗卫生机构承担最多,达 44.1 亿人次,占比为 53.1%;医院其次,为 35.8 亿人次,占比为 43.1%;其他医疗机构 3.2 亿人次,占比为 3.9%。与 2017 年比较,医院诊疗人次增加 1.4 亿人次,基层医疗卫生机构诊疗人次减少 0.2 亿人次。2018 年,公立医院诊疗人次达 30.5 亿人次,占医院总诊疗人次数的 85.2%,显著高于同期民营医院;民营医院仅 5.3 亿人次,占比为 14.8%,与 2017 年的 14.2% 相比,民营医院门诊量占比提高了 0.6 个百分点。2018 年,基层医疗卫生机构中乡镇卫生院和社区卫生服务中心(站)门诊量达 19.2 亿人次,占基层医疗卫生机构门诊总量的 23.1%,较 2017 年门诊量增加 0.4 亿人次,比重上升 0.1 个百分点。2018 年,中国医疗卫生机构入院人数为 25 453 万人,比 2017 年增长 4.2%,年住院率为 18.2%。入院人数中,医院占 78.6%,基层医疗卫生机构占 17.2%,其他医疗机构占 4.2%。与 2017 年比较,医院入院增加达 1 017 万人,而基层医疗卫生机构、其他医疗机构入院人数分别减少了 75 万人、10 万人。公立医院入院人数 16 351 万人,占医院入院总数的 81.7%,民营医院入院人数 3 666 万人,占 18.3%,比 2017 年的 17.6%提高了 0.7 个百分点。

表 5-15 中国医疗服务工作量

机构类别	诊疗人次数(亿人次) 2017 年	诊疗人次数(亿人次) 2018 年	入院人数(万人) 2017 年	入院人数(万人) 2018 年
医疗卫生机构合计	81.8	83.1	24 436	25 453
非公医疗卫生机构合计	18.4	18.9	3 401	3 737
医院	34.4	35.8	18 915	20 017
♯公立医院	29.5	30.5	15 595	16 351
♯民营医院	4.9	5.3	3 321	3 666
三级医院	17.3	18.5	8 396	9 292
二级医院	12.7	12.8	8 006	8 177
一级医院	2.2	2.2	1 169	1 209
基层医疗卫生机构	44.3	44.1	4 450	4 375
其他机构	3.1	3.2	1 071	1 061

资料来源:国家卫健委.2018 年中国卫生健康事业发展统计公报[R/OL].[2020-10-22]. http://www.gov.cn/guoqing/2020-04/29/content_5507528.htm。

(2) 公立医院收费。公立医院次均费用涨幅连续 3 年控制在 4%以内。2018 年,公立医院次均门诊费用和人均住院费用分别比 2017 年上涨 3.7%和 2.2%,低于医院平均涨幅 1.0 个百分点和 0.2 个百分点,低于 2018 年城镇居民人均可支配收入增长(5.6%)和农村居民人均纯收入增长(6.6%)。

(3) 改善医疗服务。2018 年底,二级及以上公立医院中,45.4%开展了预约诊疗,90.8%开展了临床路径管理,52.9%开展了远程医疗服务,85.8%参与同级检查结果互认,70.9%开展了优质护理服务。

3. 强化基层卫生服务

(1) 农村卫生。2018 年底,全国 1 827 个县(县级市)共设有县级医院 15 474 所,县级妇幼保健机构 1 907 所,县级疾病预防控制中心 2 090 所,县级卫生监督所 1 822 所,4 类县级卫生机构共有卫生人员 303.9 万人。全国 3.16 万个乡镇共设 3.6 万个乡镇卫生院,床位 133.4 万张,卫生人员 139.1 万人,其中,卫生技术人员 118.1 万人。与 2017 年比较,乡镇卫生院减少 90 个(乡镇撤并后卫生院合并),床位增加 4.2 万张,人员增加 3.1 万人。2018 年,每千农村人口乡镇卫生院床位达 1.39 张,每千农村人口乡镇卫生院人员达 1.45 人。全国 54.2 万个行政村共设 62.2 万个村卫生室。村卫生室人员达 144.1 万人,平均每村村卫生室人员 2.32 人。

表 5-16 中国农村乡镇卫生院医疗服务情况

指 标	2017 年	2018 年
乡镇数(万个)	3.16	3.16
乡镇卫生院数(个)	36 551	36 461
床位数(万张)	129.2	133.4
卫生人员数(万人)	136.0	139.1
♯卫生技术人员	115.1	118.1
♯执业(助理)医师	46.6	47.9
每千农村人口乡镇卫生院床位(张)	1.35	1.39
每千农村人口乡镇卫生院人员(人)	1.42	1.45
诊疗人次(亿人次)	11.1	11.2
入院人数(万人)	4 047	3 984
医师日均担负诊疗人次	9.6	9.3
医师日均担负住院床日	1.6	1.6
病床使用率(%)	61.3	59.6
出院者平均住院日(日)	6.3	6.4

资料来源:国家卫健委.2018 年中国卫生健康事业发展统计公报[R/OL].[2020-10-22].http://www.gov.cn/guoqing/2020-04/29/content_5507528.htm。

注:农村人口系推算数。

(2) 社区卫生。2018 年底,中国已设立社区卫生服务中心(站)34 997 个。其中,社区卫生服务中心 9 352 个,社区卫生服务站 25 645 个。与 2017 年相比,社区卫生服务中心增加 205 个,社区卫生服务站增加 140 个。社区卫生服务中心人员 46.2 万人,平均每个中心 49 人;社区卫生服务站人员 12.0 万人,平均每站 5 人。社区卫生服务中心(站)人员数比 2017 年增加 2.8 万人,增长 5.1%。2018 年,中国社区卫生服务中心诊疗人次 6.4 亿人次,入院人数 339.5 万人;平均每个中心年诊疗量 6.8 万人次,年入院量 363 人。社区卫生服务站诊疗人次 1.6 亿人次,平均每站年诊疗量 6 244 人次,医师日均担负诊疗 13.7 人次。

表 5-17 中国社区卫生服务情况

指 标	2017 年	2018 年
街道数(个)	8 243	8 393
社区卫生服务中心数(个)	9 147	9 352
床位数(万张)	19.9	20.9
卫生人员数(万人)	43.7	46.2
♯卫生技术人员	37.0	39.2

(续表)

指　　标	2017 年	2018 年
♯执业（助理）医师	15.1	16.1
诊疗人次（亿人次）	6.1	6.4
入院人数（万人）	344.2	339.5
医师日均担负诊疗人次	16.2	16.1
医师日均担负住院床日	0.7	0.6
病床使用率（%）	54.8	52.0
出院者平均住院日	9.5	9.9
社区卫生服务站数（个）	25 505	25 645
卫生人员数（人）	117 294	120 365
♯卫生技术人员	103 750	106 928
♯执业（助理）医师	46 893	48 444
诊疗人次（亿人次）	1.6	1.6
医师日均担负诊疗人次	14.1	13.7

资料来源：国家卫健委.2018年中国卫生健康事业发展统计公报[R/OL].[2020-10-22].http://www.gov.cn/guoqing/2020-04/29/content_5507528.htm。

（3）国家基本公共卫生服务项目。国家基本公共卫生服务项目人均经费补助标准从2017年的52.6元提高至2018年的57.6元，健康素养促进和免费提供避孕药具纳入国家基本公共卫生服务项目，项目内容从12类整合扩展至14类。

4. 重视妇幼卫生与健康老龄化

（1）妇幼保健。2018年，孕产妇产前检查率96.6%，产后访视率93.8%。与2017年相比，产前检查率有所提高。2018年住院分娩率为99.9%。2018年，3岁以下儿童系统管理率达91.2%，比2017年提高0.1个百分点，孕产妇系统管理率达89.9%，比上年提高0.3个百分点。

（2）实行国家免费孕前优生项目。全国所有县（市、区）普遍开展免费孕前优生健康检查，为农村计划怀孕夫妇免费提供健康教育、健康检查、风险评估和咨询指导等孕前优生服务。2018年共为计划怀孕夫妇中的1 131万人提供免费检查，目标人群覆盖率平均达88.4%。筛查出的风险人群全部获得针对性的咨询指导和治疗转诊等服务，落实了孕前预防措施，有效降低了出生缺陷的发生风险。

（3）推进老年健康服务和医养结合。2018年，中国拥有国家老年疾病临床医学研究中心6个、开设老年医学科的医疗卫生机构1 519个、开设临终关怀（安宁疗护）科的医疗卫生机构276个，65岁以上老年人占住院总人数的29.2%。《"十三五"健康老龄化规划》顺利实施。在90个城市开展医养结合试点。联合工信部、民政部持续推进开展第二批全国智慧健康养老应用示范工作，确定示范企业26个、示范街道（乡镇）48

个、示范基地10个。

5. 确保食品安全与卫生监督

加强食品安全风险监测。2018年底,中国共设置食品安全风险监测点2 822个,对26个大类13.5万份样品中的化学污染物及有害因素进行监测,在62 914家医疗卫生机构设置监测点,开展食源性疾病监测工作。

加强公共场所、生活饮用水以及消毒产品和餐具饮具集中消毒的卫生监督。2018年,对123.2万个公共场所卫生被监督单位,进行监督检查173.5万户次,依法查处案件8.2万件。对8万个生活饮用水卫生(供水)被监督单位,累计监督检查13.4万户次。对5 345个涉及饮用水卫生安全产品被监督单位,进行监督检查6 470户次,依法查处生活饮用水和涉及饮用水安全产品案件4 244件。对5 894个消毒产品被监督单位监督检查3.39万户次,抽检4 037件,发现合格率为96.6%,依法查处案件1 933件。对4 262个餐具饮具集中消毒服务单位监督检查9 754户次,依法查处案件1 298件。

此外,加强对学校,医疗机构(包括职业卫生、放射卫生,以及医疗卫生),血液安全和传染病防治卫生、计划生育等单位的卫生监督检查,依法查处各类违法违规案件。

6. 稳步推进人口家庭发展

"全面二孩"政策稳步实施。2018年中国出生人口1 523万人,二孩占比保持在50%左右,性别比继续稳步下降。稳步推进母婴设施建设,使应配置母婴设施的公共场所配置率达到88.3%,促进相关经济社会政策与生育政策配套衔接。

计划生育服务管理改革深入推进,积极推动各地计划生育信息互联互通,实行多证合一,目前网上生育登记率超过90%。开展流动人口动态监测调查,积极推进流动人口基本公共卫生计生服务均等化。

2018年计划生育家庭奖励和扶助"三项制度"共投入资金190.1亿元,比2017年增加31.6亿元。计划生育家庭特别扶助制度受益124.7万人(仅统计独生子女伤残死亡家庭),西部地区"少生快富"工程受益1.9万户。

参考文献

医学教育.人口、疾病、死亡统计的常用指标[EB/OL].(2019-07-25)[2020-10-12]. https://www.med66.com/quankezhuzhi/ziliao/sh1907259000.shtml??c=61846666.

国家卫健委.2018年中国卫生健康事业发展统计公报[R/OL].[2020-10-22]. http://www.gov.cn/guoqing/2020-04/29/content_5507528.htm.

国家统计局.中国统计年鉴(2019年)[M].北京:中国统计出版社,2019.

第六章 中国人口迁移与人口管理服务

改革开放以来,伴随着全球化、工业化和城镇化进程的加快,我国流动人口规模快速增长,经历了从很少迁移的"乡土中国"向大规模、高频率迁移的"迁徙中国"转变的过程[①]。截至 2019 年,我国流动人口已达到 2.36 亿人,占全国人口的 16.9%,中国正进入一个迁徙流动的时代。分析人口迁移的主要理论、人口迁移的社会影响以及应对策略,对于指导人口有序流动,促进城镇化健康发展具有重要意义。

第一节 人口迁移及测量指标

一、人口迁移

人口迁移是国际通用概念,往往从迁移时间、空间、目的等方面进行界定[②]。例如,美国人口咨询局 2001 年提出认为人口迁移是人们为了永久或半永久定居的目的,越过一定边界的地理移动;联合国国际人口学会 1992 年编著的《人口学词典》认为人口迁移是指人口在两个地区之间的地理流动或者空间流动,这种流动会涉及永久性居住地由迁出地到迁入地的变化,是一种永久性迁移;1990 年出版的《中国大百科全书·地理学》也认为人口迁移是指一定时期内人口在地区之间永久或半永久的居住地的变动。

在中国,由于户籍制度的存在,把人口的跨地区移动与户籍是否变更相结合,进一步分为人口迁移和人口流动两种形式[③]。公安统计的迁移

[①] 段成荣,吕利丹,王涵,谢东虹.从乡土中国到迁徙中国:再论中国人口迁移转变[J].人口研究,2020,44(1):19—25.
[②] 段成荣,杨舸,马学阳.中国流动人口研究[M].北京:中国人口出版社,2011.
[③] 段成荣,孙玉晶.我国流动人口统计口径的历史变动[J].人口研究,2006(4):70—76.

人口是指跨越市县伴随户籍变动的人口迁移[①]，多强调空间变动和户籍变更两个方面。与此相对应，改变了居住地、但户口登记地没有相应变更的人口移动则被视为人口流动[②]。国际上为了区分这两个概念，多通过对偶概念来进行区分，例如永久迁移/临时迁移、户籍迁移/非户籍迁移、正式迁移/非正式迁移等[③]，前者对应人口迁移，后者则对应未发生户籍变更的人口流动。据统计，1982年我国有流动人口657万人，到2018年则已达到了2.41亿人（表6-1）。

表6-1　2000年以来的中国人户分离人口和流动人口数量

年　份	人户分离人口（亿人）	流动人口（亿人）
2000年	1.44	1.21
2005年	—	1.47
2010年	2.61	2.21
2011年	2.71	2.30
2012年	2.79	2.36
2013年	2.89	2.45
2014年	2.98	2.53
2015年	2.94	2.47
2016年	2.92	2.45
2017年	29.1	2.44
2018年	2.86	2.41
2019年	2.80	2.36

资料来源：参见《中国统计年鉴（2019年）》《2019年国民经济和社会发展统计公报》。

其实，一些研究并不对人口迁移和人口流动进行详细区分，所指的"人口迁移"主要是按照其本质属性来理解，既包括涉及户籍变动的迁移，也包括不涉及户籍变动的迁移，而且与人口流动相等同[④]。本章在不涉及人口迁移和人口流动的概念辨析时，则不再对两者做详细区分。由于目前我国流动人口的统计以乡镇街道为基础，所以依据跨越空间范围的不同，可以进一步划分出省际迁移、省内跨县（市）迁移和县（市）内跨乡镇街道迁移（图6-1）。另外，国际人口迁移也是一个重要的趋势，特别是在特大城市，随着全球化的发展，商务、旅游等国际迁移人口日益增多，例如2017年上海市外国常住人口

[①] 李玲.改革开放以来中国国内人口迁移及其研究[J].地理研究，2001，20(4)：453—462.
[②] 段成荣，孙玉晶.我国流动人口统计口径的历史变动[J].人口研究，2006(4)：70—76；张展新，杨思思.流动人口研究中的概念、数据及议题综述[J].中国人口科学，2013(6)：102—113.
[③] Fan C C. Migration and labor-market returns in urban China: results from a recent survey in Guangzhou[J]. Environment and Urban Planning A, 2001, 33：479—508.
[④] 参见：李通屏.人口经济学[M].北京：清华大学出版社，2014。

已达 16.3 万。

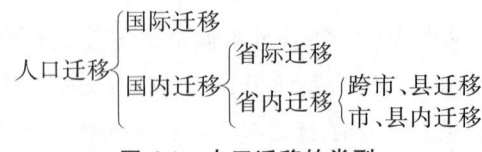

图 6-1　人口迁移的类型

人口迁移 { 国际迁移; 国内迁移 { 省际迁移; 省内迁移 { 跨市、县迁移; 市、县内迁移 } } }

二、测度方法

在人口迁移研究中,为了更好地衡量一个地区人口迁移流动的数量,掌握该地区的人口变化情况,在研究中不仅需要掌握人口迁入、迁出的绝对数量,而且需要计算一些相对指标,以说明人口迁移的规模、方向和强度等,常用的指标包括如下。

(一) 迁移率[①]

(1) 迁入率。其是指一定时期内(一般指一年)外地迁入本地的人口数占该时期当地总人口的比重,反映该地区人口流入的强度。其计算公式为:

$$迁入率(m_i) = M_i/P = 某时期迁入人口总数/同一时期总人口数 \times 100\%$$

(2) 迁出率。其是指一定时期内(一般指一年)由本地迁出的人口数占该时期当地人口总数的比重,反映该地区人口流出的强度。其计算公式为:

$$迁出率(m_e) = M_e/P = 某时期迁出人口总数/同一时期总人口数 \times 100\%$$

(3) 总迁移率。其指一定时期内人口迁出迁入之和占该时期总人口的百分比,衡量该地区人口迁移流动的活跃程度。其计算公式为:

$$总迁移率(m_t) = (M_i + M_e)/P$$
$$= (某时期的迁入人口数 + 迁出人口数)/同一时期总人口数 \times 100\%$$

(4) 净迁移率。其指一定时期内迁入人口与迁出人口之差占该时期当地总人口的百分比,衡量该地区人口迁移流动的方向性。其计算公式为:

$$净迁移率(m_n) = (M_i - M_e)/P$$
$$= (某时期的迁入人口数 - 迁出人口数)/同一时期总人口数 \times 100\%$$

(二) 迁移流[②]

迁移流指标是测定特定的两地之间人口迁移的强度。其公式为:

$$m_{ij} = M_{ij}/P_i \times K$$

其中,m_{ij} 为从 i 地迁往 j 地的迁移率;M_{ij} 为从 i 地迁往 j 地的人口数;P_i 为 i 地的

[①][②]　此节的计算公式参考:梅林.人口地理学[M].哈尔滨:哈尔滨地图出版社,2005.

人口数。

(三) 人口迁移选择指数

人口迁移选择指数(Migration Preference Index)是以色列学者罗伯托·巴奇于1956年提出的,其计算公式[①]为:

$$I_{ij} = \frac{M_{ij}}{(P_i/P_t)[P_j/(P_t-P_i)]\sum_{ij}M_{ij}} K$$

其中,I_{ij}为迁移选择指数;M_{ij}为迁出地i迁向迁入地j的人口数;P_i为迁出地i的人口数;P_j为迁入地j的人口数;P_t为全国区域总人口(全国总人口);K为常数,一般为100。

该指数反映了在全国迁出、迁入地人口规模平均影响水平下,迁出地i迁向迁入地j的实际人口迁移数与期望数之比。若I_{ij}大于100,说明迁出地i的人口选择迁向迁入地j的趋势强于全国平均水平,I_{ij}越大,表示迁出地i的人口选择迁入地j的趋势越强,或迁入地j对迁出地i迁出人口的吸引力越强;反之,若I_{ij}小于100,说明迁出地i的人口选择迁向迁入地j的趋势弱于全国平均水平,I_{ij}越小,表示迁出地i的人口选择迁向迁入地j的趋势越弱,或迁入地j对迁出地i迁出人口的吸引力越弱。

(四) 人口迁移重心

王桂新、徐丽借鉴力学原理,引入人口重心的概念,可以反映人口迁移在空间上的偏离方向[②]。假设某一区域由n个小区单元构成,其中第i个小区单元的地理中心坐标为(X_i,Y_i),M_i为该小区单元人口的"重量",则对于人口的区域重心坐标(x',y'),可通过下式计算该"重量"的加权平均得出:

$$\begin{cases} x' = \sum_{i=1}^{n} M_i X_i / \sum_{i=1}^{n} M_i \\ y' = \sum_{i=1}^{n} M_i Y_i / \sum_{i=1}^{n} M_i \end{cases}$$

显然,若i小区单元的人口或经济规模"重量"值M_i等于其面积(即呈均匀分布),则人口规模的区域重心(x',y')就是该区域的几何中心。如果人口的区域重心明显偏离区域几何中心,说明人口规模分布为不均匀分布,或称其"重心偏离"。偏离方向指示了人口规模空间分布的集中部位。偏离的距离则指示了人口规模空间分布的不均匀程度。

第二节　人口迁移理论

人口迁移是人文社会科学的一个经典话题,自1885年拉文斯坦(Ravenstein)对人

---

① 李薇.我国人口省际迁移空间模式分析[J].人口研究,2008(4):86—96.
② 王桂新,徐丽.中国改革开放以来省际人口迁移重心演化考探[J].中国人口科学,2010(3):23—34.

口迁移规律进行系统性总结以来,国外学者对人口流动开展了大量研究,形成了诸多经典理论。国内学者也从不同视角对人口迁移流动的相关理论进行回顾[①]。本节通过结合人口迁移流动的主要理论,进而分析影响城市人口迁移流动的主要因素。

一、拉文斯坦人口迁移法则

拉文斯坦依据1881年英国人口普查资料,于1885年在英国皇家统计协会杂志发表了《迁移规律》(The Law of Migration)一文,并于1889年发表了第二篇论文,题目亦为《迁移规律》。拉文斯坦认为人们进行迁移的主要目的是为了改善自己的经济状况,并对人口迁移的机制、结构、空间特征规律分别进行了总结,提出著名的人口迁移七大定律,是公认最早的人口迁移理论。

具体包括如下几点。(1)迁移与距离:大部分的移民仅是短距离迁移,长距离迁移的人,倾向于迁往大的工商业中心。(2)迁移的梯度性:当某个城镇迅速吸引周围乡镇的居民迁入时,这些农村人口迁走后留下的空缺将由更远处村庄的居民递补,直到人口迅速增加的大城市吸引力的影响逐步波及国家最偏远的角落。(3)流向与反流向:每次人口迁移的主流向都存在着反流向。(4)迁移倾向的城乡差异:乡村居民比城镇居民更富迁移性。(5)短距离迁移女性居多,长距离迁移男性居多。(6)技术与迁移:交通运输工具及工商业的发展都能促进人口迁移的增加。(7)迁移以经济动机为主:坏的或强迫性法律、沉重的赋税、糟糕的气候等都已产生并仍在产生着迁移流,但这些迁移量不能同期望改善物质条件而产生的迁移量相比。

二、二元结构理论

刘易斯在假设劳动力无限供给的情况下,提出了两部门模型,认为在发展中国家或地区经济结构中,同时存在着传统落后的农业部门与现代发达的城市工业部门,由于两部门劳动生产率与劳动边际收益率存在差异引起农业剩余劳动力的产业间流动[②]。把上述理论延伸,人口区际流动就可看作是由劳动力供需的空间差异所引起的[③]。劳动力丰富的地区工资水平较低,而资本较丰富的地区工资水平较高,由此导致低收入地区的劳动力流向高收入地区。拉尼斯和费景汉注意到刘易斯的模型忽略了农业在促进工业增长中的作用,进一步拓展了刘易斯模型,明确提出了二元结构理论,并区分了经济发展的3个阶段[④],形成了刘易斯—费—拉尼斯模式。二元经济模型对于发展中国家乡城人口流动的研究具有重要影响。Heberle对引发德国农民乡城迁移的原因进行研

---

① 曹向昀.西方人口迁移研究的主要流派及观点综述[J].中国人口科学,1995(1):45—53;姚华松,许学强.西方人口迁移研究进展[J].世界地理研究,2008,17(1):154—166.
② Lewis W A. Economic development with unlimited supplies of labour[J]. The Manchester School, 1954, 22(2):139—191.
③ Massey D S, Arango J, Hugo G, et al. Theories of international migration: a review and appraisal[J]. Population and Development Review, 1993, 19(3):431—466.
④ 姚洋.发展经济学[M].北京:北京大学出版社,2013.

究，认为乡城迁移是由农村推力和城市拉力两种力量共同作用的结果①。伯格进一步分析了推力和拉力对迁移的影响，认为流入地的拉力较流出地的推力对于迁移行为发生的作用更大。工业革命使城市工商业兴起，为外来移民提供了大量就业机会，还有较高的生活水平和生活质量，以及更好的文化和教育机会等都构成了吸引人口迁入的拉力；而农业机器的使用、农村人口增长、人均耕地减少、环境恶化、受教育机会和发展前景受到限制等构成了人口外流的推力②。Lee对推拉模式进行了丰富和完善，指出迁移行为受到迁入地因素、迁出地因素、中间障碍以及个人因素的影响③。整体来看，推拉理论虽然缺乏经济学理论基础，但能较好地反映中国农村人口向沿海城镇迁移流动的原因④，两地区的社会经济差距是人口迁移流动的一个重要动因，特别是在跨省的人口迁移中扮演了重要作用⑤。

三、新迁移经济理论

家庭对人口迁移决策具有重要影响，在发展中国家的乡村地区，迁移行为已经成为家庭经济策略的一部分。影响迁移行为发生的是家庭净收益而不是个人净收益。如果其中的一个家庭成员在迁入地找到一个好的工作，只有这一个家庭成员的净收益大于其他家庭成员迁移的损失时，迁移行为才会发生。因此，迁移行为的发生是家庭成员集体决策的结果⑥。20世纪80年代以来，以Stark为代表的一些学者进一步分析了家庭经济策略对迁移行为的影响，形成了新迁移经济理论⑦。新迁移经济理论强调家庭作为决策主体的重要性，根据家庭预期收入最大化和风险最小化的原则，决定家庭成员的外出或迁移。新迁移经济理论认为3个效应影响了家庭的迁移决策。第一，"风险转移"：家庭为了规避生产风险，使收入来源多元化，会使部分家庭成员转移到外地劳动力市场，减少对当地传统的或单一收入来源的依赖。第二，"经济约束"：许多家庭面临资金约束和制度供给的短缺，如缺少农作物保险、失业保险、信贷支持等，为了突破这些制约，家庭会派部分成员外出，以获得必要的资金和技术。第三，"相对剥夺"：迁移行为不仅受两地"绝对收入"差距的影响，而且会受与本社区其他群体比较之后产生的"相对失落感"的影响，进而做出迁移决策⑧。受儒家思想影响，中国传统的家庭观念比较强，迁移行为往往与家庭利益相联系，因此很多学者认为新迁移经济理论对研究中国农民外

---

① Heberle R. The causes of rural-urban migration: a survey of German theories[J]. The American Journal of Sociology, 1938, 43(6):932—950.
② 李竞能.当代西方人口学说[M].太原:山西人民出版社,1992.
③ Lee E S. A theory of migration[J]. Demography, 1966, 3(1):47—57.
④ 许学强,周一星,宁越敏.城市地理学[M].北京:高等教育出版社,2009.
⑤ 杨传开.中国多尺度城镇化的人口集聚与动力机制——基于人口流动的视角[D].上海:华东师范大学,2016.
⑥ Hagen-Zanker J. Why do people migrate? A review of the theoretical literature[Z]. Maastrcht Graduate School of Governance Working Paper, 2008.
⑦⑧ Stark O. Rural-to-urban migration in LDCs: a relative deprivation approach[J]. Economic Development and Cultural Change, 1984, 32(3):475—486; Stark O, Taylor E J. Migration incentives, migration types: the role of relative deprivation[J]. The Economic Journal, 1991, 101(408):1163—1178.

出务工及乡城迁移具有很好的适用性和借鉴意义[1]。Fan 提出了解释人口流动的家庭分离策略,认为夫妻两地分居、农民工返乡以及代际合作等都是重要的家庭策略。例如,如果父母身体健康还能务农和做家务,子女就更可能外出打工以改善家庭经济状况,而如果父母有人生病,特别是家庭还十分贫困,也很可能促使农村男女劳动力到城市找工作以赚钱治病[2]。

四、预期收入理论

迁移作为一种投资,在个体做出决策时就需要考虑投资的成本和收益。托达罗观察到从土地剩余、劳动力剩余到资本剩余的广大发展中国家的城市都普遍存在着失业或就业不充分的现象,但农村向城市迁移的人口数量却依然在不断增长。他认为刘易斯忽略了对城市失业的关注,认为引起迁移行为的不是城市和农村的实际工资差异,而是个体对城乡预期收入差异的反应。换句话说,即使城市存在大量失业人口,只要城市预期收入高于农村,农村人口也会向城市流动。他同时认为农民向城市迁移的过程不是一步到位的,来自农村的移民首先在城市传统部门就业一段时间之后,再到更加长期稳定的现代城市部门工作[3]。托达罗模型较好地解释了一些发展中国家为什么会产生过度城市化的现象[4]。

五、社会网络理论

该理论也被称为社会资本理论,是由 Portes 于 1995 年首先提出的。Portes 注意到了社会资本在人口迁移行为中的重要作用,通过对国际移民现象的研究,他指出社会资本是个人依赖网络或在更大的社会结构中互相调配稀缺资源的能力,这种能力不是依赖于个人,而是依赖于个人和他人之间的关系,迁移的每一个环节(决定是否迁移、向何处迁移、如何适应当地生活等)都与迁移人口的社会资本密不可分。当大量迁入者在迁入地定居,移民网络便可能形成,迁移网络包括了一系列的人际联系,通过亲属关系、朋友关系以及老乡关系等纽带,连接起迁出地和迁入地间的早期迁移者和未迁移者等。还未迁移的个体通过接受前期迁移者的帮助,降低了未来迁移的成本和风险,增加了未迁移个体的预期回报,从而有助于其发生迁移行为。迁移网络形成后,随着时间的推移,网络会进一步扩大,由于路径依赖的作用,将会促进当地更多的人口迁移[5]。很多实证研究证实了移民的乘数效应,每一个移民都会存在很大的潜在移民群,会促进家庭成员等群体的后续迁移[6]。在中国熟人社会背景下,农民外出务工更多地是通过基于

---

[1] 杨云彦,石智雷.家庭禀赋对农民外出务工行为的影响[J].中国人口科学,2008(5):66—72.
[2] Fan C C. China on the Move: Migration, the State, and the Household[M]. Oxon: Routledge, 2008.
[3] 曹向昀.西方人口迁移研究的主要流派及观点综述[J].中国人口科学,1995(1):45—53.
[4] 许学强,周一星,宁越敏.城市地理学[M].北京:高等教育出版社,2009.
[5] Massey D S, Arango J, Hugo G, et al. Theories of international migration: a review and appraisal[J]. Population and Development Review, 1993, 19(3):431—466.
[6] 赵敏.国际人口迁移理论评述[J].上海社会科学院学术季刊,1997(4):127—135;姚华松,许学强.西方人口迁移研究进展[J].世界地理研究,2008,17(1):154—166.

乡缘、亲缘的社会关系网络获得相关务工信息[1]，因此社会网络理论对于中国的人口流动具有较好的解释力。

六、其他相关理论

人口迁移不仅受到社会经济、家庭以及个体自身因素的影响，还受到自然环境、政治等因素的影响。其中，政策、政治变革及战争等是重要的影响因素。一个国家或地区的政策，特别是有关人口迁移政策的实施，都会对人口流动产生重要的影响，例如我国知识青年的"上山下乡"等。战争是对人类正常生活环境和秩序的破坏，也常常引发人口流动。例如，第二次世界大战期间，由于战争引起的欧洲人口迁移达到3 000万人。20世纪末发生在非洲卢旺达、刚果地区的部族战争，欧洲巴尔干半岛地区的冲突等，也同样引起了数以百万计的人口迁移。一个国家政治上的变革、政治中心的改变，也常常引发人口迁移。我国历史上，都城在西安、洛阳、开封、杭州、南京和北京之间不断地变换，每一次这样的变化和朝代更迭，都曾经引起过人口的大规模流动[2]。

环境对人口流动有着十分重要的影响。自然环境是人类赖以生存和发展的条件，是影响人口流动的重要因素。特别是古代人类以采集和狩猎为主，他们的生存和发展都受到环境的制约。对于迁出地而言，当前环境因素主要体现为推动作用，受其影响形成的迁移人口主要是环境难民、生态移民和环境移民：由于海平面上升或洪水、飓风、地震、山体滑坡或严重的沙漠化等极端环境事件和环境灾害的发生，一些岛屿或其他海洋（河流）附近的陆地空间被永久浸泡，一些地面空间被严重破坏，人们生命和生存受到威胁，丧失了生活空间和生活来源；由于土地退化、土壤侵蚀、森林减少、淡水供应短缺、渔业资源耗竭、环境污染等，人们在一些地区的生计来源和工作机会逐渐减少甚至丧失，在经济、社会、人口等其他因素的共同作用下，个体或家庭采取迁移作为适应性策略；为实施应对环境变化或气候变化的政策，例如修建水坝或进行海岸带管理等，一些地区的人们成为生态移民；在环境的舒适性较低或有所下降的地区，具有更高需求层次的富裕阶层、精英人士或对良好环境有需求的老年群体向环境更好的地区迁移。人们迁移冲动的形成往往源于自身的需求得不到满足，而人们对环境的需求涵盖了生理、心理等不同层面，从而形成了不同类型的环境需求：生存型、发展型与享乐型。在这些环境需求得不到满足时，人口迁移会形塑不同类型的移民[3]。根据陈秋红的研究，将环境因素、人们的环境需求和移民的类型结合在一起，形成了环境因素影响人口迁移的理论框架（图6-2）。其中，前3种环境因素使人们的生存受到威胁，人们对环境的需求主要体现为最基本的生存型环境需求，由此形成的移民主要是环境难民或环境移民；而在后3种环境因素的影响下，地区间气候条件、资源条件及人地环境的差异发生变化，从而诱发

---

[1] Fan C C. China on the Move: Migration, the State, and the Household[M]. Oxon: Routledge, 2008.
[2] 梅林.人口地理学[M].哈尔滨:哈尔滨地图出版社,2005.
[3] 陈秋红.环境因素对人口迁移的作用机制分析[J].中国农村观察,2015(3):87—95.

区域间人口迁移。

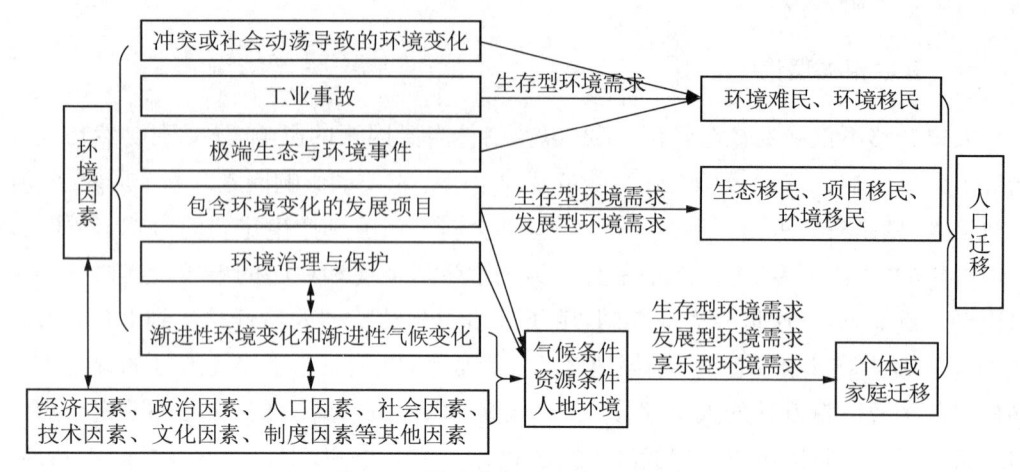

图 6-2 影响人口迁移的环境因素

资料来源:梅林.人口地理学[M].哈尔滨:哈尔滨地图出版社,2005。

第三节 人口迁移的作用与影响

各种类型的人口迁移流动,对于人口迁出地和人口迁入地的社会、经济、文化等各个领域产生广泛影响,其中在以下几个方面表现尤为突出。

一、对人口数量及结构的影响

人口迁移流动对流入地和流出地最直接的影响就是对两地人口数量和分布的影响。例如,1990—1995 年发达国家增长的人口中,移民占 45%(其中美、加、澳、新四国占 1/3 左右),在欧洲国家竟占到 88%;同期内人口迁出使发展中国家平均的人口增长率下降了 3%,其中拉丁美洲下降了 7%。近几百年来由旧大陆向新大陆累计移民近 1 亿人,使其占世界总人口的比重从 3%急升至 14%,也是迁移改变人口地理的一个典型实例[①]。随着人口的迁移流动,一些城市也逐渐出现了人口流失现象,导致了城市收缩的发生。以欧洲地区为例,1990—2010 年约 20%的城市深陷收缩困境,其中收缩城市数量所占比例在英国、意大利约为 10%,在法国、波兰和德国为 20%左右,在希腊、匈牙利和捷克高达 40%—60%,在罗马尼亚则超过 90%[②],而在中国的 654 个城市中,已有 180 个出现不同程度的人口收缩,此外还有相当一部分地级和县级城市的人口增长出现停滞,未来也极有可能陷入收缩困境[③]。

---

① 参见:张善余.人口地理学概论[M].上海:华东师范大学出版社,2013。
② Wiechmann T. Shrinking cities in Europe[J/OL]. [2015-05-21]. http://www.shrinkingcities.eu/fileadmin/Conference/Presentations/01_ Wiechmann.pdf.
③ 王美艳.劳动力迁移对中国农村经济影响的研究综述[J].中国农村观察,2006(3).

由于人口迁移以青壮年为主,因此人口迁移会对流入地和流出地的人口结构产生重要影响,突出表现为使迁入地性别比上升,抚养比下降,老龄化延迟,迁出区则相反。例如,当前我国人口迁移以中西部地区向东部迁移为主,以农村向城市迁移为主,这就导致中西部地区,特别是中西部农村地区的老龄化较为突出。例如,人口流出较多的湖南、广西、四川、河南、安徽、江西等地,其总抚养比都超过了40%(表6-2)。

表6-2 2018年中国各地区人口抚养比

地 区	总抚养比(%)	少年儿童抚养比(%)	老年人口抚养比(%)	地 区	总抚养比(%)	少年儿童抚养比(%)	老年人口抚养比(%)
全 国	40.44	23.68	16.77	河 南	47.84	31.49	16.34
北 京	27.75	13.37	14.38	湖 北	38.59	21.27	17.31
天 津	26.89	13.03	13.85	湖 南	47.00	28.65	18.36
河 北	45.28	26.85	18.43	广 东	33.64	22.60	11.04
山 西	34.99	21.05	13.94	广 西	46.81	32.09	14.72
内蒙古	30.08	17.27	12.81	海 南	37.72	26.42	11.30
辽 宁	33.56	13.56	20.00	重 庆	45.77	24.68	21.09
吉 林	32.73	16.31	16.42	四 川	45.67	23.84	21.83
黑龙江	29.49	13.67	15.82	贵 州	50.56	33.49	17.08
上 海	32.96	13.08	19.88	云 南	38.23	24.99	13.24
江 苏	38.94	19.08	19.86	西 藏	41.27	33.23	8.04
浙 江	36.39	18.68	17.71	陕 西	34.30	19.31	14.99
安 徽	46.61	27.25	19.35	甘 肃	40.66	24.74	15.92
福 建	35.51	22.66	12.86	青 海	37.25	26.83	10.42
江 西	42.90	28.99	13.91	宁 夏	40.96	28.29	12.67
山 东	49.64	26.95	22.69	新 疆	42.42	32.22	10.19

资料来源:参见《中国统计年鉴(2019年)》。

此外,相对而言,移民多具有较高的文化素养和劳动技能。对于迁入区而言,可以获得"人口红利";对于迁出区而言,则可能面临人力资源流失、农村空心化以及留守儿童、妇女、老人赡养等问题。据全国妇联于2014年发布的《我国农村留守儿童状况研究报告》,以及中国2010年第六次人口普查资料样本数据,推算出全国有农村留守儿童6 102.55万,占农村儿童的37.7%,占全国儿童的21.88%[1]。

---

[1] 参见《中国留守儿童心灵状况白皮书(2015年)》(http://www.360doc.com/content/16/0216/12/9288681_534986573.shtml)。

二、对经济社会发展的影响

人口流动对区域发展产生了广泛影响,中国人口流动的大量研究着重强调了人口流动对区域经济发展的重要影响,发现劳动力流动能够削平地区间要素禀赋差异,缩小地区间的劳动报酬差距和人均 GDP 差距,对增长差距的收敛作用明显,是一种缩小差距的机制[1]。就流入地而言,大量的外来人口成为中国产业工人的重要组成部分,提供了丰富劳动力、创造了"人口红利",促进城市经济快速发展,推动城市郊区化和城市群的形成等[2]。此外,人口是影响城市创新的重要因素,人口迁移的数量和质量会对创新产生深刻的影响。许诺等以专利指标测度创新,基于中国 34 个主要城市人口 2003—2012 年的人口迁入、迁出数据,分析中国人口迁移对城市创新的影响,结果显示人口迁移对城市创新有重要影响,主要表现在省外迁入人口、省内迁出人口以及高学历和多样化人口迁移对城市创新有积极作用[3]。这表明,中国需要鼓励高层次的人口迁移,以发挥创新的溢出效应,提升城市的创新能力。

对于流出地而言,人口迁出则有助于解决农村剩余劳动力就业,减少人口基数,提高城镇化率[4]。从微观个体层面看,农民外出开拓了视野,有助于其积累城市生活经验和提高劳动素质[5]。另外,外出务工经历也显著提高了农民的自主创业概率[6],在地方"大众创新、万众创业"中扮演着重要角色。农民在城市建立的社会网络有助于其后续的亲属、老乡等迁出[7],而其返乡、回乡创业行为等则促进了城市生活方式在农村的传播,同时增加了其定居城镇的可能性,从而有利于推进流出地的城镇化进程[8]。但是,大量流动人口在促进城镇化发展过程中,也会产生消极影响,就流入地而言,大量外来人口会在一定程度上给迁入地区带来管理难度增加、城市社会问题突出等消极影响[9],而对于流出地而言,则会导致人力资源流失、农村空心化等问题。

人口流动与城镇化密切相关,人口乡—城迁移本身就是城镇化的重要过程。总体上看,人口迁移流动为中国经济的高速发展提供了丰富劳动力,为城镇化、现代化的发展奠定了基础;人口迁移通过城镇人口变动的"分子效应"和总人口变动的"分母效应"

---

[1] 王小鲁,樊纲.中国地区差距的变动趋势和影响因素[J].经济研究,2004(1):33—44.
[2] 付晓东.中国流动人口对城市化进程的影响[J].中州学刊,2007(6):89—94;白南生,李靖.城市化与中国农村劳动力流动问题研究[J].中国人口科学,2008(4):2—10,95.
[3] 许诺,吕拉昌,黄茹,胡海鹏.中国城市人口迁移和创新[J].地域研究与开发,2016,35(2):165—169.
[4] 刘玉.中国流动人口的时空特征及其发展态势[J].中国人口·资源与环境,2008,18(1):139—144.
[5] 张永丽,黄祖辉.中国农村劳动力流动研究述评[J].中国农村观察,2008(1):69—79.
[6] 周广肃,谭华清,李力行.外出务工经历有益于返乡农民工创业吗?[J].经济学(季刊),2017,16(2):793—814;徐超,吴玲萍,孙文平.外出务工经历、社会资本与返乡农民工创业——来自 CHIPS 数据的证据[J].财经研究,2017,43(12):30—44.
[7] Fan C C. China on the Move: Migration, the State, and the Household[M]. Oxon: Routledge, 2008.
[8] 王美艳.劳动力迁移对中国农村经济影响的研究综述[J].中国农村观察,2006(3).
[9] 付晓东.中国流动人口对城市化进程的影响[J].中州学刊,2007(6):89—94.

对城镇化发展产生正效应,从而加速中国的城镇化进程①。城镇人口的自然增长、农村人口向城镇地区的迁移,以及农村地区转变为城镇地区的行政区划调整构成了城镇人口增长与城镇化水平提升的3种主要途径②,一些学者基于此分析了中国城市人口增长的主要来源。王放连续考察了1982—1990年、1990—2000年、2000—2010年,城市自然增长、行政区划变动、农村人口向城镇迁移三者对城市人口增长的影响,指出农村人口向城镇迁移已成为中国城镇人口增长的主要来源,其中2000—2010年占57.4%③。王桂新、黄祖宇在这些研究的基础上进一步改进相关方法,发现1991—2010年迁移增长对城市增长人口累计贡献达到56%④。总体来看,乡城迁移正在成为中国城镇人口增长的重要推动因素。

三、对城市环境的影响

人口迁移流动对环境的影响既反映在迁入地,也反映在迁出地。从迁出地来看,人口迁移流动加强了迁出地与外界社会的经济、科技、思想和文化等的联系,有利于社会经济的发展。尤其是对人口压力大的农村,人口迁出缓解了当地的人地矛盾,可以更加合理地开发和利用农业土地资源,保护农村的生态环境。在生态环境脆弱的贫困地区,适当将人口向外迁移,对加快当地的致富步伐、更好地保护自然环境有积极的作用⑤。

从迁入地来看,人口迁移流动对环境的影响更为广泛。随着人口的大量迁入,迁入地的环境会随之发生变化。例如,中华人民共和国成立后,中央政府有组织地大规模向边疆和工矿地区移民。这些移民帮助开发了大量的自然资源,在内地和边疆建立起比较雄厚的工业基础,改变了原先落后地区的社会经济条件,使迁入地的综合环境有了较大改善。但是另一方面,有些地方因为对生态环境效益考虑不周,或者工作上的失误,也在一定程度上引起或加剧了迁入地区的生态环境问题⑥。

大量的农村人口拥入城市,既积极地推动了城市的社会经济发展,同时也给城市环境带来巨大的压力。例如,一部分流动人口工作不稳定,收入低,很难找到合适的住处,他们私搭乱建各种"窝棚",往往成为城市环境"脏乱差"的重要原因之一。另一方面,人口迁移流动也加剧了流入地城市的资源环境紧张程度。例如,2000年以来,北京常住人口以每年78万的速度快速扩张,相应地,城市建成区面积以每年109平方千米的速度不断扩张。2010年1 961万常住人口中,80%集聚在城市建成区。在集聚于城市建成区的人口中,95%集聚于中心城,仅有5%集聚于卫星城。由于人口过度密集地集聚于中心城,集约的社会经济活动不断侵占生态空间,在北京城市建成区,人均生态空间

---

① 朱宝树.人口迁移的城镇化效应[J].人口学刊,1995(4):8—12.
②④ 王桂新,黄祖宇.中国城市人口增长的来源构成及其对城市化的贡献:1991—2010[J].中国人口科学,2014(2):2—16.
③ 王放."四普"至"五普"间中国城镇人口增长构成分析[J].人口研究,2004,28(3):60—67;王放."五普"至"六普"期间中国城镇人口的增长构成[J].人口与发展,2014,20(5):16—27;王放.我国"三普"至"四普"间市镇人口增长构成分析[J].人口研究,1993(4):11—18.
⑤⑥ 梅林.人口地理学[M].哈尔滨:哈尔滨地图出版社,2005.

由2000年187.5平方米下降到2010年的91.3平方米。这种过快过密的人口集聚,同时导致资源消耗量和污染物排放量的增加,城市物质代谢强度超过当地资源环境承载能力,在城市规模突破当地资源环境承载力之后,不得不从外部输入越来越多的淡水、能源、食物等生存资源以维持城市运转[①]。

第四节 人口迁移与人口管理

人口迁移流动的管理服务涉及多个方面,既要破除阻碍人口迁移流动的不合理因素,也要为迁移流动人口提供均等化的公共服务,同时还要加强流动人口的管理,保障社会和谐稳定。

一、加快户籍制度改革

绝大多数流动人口都是集聚在城镇,在形式上他们已经被统计为城镇人口,但在现实中,受制于户籍制度作用,不同尺度的流动人口在教育权利、就业机会和就业待遇、社会保障等方面形成了诸多不平等,可以说他们并没有完整地实现城镇化过程,是一种半城镇化。城镇化的本义在于提高所有人的社会福祉,因此应逐步剥离户籍背后的福利含义,这将是实现以人为核心的新型城镇化的重要举措,所以加快户籍制度,促进农业转移人口的市民化,推动未落户城镇的常住人口平等享有基本公共服务就成为城镇化的重点。

近年来,尽管户籍制度改革取得了很大成效,很多地区也已经开始取消农业户口和非农业户口,但是城乡公共福利差距并未获得有效改变,某种程度上只是换了一种说法[②]。我国的户籍制度改革对不同人口规模的城市(镇)采取差别化的户籍改革政策,在国务院的户籍改革意见中,提出了"全面放开建制镇和小城市落户限制、有序放开中等城市落户限制、合理确定大城市落户条件、严格控制特大城市人口规模"的差别性策略。但目前的改革仍然是相对侧重中小城市户籍改革,对大城市和特大城市户籍改革还是采取一种相对保守的态度[③],所以关键是要加快大城市户籍制度改革进程。国家发改委《2019年新型城镇化建设重点任务》中进一步提出"继续加大户籍制度改革力度,在此前城区常住人口100万以下的中小城市和小城镇已陆续取消落户限制的基础上,城区常住人口100万—300万的Ⅱ型大城市要全面取消落户限制;城区常住人口300万—500万的Ⅰ型大城市要全面放开放宽落户条件,并全面取消重点群体落户限制。超大特大城市要调整完善积分落户政策,大幅增加落户规模、精简积分项目,确保社保缴纳年限和居住年限分数占主要比例"。可见大城市的户籍制度改革也在逐步推进。

---

① 谢高地,张彪,鲁春霞,等.北京城市扩张的资源环境效应[J].资源科学,2015,37(6):1108—1114.
②③ 任远.当前中国户籍制度改革的目标、原则与路径[J].南京社会科学,2016(2):63—70.

另外，很多大城市已经开始建立居住证制度，但居住证的"含金量"与常住地户口还存在较大差距，并且主要面向高端人才，使普通的外来务工人员很难获得，同时居住证转户口的比例较低。2012年上海开始实施居住证积分体系，但实际上没有提积分入户，只是一种居住证福利体制，根据不同的积分享受不同的福利。应该看到上海的积分制改革只是在为户籍制度改革创造条件，还不是直接的户籍改革。在制度设计上要努力使居住证和积分制度成为推动户籍改革的制度渠道，使得外来移民通过积分体制和一系列的条件机制，能够有机会、有条件过渡到城市体系中去，并在这个过渡过程中逐步得到渐进的福利，逐步被吸纳。居住证制度和积分体制能够真正成为推动大城市户籍改革的杠杆，而不是成为阻碍户籍改革的新的制度安排[①]。因此，未来还应进一步加快户籍制度改革步伐，不断提高居住证的"含金量"和居住证转户口的比重，结合居住年限、社保缴纳等建立面向满足不同流动人口需求的多样化落户政策体系。国家发改委《2019年新型城镇化建设重点任务》中也提出"确保有意愿的未落户常住人口全部持有居住证，鼓励各地区逐步扩大居住证附加的公共服务和便利项目"。例如，在教育方面，要在随迁子女较多城市加大教育资源供给，实现公办学校普遍向随迁子女开放，完善随迁子女在流入地参加高考的政策；在住房方面，要扩大公租房和住房公积金制度向常住人口覆盖范围；在就业培训方面，城市政府要向已在城镇稳定就业生活但未落户的农村贫困人口，优先提供职业技能培训等基本公共服务。

二、加快基本公共服务均等化

促进城乡人口以及不同尺度流动人口的基本公共服务均等化是推进户籍制度改革的关键。推进基本公共服务均等化应面向全体国民，不仅要考虑城乡统筹，也要考虑区域统筹，逐步缩小城乡之间、区域之间在享受基本公共服务方面的差异。然而由于区域发展的不均衡以及分税制后地方政府财权与事权的不匹配，不仅会使经济落后地区难以实现基本公共服务的均等化，同时也使人口大量流入的地区实现辖区范围内常住人口的基本公共服务均等化日趋困难。为此，需要通过各级政府联动推进不同尺度流动人口的基本公共服务均等化。

首先要界定基本公共服务的内涵。根据我国的国情，社会服务层面的基本公共服务至少应包括义务教育的提供、一定标准的医疗保障、低收入群体的生活保障等。其次要明确基本公共服务均等化的目标。我国不仅存在显著的城乡差异，也存在显著的区域差异。基本公共服务的均等化要以全体国民为对象，既要考虑城乡统筹，也要考虑区域统筹，要逐步缩小城乡之间、区域之间人民在享受基本公共服务方面的差异。当前，各地在落实基本公共服务均等化政策时面临的一大问题是，我国实施分税制后地方政府事权和税赋不匹配的现象较为严重，不仅经济落后地区的财力难以有效实现基本公共服务的均等化，在人口大量流入地区，要实行辖区内常住人口的基本公共服务均等化

---

① 任远.当前中国户籍制度改革的目标、原则与路径[J].南京社会科学,2016(2):63—70.

也面临极大的压力。为此,需要上下级政府联动推进国民基本公共服务的均等化。具体而言,包括以下几个方面[1]。

一是加强中央政府在基本公共服务均等化方面的统筹能力。自 1994 年实行分税制后,中央财政收入占全国的比重一直稳定在 45%—55% 之间,支出占比却呈下降的趋势,从 2000 年的 34.7% 下降到 2018 年的 14.8%,这表明中央财政收入越来越多地通过各种方式转移到了地方。但既有的转移支付对提高基本公共服务的水平考虑还不够。例如,政府卫生支出占财政支出的比例仍低于国际平均水平,其中,中央财政支出中卫生支出的比重长期偏低[2]。为此,有必要配合国民收入倍增计划,提升中央财政支出占比,加强中央政府在为农民及农民工提供基本公共服务方面的全国统筹能力。

二是深化落实"人地钱挂钩"等配套政策。落实支持农业转移人口市民化的财政政策,在安排中央和省级财政转移支付时更多考虑农业转移人口落户数量,安排中央财政奖励资金支持落户较多地区。全面落实城镇建设用地增加规模与吸纳农业转移人口落户数量挂钩政策,在安排各地区城镇新增建设用地规模时,进一步增加上年度农业转移人口落户数量的权重,探索落户城镇的农村贫困人口在原籍宅基地复垦腾退的建设用地指标由输入地使用。落实中央基建投资安排向吸纳农业转移人口落户数量较多城镇倾斜政策,完善财政性建设资金对吸纳贫困人口较多城市基础设施投资的补助机制。

三是地方政府要加快推进城乡一体化的步伐,统筹解决辖域内的城乡分割问题。成都、重庆等市是率先推进城乡统筹的试点地区,已获得一定的经验。要加快以城市为单元的城乡统筹试点工作,包括直辖市、地级市和县级市等不同层面。以城市为中心的城乡统筹重点针对当地的户籍人口,对跨地区流动人口的公共服务可由上级政府进行统筹。

农民工市民化是提升城镇化质量的关键,推进以国民为对象的基本公共服务均等化,实际上也实现了农民工的市民化。2012 年,我国人均 GDP 已达 6 000 美元,已进入中等收入国家的行列。根据中央提出的国民收入倍增计划,到 2020 年我国的国民收入还要翻一番,这意味着人均 GDP 也要翻一番。就此而言,以 2020 年为目标,实现国民基本公共服务的均等化有充分的经济基础。

三、加强流动人口的统计管理

一是要加强流动人口数据的掌控。摸清流动人口底数,是开展研究和管理工作的前提。未来应进一步完善流动人口数据库,实行动态管理,充分利用大数据和网格化等对流动人口进行调查了解,同时加强流动人口信息统计与数据分析工作,实现动态数据化。另外,在人口统计中,应进一步改进当前城市人口统计工作,应把常住人口情况作

---

[1] 宁越敏,杨传开.中国推进新型城镇化的背景与发展战略思考[C]//宁越敏.中国城市研究(第六辑),北京:商务印书馆,2013:14—26.
[2] 李玲,陈秋霖.理性评估中国医改三年成效[J].卫生经济研究,2012(5):7—12.

为重要的统计和公布对象,同时对城区的人口进行统计,逐年统计发布各城市的行政区常住人口及户籍人口、行政区城镇户籍人口、城区户籍人口数据。

二是加强对流动人口的管理。借鉴一些地方的实践做法,巧借外力,严管控。工作中,民警要主动加强与用工单位、出租房主的联系,落实流动人口管理责任,并坚持明确目标与落实责任相结合,按照"谁用工、谁负责""谁出租、谁负责"的原则,明确业主、户主、用人单位的治安责任,积极发动用人单位、出租房主协助派出所加强流动人口管理①。同时,为有效预防流动人口犯罪等,也应不定期对出租房屋、建筑工地、城乡结合部开展清查,及时消除各类安全隐患,并向外来流动人口宣传消防安全、预防电信诈骗、禁毒等法律知识。

三是加强均等化服务。重视流动人口服务管理工作,将流动人口服务工作纳入管理总体部署、公共服务管理统一决策范畴,以及部门职责范畴,明确各部门在流动人口服务管理中的职责任务。社区应对流动人口加强关心和帮助,例如通过"联络员"走访或举办各类社区活动,定期了解流动人口心态、就业和生活等情况,了解流动人口工作生活中的困难,提供及时的关心和帮助,开展职业技能培训,促进流动人口融入社区。

参考文献

Fan C C. China on the Move: Migration, the State, and the Household[M]. Oxon: Routledge, 2008.

Fan C C. Migration and labor-market returns in urban China: results from a recent survey in Guangzhou[J]. Environment and Urban Planning A, 2001, 33: 479—508.

Hagen-Zanker J. Why do people migrate? A review of the theoretical literature [Z]. Maastrcht Graduate School of Governance Working Paper, 2008.

Heberle R. The causes of rural-urban migration: a survey of German theories[J]. The American Journal of Sociology, 1938, 43(6):932—950.

Lee E S. A theory of migration[J]. Demography, 1966, 3(1):47—57.

Lewis W A. Economic development with unlimited supplies of labour[J]. The Manchester School, 1954, 22(2):139—191.

Massey D S, Arango J, Hugo G, et al. Theories of international migration: a review and appraisal[J]. Population and Development Review, 1993, 19(3): 431—466.

Portes A. Economic sociology and the sociology of immigration: a conceptual overview[C]//Portes A. The economic sociology of immigration: essays on networks, ethnicity and enterpreneurship, New York: Russell Sage Foundation,

---

① 参见 https://www.thepaper.cn/newsDetail_forward_4109144。

1995：12—15.

Ravenstein E G. The laws of migration[J]. Journal of the Statistical Society of London，1885，48(2)：167—235.

Stark O，Bloom D E. The new economics of labor migration[J]. The American Economic Review，1985，75(2)：173—178.

Stark O，Taylor E J. Migration incentives，migration types：the role of relative deprivation[J]. The Economic Journal，1991，101(408)：1163—1178.

Stark O. Rural-to-urban migration in LDCs：a relative deprivation approach[J]. Economic Development and Cultural Change，1984，32(3)：475—486.

Taylor E J. The new economics of labour migration and the role of remittances in the migration process[J]. International Migration，1999，37(1)：63—88.

Todaro M P. A model of labor migration and urban unemployment in less developed countries[J]. The American Economic Review，1969，59(1)：138—148.

白南生，李靖.城市化与中国农村劳动力流动问题研究[J].中国人口科学,2008(4).

曹向昀.西方人口迁移研究的主要流派及观点综述[J].中国人口科学,1995(1).

陈秋红.环境因素对人口迁移的作用机制分析[J].中国农村观察,2015(3).

段成荣,吕利丹,王涵,谢东虹.从乡土中国到迁徙中国：再论中国人口迁移转变[J].人口研究,2020,44(1).

段成荣,孙玉晶.我国流动人口统计口径的历史变动[J].人口研究,2006(4).

段成荣,杨舸,马学阳.中国流动人口研究[M].北京：中国人口出版社,2011.

付晓东.中国流动人口对城市化进程的影响[J].中州学刊,2007(6).

李竞能.当代西方人口学说[M].太原：山西人民出版社,1992.

李玲,陈秋霖.理性评估中国医改三年成效[J].卫生经济研究,2012(5).

李玲.改革开放以来中国国内人口迁移及其研究[J].地理研究,2001,20(4).

李通屏.人口经济学[M].北京：清华大学出版社,2014.

李薇.我国人口省际迁移空间模式分析[J].人口研究,2008(4).

联合国国际人口学会.多种语言人口学词典[M].杨魁信,邵宁,译.北京：商务印书馆,1992.

刘玉.中国流动人口的时空特征及其发展态势[J].中国人口·资源与环境,2008,18(1).

梅林.人口地理学[M].哈尔滨：哈尔滨地图出版社,2005.

美国人口咨询局.人口手册[M].北京：中国人口出版社,2001.

宁越敏,杨传开.中国推进新型城镇化的背景与发展战略思考[C]//宁越敏.中国城市研究(第六辑),北京：商务印书馆,2013.

任远.当前中国户籍制度改革的目标、原则与路径[J].南京社会科学,2016(2).

王放."四普"至"五普"间中国城镇人口增长构成分析[J].人口研究,2004,28(3).

王放."五普"至"六普"期间中国城镇人口的增长构成[J].人口与发展,2014,20(5).

王放.我国"三普"至"四普"间市镇人口增长构成分析[J].人口研究,1993(4).

王桂新,黄祖宇.中国城市人口增长的来源构成及其对城市化的贡献:1991—2010[J].中国人口科学,2014(2).

王桂新,徐丽.中国改革开放以来省际人口迁移重心演化考探[J].中国人口科学,2010(3).

王小鲁,樊纲.中国地区差距的变动趋势和影响因素[J].经济研究,2004(1).

谢高地,张彪,鲁春霞,等.北京城市扩张的资源环境效应[J].资源科学,2015,37(6).

徐超,吴玲萍,孙文平.外出务工经历、社会资本与返乡农民工创业——来自CHIPS数据的证据[J].财经研究,2017,43(12).

许诺,吕拉昌,黄茹,胡海鹏.中国城市人口迁移和创新[J].地域研究与开发,2016,35(2).

许学强,周一星,宁越敏.城市地理学[M].北京:高等教育出版社,2009.

杨传开.中国多尺度城镇化的人口集聚与动力机制——基于人口流动的视角[D].上海:华东师范大学,2016.

杨东峰,龙瀛,杨文诗,孙晖.人口流失与空间扩张:中国快速城市化进程中的城市收缩悖论[J].现代城市研究,2015(9).

杨云彦,石智雷.家庭禀赋对农民外出务工行为的影响[J].中国人口科学,2008(5).

姚华松,许学强.西方人口迁移研究进展[J].世界地理研究,2008,17(1).

姚洋.发展经济学[M].北京:北京大学出版社,2013.

张永丽,黄祖辉.中国农村劳动力流动研究述评[J].中国农村观察,2008(1).

张展新,杨思思.流动人口研究中的概念、数据及议题综述[J].中国人口科学,2013(6).

赵敏.国际人口迁移理论评述[J].上海社会科学院学术季刊,1997(4).

中国大百科全书编辑委员会.中国大百科全书·地理学[M].北京:中国大百科全书出版社,1990.

周广肃,谭华清,李力行.外出务工经历有益于返乡农民工创业吗?[J].经济学(季刊),2017,16(2).

朱宝树.人口迁移的城镇化效应[J].人口学刊,1995(4).

第七章 中国家庭变动与社会化支持

家庭通常指由具有一定的血缘关系、婚姻关系和收养关系所结合起来的家庭成员组成的社会生活共同体。改革开放以来,中国家庭的规模、结构、功能发生了很大的变动,对社会化支持的需求也越来越迫切。

第一节 中国家庭规模变动

家庭规模的小型化是现代化家庭变迁的重要标志,并已成为全球性趋势。中国家庭规模的小型化趋势尤其显著,并表现出明显的区域差异。

一、家庭规模的概念与计算方式

(一)家庭规模的概念

家庭规模是指家庭成员数目的多少。家庭规模大小,主要受两个方面的影响。一方面,是家庭生育数量的影响。家庭生育子女越多,家庭规模越大,生育子女越少,则家庭规模越小。另一方面,是家庭结构的影响。一般来说,复合家庭规模最大,单身家庭规模最小。复合家庭比例越大,家庭人口平均数也大。单身家庭比例大,家庭人口平均数则小。

(二)家庭规模的计算方式

家庭规模可以用家庭户规模的大小与家庭规模结构来表示。家庭户规模,是指平均每个家庭的人口数。家庭规模结构是各种规模家庭的户数或人数在总户数或总人数中的组成状况和构成关系。家庭规模一般用人数来表示,可根据人数的多少将家庭划分为若干组,如 1 人家庭户、2 人家庭户、3 人家庭户、4 人家庭户、5 人家庭户和 6 人及以上家庭户,统计各个组的户数和人数,然后计算其在总户数或总人数中的比例,于是就得到了家庭规模结构。

二、中国家庭户规模的变动

(一)家庭户规模小型化

在20世纪50年代之前,中国家庭户平均人数基本保持在5人以上。中华人民共和国成立以来,随着经济社会发展和人口变化,家庭平均规模开始缩小,尤其是20世纪80年代以来,家庭平均规模缩小的趋势更加明显。中国户规模由1982年的4.41人减少到1990年的3.96人,2000年的3.44人,2019年进一步减少到2.92人,比1982年减少了近1.5人(图7-1)。

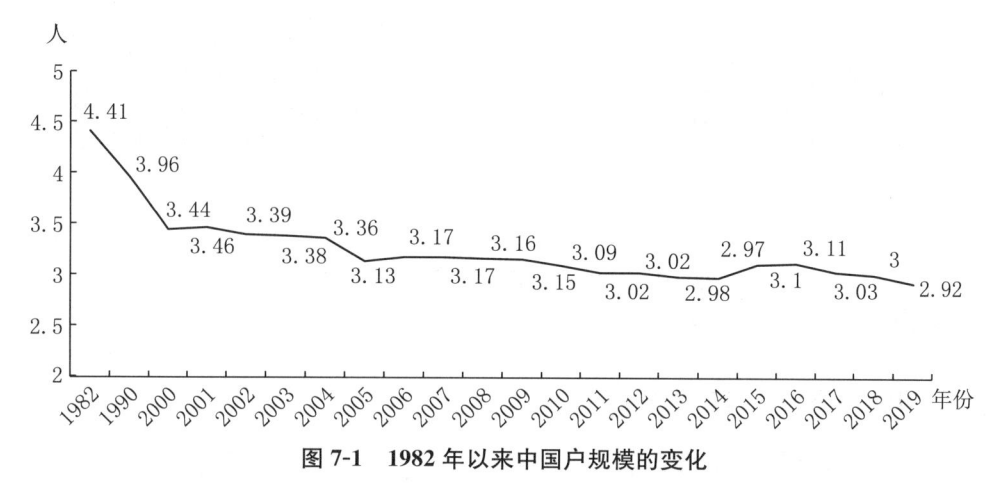

图7-1 1982年以来中国户规模的变化

资料来源:1982年、1990年数据来自1982年、1990年中国人口普查数据;2000年及以后数据来自2001—2020年《中国统计年鉴》。

中国生育率下降太快是造成中国户规模小型化的一个重要原因。中国的总和生育率,也就是每个妇女平均的生育子女数,在1990年时达到2.1的世代更替水平(实现人口稳定须达到的生育水平),随后开始逐渐下降。从2000年开始,一直保持在1.5—1.6之间,属于严重少子化,2018年、2019年都在1.5左右。生育水平之所以下降得这么快,一部分原因是受计划生育政策影响,但根本原因还是社会、经济的发展,尤其是经济发展,如收入和教育水平提高,尤其是妇女的受教育程度普遍提高,妇女的劳动参与率增加等。另外住房条件的改善、居住安排的变化,也是造成中国户规模小型化的一个重要原因。

(二)家庭户规模存在区域差异

因为各区域经济社会和人口发展存在明显的差异,家庭户规模也存在显著的差异。2019年中国31个省市自治区中,有17个省市自治区的家庭户规模超过了全国平均水平(2.92人),其他省市自治区的家庭户规模则低于全国平均水平。其中,西藏、海南、江西家庭户规模位居全国前3位,分别为4.13人、3.62人和3.32人,而辽宁、黑龙江、上海家庭户规模位居全国后3位,分别为2.58人、2.47人和2.38人,最多的西藏家庭户规模比最少的上海多近 2 人(图 7-2)。

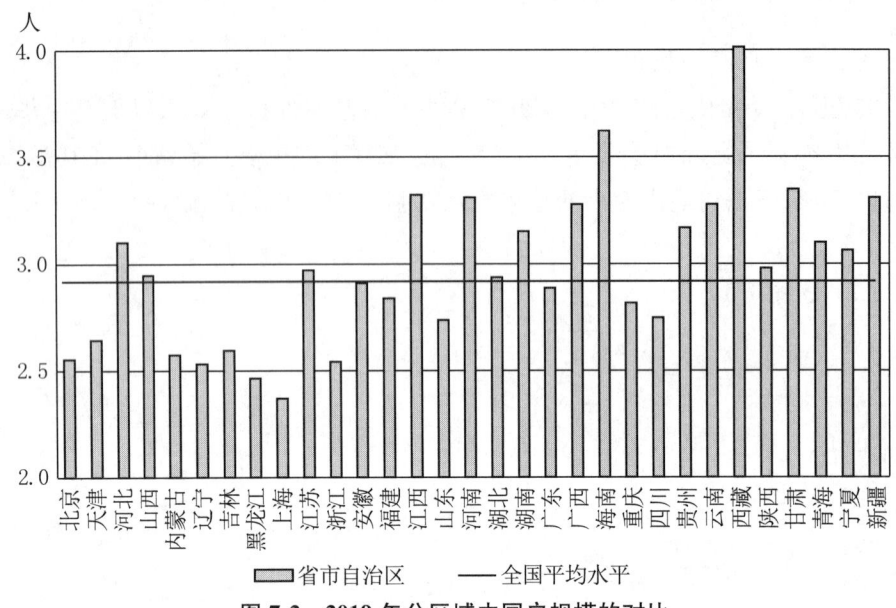

图 7-2 2019 年分区域中国户规模的对比

资料来源:参见 2020 年《中国统计年鉴》。

三、中国家庭规模结构的变化

(一)家庭规模结构小型化

与家庭户规模小型化一致,家庭规模结构也趋于小型化。1982 年中国家庭 6 人及以上户的比例最高(28.0%),1990 年 4 人户的比例最高(25.8%),2000 年、2010 年都是 3 人户的比例最高(30.0%、26.9%),而 2019 年是 2 人户的比例最高(29.6%)。中国家庭 1 人户、2 人户的少人化比例趋于上升,其中 2 人户的比例由 1982 年的 10.1% 上升至 2000 年的 17.0%,2019 年则继续升至 29.6%。4 人户、5 人户、6 人及以上户的比例趋于下降,其中 5 人户的比例由 1982 年的 18.4% 下降至 2000 年的 13.6%,2019 年则继续降至 7.8%(表 7-1)。

表 7-1 中国家庭规模结构的变化 单位:%

年 份	1人户	2人户	3人户	4人户	5人户	6人及以上户	合 计
1982	8.0	10.1	16.1	19.5	18.4	28.0	100.0
1990	6.3	11.1	23.7	25.8	17.8	5.4	100.0
2000	8.3	17.0	30.0	23.0	13.6	8.1	100.0
2010	13.7	24.4	26.9	17.6	10.0	6.6	100.0
2019	18.5	29.6	22.3	15.9	7.8	6.0	100.0

资料来源:参见 1982 年、1990 年、2000 年、2010 年中国人口普查数据,以及 2020 年《中国统计年鉴》。

(二)家庭规模结构也存在区域差异

如表 7-2 所示,2019 年中国 31 个省市自治区中,1 人户比例居前 3 位的分别是广东(29.3%)、上海(25.9%)和浙江(25.6%),2 人户比例居前 3 位的分别是黑龙江(41.1%)、吉林(37.3%)和上海(37.1%),3 人户比例居前 3 位的分别是天津(31.6%)、内蒙古(30.6%)和辽宁(27.2%),4 人户比例居前 3 位的分别是海南(22.4%)、江西(21.9%)和新疆(21.1%),5 人户比例居前 3 位的分别是海南(12.0%)、新疆(11.5%)和云南(11.3%),6 人及以上户比例居前 3 位的分别是西藏(20.9%)、甘肃(12.3%)和海南(12.1%)。

表 7-2 2019 年分区域中国家庭规模结构对比　　　　　　　单位:%

区域	1人户	2人户	3人户	4人户	5人户	6人及以上户	合计
北京	22.3	30.5	27.1	11.1	6.5	2.5	100.0
天津	16.1	32.1	31.6	13.7	4.5	2.0	100.0
河北	12.7	30.8	21.7	20.3	7.8	6.8	100.0
山西	14.8	30.1	26.1	18.9	6.4	3.7	100.0
内蒙古	15.5	36.1	30.6	12.9	3.5	1.4	100.0
辽宁	19.7	36.8	27.2	9.9	4.6	1.8	100.0
吉林	17.5	37.3	26.8	10.7	5.3	2.3	100.0
黑龙江	18.8	41.1	26.7	8.6	3.4	1.4	100.0
上海	25.9	37.1	22.9	7.9	4.8	1.4	100.0
江苏	16.9	31.7	22.2	14.4	9.0	5.7	100.0
浙江	25.6	33.9	20.2	11.4	5.5	3.4	100.0
安徽	16.9	30.6	22.6	16.7	7.6	5.6	100.0
福建	21.9	26.8	19.4	16.4	8.2	7.3	100.0
江西	12.2	24.4	21.7	21.9	10.4	9.4	100.0
山东	16.3	34.4	22.4	17.8	5.6	3.4	100.0
河南	13.9	25.0	20.9	20.3	10.3	9.6	100.0
湖北	17.1	28.7	25.1	15.9	8.2	5.0	100.0
湖南	16.2	27.7	22.8	17.6	8.6	7.2	100.0
广东	29.3	24.1	15.3	13.5	8.2	9.5	100.0
广西	18.1	21.3	21.5	18.9	10.6	9.6	100.0
海南	13.8	20.2	19.5	22.4	12.0	12.1	100.0
重庆	20.6	29.8	22.6	14.9	7.5	4.7	100.0
四川	22.1	30.0	21.6	14.0	7.2	5.1	100.0
贵州	17.4	25.1	19.2	18.3	10.6	9.4	100.0
云南	15.4	22.1	21.3	20.2	11.3	9.8	100.0
西藏	14.3	18.8	16.6	18.3	11.1	20.9	100.0
陕西	17.1	28.4	22.2	18.4	8.6	5.4	100.0
甘肃	13.4	25.0	21.1	17.4	10.9	12.3	100.0
青海	20.6	23.7	20.8	15.8	9.8	9.2	100.0
宁夏	13.9	28.0	23.5	20.1	8.6	6.0	100.0
新疆	13.5	22.8	23.6	21.1	11.5	7.5	100.0

资料来源:参见 2020 年《中国统计年鉴》。

第二节　中国家庭结构变动

中国家庭结构小型化、核心化,老年人家庭结构空巢化,而且城镇地区更明显。

一、家庭结构的定义与分类

(一)家庭结构的定义

家庭结构是指具有血缘、姻缘、收养等关系的成员所组成生活单位的样式和状态。除单身家庭外,每个家庭都是由不同的家庭成员组成的,每一个成员在家庭中都依赖血缘、姻缘、收养等关系处于特定的位置,扮演着特定的角色,并具有个人特征。这些关系及个人特质就形成了家庭的结构[1]。

(二)家庭结构的分类

家庭结构具有不同的维度,主要分为家庭类型结构和家庭代际结构。

家庭类型结构是家庭的亲属关系结构,主要分为以下5个类型[2]。

一是核心家庭。由一对夫妇及其未婚子女所组成的家庭。这类家庭人口数少,是现代社会普遍存在的一种家庭形式。

二是直系家庭。父母和一个已婚子女及其配偶、后代所组成的家庭。在这种家庭中,只有纵向的直系亲属关系。

三是复合家庭。父母和两个或多个已婚子女及其配偶、后代所组成的家庭。在这种家庭中,除了纵向的直系亲属关系,还包括横向的旁系亲属关系。这类家庭人口数量最多。

四是单身家庭。指终身不婚、丧偶、离婚后过独居生活的家庭。这类家庭人口数少。近年来,发达国家这类家庭的比例在不断提高。

五是其他家庭。包括夫、妻、子女三者有所缺失的不完全家庭及其他形式的家庭。

家庭代际结构是家庭结构的一个重要维度,反映了家庭成员彼此之间的代属关系。不同类型家庭的代际结构有很大差异。一代户,主要包括夫妻核心家庭、单身家庭和其他家庭。二代户,主要包括标准核心家庭、单亲家庭、二代直系家庭、隔代家庭和其他家庭。三代户,包括三代直系家庭、隔代家庭和其他家庭。四代及以上户,包括四代直系家庭、四代及以上直系家庭、隔代家庭和其他家庭[3]。

二、中国家庭结构的变动

(一)家庭类型结构的缩小

受子女数量、婚姻、住房,以及人口流动、人口老龄化等多种因素的影响,中国家庭

---

[1][3]　国家卫生和计划生育委员会.中国家庭发展报告2014[M].北京:中国人口出版社,2014:74—76.
[2]　吴忠观.人口学(修订本)[M].重庆:重庆大学出版社,2005:183—184.

类型结构趋于缩小。

1. 核心家庭为主,但比例趋于下降

1982年、1990年、2000年、2010年中国家庭类型都是以核心家庭为主,占比都超过了60%以上,其中2010年为60.9%,但1990年以来,核心家庭的比例趋于下降,由1990年的70.6%下降到2000年的68.2%,2010年进一步大幅度下降到60.9%,比2000年下降了近8个百分点。直系家庭其次,占比都超过了20%,其中2010年为23%,比较稳定。单身家庭占比不是很高,但1990年以来,趋于上升,由1990年的6.3%上升到2000年的8.6%,2010年进一步大幅度上升到13.7%,比2000年上升了5个多百分点。复合家庭及其他家庭的占比极低(表7-3)。

表7-3 主要年份中国家庭类型构成变化 单位:%

家庭类型	1982年	1990年	2000年	2010年
核心家庭	68.3	70.6	68.2	60.9
直系家庭	21.7	21.3	21.7	23.0
复合家庭	0.9	1.1	0.6	0.6
单身家庭	8.0	6.3	8.6	13.7
其他	1.1	0.6	1.0	1.9
合计	100.0	100.0	100.0	100.0

资料来源:王跃生.中国城乡家庭结构变动分析——基于2010年人口普查数据[J].中国社会科学,2013(12):60—77。

2. 市核心化和单身化更明显

如表7-4所示,2010年与2000年相比,无论是市、镇还是县家庭类型都是核心家庭的比例下降,而单身家庭的比例上升,但市核心家庭比例下降的幅度比县镇小,由2000年的71.4%下降到2010年的65.3%,十年间下降了6.1个百分点,下降幅度小于同期的镇(下降了7.4个百分点),更小于同期的县(下降了9.3个百分点),而单身家庭的比

表7-4 2000年、2010年分城乡中国家庭类型构成变化 单位:%

家庭类型	2000年 市	2000年 镇	2000年 县	2010年 市	2010年 镇	2010年 县
核心家庭	71.4	70.9	66.3	65.3	63.5	57.0
直系家庭	16.3	17.5	24.8	15.3	21.5	28.5
复合家庭	0.7	0.6	0.5	0.4	0.7	0.7
单身家庭	10.4	10.0	7.5	17.0	13.0	11.8
其他	1.3	0.9	0.9	2.0	1.3	2.0
合计	100.0	100.0	100.0	100.0	100.0	100.0

资料来源:王跃生.中国城乡家庭结构变动分析——基于2010年人口普查数据[J].中国社会科学,2013(12):60—77。

例上升幅度比县镇大,由 2000 年的 10.4% 上升到 2010 年的 17.0%,十年间上升了 6.6 个百分点,上升幅度大于同期的镇(上升了 3.0 个百分点)和县(上升了 4.3 个百分点)。同时无论是 2000 年还是 2010 年,市核心家庭的比例都高于镇和县,单身家庭的比例也都高于镇和县,并且差距呈扩大的趋势。2000 年市核心家庭的比例比镇、县分别高 0.5 个、5.1 个百分点,而 2010 年市核心家庭的比例比镇、县分别高 1.8 个、8.3 个百分点。2000 年市单身家庭的比例比镇、县分别高 0.4 个、2.9 个百分点,而 2010 年市单身家庭的比例比镇、县分别高 4.0 个、5.2 个百分点。

(二)家庭代际结构的简化

1. 二代化和一代化

随着直系家庭、复合家庭的分解以及以核心家庭为主体的二代家庭数量的增长,1982 年、1990 年中国家庭代际结构"二代化"特征明显,二代户占绝对优势,约占 2/3,一代户不足 1/6,三代及以上户不足 1/5。1990 年以来,随着单人家庭户和夫妻核心家庭数量的迅速增长,中国二代户的比例大幅度下降,一代户的比例则大幅度上升,三代及以上户的比例相对变化较少。如表 7-5 所示,1990 年、2000 年、2005 年、2010 年、2015 年、2018 年中国二代户比例不断下降,由 1990 年的 67.5% 下降到 2005 年的 52.8%,2018 年进一步下降到 41.8%,而一代户的比例趋于上升,由 1990 年的 13.5% 上升到 2005 年的 29.3%,2018 年进一步上升到 40.3%,接近于二代户的比例。

表 7-5 主要年份中国家庭代际结构的变化　　　　　单位:%

年份	一代户	二代户	三代及以上户	合计
1982	13.9	66.6	18.8	100.0
1990	13.5	67.5	18.3	100.0
2000	22.3	58.7	19.0	100.0
2005	29.3	52.8	17.9	100.0
2010	33.4	48.5	18.1	100.0
2015	33.8	46.0	20.2	100.0
2018	40.3	41.8	17.8	100.0

资料来源:参见 1982 年、1990 年、2000 年、2010 年中国人口普查数据;2016 年、2019 年《中国人口和劳动统计年鉴》。

2. 城市一代化更明显

从 2000 年到 2010 年,无论是城市、镇还是乡村家庭代际结构都是二代户比例下降,一代户比例上升,但城市一代户比例上升的幅度最大,由 2000 年的 28.4% 上升到 2010 年的 41.2%,十年间上升了 12.8 个百分点,上升幅度大于同期的乡村(上升了 11.6 个百分点),更大于同期的镇(上升了 8.5 个百分点)。同时无论是 2000 年还是 2010 年,城市一代户的比例都高于镇和乡村,而二代户、三代及以上户的比例则相反,其中 2010 年城市一代户的比例比镇一代户的比例高 7.5 个百分点,比乡村一代户的比例高 11.4 个百分点。2010 年城市二代户的比例比镇二代户的比例低 2.4 个百分点,比乡村一代户的比例低 0.3 个百分点。2010 年城市三代及以上户的比例比镇三代及以上户的比例低 5.1 个百分点,比乡村三代及以上户的比例低 11.1 个百分点。

表 7-6　2000 年、2010 年分城乡中国家庭户代际结构变化　　　　　单位:%

城　乡	年　份	一代户	二代户	三代及以上户	合　计
城市	2000	28.4	58.1	13.5	100.0
	2010	41.2	47.2	11.6	100.0
镇	2000	25.2	59.7	15.1	100.0
	2010	33.7	49.6	16.7	100.0
乡村	2000	18.2	59.7	22.1	100.0
	2010	29.8	47.5	22.7	100.0

资料来源:参见 2000 年、2010 年中国人口普查数据。

(三) 老年人家庭结构的空巢化

随着人口老龄化的加快发展和家庭结构的小型化,中国老年人家庭结构趋于空巢化。

1. 空巢老年人规模超过了半数

第四次中国城乡老年人生活状况抽样调查结果显示,2015 年中国空巢老年人(老年夫妇户、独居老人)占老年人口的比例为 51.3%,也就是说超过一半的老年人为空巢老人[1]。《"十三五"国家老龄事业发展和养老体系建设规划》(国发〔2017〕13 号)中预测,到 2020 年,中国独居和空巢老年人将增加到 1.18 亿人左右[2]。

2. 城市空巢化更明显

1990 年、2000 年、2010 年中国城市 65 岁及以上老年人空巢户(夫妻核心户和单身家庭)比例大幅度上升,由 1990 年的 26.2% 上升到 2000 年的 38.4%,2010 年进一步上升到 46.4%。乡村 65 岁及以上老年人空巢户比例也趋于上升,由 1990 年的 26.3% 上升到 2000 年的 31.0%,2010 年进一步上升到 39.1%。其中,城市 65 岁及以上老年人夫妻核心户的比例由 1990 年的 17.5% 上升到 2010 年的 34.3%,20 年间上升了近 17 个百分点,比例翻了近一番;乡村 65 岁及以上老年人夫妻核心户比例由 1990 年的 16.4% 上升到 2010 年的 26.6%,20 年间上升了 10 个百分点。2000 年、2010 年城市空巢老年人的比例都比乡村老年人高差不多 7 个百分点。

---

[1] 人民网.中国空巢老年人的比例占到一半[N/OL].人民网,[2016-10-10]. http://world.people.com.cn/n1/2016/1010/c57506-28765437.html.

[2] 参见 http://www.gov.cn/zhengce/content/2017-03/06/content_5173930.htm。

表 7-7　主要年份分城乡中国空巢老年人比例变化　　　　　　　单位:%

类　　型	城　　市			乡　　村		
	1990 年	2000 年	2010 年	1990 年	2000 年	2010 年
夫妇核心户	17.5	28.5	34.3	16.4	21.7	26.6
单身家庭	8.8	9.9	12.1	9.9	9.3	12.5
合　　计	26.2	38.4	46.4	26.3	31.0	39.1

资料来源:王跃生.中国城乡家庭结构变动分析——基于 2010 年人口普查数据[J].中国社会科学,2013(12):60—77.

第三节　中国家庭功能变动

中国家庭功能多样化,家庭功能尤其是生养功能和赡养功能弱化,家庭功能趋于社会化。

一、家庭功能的定义及分类

(一)家庭功能的定义

所谓家庭功能就是家庭对人类社会的功用和效能,或者指家庭在人类生活和社会发展方面所起的作用。家庭功能是家庭存在的基础,也是家庭区别于其他社会组织的本质特征之一。家庭功能是历史的产物,是社会赋予家庭的责任[①]。

(二)家庭功能的分类

家庭功能多样。龙冠海把家庭的功能分为生物、心理、经济、政治、教育、娱乐和宗教 7 类功能。[②]潘允康把家庭细分为具有生殖、抚育、教育、抚养、赡养、性生活、物质生产、日常生活与消费、休闲娱乐、心理和情感、政治、宗教 12 类功能[③],其中,中国家庭的主要功能可归纳为以下 6 个。

一是经济功能。包括家庭中的生产、分配、交换、消费。其是家庭功能其他方面的物质基础。

二是生育功能。从人类进入个体婚制以来,家庭一直是一个生育单位,是种族延续的保障。

三是抚育功能。其是指父母对子女的呵护、养育和帮助。

四是教育功能。父母教育子女在家庭教育中占有重要的地位。主要包括教导基本生活技能、学习社会规范、指点生活目标和培养社会角色。

五是赡养功能。其是指子女对父母的帮助、支持和供给,主要包括经济供给、生活

[①] 国家卫生和计划生育委员会.中国家庭发展报告 2014[M].北京:中国人口出版社,2014:74—76.
[②] 龙冠海.社会学[M].台北:三民书局,1991:273—274.
[③] 潘允康.婚姻家庭社会学[M].北京:北京大学出版社,2018:163—191.

照料、精神慰藉等。赡养是中国家庭的一大功能。目前家庭养老仍然是中国养老的主要模式。

六是情感功能。家庭能够给家庭成员寄托感、依附感、安全感和信任感，满足成员的情感需求。

二、中国家庭功能的变动

随着社会经济条件的变化，家庭功能也会发生变化。家庭功能发生了很大变化，主要表现为家庭经济功能收缩、家庭功能的分化和弱化、家庭功能外化和家庭功能中心转移[1]。现代社会的转型、家庭结构和家庭关系的变化，在一定程度上改变了传统家庭功能的存在方式及实践活动本身，表现为家庭功能社会化、生养功能被异化、教化功能减弱化、赡养功能萎缩化[2]。与家庭结构变化密切相关的家庭功能变化主要有3个。

（一）生殖功能的弱化

从1980年开始，中国开始实行严格的计划生育政策，提倡一对夫妇只能生育一个子女。尽管从2011年以来，中国计划生育政策逐步放宽，从"双独二孩""单独二孩"到"全面二孩"，但因为育龄妇女规模的减少、家庭生育意愿的降低，家庭生育孩子的数量并没有明显增加，甚至还出现了丁克家庭。

（二）婴幼儿照料功能弱化

一般来说，0岁婴幼儿主要由母亲照料，随着年龄的增大，祖父母或者外祖父母照料的比例上升，这在城市更加明显。但随着家庭结构的变化以及女性就业机会的增加，家庭0—3岁婴幼儿照料资源减少，照料功能弱化。全国10个城市3岁以下婴幼儿托育服务情况的专题调研发现，3岁以下婴幼儿家庭对托育服务的需求强烈，但城市地区相关托育服务供给严重不足，3岁以下婴幼儿在各类托育机构的实际入托率仅为4.1%，远不能满足需求，迫切需要政府和社会提供支持[3]。

（三）赡养功能的弱化

一是家庭经济支持功能的弱化。老年人尤其是城镇老年人的生活来源主要是养老金和社会保险，子女支持不多，甚至出现子女啃老问题。

二是家庭照料功能的弱化。随着家庭结构的核心化、小型化和空巢化，针对老年人的家庭照料资源日趋紧缺。中国家庭发展追踪调查数据表明，在12 057个老年人家庭样本中，八成以上完全自理的老年人生活照料的首选是依靠自己（85.6%），不完全能力的老年人有一半以上首选靠自己（53.6%），其次是靠老伴（17.2%）和子女（15.9%）。另

---

[1] 国家卫生和计划生育委员会.中国家庭发展报告2014[M].北京:中国人口出版社,2014:74—76.
[2] 杨菊华,何炤华.社会转型过程中家庭的变迁与延续[J].人口研究,2014,38(2):36—51.
[3] 中国人口与发展中心.城市婴幼儿托育现状研究[R/OL]. http://www.cpdrc.org.cn/yjdt/2017/201808/t20180810_2582.html.

有近 1/5 的完全失能的老年人缺乏他人照料[①]。

第四节　中国家庭的社会化支持

随着家庭规模的小型化、家庭结构的核心化与空巢化、家庭功能的弱化,中国社会化的养老、生育、0—3 岁婴幼儿公共服务需求越来越迫切。

一、养老服务的社会化支持对策

由于家庭养老功能的弱化,中国空巢老年人尤其是高龄空巢老年人对社会化服务需求十分迫切,尤其是医养结合、适老化改造需求更加迫切,需要在机构养老、社区居家养老和家庭养老 3 个方面加大社会化支持力度。

(一)机构养老的社会化支持对策

一是加大养老机构设施的建设。优化新建居住区配套建设养老服务设施,列入土地出让合同,与住宅同步规划、同步建设、同步验收、同步交付使用,各省市自治区民政局等相关部门参与评审验收。对存在配套养老服务设施缓建、缩建、停建、不建和建而不交等问题的,在整改到位之前,建设单位不得组织竣工验收。

二是促进养老机构的医养结合。一方面,加大对内设医疗机构的支持力度。根据养老机构实际情况,对内设医疗机构的人员配置、设施设备添置、专业培训学习、医疗卫生服务开展、药品零差率等多方面给予财政支持。内设医疗机构医护人员在资格认定、职称评定、技术准入等方面与其他医疗机构同等对待,强化养老机构医护人才保障机制,提升医疗服务水平。将内设医疗机构纳入医疗联合体,形成绿色转诊通道。另一方面,统筹医疗养老资源。完善养老设施专项规划和区域卫生规划,推动社区综合为老服务中心与社区卫生服务站、护理站或其他医疗设施同址或邻近设置。

三是促进社会力量参与养老机构服务。加快公办养老机构转型升级,鼓励社会力量参与运营管理。大力推进公建民营,原则上今后新增的政府投资养老服务设施,均采取委托社会力量运营的模式,提高运行效率和服务水平。

(二)社区居家养老的社会化支持对策

一是加快完成社区嵌入式养老服务设施布点。完善社区养老服务设施骨干网,重点打造集日托、助餐、医养结合、康养等功能于一体的枢纽型社区养老综合体(综合为老服务中心或分中心),增强社区养老资源与服务的统筹调配能力。加快发展家门口的养老服务站点,因地制宜增加养老服务功能。加快推进新建社区相关设施集中设置,已建社区建议整合社区养老服务资源,进一步丰富养老服务内容,建立以生活服务、保健康复、文体娱乐等功能为主的社区养老服务设施网络体系。

二是促进社会力量积极参与社区居家养老服务。第一,加大资金投入力度和政策

---

① 国家卫生和计划生育委员会.中国家庭发展报告 2016[M].北京:中国人口出版社,2016:71—76.

扶持力度,吸引更多的养老服务社会组织、企业参与社区居家养老,并培育一批活跃在社区养老服务一线的社会组织和服务机构。第二,扩大社会力量的影响力。在培育或引进多个社区养老服务企业和社会组织的基础上,打造一批连锁化、规模化的具有一定影响力和知名度的社区养老服务企业和社会组织,重点培育社区居家养老服务品牌。第三,扶持和补贴居家护理服务企业。对于当前为老服务机构中属于居家护理服务的企业,应当明确相应的扶持政策,如减免营业税、公共事业费、社保补贴等。扶持一批优秀的居家护理机构,扩充老年居家护理服务的社会力量。

(三)家庭养老的社会化支持对策

一是多措并举加快住宅适老化改造。在继续为高龄、独居、困难老人开展居室适老化改造的基础上,要扩大适老化改造的规模,加快进度,扩大受益面。要改进老旧住宅适老化改造的管理体制,理顺工作机制。要明确社区更新改造补偿标准,明确社会资本参与适老化改造的标准,明确适老化改造标准。要探索多种改造模式,满足老年居民的个性化需求,既要满足"基础包"的刚性供给,着力解决老年人居住生活中"急难愁盼"的成套改造、屋面改造、厨卫改造、私人空间供给等问题,同时也要探索"个性包"的弹性供给,根据老年人的养老需要和改造意愿,探索政府和个人共同出资的"服务+"包块模式,提供改善型改造服务。要拓宽老旧住宅小区适老化改造的资金渠道,除了现有的民政部门适老化改造资金、街道的老旧住宅改造资金以外,还可以争取国家开发银行的老旧住宅改造开发贷款,以及各类社会资金、居民个人资金,多渠道筹措资金,解决资金缺口问题,加快老旧住宅的适老化改造。

二是积极开展高龄老人家庭成员养老护理技能培训。在国家民政局的指导下,开展高龄老年人口家庭成员的老年照护服务技能培训,增强家庭内部的养老服务能力。各省市自治区民政部门要把这项工作纳入年度养老服务工作计划,给予一定的资金支持。经过培训,达到一定技能的家庭成员,可以获得一定的老年照护资格证书。

二、生育服务的社会化支持对策

"全面二孩"政策确实在短期内增加了全国的出生人口数量,提高了生育水平,但是由于育龄妇女人数减少、孩子养育成本高、女性就业压力大等原因,生育意愿并没有显著提高。需要采取综合性的配套政策和措施,支持和鼓励更多家庭按政策生育孩子,缓解全国人口结构失衡问题。

一是加快研究生育政策进一步放开的可能性和应对方案。中国的生育政策要适应人口变动主要矛盾的变化,尽快做出相应调整。建议全国要加紧研究全面放开生育政策的必要性和可能性,以及全面放开生育政策以后有关生育福利政策的新旧衔接问题,把生育权利还给家庭,并且给予家庭更多的帮扶,鼓励和支持家庭按照意愿生育孩子。

二是把男方的"陪产假"改为"陪护假"。鉴于女性从怀孕到生育,再到孩子出生后一段时间,都可能需要丈夫不时陪同,建议把狭义的"陪产假"改为"陪护假",这样丈夫不单是在妻子生孩子期间可以休假,也可以在征得单位同意后分散时间使用陪护假,按照家庭的实际需要,在妻子孕检、孩子看病、打防疫针等需要的时间使用。

三是建立生育保险待遇的正常调整机制。随着诊疗检测技术的发展,生育妇女产检的部分检测设备仪器和检验方式发生了变化,部分产检项目的价格也有所上升。同时,随着"全面二孩"政策实施后高龄孕产妇的数量增加,导致妊娠合并症、并发症和出生缺陷患儿增多的风险加大,原来规定的产检项目和方式也需要进行适当增加和调整,也不同程度地增加了职工生育医疗费用。生育医疗费用已经成为女职工家庭需要承担的一项经济负担,因此生育医疗费补贴标准也需要进一步提高,要建立生育医疗补贴增长机制,建议每年的生育医疗补贴标准根据上一年医疗费用的增长速度进行调整。

三、0—3岁托育服务的社会化支持对策

在党的"十九大"报告提出的必须取得"新进展"的7项民生要求中,"幼有所育"排在首位。由于家庭养育功能的弱化,中国家庭对社会化托育服务需求也越来越迫切。

(一)理顺托育服务的管理体制

一是明确0—3岁的托育管理部门。全国很多地方没有一个明确的政府部门来管理0—3岁托育服务,应确定一个0—3岁托育机构的管理部门,统一协调各地工作。

二是明确各个相关部门的职责分工。除了确定一个牵头主管部门以外,其他相关部门也要按照自己单位的工作职能和条件,积极参与0—3岁托育服务。其中,主要的相关部门及举措包括:教育部门可以牵头研究制定托育机构设置标准和管理办法等,制订托育发展规划,开展托育服务人员的各类培训与指导;卫生计生部门负责从儿童卫生保健、疾病防控、婴幼儿保育角度予以工作技术指导与支持;工商和民政部门分别负责对营利性和非营利性的托育机构进行准入登记管理和每年年检、评估管理;妇联(妇儿工委)可以动员基层工作队伍,加强对社区、家庭科学育儿的服务和指导。这是为确保各个部门之间的职责分工,以形成相关职能部门各司其职、协同推进的综合监管机制和协作工作机制。

(二)建立0—3岁托育服务的良性发展机制

一是建立财政投入机制。从欧美、日本等发达国家托育事业的发展来看,政府投入占主要部分。要建立专门的财政托育经费投入机制,将托育服务工作管理所需的经费等纳入各级政府财政预算,支持托育服务工作的发展,保障日常办公、监管与指导、专业研究和人才队伍培养等工作。要根据每年的托育事业发展需要提供必要的经费保障。托育财政经费投入也要建立稳定的增长机制,要随着社会经济的发展,以及托育事业发展的需要,逐步加大财政投入的力度。

二是建立税费优惠等政策支持机制。受现有的各项税费政策影响,很多托育机构分别在工商部门和民政部门注册登记,托育机构既有公益性,也有市场性。要通过调研,理顺各种不利于托育事业发展的税费和管理政策,出台鼓励性的税费优惠政策,如符合条件的托育机构提供服务可免征增值税等。托育机构的用水、用电、用气、通信等也能享受优惠价格,可以参考实行居民价格。尽快形成社会各界积极投入和支持托育

事业发展的局面。

三是建立场地提供机制。社会力量参与托育事业发展还有很多限制条件,缺乏合适的场地就是其中的一个问题。各级政府部门要大力支持托育事业发展,加大用地和房屋保障力度。可以将托育机构建设用地纳入城乡规划和年度用地计划并优先予以保障,农用地转用指标、新增用地指标分配要适当向托育机构建设用地倾斜,把合适的办学场所低价租赁或以补贴方式提供给社会托育机构,引导支持利用低效土地或闲置土地建设托育机构。

(三)加快公办和民办 0—3 岁婴幼儿托育事业发展

一是在公办幼儿园增加托小班和亲子班。在新建公办 0—3 岁婴幼儿托育机构难度比较大的情况下,要努力挖掘现有的幼儿园或其他单位的潜力,通过现成的场地和成熟的师资队伍,开展早期教育指导和托育相关服务。建议可以在有条件的幼儿园内增加托小班,提供 2—3 岁托班服务。利用幼儿园周末的闲置场地,通过培训幼教老师在早期教育指导方面的相关理论知识和实践技能,开设面向社区家庭的亲子班,提供亲子活动和家长指导服务。

二是支持公办机构与民办机构功能互补和谐发展。从 3—6 岁学前教育的实践经验来看,公办、民办适当的比例及各自优势作用的发挥,对于公办、民办相得益彰及事业均衡发展有着很大作用。公办机构和民办机构在 0—3 岁托育事业发展中可以发挥各自优势,互为补充,和谐发展。要避免在托育事业发展中过度保护公办机构而限制民办机构的发展,公办机构主要是起到引领示范和公益托底两个作用,而市场的主体应该是民办机构。政府在政策鼓励和政策支持上应当给予民办托育机构更多的倾斜和扶持,例如对社会力量举办具有公益性的非营利性托育机构给予税收优惠、补贴支持,为民办托育机构提供项目式促进引导的支持,提供优质教师培训机构支持等。

三是支持民办优质托育机构集团化发展。民办托育机构要办出特色,要不断提高办学能力,满足人民群众对优质托育的日益增长的需要。近年来,优质教育集团在义务教育阶段发挥了越来越大的作用,也可以把民办教育集团的发展模式引入托育领域,支持发展连锁式、标准化、规范化的集团化托育服务机构。

参考文献

国家卫生和计划生育委员会.中国家庭发展报告 2014[M].北京:中国人口出版社,2014.

国家卫生和计划生育委员会.中国家庭发展报告 2016[M].北京:中国人口出版社,2016.

胡湛,彭希哲.中国当代家庭户变动的趋势分析——基于人口普查数据的考察[J].社会学研究,2014,29(3).

龙冠海.社会学[M].台北:三民书局,1991.

潘允康.婚姻家庭社会学[M].北京:北京大学出版社,2018.

吴忠观.人口学(修订本)[M].重庆:重庆大学出版社,2005.

王跃生.中国城乡家庭结构变动分析——基于2010年人口普查数据[J].中国社会科学,2013(12).

王跃生.当代中国家庭结构变动分析[J].中国社会科学,2006(1).

杨菊华,何炤华.社会转型过程中家庭的变迁与延续[J].人口研究,2014,38(2).

中国人口与发展中心.城市婴幼儿托育现状研究[R/OL].http://www.cpdrc.org.cn/yjdt/2017/201808/t20180810_2582.html.

第八章　中国人口少子化与教育服务

第一节　少子化概念及测度

一、少子化概念

少子化是指生育率下降，造成幼年人口逐渐减少的现象。"少子化"原为日制汉语，日本社会流行的"少子化"一词，即"婴儿出生减少，无法保持现有的人口数量"之意。日本少子化的历史可以上溯到 20 世纪 70 年代中后期，正好也是日本经济发展达到巅峰的时期。原来应是已婚的青年必须进入职场，过度竞争且"过劳"的工作环境，加上都市化社会的人际疏离与忙碌、城市物价偏高、养育成本暴增，对后进的青年与已婚夫妇产生骨牌效应。育儿不再受到欢迎，反而被认为是经济上的负担，以及个人退出职场发展的表征。近年来，"少子化"现象已经成为 21 世纪的社会病，困扰着日本政府和社会各阶层。①

由于日本当时是世界上经济发展快速的国家之一，国家发展程度较高，社会转型进入工商业为主的现象不仅明显而且广泛存在，已婚家庭面对紧张的工作环境，常错过生育机会，育儿动机降低，导致较早面临少子化的问题。相关研究亦较为深广，以至于后来逐渐遇到相同问题的中国大陆、中国台湾等汉字通行区也直接引入此外来语作为指称。②

按照社会发展经验来看，人口少子化的原因主要有以下几个方面。首先，晚婚及不婚增加，节育观念普及，贫富差距扩大。少子化来自未婚率的上升以及晚婚化和晚产化比例的升高，结婚育儿在人生中的优先顺位走低，背后的重大原因是社会环境使得妇女难以兼顾工作和育儿。其

---

① 夏铭阳.少子化现象的原因与对策探研[J].成才之路，2017(33):28.
② 商钟岚.日本少子化对策对我国的启示[J].黑龙江生态工程职业学院学报，2019(9):51—53.

次,经济成长趋缓,育儿成本昂贵。高学历化之下养育、教育小孩的负担沉重。发达国家经济增长速度减缓,以日本为例,泡沫经济崩溃之后,就业环境恶化,并且在日本政府放宽限制之下,企业减少雇用正式员工。数量大幅增加的非正式员工收入不稳定,使得更多人对结婚生子保持距离。与此同时,生活压力导致生育意愿低落或不孕,人生规划以生活品质与享乐优先,育儿观念则着重于提升教育品质,这些都成为人口少子化产生的主要原因。

二、少子化测度

(一)少子化测度指标分类

常用的人口少子化测度指标主要有3类,分别为0—14岁人口占总人口的比例、总和生育率、人口出生率。此外,家庭户规模对于反映人口少子化情况也有参考意义。

1. 0—14岁人口占总人口的比例

常用的少子化测度指标之一为0—14岁人口占总人口的比例,通常用百分比表示。0—14岁人口占总人口的比例在15%以下,为超少子化;15%—18%,为严重少子化;18%—20%,为少子化;20%—23%,为正常;23%—30%,为多子化;30%—40%,为严重多子化;40%以上,为超多子化。与该指标相对应,65岁(或60岁)及以上人口占总人口的比例,则反映一个国家或地区的人口老龄化程度。

2. 总和生育率

总和生育率作为人口少子化的主要测度指标之一,也称总生育率(total fertility rate,TFR),是指一个国家或地区的妇女在育龄期间,每个妇女平均的生育子女数。这种生育率计算方式,并非建立在一组真正的生育妇女的数据上,因为这涉及等待完成生育的时间。此外,这种计算模式并不代表妇女们一生生育的子女数,而是基于妇女的育龄期,国际上一般以15岁至44岁或49岁为准。

总和生育率是一个合成指标。事实上,没有哪一个妇女在30年育龄期中完全按照某一年的年龄别生育率来生育。而且,年龄和生育率随着时间变化,也会逐渐发生变化,出现波动。总和生育率每年的波动可能更能反映妇女生育年龄的变化,而不是妇女平均生育数量的变化。总和生育率很好地说明了妇女究竟生育多少孩子,因此其是衡量生育水平最常用的指标之一。实现代际均衡的总和生育率,在发达国家为2.1,在发展中国家为2.3。也就是说,如果总和生育率小于2.1(发达国家)或者2.3(发展中国家),新生人口是不足以弥补生育妇女和其伴侣数量的。

就人口少子化指标测度而言,总和生育率5.0以上为超多子化,5.0—3.0为严重多子化,3.0—2.4为多子化,2.4—2.1为正常,2.1—1.8为少子化,1.8—1.5为严重少子化,1.5以下为超少子化。

3. 人口出生率

人口出生率也是测度少子化常用指标之一,其含义是指某地在一个时期之内(通常指一年)出生人数与平均人口之比,反映了人口的出生水平,一般用千分数来表示。其计算公式为：

$$出生率 = (年内出生人数/年内总人口数) \times 1\,000‰$$

从全球范围来看,非洲、西南亚、拉丁美洲的人口出生率最高,大多数国家均大于40‰;其次是东南亚、南亚地区,这些地区和国家的出生率为20‰—29‰;再次是欧洲与北美洲、俄罗斯与澳大利亚,其人口出生率为14‰—20‰;最低是东亚的中国、日本、韩国和新加坡,人口出生率低于13‰。以国家为单位,人口出生率大于50‰的国家都集中在非洲,其中有尼日尔、毛里塔尼亚、卢旺达和肯尼亚等国。人口出生率最低的国家都在欧洲,人口出生率小于10‰—12‰的国家有德国、丹麦、意大利、瑞士、瑞典等。以上事实说明,高出生率集中在低纬度地带,尤其是热带和亚热带;而低出生率则集中在中纬与高纬度地带。如果把人口出生率与人口密度的分布相对照,可以看到人口密度比较高的西欧、日本,其人口出生率反而比较低,而人口比较稀少的非洲、西亚与拉丁美洲的出生率相当高。

从经济状况看,工业比较发达和城市化程度比较高的国家和地区,如西欧、北美和日本,出生率比较低。与其相对应,工业比较后进、农业经济落后并占主导地位、城市化程度不高的非洲、西亚与拉丁美洲的发展中国家和地区的出生率很高,居于世界之首。可以这样说,出生率的高低成为与经济发达程度相联系的一个指标。发展中国家人口出生率过高,新生人口过多,影响着经济的发展与生活水平的提高,甚至拉大了与发达国家之间的差距。

就人口少子化测度而言,人口出生率21.0‰以上为超多子化,21.0‰—19.0‰为严重多子化,19.0‰—17.0‰为多子化,17.0‰—15.0‰为正常,15.0‰—13.0‰为少子化,13.0‰—11.0‰为严重少子化,11.0‰以下为超少子化。

4. 家庭户规模

此外,家庭户规模也是衡量一个国家或地区的人口少子化程度的一个参考指标。其计算公式为：

$$平均家庭户规模 = 家庭户总人口数/家庭户总数$$

家庭是社会发展的历史产物,是以婚姻、血缘关系为纽带的社会生活组织形式,是婚姻的结果,也是人口再生产的基本单位。家庭作为社会的细胞,随着经济和社会发展,其类型、规模、结构及相应的人际关系都在不断地发生变化,这些因素不仅影响着人们的行为,同时也影响着整个社会生活,对社会的发展和稳定起着重要的作用。一般而言,平均家庭户规模越小的国家或地区,其人口少子化程度也越高。

(二)中国人口少子化概况

1. 0—14岁人口占总人口的比例

中国0—14岁人口占总人口的比例显著下降,从1982年的33.6%降至2018年的16.9%,从少子化测度来看,经历了从严重多子化到严重少子化的阶段变化。其中,1982年为严重多子化,1987—1999年为多子化,2000—2005年为正常,2006—2009年为少子化,2010—2018 年为严重少子化。

表 8-1 人口年龄结构和抚养比

年份	总人口(年末)	0—14 岁 人口数(万人)	0—14 岁 比重(%)	15—64 岁 人口数(万人)	15—64 岁 比重(%)	65 岁及以上 人口数(万人)	65 岁及以上 比重(%)	总抚养比(%)	少儿抚养比(%)	老年抚养比(%)
1982	101 654	34 146	33.6	62 517	61.5	4 991	4.9	62.6	54.6	8.0
1987	109 300	31 347	28.7	71 985	65.9	5 968	5.4	51.8	43.5	8.3
1990	114 333	31 659	27.7	76 306	66.7	6 368	5.6	49.8	41.5	8.3
1991	115 823	32 095	27.7	76 791	66.3	6 938	6.0	50.8	41.8	9.0
1992	117 171	32 339	27.6	77 614	66.2	7 218	6.2	51.0	41.7	9.3
1993	118 517	32 177	27.2	79 051	66.7	7 289	6.2	49.9	40.7	9.2
1994	119 850	32 360	27.0	79 868	66.6	7 622	6.4	50.1	40.5	9.5
1995	121 121	32 218	26.6	81 393	67.2	7 510	6.2	48.8	39.6	9.2
1996	122 389	32 311	26.4	82 245	67.2	7 833	6.4	48.8	39.3	9.5
1997	123 626	32 093	26.0	83 448	67.5	8 085	6.5	48.1	38.5	9.7
1998	124 761	32 064	25.7	84 338	67.6	8 359	6.7	47.9	38.0	9.9
1999	125 786	31 950	25.4	85 157	67.7	8 679	6.9	47.7	37.5	10.2
2000	126 743	29 012	22.9	88 910	70.1	8 821	7.0	42.6	32.6	9.9
2001	127 627	28 716	22.5	89 849	70.4	9 062	7.1	42.0	32.0	10.1
2002	128 453	28 774	22.4	90 302	70.3	9 377	7.3	42.2	31.9	10.4
2003	129 227	28 559	22.1	90 976	70.4	9 692	7.5	42.0	31.4	10.7
2004	129 988	27 947	21.5	92 184	70.9	9 857	7.6	41.0	30.3	10.7
2005	130 756	26 504	20.3	94 197	72.0	10 055	7.7	38.8	28.1	10.7
2006	131 448	25 961	19.8	95 068	72.3	10 419	7.9	38.3	27.3	11.0
2007	132 129	25 660	19.4	95 833	72.5	10 636	8.1	37.9	26.8	11.1
2008	132 802	25 166	19.0	96 680	72.7	10 956	8.3	37.4	26.0	11.3
2009	133 450	24 659	18.5	97 484	73.0	11 307	8.5	36.9	25.3	11.6
2010	134 091	22 259	16.6	99 938	74.5	11 894	8.9	34.2	22.3	11.9
2011	134 735	22 164	16.5	100 283	74.4	12 288	9.1	34.4	22.1	12.3
2012	135 404	22 287	16.5	100 403	74.1	12 714	9.4	34.9	22.2	12.7
2013	136 072	22 329	16.4	100 582	73.9	13 161	9.7	35.3	22.2	13.1
2014	136 782	22 558	16.5	100 469	73.4	13 755	10.1	36.2	22.5	13.7
2015	137 462	22 715	16.5	100 361	73.0	14 386	10.5	37.0	22.6	14.3
2016	138 271	23 008	16.7	100 260	72.5	15 003	10.8	37.9	22.9	15.0
2017	139 008	23 348	16.8	99 829	71.8	15 831	11.4	39.2	23.4	15.9
2018	139 538	23 523	16.9	99 357	71.2	16 658	11.9	40.4	23.7	16.8

数据来源:国家统计局.中国统计年鉴(2019 年)[M].北京:中国统计出版社,2019。

图 8-1 中国人口年龄构成

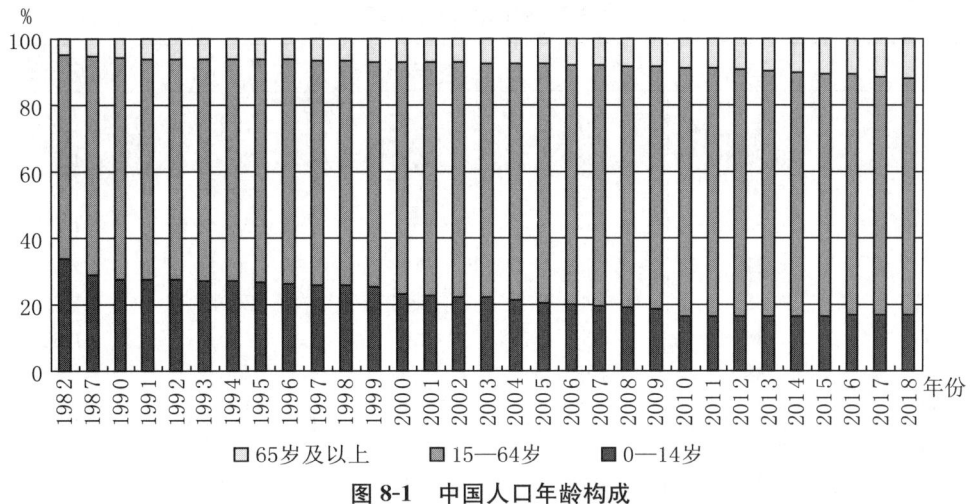

人口少子化降低了少儿抚养比,从1982年的54.6%降至2018年的23.7%;与此同时,老年抚养比从1982年的8.0%提高至2018年的16.8%,已经翻番。由于劳动年龄人口占比较高,因此总抚养比从1982年的62.6%降至2018年的40.4%,整个社会人口抚养负担相对较轻。

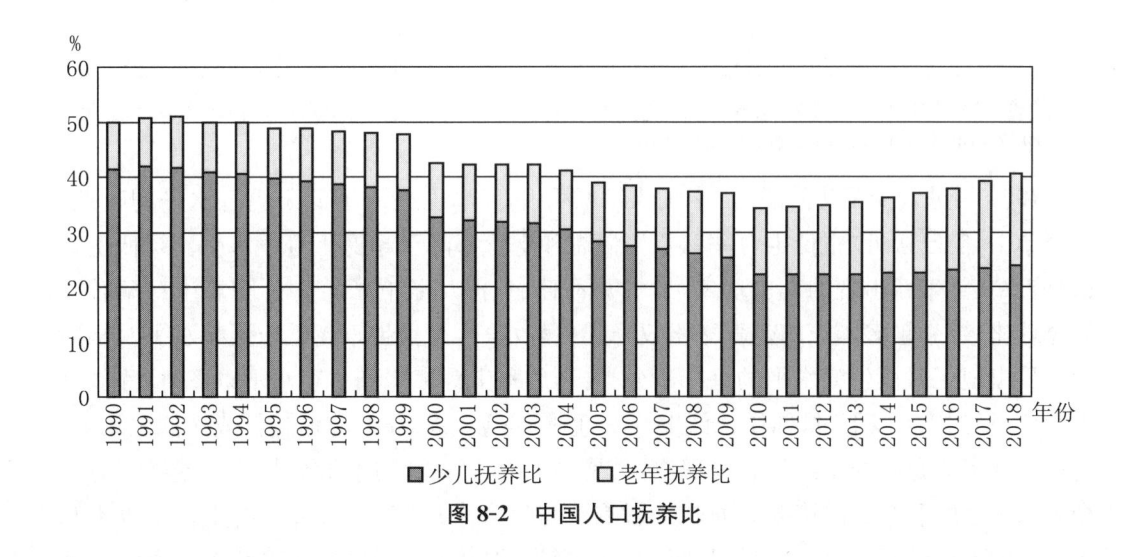

图 8-2 中国人口抚养比

2. 总和生育率

中国人口总和生育率从1959年的5.6快速降至2018年的1.53,就人口少子化指标测度角度而言,60年间经历了从超多子化到严重少子化的各阶段变化。其中,1959—1972年为超多子化,1973—1977年为严重多子化,1978—1989年为多子化,1990—1991年为正常,1992—1993年为少子化,1994—2018年为严重少子化。

表 8-2　中国总和生育率

年　份	总和生育率	年　份	总和生育率	年　份	总和生育率
1959	5.6	1979	2.75	1999	1.59
1960	5.76	1980	2.61	2000	1.6
1961	5.91	1981	2.55	2001	1.6
1962	6.06	1982	2.54	2002	1.6
1963	6.21	1983	2.56	2003	1.6
1964	6.32	1984	2.61	2004	1.61
1965	6.38	1985	2.65	2005	1.61
1966	6.38	1986	2.67	2006	1.61
1967	6.32	1987	2.64	2007	1.62
1968	6.18	1988	2.58	2008	1.62
1969	5.99	1989	2.46	2009	1.62
1970	5.72	1990	2.31	2010	1.63
1971	5.4	1991	2.14	2011	1.63
1972	5.04	1992	1.98	2012	1.64
1973	4.64	1993	1.84	2013	1.65
1974	4.24	1994	1.73	2014	1.66
1975	3.86	1995	1.66	2015	1.67
1976	3.51	1996	1.62	2016	1.68
1977	3.2	1997	1.6	2017	1.68
1978	2.94	1998	1.6	2018	1.53

数据来源：中国历年总和生育率统计[EB/OL]. https://www.kylc.com/stats/global/yearly_per_country/g_population_fertility_perc/chn.html.

1992 年进入少子化阶段时，中国人口总和生育率也进入了低于更替水平的时期，截至 2018 年已接近"很低生育率"，要警惕总和生育率降至超低生育率水平。超低生育率是近 20 年来新出现的人口现象，虽然并不普遍，但却敲响了警钟。随着生育率转变的全球化，越来越多国家的生育率不仅降到更替水平，而且越来越低于更替水平。国际学术界出现了对低生育水平的进一步分类：当总和生育率降到更替水平以下时，称作低生育率；降到 1.5 以下时，称作很低生育率；而降到 1.3 以下时，称作超低或极低生育率。超低生育率不是一个单纯的人口现象，其是多种因素综合作用的结果，已经或必将对当今和未来家庭和社会的诸多方面产生影响。与生育率过高一样，过低的生育率也不利于社会的可持续发展，由人口增长模式转变带来的"人口红利"及其逐渐消失也为经济增长模式转型和产业结构升级带来了挑战。

面对超低生育率，我们需要关注其严重后果。例如，在一个稳定人口中，如果平均生育年龄为 30 岁，总和生育率 1.3 意味着未来人口将每年按照 －1.5％ 的速度下降，在 45 年的时间里总人口规模将下降一半。而如果总和生育率维持在 1.5，未来的人口增长率将上升到 －1.1％，意味着人口规模将在 65 年时间里下降一半。如果生育率下降到 1.0，那么稳定人口的年增长率将高达 －2.4％，总人口规模将在 30 年的时间减少一半。一些持续处于超低生育率的欧洲国家已经出现人口负增长和严重的人口老龄化。

3. 人口出生率

中国人口出生率从1978年的18.25‰降至2018年的10.94‰,就人口少子化测度而言,经历了从各阶段多子化到少子化的变化。1978年、1980年为多子化,1981—1991年为超多子化与严重多子化交替出现,1992—1995年为多子化,1996—1998年为正常,1999—2001年为少子化,2002—2017年为严重少子化,2018年为超少子化。

表8-3　中国人口出生率、死亡率和自然增长率　　单位:‰

年　份	出生率	死亡率	自然增长率
1978	18.25	6.25	12
1980	18.21	6.34	11.87
1981	20.91	6.36	14.55
1982	22.28	6.6	15.68
1983	20.19	6.9	13.29
1984	19.9	6.82	13.08
1985	21.04	6.78	14.26
1986	22.43	6.86	15.57
1987	23.33	6.72	16.61
1988	22.37	6.64	15.73
1989	21.58	6.54	15.04
1990	21.06	6.67	14.39
1991	19.68	6.7	12.98
1992	18.24	6.64	11.6
1993	18.09	6.64	11.45
1994	17.7	6.49	11.21
1995	17.12	6.57	10.55
1996	16.98	6.56	10.42
1997	16.57	6.51	10.06
1998	15.64	6.5	9.14
1999	14.64	6.46	8.18
2000	14.03	6.45	7.58
2001	13.38	6.43	6.95
2002	12.86	6.41	6.45
2003	12.41	6.4	6.01
2004	12.29	6.42	5.87
2005	12.4	6.51	5.89
2006	12.09	6.81	5.28
2007	12.1	6.93	5.17
2008	12.14	7.06	5.08
2009	11.95	7.08	4.87
2010	11.9	7.11	4.79
2011	11.93	7.14	4.79

(续表)

年 份	出生率	死亡率	自然增长率
2012	12.1	7.15	4.95
2013	12.08	7.16	4.92
2014	12.37	7.16	5.21
2015	12.07	7.11	4.96
2016	12.95	7.09	5.86
2017	12.43	7.11	5.32
2018	10.94	7.13	3.81

数据来源：国家统计局.中国统计年鉴(2019年)[M].北京：中国统计出版社,2019。

由于人口出生率显著下降，而人口死亡率变化较小，人口自然增长率也从1978年的12‰波动下降至2018年的3.81‰。

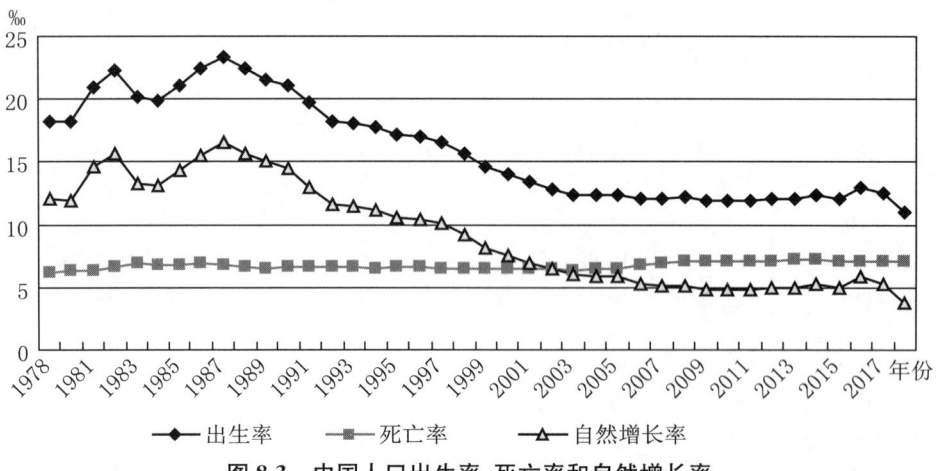

图8-3　中国人口出生率、死亡率和自然增长率

4. 家庭户规模

中国家庭户规模过去20年来逐渐缩小，从1998年的3.63人波动下降至2018年的3.00人，最低为2014年的2.97人。家庭户规模的不断缩小不仅是生育水平下降和其他社会、经济、文化等多种因素影响的结果，也是居民住房条件和居住环境不断改善，生活水平、生活质量不断提高的结果。

表8-4　中国家庭户规模　　　　　　　　　　　　　单位：人/户

年 份	家庭户规模	年 份	家庭户规模
1998	3.63	2002	3.39
1999	3.58	2003	—
2000	3.46	2004	3.36
2001	—	2005	3.13

(续表)

年 份	家庭户规模	年 份	家庭户规模
2006	3.17	2013	2.98
2007	3.17	2014	2.97
2008	3.16	2015	3.10
2009	3.15	2016	3.11
2010	—	2017	3.03
2011	3.02	2018	3.00
2012	3.02		

资料来源：参考 1998 年至 2008 年《中国统计年鉴》。

家庭户规模的缩小与经济社会的发展水平有着直接关系。经济快速发展所积累的财富为户规模缩小奠定了物质基础。具体而言，其一方面表现为随着人们富裕程度的提高，已婚夫妇有足够的经济实力与其父母分户居住；另一方面则表现为老年人口的经济实力有所增强，使得他们有可能单独居住，而不是如传统社会中的那样，因经济上对子女的依赖而必须与其同住。

此外，社会化服务系统的发展与完善为小户独居提供了服务保障。通常在传统的三代家庭中，祖父母承担照料孙子女、料理家务的工作，子女承担照料年迈长辈日常生活的工作。但随着市场经济的发展，社会的分工体系日趋完善，不论是对婴幼儿、老年人的照料还是日常的家务劳动，将会越来越多地由专业的服务机构提供。家庭收入水平的提高也使得购买照料服务成为可能。由此，父母与已婚子女分户居住也就成为可能。

第二节 少子化的影响

一、少子化与老龄化的关系[①]

作为人口年龄结构中的"亚人口"，少儿人口与老年人口并非独立发展、变化，而是相互依存、相互影响。一方面，从队列效应来看，现在的少儿人口就是未来的老年人口，少儿人口变化在某种程度上决定着未来人口年龄结构的变化，这其中自然包括人口老龄化发展趋势；另一方面，快速人口老龄化增加家庭、社会的养老负担，挤压家庭对"生养"资源的配置空间，进而对人口少子化施加影响。

首先，少子化是人口发展的"元问题"，其对诸多人口问题施加影响，老龄化问题自然也无法摆脱少子化的影响。人口少子化对人口老龄化水平产生提升作用。少子化造

[①] 本部分研究内容来源：穆光宗，茆长宝.人口少子化与老龄化关系探究[J].西南民族大学学报（人文社会科学版），2017(6)：1—6.

成底部人口缩减,通过"分母效应"对老龄化水平变化施加影响,即"底部老化"作用,造成了"一头沉、一头起"的跷跷板效应。1982—2015 年,我国 65 岁及以上老年人口比重因少儿人口比重的降低而提升了 2.14 个百分点,占同期老年人口比重上升水平的 38.5%。人口少子化使我国人口老龄化社会的到来时间至少提前了 10 年。

其次,人口老龄化对人口少子化发展也产生影响。虽然少儿人口、老年人口是人口金字塔的底部人口和顶部人口,但却是相互联系、相互影响、不可分割的有机组成部分。一般情况下,少儿人口终将步入老年阶段,老年人口必是从少儿人口而来。因此,除了人口少子化对人口老龄化产生影响之外,人口老龄化也将对人口少子化产生影响。主要包括以下 3 个方面:家庭养老、养子模式下人口老龄化抑制家庭生养孩子意愿,人口老龄化通过降低家庭可支配资源加速人口少子化进程,人口"质量—数量"替代效应推进人口少子化进程。由此可见,人口少子化与人口老龄化之间存在相互强化机制。

人口少子化对人口老龄化水平产生提升作用。在人口老龄化过程中,人口少子化直接(通过"底部老化"作用)提升人口老龄化水平,加快人口老龄化进程,并通过改变家庭结构类型、抑制经济发展等途径强化、放大老龄化社会的经济发展以及养老等问题。

人口老龄化对人口少子化施加挤压效应。在家庭微观层面上,人口老龄化通过增强家庭代际间的竞争关系、降低家庭可支配收入、提高生养成本、加快人口"质量—数量"替代等途径,挤压家庭的生育空间,促进家庭的人口少子化进程(挤压效应)。家庭层面的人口少子化趋势造成宏观社会层面上的人口少子化进程。此外,老龄化问题因人口少子化而不断强化,反过来加剧人口老龄化对人口少子化的挤压效应。

总之,少儿人口、老年人口是人口年龄结构中不可分割的两个"亚人口",对应的人口少子化与人口老龄化之间相互影响。人口少子化对人口老龄化水平产生提升作用,并强化人口老龄化问题;人口老龄化通过家庭微观层面对人口少子化产生挤压效应,此外,人口少子化通过强化人口老龄化问题加剧其挤压效应。由此,人口少子化与人口老龄化之间形成一种相互强化的机制。这也是人口年龄结构中少子老龄化进程达到一定程度之后,出现加速的原因所在。

二、少子化的影响与对策建议

少子化作为一种人口现象,对社会经济发展有着诸多影响。首先,少子化导致青年人口数量断崖式下跌,对未来劳动力有效供给施加负面影响。其次,少子化加速人口年龄结构老化进程,给未来我国养老问题的解决带来极大挑战。最后,少子化导致未来我国社会经济的可持续发展将面临很大的不确定性。

为应对人口少子化的挑战,需要从以下几方面积极推进。[①]

第一,建立生育友好型社会环境,降低生育成本,鼓励生育。目前我国已实施"全面

---

① 部分观点来源:茆长宝.如何应对中国人口少子化挑战?[EB/OL].[2019-01-24]. http://www.china.com.cn/opinion/think/2019-01/24/content_74406359.htm。

三孩"政策,为应对我国人口少子化问题提供了很大的政策空间,但实际效果存在很大的不确定性。从生育意愿的产生到生育行为的实现,在很大程度上取决于相关配套政策的完善程度。从孕育、生育到养育、教育,人口再生产的过程需要养老保障、教育、照料等实现家庭生养成本社会化的配套政策的全面支持。

第二,构建以社会为主体、家庭为基础、个人为补充的综合养老模式,应对未来养老困境。目前,社会、家庭、个人等主要养老主体角色定位不清晰已成为影响当前以及未来我国提升养老能力的制度建设问题。鉴于家庭养老功能外溢、社会养老责任提升以及个人养老能力的弱化等现状,未来我国可通过构建以社会为主体、家庭为基础、个人为补充的综合养老模式,应对伴随人口少子化而快速发展的人口老龄化带来的养老问题。

第三,充分挖掘人口质量红利。随着我国人口数量红利的逐渐消失,为了应对少子化带来的劳动力短缺问题,可以通过提升人口质量,提高劳动生产率,发挥"质量—数量"替代效应,挖掘人口质量红利。首先,大力发展各级各类教育,构建多层次人才培养体系。其次,主动培养和引进高层次的领军型人才与创新型人才。最后,推进积极老龄化,适当鼓励老年人参与劳动,在实现老有所为的同时,也为我国经济社会发展储备更多人力资本。

第四,加快推进人工智能等新技术发展。随着人工智能等新技术的发展成熟,劳动生产率将在原有基础上得到提高,以应对今后将面临的劳动力短缺困境。为此,在国家层面上可制定加快推进人工智能技术发展的政策措施,鼓励企业、科研机构加快研发进程,为人口少子化引起的人力资源短缺提供应对途径。

第三节　少子化与教育服务

一、中国人口受教育程度

随着中国公共教育服务的广泛开展,15 岁及以上文盲人口占总人口的比重显著下降,1998 年为 15.78%,2018 年已降至 4.94%。从性别差异来看,男性文盲占比 1998 年为 9.01%,2018 年降为 2.42%;女性文盲占比 1998 年为 22.61%,2018 年降为 7.52%。中国人口文盲率整体下降的同时,性别差异较为显著,女性文盲比重显著高于男性。

表 8-5　中国按性别分的 15 岁及以上文盲人口占总人口的比重　　单位:%

年份	比重	男	女
1998	15.78	9.01	22.61
1999	15.14	8.81	21.56

(续表)

年份	比重	男	女
2000	9.08	4.86	13.47
2001	—	—	—
2002	11.63	6.43	16.92
2003	10.95	6.12	15.85
2004	10.32	5.79	14.86
2005	11.04	5.86	16.15
2006	9.31	4.87	13.72
2007	8.4	4.35	12.44
2008	7.77	4.02	11.52
2009	7.1	3.76	10.45
2010	—	—	—
2011	5.21	2.73	7.77
2012	4.96	2.67	7.32
2013	4.6	2.53	6.73
2014	4.92	2.51	7.4
2015	5.42	2.89	8.01
2016	5.28	2.74	7.89
2017	4.85	2.42	7.34
2018	4.94	2.42	7.52

数据来源:参见1998年至2018年《中国统计年鉴》。

从中国人口受教育程度构成变化来看,6岁及以上人口中,未上过学者从2000年的7.75%下降至2018年的5.40%,小学文化者占比从2000年的38.18%降至2018年的25.27%,初中文化者从2000年的36.52%升至2018年的37.76%,普通高中文化者从2000年的8.57%升至2018年的13.04%,中职文化者占比从2000年的3.39%升至2018年的4.51%,大学专科文化者从2000年的2.51%升至2018年的7.37%,大学本科文化者从2000年的1.22%升至2018年的6.04%,研究生文化者占比从2000年的0.08%升至2018年的0.60%。中国人口受教育程度不断提高,高等教育文化程度者比重显著上升。

表8-6 中国6岁及以上人口受教育程度构成情况 单位:%

年份	未上过学	小学	初中	普通高中	中职	大学专科	大学本科	研究生
2000	7.75	38.18	36.52	8.57	3.39	2.51	1.22	0.08
2015	5.69	26.22	38.32	12.27	4.17	6.82	5.93	0.59
2016	5.70	25.61	38.84	12.75	4.15	6.90	5.50	0.54
2017	5.28	25.23	38.06	13.11	4.45	7.39	5.89	0.60
2018	5.40	25.27	37.76	13.04	4.51	7.37	6.04	0.60

数据来源:参见2000年至2018年《中国统计年鉴》。

二、入学率、升学率与在校生规模

中国小学学龄儿童净入学率整体上逐步提高，1990年为97.8%，2018年已达100%。小学升学率从1990年的74.6%显著提升至2018年的99.1%，初中升学率从1990年的40.6%快速提升至2018年的95.2%。小学学龄儿童净入学率与小学、初中毕业生升学率的大幅度提升体现了中国基本公共教育服务覆盖面扩展与投入力度的加大，是提升公共教育服务品质的基础。

表8-7 中国小学学龄儿童净入学率和各级普通学校毕业生升学率 单位：%

年 份	小学学龄儿童净入学率	小学升学率	初中升学率
1990	97.8	74.6	40.6
1991	97.9	77.7	42.6
1992	97.2	79.7	43.4
1993	97.7	81.8	44.1
1994	98.4	86.6	47.8
1995	98.5	90.8	48.3
1996	98.8	92.6	48.8
1997	98.9	93.7	57.5
1998	98.9	94.3	50.7
1999	99.1	94.4	50.0
2000	99.1	94.9	51.2
2001	99.0	95.4	52.9
2002	98.6	97.0	58.3
2003	98.7	97.9	59.6
2004	98.9	98.1	63.8
2005	99.2	98.4	69.7
2006	99.3	100.0	75.7
2007	99.5	99.9	80.5
2008	99.5	99.7	82.1
2009	99.4	99.1	85.6
2010	99.7	98.7	87.5
2011	99.8	98.3	88.9
2012	99.8	98.3	88.4
2013	99.7	98.3	91.2
2014	99.8	98.0	95.1
2015	99.9	98.2	94.1
2016	99.9	98.7	93.7
2017	99.9	98.8	94.9
2018	100.0	99.1	95.2

注：1991年以前的入学率是按7—11周岁统一计算的；从1991年起的入学率是按各地不同入学年龄和学制分别计算的。

数据来源：国家统计局.中国统计年鉴（2019年）[M].北京：中国统计出版社，2019。

从在校生规模来看,以每十万人口各级学校平均在校生数这一相对指标进行衡量,可以看出,义务教育阶段在校生规模自 1990 年以来有所下降,其他教育阶段在校生规模则有所上升。就义务教育阶段而言,小学阶段在校生规模从 1990 年的 10 707 人/10 万人显著下降至 2018 年 7 438 人/10 万人,初中阶段在校生规模从 1990 年的 3 426 人/10 万人降至 3 347 人/10 万人;学前教育阶段在校生规模从 1990 年的 1 725 人/10 万人提升至 2018 年的 3 350 人/10 万人,规模扩大了将近一倍;高中阶段在校生规模从 1990 年的 1 337 人/10 万人增至 2018 年的 2 828 人/10 万人,规模已翻了一番;高等教育在校生规模更是从 1990 年的 326 人/10 万人增至 2018 年的 2 658 人/10 万人,在校生规模高达 1990 年的 8.15 倍。义务教育阶段在校生规模的下降直接体现出中国人口少子化的变动程度,其他教育阶段在校生规模的上升则体现出中国教育服务供给的不断扩大。

表 8-8　中国每十万人口各级学校平均在校生数　　　　　单位:人

年 份	学前教育	小 学	初中阶段	高中阶段	高等教育
1990	1 725	10 707	3 426	1 337	326
1995	2 262	11 010	3 945	1 610	457
2000	1 782	10 335	4 969	2 000	723
2005	1 676	8 358	4 781	3 070	1 613
2006	1 731	8 192	4 557	3 321	1 816
2007	1 787	8 037	4 364	3 409	1 924
2008	1 873	7 819	4 227	3 463	2 042
2009	2 001	7 584	4 097	3 495	2 128
2010	2 230	7 448	3 955	3 504	2 189
2011	2 554	7 403	3 779	3 495	2 253
2012	2 736	7 196	3 535	3 411	2 335
2013	2 876	6 913	3 279	3 227	2 418
2014	2 977	6 946	3 222	3 100	2 488
2015	3 118	7 086	3 152	2 965	2 524
2016	3 211	7 211	3 150	2 887	2 530
2017	3 327	7 300	3 213	2 861	2 576
2018	3 350	7 438	3 347	2 828	2 658

数据来源:国家统计局.中国统计年鉴(2019 年)[M].北京:中国统计出版社,2019。

三、教育资源配置情况

就中国各级学校生师比而言,小学、初中、高中教育阶段的生师比自 2005 年以来均有所下降,普通高校则有所上升。普通小学生师比从 2005 年的 19.43 人降至 2018 年的 16.97 人,初中生师比从 2005 年的 17.80 人降至 2018 年的 12.79 人,普通高中生师比从 2005 年的 18.54 人降至 2018 年的 13.10 人,中等职业学校生师比从 2005 年的 21.34 人降至 2018 年的 19.10 人,普通高校生师比从 2005 年 16.85 人升至 2018 年的 17.56 人。整体而言,小学、初中、高中教育阶段师资力量配置在不断增强。

表 8-9　中国各级学校生师比　　　　　　　　　　　　　教师人数＝1

年 份	普通小学	初 中	普通高中	中等职业学校	普通高校
2005	19.43	17.80	18.54	21.34	16.85
2006	19.17	17.15	18.13	22.65	17.93
2007	18.82	16.52	17.48	23.13	17.28
2008	18.38	16.07	16.78	23.32	17.23
2009	17.88	15.47	16.30	25.27	17.27
2010	17.70	14.98	15.99	25.69	17.33
2011	17.71	14.38	15.77	24.97	17.42
2012	17.36	13.59	15.47	24.19	17.52
2013	16.76	12.76	14.95	22.97	17.53
2014	16.78	12.57	14.44	21.34	17.68
2015	17.05	12.41	14.01	20.47	17.73
2016	17.12	12.41	13.65	19.84	17.07
2017	16.98	12.52	13.39	18.98	17.52
2018	16.97	12.79	13.10	19.10	17.56

数据来源：国家统计局.中国统计年鉴（2019年）[M].北京：中国统计出版社，2019。

就中国教育经费投入情况来看，经费总投入从2000年的38 490 806万元显著增加至2017年的425 620 069万元，为2000年的11倍。其中，国家财政性教育经费投入从2000年的25 626 056万元增至2017年的342 077 546万元，是2000年的13.35倍。

表 8-10　中国教育经费投入情况　　　　　　　　　　　　　　　　　单位：万元

年份	合 计	国家财政性教育经费	民办学校中举办者投入	社会捐赠经费	事业收入	其他教育经费
2000	38 490 806	25 626 056	858 537	1 139 557	9 382 717	1 483 939
2001	46 376 626	30 570 100	1 280 895	1 128 852	11 575 137	1 821 643
2002	54 800 278	34 914 048	1 725 549	1 272 791	14 609 169	2 278 722
2003	62 082 653	38 506 237	2 590 148	1 045 927	17 218 399	2 721 943
2004	72 425 989	44 658 575	3 478 529	934 204	20 114 268	3 240 414
2005	84 188 390	51 610 759	4 522 185	931 613	23 399 991	3 723 842
2006	98 153 086	63 483 648	5 490 583	899 078	24 073 042	4 206 736
2007	121 480 663	82 802 142	809 337	930 584	31 772 357	5 166 242
2008	145 007 374	104 496 296	698 479	1 026 663	33 670 711	5 115 225
2009	165 027 065	122 310 935	749 829	1 254 990	35 275 939	5 435 371
2010	195 618 471	146 700 670	1 054 254	1 078 839	41 060 664	5 724 045
2011	238 692 936	185 867 009	1 119 320	1 118 675	44 246 927	6 341 005
2012	286 553 052	231 475 698	1 281 753	956 919	46 198 404	6 640 278
2013	303 647 182	244 882 177	1 474 089	855 444	49 262 087	7 173 384
2014	328 064 609	264 205 820	1 313 476	796 700	54 271 581	7 477 031
2015	361 291 927	292 214 511	1 876 620	869 960	58 097 239	8 233 597
2016	388 883 850	313 962 519	2 032 733	810 447	62 768 292	9 309 860
2017	425 620 069	342 077 546	2 250 061	849 974	69 575 734	10 866 754

数据来源：国家统计局.中国统计年鉴（2019年）[M].北京：中国统计出版社，2019。

就中国教育经费构成而言,国家财政性教育经费是最主要的经费投入,从规模到比重都有显著提升,占比从2000年的66.58%提升至2017年的80.37%;民办学校中举办者投入从2000年的2.23%下降至2017年的0.53%;社会捐赠经费从2000年的2.96%降至2017年的0.20%;事业收入从2000年的24.38%降至2017年的16.35%;其他教育经费从2000年的3.86%降至2017年的2.55%。

表8-11 中国教育经费构成情况　　　　　　　　　　单位:%

年份	国家财政性教育经费	民办学校中举办者投入	社会捐赠经费	事业收入	其他教育经费
2000	66.58	2.23	2.96	24.38	3.86
2001	65.92	2.76	2.43	24.96	3.93
2002	63.71	3.15	2.32	26.66	4.16
2003	62.02	4.17	1.68	27.73	4.38
2004	61.66	4.80	1.29	27.77	4.47
2005	61.30	5.37	1.11	27.79	4.42
2006	64.68	5.59	0.92	24.53	4.29
2007	68.16	0.67	0.77	26.15	4.25
2008	72.06	0.48	0.71	23.22	3.53
2009	74.12	0.45	0.76	21.38	3.29
2010	74.99	0.54	0.55	20.99	2.93
2011	77.87	0.47	0.47	18.54	2.66
2012	80.78	0.45	0.33	16.12	2.32
2013	80.65	0.49	0.28	16.22	2.36
2014	80.53	0.40	0.24	16.54	2.28
2015	80.88	0.52	0.24	16.08	2.28
2016	80.73	0.52	0.21	16.14	2.39
2017	80.37	0.53	0.20	16.35	2.55

数据来源:国家统计局.中国统计年鉴(2019年)[M].北京:中国统计出版社,2019。

整体而言,中国教育经费总量投入规模不断提高。其中,国家财政性教育经费快速增长,其他教育经费占比则相对下降,教育经费投入多元化局面有待加强。

四、中国人口少子化与教育服务

(一)教育服务面临的新形势

伴随着中国人口年龄结构的转变与经济社会的快速发展,社会转型和科技发展的需要使提高国民综合素质、深入实施人才强国战略的重要性和紧迫性日益凸显。国家在教育培养人才方面的目标规划不断升级,人工智能的迅速发展正在深刻改变人类社会生活,势必带来新的人才结构革命,革新人类未来的工作岗位和工作方式。未来要以"立德树人"为根本任务,以培育核心素养、关键能力为目标,转变教育发展方法,走出一条符合中国实际的教育发展之路。

当前教育服务面临的新形势主要体现为以下特征,即服务全面化、对象多元化、需求多样化、学习终身化、环境国际化。为此,教育服务既要做到教育富民、教育惠民,又要做到既教育父母,也教导孩子,还要满足个性需求与共性目标,同时要覆盖生命全周期,并且提升该领域的国际竞争力。

2016年9月发布的中国学生发展核心素养以培养"全面发展的人"为核心,从文化基础、自主发展、社会参与3个方面,综合设定为人文底蕴、科学精神、学会学习、健康生活、责任担当、实践创新等6大素养,具体细化为国家认同等18个基本要点。各素养之间相互联系、互相补充、相互促进,在不同情境中整体发挥作用。基于此,教育在更好服务人才培养方面有了新的标准,为促进人的全面发展,各级各类教育需要围绕未来学生发展核心素养,从教育目标确立、内容设置、课堂教学、课程评价等各个方面,进行全面而深刻的改革,成就培养学生能够适应终身发展和社会发展需要的必备品格和关键能力。而且随着人口结构呈现新变化,多元结构的人民群众群体基于对美好生活的向往,迫切需要更加个性化、多样化和更加公平优质、泛在可选的教育公共服务。

(二)当前教育服务取得的成绩

为保障公民受教育权利,提高人口素质,我国坚持教育优先发展战略,坚持党对教育事业的全面领导,牢牢把握社会主义办学方向,始终把立德树人作为根本任务,努力践行"为了每一个学生的终身发展""让每一个孩子享有公平而有质量的教育",全面深化教育综合改革,着力推进教育公共治理体系和治理能力现代化,教育规模总量与发展质量同步提升,学前教育取得长足发展,普及程度逐步提高。义务教育城乡一体化发展迅速,优质均衡水平不断攀升。高中教育布局日益优化,优质比例稳步提高。职业教育与产业发展对接紧密,贯通融合的格局逐渐形成。高等教育体系规模为全球最大,即将由高等教育大众化阶段进入普及化阶段。终身教育内涵发展加快推进,社区教育、老年教育和开放教育特色凸显。多种办学模式创新共存,师资队伍梯度化培养培训模式日臻成熟,信息化和对外合作交流迈向新台阶。

(三)当前教育服务的主要问题

当前我国公共教育服务资源供给与配置仍有较大提升空间。一方面,教育投入有待进一步加大力度;另一方面,教育资源整体布局有待进一步优化。从硬件建设来看,公建配套设施需要不断优化,有些区域的基础设施改造还不够完善,配套的公共教育资源还需优化升级。从软件资源来看,学区化、集团化办学的优质教育资源覆盖率有待提升,核心的教师专业发展水平需重点加强。

(四)少子化背景下提升教育服务的对策建议

第一,坚持贯彻教育优先发展原则。把教育事业放在全局工作的优先位置,经济社会发展规划优先安排教育发展,财政资金优先保障教育投入,公共资源优先满足教育事业发展和人力资源开发。第二,实现全面均衡的优质教育服务供给。要处理好政府、学校、社会的关系,着力解决好各方责、权、利方面的关系,建立多元参与、共建共享现代教育治理体系,让每一位学习者都有机会接受更加优质的教育,实现学习者全面而有个性的发展,为终身学习、全面发展、适应变革社会和成就幸福人生奠定基础。第三,合理布局、优化配置教育资源。整体布局未来新开办学校和相对薄弱学校的办学模式和发展方向,实施整体提升计划。解决好贫困地区在教育经费、师资信息化、法治等方面的保障,在提高整体质量的同时,促进教育公平,实现公平、包容和可持续发展。第四,鼓励教育投入多元化。在确保教育基本投入稳步增加的基础上,建立多元渠道投入机制。在财政教育投入增长空间有限情况下,应深化教育筹资体制改革,调动政府、企业和个人等多方面的积极性,拓宽教育经费的来源渠道,为教育现代化的实现提供充足物质基础。鼓励和规范社会力量,利用多种形式、多种机制、多种技术提供教育服务,满足人民群众多样化的教育需求。第五,处理好统一性与差异化的关系,灵活多样,因地制宜,因校施策,同时创新公共教育服务的提供方式,促进教育服务的多样化,引导不同学校、不同地区从实际出发,按照目标导向和问题导向相结合的原则推进教育现代化,实现全国统一性要求与地方差异化需求之间的动态平衡。

参考文献

国家统计局.中国统计年鉴(2019年)[M].北京:中国统计出版社,2019.

茆长宝.如何应对中国人口少子化挑战?[EB/OL].[2019-01-24].http://www.china.com.cn/opinion/think/2019-01/24/content_74406359.htm.

穆光宗,茆长宝.人口少子化与老龄化关系探究[J].西南民族大学学报(人文社会科学版),2017(6).

商钟岚.日本少子化对策对我国的启示[J].黑龙江生态工程职业学院学报,2019(9).

夏铭阳.少子化现象的原因与对策探研[J].成才之路,2017(33).

杨昕,于宁,高慧,庄渝霞.上海人口变迁与展望[M].上海:上海辞书出版社,2013.

于宁."后人口红利时代"中国的挑战与机遇——基于老龄化经济影响的视角[J].社会科学,2013(12).

中国历年总和生育率统计[EB/OL].https://www.kylc.com/stats/global/yearly_per_country/g_population_fertility_perc/chn.html.

第九章　中国劳动年龄人口与就业服务保障

2020年5月22日,第十三届全国人民代表大会第三次会议上,国务院总理李克强在政府工作报告中提出今年发展主要目标和下一阶段的主要任务,提出"六保"。其中,"保证居民就业"居首位,可见就业对于维护国家和地区经济发展和社会稳定的重要性。为此,需要着力构建辐射全体劳动者的广覆盖、促民生、促发展的就业制度体系,建立起集保障基本生活、促进就业和预防失业三大功能为一体的就业保障体系,创建制度化、专业化、信息化、社会化水平达到世界一流水准的就业公共服务体系。

第一节　劳动年龄人口与劳动力市场

本节主要就劳动年龄人口与劳动力市场概念、内涵、研究意义等做简要定义和阐述。

一、劳动年龄人口

劳动年龄人口是在一定年龄范围内具有劳动能力并从事各种社会劳动的人口,也称劳动适龄人口。由于不同国家或地区人口的生物素质状况存在较大的差异性,受到不同社会经济发展水平和相应社会道德标准的制约,各国依据自己国情对劳动适龄的上下限有不同的规定。国际上一般把15—64岁列为劳动年龄人口。根据《中华人民共和国劳动法》《中华人民共和国劳动合同法》《中华人民共和国就业促进法》以及相关法律法规则规定,我国法定劳动年龄指年满16周岁至退休年龄[1],并且《中华人民共和国劳

---

[1] 根据1978年6月国务院颁发的《关于工人退休、退职的暂行办法》和《关于安置老弱病残干部的暂行办法》(国发〔1978〕104号)规定,下列几种情况可以办理退休。(1)男性干部、工人年满60周岁,女干部年满55周岁,女工人年满50周岁,连续工龄或工作年限满10年。(2)从事井下、高空、高温、繁重体力劳动和其他有害健康工种的职工,男年满55周岁,女年满45周岁,连续的工龄或工作年限满10年。(3)男性年满50周岁,(转下页)

动法》第十五条明确规定,禁止用人单位招用未满 16 周岁的未成年人。鉴于我国国家统计局编写的《中国统计年鉴》是将 15—64 岁组归为一个分组年龄,为便于数据统计分析,本章参照国际标准将 15—64 岁的人口定义为劳动年龄人口,而不是 16—60 岁。

劳动年龄人口包括分为劳动力人口和不在劳动力人口。劳动力人口是一个国家或地区全部人口中具有劳动能力的人口,根据是否在业,分为就业人口和失业人口。通常劳动力人口构成了一个国家或地区的最主要劳动力资源①。不在劳动力人口则包括军人、在校学生、待升学者、家务劳动者、因病(残)提前退休、服刑的犯人、不愿意工作的人、每周劳动少于 15 个小时的家庭或家庭企业雇佣者等。

对人口就业、在业及其生活状况的研究,是人口变动、社会经济发展与人口科学研究的重要内容。研究劳动年龄人口与劳动力市场的意义在于,劳动年龄人口的数量、结构以及质量是影响劳动供给的最基本因素,对一国或一地区劳动力市场状况将产生重要的影响。

二、劳动力市场

对劳动力市场的概念和定义的理解需要注意以下几点。一是劳动力市场是"观念上"的市场而并非实际的市场。二是劳动力市场的供需双方是以信息为纽带的。三是劳动力市场是有地区和层次差别的。劳动力市场分为全国性的市场和当地的市场,城乡二元经济形成中国特有的基本劳动力市场和次级劳动力市场。基本劳动力市场的供给主体是受教育程度较高者(如大学生)、技术工人、熟练工人等,拥有稳定的劳动合同关系以及一些非正式的劳动力市场制度,如内部市场,需求主体为国企和外企雇员、私营企业管理阶层。次级劳动力市场的供给主体是受教育程度较低、未受过培训或非熟练工人,其特征是雇佣关系不稳定,福利保障程度较低,如建筑业工人、乡镇企业雇工等。农业生产则主要是劳动力自我雇佣,为次级劳动力市场提供规模庞大的劳动力蓄水池。从劳动力的总体劳动报酬水平情况看,基本劳动力市场的劳动报酬包括工资和福利,待遇较高,次级劳动力市场的劳动报酬相对较低。

第二节　中国劳动年龄人口与劳动力市场

本节概述 20 世纪 50 年代以来中国劳动年龄人口的变动趋势与特征,伴随中国劳动年龄人口总量的加速减少与比重持续下降,以及劳动年龄结构老化,中国就业人口总量也迎来了由升转降的拐点。中国劳动力市场存在需要继续优化就业产业结构、失业人口上

(接上页)女性年满 45 周岁,连续工龄或工作年限满 10 年的,经医院证明,并经劳动鉴定委员会确认,完全丧失劳动能力的职工。(4)因工致残,经医院证明(工人须经劳动鉴定委员会确认)完全丧失工作能力的。根据《工伤保险条例》(自 2004 年 1 月 1 日起施行)规定,职工因工致残被鉴定为一级至四级伤残的,保留劳动关系,退出工作岗位,按月享受伤残津贴;工伤职工达到退休年龄并办理退休手续后,停发伤残津贴,享受基本养老保险待遇。基本养老保险待遇低于伤残津贴的,由工伤保险基金补足差额。

① 吴忠观.人口科学辞典[M].成都:西南财经大学出版社,1997.

升、劳动参与率下降、劳动力成本增长过快与劳动力市场工资增长不均衡并存等问题。

一、中国劳动年龄人口变动趋势与特征

（一）未来劳动年龄人口总量将加速减少，比重持续下降

目前，中国劳动年龄人口发展已经经历了3个阶段（表9-1）。第一阶段是1953年至1964年。这一阶段呈现出劳动年龄人口数量上升但比重下降的特征，劳动年龄人口数量从59 435万人上升至69 458万人，比重则从59.3%下降至55.8%。第二阶段是1964年至2010年。该阶段劳动年龄人口数量和比重处于不断上升的态势，劳动年龄人口数量上升至99 938万人，比重上升至74.5%（峰值）。第三阶段是2011年至今。这一时期中国人口发展处于重大转折期，随着年龄结构的变化，中国的劳动年龄人口比重在持续下降。其中2011—2013年呈现劳动年龄人口数量继续保持上升但比重逐步下降的不同步状态。中国16—64岁劳动年龄人口在2013年的时候达到峰值10.06亿人。自2014年起，劳动年龄人口数量与比重连续5年出现同步双降，2014年比2013年减少113万人，是劳动年龄人口的首次下降。2015年劳动年龄人口减少108万人，2016年减少101万人，2017年减少431万人，2018年净减少人数最多，达到472万人。5年间劳动年龄人口总共减少1 225万人。2018年劳动年龄人口在全国总人口中占比进一步降至71.2%，2017年跌破10亿。2018年末，全国15—64岁人口为99 357万人（16—59岁人口为89 729万人，占64.3%）。

未来预估，劳动年龄人口的下降是中国经济发展过程中不得不面对的现实。中国15—64岁劳动年龄人口将经历波动下降，"十三五"后期先出现一轮短暂小幅回升，之后十年将快速减少。以5年间减少1 225万人推算，预计到2030年劳动年龄人口数量将降至9.6亿左右且劳动年龄人口老化程度加重，按照《国家人口发展规划（2016—2030年）》预测，届时45—59岁大龄劳动力占比将达到36%左右。之后由于"全面二孩"政策的实施，预计到2050年，劳动年龄人口大体会比目前增加3 000万左右[1]。同时，老年人口比重的上升加重了劳动年龄人口负担，老年抚养比从1982年的8%上升至2018年的16.8%，给我国未富先老的经济和社会保障工作带来挑战。

表9-1　1953—2018年中国15—64岁劳动年龄人口数量及占比

年　份	人口数（万人）	占总人口比重（%）
1953	59 435	59.3
1964	69 458	55.8
1982	62 517	61.5
1990	76 306	66.7

---

[1] 李斌.全面二孩实施后2050年劳动人口增3 000万[EB/OL].中国经济网，(2016-03-08)[2020-12-13]. http://news.cnr.cn/native/gd/20160308/t20160308_521563781.shtml.

(续表)

年 份	人口数(万人)	占总人口比重(%)
1995	81 393	67.2
1996	82 245	67.2
1997	83 448	67.5
1998	84 338	67.6
1999	85 157	67.7
2000	88 910	70.1
2001	89 849	70.4
2002	90 302	70.3
2003	90 976	70.4
2004	92 184	70.9
2005	94 197	72.0
2006	95 068	72.3
2007	95 833	72.5
2008	96 680	72.7
2009	97 484	73.0
2010	99 938	74.5
2011	100 283	74.4
2012	100 403	74.1
2013	100 582	73.9
2014	100 469	73.4
2015	100 361	73.0
2016	100 260	72.5
2017	99 829	71.8
2018	99 357	71.2

资料来源：国家统计局.中国统计年鉴(1999—2019年)[M].北京：中国统计出版社,1999—2019。

进入21世纪以来，中国15—64岁劳动力人口经历了16年的持续上升，从2000年的劳动力人口73 992万人上升至2016年的80 694万人，之后开始出现下降拐点，2018年为80 567万人，比2016年减少了127万人。我国劳动力人口的下降比劳动年龄人口的下降晚了2年。

图 9-1　2010—2018 年中国 15—64 岁劳动力人口走势图

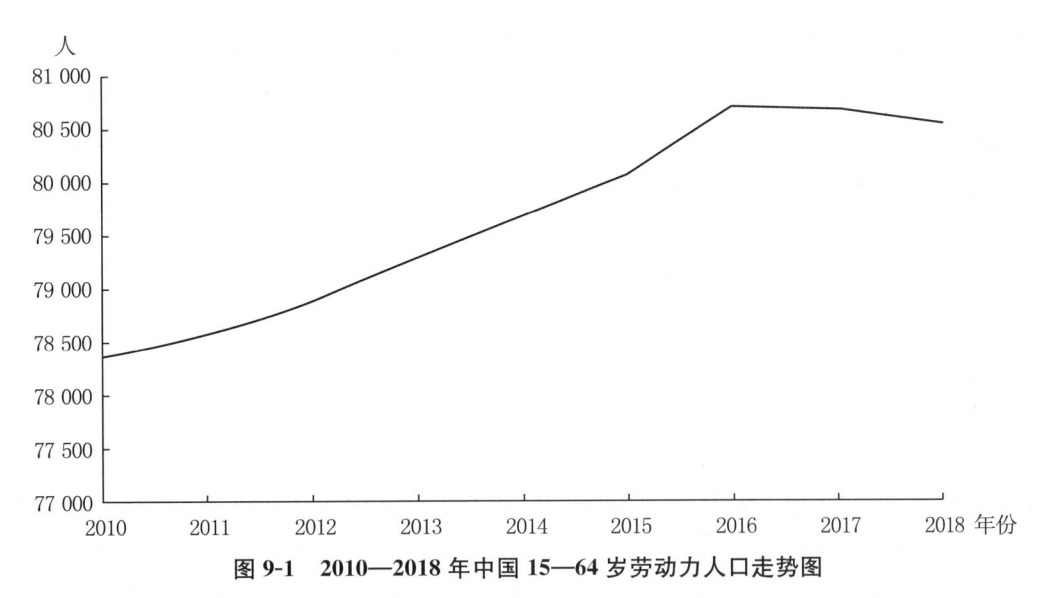

资料来源：国家统计局.中国统计年鉴（2019 年）[M].北京：中国统计出版社，2019。

（二）劳动年龄人口构成日趋老化

根据中央财经大学人力资本与劳动经济研究中心发布的《中国人力资本报告 2019》显示，1985—2017 年，我国劳动力人口的平均年龄从 32.2 岁上升到 37.8 岁，32 年间上升了 5.6 岁。城乡劳动力人口的平均年龄均有所上升，1985 年到 2014 年，农村劳动力人口的平均年龄上升了 5 岁，城市劳动力人口的平均年龄上升了 3 岁，其主要原因是人口的老龄化[①]。

15—24 岁青年劳动力是劳动年龄人口下降幅度最大的群体，相关研究预计 2020 年这个群体将会从 2006 年的大约 1.2 亿人下降至 6 000 万人，即 14 年间减少接近一半。15—24 岁青年劳动力是劳动生产率最高的群体，其大幅下降直接导致了我国东部沿海地区的"民工荒""蓝领荒"及招工难现象。与此相对应，55—65 岁的劳动年龄人口出现上升，劳动力结构趋于老化。

（三）劳动年龄人口受教育水平上升

随着这些年来高等教育的普及，我国劳动力的知识结构也在发生变化，在过去很长一段时间，每年新增就业人口中有一大半是初中文化程度以下的，他们成为我国制造业和服务业中的低廉劳动力。伴随我国国民教育体系的不断完善，基本公共教育服务均等化水平得到大幅提高，2019 年高中阶段教育毛入学率为 89.5%，高等教育迈入普及化门槛，劳动年龄人口平均受教育年限进一步提升，而且男女受教育水平差异不明显。1985—2017 年，我国劳动力人口中大专及以上受教育程度人口占比从 1.3% 上升到 17.6%，其中城镇上升了 22 个百分点，农村上升了 5.3 个百分点，城镇劳动力平均受教

[①] 中央财经大学人力资本与劳动经济研究中心.中国人力资本报告 2019[R/OL].[2020-12-14].https://news.gmw.cn/2019-12/16/content_33405982.htm.

育程度和上升幅度均远超农村。同期,我国劳动力人口的平均受教育年限从 6.2 年提高到 10.02 年,其中城镇提高了 2.9 年,农村提高了 3.4 年[①]。依据我国最新公布的《国家人口发展规划(2016—2030 年)》目标,到 2030 年,我国劳动年龄人口平均受教育年限将达到 11.8 年。

(四) 劳动年龄人口的人力资本增长放缓

老龄化对劳动年龄人口的人力资本的增长有着明显的阻碍作用。在 35 岁以前,随着年龄的增长,个人拥有的创造能力、创新能力、知识、技能、健康等人力资本综合素质会迅速积累、增长。一般认为,22—35 岁是大多数人人生发展的最佳黄金时期,此阶段人的生理和心理发展都进入了峰值状态,而到 35 岁以后人力资本增长速度逐渐趋缓。在我国,高龄劳动力的受教育程度、获得专业技术资格证书的比例,以及参加专业技术培训的比重均明显低于中、低龄劳动力。有专家预计,未来十年我国的人力资本增速将放缓,然而若生育率可提高并维持至 1.6 的水平,则人力资本预计到 2038 年后才会下降[②]。在后工业时期和知识经济初期,人力资本增值潜力尤其巨大,要抓住人口红利给中国带来的"窗口"机遇,制定相关政策,尽量延缓和减轻人口老龄化对我国人力资本带来的负面影响。

二、中国劳动力市场发展

(一) 劳动力供给总量下降,就业人口出现首降

在劳动年龄人口数量下降 5 年后,中国就业人口总量也迎来了由升转降的拐点。2018 年末全国就业人员总量首次出现下降,2019 年末全国就业人员 77 471 万人,比 2017 年末总共减少约 169 万人。其中,乡村就业人员数量下降明显,2019 年末比 2017 年末约减少 1 954 万人,达 33 224 万人;城镇就业人员为 44 247 万人,虽仍比上年增加了 828 万人,但增长已连续 2 年下滑(表 9-2)。

表 9-2 1978—2019 年中国城乡就业人数

年 份	总就业人数(万人)	城镇 人数(万人)	城镇 比重(%)	乡村 人数(万人)	乡村 比重(%)
1978	40 152	9 514	23.7	30 638	76.3
1980	42 361	10 525	24.8	31 836	75.2
1985	49 873	12 808	25.7	37 065	74.3
1990	64 749	17 041	26.3	47 708	73.7
1995	68 065	19 040	28.0	49 025	72.0

[①] 中央财经大学人力资本与劳动经济研究中心.中国人力资本报告 2019[R/OL].[2020-12-14].https://news.gmw.cn/2019-12/16/content_33405982.htm.

[②] 中央财经大学人力资本与劳动经济研究中心.中国人力资本报告 2016[R/OL].[2020-12-15]. http://ex.cssn.cn/dzyx/dzyx_xyzs/201612/t20161211_3309075.shtml.

(续表)

年份	总就业人数（万人）	城镇 人数（万人）	城镇 比重（%）	乡村 人数（万人）	乡村 比重（%）
2000	72 085	23 151	32.1	48 934	67.9
2005	74 647	28 389	38.0	46 258	62.0
2010	76 105	34 687	45.6	41 418	54.4
2015	77 451	40 410	52.2	37 041	47.8
2016	77 603	41 428	53.4	36 175	46.6
2017	77 640	42 462	54.7	35 178	45.3
2018	77 586	43 419	56.0	34 167	44.0
2019	77 471	44 247	57.1	33 224	42.9

资料来源：国家统计局.中国统计年鉴(2020年)[M].北京：中国统计出版社，2020。

从就业总量构成上看，2018年城镇就业比重继续上升至56%，较上年增加1.3个百分点，乡村就业比重持续下降至44%。伴随着大量农村劳动力转移至城镇就业，叠加老龄化程度不断加深的因素，劳动年龄人口持续减少，劳动力供给总量下降，预计今后几年全国就业人员总量、乡村就业人数及其比重还将继续下降。

全国农民工总量增长乏力。2019年全国农民工总量29 077万人。其中，外出农民工17 425万人，本地农民工11 652万人。2010年、2011年农民工总量分别环比增长5.4%、4.4%，而2015年、2018年和2019年农民工总量环比增长分别下降至1.3%、0.6%和0.8%。

从全国城镇新增就业人数看，2019年全年城镇新增就业1 352万人，比2013年增加42万人，比2017年增加1万人，比2018年下降了9万人(图9-2)。

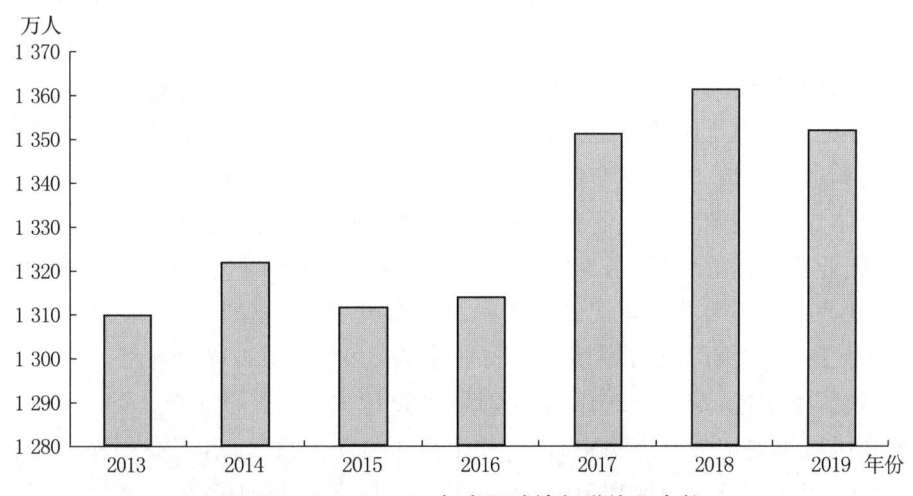

图9-2 2013—2019年中国城镇新增就业人数

资料来源：国家统计局.中国国民经济和社会发展统计公报(2010—2019)[M/OL].[2020-12-16].http://www.stats.gov.cn/tjsj/zxfb/。

（二）第三产业就业比重较低

和世界发达国家相比较，我国第一产业就业比重仍明显偏高，而第三产业就业比重偏低，就业产业结构仍然存在较大的优化提升空间（表9-3）。

表9-3　2018年就业人员三次产业分布国际比较　　　　　　　　　　单位：%

年 份	第一产业	第二产业	第三产业
中　国	26.8	28.6	44.6
印　度	43.9	24.7	31.5
以色列	1.0	17.3	81.7
日　本	3.4	24.5	72.1
韩　国	4.7	25.0	70.3
新加坡	0.5	16.6	82.9
加拿大	1.5	19.5	79.0
美　国	1.4	19.4	79.1
法　国	2.6	20.3	77.1
德　国	1.3	27.1	71.6
荷　兰	2.2	16.3	81.4
英　国	1.1	18.1	80.7
澳大利亚	2.6	19.4	78.1

资料来源：世界银行数据库（https://databank.worldbank.org.cn/）。

（三）城镇调查失业率和城镇失业人口呈上升趋势

城镇登记失业人口、农村剩余劳动力以及大学毕业生中的失业人口构成了我国实际的失业人口。城镇登记失业人员指有非农业户口，在一定的劳动年龄内（16周岁至退休年龄），有劳动能力，无业而要求就业，并在当地劳动保障部门进行失业登记的人员。城镇登记失业率是城镇登记失业人员与城镇单位就业人员（扣除使用的农村劳动力、聘用的离退休人员、中国港澳台以及外方人员）、城镇单位中的不在岗职工、城镇私营业主、个体户主、城镇私营企业和个体就业人员、城镇登记失业人员之和的比。由于城镇登记失业率指标的局限性，2005年我国开始统计城镇调查失业率。一般而言，城镇调查失业率数字高于城镇登记失业率。2019年末我国城镇调查失业率为5.2%，比2018年末上升0.3个百分点；城镇登记失业率为3.6%，比2017年末下降0.3个百分点。与发达国家相比，2000—2018年我国城镇登记失业率不高（表9-4）。2010—2019年，虽然我国城镇登记失业率稳中有降，约下降了0.5个百分点，但我国城镇登记失业人口从2010年902万人增加到2018年的974万人，8年增加了72万人。受经济下行的冲击和产业结构转型调整的影响，在未来较长时期内我国城镇登记失业人口规模以及调查失业率仍有继续扩大与上升的压力。

表 9-4　2000—2018 年失业率国际比较　　　　　　　　　　　单位:%

年　份	2000	2010	2015	2016	2017	2018
中　国	3.1	4.1	4.1	4.0	3.9	3.8
以色列	8.8	6.6	5.3	4.8	4.2	4.0
日　本	4.7	5.1	3.4	3.1	2.8	2.4
韩　国	4.4	3.7	3.6	3.7	3.7	3.8
新加坡	3.7	3.1	2.8	3.0	2.2	2.1
加拿大	6.8	8.1	6.9	7.0	6.3	5.8
美　国	4.0	9.6	5.3	4.9	4.4	3.9
法　国	8.5	9.3	10.4	10.1	9.4	9.1
德　国	6.9	7.0	4.6	4.1	3.8	3.4
英　国	3.6	7.9	5.4	4.9	4.4	4.1
澳大利亚	6.3	5.2	6.1	5.7	5.6	5.4

注:中国的数据是城镇登记失业率。
资料来源:国际货币基金组织 IFS 数据库(https://data.imf.org/)。

（四）劳动参与率有所下降

影响劳动力供给的另一个因素是人口的劳动参与率。劳动参与率是经济活动人口占劳动年龄人口的比率,是用来衡量人们参与经济活动状况的指标[1]。劳动年龄人口必须有劳动能力、有就业愿望,并且去寻找工作或从事某种工作后,才成为现实的劳动力供给。劳动参与率既受潜在劳动者个人对于就业与闲暇的选择偏好、个人或家庭经济收入水平,以及性别、年龄、受教育程度等个人人口学特征的影响,也受到社会保障水平及其覆盖率、劳动力市场状况、当地宗教信仰、传统就业观、统计方法等社会宏观经济环境因素的影响。社会老龄化将对人口的劳动参与率产生负面影响。21世纪以来,我国劳动参与率逐年下降,2008 年为 71.9%,2010 年为 71.0%,2019 年下降到 68.2%。和其他国家和地区相比,我国劳动参与率仍处于较高水平(表 9-5)。

表 9-5　各国和地区劳动人口参与率比较　　　　　　　　　　　单位:%

国家/地区	劳动参与率	国家/地区	劳动参与率
中　国	68.2(2019 年)	英　国	64.5(2020 年)
中国澳门特别行政区	70.5(2020 年)	加拿大	62.8(2020 年)
中国香港特别行政区	59.2(2020 年)	沙特阿拉伯	55.9(2019 年)
丹　麦	77.1(2018 年)	泰　国	67.3(2020 年)
美　国	62.6(2020 年)	澳大利亚	66.2(2020 年)

---

[1] 曾湘泉.薪酬管理(第 3 版)[M].北京:中国人民大学出版社,2014.

(续表)

国家/地区	劳动参与率	国家/地区	劳动参与率
新加坡	68.0(2019年)	瑞 典	72.3(2020年)
日 本	62.5(2019年)	瑞 士	68.1(2020年)
韩 国	62.6(2020年)	罗马尼亚	55.8(2019年)
巴基斯坦	52.6(2019年)	荷 兰	70.7(2020年)
印 度	49.3(2019年)	越 南	76.6(2018年)
埃 及	43.3(2018年)	巴 西	61.0(2020年)
德 国	55.9(2020年)	南 非	59.8(2019年)
意大利	49.9(2019年)	以色列	62.4(2020年)
俄罗斯	68.5(2019年)	奥地利	77.1(2019年)
欧 盟	56.9(2019年)	墨西哥	59.8(2020年)

资料来源：世界银行数据库(https://databank.worldbank.org.cn/)。

（五）劳动力成本增长过快与劳动力市场工资增长不均衡并存

劳动力供给的减少导致人工成本上升，工资率上升意味着企业成本的上升，从而导致企业缩减生产规模、降低雇佣水平，劳动力需求数量减少。2010年以来我国劳动力成本上涨迅速，城镇单位就业人员的工资薪酬平均增速保持在10%左右。城镇非私营单位就业人员的工资薪酬名义增速2010年为13.3%，2012年为11.9%，2015年为10.1%，2018年为10.9%。城镇私营单位就业人员的工资薪酬名义增速2010年为14.1%，2012年为17.1%，2015年为8.8%，2018年为8.3%，近年城镇私营单位就业薪酬上涨速度有所减缓。我国劳动力成本的快速上升直接导致产业转移和以技术替代劳动成为未来的趋势，不少外资企业撤离我国，转向在劳动力成本更为低廉的东南亚地区投资建厂，劳动力成本上升影响了我国农村剩余劳动力的转移。劳动力供给的减少还引发了人力资源流动频率与规模的增大，一些劳动力密集型企业离职率达到35%以上，甚至有些达到了50%，同时劳动争议也频发，这些都给企业人力资源的管理带来严峻挑战[1]。

由于我国存在多个分割的市场，按登记注册类型，城镇非私营单位包括国有单位、城镇集体单位、股份合作单位、联营单位、有限责任公司、股份有限公司、港澳台商投资单位、外资投资单位等，按工商登记注册的私营个体包括城镇私营企业、个体，乡村私营企业、个体，导致了不同的工资确定模式。工资增长存在不同地区、行业、所有制类型企业单位之间不均衡且差距逐渐拉大的不公平现象。例如，城镇非私营单位平均工资增长明显高于城镇私营单位，并且两者工资差距越来越大（表9-6）。

---

[1] 曾湘泉.薪酬管理(第3版)[M].北京：中国人民大学出版社,2014.

表 9-6 中国 2010 年以来城镇单位就业人员的工资增长

年份	城镇非私营单位平均工资（元）	增长金额（元）	名义增长率（%）	城镇私营单位平均工资（元）	增长金额（元）	名义增长率（%）
2010	36 539	4 295	13.3	20 759	2 560	14.1
2011	41 799	5 260	14.4	24 556	3 797	18.3
2012	46 769	4 970	11.9	28 752	4 196	17.1
2013	51 483	4 714	10.1	32 706	3 954	13.8
2014	56 360	4 877	9.5	36 390	3 684	11.3
2015	62 029	5 669	10.1	39 589	3 199	8.8
2016	67 569	5 540	8.9	42 833	3 244	8.2
2017	74 318	6 749	10.0	45 761	2 928	6.8
2018	82 413	8 095	10.9	49 575	3 814	8.3

资料来源：国家统计局.中国统计年鉴（2019 年）[M].北京：中国统计出版社，2019，并经作者进一步整理计算。

（六）劳动力市场中高级技能型人才缺失

目前中国的人口结构正发生日益深刻的变化，并且这些变化对中国经济的影响正逐步显性化。近年来我国劳动年龄人口数量下降和质量提升的趋势，叠加复杂国际形势对我国经济、贸易带来的严峻挑战，已经对我国经济增长方式及产业结构的转型升级形成倒逼之势。同时，高技能人才的缺失所带来的供需结构性矛盾，又使经济增长方式转变和产业结构转型升级陷入前所未有的窘境。一方面，随着劳动力年龄结构日趋老化，受教育程度不断提高，将无法再提供支持过去传统低端产业所需要的大规模的年轻、低技能的简单劳动力，转变经济增长方式和产业升级转型迫在眉睫；另一方面，劳动力文化知识结构虽有所提高，但因种种原因，劳动力自身能力和专业技能素质尚无法完全适应和匹配全球化背景下对技能产业结构演化升级的要求。目前我国劳动力市场高技能人才只占 4%，普通技能人才占 20%，没有技能的占 76%。人才短缺已成为在华外资企业面临的长期的首要挑战，其中本地劳动力供给不足、人才流动与竞争企业的高薪挖角等是人才短缺的主要原因。92% 的中国企业的核心竞争力受到劳动力队伍数量和能力短缺的影响，其中，劳动力质量问题尤为突出[①]。

（七）大学生就业难问题突出

在经济结构调整的社会转型期，劳动力过剩的问题一直比较突出，加上 2003 年以来高等教育不断扩招，使大学生"毕业即失业"问题日益突显。2019 年普通高等院校研究生毕业生和普通本专科毕业生人数分别达 64 万人和 758.5 万人，分别比 2010 年增

---

① 参见 Kelly Services 与智联招聘、《中国人才》、世界经理人网站联合发起的中国区调研，即 Kelly Service 全球雇员指数报告[R/OL].[2016-11-21]. http://www.ocn.com.cn/hongguan/201611/prkbr21103152.shtml.

加了 25.6 万人和 183.1 万人。大学毕业生已经占到新增劳动力的六成以上。高等院校毕业生的就业压力持续上行,而其就业稳定性却在持续下行,实际就业能力与市场需求之间的差距加剧了大学毕业生结构性失业风险。因此,如何进一步促进大学毕业生的就业与发展,建立起促进就业的制度机制和长效机制,是未来亟待政府解决的重要问题。

第三节　就业服务与就业保障

就业服务是以促进社会就业更加充分和优化社会人力资源配置为主要目的,面向全体劳动者提供的免费的基本就业服务。我国劳动力市场发展不均衡,劳动力市场的结构性矛盾和劳动力市场信息不充分,社会就业压力一直比较大。改革开放以来,我国已逐步建立起市场导向的就业机制,在我国人口红利由数量向质量转变和经济调整结构的过程中,就业服务行业变得愈发重要。

我国劳动年龄人口总量和就业总量出现双降,劳动力供需结构性矛盾突出,劳动力供给数量和质量呈现绝对的短缺,全体劳动年龄人口的老年抚养负担越来越高,当前复杂严峻的国际形势又加剧了我国的就业压力。因此,如何保持就业形势持续稳定,努力扩大就业规模,进一步优化就业结构,深化人力资本和提高劳动者就业技能素质,有效控制失业风险,如何提高劳动力市场效率,增强劳动力市场弹性,形成城乡统一、规范、灵活的人力资源市场,如何完善多层次社会保障体系,发挥其促进就业的积极作用,进一步发展和谐劳动关系,健全就业和社会保障公共服务体系,将成为今后我国就业服务的主要目标和任务。

一、就业服务市场规模与前景预测

改革开放以来,我国各类企业以及就业服务行业开始积极探索,借鉴国外先进的用工模式,学习和汲取成功管理经验,促进了中高端猎头、劳务派遣、招聘外包等多业态并存的新格局形成,就业服务不再是单一的人事服务。近年来,按照实施人才强国战略和就业优先战略的部署,我国人力资源和社会保障部制定了促进人力资源服务业发展的系列政策措施,政府部门致力于营造有序竞争的市场环境,推动了就业服务行业保持较高增速。

市场活力不断被激发,行业规模持续扩大。根据中研普华《2020—2025 年中国人力资源服务行业全景调研与发展战略研究咨询报告》,截至 2019 年底,全国共有各类人力资源服务机构 3.96 万家,从业人员 67.48 万人,全年营业总收入 1.96 万亿元,同比分别增长 10.8%、5.2%、10.3%。全国各类人力资源服务机构共设立固定招聘(交流)场所 3.3 万个,建立网站 1.5 万个,共帮助 2.55 亿人次实现就业和流动,为 4 211 万家次用人单位提供了服务。2018 年,中国人力资源服务市场营收首次突破万亿元,人力资源服务业正式进入万亿市场规模时代。中国就业服务市场民营性质的企业占比达七成,呈现以民营企业为主、国有企业和中外合资企业3类主体共同竞争发展的格局。

2019年,各类人力资源服务机构数量继续稳步增长,并且新增机构中90%以上为民营机构。受益于中国产业结构向高附加值上游发展、企业转型升级以及全球化发展,市场对就业服务的整体需求快速增长。当经济处于增长放缓与下行周期中,就业服务行业能充分满足企业单位对于成本管控和人才优化配置的需求。中国经济转型正从"中国制造"走向"中国智造",从物质型消费走向服务型消费,这对人力资源服务业发展是难得的机遇。伴随一系列产业升级要求,国家将逐步增加对高端人才的需求,人力资源服务市场潜力巨大。根据国家战略目标,2020年中国要成为唯一进入全球人力资源强国行列的发展中国家。

未来,我国将建立人力资源供需有效匹配的市场。整合完善公共人力资源服务功能,建设统一规范灵活的人力资源市场。注重人力资源市场的灵活性,提高劳动力市场整体效率。统一的人力资源市场的建设目标应该是:建立高效、有序、开放、规范、公平,能合理配置人力资源,调配劳动供需,提高人口素质的人力资源大市场。在关注有形市场建设的同时,还应关注各种无形的、分散的、自发性的市场,形成共存互利、开放有序的市场格局,提高劳动力市场效率,更好地满足用人单位与求职者的要求。

人力资源服务业是现代服务业的重要组成部分,被认为是现代服务业中的新兴重要门类和最具活力的行业之一。未来,我国将大力发展人力资源服务业,以促进人力资源优先开发。加快培育人力资源服务业的高端人才和骨干企业,加强产业园区建设和标准化建设。加快全面建成专业化、信息化、产业化、国际化的现代人力资源服务业体系。未来,我国人力资源服务业将快速发展,新模式、新业态会不断涌现,服务产品和服务能力将进一步丰富、提升。基于堆叠云计算等技术发展所带来的更加灵活的工作方式和岗位要求,就业服务行业未来也将持续升级。

二、就业保障对策

一是以更积极的就业和提升就业能力为核心导向,以推动实现更充分的就业、更高质量的就业和更高效率的就业。充分体现劳动者自主就业、市场调节就业、政府促进就业和鼓励创业的发展理念。二是以保基本、促民生为基本原则,要为保障和改善人民基本生活、提高人民生活质量服务,从而促进社会更加和谐发展。要以更加积极的就业政策来稳定岗位、扩大就业,继续以稳定和促进特定人群就业为重点。三是以广覆盖、多层次、可持续为基础。所有处在劳动年龄段且愿意就业的各种身份、种族的人群,不分体制内外及所有制性质等,均可公平享有政府推行的就业制度包括公共就业服务,推行的制度需要具有一定的可持续性。四是为加快转变经济发展方式提供支持和服务,通过就业结构的优化调整促进经济结构和产业结构的进一步升级,使人力资本成为经济建设的真正引擎和推动力。

(一)坚持就业优先战略,实现经济增长与扩大就业的良性协调发展

在成熟的市场经济国家,就业通常是比增长更重要的目标。我国要在经济增长政

策、产业政策、财税政策、投融资政策中突出创造就业岗位和扩大就业的战略目标。

在保持经济持续高速增长的同时,进一步优化产业和就业结构,使多种所有制形式共同发展,减少劳动要素市场的行政壁垒,有效提高劳动要素配置效率,处理好经济增长、投资增长与就业增长之间的矛盾关系。

大力发展第三产业。第三产业就业弹性较大,从投入产出效果看,每投资 100 万元,第三产业可以提供的就业岗位是 1 000 个,远高出第二产业。第三产业就业比重每增加一个百分点,能增加的就业机会达 1 000 万个。而且,只有大力发展第三产业,经济增长方式才能发生根本性转变。

(二)逐步统筹城乡就业,尽快消除以就业制度和社会保障体制为核心的城乡二元社会结构

当前就业体制改革的方向应当是加快城乡统筹、促进市场竞争,尽快消除以就业制度和社会保障体制为核心的城乡二元社会结构。政府应兼顾效率与公平,统筹规划消除农村剩余劳动力转移的体制性障碍,为农村转移劳动力创造平等就业机会和环境。为帮助和鼓励本地城镇普通劳动者就业,不同城市推行了各项有利于就业和创业的制度,从公平和发展的角度,这些劳动力市场政策和就业优惠政策应当逐步覆盖农村转移劳动力,以促进劳动力市场政策更加公平合理发展。

建立更加开放、有竞争力、有序的城乡一体化劳动力市场,建立健全劳动力就业的服务机构和市场网络。建立和完善统一规范的市场运行规则,大力发展多种形式、多种类型的公共就业服务机构、劳动就业中介组织和职业介绍机构。政府通过加强管理和引导,推动社会化就业服务体系有效覆盖城乡所有劳动者,建立健全针对城乡劳动者的高效的市场信息网络,进一步加强农民工的公共就业服务,有效遏制非法劳动力市场的泛滥。

继续深入改革和完善与就业相关的社会保障体制,逐步建立城乡统一的失业保险制度。进一步保障外来从业人员及郊区用人单位从业人员公平参保的权利,同时也需要结合其他相关政策措施予以综合运用,在保证社会公平的原则下,尽量减轻企业的负担,减少束缚企业发展活力的影响因素。2019 年末全国城镇职工参加失业保险人数 20 543 万人,比 2010 年增加 899 万人,领取失业保险金人数 228 万人,参加工伤保险人数 25 474 万人,比 2018 年增加 1 600 万人,其中参加工伤保险的农民工 8 616 万人,比 2018 年增加 530 万人。

以推进新型城镇化的建设为契机统筹城乡就业,将发展市郊新城镇建设和城镇化作为吸纳农村富余劳动力和外来农民工就业的主渠道。对被征用土地的农民进行就业培训,使他们能比较顺利地从农业转入非农业,从乡村进入城镇居住和工作。

(三)改革创新教育体制,加强劳动者职业和劳动技能培训

目前劳动力供求矛盾主要是结构性的矛盾,要解决就业问题必须把提高劳动者素质放在首位,改变人力资本投资不足的状况。要适应经济发展和科技进步对劳动者的知识水平和劳动技能提出的越来越高的要求,就必须要进行教育体制改革。除了加大

政府对基础教育的投入,充分发挥基础教育、正规教育、社会力量在提高劳动力素质方面的作用之外,调整教育结构,增加职业教育投入,大力发展职业教育,建设现代职业教育体系尤为重要。

加强劳动者职业和劳动技能培训,建立健全面向全体劳动者的职业技能培训体系,创新机制、加大投入。大规模开展就业技能培训、岗位技能提升培训和创业培训,同时坚持以就业为导向,进一步提高培训的针对性和有效性。健全适应城乡全体劳动者需要和职业生涯发展要求的职业技能培训制度,针对农村转移劳动力、城镇失业人员、应届初高中毕业生、企业新录用人员、退役士兵、职业院校学生等各类有就业培训需求的劳动者,分类开展多种形式的就业技能培训。积极推进以职业院校、企业和各类职业培训机构为载体的职业培训体系建设。积极推进创业培训,强化创业培训与小额担保贷款、税费减免等扶持政策及创业咨询、创业孵化等服务手段的衔接。强化职业培训基础能力建设。依托现有各类职业培训机构及培训设施,加大职业培训资源整合力度。在产业集中度高的区域性中心,升级改造一批以高级技能培训为主的职业技能实训基地。要建立培训项目管理制度,完善政府购买培训成果机制。进一步完善职业培训补贴政策,对上述各类参加就业培训的人员按规定发放职业培训补贴和生活费补贴。财政要加大投入,调整就业专项资金支出结构,逐步提高职业培训支出比重。

(四)积极促进高校毕业生就业

进一步完善大学毕业生失业救助制度,发挥大学毕业生失业救助制度促进失业大学生就业的作用。失业救助金一部分用于保障失业大学生基本生活,一部分用于就业指导和培训等服务。可以借鉴英国"青年就业计划",分阶段给予大学生帮助。对于经过这些阶段或一定期限后最终都未能就业的失业大学生,可通过家计调查转入最低保障群体来实施救助。

加强劳动部门和教育部门、高校和企业之间的合作,重点解决主要因高校专业设置与市场需求脱节所造成的大学毕业生就业难的问题。

完善大学生自主创业机制,鼓励大学生自主创业,落实相关税收优惠和收费减免政策、放宽小额担保贷款政策,降低大学生创业公司注册门槛,给予创业大学生在融资政策上的大力支持。在高校大力开展大学生创业教育,加强创业意识和创业能力的培养,在创业教育方面形成理论与实践教学体系。加强整合政府部门创业资源,搭建高校毕业生创业服务平台。建设远程创业服务公共网络,建立项目共享资源库。各级公共就业服务机构要为有创业意愿的高校毕业生提供项目推介、开业指导、融资服务、跟踪扶持、政策咨询等一条龙服务,并在其创业成功后给予一次性创业资助。

加强对高校毕业生职业培训,进一步拓宽基层就业渠道,积极为中小企业招聘高校毕业生搭建平台,实施优惠政策,鼓励高校毕业生去中西部地区发展。

(五)推行多层次、多形式、多渠道就业

进一步鼓励、支持和引导非公有制经济的发展,进一步优化非公有制经济结构,提高非公有制企业特别是民营企业的创新能力和竞争力,支持其在促进就业和再就业方面发挥更大的作用,形成多种所有制经济共同推动经济社会协调发展的格局,从而进一步推动就业增长与就业结构的转变。

大力发展中小企业和非正规就业劳动组织,创造有利于中小企业生存发展的法律、制度环境,完善中小企业的服务体系,对中小企业发展加大必要的扶持力度,实施税费减免、担保贴息、房租补贴等优惠政策,促进就业增长。加强对现有小企业主的免费培训工作,培养高素质的小企业主群体,可以减少小企业的倒闭,有利于增加就业机会。

进一步规范和促进非正规就业劳动组织的发展。非正规就业劳动组织是非公有制经济的组成部分,是微小型企业的孵化器,具有形式多样、方式灵活的特点,如可以实行小时工、劳务工、弹性工时、阶段就业等灵活的就业形式,并且就业门槛低,对增加就业岗位的作用巨大。可以鼓励和引导失业人员和农村富余劳动力通过开办非正规就业劳动组织,开发社区服务业,发展家庭工业和工艺作坊等小型制造业,为单位提供社会化服务等方式,实现自主创业。经认定的非正规就业劳动组织可享受有关税费减免、从业风险综合保险、岗位补贴和开业指导等优惠扶持政策。

此外,拓展多渠道就业,还包括推动劳务型公司的建立与运作,大力开拓境外就业渠道,促进对外劳务输出等措施。

(六)进一步促进创业带动就业

加大创业扶持政策力度,加快培育创业主体,增加重点帮扶内容,提高创业服务社会化、专业化水平。创业扶持政策是积极劳动政策体系中最直接、最积极的政策,实行的是政府扶持与市场化运作相结合,因而与其他就业扶持政策相比,其优点是效果较显著、作用范围较大且比较持久。

此外,在创业扶持政策中要把重点帮扶因长期失业或屡遭就业挫折而丧失信心的人员作为一项内容,对这些就业弱势群体实行倾斜性的帮扶,鼓励其中愿意自主创业者积极创业。这比简单地给予最低生活补贴更积极、有效,更能从根本上改变他们贫困的生活状况和消极的生活态度,从而有利于社会稳定。

树立自主创业精神,强调劳动者自主就业,劳动者自身必须要转变陈旧就业观念,依靠劳动者自身的主动性和积极性去发现就业机会、实现就业。

(七)健全社会救助与促进就业的联动机制

实施鼓励和强化求职行为的制度安排,包括经济上的激励措施、对现行救助标准的调整、完善收入审核制度、设定最长领取期限、进一步加强低保的管理力度等,促使有劳动能力的救助对象及其家庭成员减少对低保的依赖,尽快将其推向劳动市场。

要积极探索研究以促进就业和救助的联动为目标的劳动力市场政策,尽快改革和完善现有政策体系,从而发挥劳动力市场政策的最佳效率。

(八)构建和谐劳动关系

在社会经济转型期以及未来较长的一段时期内,需要处理好各种劳动关系矛盾和调整各种利益关系,作为保障和改善民生、维护社会稳定和谐的基础,和谐劳动关系的构建显得十分的重要。主要任务有以下几点。加快制定新的劳动标准,健全劳动关系协调机制。实现劳动合同制度全覆盖,进一步完善劳动合同法、劳务派遣制度、劳动用工备案制度和企业裁员机制。加快推进企业工资集体协商,建立工资正常增长机制。健全政府、工会和企业组织协调劳动关系的三方机制。加强劳动保障监察和争议调解仲裁,完善和落实劳动保障监察执法制度、劳动人事争议调解仲裁制度。在劳动保障监察方面,需要进一步健全违法行为预警防控机制,以及建立多部门综合治理机制等。

参考资料

吴忠观.人口科学辞典[M].成都:西南财经大学出版社,1997.

金振娅.2030年我国劳动年龄人口预计将降至9.58亿[N/OL].光明日报,(2016-12-16)[2020-12-12].http://www.xinhuanet.com//politics/2016-12/16/c_1120127955.htm.

李斌.全面二孩实施后2050年劳动人口增3 000万[EB/OL].中国经济网,(2016-03-08)[2020-12-13].http://news.cnr.cn/native/gd/20160308/t20160308_521563781.shtml.

中央财经大学人力资本与劳动经济研究中心.中国人力资本报告2019[R/OL].[2020-12-14].https://news.gmw.cn/2019-12/16/content_33405982.htm.

中央财经大学人力资本与劳动经济研究中心.中国人力资本报告2016[R/OL].[2020-12-15].http://ex.cssn.cn/dzyx/dzyx_xyzs/201612/t20161211_3309075.shtml.

曾湘泉.薪酬管理(第3版)[M].北京:中国人民大学出版社,2014.

国家统计局.中国国民经济和社会发展统计公报(2010—2019)[M/OL].[2020-12-16].http://www.stats.gov.cn/tjsj/zxfb/.

中国职业就业中心.国务院关于加强职业培训促进就业的意见(国发〔2010〕36号)[Z/OL].(2012-12-08)[2020-12-18].http://www.chinazhiyecenter.org/Article.asp?id=708.

胡苏云,肖黎春,杨晓萍.2030上海人口制度创新[M].上海:上海辞书出版社,2013.

第十章　中国人口老龄化与养老公共服务

第一节　中国人口老龄化现状分析

一、人口老龄化概况

中国老年人绝对数量大,老龄化发展态势迅猛,老年人占世界老年人口总数的20%,人口老龄化年均增长率约为总人口增长率的5倍。民政部公布的《2015年社会服务发展统计公报》显示,从2011年到2015年,全国60岁以上的老年人由1.8亿增加到2.2亿,老年人口的比重由13.7%增至16.2%。其中65岁及以上人口1.4亿人,占总人口10.5%。2017年末,60周岁及以上人口24 090万人,占总人口的17.3%,其中65周岁及以上人口15 831万人,占总人口的11.4%。当时研究预计到2020年,老年人口达到2.48亿,老龄化水平达到17.2%,其中80岁以上老年人口将达到3 067万人;2025年,60岁以上人口将达到3亿,成为超老年型国家。考虑到20世纪70年代末,计划生育工作力度的加大,预计到2040年中国人口老龄化达到顶峰之后,老龄化进程会进入减速期。

人口老龄化已经成为中国一个极为严峻的社会问题,严重影响中国社会、经济等各方面的发展。总体来看,人口老龄化问题成因复杂。一方面,计划生育政策的推行使中国人口生育率降低;另一方面,由于社会经济的快速发展,人民生活水平不断提高,老年人有了更好的养老条件;此外,由于现代医学水平的进步,老年人的平均寿命有了很大提高。诸多因素导致中国新生儿逐渐减少,青壮年人口数量减少,而老年人口比例不断上升,造成日趋严峻的人口老龄化问题。

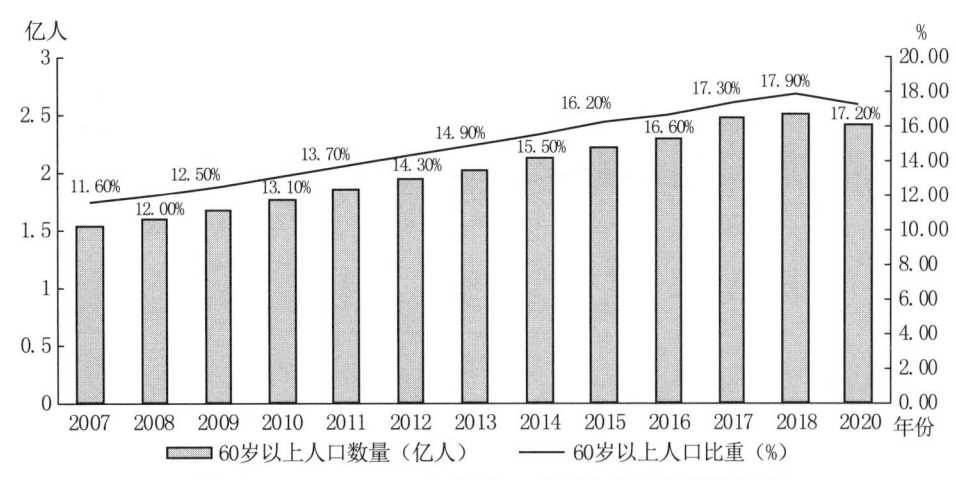

图 10-1　2007—2020 年中国 60 岁以上人口数量及比重

数据来源：参见国家统计局 2007—2018 年《人口统计年鉴》。

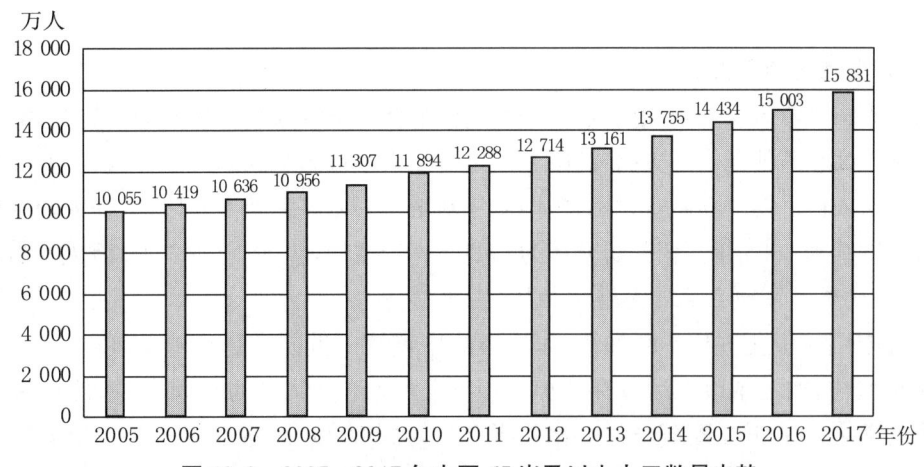

图 10-2　2005—2017 年中国 65 岁及以上人口数量走势

数据来源：参见国家统计局 2005—2018 年《人口统计年鉴》，以及智研咨询发布的《2017—2022 年中国养老产业行业发展趋势及投资战略研究报告》。

二、人口老龄化特点

（一）城乡老龄化倒置情况严重

城乡老龄化地区间发展不均衡，城乡倒置。一方面，20 世纪 70 年代，受"少生优生，晚婚晚育"的计划生育政策的影响，城镇生育率较农村生育率低；另一方面，农村大量年轻劳动力去往一线、二线城市发展，农村老年人口增多，尤其是空巢老人和独居老人居多，农村老龄化越来越严重。这些都导致人口老龄化地区间发展不平衡。

1991—2011 年，除了 2005—2009 年以外，其他年份城镇的 65 岁及以上人口所占比重基本是高于农村的，差距基本控制在 2% 以内。2005 年，农村的 65 岁及以上人口所占比重超过城市，即 2005 年城乡老龄化倒置现象出现，并且发展速度突然加快。

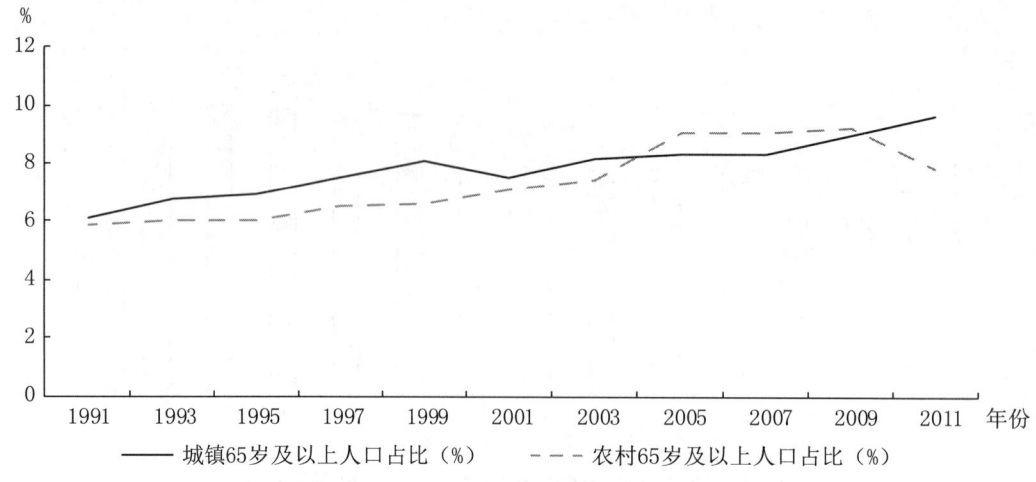

图 10-3　中国 65 岁及以上人口占比

数据来源：刘维奇.中国人口老龄化城乡倒置现状及其与城市化的相互影响[J].农业现代化研究，2014，35(2)。

（二）高龄化趋势加剧

中国人民大学人口与发展研究中心提出高龄老人的病残率较其他老人更高，需要的关心照顾程度较其他老人也更高，高龄老人是老年人中最为脆弱的群体，是解决好养老问题的重难点人群。据一项调查显示，中国每年新增 100 万高龄老年人口，这种大幅度增长的态势将持续到 2025 年。相关研究认为到 2020 年，高龄老人将增加 2 900 万人左右。[①]

（三）独居老人和空巢老人增速加快，比重增高

随着中国城市化进程不断加快，家庭模式中传统三世同堂越来越少，越来越多的家庭趋于小型化，加上城市生活节奏的加快，年轻子女陪伴父母的时间变少，使得中国传统的家庭养老功能正在逐渐弱化。相关研究认为到 2020 年，独居老人和空巢老年人将增加到 1.18 亿人左右，独居老人和空巢老人将成为老年人中的"主力军"。[②]

三、人口老龄化问题

随着中国人口老龄化速度的加快，经济发展需求与人口老龄化产生较大的矛盾，特别是在经济欠发达区域，经济发展无法满足老龄人口的抚养需求，很多地方财政出现赤字。但中国当前仍不具备足够的经济基础和社会条件解决所有养老问题，老龄化问题给社会经济发展带来巨大的压力。中国在未来 40 年内会达到人口老龄化高峰，同时也是经济压力的高峰期。

（一）老年人口抚养比加重

65 岁以上的老年人都属退休人员，已经不属于劳动力，其养老也需要花费大量的

[①][②]　数据来源：参见 2017 年国务院公布的"十三五"国家老龄事业发展和养老体系建设规划相关内容第一章第二节。

社会保障资金,所以一个城市 65 岁及以上的人口占比越高,城市的劳动力占比也就会越低,社会发展压力也就越大。在七大城市中,老年人占比最高的是上海和重庆,老年人占比均在 14.3%,也就是说每 10 个人中,大约有 1.4 个人是老年人。老年人口占比最低的是广州和深圳两个珠三角城市,其原因主要是外来人口多,这两个城市也被人们称为中国最年轻的城市。

表 10-1 2017 年七大城市各年龄段人口数量及占比

城市	0—14 岁人口(万)	占比(%)	15—64 岁人口(万)	占比(%)	65 岁以上人口(万)	占比(%)	老年人口抚养比(%)	常住人口总数(万)
上海	240.5	9.9	1 832.7	75.8	344.8	14.3	18.8	2 418
北京	225.8	10.4	1 706.2	78.6	238.8	11.0	14.0	2 171
广州	249.5	17.2	1 075.5	74.2	125	8.6	11.6	1 450
深圳	210.9	16.8	944.9	75.4	97.1	7.7	9.7	1 253
重庆	504.1	16.4	2 131.8	69.3	439.1	14.3	20.6	3 075
天津	175.8	11.3	1 205.5	77.4	175.7	11.3	14.6	1 557
成都	253.9	15.8	1 126.7	70.2	223.4	13.9	19.8	1 604

数据来源:中国人口与就业统计年鉴(2018 年)[EB/OL].[2019-06-13]. https://bbs.pinggu.org/thread-7159898-1-1.html.

(二)人口老龄化使家庭养老问题突出

解决中国老龄化的问题单靠政府或者家庭的力量太过薄弱,需要各方努力,国家、社会和家庭力量相互结合。如今的家庭结构模式大多为传统的"4-2-1"家庭,即四个老人,夫妻两人,一个孩子,这意味着两个子女要承担赡养四个老人的义务,无形中加重了家庭成员的养老负担。受西方文化的冲击,中国传统的家庭观念正在逐渐淡化,家庭养老功能也在弱化,老年人的物质和情感需求得不到相应的满足。这种现象在农村尤为严重。农村大量中青年劳动力赴经济更发达的一、二线城市发展,使家庭养老功能弱化,农村高龄老人养老问题严峻。这也在一定程度上造成城乡发展不均衡,使中国的养老问题遭遇瓶颈。

(三)人口老龄化对社会发展的影响

随着中国城镇化进程的不断加快,资源的日渐紧张使社会经济不断震荡,同时也进一步放大了人口老龄化对社会发展的影响。城镇化进程促使中国农村的劳动力不断转向城市,大量人力资源的集聚虽然在很大程度上弥补了城市青壮年群体的不足,但同时也给城市带来了巨大的压力,资源、就业、社会保障等各个方面都受到较大的冲击。同时由于农村人口的大量转移,使农村生产力日渐匮乏,呈现出严重的空巢现象。很多农村老龄人口缺乏生产能力和生产技能,经济收入极其微薄,加上老年人口基数的不断增大,中国农村社会保障不到位,很难有效解决农村老龄人口的赡养问题,导致社会贫富阶层间矛盾加剧,形成对社会公共安全和农村社会稳定的潜在威胁。

四、老年人口公共服务项目

为积极应对人口老龄化,建立完善的养老保障、提供更加全面的养老服务是中国未来重要的国家战略部署。可通过现有的公共服务明细清单,明确目前我国的公共服务和养老保障现状,提出切实可行的建议。要在充分认识到我国人口老龄化城乡倒置、各省市人口老龄化分布不均匀、高龄化日趋严重现状的前提下,提出切实可行的养老保障和因地制宜地完善公共服务政策。构建符合我国现状的应对人口老龄化的多层次、多样化的养老公共服务和养老保障体系,给予老年人美好幸福的晚年生活。

(一)国家 81 项公共服务中关于养老公共服务的明细

表 10-2 列出了我国 81 项公共服务项目中关于老年人口公共服务主要项目,供读者参考。

表 10-2 国家 81 项公共服务项目中关于老年人口公共服务主要项目

项目	服务对象	服务内容及资金来源	
职工基本养老保险	符合条件的参保退休人员	发放基本养老金,包括基础养老金和个人账户养老金	用人单位原则上缴纳工资总额的 20%,职工缴纳本人缴费工资的 8%
城乡居民基本养老保险	符合条件的城乡居民	发放基础养老金和个人账户养老金。目前,国家确定的基础养老金最低标准为每人每月 70 元	从基本养老保险基金中支出。国家确定基础养老金最低标准。中央财政对中西部地区按国家确定的基础养老金标准给予全额补助,对东部地区给予 50%补助
中医药健康管理	65 岁以上老年人	通过基本公共卫生服务项目为 65 岁及以上老年人提供中医体质辨识和中医保健指导服务	
老年人健康管理	65 岁及以上老年人	提供生活方式和健康状况评估、体格检查、辅助检查和健康指导等健康管理服务。65 岁及以上老年人健康管理率逐步达到 70%。地方人民政府负责,中央财政适当补助	
农村老人计划生育奖励扶助	年满 60 周岁,只有一个子女或者两个女孩的农村计划生育家庭夫妇	发放一定数额的奖励扶助金,并根据经济社会发展水平实行奖励扶助标准动态调整。中央和地方财政按比例共同负担	
老年人福利补贴	经济困难的高龄、失能老年人	对经济困难的高龄老年人,逐步给予养老服务补贴;对生活长期不能自理、经济困难的老年人,给予护理补贴	

资料来源:根据 2018 年国家民政部公开资料整理所得。

(二)各省市老年人口公共服务差异

全国除中国港澳台地区以外的 31 个省市自治区的公共养老服务体系建设总体上呈现日趋完善的趋势。浙江、江苏、广东、广西、山东以及湖南等多数地区的养老服务体系建设综合指标得分整体上呈现较为平稳的增长趋势。福建综合得分总体偏低,但保持持续增长,广西在整体增长过程中呈现出微小波动,而宁夏在 2012 年达到高值后回落,并于后期实现较为平稳的增长。此外,北京、四川、辽宁、重庆以及河北等不少地区的养老体系建设综合得分波动较大。上海前期增长较为平缓,2016 年实现较大增长,得分值由 0.167 5 变为 0.200 7。海南与河南得分值变化情况趋同,均是于 2014 年实现年度最高值后出现回落。北京则是 31 个省区市中波动最大的,2012 年指标综合得分为全国最高,2015 年得分为全国最低,该市分值的较大波动可能是受当地政府出台有关养老政策以及相关政策变动的影响。

表 10-3　各省市自治区的公共养老服务体系建设综合指标得分

地 区	2011 年	2012 年	2013 年	2014 年	2015 年	2016 年
北 京	0.138	0.190 8	0.186 2	0.179 5	0.137 1	0.168 4
天 津	0.134	0.135	0.176 9	0.162 1	0.185 5	0.206 5
河 北	0.119 4	0.129 5	0.186 1	0.190 7	0.189	0.185 3
山 西	0.131 7	0.137	0.167 5	0.180 2	0.173 3	0.210 2
内蒙古	0.133 6	0.137 7	0.147 6	0.175 4	0.205	0.200 7
辽 宁	0.126 2	0.167 8	0.183 4	0.171 8	0.160 7	0.190 1
吉 林	0.135 3	0.166 6	0.158 2	0.157 8	0.173 6	0.208 5
黑龙江	0.138 5	0.156 8	0.151 8	0.160 3	0.191 6	0.201
上 海	0.144 9	0.162	0.160 6	0.164 4	0.167 5	0.200 7
江 苏	0.126	0.162 7	0.177 5	0.173 6	0.181 3	0.178 8
浙 江	0.135 4	0.157 8	0.162 9	0.182 2	0.177 1	0.184 6
安 徽	0.115 3	0.145 9	0.166 6	0.188 9	0.182 6	0.200 6
福 建	0.106 6	0.117 3	0.139 8	0.161 6	0.162 3	0.171 5
江 西	0.157 4	0.148 6	0.155 8	0.169 3	0.176 7	0.192 2
山 东	0.139	0.161 7	0.169 6	0.168 2	0.170 3	0.191 1
河 南	0.138	0.142 8	0.160 6	0.193 5	0.176 7	0.188 5
湖 北	0.129 2	0.152 7	0.161	0.169 4	0.171 3	0.216 4
湖 南	0.127	0.159	0.172 8	0.170 6	0.179	0.191 5
广 东	0.127 3	0.153 8	0.172 9	0.172 1	0.179 3	0.194 6
广 西	0.121 2	0.128 8	0.164 1	0.184 4	0.193 3	0.208 3
海 南	0.114	0.136	0.162 8	0.195 7	0.174 6	0.216 9
重 庆	0.127 7	0.154 4	0.175 6	0.161 1	0.195 7	0.185 5
四 川	0.124 8	0.152 7	0.166 9	0.157 5	0.178 3	0.219 8

(续表)

地 区	2011年	2012年	2013年	2014年	2015年	2016年
贵 州	0.121 6	0.134 6	0.151 4	0.171	0.205 3	0.216 1
云 南	0.140 2	0.147 3	0.149 8	0.154 9	0.186 3	0.221 4
西 藏	0.180 8	0.157 2	0.147 4	0.166 8	0.204 5	0.143 3
陕 西	0.125 4	0.144 9	0.156 2	0.161 1	0.198 5	0.213 8
甘 肃	0.122 9	0.144 9	0.163 3	0.175 4	0.192	0.201 5
青 海	0.126 7	0.144 9	0.161 8	0.170 2	0.182 7	0.213 6
宁 夏	0.170 5	0.175 2	0.142 1	0.146 9	0.167 1	0.198 2
新 疆	0.142 7	0.141 7	0.151 4	0.171	0.199 9	0.193 3

注:综合指标得分是将政府在养老服务体系上的4项建设指标经熵值法处理得出。

数据来源:裴育,史梦昱.地方公共养老服务体系建设水平及其影响因素研究[J].南京审计大学学报,2018(5)。

第二节 人口基本养老保障及城乡差异

一、城乡养老保障体系建设

城镇居民社会养老保险(简称"城居保")是覆盖城镇户籍非从业人员的养老保险制度,这项制度和城镇职工养老保险体系、新型农村社会养老保险制度共同构成中国社会养老保险体系。城居保的养老金由个人账户养老金和基础养老金两部分构成:个人账户养老金水平由账户储存额,也就是个人缴费和政府补贴总额来决定;基础养老金则由政府全额支付。城镇居民社会养老保险是从2011年7月1日开始实施。具有本市(县)户籍、年满16周岁(不含在校学生)、不符合职工基本养老保险参保条件的城镇非从业居民均可以参加城镇居民社会养老保险。

农村年满60周岁的老人领取的是新型农村社会养老保险(简称"新农保")是以保障农村居民年老时的基本生活为目的,由政府组织实施的一项社会养老保险制度,是国家社会保险体系的重要组成部分。新农保从2010年10月1日开始实施。具有本市(县)农村户籍、年满16周岁(不含在校学生)、未参加城镇职工基本养老保险的农村居民均可以参加新农保。

在2014年2月7日召开的国务院常务会议上决定合并新型农村社会养老保险和城镇居民社会养老保险,建立全国统一的城乡居民基本养老保险制度。

(一)农村养老保障政策发展

从1992年全国第一个农民养老保险政策颁布以来,到2009年新农村养老政策颁布,再到2014年建立统一的城乡居民基本养老保险制度,将城居保和新农保合并成"城乡保",解决农民工参保问题,农村养老保障政策不断完善。年满60周岁的老人都可享受,最低保障为每人每月70元。减轻农村老人没有经济收入、完全依靠家庭子女养老所造成的负担,结合医疗保险政策,改善农村地区老年人的收入情况。

表10-4　农村地区养老保障政策演变

年份	政策文件	政策内容	意义及成果
1992	《县级农村社会养老保险基本方案(试行)》	筹资方式:个人缴费为主(50%)+集体补助为辅+国家扶持 模式:完全个人账户积累 适用范围:农村人口包括村办企业职工、私营企业、个体户、外出人员、乡镇企业职工、民办教师、乡镇招聘干部、职工等	全国第一部农民养老保险政策,即老农保
2003	劳动和社会保障部《关于认真做好当前农村养老保险工作的通知》	农村养老保障以家庭为主,社区保障、国家救济相结合	
2004	《国务院关于深化改革严格土地管理的决定》	提出妥善安置被征地农民的3种地方模式:通过降低缴费基数使其参加城镇职工养老保险;建立独立运行的养老保险制度;纳入小城镇养老保险缴费,后者具体组成为:个人(安置补偿费)+集体(土地补偿费)+政府补贴(土地转让金)	
2004	《国务院办公厅转发人口计生委财政部关于开展对农村部分计划生育家庭实施奖励扶助制度试点工作意见的通知》	适用范围:农村中现存一个子女或两个女孩,或子女死亡现无子女的计划生育家庭 西部地区扶助金:中央财政负担80%+地方财政20% 东部地区扶助金:中央财政及地方各50%	
2005	《中华人民共和国国民经济和社会发展第十一个五年规划纲要》	探索建立与农村经济发展水平相适应、与其他保障措施相配套的农村养老保险制度。完善农村"五保户"供养、特困户生活救助、灾民救助等社会救助体系	
2008	第十七届三中全会《中共中央关于推进农村改革发展若干重大问题的决定》	提出"个人缴费,集体补助,政府补贴相结合,建立新型农村社会保险制度"	2008年底,共有464个县、1200万农民参加
2009	《国务院关于开展新型农村社会养老保险试点等指导意见》,即新农村养老保险政策	覆盖范围:年满16周岁(不含在校生)、未参加城镇职工基本养老保险的农村居民 筹资方式:个人缴费(100—500元5个档次)、集体补助、政府补贴(中央财政对中西部地区全额补贴,对东部地区补贴50%,地方政府补贴不低于每人每年30元) 模式:个人账户+社会统筹 养老金待遇由基础养老金(标准为每人每月55元)和个人账户养老金组成(个人账户全部储存额除以139)	试点已覆盖全国10%的县(市、区、旗),进入全面推广时期

(续表)

年份	政策文件	政策内容	意义及成果
2014	《关于建立统一的城乡居民基本养老保险制度的意见》	覆盖范围：年满16周岁（不含在校生）、非国家机关和事业单位工作人员及不属于职工基本养老保险制度的城乡居民 基金筹集：个人缴费（12个档次）、集体补助（社会公益组织）、政府补贴（中央财政和地方政府） 待遇水平：基础养老金＋个人账户养老金，支付终身 制度模式：社会统筹与个人账户相结合	将"城居保"和"新农保"合并成"城乡保"，解决农民工参保问题

资料来源：根据1990—2018年国家人社部公开资料整理所得。

（二）城乡基本养老保障制度政策和覆盖面

从2011年提出城乡居民保险试点以来，该制度政策得到逐步推广。2014年合并"城居保"和"新农保"，建立城乡居民基本养老保险制度，缩小城乡养老保障差距，构建更加适用于我国老龄化分布不均匀状况的养老保障体系。

表10-5 养老保障政策发展

年份	机构	政策文件	政策内容
2011	国务院	《国务院关于开展城镇居民社会养老保险试点的指导意见》	覆盖范围：年满16周岁（不含在校学生）、职工基本养老保险参保条件以外的城镇非从业居民 制度模式：社会统筹和个人账户相结合，家庭养老、社会救助、社会福利相配套 统筹标准：个人缴费（100—2 000元12个档次）＋政府补贴＋社会组织资助 待遇水平：基础养老金（每月55元）＋个人账户（每月个人账户存储额除以139）
2014	国务院	《关于建立统一的城乡居民基本养老保险制度的意见》	覆盖范围：年满16周岁（不含在校生）、非国家机关和事业单位工作人员及不属于职工基本养老保险制度的城乡居民 基金筹集：个人缴费（12个档次）、集体补助（社会公益组织）、政府补贴（中央财政和地方政府） 待遇水平：基础养老金＋个人账户养老金，支付终身 制度模式：社会统筹与个人账户相结合
2015	国务院	《国务院关于机关事业单位工作人员养老保险制度改革的决定》	制度模式：社会统筹和个人账户相结合 缴费标准：单位（工资总额的20%）＋个人（缴费工资的8%）＋政府（财政兜底） 职业年金：单位按工资总额的8%；个人按本人缴费工资的4%缴费，两部分资金构成的职业年金都实行个人账户管理 适用范围：按照公务员法管理的单位、参照公务员法管理的机关（单位）、事业单位及其编制内的工作人员

资料来源：根据国家相关年份人力资源和社会保障部、民政局官方资料整理所得。

养老保障制度所能覆盖的人群比例称为覆盖面,其实际是指养老保险的参保人数。2006年至2012年,农村就业人口数远多于城镇地区就业人口数,而城镇地区养老保险的覆盖面相比就业人口众多的农村地区更广,说明社会养老保障在城乡地区的两极分化。2012年8月起"新农保"和"城居保"开始进行合并试点,并于2014年正式确定统一为"城乡保",是城乡养老保障制度一体化的一个里程碑。据人力资源和社会保障部公报显示,2013—2017年农民工参加城镇职工基本养老保险的人数增加为352万、577万、113万、355万、262万人,虽然制度覆盖更多城市化进程中的特殊群体,但是仍然有20%的人口没有被制度覆盖,城乡之间的差距仍然存在。

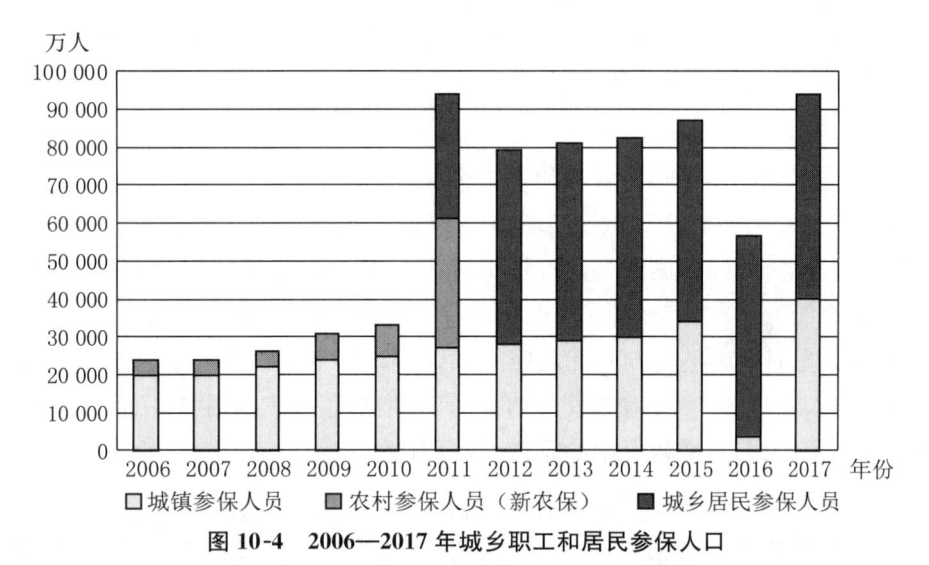

图 10-4　2006—2017 年城乡职工和居民参保人口

资料来源:根据人力资源和社会保障部 2006—2017 年官方公布数据整理所得,其中 2012 年 8 月起"新农保"和"城居保"开始合并,因仍为试点,农村参保人口数据缺失。

(三)城乡居民基本养老保险统一后基本养老资产构成

2016 年社会保险中养老和医疗保险资产合计 64 303 亿元。其中,养老保险基金资产合计 48 757 亿元(职工养老 42 875 亿元,居民养老 5 882 亿元)。中国 2016 年五项保险参保人数均比上年有所增长,养老保险参保人数为 8.87 亿人。[1]

表 10-6　2016 年中国社会保险中基本养老资产　　　　　　　　　单位:亿元

	合　计	养　老		
		小计	职工	居民
两项社保资产总额(亿元)	64 303	48 757	42 875	5 882
两项社保中财政专户存款(亿元)	54 390	40 315	35 155	5 160

---

[1] 人力资源和社会保障部社会保险事业管理中心.中国社会保险发展年度报告 2016[M].北京:中国劳动社会保障出版社,2017:2,3,19,27,38,77.

(续表)

	合 计	养 老 小计	养老 职工	养老 居民
财政专户占比(%)	84.58	82.69	81.99	87.73
参保人数(亿人)	—	8.87	3.79	5.08
领取人数(亿人)	—	2.537	1.01	1.527
人均资产(元)	3 944.97*	5 496.51	11 312.66	1 157.87

注：* 表示此数据为养老和医疗的加权平均值。

资料来源：人力资源和社会保障部社会保险事业管理中心.中国社会保险发展年度报告2016[M].北京：中国劳动社会保障出版社,2017：2,3,19,27,38,77.

(四) 城镇老年人口保障水平提升

1. 各省市城镇职工退休人员人均养老金提升

2015—2018年,各省市城镇职工养老保险的人均养老金逐年提升。截至2018年底,西藏人均养老金最高,达到每人每月4 371元,其次是上海,每人每月4 012元。每人每月超过3 000元的城市有北京、天津、浙江、山西、新疆、青海、山东。其余省市人均养老金在每人每月2 000—3 000元之间。2015—2018年,人均养老金增加最多的是上海,增加了每人每月897元;增加最少的是河南,增加了每人每月414元。增幅最快的是四川,增加了41.9%,增幅最慢的是贵州,只有18.4%。

表10-7 2015—2018年各省市城镇职工退休人员人均每月养老金 单位:元

地 区	2015年	2016年	2017年	2018年
北 京	3 355	3 573	3 770	3 959
上 海	3 115	3 558	3 799	4 012
天 津	2 525	2 731	2 895	3 073
浙 江	2 640	—	3 190	3 365
江 苏	2 460	2 632	2 793	2 947
山 西	2 630	—	2 985	3 145
新 疆	2 500	2 732	2 877	3 027
宁 夏	2 469	2 642	2 825	2 994
青 海	2 910	3 149	3 436	3 642
西 藏	3 670	—	4 143	4 371
重 庆	—	—	2 710	2 852
广 东	—	—	2 736	2 886
山 东	2 454	2 525	2 977	3 139
福 建	2 322	2 485	2 701	2 847

(续表)

地 区	2015 年	2016 年	2017 年	2018 年
陕　西	2 300	—	2 645	2 800
辽　宁	2 234	2 387	2 518	2 649
河　北	2 232	—	2 516	2 757
湖　北	2 213	—	2 550	2 695
云　南	2 150	2 340	2 491	2 631
河　南	2 145	—	2 429	2 559
内蒙古	2 142	—	2 624	2 773
贵　州	2 140	2 250	2 395	2 534
黑龙江	2 120	—	2 413	2 548
甘　肃	—	—	2 419	2 555
江　西	2 046	—	2 463	2 599
广　西	2 026	2 182	2 336	2 464
安　徽	2 024	—	2 394	2 531
湖　南	2 007	2 150	2 311	2 445
海　南	1 960	—	2 311	2 451
吉　林	1 935	2 071	2 225	—
四　川	1 790	1 886	2 408	2 540

数据来源：2015—2016 年数据来自新华社资料；2017—2018 年数据来源于 http://blog.sina.com.cn/s/blog_5b2dc00e0102xlme.html。

2. 高龄老人福利待遇提升

2009—2018 年，享受高龄老人补贴人数从不足 500 万人增长到接近 3 000 万人，逐年增长。2011 年增长最快，增长率为 53.2%，2016 年增幅最小，但增长率也达 9.3%。享受福利待遇的老人越来越多，这一方面说明我国养老保障制度日趋完善，另一方面也说明我国高龄老人人数一直攀升，养老压力不断增加。应积极应对老龄化高龄化的人口现状，建立完善的养老保障和养老服务体系。

二、长期护理保险和服务

（一）长期护理保险背景

由于家庭小型化趋势，家庭提供照护服务的能力不断下降，随着人口流动、空巢化和社会文化的变迁，家庭作为基本照护服务供给的作用也进一步弱化。老年照护问题日益凸显，社会介入老年照护问题、弥补家庭照护功能不足成为必然，照护保险计划成

人数（万人） 　　　　　　　　　　　　　　　　　　　　　　增长率（%）

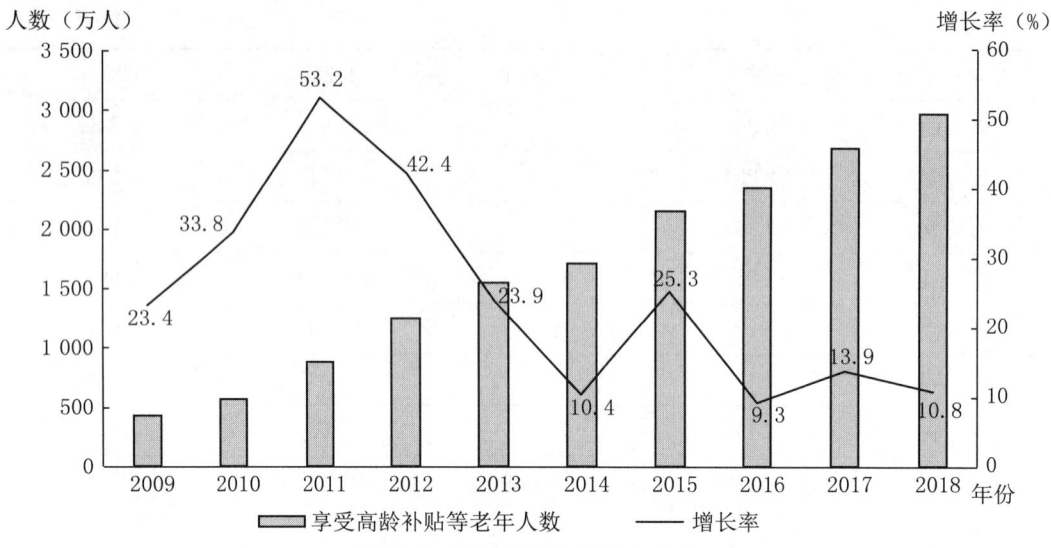

图 10-5　享受高龄补贴老年人数

数据来源：参见 2019 年《中国民政统计年鉴》。

为应对这一问题最核心的金融解决方案。1960 年代，荷兰、以色列、美国、德国、日本等国先后颁布社会化的长期照护保险法案。2013 年，中国的青岛、上海、北京、南通、沈阳等地也开始探索建立长期照护（护理）保险制度。

中国长期照护保险的保障内容以服务为主，根据分类标准和维度的不同，老年长期照护保险的保障内容主要分为居家照护和机构照护两大方面。另外，经过评估被确定为不同等级的长期照护老年人可以享有不同等级的照护服务，服务内容、保障水平都存在区别。

（二）长期护理保险主要内容

2016 年 6 月 27 日，人社部办公厅发布《关于开展长期护理保险制度试点的指导意见》，明确规定青岛等 15 个城市开展长期护理保险试点，以期为中国长期护理保险制度的全面推广做好前期探索。

根据 2016 年 6 月 27 日人社部办公厅发布的《关于开展长期护理保险制度试点的指导意见》，其筹资标准以各地经济发展水平、护理需求、护理服务成本以及保障范围和水平等要素作为参考。如表 10-8 所示，按比例筹资和固定金额筹资各占一半。此外，荆门、南通两地还将筹资比例或筹资金额与居民人均可支配收入挂钩。

表 10-8　各地长期护理保险筹资渠道和筹资标准

城市	筹资渠道	筹资标准
安庆	医保基金结余＋个人缴费	每人每年 30 元：医保基金 20 元＋个人 10 元
成都	医保基金＋个人缴费＋财政补助	统筹账户 0.2%＋个人缴费＋财政补助（按个人账户 0.1% 补助）

(续表)

城市	筹资渠道	筹资标准
承德	医保基金＋财政补助	统筹账户0.2%＋个人账户0.15%＋财政0.05%
广州	医保基金	每人每年130元
荆门	医保基金＋个人缴费＋财政补助	上年度居民人均可支配收入等的0.4%：个人37.5%＋医保基金25%＋财政补助37.5%
南通	医保基金＋个人缴费＋财政补助	每人每年100元：个人30元＋医保基金30元＋政府补助40元
宁波	单位、个人缴费＋财政补助＋社会捐赠	单位0.2%，个人0.1%
齐齐哈尔	医保基金＋个人缴费	每人每年60元：个人30元＋医保基金30元
青岛	医保基金＋福彩公益金	职工：医保账户每月0.4%
青岛		居民：医保基金0.2%＋每年公益福彩2000万元
上海	单位缴费＋个人缴费	职工：单位1%＋个人0.1%
上海		居民：个人15%＋政府补助85%
上饶	总体：医保基金＋单位、个人缴费＋财政补助	每人每年100元：个人40元＋医保基金30元＋政府补助30元
上饶	职工：医保基金划拨	职工：每人每月15元
石河子	职工：医保基金划拨	职工：每人每年120元
石河子	居民：个人缴费＋财政补助	居民：缴费每人每年24元
苏州	医保基金＋个人缴费＋财政补助	职工：每人每年120元。其中，医保基金70元＋个人缴费50元
苏州		居民：每人每年85元。其中，医保基金35元＋个人缴费50元
长春	医保基金划拨	职工：个人账户0.2%＋医保基金0.3%
长春		居民：每人每年30元
重庆	医保基金＋个人缴费＋财政补助＋社会捐助	每人每年150元：医保基金60元＋个人缴费90元

资料来源：根据2019年十五地长期护理保险试点实施方案整理所得。

根据2016年6月27日人社部办公厅发布的《关于开展长期护理保险制度试点的指导意见》，依照不同护理等级、服务提供方式等制定差别化的待遇给付政策，对符合规定的长期护理费用，基金支付水平总体上控制在70%左右。如表10-9所示，机构护理和居家护理的给付水平孰高孰低存在争议。长春采取的标准是职工的报销比例高于居民。

表 10-9　各地长期护理保险给付条件和给付标准

城市	给付条件	给付标准
安庆	参保职工医保；重度失能	医疗机构：60%；机构上门：按项目支付，最高 750 元/月；居家护理：15 元/天；养老机构：50%
成都	重度失能；已连续参保缴费至少 2 年	机构护理：70%；居家护理：75%；医疗机构：60 元/日
承德	重度失能	养老机构：50 元/日
广州	生活照料待遇：重度失能或中、重度痴呆；生活照料待遇+医疗护理待遇：失能且长期保留管道须定期处理、瘫痪、中或重度运动障碍	生活照料费用：机构 75%（最高每人每天 120 元）、居家 90%（最高每人每天 115 元）；医疗护理费用：按项目支付，最高每人每月 1 000 元
荆门	重度失能	全日居家护理限额每人每天 100 元，基金支付 80%；非全日居家护理限额每人每天 40 元，基金全额支付；养老机构：限额每人每天 100 元，基金支付 75%；医疗机构：限额每人每天 150 元，基金支付 70%
南通	重度失能	医疗机构：60%；养老机构：50%；机构上门护理：按项目支付，最高 1 200 元/月
宁波	重度失能	按床日定额标准支付："专护"70 元；"院护"60 元；"巡护"50 元
齐齐哈尔	—	医疗机构：每人日定额 30 元，基金支付 60%；养老机构：每人日定额 25 元，55%；机构上门护理：每人日定额 20 元，50%
青岛	长年卧床，生活无法自理	养老机构、居家护理：96%；医疗机构：90%
上海	60 周岁及以上、失能程度达到评估等级二至六级	社区居家护理：90%；养老机构护理：85%
上饶	重度失能	—
石河子	重度失能	定点机构：70%，月度限额 750 元；非定点机构和居家：25 元/日
苏州	重度失能	机构护理：中度失能 20 元/天，重度失能 26 元/天；居家护理：中度失能 25 元/天，重度失能 30 元/天
长春	重度失能	职工参保人员：90%；居民参保人员：80%
重庆	重度失能	50 元/人/日

资料来源：根据 2019 年十五地长期护理保险试点实施方案整理所得。

（三）长期护理保险制度发展实践中所遇到的问题

长期护理保险（简称"长护险"）是到目前为止最为系统、全面、规范的实践项目，实施情况将影响全国未来养老服务的走向和发展。自试点以来,长护险虽然经过了不断调整,但仍出现了一些较为明显的问题。

1. 老人照护等级评估不够科学,评估内容更偏向医疗服务

目前的评估内容过于偏向医疗评估,对生活基本照料评估不足,比如失智老人,生活自理能力较差,但是按照长护险提供的评级标准进行评估,失智老人整体评级较低,享受照护的服务项目和服务时间较少,不符合其照护需求,也影响了此类老人的长期照护效果。长期护理保险制度的评估标准还有待进一步完善,以确保更多符合条件的老人获得相应服务。

2. 服务人员队伍建设有待加强

服务人员数量短缺,质量有待加强。长期护理保险的实施规范了照护标准,释放了照护需求,无论是机构照护还是居家社区照护,都需要有相关资质的照护人员进行服务,这使得社会对照护人员的需求在短时间内迅速上升。目前照护人员队伍缺乏管理人才、专业人才,一线照护人员年龄偏大、学历偏低,服务质量参差不齐。

第三节　养老服务政策和养老服务发展

一、养老服务主要政策

从2013年这一"养老元年"开始,国家从政策的角度和战略的高度确认了"养老既是事业,也是产业"。2019年国办发〔2019〕5号文的28条,更是将养老与扩大就业、拉动内需、产业调整、消费升级等多项领域政策结合。同年1月,发改委等18个部门发布《加大力度推动社会领域公共服务补短板强弱项提质量　促进形成强大国内市场的行动方案》。2月,发改委联合民政部、卫健委印发《城企联动普惠养老专项行动实施方案》,由此确立了中国多层次养老服务的格局,通过多元化供给形成普惠型养老服务,将成为发展趋势。在此基础上,民政部于9月印发《关于进一步扩大养老服务供给　促进养老服务消费的实施意见》,以更好地满足广大老年人多样化、多层次养老服务需求,着力推动解决当前存在的养老服务有效供给不足、养老服务消费政策不健全、营商和消费环境有待改善等突出问题。2019年作为中国养老产业的加速年,国家将养老融入大健康战略中,从全生命周期去思考积极养老的可能性。

二、养老服务发展情况和问题

中国的养老服务提供主要有机构养老、社区和居家养老。机构养老的发展主要体现于机构数和床位数。社区居家养老有各类设施,如居家养老服务社、日托所等。无论是机构养老还是社区居家养老,都离不开护理人员,这是养老服务的主要资源之一。

表 10-10　促进养老服务发展的国家政策

序号	文件编号或发布时间	文件名称	印发单位	主要内容
1	2014年5月1日	《中华人民共和国国家标准养老设施建筑设计规范》	中华人民共和国住房和城乡建设部	二层及以上楼层设有老年人的生活用房、医疗保健用房、公共活动用房的养老设施应设无障碍电梯,并且至少1台为医用电梯。养老设施建筑中老年人用房建筑耐火等级不应低于二级,并且建筑抗震设防标准应按重点设防类建筑进行抗震设计。养老设施建筑总平面应根据养老设施的不同类别进行合理布局
2	2016年10月22日	《关于支持整合改造闲置社会资源发展养老服务的通知》	民政部等11个部委	统筹整合改造闲置社会资源,发展养老服务。改造利用现有闲置厂房、社区用房等兴办养老服务设施。农村集体经济组织可依法盘活本集体建设用地存量,鼓励党政机关和国有企事业单位举办培训中心、疗养院及其他具有教育培训或疗养休养功能的各类机构。各地要进一步深化"放管服"改革,加大简政放权力
3	2016年12月13日	《整合改造闲置社会资源助推养老服务发展》	国务院办公厅	包含范围一是闲置厂房、社区用房,二是城市经济型酒店等非民用房,三是农村集体经济组织可以依法盘活的集体建设用地存量,四是党政机关和国有企事业单位举办的培训中心、疗养院及其他具有教育培训或疗养休养功能的各类机构
4	民函〔2018〕760号	《民政部关于改造闲置社会资源举办养老机构的提案答复的函》	民政部	对符合条件的非营利组织的非营利性收入免征企业所得税,对政府部门和企事业单位、社会团体以及个人等社会力量投资兴办的福利性、非营利性的老年服务机构自用房产、土地,暂免征收房产税、城镇土地使用税,对养老院占用耕地免征耕地占用税
5	国办发〔2019〕5号	《国务院办公厅关于推进养老服务发展的意见》	国务院办公厅	按照2019年政府工作报告对养老服务工作的部署,健全市场机制,持续完善居家为基础、社区为依托、机构为补充、医养相结合的养老服务体系,确保到2022年在保障人人享有基本养老服务的基础上,有效满足老年人多样化、多层次养老服务需求,提高老年人及其子女获得感、幸福感、安全感

(续表)

序号	文件编号或发布时间	文件名称	印发单位	主要内容
6	发改社会〔2019〕0160号	《加大力度推动社会领域公共服务补短板强弱项提质量 促进形成强大国内市场的行动方案》	18个部门：国家发展改革委、中央宣传部、教育部、工业和信息化部、民政部、财政部、人力资源社会保障部、自然资源部、住房城乡建设部、农业农村部、商务部、文化和旅游部、国家卫生健康委、广电总局、体育总局、国家文物局、国家中医药局、中国残联	到2020年，要基本实现基本公共服务能力全覆盖、质量全达标、标准全落实、保障应担尽担，实现非基本公共服务付费可享有、价格可承受、质量有保障、安全有监管。要着力补齐基本公共服务短板、增强非基本公共服务弱项、提升公共服务质量水平
7	发改社会〔2019〕333号	《城企联动普惠养老专项行动实施方案（试行）》	发改委、民政部、卫健委	按照"政府支持、社会运营、合理定价"的基本思路，通过中央预算内投资支持，吸引城市政府和企业自愿参与，扩大普惠性养老服务供给
8	2019年9月	《关于进一步扩大养老服务供给 促进养老服务消费的实施意见》	民政部	扩大养老服务供给，促进养老服务消费，事关亿万老年人及其家庭幸福生活。该意见提出6个方面共17条措施。主要包括优化养老服务营商环境，完善养老服务消费环境，加强养老服务质量安全管理等三大措施
9	2019年11月	《国家积极应对人口老龄化中长期规划》	中共中央、国务院	到2022年，积极应对人口老龄化的制度框架初步建立。到2035年，积极应对人口老龄化的制度安排更加科学有效。21世纪中叶，人口老龄化制度安排成熟完备，老年友好城市、友好乡村、友好社区遍布全国

资料来源：根据2014—2019年国家民政部官方资料整理。

2017—2018年，中国养老机构和设施同步增加，护理员队伍进一步扩大，养老床位数同步增长。其中，养老机构数增长较快，增加了5.6%；社区互助型养老设施增长最快，达到10.2%。护理员人数增加较多的仍然是在社区互助型养老设施（12.3%）和养老机构（9.3%）。社区养老照料机构和设施床位数下降17.6%，社区互助型增加12.8%。《国务院关于加快发展养老服务业的若干意见》（国发〔2013〕35号）有力推动了中国养老服务业政策和实践的快速发展。2011—2016年，中国每千名老年人床位数快速增长，但从2017年到2018年开始缓慢下滑，从2016年的每千名老年人31.6张下降到 2018 年的 30 张。

中国的养老基本服务在逐渐完善,但是中国养老产业的发展仍然任重道远。

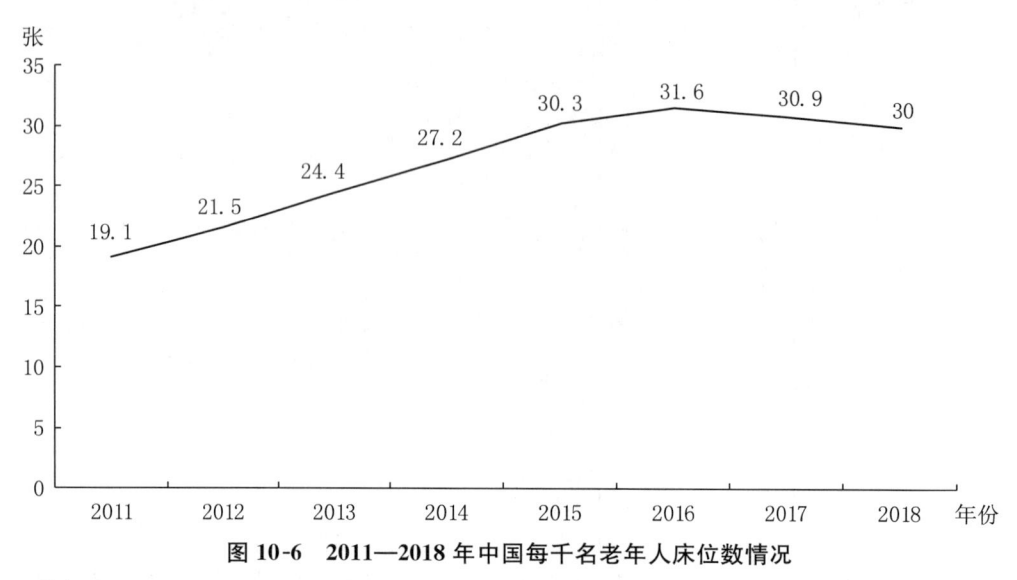

图 10-6 2011—2018 年中国每千名老年人床位数情况

数据来源:根据 2011—2019 年国家民政部公开数据整理。

(一)机构养老发展情况和问题

1. 机构养老发展情况

养老机构指为老年人提供集中居住和照料服务的机构。县级以上地方人民政府民政部门负责本行政区域内养老机构的指导、监督和管理。其他有关部门依照职责分工对养老机构实施监督。养老机构包括敬老院、福利院、养老院、老年公寓、护老院、护养院和护理院。

(1)敬老院是在城市街道、农村乡镇、村组设置的供养"三无""五保"老人、残疾人员和接待社会寄养老人安度晚年的养老服务机构,设有生活起居、文化娱乐、康复训练、医疗保健等多项服务设施。

(2)福利院是国家、社会团体等为救助社会困难人士、疾病患者而创建的为他们提供衣食住宿或医疗条件的爱心福利场所。老年社会福利院是享受国家一定数额的经济补助,接待老年人安度晚年而设置的社会养老服务机构,设有起居生活、文化娱乐、医疗保健等多项服务设施。

(3)养老院主要是为老年人提供集体居住,并具有相对完整的配套服务设施。是专为接待自理老人或综合接待自理老人、介助老人、介护老人安度晚年而设置的社会养老服务机构,设有生活起居、文化娱乐、康复训练、医疗保健等多项服务设施。

(4)老年公寓是专供老年人集中居住,符合老年体能心态特征的公寓式老年住宅,具备餐饮、清洁卫生、文化娱乐、医疗保健服务体系,是综合管理的住宅类型。老年公寓是指既体现老年人居家养老,又能享受到社会提供的各种服务的老年住宅,属于机构养老的范畴。在北京、上海这样的大城市,老年公寓已经很普遍,并且出现低、中、高档分级。

(5) 护老院专为接待介助老人(生活行为依赖扶手、拐杖、轮椅和升降设施等帮助的老年人)安度晚年而设置的社会养老服务机构,设有生活起居、文化娱乐、康复训练、医疗保健等多项服务设施。

(6) 护养院又称为"护理养老机构"或"护理院",是专为接收生活完全不能自理的介护老人安度晚年的社会养老服务机构,设有起居生活、文化娱乐、康复训练、医疗保健等多项服务设施。

(7) 护理院是指由医护人员组成的、在一定范围内为长期卧床老年患者、残疾人、临终患者、绝症晚期和其他需要医疗护理的老年患者提供基础护理、专科护理,根据医嘱进行支持治疗、姑息治疗、安宁护理,并提供消毒隔离技术指导、社区老年保健、营养指导、心理咨询、卫生宣教和其他老年医疗护理服务的医疗机构。根据中国老龄事业发展基金会的爱心护理工程规划,全国各地均有专业爱心护理院服务各类老年人群。爱心护理院专业为失能老人提供专业护理、生活照料服务。

表 10-11 民政服务机构养老服务情况

机构与设施数(个)			职工人数(万人)			床位数(万张)		
2017 年	2018 年	2018 年比 2017 年 增长(%)	2017 年	2018 年	2018 年比 2017 年 增长(%)	2017 年	2018 年	2018 年比 2017 年 增长(%)
438 752	457 525	4.3	195	198	1.5	786.2	755.9	−3.9

资料来源:参见 2019 年《中国民政统计年鉴》。

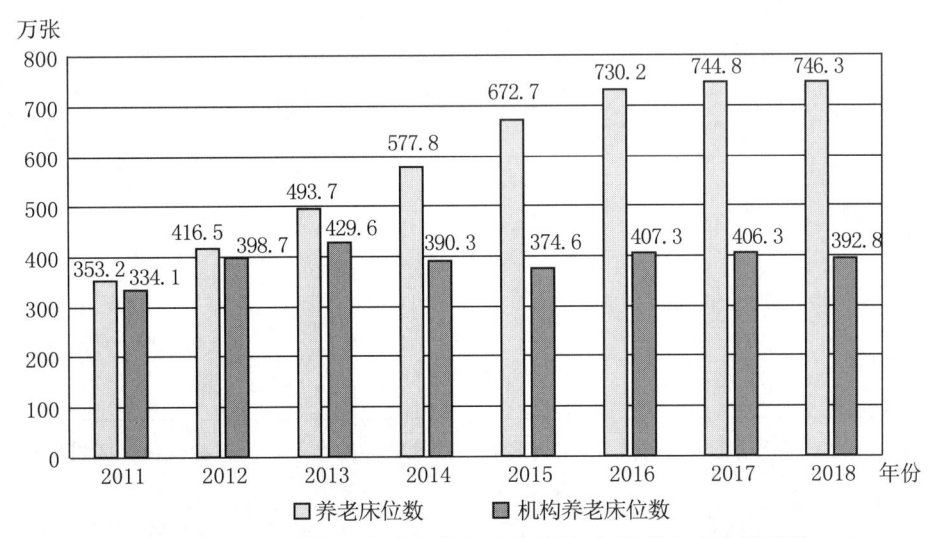

图 10-7 2011—2018 年中国养老床位总数、机构养老床位数情况

数据来源:根据 2011—2019 年国家民政部公开数据整理。

2. 机构养老发展问题：一床难求与床位空置现象并存

（1）存在一床难求现象。2010年中国人均预期寿命为74.8岁，2017年为76.7岁，提高了2岁。伴随人均预期寿命的提高，高龄老人增加，失能老人增加。2011年失能老人1 800多万，2015年调查显示有4 000多万。老年人口增加多，人均预期寿命提高，失能失智老人对养老床位的需求增加，导致床位更加不足，一床难求。

（2）养老服务床位存在两方面的结构性失衡。一是城乡结构失衡。中国在推进养老服务体系建设过程中，在农村支持兴建乡镇敬老院，但农村生活方式、养老观念和模式更倾向于邻里互助，而不是入住机构，再加上乡镇敬老院运营、服务水平较低，导致床位空置。二是供需结构失衡。针对失能失智老年人的护理型床位不足。另外，社会力量兴建的一些大型、偏远、交通就医服务不便利的养老公寓等也存在空置。

（二）社区居家养老服务现状和问题

1. 社区居家养老服务现状

社区养老是指以家庭养老为核心，以社区为依托，以老年人日间照料、生活护理、家政服务和精神慰藉为主要内容，以在社区照顾和上门服务为主要形式，并引入养老机构专业化服务方式的社区居家养老服务体系。包括社区卫生服务中心、日间照料中心、老年活动中心、居家养老服务中心等。目前，国内居家养老模式主要分为4种：依托"第三方组织"模式、市场化运营模式、社区主导模式、家庭主导模式[①]。

自2008年2月21日政府部门出台《关于全面推进居家养老服务工作的意见》以来，中国居家养老事业取得了长足发展。社区养老服务床位不断增加。2017年，城乡社区养老机构和设施有4.32万个，社区日间照料床位数和社区留宿照料床位数分别为165.61万张和168.72万张。到2018年底，社区养老床位已经达到353.5万张。

表10-12 社区养老服务情况

	机构与设施数(个)			职工人数(万人)			床位数(万张)		
	2017年	2018年	2018年比2017年增长(%)	2017年	2018年	2018年比2017年增长(%)	2017年	2018年	2018年比2017年增长(%)
社区养老	407 453	422 533	3.7	150.9	154.7	2.5	338.5	353.5	2.7
社区养老照料机构和设施	43 212	44 558	3.1	17.2	16.6	−3.7	158.7	130.7	−17.6
社区互助型养老设施	82 648	91 057	10.2	16.4	18.4	12.3	82.6	93.1	12.8
其他社区机构和设施	281 593	286 918	1.9	117.3	117.6	0.2	97.2	90.3	−7.1

注："社区养老"一项是社区养老照料机构和设施、社区互助型养老设施和其他社区机构和设施的数量总和。

资料来源：参见2019年《中国民政统计年鉴》。

---

① 伊焕英，郭洪花，张彩虹.居家养老服务的研究现状[J].海南医学，2017(12).

2. 社区居家养老存在的问题及对策

相较于英、美、日完善的居家养老服务体系,由于政策、经济、载体等多方面的分割,中国的居家养老护理仍停留在初级发展阶段。目前中国设立的养老服务项目大多偏重于日常生活照料和家政服务,未对老年人的精神状态、医疗护理等需求予以重视。城乡社区服务体系建设发展不平衡,农村滞后于城市局面尚未得到彻底扭转。城乡社区服务设施配套和技术更新相对滞后,服务项目和资源投入依然紧张。社会力量和市场主体参与不充分,专业教育和人员培训亟待加强。

(1) 居家养老服务各地发展不均衡。由于国内各地的经济发展水平不同,对社会保障与居家养老工作的重视度不同,导致各地居家养老事业发展呈不均衡状态。政府要加大对养老服务的资金支持,逐步完善养老基础设施与活动场所建设。同时,可积极借鉴欧美、日本居家养老发展成熟国家的养老模式,利用社会保险筹资模式拓宽筹资渠道,从而形成政府、企业、个人之间责任共担、互助合作的关系。

(2) 筹资渠道狭窄,经费不足。当前,中国居家养老模式所需资金大多来自财政拨款、彩票公益金资助以及少量的社会捐助与市场化运作。政府投资有限,而彩票资金波动性较大,难以覆盖日益增多的老年人,也难以满足老年人多元化的需求。可利用社会保险筹资模式拓宽筹资渠道,各地政府应结合自身经济发展实际以及当地老年人的养老需求,探索适合本地发展的居家养老服务模式。

三、长三角养老服务建设和合作

2019年6月16日江苏、上海、浙江、安徽三省一市民政部门签署了推进长三角区域养老一体化合作备忘录,江苏苏州、南通,浙江嘉兴、湖州,安徽芜湖、池州,以及上海各相关区作为开展区域养老一体化首批试点,共同探索建立养老共建对接合作机制。

根据合作备忘录,三省一市建立定期协作协商机制,建立养老服务机构异地处罚及时通报、区域范围内养老机构黑名单制度及养老机构诚信系统,推行养老服务统计制度,试点推广区域内养老服务标准、照护需求评估、养老护理员资格、养老机构院长从业资质互认,建设区域养老服务信息管理统一平台,统筹规划养老产业布局,促进区域养老资源共享,激发养老服务市场活力。

据江苏省民政厅介绍,苏州市吴江区、上海市青浦区以及嘉兴市下辖嘉善县还签署合作协议,共同推进长三角示范区区域养老协作发展。三地将逐步破除养老服务发展障碍,整体提升养老设施功能,建立养老服务补贴异地结算制度,让区域内异地养老的老年人享受户籍所在地的各类养老服务补贴,并能方便快捷结算,促进三地老年人共享养老服务资源。[①]

(一) 长三角地区人口老龄化现状

截至2018年底,长三角地区户籍人口总数为2.14亿,常住人口总数为2.25亿。其

---

① 参见《南京日报》2019年6月17日相关报道。

中,60周岁及以上老年人口数为4 589.97万人,占户籍人口总数的21.47%,较2017年增加134.27万人,增速为3%;65周岁及以上老年人口数为3 177.62万人,占户籍人口总数的14.86%,较2017年增加180.83万人,增速为6%;80周岁及以上老年人口数为688.12万人,占60周岁及以上老年人口比例为14.99%,较2017年增加22.46万人,增速为3.3%。其中,65周岁及以上老年人口增速最快。2018年全国60周岁及以上老年人口持续增加,60周岁及以上老年人口数为2.48亿,占比17.9%;长三角地区60周岁及以上老年人口数为4 589.97万人,占比21.47%。长三角地区人口老龄化水平均明显高于全国平均水平。

表10-13 2018年长三角人口老龄化发展

地区	户籍人口（万人）	常住人口（万人）	60岁以上老龄人口（万人）	60岁以上老龄化比例（%）	65岁以上老龄人口（万人）	65岁以上老龄化比例（%）	80岁以上老龄人口（万人）	80岁以上占60周岁及以上老年人口比例（%）
上海	1 463.61	2 423.78	503.28	34.39	336.9	23.00	81.67	16.20
江苏	7 835.72	8 050.7	1 805.27	23.04	1 256.45	16.03	270.96	15.01
浙江	5 000.98	5 737	1 121.72	22.43	764.07	15.28	172.3	15.36
安徽	7 082.9	6 323.6	1 159.7	16.37	820.2	11.58	163.19	14.07
长三角	21 383.2	22 535.1	4 589.97	21.47	3 177.62	14.86	688.12	14.99

注:数据统计时间截至2018年12月31日,"60岁以上"包含60周岁,"65岁以上"包含65周岁,"80岁以上包含80周岁"。

数据来源:根据三省一市民政厅(局)养老服务处提供的2018年老年人口数据整理。

(二)长三角地区养老服务体系建设基本情况

截至2017年底,浙江省共有养老机构床位38万余张。其中,护理型床位18.5万张,占比48.7%;民办机构床位23万张,占比60.5%。养老机构2 286家。其中,民办1 214家,公建民营216家,内设医疗机构的432家。2017年,浙江新增社会养老床位33 050张。江苏省各类养老机构2 463家。其中,公办养老机构达到198家,民办养老机构达到1 130家,农村五保供养服务机构达到1 135家。各类养老床位共计63.7万张,同比增长2.7%。护理型床位18.1万张,占养老机构床位总数的40.2%。对失能老年人的护理服务能力明显提升。

截至2018年底,长三角区域养老机构总数达7 801家,社区养老服务设施10万余个,机构养老床位总数130余万张,户籍老人床位拥有率为2.8%。长三角区域养老机构数量最多的是安徽省,为2 489家。内设医疗机构的养老机构数量位列第一的是江苏省,为1 288家。养老床位数最多的是江苏省,为43.24万张。户籍老人床位拥有率最高的是浙江省,为3.8%;其次是上海,为2.9%;第三是安徽,为2.6%;第四是江苏,为2.4%。

2018年末安徽省加快形成以居家为基础、社区为依托、机构为补充、医养相结合的养老服务体系。目前全省各类养老机构总数达到 2 492 家,床位 30.1 万张。政府对社会办养老机构给予一次性建设补贴、运营补贴、贷款贴息、政府购买服务补贴等扶持政策。2018 年,全省共有社会办养老机构 845 家,床位总数达到 11 万张。医养结合方面,全省有 678 家养老机构内设医疗机构,医养签约的养老机构达到 607 家。2018 年底,全省城市社区养老服务设施配建总面积达到 162 万平方米。

2018 年,上海市共有 712 家养老机构,14.42 万张养老床位,比上年增加 2.7%。全市共有 155 家长者照护之家,床位数共计 4 298 张。社区老年人日间照护机构全市共计 641 家(其中 2018 年新增 81 家)。总体月均服务人数 2.5 万人,比上年增加 8.7%。老年助餐服务场所全市共计 815 个(其中 2018 年新增 108 个),月均服务人数 8.90 万人,比上年增加 9.9%。社区养老服务组织全市共计 266 家,服务对象中获得政府养老服务补贴的老年人人数为 8.2 万人。社区综合为老服务中心全市共计 180 个(2018 年新增 80 个)。标准化老年活动室 180 个。总体日均活动人数 27.40 万人。社区示范睦邻点全市共计 1 000 个(其中 2018 年新增 500 个)。老年医疗机构(老年医院、老年护理院)共计 40 所,床位数 1.24 万张。全市共建家庭病床 5.41 万张。[①]

四、多层次、多元化养老服务体系建设建议

当前人口老龄化和家庭结构的双重变化带来了养老服务的新需求,也对养老服务提出了新挑战。一是家庭规模的缩小和子女数量的减少不断弱化子女照料为主的家庭养老模式,对社会化养老机构数量和类型的需求在增加。二是随着人口老龄化和高龄化的发展,对养老服务的需求总量和类型在增加,养老服务的供给广度要扩大,养老服务的供给质量待提升。三是高龄化带来的失智失能老人比例和数量的增加,又形成了养老服务深度需求和难度提升,即对养老服务的精细化和专业化供给有新要求。

党的十九大报告提出"积极应对人口老龄化,构建养老、孝老、敬老政策体系和社会环境,推进医养结合,加快老龄事业和产业发展"的要求,为老龄事业和产业发展描绘了蓝图。2019 年初发布的《国务院办公厅关于推进养老服务发展的意见》(国办发〔2019〕5 号)强调要有效满足老年人多样化、多层次养老服务需求,显著提高老年人及其子女获得感、幸福感、安全感。国家发改委等十八部委联合发布的《加大力度推动社会领域公共服务补短板强弱项提质量 促进形成强大国内市场的行动方案》将养老服务分为 3 个层次:除了政府主导的养老基本公共服务需要着力补齐短板外,还要增强非基本公共服务弱项,并通过放开养老服务市场,提升养老服务质量。养老服务多样化和多层次发展目标已经成为共识,而深化放管服改革,处理好政府、社会、家庭之间的关系,进行多元化供给,对于实现使养老服务供给更加充分、均衡、优质,对于养老服务的增量、增能和增效,至关重要。

---

① 数据来源:2018 年上海市老年人口和老龄事业检测统计信息。

以下结合养老服务供给的3个层次,从基本养老服务、非基本养老服务与市场化养老服务3个方面提出实现养老保障多元化供给,分层施策,构建多层次养老服务体系的对策建议。

(一)界定养老保障多元化供给责任主体

养老保障的多元化供给就是通过发挥政府、社会及家庭和市场的共同作用,围绕实现养老保障多元化、多层次需求,聚焦三大需求层次构建供给体系,即聚焦底线民生的基本公共服务层次,聚焦基本民生的非基本公共服务层次,聚焦质量民生的市场供给为主的层次。

1. 政府提供制度和政策供给

一是事前确定养老保障大格局。二是制定养老保障政策体系。三是供给资源,提供养老保障用地土地、税收、规划、人才培养等方面的资源和资金。四是破壁垒,建机制,即建立钱随人走的养老保障财政补贴制度,在补贴和购买服务方面突破所有制、机构形式和地域限制。五是建立政府综合统筹机制,即实现纵向各级政府参与和投入,横向更多部门参与,实现事后监管的综合监管和综合评价机制。

2. 社会主体参与机制

扩大社会主体的范围和对象,除了传统意义上的社团以及一些基金会,还要更多地引入行业协会参与,并进一步发挥志愿者的作用,进一步发挥家庭和个人在养老方面的主体作用。

3. 市场参与机制

扩大参与的所有制范围,除了传统的公办养老院,更要引入国企和央企及大金融机构。除了有民营、外资(营利性和非营利性)的参与,还要鼓励混合所有制。除了本地域内企业,还要跨省界。使跨所有制、跨地域、跨行业、跨规模的市场主体均能参与。

(二)完善基本养老服务体系建议

1. 实行相关建设补贴

政府部门首先要加强对经济的宏观调控,对参与养老服务建设的社会资本给予更多的土地优惠政策,减少其前期建设投入成本,降低社会资本隐性的行业进入门槛,从而提高社会资本参与度。政府部门可考虑适当调整现行针对社会资本参与养老服务建设所制定的相关优惠政策,为参与者提供更多的土地使用优惠,减少相应的机构运营补贴,加大建设补贴力度。

2. 拓宽养老资金来源,提高福利彩票公益金提取比

养老服务体系的建设离不开各方资金的有力支持。首先,政府对养老服务体系建设要提供长期稳定的财政支持,在财力允许的情况下可适当增加政府部门的财政支出力度,可逐年提高福利彩票公益金提取比,为养老服务体系建设的资金来源提供相应保障。其次,地方政府有关部门可扶持当地社会公益组织的建设与发展,加大养老服务建设宣传力度,提高群众对于社会福利事业的参与度与社会责任感,从而促进养老、孝老、敬老的良好社会氛围的形成。

3. 鼓励建设候补床位,评估认证家庭床位

就候补床位建设而言,其着眼点在于统筹公办和民办养老机构的优势,盘活资源,缓解资金压力。从当前养老机构运营特征来看,公办机构与民办机构各有优势。公办机构有政府拨款,收费低,因此能吸引大量客源,"一床难求";民办机构配套政策支持相对少,但定价机制符合市场发展,经营活力强,融资能力强。综合公办、民办机构的优缺点,建议出台个性化发展政策,鼓励民办机构作为公办机构的"候补床位"。通过"政府买单"的形式,既能缓解公办机构压力,又能扶持民办机构的发展,充分盘活养老资源,实现互利共赢的局面。

4. 加强养老护理员队伍建设与人才培养工作,提升队伍稳定性与专业性

养老护理人才队伍建设的作用在于推进护理知识与技能的学习与更新,促进护理人才队伍的梯队建设与可持续发展,提升养老服务整体水平。具体做法包括拓宽招录渠道,提升专业能级,建立职业规划,提倡志愿服务。

(三)对于非基本养老服务,要扩大社会参与主体范围,多元发展

1. 进一步丰富养老服务供给体系

积极鼓励其他各类市场主体、社会主体养老机构等各类设施的建设、运营。引导社会资本进入养老服务领域,拓宽资金保障渠道。养老企业在提供基本养老公共服务时,同等享受区级财力运营补贴、以奖代补、社会综合保险等。

2. 巩固家庭养老的基础性作用

提升家庭照料效能,让家庭成员真正成为养老服务的主体之一。在政策和机制设计中,在其他社会各方参与中,都要始终考虑家庭主体自始至终的参与,围绕培养和培训家庭养老服务技能设计一整套政策和机制。推进"老吾老"计划、"老伙伴"计划、"时间银行"等。继续推进康复辅具"进家庭",缓解老年人居家照护压力。适老房改造探索"政府补贴一点,企业让利一点,老人自付一点"的市场化运作模式。

3. 广泛构建养老服务志愿者的队伍

较年轻的老人、全职妈妈、有空闲和爱心的公司白领等是主体,形成志愿者向专业者发展的培养阶梯,以推动较年轻的老人今后更好地参与自己的养老服务建设,年轻人更好地成为自己家庭和周围老人的养老顾问。

(四)运用智能科技缓解养老压力,构建多元参与的多层次智慧养老服务体系

大力发展智慧养老,将智能科技引入养老服务中,有助于缓解当前养老护理人员不足、医疗资源匮乏等瓶颈问题。

1. 更新智慧养老服务设施,提供充分优质服务

利用新一代信息技术和先进理念,创新服务模式,丰富服务内容,整合服务渠道,构建面向市民的"互联网+"公共服务的一站式平台。

2. 推动养老领域公共数据开放共享

充分连通市、区、街镇各层级数据平台,加强信息技术在基本养老服务申请受理、过程管理、资金结算、信息推送等方面的应用。

3. 构建智慧助老服务平台

结合科技助老服务平台各城运分中心,延伸布局街镇科技助老服务站点,为社区老人提供健康管理、安全监测、应急救援等服务,推广物联网、远程智能安防监控等技术,实现 24 小时安全自动值守,重点加强社区智能化应用场景建设,提升照护服务效率,降低老年人意外风险,强化养老服务智能化产品的应用,为老人带来更加优质的养老服务体验。鼓励引导企业自主研发智能化为老服务设施,设计智慧养老专业技能课程,创新智慧养老服务项目,惠及广大老年群体。实现"科技助老,智慧养老",促进新一代信息技术和智能产品在养老服务领域应用。

4. 围绕老年市民生活品质、全面发展、文化休闲、交通出行等需求进行布局

在养老、服务领域推进基于互联网的智能化民生服务应用项目,打造以人为本的智慧生活环境,提供更充分优质的养老服务,提高公共服务和决策水平。

参考文献

张贾玙.城乡养老保障一体化中的多元供给制度研究[D].成都:电子科技大学,2019.

刘维奇.中国人口老龄化城乡倒置现状及其与城市化的相互影响[J].农业现代化研究,2014,35(2).

姚远.老年群体更替:积极应对人口老龄化必须考虑的问题[J].西南民族大学学报(人文社会科学版),2016(11).

吴海波,雷涵,李亚男.筹资、保障与运行:长期护理保险制度试点方案比较[J].经济与管理科学,2017(9).

王俊文,杨文.我国贫困地区农村养老服务需求若干问题探讨——以江西赣南 A 市为例[J].湖南社会科学,2014(5).

杜鹏,孙鹃娟,张文娟.中国老年人的养老需求及家庭和社会养老资源现状[J].人口研究,2016(6).

杜鹏,王永梅.中国老年人社会养老服务利用的影响因素[J].人口研究,2017(3).

张娜.社会养老服务需求研究综述及与需要的辨析[J].经济论坛,2018(3).

张川川,陈斌开."社会养老"能否替代"家庭养老"——来自中国新型农村社会养老保险的证据[J].经济研究,2014,49(11).

赵周华,李腾飞.中国农村人口老龄化的区域差异分析——基于聚类方法的实证检验[J].云南农业大学学报(社会科学版),2019,13(1).

林宝.中国农村人口老龄化的趋势、影响与应对[J].西部论坛,2015,25(2).

林琳,杨莹,李冠杰.中国农村人口老龄化省际差异及类型划分[J].地域研究与开发,2016(4).

杨盼盼.城乡统筹视角下的社会养老保险影响因素研究[D].广州:广东药科大学,2018.

韩鹏,宗杭.我国发展养老服务业的供需"瓶颈"与对策研究[J].经济研究参考,2018(49).

马宝见.社区养老服务设施供需特征研究——基于长三角地区的实证分析[D].合肥:合肥工业大学,2019.

人社部社会保险事业管理中心.中国社会保险发展年度报告2016[M].北京:中国劳动社会保障出版社,2017.

伊焕英,郭洪花,张彩虹.居家养老服务的研究现状[J].海南医学,2017(12).

郜凯英.我国城镇居家养老模式的现状与对策研究[J].忻州师范学院学报,2012(2).

第十一章 中国人口城镇化与属地化服务提供

中国人口城镇化有户籍人口城镇化和常住人口城镇化两种统计口径。改革开放以来,中国城镇人口规模不断扩大,人口城镇化水平不断上升,尤其是随着1990年代以来城镇流动人口规模的快速增长,中国常住人口城镇化水平上升速度更快。以居住证为载体提供相应的基本公共服务是中国促进城镇流动人口属地化服务、推进新型城镇化的重要途径,但也存在诸多问题,亟须改革。

第一节 人口城镇化与测量指标

一、人口的概念

(一)常住人口

常住人口指实际经常居住在某地区一定时间(半年以上,含半年)的人口。按中国人口普查和抽样调查规定,其主要包括:除离开本地半年以上(不包括在国外工作或学习的人)的全部常住本地的户籍人口;户口在外地,但在本地居住半年以上者,或离开户口地半年以上而调查时在本地居住的人口。第六次全国人口普查使用的定义为:常住人口=户口在本辖区人也在本辖区居住+户口在本辖区之外但在本辖区居住半年以上的人+户口待定(无户口和口袋户口)但调整时在本辖区+户口在本辖区但离开本辖区半年以下的人。

具体调查时,符合以下几种情况的人口登记为常住人口。(1)居住在本乡、镇、街道,并已在本乡、镇、街道办理常住户口登记的人。(2)已在本乡、镇、街道居住半年以上,常住户口在本乡、镇、街道以外的人。(3)在本乡、镇、街道居住不满半年，但已离开常住户口登记地半年以上的人。(4)调查时居住在本乡、镇、街道，常住户口待定的人。(5)原住本乡、镇、街道，调查时在国外工作或者学习，暂无常住户口的人。

(二) 户籍人口

户籍人口是指公民依《中华人民共和国户口登记条例》已在其经常居住地的公安户籍管理机关登记了常住户口的人。这类人口不管其是否外出，也不管外出时间长短，只要在某地注册有常住户口，则为该地区的户籍人口。户籍人口数一般是通过公安部门的经常性统计月报或年报取得的。

(三) 流动人口

目前，中国学术界对流动人口的概念仍无明确的定义，全国历次人口普查对流动人口在口径上有一定差异，具体如下：在1982年第三次全国人口普查中，流动人口指户口登记状况为"常住本地一年以上，户口在外地"，以及"人住本地不满一年，离开户口登记地一年以上"两类人群；在1990年第四次全国人口普查中，流动人口指户口登记状况为"常住本县、市一年以上，户口在外县、市"及"人住本县、市不满一年，离开户口登记地一年以上"两类人群；在2000年第五次、2010年第六次全国人口普查中，流动人口都是指户口登记状况为"居住本乡镇街道半年以上，户口在外乡镇街道"以及"在本乡镇街道居住不满半年，离开户口登记地半年以上"两类人，并剔除其中的市内人户分离人口。

各普查对流动人口定义也有比较一致的地方[①]。例如：第一，流动人口是指统计时期离开当地研究口径的户籍所在地到其他地方居住，统计时的现居住地不是户籍所在地的人口，即现居住地与其户籍所在地不一致的人员；第二，流动人口根据流动方向分为流入人口和流出人口，流入人口是指到该地区的非户籍人口，有统计为外来人口等，流出人口是指离开该地区到其他地方居住的户籍人口；第三，流动根据流动性和在流入地居住时间，分短期流动人口和常住流动人口，短期流动人口在流入地居住时间一般在半年以下，常住流动人口在流入地居住时间一般在半年及以上。

二、人口城镇化的概念及统计指标

(一) 常住人口城镇化的概念及统计指标

常住人口城镇化率即按常住人口计算的城镇化率，是指一个地区城镇常住人口占该地区常住总人口的比例。

(二) 户籍人口城镇化的概念及统计指标

户籍人口城镇化率即按户籍人口计算的城镇化率，是指一个地区城镇户籍人口占该地区常住总人口的比例。

---

① 陈月新.流动人口：动向与研究[C]//彭希哲.人口与人口学.上海：上海人民出版社，2009：207.

第二节　中国人口城镇化的趋势与特征

一、中国流动人口的发展趋势与特征

（一）中国流动人口的规模变化特征

随着流动人口政策的逐步放宽和户籍制度的深入改革,1980年以来,中国流动人口规模总体上不断扩大,由1982年的0.07亿人增加到2019年的2.36亿人,年均增长10%;占全国人口的比例也趋于上升,由1982年的0.7%上升到2019年的16.9%,平均每年上升0.4个多百分点。

根据增速的不同,中国流动人口规模变化分为4个阶段。第一阶段（1982—1990年）快速增长。中国流动人口规模从1982年的0.07亿人增加到1990年的0.21亿人,年均增长约14.7%;占全国人口的比例由1982年的0.7%上升到1990年的1.8%。第二阶段（1991—2000年）加快增长。中国流动人口规模从1990年的0.21亿人增加到2010年的1.21亿人,年均增长高达19.1%;占全国人口的比例由1990年的1.8%上升到2000年的9.5%,平均每年上升近0.8个百分点。第三阶段（2001—2014年）增速变缓。中国流动人口规模从2000年的1.21亿人增加到2014年的2.53亿人高峰,年均增长5.4%;占全国人口的比例由2000年的16.5%上升到2014年的18.5%,仅上升2个百分点。第四阶段（2014年以后）负增长。2014年以后中国新型城镇化发展和户籍制度进一步改革,部分流动人口在流入地落户,导致中国流动人口规模减小,从2014年高峰时的2.53亿人逐年减少到2019年的2.36亿人,年均增长−1.4%,占全国人口的比例由2014年高峰的18.5%逐年下降到2019年的16.9%,基本上下降到2010年的水平（表11-1）。

表11-1　主要年份中国流动人口规模及占比变化

年份	流动人口规模（亿人）	占全国人口的比例（%）
1982	0.07	0.7
1990	0.21	1.8
2000	1.21	9.5
2005	1.47	11.2
2010	2.21	16.5
2011	2.30	17.1
2012	2.36	17.4
2013	2.45	18.0
2014	2.53	18.5
2015	2.47	18.0
2016	2.45	17.7
2017	2.44	17.6

(续表)

年份	流动人口规模（亿人）	占全国人口的比例（%）
2018	2.41	17.3
2019	2.36	16.9

资料来源：流动人口资料来源于1982年、1990年、2000年和2010年中国人口普查数据；其他年份来自各年中国人口抽查数据；全国人口资料来源于2020年《中国统计年鉴》。

（二）中国流动人口的结构变化特点

1. 流动儿童规模快速增长

随着流动人口规模的扩大和家庭化流动趋势的增强，流动儿童规模也快速增长。据统计，中国0—17岁流动儿童规模从1990年的459万人增加到2010年的3581万人，增加了3122万人，平均每年增加156万人，年均增长10.8%。与全国流动人口规模变化趋势一样，2015年流动儿童规模较2010年有所减少，减少到3426万人，减少了155万人，但由于中考、高考制度的限制，流动儿童在流入地上完小学后绝大多数会选择回老家继续上初中，从而导致减少的多是初中教育段（12—14岁）儿童和义务教育后阶段（15—17岁）儿童。其中，义务教育后阶段（15—17岁）儿童由2010年的1290万人减少到2015年的1026万人，减少了264万人。但幼儿阶段（0—2岁）、学前教育阶段（3—5岁）和小学教育阶段（6—11岁）儿童的规模有不同幅度的增加，其中幼儿阶段（0—2岁）、学前教育阶段（3—5岁）都增加了近80万人。

2. 新生代流动人口逐步占主体

1980年及以后出生的新生代流动人口逐步替代老一代流动人口，成为流动人口的主体，尤其是劳动年龄阶段流动人口的主体。如表11-2所示，新生代流动人口规模由2000年的2931万人增加到2015年的15289万人，年均增长11.6%，占全部流动人口的比例由2000年的28.7%上升到2015年的62.2%，上升了33.5个百分点。其中，劳动年龄阶段新生代流动人口的规模增速更快（增速为15.9%），2015年达到12878万人，占劳动年龄阶段流动人口规模的比例上升幅度更大（上升了45.1个百分点），2015年达到62.3%，与全部新生代流动人口占比基本持平。

表 11-2　主要年份中国新生代流动人口规模和占比变化

年份	全部新生代流动人口 规模（万人）	全部新生代流动人口 占比（%）	16—59岁新生代流动人口 规模（万人）	16—59岁新生代流动人口 占比（%）
2000年	2 931	28.7	1 408	17.2
2005年	5 959	40.2	3 943	33.0
2010年	11 878	53.6	9 216	49.8
2015年	15 289	62.2	12 878	62.3

资料来源：国家卫生健康委．中国流动人口发展报告[M]．北京：中国人口出版社，2018：7。

3. 流动人口受教育水平不断提升

随着全国教育事业的快速发展,以及越来越多新生代流动人口的加入,中国流动人口受教育水平越来越高。1982年以来,中国流动人口文盲、小学的比例大幅度下降,分别由1982年的28.6%、39.3%,下降到2015年的2.1%、15.6%,而高中、大专及以上的比例则大幅度上升,分别由1982年的8.4%、1%,上升到2015年的22%、23.3%(图11-1)。同时,中国流动人口平均受教育年限不断延长,由1982年的5.6年延长到2015年的9.9年,并且都比中国人口平均受教育年限长,其中2015年比中国人口平均受教育年限长1.1年。

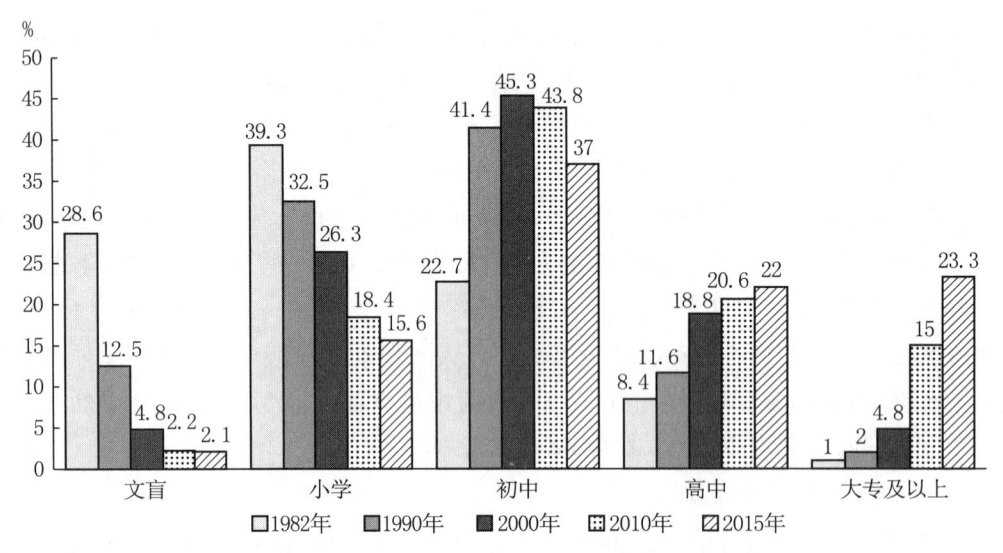

图 11-1 主要年份中国流动人口的文化程度构成变化

资料来源:国家卫生健康委.中国流动人口发展报告[M].北京:中国人口出版社,2018:5。

(三)中国流动人口的分布变化特征

2000年以前,中国全部流动人口明显向东部集中,此后向中西部扩散。如表11-3所示,2000—2015年中国东部流动人口的比例趋于下降,中部流动人口的比例趋于上升,2010—2015年西部流动人口的比例也趋于上升,其中2000—2010年跨省流动人口仍明显向东部集中,2010—2015年才出现了向中西部扩散。尽管有向中西部扩散的趋势,但无论是2000年、2010年,还是2015年,中国全部流动人口规模仍然主要分布在东部(都超过了半数),尤其是跨省流动人口更明显(都超过3/4)。

表 11-3 主要年份中国流动人口的东、中、西部分布　　　　　　单位:%

类　　别	地区	2000年	2010年	2015年
全部流动人口	东部	57.0	56.9	54.8
	中部	20.4	20.5	21.7
	西部	22.7	22.7	23.5

(续表)

类　别	地区	2000年	2010年	2015年
跨省流动人口	东部	77.8	81.4	78.2
	中部	7.3	6.5	8.7
	西部	14.9	12.1	13.1
省内流动人口	东部	44.8	41.3	39.6
	中部	28.1	29.4	30.2
	西部	27.1	29.4	30.2

资料来源：段成荣，赵畅，吕利丹.中国流动人口流入地分布变动特征（2000—2015年）[J].人口与经济，2020(1)：93。

如表11-4所示，2000年、2010年、2015年各区域跨省流动人口的比例有了不同幅度的变化，其中广东一直趋于下降且下降幅度最大，由2000年的36.9%下降到2015年的24.8%；江苏省一直趋于上升，由2000年的5.8%上升到2015年的9%。但中国跨省流动人口仍然主要集中在广东、浙江、上海、江苏、北京、福建、天津、山东、四川、湖北这10个省市，2000年、2010年、2015年10个省市比例合计分别为74.7%、79.6%和78.3%。

表11-4　主要年份中国跨省流动人口的区域分布变化　　　　　单位：%

区　域	2000年	2010年	2015年
广　东	36.9	25.0	24.8
浙　江	8.1	13.8	12.1
上　海	7.5	10.5	9.8
江　苏	5.8	8.6	9.0
北　京	6.0	8.2	7.9
福　建	3.8	5.0	4.5
天　津	1.6	3.5	3.9
山　东	2.6	2.5	2.3
四　川	1.1	1.3	2.0
湖　北	1.3	1.2	2.0
新　疆	4.5	2.1	1.8
河　北	2.4	1.6	1.7
辽　宁	2.4	2.1	1.7
云　南	2.7	1.4	1.6
陕　西	0.9	1.1	1.5
安　徽	0.6	0.8	1.3
重　庆	1.0	1.1	1.3
内蒙古	1.3	1.7	1.3
湖　南	0.7	0.8	1.3
河　南	1.0	0.7	1.2
贵　州	1.0	0.9	1.1

(续表)

区　域	2000年	2010年	2015年
广　西	0.9	1.0	1.1
江　西	0.5	0.7	1.0
海　南	0.8	0.7	0.6
黑龙江	1.0	0.6	0.6
甘　肃	0.5	0.5	0.6
吉　林	0.8	0.5	0.5
青　海	0.3	0.4	0.4
宁　夏	0.5	0.4	0.3
西　藏	0.3	0.2	0.2

注：本表按照各区域2015年跨省流动人口的比例由大到小排序。
资料来源：段成荣,赵畅,吕利丹.中国流动人口流入地分布变动特征(2000—2015年)[J].人口与经济,2020(1):96。

二、中国人口城镇化的发展趋势

（一）常住人口城镇化的发展趋势

改革开放以来,中国城镇常住人口规模不断增加,常住人口城镇化水平不断上升。中国城镇常住人口规模由1978年的1.72亿人增加到2019年的8.48亿人,平均每年增加1 648.78万人;常住人口城镇化率由1978年的17.92%上升到2019年的60.6%,平均每年上升1个百分点(图11-2)。

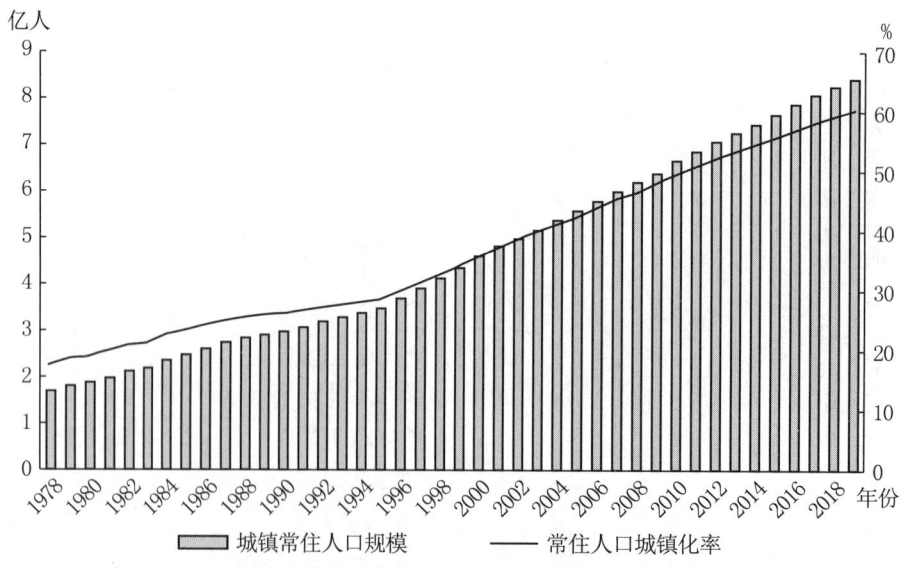

图11-2　1978年以来中国城镇常住人口规模和常住人口城镇化率
资料来源：参见2020年《中国统计年鉴》。

按照诺瑟姆曲线,当一个国家的城镇化水平达到30%时,则城镇化越过了初级阶段,进入了快速上升的时期。以1995年中国常住人口城镇化率超过30%为拐点,中国常住人口城镇化发展分为两个阶段。第一个阶段即1978—1995年常住人口城镇化稳定增长期。中国城镇常住人口规模由1978年的1.72亿人增加到1995年的3.52亿人,平均每年增加1 058.82万人;常住人口城镇化率由1978年的17.92%上升到1995年的29.04%,平均每年上升0.7个多百分点。第二阶段即1995—2019年常住人口城镇化加速增长期。中国城镇常住人口规模由1995年的3.52亿人增加到2019年的8.48亿人,平均每年增加2 066.67万人;常住人口城镇化率由1995年的29.04%上升到2019年的60.6%,平均每年上升1.3个百分点(图11-2)。

《中华人民共和国国民经济和社会发展第十四个五年规划和2035年远景目标纲要》提出,"十四五"时期中国常住人口城镇化率要提高到65%。

(二)户籍人口城镇化的发展趋势

早期中国户籍人口城镇化率不断提高,但由于还受到户籍制度等的限制,导致提速不快,由1990年的20.9%上升到2019年的44.4%,平均每年仅上升0.8个百分点,低于同期常住人口城镇化率年均约1个百分点的上升幅度。"十三五"期间,中国户籍制度改革进展顺利、成效显著,1亿人落户任务提前完成,1亿多农业转移人口自愿有序实现了市民化。2014年以后,随着部分流动人口在流入地不断落户,中国户籍人口城镇化发展变快,户籍人口城镇化率每年上升幅度都在1个及以上百分点。其中,2015年户籍人口城镇化率为39.9%,比2014年上升了2.8个百分点(表11-5)。

表11-5 主要年份中国户籍和常住人口城镇化率　　　　单位:%

年　份	户籍人口城镇化率	常住人口城镇化	两者之差
1990	20.9	26.4	−5.5
2000	26.1	36.2	−10.1
2011	34.7	51.3	−16.6
2012	35.3	52.6	−17.3
2013	35.7	53.7	−18.0
2014	37.1	54.8	−17.7
2015	39.9	56.1	−16.2
2016	41.2	57.4	−16.2
2017	42.4	58.5	−16.1
2018	43.4	59.6	−16.2
2019	44.4	60.6	−16.2

资料来源:户籍人口城镇化率整理自各年份《中华人民共和国国民经济和社会发展统计公报》和《中国人口和就业统计年鉴》。

三、中国人口城镇化的发展特点

(一)户籍人口城镇化滞后于常住人口城镇化

因为种种原因,中国大量的城镇流动人口没有在城镇落户,因此尽管中国户籍和常住人口城镇化水平都在不断上升,但户籍人口城镇化严重滞后于常住人口城镇化,并且两者差距呈扩大的趋势。1990年户籍人口城镇化率比常住人口城镇化率低5.5个百分点,2000年两者差距扩大到10.1个百分点,2013年两者差距进一步扩大到18个百分点。2014年后,随着户籍人口城镇化水平的快速发展,两者差距趋于缩小,但仍超过16个百分点。

(二)中国人口城镇化发展存在区域差异

如表11-6所示,2015年上海、北京、天津等9个省市常住人口城镇化率超过60%。其中,上海最高,为87.4%。与户籍人口城镇化率的差距也非常大,平均差距超过18个百分点。内蒙古、黑龙江、山东等13个省市自治区常住人口城镇化率在50%—60%之间。其中,内蒙古为59.9%。与户籍人口城镇化率的差距比较大,平均差距为11个百分点。青海、四川、新疆等9个省市自治区常住人口城镇化率低于50%。其中,西藏最低,为27.4%,比最高的上海低60个百分点。与户籍人口城镇化率的差距也小,平均差距为10个百分点。

表11-6 分区域2000年、2015年中国两类人口城镇化率对比　　　　单位:%

区域	2000年 户籍人口城镇化率	2000年 常住人口城镇化率	两者之差	2015年 户籍人口城镇化率	2015年 常住人口城镇化率	两者之差
上海	70.3	88.3	−18.0	64.2	87.4	−23.3
北京	61.6	77.6	−15.9	65.7	86.3	−20.6
天津	65.6	72.0	−6.4	64.5	82.4	−17.9
广东	44.1	55.7	−11.6	43.9	68.3	−24.4
辽宁	51.9	54.9	−3.0	57.6	67.0	−9.5
江苏	39.7	42.3	−2.6	53.7	66.1	−12.4
浙江	43.4	48.7	−5.3	45.2	65.4	−20.2
福建	38.1	42.0	−3.9	41.5	62.2	−20.7
重庆	32.1	33.1	−1.0	46.5	60.5	−14.0
内蒙古	39.7	42.7	−3.1	42.8	59.9	−17.1
黑龙江	49.5	51.5	−2.1	51.0	58.4	−7.4
山东	37.1	38.2	−1.0	46.3	56.6	−10.3
湖北	39.5	40.5	−1.0	44.4	56.4	−12.0
吉林	47.6	49.7	−2.1	43.8	54.9	−11.1
宁夏	29.7	32.4	−2.8	39.3	54.8	−15.5
海南	37.6	40.7	−3.1	42.3	54.7	−12.3
山西	33.1	35.1	−2.0	42.5	54.6	−12.1
陕西	31.0	32.2	−1.2	41.8	53.4	−11.7
江西	26.6	27.7	−1.1	42.4	51.2	−8.8
河北	25.5	26.3	−0.8	42.8	50.9	−8.1
湖南	26.9	27.5	−0.6	40.5	50.5	−10.0
安徽	26.2	26.7	−0.5	40.6	50.0	−9.4
青海	30.3	32.3	−2.0	37.1	49.9	−12.7

(续表)

区域	2000年 户籍人口城镇化率	2000年 常住人口城镇化率	两者之差	2015年 户籍人口城镇化率	2015年 常住人口城镇化率	两者之差
四川	26.3	27.1	−0.8	35.7	47.2	−11.6
新疆	30.1	33.8	−3.8	34.8	46.8	−12.0
广西	27.4	28.2	−0.8	36.8	46.6	−9.9
河南	23.0	23.4	−0.5	39.5	46.4	−6.9
云南	22.0	23.4	−1.4	32.9	42.9	−9.9
甘肃	23.3	24.0	−0.7	32.5	42.7	−10.3
贵州	23.2	24.0	−0.8	31.3	41.6	−10.3
西藏	18.3	19.4	−1.1	20.2	27.4	−7.1

注：本表按照各区域2015年常住人口城镇化率由大到小排序。
资料来源：林逸凡.浅析人口流动影响下的区域城镇化水平差异——基于2000—2015年省域面板数据的研究[C]//2019城市发展与规划论文集,2019:5.

总体上，各区域常住人口城镇化水平迅速提升的同时，其与户籍人口城镇化率的差距也不断增大。大规模的人口流动在整体上加剧了中国城镇化发展的区域不均衡程度，但这种作用随着流动人口分散化在逐步衰减[①]。

第三节 流动人口属地化服务

一、中国流动人口管理与服务政策和制度的演变

（一）流动人口管理与服务政策的演变

20世纪90年代之前,政府对流动人口还以严格限制管理为主,服务基本上很少。

20世纪90年代之后,随着流动人口规模增加,政府开始重视流动人口的具体服务问题。其中,针对流动人口子女的教育问题,国家教委联合公安部在1998年出台了《流动儿童少年就学暂行办法》,提出流动儿童义务教育以流入地为主、以公办学校为主的"两为主"的方针。

进入21世纪,政府更加重视以农民工为主的流动人口服务问题。《国务院办公厅关于做好农民进城务工就业管理和服务工作的通知》(国办发〔2003〕1号)明确提出要解决对农民工的歧视问题。《关于解决农民工问题的若干意见》(国发〔2006〕5号)明确提出把农民工纳入城市公共服务体系,保障农民工子女平等接受义务教育,加强农民工疾病预防控制和适龄儿童免疫工作,进一步搞好农民工计划生育管理和服务,多渠道改善农民工居住条件等。

---

① 林逸凡.浅析人口流动影响下的区域城镇化水平差异——基于2000—2015年省域面板数据的研究[C]//2019城市发展与规划论文集,2019:1—9.

2010年后政府推进基本公共服务均等化。《关于印发国家基本公共服务体系"十二五"规划的通知》(国发〔2012〕29号)明确提出"以流入地政府管理为主,加快建立农民工等流动人口基本公共服务制度,逐步实现基本公共服务由户籍人口向常住人口扩展"。《国家新型城镇化规划(2014—2020)》明确要求将流动人口纳入流入地社会经济发展总体规划中,推进农业转移人口享有城镇基本公共服务。《关于进一步做好农民工服务工作的意见》(国发〔2014〕40号)、《国务院关于进一步推进户籍制度改革的意见》(国发〔2014〕25号)进一步提出扩大流动人口,深入解决流动人口的公共服务问题。不断扩大教育、就业、医疗、养老、住房保障等城镇基本公共服务覆盖面。

(二) 中国城镇居住证制度的演变

以居住证为载体提供相应的基本公共服务是中国促进城镇外来人口属地化服务、推进新型城镇化的重要途径。中国城镇居住证制度经历了从地方实践不断发展成为全国性制度安排的过程[①]。中国城镇居住证制度最早出现在北京(1999年)、上海(2002年)、深圳(2008年)等东部地区的大城市,此后相继在其他城镇陆续制定实施,并上升到国家制度。

1. 城市居住证制度的演变

一是居住证制度政策文件相继出台。上海市是较早开始实施居住证制度的地区,2002年就出台了《引进人才实行〈上海市居住证〉制度暂行规定》(沪府发〔2002〕122号),武汉市在2011年出台了《武汉市居住证管理暂行办法》(市人民政府令第215号),乐山市、义乌市、德清县2013年都出台了实施居住证制度的政策文件。各城市实施居住证制度后,又各自相继出台了一系列政策文件不断完善此项制度,特别是2016年以来各城市都根据国务院《居住证暂行条例》(国务院令第663号)、省市《居住证登记条例》和有关法律、法规、政策,结合本市实际,出台了新版的居住证管理办法。二是居住证适用对象不断扩大。出于引进人才的目的,2002年6月上海出台的《引进人才实行〈上海市居住证〉制度暂行规定》(沪府发〔2002〕122号)规定上海市居住证的适用对象是"具有本科以上学历或者特殊才能的国内外人才"。2004年10月上海实施的《上海市居住证暂行规定》将居住证适用对象扩大到"在本市居住的非本市户籍的境内人员",使更多的外来人口受益。此后各城市出台的居住证制度的适用对象都是本地的非户籍人口。三是居住证申领条件有所放宽。各城市居住证制度制定之初,基本上都有临时居住证和居住证之分,两者对居住时间长短的要求不一样,申领条件也不同,享有的服务和便利也存在差异。随着居住证制度改革的深入,各城市先后取消了临时居住证,统一为居住证,对居住时间的要求、申领条件也做了相应调整。总体来看,各城市对居住时间的要求延长了,申领条件放宽了。四是持证人享有的服务和便利不断拓展。随着居住证制度的完善,居住证持证人享有的服务和便利不断扩展。尤其是2016年国务院《居住证暂行条例》(国务院令第663号)出台后,根据条例中规定的三项权利、六项基本

---

① 陆杰华,李月.居住证制度改革新政:演进、挑战与改革路径[J].国家行政学院学报,2015(5):50—56.

公共服务和七项便利,各城市纷纷进一步拓展了本地持证人享有的服务和便利,如补齐服务和便利项目,扩展服务和便利项目,增加某一项目的内容等。

2. 国家居住证制度的演变

2010年5月27日,国务院转发了国家发改委《关于2010年深化经济体制改革重点工作的意见》(国发〔2010〕15号),其中明确提出"进一步完善暂住人口登记制度,逐步在全国范围内实行居住证制度"。这是首次在国务院的文件中提出在全国范围内实施居住证制度,被认为具有里程碑的意义。2014年3月16日,国务院印发了《国家新型城镇化规划(2014—2020年)》,进一步提出"全面推行流动人口居住证制度,以居住证为载体,建立健全与居住年限等条件相挂钩的基本公共服务提供机制"。2016年1月1日,国务院公布的《居住证暂行条例》(国务院令第663号)正式开始实施,规定在全国建立居住证制度,推进城镇基本公共服务和便利向常住人口全覆盖,要求各地积极创造条件,逐步提高居住证持有人享有的公共服务水平,另外对领取居住证条件、居住证持有人享有的权利/服务/便利、常住户口转化有明确的规定。

二、中国流动人口属地化服务的现状与成效

(一)流动儿童在流入地接受教育状况明显改善

1. 义务教育阶段进城务工人员随迁子女的规模趋于增加

2019年义务教育阶段在校生中进城务工人员随迁子女1 426.96万人。其中,小学就读生1 042.03万人,初中就读生384.93万人。与2010年相比,小学就读生增加177.73万人、初中就读生增加了82.05万人,平均每年增加19.75万人、9.12万人(表11-7)。

表11-7 2010年以来中国进城务工人员随迁子女就读规模   单位:万人

年份	小学	初中	合计
2010	864.3	302.88	1 167.18
2011	932.74	328.23	1 260.97
2012	1 035.54	358.33	1 393.87
2013	930.85	346.31	1 277.16
2014	955.59	339.14	1 294.73
2015	1 013.56	353.54	1 367.1
2016	1 036.71	358.06	1 394.77
2017	1 042.18	364.45	1 406.63
2018	1 048.39	375.65	1 424.04
2019	1 042.03	384.93	1 426.96

资料来源:参见各年份《全国教育事业发展统计公报》。

2. 义务教育阶段进城务工人员随迁子女在公办学校就读的比例上升

根据2016年、2019年《全国农民工监测调查报告》,2019年中国3—5岁随迁儿童

入园率(含学前班)为85.8%,比2016年提高3.1个百分点;义务教育年龄段随迁儿童的在校率为99.5%,比2017年提高了0.8个百分点。其中,小学年龄段随迁儿童83.4%在公办学校就读,比2016年提高了1.6个百分点,初中年龄段随迁儿童85.2%在公办学校就读,比2016年提高2个百分点。

(二)外出农民工参与社会保险的比例上升

2009—2014年,中国外出农民工参加各类保险的比例基本上趋于逐年上升。2014年外出农民工参加工伤保险、医疗报销、养老保险、失业保险、生育保险的比例分别为29.7%、18.2%、16.4%、9.8%和7.1%,分别比2009年上升了7.9个、6个、8.8个、5.9个和4.7个百分点(表11-8)。

表11-8 中国外出农民工参加社会保障的比例变化　　　　单位:%

年 份	工伤保险	医疗保险	养老保险	失业保险	生育保险
2009	21.8	12.2	7.6	3.9	2.4
2010	24.1	14.3	9.5	4.9	2.9
2011	23.6	16.7	13.9	8.0	5.6
2012	24.0	16.9	14.3	8.4	6.1
2013	28.5	17.6	15.7	9.1	6.6
2014	29.7	18.2	16.4	9.8	7.1

资料来源:参见2013年、2014年《全国农民工监测调查报告》。

(三)农民工就业培训的比例上升

根据2011年、2017年《全国农民工监测调查报告》,2017年接受农业技术培训的农民工占9.5%,接受非农职业技能培训的占30.6%,接受农业或非农职业技能培训的农民工占32.9%,后两者分别比2011年提高了4.4个和1.7个百分点。根据2017年《全国农民工监测调查报告》,外出农民工更倾向于接受非农职业技能培训,比本地农民工高6.1个百分点。

(四)农民工住房得到一定程度的保障

根据2018年《全国农民工监测调查报告》,在进城农民工户中,2.9%享受保障性住房,比上年提高0.2个百分点。其中,1.3%为租赁公租房,比上年提高0.2个百分点;1.6%为自购保障性住房,与上年持平。

三、中国城镇流动人口享有基本公共服务面临的突出问题

(一)城镇外来人口享有基本公共服务的规模小,能落户者极少

自居住证制度实施两年来,全国发放居住证仅5 400万余张,不足2017年外出农民工规模(1.72亿)的1/3,更是不足农民工规模(2.87亿)的1/5。持有居住证、符合居住地落户条件的农民工更是寥寥无几。另外即使农民工办理了居住证,也不一定能享受到相应的基本公共服务,因为有些城镇增加了一些限定条件,如持有居住证年限长短的限制、居住证积分多少的限制、住房是否是自购房的限制等。

(二)城镇外来人口享有基本公共服务的项目有限,与国家推进的基本公共服务项目差距大

1. 项目数量差距大

目前国家基本公共服务清单涉及 8 个领域的 81 个项目,但国家居住证只规定了 6 项基本公共服务,有些省市自治区的基本公共服务项目尽管有所拓展,但总项目也都不超过 15 项。

2. 项目内容差距大

如国家基本公共服务清单中的基本公共教育包括了免费义务教育、寄宿生生活补助、普惠性学前教育资助等 8 个内容,而居住证制度中仅涉及免费义务教育 1 个内容。国家基本公共服务清单中的基本劳动就业创业中包括了基本公共就业服务、创业服务、就业援助、就业见习服务等 10 个内容,而居住证制度中仅涉及基本公共就业服务 1 个内容。

(三)城镇外来人口享有基本公共服务的城镇差异大,不同规模的城镇差异更明显

总体来看,城镇规模不同,城镇外来人口享有基本公共服务的比例、项目内容也存在差异。城镇规模越大,居住证含金量越高,对城镇外来人口的吸引力也越大,同时设置的门槛也越高。

四、中国城镇外来人口享有基本公共服务的主要障碍

(一)居住证申领条件偏高,多数城镇外来人口达不到准入条件

合法稳定住所和合法稳定就业是城镇外来人口申领居住证的要求。但一方面,城镇外来人口多无劳动合同且参保率低,无法达到"合法稳定就业"的准入条件。根据 2016 年《全国农民工监测跟踪报告》,2016 年没有与雇主或单位签订劳动合同的农民工比例高达 64.9%,比 2009 年上升了 7.7 个百分点;农民工参与城镇职工养老保险、基本医疗保险、失业保险、工伤保险的比例分别仅为 20.67%、17.12%、26.65%和 16.53%。另一方面,农民工居住条件差,无法达到"合法稳定住所"的准入条件。根据 2015 年《全国农民工监测跟踪报告》,2015 年农民工住单位宿舍的比例最高(28.7%),还有 11.1%住工地工棚、4.8%住生产经营场所,另外独立租赁者占 18.9%,与他人合租者占 18.1%,自购住房者仅为 1.3%。农民工即使租房子,若没有租房合同,也不符合合法稳定居住的要求。

(二)居住证积分落户门槛更高,大城市、特大城市尤其明显

从目前各城镇的积分指标计分看,城镇流动人口的文化程度、职业技能在基础指标分中都占了很大的权重。但从实际情况来看,城镇外来人口多以低学历、低技能的人员为主。根据 2017 年《全国农民工监测跟踪报告》,2017 年农民工以初中文化程度为主(58.6%),小学及以下文化程度也达到 14.0%,而高中文化程度仅为 17.1%,大专及以上比例更低(10.3%);2017 年农民工接受农业或非农技能培训的比例仅为 32.9%,能拿到职业技能证书的寥寥无几。因此城镇外来人口实现积分入户难度很大,尤其是大城

市、特大城市更高不可攀。

（三）城镇外来人口压力差异大，城镇财政压力差异也大

1. 城镇外来人口压力差异大

按照吸纳农民工的规模及占比，中国339个城镇可划分出4类地区，依据城市压力从大到小排序为：I类地区，即北上广深4个城市，农民工合计占15.2%；II类地区，即珠三角、长三角、闽东南等地区的29个城市，农民工合计占29.7%；III类地区，即其他省会城市及副省级城市24个，农民工合计占15.1%；IV类地区，即其余地级市282个，农民工合计占40%①。

2. 城镇外来人口多的城镇财政压力大

例如据测算，东莞公办中小学每个学生成本在1万元以上，2020年随迁子女入学学位约104万人，即使60%实现公办就读，每年教育支出将超过70亿元，已占到东莞市公共预算支出的10%以上，对地方财政造成很大压力②。

（四）配套财政分配机制缺乏，城镇推进基本公共服务均等化不积极

目前中国公共服务支出中，90%以上由地方财政承担，中央财政承担不足10%。国家推进城镇基本公共服务常住人口全覆盖，但缺乏配套的财政转移支付机制。除了全国实行农民工随迁子女义务教育经费（包括"两免一补"和生均公用经费基准定额，在1 200元左右）"钱随人走"的转移支付机制外，目前对于居住证制度中涉及的其他基本公共服务经费都还没有实行转移支付机制。另外随迁子女可携带的生均公共经费基本定额很少，对于缓解城镇财政压力的效果非常有限。2016年中西部普通小学每年每生只有600元，初中只有800元，东部分别加50元，并且所需资金由中央和地方按比例分担，西部地区为8∶2，中部地区为6∶4，东部地区为5∶5。如2015年农民工随迁子女较多的北京、上海、江苏、浙江、广东等5个省市的生均教育事业费分别为23 757元、20 688元、11 988元、11 599元、8 757元，农业人口随迁子女可携带的教育经费为1 200元，分别仅占这些省市生均教育事业费的5.1%、5.8%、10.1%、10.3%和13.7%，对于缓解教育财政压力的效果非常有限③。

五、加快城镇流动人口获得基本公共服务进程的政策建议

（一）切实扩大城镇外来人口享有城镇基本公共服务的覆盖面

1. 实行居住登记制度

浙江德清县在居住证制度中，规定了居住登记制度。对于没有《浙江省居住证》但

---

① 欧阳慧.加快农业转移人口市民化 稳步推进新型城镇化建设[J/OL].搜狐网，[2018-05-15]. https://www.sohu.com/a/231668605_114482.
② 清华大学中国新型城镇化研究院.关于东莞市推进农业转移人口市民化的调研报告[R/OL].微博网，[2016-11-23]. http://blog.sina.com.cn/s/blog_1518dca900102wwd3.html.
③ 流动儿童的教育谁来买单？——《流动儿童义务教育经费观察报告》发布[EB/OL].知乎网，[2017-11-18]. https://zhuanlan.zhihu.com/p/28581544.

办理了居住登记者,也可以享有教育资源、社会保障、卫生计生、公共文化、法律服务、帮助救助、社会事务等服务项目。借鉴这个做法,中国城镇可先行实行居住登记制度,即对于到城镇超过一定时间(如1个月)就进行居住登记。对于居住登记者,尽管不符合申领居住证的条件,但只要达到一定的居住年限(如半年)也可以享受一些基本公共服务,如义务教育、卫生计生、公共文化等服务项目。

2. 增强申领居住证能力

一是加大城镇外来人口的职业技能培训和补贴力度。按照不同行业、不同工种、不同岗位的要求,加大对城镇外来人口的定向实用技术培训,并提供相应级别的职业资格证书和培训补贴,提高其从事合法稳定职业的就业能力。二是进一步完善城镇社会保险制度。允许拥有合法住所和合法就业的自雇外来人口参照户籍自由职业者的相关规定自行缴纳社会保险,提高农民工社会保险参与率。三是加大公租房建设与补贴力度。一方面,鼓励各类社会资本和社会主体参与公租房的开发建设。对参与公租房建设、管理的主体单位在用地、资金、税收等方面予以政策倾斜。另一方面,建立城镇外来人口公租房租金补贴制度。按照政府、用人单位各补贴1/3,外来人口自付1/3的办法,降低农民工居住公租房的住房成本,改善农民工的居住条件。四是加强用工单位监督。各级劳动监察部门要恪守职责,定期检查用人单位依法用工情况,对于不与农民工签订劳动合同、缴纳社会保险的用工单位要加大查处惩罚力度,提高用人单位的违法成本。

3. 采取不同侧重点改革

特大城市、大城市侧重于非落户居住证改革,尽可能降低外来人口享受基本公共服务的门槛,让长期工作、居住、生活在特大城市、大城市的外来人口尽可能享有与当地一样的基本公共服务。中小城市、小城镇侧重于降低居住证的落户积分门槛,促使城镇外来人口尽可能落户。

(二)逐步拓展城镇外来人口享有城镇基本公共服务的项目与内容

1. 列出重点基本公共服务

一方面,国家层面、城镇层面都有基本公共服务的清单。国家基本公共服务清单包括8个领域的81个项目,上海市有9个领域的96个项目。另一方面,农民工对基本公共服务需求存在不同的迫切性。农民工可加强的公共服务以中国《"十三五"推进基本公共服务均等化规划》中内容为参照,结合城镇外来人口对基本公共服务需求的迫切性,列出他们可以享有的重点基本公共服务清单。基本公共教育领域主要包括农民工随迁子女公办中小学和高中阶段教育、随迁0—3岁婴幼儿早教服务;基本公共就业领域主要包括就业信息和招聘信息、创业服务、职业培训和就业权益保障;基本医疗服务领域主要包括妇幼保健和预防接种;基本社会服务领域主要包括医疗救助;基本住房保障领域主要包括农民工公共租赁房。

2. 分类提供基本公共服务

对无居住证和有居住证的城镇外来人口分类提供基本公共服务。对于无居住证者,可以享受义务教育、卫生计生、公共文化等基本公共服务和便利;有居住证者在无居住证者享有的基本公共服务和便利的基础上,服务内容和便利更多,质量更高,更接近于城镇户籍居民的公共服务。

3. 定期公布基本公共服务清单

各城镇要对接这些供需,逐步拓展居住证制度的基本公共服务内容,并需要明确规定至少每 2 年向社会公布居住证持有人享受的基本公共服务和便利的清单。

(三)建立健全城镇外来人口享有城镇基本公共服务的配套财政政策

1. 加大财政投入和转移支付力度

中央政府要加大财政投入,建立基本公共服务经费专项基金。探索建立全国层面基本公共服务经费"钱随人走"转移支付机制,加大转移支付力度,重点向城镇外来人口集聚且相对经济困难的地区转移。

2. 建立义务教育经费转移支付增长机制

对于义务教育经费转移支付,不是按照生均公用经费基准定额,而是按照一定的生均教育事业费比例(如 30%),并建立生均教育事业费比例动态增长机制。

3. 逐步出台其他基本公共服务转移支付机制

除了义务教育经费转移支付,对于居住证制度中涉及的其他基本公共服务经费也应逐步出台"钱随人走"的转移支付机制,以便增强地方政府推进基本公共服务均等化的积极性。

参考文献

陈月新.流动人口:动向与研究[C]//彭希哲.人口与人口学.上海:上海人民出版社,2009.

段成荣,赵畅,吕利丹.中国流动人口流入地分布变动特征(2000—2015 年)[J].人口与经济,2020(1).

国家卫生健康委.中国流动人口发展报告[M].北京:中国人口出版社,2018.

何立峰.国家新型城镇化报告(2017)[M].北京:中国计划出版社,2018.

陆杰华,李月.居住证制度改革新政:演进、挑战与改革路径[J].国家行政学院学报,2015(5).

林逸凡.浅析人口流动影响下的区域城镇化水平差异——基于 2000—2015 年省域面板数据的研究[C]//2019 城市发展与规划论文集,2019.

朱建江.乡村振兴与中小城市小城镇发展[M].北京:经济科学出版社,2018.

第十二章 中国性别结构变动与婚姻行为

第一节 有关概念与理论综述

一、有关概念的界定

（一）性别比

性别比即男女人口数量的相对比例,通常是以每100位女性所对应的男性数目为计算标准,可分总体的男女人口的数量比,也可根据实际需要,分区域、年龄组等不同人口成分计算男女人口数量之比。常用的有出生人口性别比、青年人口性别比、老年人口性别比等。

出生人口性别比,即活产男婴数与活产女婴数的比值,表示每出生百名女婴相对的出生男婴数,计算公式:出生人口性别比＝新出生男婴数/新出生女婴数×100。

青年人口性别比,即15到34岁的青年人口中,男女人口的数量之比,计算公式:青年人口性别比＝青年男性人口数量/青年女性人口数量×100。

老年人口性别比,即60岁以上老年人口中,男女人口的数量之比,计算公式:老年人口性别比＝老年男性人口数量/老年女性人口数量×100。

国际上确认的出生性别比的正常值域为103—107之间,其他值域则表示出生人口性别失衡。虽然2016年中国的出生性别比为112.88,性别比已连降8年,但与正常值仍有较大偏离。中国是世界上出生性别比失衡较为严重、持续时间较长的国家。

（二）适婚年龄

适婚年龄即一个人最适合结婚的年龄段,受各地的社会文化及时代背景影响而存在差异。同时,由于法定结婚年龄是根据不同国家或地区的人口、健康、社会、经济等因素通过制定法律确定下来的,因此适婚年龄段也是结合法定结婚年龄和其他社会经济因素而确定的。

古代中国是一个"早婚国家",古时的法定结婚年龄要比如今的法定结婚年龄低许多。按照《礼记》所规定的男女成年标准来理解,古代嫁娶年龄一般是男子 20 岁、女子 15 岁,但各朝代略有不同,比如唐代的嫁娶年龄是男子 15 岁、女子 13 岁以上,明代则是男子 16 岁、女子 14 岁以上。《晋书·武帝纪》中记载的司马炎在泰始九年冬十月诏令:"制女年十七父母不嫁者,使长吏配之。"意思是女子到 17 岁,如果父母不将闺女嫁出去,地方官府就要找个"剩男"强制其出嫁。《宋书·周朗传》中也记载有"女子十五不嫁,家人坐之"。而在汉朝的孝惠皇帝时期,谁家要是有女儿在 15 岁至 30 岁还没有嫁人,就要罚款 600 钱。唐朝对于男子 20 岁以上、女子 15 岁以上还没有结婚的也有相关的处罚。由此可见,在法定结婚年龄较低的古代,中国当时的"适婚年龄"非常之低。

中华人民共和国成立后,我国的法定结婚年龄经过两次调整,一次是 1950 年《婚姻法》规定的法定婚龄为男 20 岁、女 18 岁,另一次是 1980 年《婚姻法》规定的男 22 岁、女 20 岁,这也是目前的法定结婚年龄。因此,结合法定最低结婚年龄和其他社会经济因素,社会及学界普遍认定我国最佳适婚年龄为女性 20—34 岁、男性为 22—34 岁。

(三)初婚年龄

即一个人初次结婚时的年龄。平均初婚年龄则是某一时期(通常为一年)某个国家或地区总人口中初次结婚者的平均年龄。

由于男子初婚年龄一般略大于女子,故此指标男女应分别计算,分男性平均初婚年龄和女性平均初婚年龄。由于受个人及社会多方面因素影响,我国的整体初婚年龄呈上升趋势。

(四)结婚率

结婚率可以分为粗结婚率和细结婚率,用以表示总人口中的结婚频繁程度。

粗结婚率是在一定地区范围和一定时期(通常为一年)内的结婚人数与总人口数的比率。粗离婚率的计算中,由于分母为全部人口,包括已婚人口、适婚年龄人口及其以外的各种人口,因此这种计算结婚率的方法受社会经济条件的变化以及人口年龄结构等的影响很大,不能准确反映一定区域和时期内人口中的结婚频繁程度,而细结婚率则可以相对准确地体现总人口中的结婚频繁程度。

细结婚率,是以同一时期适婚人口数,即法定结婚年龄以上的人口数为分母,分子为同期结婚的人口数,进行计算得出的结婚率。

此外,可根据统计需要,计算分年龄组、分区域、分户籍等不同人口成分的结婚率。例如,一定区域和时期内青年人口结婚率=一定区域和时期内 20 岁至 34 岁达法定结婚年龄的结婚人数/一定区域和时期内 20 岁至 34 岁达到法定结婚年龄总人口数。

细结婚率相比粗结婚率,由于分母去除了不能结婚的人,因此能更加真实反映一个地区的结婚情况。

(五)离婚率

离婚率可以分为粗离婚率或总离婚率和细离婚率。一般国家相关部门进行统计的离婚率实际为"粗离婚率"。

粗离婚率，可按离婚件数发生率和离婚人口占总人口的比重两种方式计算。国际上，基于国际人口学会《人口学词典》发布的《联合国人口统计年鉴 2003》中关于离婚率的计算，即某一时期离婚件数与该时期平均人口之比，计算公式为：某年离婚率＝某年离婚件数/某年平均总人口数×1 000‰。国内根据《常用人口统计公式手册》中对离婚率的定义，离婚率是某一时期（通常为一年）每 1 000 人中的离婚件数。而按离婚人口占比计算离婚率，需要将离婚件数乘以 2 来计算男女合计的离婚人数，再计算出离婚人口所占总人口的比重，即为离婚率。

1988 年以前，我国对于粗离婚率，是按离婚人口占总人口的比重来计算的。《中国统计年鉴》中关于离婚率的解释是当年离婚人数占年平均人口的比重，计算公式为：某年离婚率＝某年离婚件数×2/某年平均总人口数×1 000‰，1988 年 8 月之前，我国均按照这样的方法核算我国的离婚率。

国际及国内学术界所推荐采用的离婚率计算方法是，分子应采用当年离婚对数或件数，分母用年平均人口数，单位用千分比来表示，计算公式为：某年离婚率＝某年离婚件数/某年平均总人口数×1 000‰。[1]

由于在计算中采用离婚件数乘以 2 再除以年平均人口数的方法，因此 1988 年以前的《中国统计年鉴》和《民政事业发展统计报告》中离婚率数据基本上比按国际标准计算的离婚率多一倍，这使得 1988 年之前我国的离婚率存在"虚高"的情况。

上述国内外关于"离婚率"的统计计算，均为粗离婚率的计算，而粗离婚率虽然可以部分反映出社会中人口的离婚和婚姻情况，但由于受到人口年龄结构等因素影响，有时不能真实反映某地区人口的离婚情况，此时就需要更加精确的统计指标，即"细离婚率"来衡量和评定该地区中人口的离婚情况。

细离婚率，是计算在总的已婚人口中，一定地区和时期，同期离婚的对数与同期已婚（包含离婚的对数）的对数之比，表示的是离婚的实际发生率。

通常，离婚率可用于衡量和评价某个国家或地区的婚姻稳定和幸福程度，相关数据报告指出，自改革开放以来，受社会经济的发展和人们观念的改变，我国的粗离婚率正逐年上升。

此外，当前许多媒体和机构喜欢用"离结率"来替代"离婚率"，即分子为离婚登记数，分母为结婚登记数，计算出某地某一时期的"离婚率"，实际上这样的计算表达并不科学，容易混淆视听。

（六）再婚率

再婚是婚姻关系因离婚或一方死亡而终止后，一方或双方再次结婚的行为，复婚也是再婚的一种。再婚率是某一年登记结婚对数中，再婚的对数与总结婚对数之比，可以表示已婚人口中再婚行为的频度，可分性别、年龄组、区域、户籍等不同人口成分进行计

---

[1] 胡卫.离婚率计算探讨[J].中国统计，2006(10)：40—41.

算。有数据显示,近些年来我国的再婚率持续上升,同时高龄人口的占比也在上涨,这很大程度上是因为随着我国经济社会的快速发展,人们的思想意识发生了改变,特别是人们的婚姻观念的改变。

(七) 未婚率

未婚率是一定时期(通常为一年),适婚人口中未婚人数的比重,一般用百分比表示,反映的是适婚人口中未婚人口的比重,可分性别、区域、年龄等不同人口类别分别进行计算。社会中大龄未婚群体的出现,最直接的体现就是人口未婚率的上升。

(八) 跨国婚姻

跨国婚姻是夫妻双方拥有不同国籍的婚姻关系,我国还有"跨境婚姻"的说法,指的是内地人口与中国港澳地区、大陆与中国台湾省人口结婚的现象。

二、理论和文献综述

(一) 关于恋爱行为和择偶行为的相关理论

心理学家、人类学家和社会学家基于人的自然生长和社会化过程,提出了许多关于恋爱、婚姻、生育等有关的理论,从多个角度客观分析了影响青年人结婚和婚姻稳定的因素。包括美国著名精神病医师埃里克森于1968年提出的心理社会发展理论中对于人们恋爱行为的研究理论,以及对人们择偶行为和婚姻行为进行研究提出的一些理论和原则,包括从个人主义视角出发的角色期望论、互补理论、同质性理论和从社会文化视角出发的社会交换论、过滤理论、"刺激—价值—角色"理论、择偶梯度理论等。

1. 埃里克森八阶段理论

美国著名精神病医师埃里克森认为,受人的基因遗传和所处环境等因素影响,人的自我意识发展持续一生,埃里克森将自我意识的形成和发展过程划分为8个阶段,分别是童年阶段的婴儿期(0—1.5岁)、儿童期(1.5—3岁)、学龄初期(3—5岁)、学龄期(5—12岁),青春期阶段的青春期(12—18岁),成年阶段的成年早期(18—25岁)、成年期(25—65岁)和成熟期(65岁以上)。

人们的恋爱行为大多开始于青春期结束到成年期开始的阶段,这是随着人的生理和心理的日渐成熟和完善而发展的。

根据埃里克森的八阶段理论内容,经历过青春期的人们,人格逐步独立,个人在社会和人群中的角色定位也开始建立,逐步成为有"自我同一性"的青年人,而只有"自我同一性"牢固的人才敢于冒与他人发生亲密关系的风险,因为与他人产生亲密的关系,就需要把自己的同一性与他人的同一性融合一体,这会伴随着自我的牺牲或损失。而恋爱就是与他人同一性融合的最佳方式之一,恋爱中建立的亲密无间的关系,也会使人们获得亲密感,减少孤独感。正如埃里克森对于爱的定义,爱是"压制异性间遗传的对立性而永远相互奉献"。

有一种说法是"婚姻是恋爱的坟墓",这从某种意义上也表明了婚姻是爱情情感阶段的一个结果。婚姻常常同时伴随着生育,当一个人顺利地度过了自我同一性时期并恋爱结婚后,以后的岁月中将过上幸福充实的生活,其将生儿育女,关心后代的繁殖和养育,生育感渐渐成为一个人固有的感情。有资料显示,绝大部分新婚夫妇十分愿意在条件允许的前提下生育孩子。现如今,越来越多的新婚夫妻因为种种因素未及时生育,有的选择成为"丁克"。埃里克森认为,生育感有"生"和"育"两层含义,一个人即使没生孩子,只要能关心孩子、教育指导孩子,也可以具有生育感。处于成年期的人们不仅要生育孩子,同时要承担社会工作,这是一个人对下一代的关心和创造力最旺盛的时期,人们将获得关心和创造力的品质。

2. 角色期望论

角色期望论认为角色相配是挑选配偶的指导原则,人们对配偶的角色想象与期望指示着人们倾向于寻求符合这期望的对象[1]。该理论认为,人们会倾向寻找与自己父母类似的异性结婚,因为这是作为儿童时期的恋母或恋父情结的一种延续,也是寻找符合自己父母特质的替代。

3. 互补理论

在早期的"包办婚姻"时代,需求互补理论是无法说明男女之间的恋爱行为的,而在如今的自由恋爱时代,互补理论可以很好地解释男女择偶和相关恋爱行为。

互补理论由美国社会学家温奇提出,他认为男女择偶的过程,实际是发现能给予自己最大心理满足对象的过程,人们会倾向于选择那些能满足其内在心理需要的人作为配偶,因为这种择偶的选择对于恋爱双方是互补的,因此内心相悦的人能更好地在一起。

4. 同质性理论

与需求互补理论相对应的是同质性理论,该理论认为具有相同或相似特征的人相互更具有吸引力,包括爱好和品位。这些相似特征可以是生理的、心理的,也可以是社会性的,而且价值观的相似对择偶的影响更为重要,不仅让彼此产生共鸣,加强彼此的沟通,而且能促进感情的满足。强调"门当户对"的传统择偶规则的合理性就可以得到解释。

5. 社会交换理论

作为评价择偶行为的主流理论,社会交换理论认为择偶双方均为理性且希望通过"交换"有形或无形的资源而实现"互惠"。埃什尔曼于1994年指出,择偶的交换不同于市场中有意识的"讨价还价",表现为一种无意识或下意识的选择。同时,无形资源的价值是主观的,每个人的评价标准因人而异。[2]只是在择偶行为中,人们会去做这样或那样的判断,例如选择自己最舒适的伴侣或最需要的伴侣。

6. 择偶梯度理论

择偶梯度理论,也即择偶梯度效应。该理论具有很大的实际价值,指男性一般会倾

---

[1] 张文霞,朱东亮.家庭社会工作[M].北京:社会科学文献出版社,2005:206.
[2] 埃什尔曼.家庭导论[M].北京:中国社会科学出版社,1991.

向选择与自己社会地位、收入等相当或略低于自己的女性为伴侣,与此同时,女性会选择在受教育程度、薪金收入和职业阶层等方面高于自己的男性作为配偶,这便是婚姻市场中常说的"A男B女"模式①,其形成与社会对男女社会性别的建构从而导致的男尊女卑现象有着密切的关系。我国传统文化中"郎才女貌""男主外,女主内"的婚配模式就遵从了择偶梯度效应,目前的许多实证也在不同程度上验证了我国传统婚配模式仍是当前现代青年择偶的主要导向。

总之,从社会学和心理学等角度出发,同类性原则和互补性原则在人们的择偶及恋爱行为中体现出来,包括双方根据相同或者相似的阶层、职业、知识水平、价值观,共同的兴趣和爱好、共同的生活习惯等进行择偶,以及在择偶中双方要能够满足对方深层次的需要,包括生理的、心理的、经济的。此外,人们的择偶行为也受到周边亲友网络和社会文化传承的综合影响。

(二) 关于青年结婚影响因素的研究

影响青年结婚的因素是多方面的,具有一定的复杂性和综合性。从人口性别结构的角度上看,由于我国整体及分地区的男女性别比严重失衡,特别是婚配年龄段的男女性别失衡,成为影响我国青年婚配的重要人口结构因素。同时,我国仍处于社会的转型期,社会竞争十分激烈,尤其对年轻人而言,社会大环境的变化是影响青年人结婚的内在因素。

1. 人口结构因素

人口的年龄和性别结构是影响男女婚配的基本人口因素。由于我国社会一直受到传统观念影响,我国的性别比长期处于失衡的状态。与此同时,适婚人口中性别结构也表现为较强的地区差异性。在广大农村地区,传统观念影响较强,有数据显示,男孩的出生比明显高于女孩,青年适婚男性数量逐渐超过女性数量,使得许多农村地区的男性普遍找不到对象,而在一些以服务业等第三产业为主导的发达地区和城市中,适婚人口中女性的数量甚至要多于男性,造成城市婚配中的男女性别失衡问题。因此,农村地区的"光棍"问题和城市中的所谓"剩女"问题成为近些年来社会的焦点问题,青年适婚人群的婚配问题得到社会的广泛关注。

2. 婚姻观因素

从个体角度来看,个人的婚姻观因素是影响青年结婚的主要因素之一。

过去,在经历了我国古时的"缔结结婚"和"家长专制"的婚姻制度,特别是在中华人民共和国成立以后,随着思想的解放和社会观念的进步,青年人的婚姻基本挣脱了曾经的传统束缚,恋爱自由渐渐成为可能。尽管"文革"时期的政治因素阻碍了青年的结婚自由,但随着"文革"的结束,恋爱自由再次成为社会的风向,男女婚配不再完全受制于家庭。

改革开放后,我国社会发生了重大变革,思想观念也更加开放。时至今日,随着社

---

① 莱斯利.社会脉络中的家庭[M].北京:华夏出版社,1982:196.

会经济的快速发展和物质生活水平的提高,青年人的婚姻观已大有不同。青年人的婚姻观始终影响和决定着青年人结婚的动机和结果。

肖武基于全国范围内的大量样本调查研究,从婚姻基本观、婚姻经济观、婚姻破坏因素以及生育观等5个方面讨论了青年的婚姻观对青年婚姻的影响。指出年轻人结婚的主要目的是"相互扶持",而"个人品质"是最重要的择偶标准。在婚姻经济观念层面上,女方家庭更重视男方的经济实力,主要体现在是否拥有房产、汽车等其他生活资料。肖武研究发现有接近六成的人认为买房应由男女双方共同承担。在婚姻破坏因素层面上,较强的利益诱惑以及较弱的自身节制是产生婚外情的主要因素。在生育观念层面上,延续子嗣和老有所依仍是重要的生育目的,性别平等已成为生育中的基本共识,过半的调查对象愿意在条件允许的情况下生育二胎。[1]

不论从个体或家庭而言,婚姻观都是影响我国青年结婚的首要因素,是决定青年结婚的根本缘由。

3. 结婚成本

影响青年结婚的又一大重要因素是结婚成本。

陈晨指出当代青年婚姻状况的主要特点是组成家庭的成本显著增高。[2]与此同时,中国社会特有的彩礼风俗也是婚姻成本较高的重要体现,并对青年人的婚姻匹配产生影响。田丰等就指出彩礼的高额化对代际关系、姻亲关系、夫妻关系的负面影响是显而易见的,我国部分地区的彩礼风俗甚至呈现"高额化"的发展趋势,这很大程度上提高了该地区的结婚成本。[3]

不仅如此,当前我国社会初婚年龄的不断推迟也受到结婚成本增加的影响,特别是对男性青年而言。王樱洁等曾指出结婚成本的增加对于城乡男性青年初婚年龄的延长有显著的正向影响,而中国社会的城乡二元结构以及其不同的发展路径导致了城镇的经济发展水平、物价水平都相对高于农村,尤其是城镇房价远高于农村房价,因此城镇青年所要承担的结婚成本更大。[4]

随着社会经济的发展和全民物质生活水平的提高,从婚姻双方的角度来看,结婚成本是左右双方结婚与否的现实客观因素,有时甚至对青年的婚姻产生决定性影响。

4. 其他传统因素

除此之外,受我国传统观念影响,像"属相冲和"因素[5],以及近些年流行的星座匹配等其他因素对于青年择偶和婚姻的影响也显而易见。同时,包括五行说在内的很多传统因素,也影响了我国部分青年结婚的契机和动机,成为影响我国青年结婚不可或缺的因素之一。

---

[1] 肖武.中国青年婚姻观调查[J].中国青年研究,2016(6):9.
[2] 陈晨.当代青年恋爱与婚姻状况分析[J].中国青年研究,2007(7):64—68.
[3] 田丰,陈振汴.农村青年结婚高额彩礼问题探析——以福建省大田县为例[J].中国青年社会科学,2016(2).
[4] 王樱洁,潘彦霖.婚姻成本:中国青年初显成人期的出现之因[J].中国青年研究,2018(11).
[5] 李煜,吴家麟.择偶中的生肖匹配——基于层叠拓扑模型的实证研究[J].青年研究,2011(6).

此外，我国城乡二元结构导致的地区发展不平衡，以及区域之间规模性的人口流动，都对流入地和流出地的青年适婚人群的婚配产生影响，进而影响青年人结婚。随着社会经济的发展，伴随着人们观念的改变，青年人对结婚的态度已发生重大变化，而现实环境中婚姻匹配的不均衡，也制约着适婚人群"找对象"，青年人的结婚问题变得越发复杂。

（三）关于婚姻稳定性影响因素的研究

1. 个体条件

个体的生理和心理特征是决定婚姻满意度和婚姻稳定性的首要因素。婚姻满意度是维持稳定婚姻的关键因素。婚姻满意度包含多个方面，有主观的个体因素和现实的客观因素。

初婚年龄是个体条件的一大客观影响因素，初婚年龄对于家庭婚姻的稳定与否有着重要的影响。有研究表明，受教育年限较长的家庭离婚率普遍更低，而受教育年限的延长体现在初婚年龄的延迟，可以理解为拥有成熟心智的人在处理婚姻感情问题时会更加稳重，这有利于家庭婚姻的稳定。由于我国的女性在家庭生活中扮演重要的角色，因此女性的初婚年龄对于家庭婚姻的稳定有明显影响。

李建新等通过建立离散时间 Logit 模型，分析得出现代女性的初婚年龄对婚姻稳定性呈"U"形模式影响，并且夫妻不同婚配年龄也对婚姻稳定性产生不同影响，这两个影响因素都表现出较为明显的城乡异质性。[1]很多只身一人来城市务工的已婚人群中，特别是年轻女性，由于得不到另一半的陪伴和照顾，情感上十分脆弱，不利于夫妻关系的稳定。

婚姻满意度是影响婚姻稳定性的主要主观因素。Donnellan 于 1992 年基于塔佩斯"大五人格"的研究，指出"宜人性"和尽责性越高，消极的夫妻互动就越少，进而对婚恋质量的满意度有正向的预测力。他还提出宜人性高的个体在人际交往的过程中能更好地调节情绪，更会处理婚恋中的冲突事件，进而减少消极的夫妻互动发生的频率。[2]

2. 家庭经济状况和观念

结合当前我国大部分家庭破裂的原因，可以发现，客观现实因素对家庭婚姻稳定性的影响正在增强，家庭经济状况及家庭观念，是主要的现实客观因素。主观因素和客观因素共同决定了婚姻质量。叶文振和徐安琪将人口特征和个人资源、两性资源差距、家庭结构和关系、婚前基础、双方一致性、性别角色差异、性意识和互动模式、配偶替代意识和机会这 8 个方面作为婚姻质量的内容，分析了婚姻质量对婚姻的稳定性的影响。[3]

以前，由于受到街坊邻里以及家庭的约束，决裂的夫妻大多会选择不离婚。如今，随着社会大环境的改变和人们意识的转变，离婚已不再是见不得人的事情。

---

[1] 李建新，王小龙.初婚年龄、婚龄匹配与婚姻稳定——基于 CFPS 2010 年调查数据[J].社会学，2014(3)：80—88.
[2] Donnellan, MB'RD Conger, et al. The Big Five and Enduring Mar-riages[J]. Journal of Research in Personality, 2004：23—55.
[3] 叶文振，徐安琪.中国婚姻的稳定性及其影响因素[J].中国人口科学，1999(6)：7—12.

3. 子辈和父辈的影响

影响婚姻稳定性的家庭因素很多，子辈和父辈的影响也非常重要。

孩子是家庭的纽带，孩子可以使家庭关系更加融洽，并能提升婚姻的稳定性，现实中，很多感情破裂的家庭也会因为孩子而不离婚。许琪等人于2013年指出婚前生育的夫妻离婚率更高；而子女数量越多，离婚率越低，新生儿的出生显著地降低了家庭的离婚率。[1]

我国社会中的婆媳关系问题是父辈影响中最直接的表现。张波于2019年在对父辈因素对子辈离婚风险影响的实证研究中发现，保持父辈与子辈适当的联系，有利于子辈家庭的婚姻稳定，过于频繁的联系和极少的联络均不利于子辈婚姻的稳定。[2]

4. 离婚约束力下降

Nye等学者于1969年在婚姻稳定性影响因素方面提出影响婚姻稳定的3个主要变量：婚姻对当事人的正面影响、离婚的社会约束和缺乏吸引力的其他选择（如独身、再婚等），并指出这三大因素都和婚姻稳定性呈正相关。[3]

回顾历史可以发现，不论在哪个历史阶段，中国的离婚社会约束力一直在下降，直接的体现就是离婚件数的上升，特别是从民国初期开始，民主自由思想逐渐深入人心，时人的离婚观念也在发生剧变，离婚自由的思想在社会上传播，各地的离婚数都出现了较大幅度的上涨。

当前，社会和家庭的包容度变得更大，这使得离婚的社会约束力大大减弱。夫妻在婚姻出现不可挽回的危机时，对于是否选择离婚，双方也能够理智面对。随着离婚成本大大下降，离婚甚至成为现今解决夫妻婚姻问题的首要选择。

5. 人口流动和网络社交发展

伴随着我国城市化进程的加快，人口的跨地区流动变得越发频繁，影响着人们社交类型和方式的变化。汪国华于2007年提出随着人口流动性的增强，熟人社会正在向陌生人社会转变，降低了社会聚合力，促使离婚率提高。[4]曾迪洋也指出，人口迁移对婚姻匹配的同质性程度和婚姻质量产生负面影响。[5]因此，人口迁移流动是影响相关家庭婚姻稳定性的重要因素。

如今移动互联网和智能手机已经普及，而城市工作生活节奏快，人们普遍压力较大，便会选择网络社交平台以缓解压力。近年来社交媒体和各类社交APP的火热就是重要的体现。城市中缺少家庭关爱的已婚独居人群，需要在城市中得到他人的关爱和照顾，这也为家庭的婚姻稳定性带来了不确定因素。

---

[1] 许琪,于健宁,邱泽奇.子女因素对离婚风险的影响[J].社会学研究,2013(4).
[2] 张波.父辈因素对子辈夫妻离婚风险影响的实证研究[D].上海：华东师范大学,2019.
[3] Nye, F. I., et al. Annual Meeting of the National Council on Family Relations: A partial theory of family stability[D]. Washington, D. C., 1969.
[4] 汪国华.从熟人社会到陌生人社会：城市离婚率趋高的社会学透视[J].北京科技大学学报（社会科学版）,2007(1).
[5] 曾迪洋.劳动力迁移对婚姻的影响[D].北京：清华大学,2014.

6. 其他社会因素

有数据显示,曾经某段时间,北京的离婚登记数陡然上升,竟是夫妻双方为了降低购房成本而"假离婚",而这普遍发生在我国受严格楼市控制的较发达城市中。这一现象拉高了当时的离婚率,甚至对今天我国的离婚率产生影响。

此外,随着时代的发展和思想的解放,婚前同居已经不再为人们所避讳,而婚前同居现象的日益增多和普遍,也使人们逐渐开始关注婚前同居行为对于婚姻稳定性的影响。不可否认,"试婚"行为很大程度上避免了情侣因婚后生活不合而导致的婚姻破裂可能,因为双方在同居的过程中不断磨合,会发现一些双方都不可接受和妥协的地方。刘玉萍等基于中国家庭追踪调查 2010 年和 2012 年的数据,指出中国居民初婚的婚前同居对婚姻稳定性的负相关关系正逐渐不显著,并肯定了"试婚"行为对于婚姻稳定的积极影响。[①]

伴随着我国城市化进程和大城市虹吸效应的持续影响,城市中的流动人口在城市总人口中逐渐占据重要甚至主要地位,而已婚务工人群在城市中压力大、面对的诱惑和干扰更多。同时,长期异地也不利于双方解决日常出现的感情问题,这些都对原本的婚姻家庭带来不稳定因素。梁海艳指出这种流动人口迁移流动,对未婚青年新的婚姻关系建构带来了很多潜在的威胁因素,也增加了已婚夫妇婚姻关系破裂的风险,促使了我国当前离婚率的上升。[②]

(四)关于大龄未婚群体未婚原因的研究

一般将男 30 周岁以上、女 27 周岁以上还没有结婚的未婚青年群体称为"大龄未婚青年群体",而大龄未婚青年群体的形成,受到外部客观因素和自身因素的共同影响。

1. 性别失衡

性别失衡是我国社会中大龄未婚青年群体出现的直接客观因素之一。李沛霖指出,由于性别比失调,所谓"剩男"将会远远多于"剩女",特别是农村贫困男性将成为婚姻市场中的"弱势群体"。[③]实际上,受传统观念影响,中国人口的性别比长期偏高,而 20 世纪 80 年代开始实行的独生子女政策和性别鉴定技术的滥用等,使我国的出生人口性别比开始并长期处于失衡和严重失衡状态,中国也成为世界上性别失衡最严重的国家之一。[④]

学术界曾就性别失衡对未来婚姻市场的影响进行分析。[⑤]李树茁等讨论了性别与年龄结构因素对婚姻挤压的影响情况。[⑥]宁鸿指出,当婚姻市场中的男性数量超过对应所需的女性数量时,称为男性婚姻挤压,反之则称为女性婚姻挤压。而不论出现何种

---

① 刘玉萍,郭郡郡,喻海龙.婚前同居、同居蔓延与中国居民的婚姻稳定性:自选择及其变化[J].西北人口,2019(1):40.
② 梁海艳.人口流动对婚姻稳定性的影响研究[J].人力资源管理,2017(9):292—294.
③ 李沛霖.城市"剩女"形势令人担忧[J].经济视角,2011(8).
④ 穆光宗,余利明,杨越忠.出生人口性别比问题治理研究[J].中国人口科学,2007(3):81—88.
⑤ 李南.高出生性别比及其婚姻后果[J].中国人口科学,1995(1).
⑥ 李树茁,Monica Das Gupta.性别歧视和婚姻挤压:中国、韩国和印度的比较研究[J].中国人口科学,1998(6).

"挤压",都会导致某一群体数量的过剩,大龄未婚青年群体也就逐渐形成了。[1]

国家人口计生委"人口宏观管理与决策信息系统 PADIS"数据显示,2000年,中国30岁及以上的单身男性为1 467.8万人,而相对的女性群体仅有328.3万人;2010年,男性数量为2 207万人,增幅53%,女性有1 515.9万人,增幅达362%。相关研究认为到2020年时,此类男性和女性数将分别达到3 373万和3 372万人,女性数量将逼平男性数量,而此时中国处于婚龄段的男性人数将比女性多出3 000万左右,这意味着平均每5个男性中将有一个找不到配偶。可以预见,未来青年男性"结婚难"问题会更加严峻。

2. 人均受教育年限延长

随着我国社会经济的发展和教育制度的完善,我国平均受教育的年限也在逐渐延长。

教育部数据显示,我国高校毕业生的平均年龄是22岁,以此估算2019年全国高校毕业生人数达834万人,而随着我国研究生培养工作的推进,越来越多的人选择继续深造。根据中国教育在线发布的《2019年全国研究生招生调查报告》显示,2019年全国硕士研究生考试的报名人数达到290万人,比上年增加52万人,增幅达到21.8%,研究生招录人数将达70万,其中近半为应届生。可以预计,越来越多的青年在适婚年龄期间刚完成学业,也进一步壮大了我国社会的大龄未婚青年群体规模。

3. 个人婚姻观念

大龄未婚青年群体形成的原因是综合性的,伦丽在关于大龄青年婚恋问题的研究中从制度、社会、经济及个人心理方面因素分析了大龄未婚群体形成的原因[2]。个人婚姻观念的变化对大龄未婚群体的影响是显著的。一方面受制于我国客观存在的人口年龄结构,另一方面随着社会竞争的增强,更多的青年人选择继续教育或者"先打拼再成家"这样的生活方式。同时,伴随着独身主义思潮和我国社会女性更加独立自主,婚姻不再成为束缚女性个人发展的阻力,大龄未婚青年群体未来可能会成为我国社会的主要青年群体。

从古至今,婚姻行为一直在我国社会中处于重要地位,而青年人在婚姻行为中扮演重要的角色。随着我国经济、社会的快速发展,当代青年人的社会负担和生活压力逐渐增加,由此带来的经济和心理压力以及人口流动带来的性别结构性问题,已经给青年人的婚姻选择和婚配造成了实际的困难和不便,同时也影响着很多家庭的婚姻稳定。

当前影响青年结婚和婚姻稳定的因素都源于我国社会的快速发展和曾经一系列不完备的人口政策,而解决或缓和当前所面临的种种问题和冲突,需要我们更加全面地结合实际情况和未来发展趋势,制定合理可持续的人口及社会发展政策。

---

[1] 宁鸿."剩女"现象的社会学分析[J].社会观察,2008(12):222—223.
[2] 伦丽.大龄青年婚恋问题研究——以"剩男""剩女"现象为视角[D].遵义:遵义医科大学,2013.

第二节 我国人口性别结构变化趋势与特点

一、我国出生人口性别结构变化趋势与特点

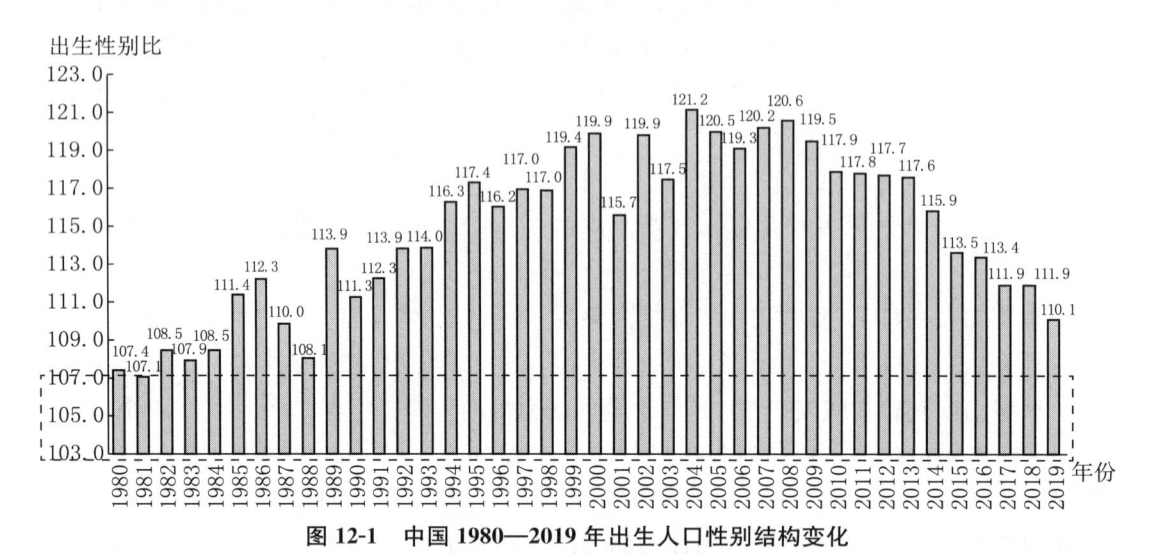

图 12-1 中国 1980—2019 年出生人口性别结构变化

注：虚线框表示出生人口性别比正常范围：103—107。
资料来源：参见我国历年人口普查数据。

结合中国 1965—2009 年出生人口性别结构变化可以看出，1980 年以前我国的出生人口性别比虽然较高，但始终处于平衡线以内，而从 1980 年开始，我国的出生人口性别比开始失衡，即新生男孩多于女孩且超出正常范围。相关研究调查和学者普遍认为，性别比开始失衡很大程度上是受我国独生子女政策的影响。尽管在 2001 年出生人口性别比较之前有所回落，但随后又继续朝着失衡状态发展，男多女少的情况愈演愈烈。

出生人口性别比的失衡，直接导致了后二十多年来我国适婚人口男女比例的失衡，并且随着出生人口性别比失衡的加剧，未来我国青年适婚男性的数量将持续增加，适婚男青年"找对象难"的问题将更加严峻。

二、我国青年适婚人群(20—34 岁)性别结构变化趋势与特点

我国的青年适婚人群性别比从 2000 年逐年下降到 2010 年的最低，之后逐年上升且增速较快。可以推测，青年适婚人群中的性别比将会变得更加失衡，在未来的许多年内，青年适婚人群的性别比仍将持续上升并将长期处于高位。

结合中国 1965—2009 年出生人口性别结构变化可知，1965 年至我国独生子女政策刚出台的一两年内，我国的出生人口性别比始终处于平衡状态，这使得二十多年后的青年适婚人群性别比长期处于平衡状态，并受计划生育政策导致的人口增量减少的影响，青年适婚人群性别比逐步下降。而随着独生子女政策的实施和推进，我国的出生人

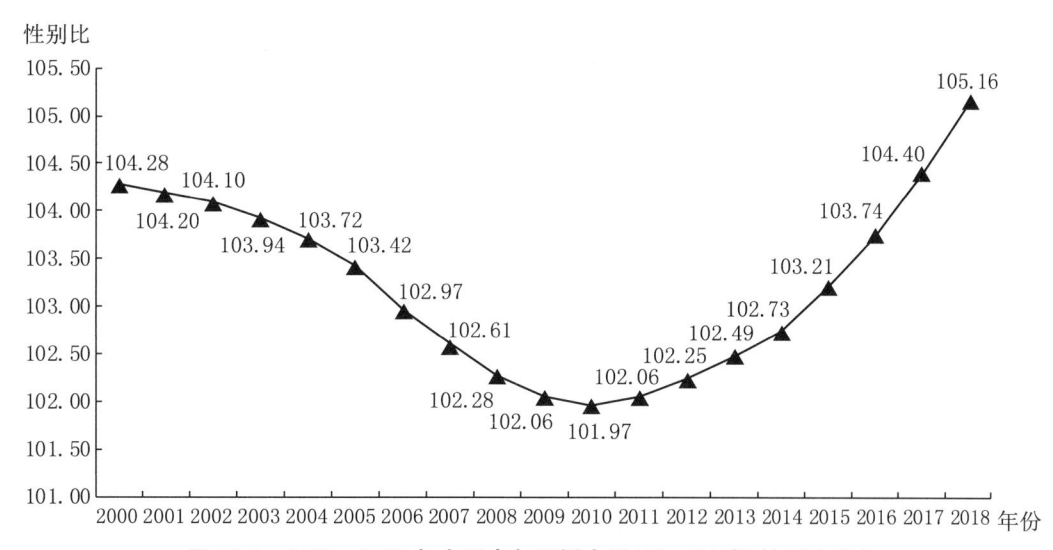

图 12-2　2000—2018 年中国青年适婚人群(20—34 岁)性别比变化

资料来源：根据中国 2010 年人口普查资料中各年龄段的男女人口总数，按年龄段相加推算。

口性别比剧烈上升，随着失衡性别比出生人口数量的累加，青年适婚人群性别比在 2010 年左右陡然升高，青年适婚人群性别比逐步失衡并加剧。

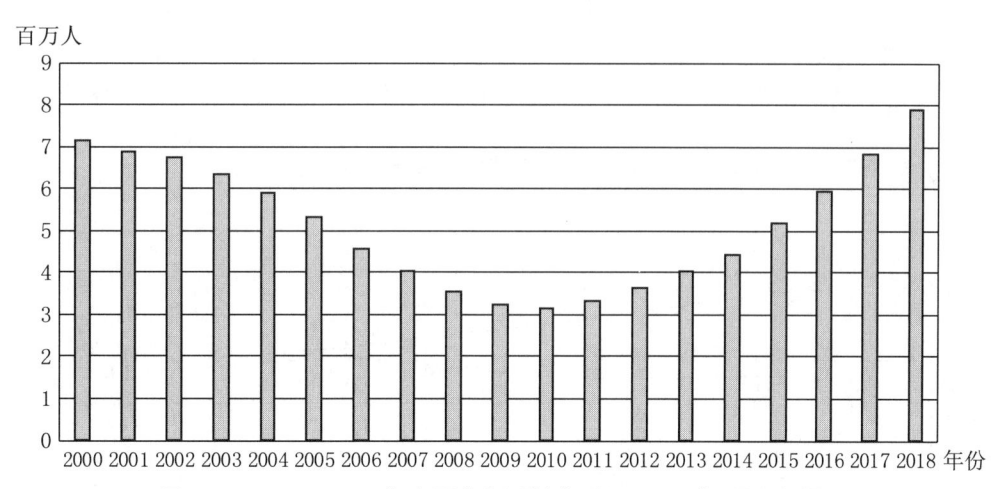

图 12-3　2000—2018 年中国青年适婚人群(20—34 岁)男女数量差

资料来源：根据中国 2010 年人口普查资料中各年龄段的男女人口总数，按年龄段加总推算。

进入 21 世纪，我国的青年适婚人群中，男性数量始终多于女性，尽管差量从 2000 年到 2010 年逐年下降，但后来又逐年上升，青年适婚人群中的男女数量的巨大差异是当前青年适婚人群中男性婚配问题难的直接原因。

出生人口性别比是影响人口性别比的根本原因。处于适婚年龄段的人群当初的出生性别比，决定了目前这批适婚人群的男女数量差异，随着出生性别比失衡的持续，新一批适婚人群中的男女数量差将持续扩大。

三、我国大龄适婚人群(35—49岁)性别结构变化趋势与特点

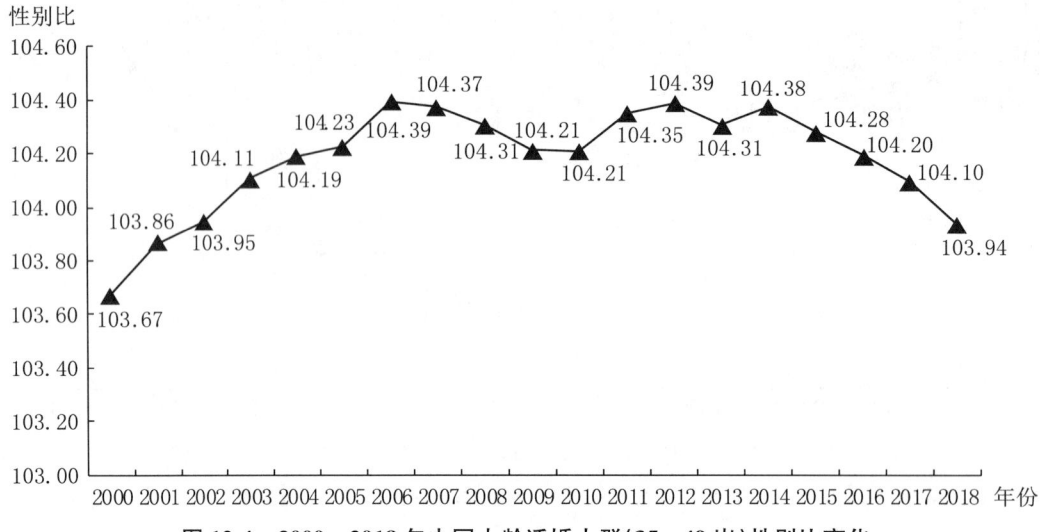

图 12-4　2000—2018年中国大龄适婚人群(35—49岁)性别比变化

资料来源:根据中国2010年人口普查资料中各年龄段的男女人口总数,按年龄段相加推算。

从2000年开始,大龄适婚人群的性别比逐年小幅上升,浮动不大,持续在104左右,到2006年达到峰值后,开始逐年下降,后呈波动下降到2018年的谷底值,可以看出中国35—49岁的大龄适婚群体的性别比变化幅度不大,整体较为平稳,并有继续下降的趋势。

四、我国中老年人群(50岁及以上)性别结构变化趋势与特点

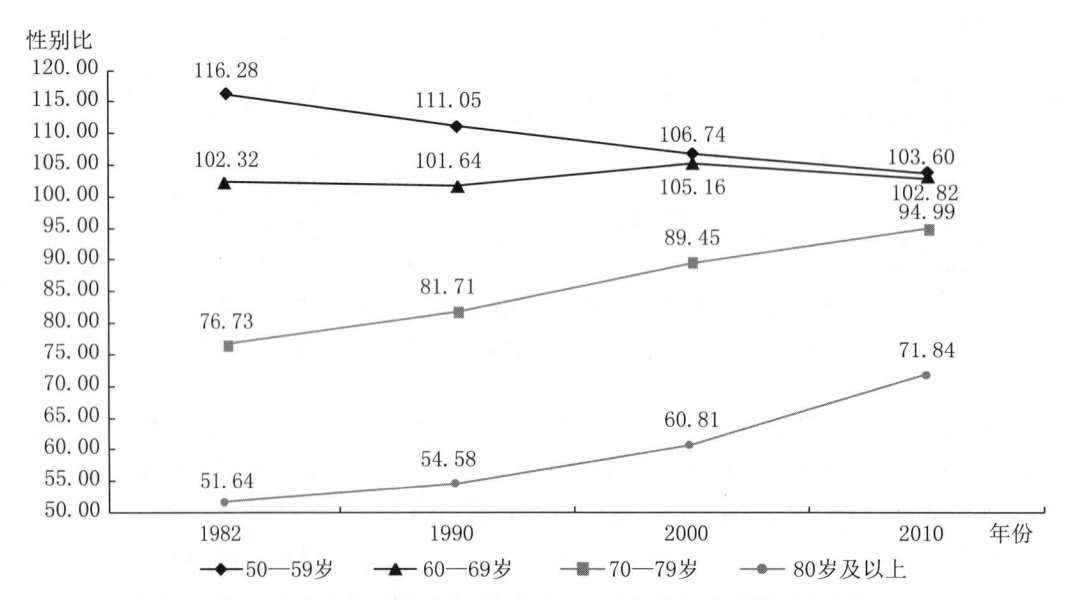

图 12-5　1982年以来中国50岁及以上分年龄段人口性别比变化

资料来源:参见中国历次人口普查资料。

大量实验研究结果表明,由于受两性遗传差异的影响,女性的平均生理寿命要高于男性,加上男性在社会和家庭生活中所承受的负担较重及暴露于有害环境因素较多,因此,女性的平均预期寿命高于男性,并且随着人口平均预期寿命的延长,差异呈扩大之势。[1]

结合历次人口普查数据可知,较低年龄段的人口性别仍然表现为男多女少,而随着年龄的增加,女性人口所占比重大幅增加,而高龄人口的性别比又逐年上升,从1982年的51.64%上升到2010年的71.84%,表明随着我国居民生活水平和整体医疗服务质量的提高,老年人的生活质量得到了改善,同时人们所处环境中的有害因素也减少了很多。

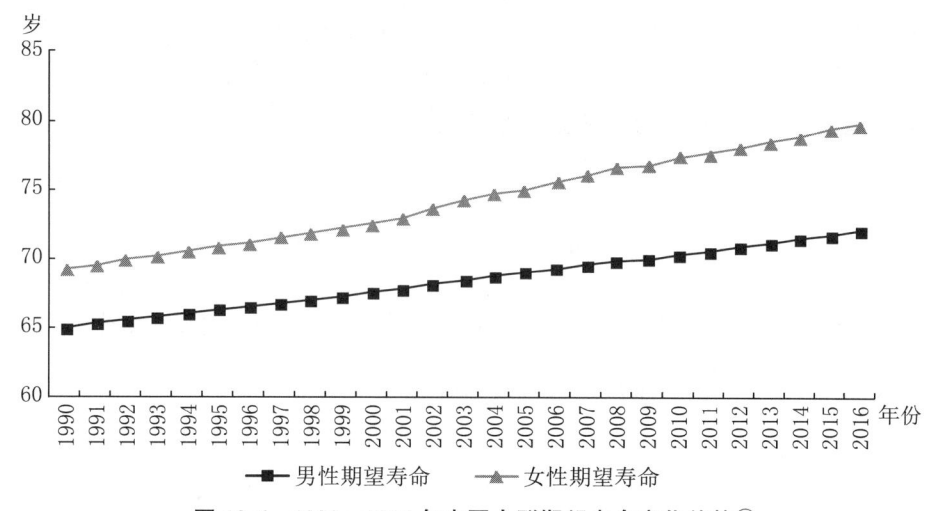

图12-6　1990—2016年中国人群期望寿命变化趋势[2]

资料来源:参见中国历次人口普查资料。

1990—2016年,我国居民期望寿命呈上升趋势,期望寿命由67.0岁增至76.4岁。其中,男性由65.0岁增至73.4岁,女性由69.2岁增至79.9岁。健康期望寿命由59.8岁增至67.9岁。其中,男性由58.8岁增至66.0岁,女性由61.0岁增至70.1岁。

第三节　我国人口婚姻状况变化趋势与特点

一、1979年以来我国结婚对数和离婚对数变化

从1979年开始,中国社会的结婚对数经历了近十年的增长,直到20世纪90年代后期开始出现下滑。从2002年开始,结婚对数开始回升,到2013年达到峰值后又逐年下跌。我国的离婚对数从1979年开始整体上一直处于上升状态,2014年出现小幅度的回落后又继续上升,2019年达到最高值。

---

[1] 于建平,郑忠梅,李国光.中国高老龄人口年龄别死亡率及其性别差异[J].中国人口科学,1997(6).
[2] 曾新颖,齐金蕾,殷鹏,王黎君,刘韫宁,刘江美,周脉耕,梁晓峰.1990—2016年中国及省级行政区疾病负担报告[J].中国循环杂志,2018(12).

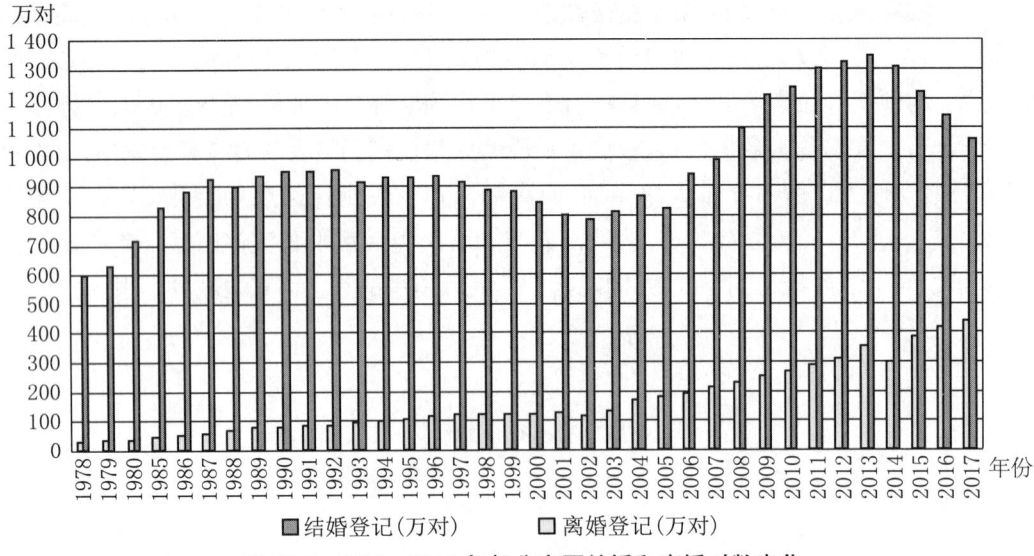

图 12-7　1978—2017 年部分中国结婚和离婚对数变化

资料来源：参见民政部官网（http://www.mca.gov.cn/article/sj/tjgb/）发布的 1987—2018 年相关社会服务发展统计公报；李荣时.中国民政统计年鉴：1993[M].北京：民政部综合计划司，1993。

二、1979 年以来我国结婚率和离婚率变化

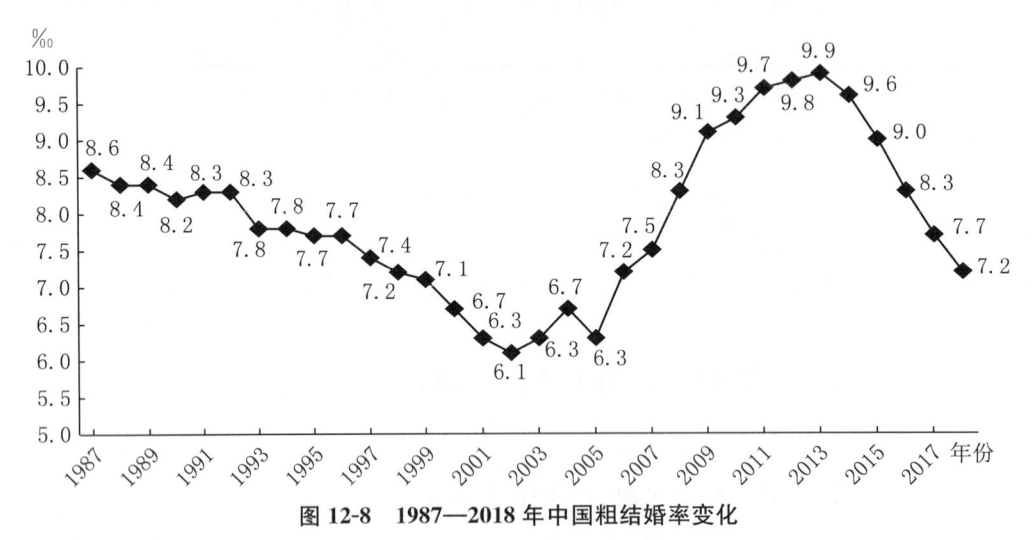

图 12-8　1987—2018 年中国粗结婚率变化

资料来源：参见民政部官网（http://www.mca.gov.cn/article/sj/tjgb/）发布的 1987—2018 年相关社会服务发展统计公报。

可以看出，1987 年到 20 世纪初，结婚率处于下降状态，而从 2002 年开始上升，到 2013 年达到峰值后又逐年下降，并且下降速度明显快于之前。

改革开放以来，我国的粗离婚率整体处于上升状态，并从 21 世纪开始增速迅速提高，未来有继续提高的可能。现如今，晚婚的人越来越多，即同期原本要结婚的人没有结婚，这体现在结婚率的下降。而随着社会的发展，人们婚姻观念和思想变化，选择通

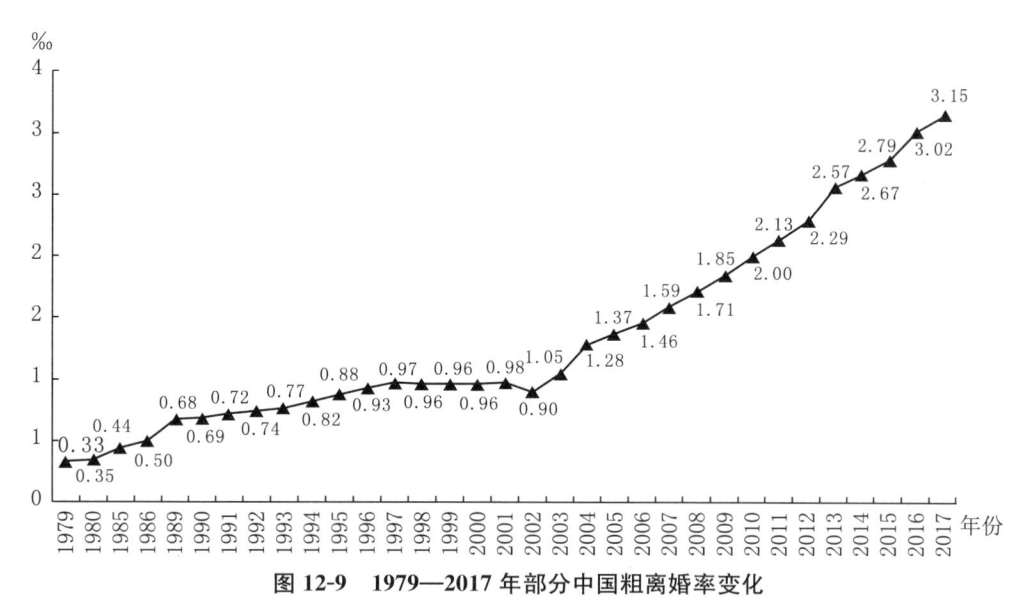

图 12-9　1979—2017 年部分中国粗离婚率变化

资料来源：参见民政部官网（http://www.mca.gov.cn/article/sj/tjgb/）发布的 1987—2018 年相关社会服务发展统计公报。

过离婚来告别感情挣扎的人也越来越多，离婚事件和离婚率自然就上升了。

近几年，许多媒体尤其是网络媒体喜欢用"离结率"，即离婚率与结婚率的比率来描述某一个城市或地区的离婚和结婚发生率，甚至有部分网媒直接用"离结率"代替离婚率，用过高的数字危言耸听，达到吸引公众眼球的目的，这是非常不科学的。离结率本身并不能客观反映出结婚事件和离婚事件的真实发生情况。

三、1985 年以来我国再婚对数和再婚率

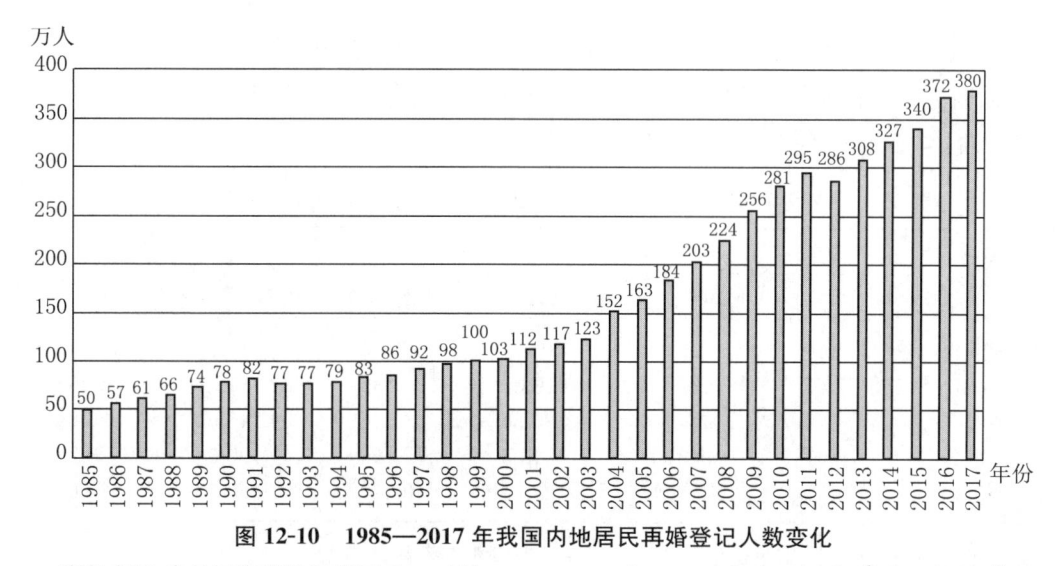

图 12-10　1985—2017 年我国内地居民再婚登记人数变化

资料来源：参见国家统计局官网（http://data.stats.gov.cn/easyquery.htm?cn=C01&zb=A0P0C&sj=2017）。

从1985年开始,我国内地居民的再婚登记人数整体呈上升状态,21世纪后增速提高,虽然2012年我国再婚登记人数有所回落,但随后人数持续增加。

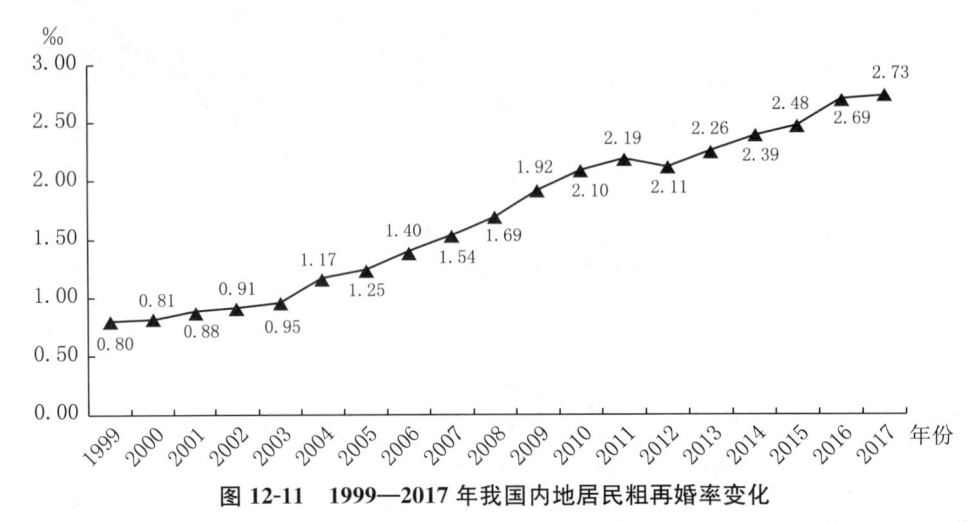

图12-11 1999—2017年我国内地居民粗再婚率变化

资料来源:参见国家统计局官网(http://data.stats.gov.cn/easyquery.htm?cn=C01&zb=A0P0C&sj=2017)。

通过粗再婚率公式:粗再婚率=再婚人口/总人口×1 000‰计算粗再婚率,分析近20年我国粗再婚率变化,可以看出我国的粗再婚率整体上呈上升态势,并且从1999年的不到1‰,上升到2017年的2.73‰。再婚率的上升,表明我国社会中人们的再婚意愿越来越强,更多的人在结束一段婚姻后选择再次结婚,再婚率的上升也说明人们思想文化以及婚姻观念的改变。

四、我国60岁及以上老年人口婚姻变化情况

60岁及以上老年人的婚姻变化也逐渐成为社会关注的热点问题。伴随着社会进步、观念改变和生活水平的提高,老年人的婚姻爱情观念也逐渐与中、青年人趋同起来,老年人们也要追求幸福美满的晚年生活。

表12-1 1999年、2000年和2010年中国60岁及以上老年人口婚姻状况变化

婚姻状况	1990年 人数(万人)	1990年 比例(%)	2000年 人数(万人)	2000年 比例(%)	2010年 人数(万人)	2010年 比例(%)
未婚	127.31	1.31	212.17	1.66	313.68	1.78
有配偶	5 787.47	59.68	8 616.39	67.32	12 459.03	70.55
丧偶	3 703.58	38.19	3 885.58	30.36	4 747.92	26.89
离婚	78.61	0.81	84.26	0.66	138.08	0.78
合计	9 696.97	100.00	12 798.40	100.00	17 658.71	100.00

资料来源:参见中国1990年、2000年、2010年人口普查资料。

与1999年和2000年的统计数据相比,2010年我国丧偶老人的比例虽然有所下

降,但由于我国人口基数较大,2000—2010年十年间丧偶老人数量增加了862.34万,规模显著增长。同时我国老年人丧偶率随着高龄化的趋势有所提高。纵向对比还可发现,我国未婚和离婚的老年人占比均有所上升。2000年到2010年,未婚老人比例从1.66%上升到1.78%,离婚比例从0.66%上升到0.78%,特别是未婚老年人比例自1990年以来持续升高,已成为老年人婚姻中的突出特点。

丧偶是老人单身的最大原因,有调查显示,80%的丧偶老人有再婚愿望,但是实际前去婚姻登记的不足一成,他们中的一部分人选择"隐婚",即像夫妻一样生活,却不进行婚姻登记,这种现状社会上称为"搭伙"。

虽然目前老年人丧偶比例有所下降,但丧偶老年人数量迅速增长。同时,婚姻状况的变化呈现明显的性别差异,因女性的平均预期寿命要高于男性。数据显示,1990—2010年,女性老年人有配偶的比例随年龄增长,下降幅度比男性更大。此外,从城乡差异和地区差异来看,丧偶和未婚是农村老年人婚姻状况中的主要问题,而城市老年人的离婚率相对较高。2010年,我国50岁以上未婚男性已达到543万人,未婚男性的比例在农村地区更高且逐渐上升。

老年婚姻问题,尤其是农村未婚老年人口的增加,将使得农村地区的社会化老年照料服务需求更加突出,特别是离婚和未婚老年人数量和比重的增长,会给一些地区在人口老龄化和社会转型过程中带来新的社会问题。

五、我国涉外及中国港澳台地区婚姻变化情况

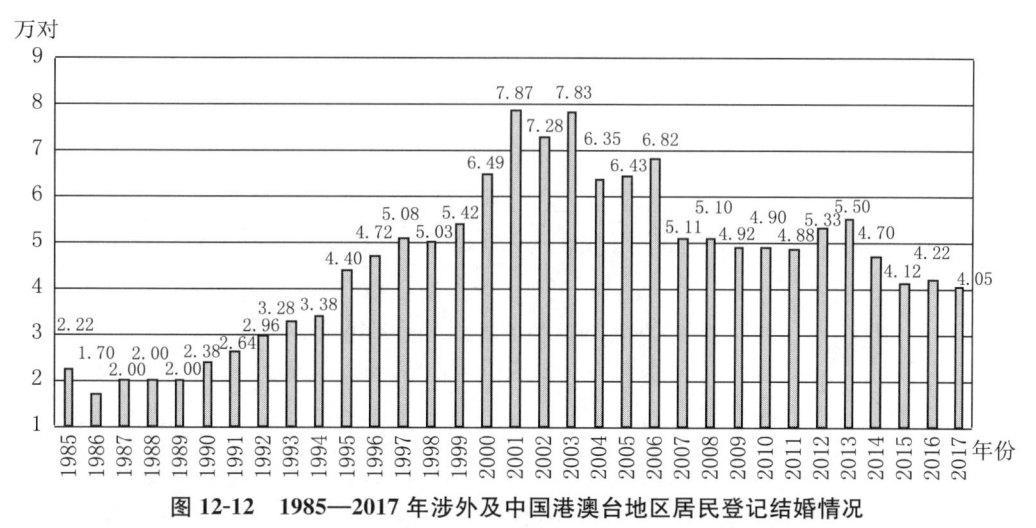

图 12-12 1985—2017 年涉外及中国港澳台地区居民登记结婚情况

资料来源:参见国家统计局官网(http://data.stats.gov.cn/easyquery.htm?cn=C01&zb=A0P0C&sj=2017)。

20世纪80年代开始,我国涉外以及涉中国港澳台地区结婚登记数持续上升,到2001年达到峰值后开始波动下降,从2007年开始保持平稳,其间在2012年和2013年有小幅回弹后又回落至平稳。

可以看出，改革开放以来，我国加大了与国外以及内地（大陆）与港澳台的经济贸易合作，还在旅游、教育等文化领域进行多层次的交流和互动，对外窗口的全面开放更促进了民间的频繁交流。21世纪初，我国的涉外以及涉中国港澳台地区婚姻数持续走高。直到2008年，受全球性金融危机影响，跨国婚姻登记数降至21世纪以来的最低水平，尽管在2012年和2013年跨国婚姻登记数出现较小的回弹，但随着我国自身综合国力的提升和"跨国恋"热度的消散，跨国婚姻登记数逐渐回落，并有继续下跌的趋势。

六、我国部分特大城市婚姻变化情况

随着我国城市化的发展，大城市成为吸引年轻劳动人口的主要流入地，大城市中的适龄青年婚姻问题呈现出多样性，表现在城市青年初婚年龄的推迟、未婚比例高、离婚率的上升以及女性择偶难等，下面以北京和上海为案例，分析其婚姻变化情况。

（一）北京和上海结婚情况变化

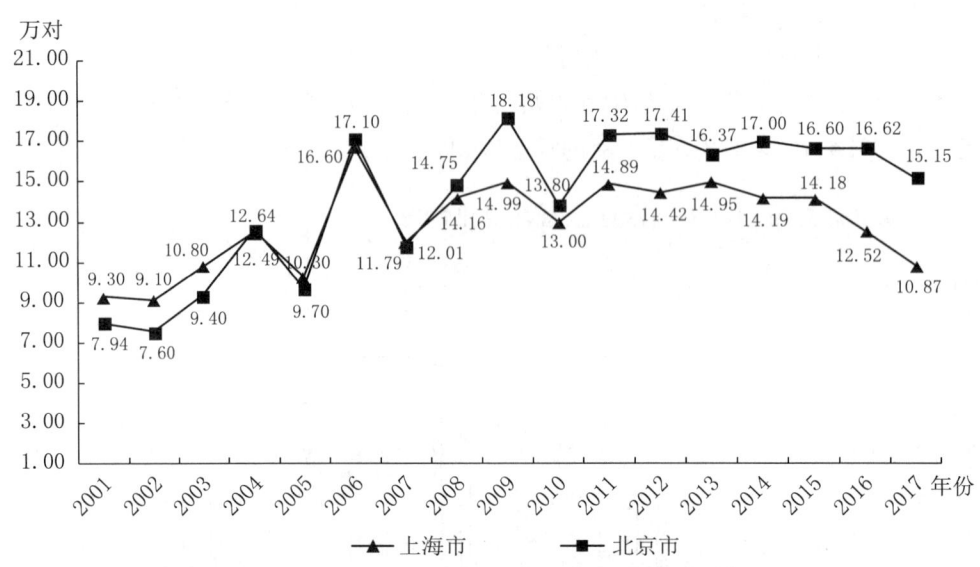

图 12-13 2001—2017 年北京、上海市结婚登记情况

资料来源：参见国家统计局官网（http://data.stats.gov.cn/easyquery.htm?cn=C01&zb=A0P0C&sj=2017）。

从结婚登记情况来看，21世纪以来，北京和上海两地的结婚登记数变化情况基本一致，均在经历波动上升态势后又整体下降。其中，北京在2011年后趋于稳定，同时在2016年后开始持续下降，而上海则从2013年开始便持续下降，结婚登记数明显减少。可以看出，年轻人越来越不愿意结婚已经是大趋势，这在城市中体现得更加明显。

（二）北京和上海离婚情况变化

分析北京和上海1999—2017年离婚登记数变化情况，可以发现从1999年开始，北京的离婚登记数逐年上升，2016年达到峰值，随后的2017年又回落到2015年的水平。

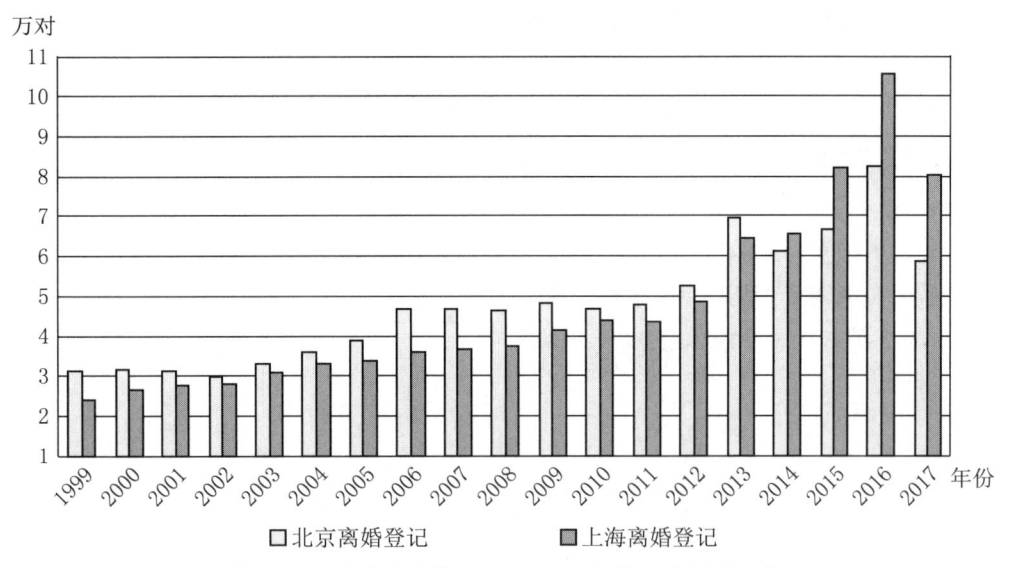

图 12-14　北京和上海 1999—2017 年离婚登记数变化

资料来源：参见国家统计局官网（http://data.stats.gov.cn/easyquery.htm?cn=C01&zb=A0P0C&sj=2017）。

1999—2002 年，上海的离婚登记数较平稳，2002 年起离婚登记数逐年上升，2006 年再次回到平稳状态，直到 2012 年再次开始波动上升，2016 年达到峰值 8 万对，并在次年回落到 2014 年的水平。

可以看出，20 年来北京和上海的离婚登记对数整体处于上升态势，并在 2016 年都达到峰值后开始回落。

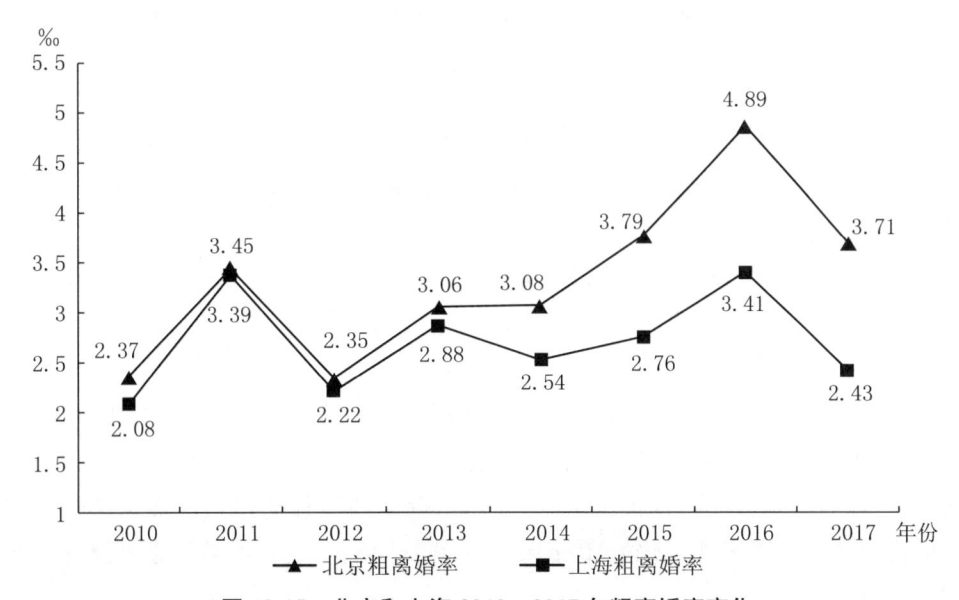

图 12-15　北京和上海 2010—2017 年粗离婚率变化

资料来源：参见国家统计局官网（http://data.stats.gov.cn/easyquery.htm?cn=C01&zb=A0P0C&sj=2017）。

回顾两座城市近十年的粗离婚率变化，可以发现两座城市的粗离婚率走势基本一致，均呈波动起伏状，北京的粗离婚率整体上高于上海的同期水平。

20世纪70年代末开始，我国离婚人数和离婚率持续上升，近年来增速明显。全国登记结婚的夫妻从2002年的786万对增长到2013年的1 347万对，办理离婚手续的从2002年的117万对增长到2017年的438万对。相关研究显示，当下我国22—25岁人群是离婚的主力军，这是由于现在的青年人对婚姻质量的要求更高，而社会责任感和家庭责任感相对淡薄，导致婚姻稳定性下降，由生活琐事引发的婚姻破裂现象频发。

（三）21世纪以来北京和上海涉外以及涉中国港澳台地区婚姻

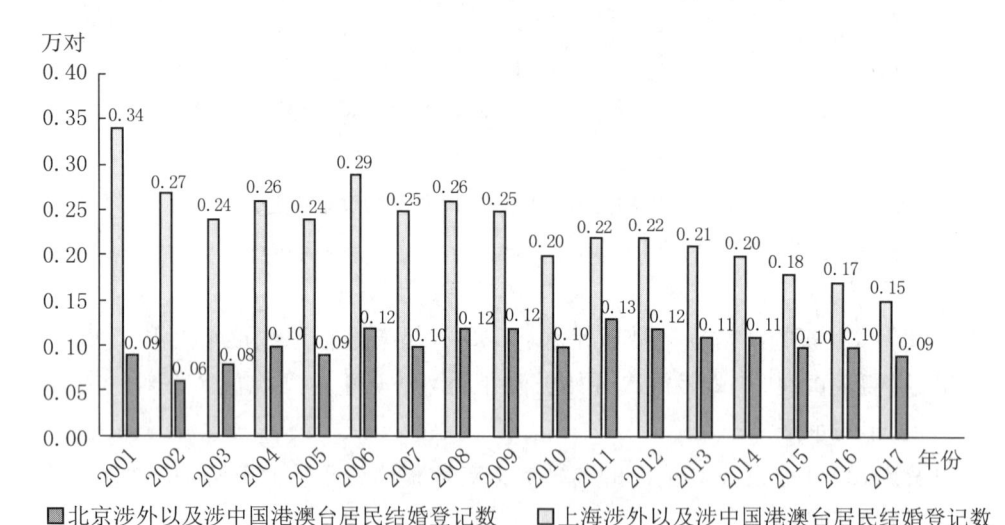

图12-16　北京、上海2001—2017年涉外以及涉中国港澳台地区居民结婚登记数变化

资料来源：参见国家统计局相关数据。

可以明显看出，上海的涉外以及涉中国港澳台地区结婚登记数都远高于同期的北京，这侧面反映出上海对外交流的频繁和更高的国际化程度，体现了上海居民更为开放的择偶和婚恋观念。

21世纪以来，两座城市的涉外以及涉中国港澳台地区结婚登记数量均整体呈下降趋势，尽管中间有个别年份上升了，但整体上呈波动下降的态势。其中，上海的下降更为显著。

有数据显示，2004—2011年北京的涉外婚姻有以外嫁婚为主、再婚者比例偏高、外嫁婚夫妇年龄差偏大等特点，但后期的状况已经有了很大改变。此外，涉外婚姻者普遍学历较高。针对离婚数据的分析显示，尽管北京近年的涉外离婚量和离结率均有显著提高，但与国内离婚情况相比仍处于较低水平。总体而言，北京的涉外婚姻所显示的特点和变动趋势是积极的。[①]

[①]　高颖,张秀兰,祝维龙.北京近年涉外婚姻状况研究[J].人口与经济,2013(1):27—36.

上海一直是我国涉外以及涉中国港澳台地区婚姻登记数最多的城市。与北京相似,涉外以及涉中国港澳台地区婚姻者普遍学历较高。而近些年来,上海的涉外以及涉中国港澳台地区婚姻的数量波动下降。随着我国经济社会的持续发展,涉外婚姻等也将进一步走向理性和平等。

(四)北京和上海初婚年龄变化

国家统计局发布的数据显示,从 1990 年至 2017 年,我国育龄妇女平均初婚年龄推迟 4 岁多,从 21.4 岁提高到 25.7 岁,并有继续走高趋势,平均初育年龄也从 23.4 岁提高到 26.8 岁。

有数据显示,2017 年北京的男性初婚平均年龄已提高至 32.2 岁,女性初婚平均年龄提高至 29.9 岁,而在 2011 年北京的男性初婚年龄为 27.8 岁,6 年来北京男性的平均初婚年龄提高近 5 岁。

上海市妇联公布的《改革开放 40 年上海女性发展调研报告》显示,近年来,上海女性和男性的预期寿命不断提高,而与此同时,女性初婚初育的年龄大幅提高,上海男女的初婚年龄增速高于全国水平,并且女性初婚年龄的提高幅度高于男性。截至 2015 年,上海男女的平均初婚年龄分别为 30.3 岁和 28.4 岁,比 2005 年分别提高了 5.0 岁和 5.4 岁。另外,在 2015 年,上海女性的初育年龄为 29 岁,已高于很多西方发达国家(美国 26.3 岁、英国 28.6 岁、法国 28.3 岁),略低于日本(30.6 岁)、韩国(31 岁)、意大利(30.7 岁)等国。

报告还显示,40 年来上海女性受教育水平显著提高,性别差距持续缩小。截至 2015 年,上海女性平均受教育年限为 10.5 年,比全国女性高出 3.3 年。据统计,1986 年前,上海高等院校和科研机构在校女硕士生的比重还不到 20%,到 1996 年已经超过 30%,而 2010 年已达 48.5%。数据显示,2017 年上海高校毕业生中,获硕士学位的女性有 6.84 万人,获博士学位的女性有 1.27 万人,分别占硕士总数和博士总数的 50.3% 和 48.8%。

另外,女性在全国和地方人大代表中的参与度也是国际上公认的衡量妇女政治参与的重要指标,这一指标在上海市级层面也有较大进展。以上都对延迟女性初婚年龄产生了潜移默化的影响。

第四节 影响我国婚姻状况变化的社会经济原因分析

一、影响我国婚姻状况的人口因素变化

(一)适婚人口基数减少

当前我国婚姻状况最大的变化就是结婚率持续下降,造成这一现象的首要因素是

图 12-17　2000—2018 年中国适婚人群(20—49 岁)性别比变化

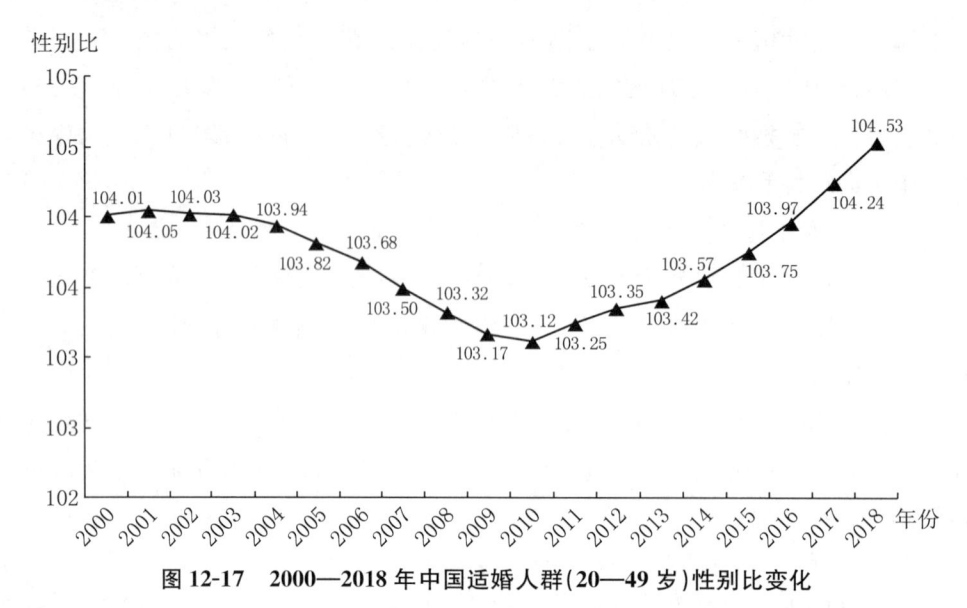

资料来源：根据中国 2010 年人口普查资料中各年龄段的男女人口总数，按年龄段相加推算。

适婚年龄人口结构的变化。随着人口结构变化和老龄化的加剧，结婚适龄人口的比重相应减少。适婚群体的减少导致结婚率的下降。随着人口出生率的下降，未来中国的结婚率还会进一步下降。2010 年中国的出生率仅 11.9‰，以 22 岁为结婚年龄来看，2010 年出生的人口将在 2032 年左右进入结婚生育阶段，而那时由于适婚人口基数的减少，结婚率自然会降低。

（二）适婚人口性别比失衡

另一大影响结婚率的主要人口因素是适婚人口的性别比。从近 20 年的 20—49 岁适婚年龄人群性别比变化情况可知，青年适婚人群的性别比整体偏高。尽管从 2001 年起，20—49 岁适婚人群性别失衡问题有所缓解，但到 2010 年后，该年龄段的人口性别比再次上升并且性别比失衡问题有继续加剧的趋势。

（三）人口跨地区流动频繁

人口的跨地区流动，尤其是城乡之间的人口流动，以年轻群体为主力，因此城市中的适婚群体逐渐壮大。在一些发达城市，很多年轻女性是因为户籍和子女教育等社会保障方面的吸引因素而嫁到城市中来，这对于农村地区的适婚人口群体的性别比也造成影响，推动着农村的年轻男性越发想前往城市打拼。

近年来的数据表明，农村中的男性未婚者数量增长迅猛，越来越多的农村男性前往城市工作和生活，受城市婚恋市场和生活工作环境影响，城市中的未婚人群数量正在增加，随着时间的推移，未婚群体呈现出大龄化发展的趋势。

二、影响我国婚姻状况的社会经济发展因素变化

国家统计局数据显示，从 2013 年开始，结婚登记公民的年龄段，由 20—24 岁占比最多,变为 25—29 岁占比最多,结婚率逐年下降而离婚率逐年上升。我国社会婚姻的整体特征是结婚率下降、离婚率上升和初婚年龄推迟。影响我国婚姻状况的社会经济发展因素包括地域经济的增长、就业和收入水平的变化、城市化进程的快速推进以及生活和结婚成本的增加等多个方面。

（一）经济的发展和城市内职业人群的集聚

社会整体的结婚率波动与经济发展息息相关。随着中国人均 GDP 突破 1 万美元,逐步达到高收入国家水平,结合发达国家的基本国情看,经济发展对个人的结婚意愿有挤压效应,结婚率走低是一个普遍现象。

社会和经济的发展,使人们在物质生活富足的社会中流连忘返,遇到的人也相对优秀,这一方面提高了自己的择偶标准,另一方面由于诱惑的增加,家庭婚姻的稳定性也或多或少受到影响。由于人们忙于工作而无暇恋爱,进而降低了年轻人的结婚意愿,往往将结婚放到很远的未来再做考虑。结婚率和离婚率在经济社会的快速发展中悄然发生着变化。

此外,发达地区和大城市以第三产业为主导产业,餐饮娱乐等服务业的从业人员以青年女性为主,这种职业人群的集聚,一定程度上也会影响适婚青年的恋爱匹配和婚姻稳定性。

（二）快速的人口城市化进程

相比农村,城市中的生活更加丰富多彩,而随着城市化的推进,曾经在农村地区流行的熟人圈被城市中的陌生人社会所取代,这其中没有了中国传统社会中的"婚育劝说",父母亲戚的压力也鞭长莫及等因素都使人不急于结婚。有了不结婚的自由,选择不结婚的人越来越多。

与此同时,伴随着城市化的快速推进,房价的过快上涨对结婚率的抑制效应也愈发明显,房价成为影响结婚率的重要因素。按一套房子 200 万元计算,贷款七成,还款期 30 年,一个月须缴纳按揭约 7 000 元,基本会耗尽两个刚入职的年轻人的月薪,这还不算房子的装修成本。《2017 年中国大学生就业报告》显示,2017 届大学毕业生的月收入仅为 4 317 元。其中,本科院校 2017 届毕业生的月收入为 4 774 元,高职高专院校 2017 届毕业生的月收入为 3 860 元,虽然明显高于城镇居民 2017 年月均可支配收入 3 033 元,但面对城市中上百万的房子,青年人的压力不言而喻。

因此,城市化降低了很多人的结婚意愿,选择不婚或者晚婚的越来越多,结婚率自然也就下降了。

此外,随着我国的城乡二元结构以及区域一体化建设进程的加快,跨地区流动人口越来越多。人口迁移流动而带来的一系列社会波动,对我国青年的婚配和婚姻稳定性也产生了深远影响。

（三）生活成本和结婚成本的增加

伴随着物价的上涨和生活成本的上升,结婚的成本也在升高。较高的结婚成本对于大部分初入职场的青年人而言是不能独自承受的,这会间接降低青年人的恋爱热情和结婚意愿。

此外,生活成本的提高也提升了婚姻对双方经济的压力。结婚生子后的育儿成本支出对于年轻人而言也有不小的压力,没钱没时间照顾孩子,是大部分城市青年需要面对的现实问题。某种程度上,社会竞争的激烈和日益提高的生活成本、不断上涨的养育成本使人们失去了对结婚的向往,也不利于家庭生活的和谐稳定。

三、影响我国婚姻状况的个人因素变化

(一) 个人身体因素

一般而言,健康状况、长相、身高以及其他生理特点,是大众择偶的主观选择条件。与此同时,性格、习性、修养以及其他物质客观条件也直接影响了婚后双方感情的融洽与否,决定了婚姻的质量和婚姻的稳定性。因为妻子不能生育或性生活不和谐而产生的离婚案件时有发生,也有夫妻因发生意外事件造成一方身体残缺而离婚的。

(二) 个人受教育年限的延长

数据显示,1977年,我国的本科录取人数为27万人,20年后的1997年,这一数字才增加到100万。1998年高校扩招后,本科毕业人数飞速增长,到2015年达到700万人。据相关估算,本科毕业生已经占到同龄人的20%。

可以想象,一个人本科毕业大约23岁,如果再读完硕士研究生,到毕业时就已经26岁了,那么个人的结婚年龄势必会推迟。而随着年龄的增长和教育水平的提高,个人对待婚姻的看法和对婚姻的追求也在发生着变化,这对个人的婚姻状况产生着潜移默化的影响。有数据表明,高学历人群中的离婚事件比低学历人群的离婚事件发生率低很多。

(三) 个人对职业和事业的追求

年轻人在城市中打拼,工作忙、时间紧、没有时间谈恋爱,而且如今女性变得更加独立自主,也非常乐意投身到工作当中,以事业为重,加之每个人对配偶的期望和要求也在发生着变化,恋爱都顾不上谈,结婚就更是遥远的事了。而有的人在成家后,因一心事业而疏忽家庭,最后导致家庭破裂的情况也不在少数。

(四) 个人的婚姻观念

基于《人民日报》官方微博发布的"年轻人,为什么晚结婚?"的网络调查结果显示,对于自己晚婚的原因,有近1/3的人表示是因为"没遇到合适的人",有超过两成的人因"没有能力承担家庭责任"。由此可见,大家对自己的结婚对象的要求很高。对于大部分人而言,结婚是不可将就的事情。同时,对于结婚后家庭的和睦与稳定也更加看重,对于未来家庭的组建更具有责任心。

(五) 家庭因素

现如今,父母对于子女恋爱问题的插手和影响越来越小,但不论从生活习惯上还是思想意识上,父辈家庭环境对于婚后生活的影响依然很大,例如婆媳矛盾等,可能会不利于晚辈婚姻的稳定。

第五节　我国婚姻状况的未来变化趋势与对策建议

一、适婚年龄人口数量和结婚率的变化前景

（一）适婚年龄人口数量变化

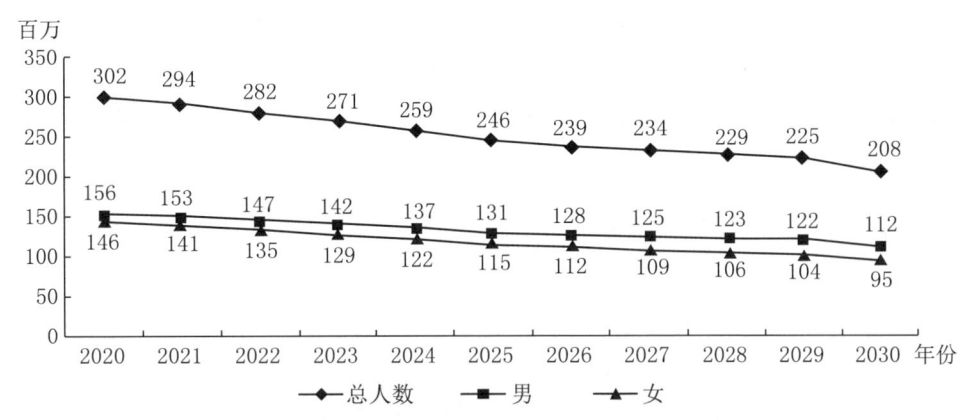

图 12-18　2020—2030 年我国适婚(20—34 岁)人群数量粗预测

年份	2020	2021	2022	2023	2024	2025	2026	2027	2028	2029	2030
总人数	302	294	282	271	259	246	239	234	229	225	208
男	156	153	147	142	137	131	128	125	123	122	112
女	146	141	135	129	122	115	112	109	106	104	95

说明：根据中国 2010 年人口普查资料数据推算，不考虑死亡率变化。

未来十年，适婚年龄人口中的男性群体数量都要高于女性，而预计从 2025 年开始，适婚年龄中男女数量的差距将趋于平稳。此外，由于我国老龄化和少子化的加剧，适婚年龄人口所占总人口的比重也在逐渐下降，这增加了总人口中结婚率下降的因素。

（二）适婚年龄人口性别比变化

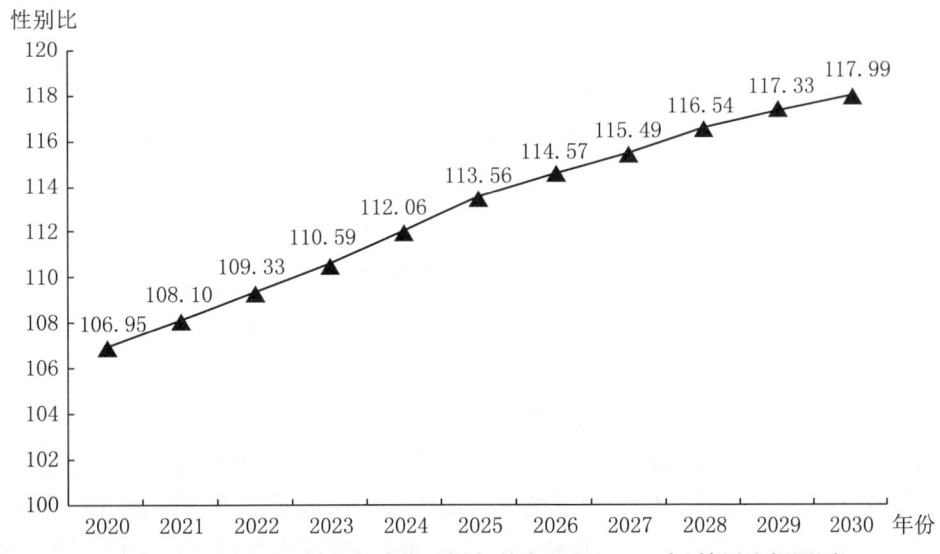

图 12-19　2020—2030 年我国适婚年龄人口(20—34 岁)性别比粗预测

年份	2020	2021	2022	2023	2024	2025	2026	2027	2028	2029	2030
性别比	106.95	108.10	109.33	110.59	112.06	113.56	114.57	115.49	116.54	117.33	117.99

说明：根据中国 2010 年人口普查资料中各年龄段的男女人口总数，按年龄段相加推算，不考虑死亡率变化。

未来,受出生人口性别比失衡的长期影响,适婚年龄人口性别比将继续保持失衡状态,进而影响婚配市场的平衡,男性找对象将更加困难。

(三) 结婚登记数和结婚率的变化及前景分析

结合我国 20 多年的相关结婚数据,可明显看出结婚登记数和结婚率都在波动变化且走势趋同。

结婚率的下降,首要因素是人口的年龄结构。随着中国人口结构变化和老龄化的加剧,尤其是 2010 年以来较低的人口出生率,使得结婚适龄人口在 2030 年以后的比重大幅降低,这会导致未来中国的结婚率进一步下降。

因此,在这个追求个人发展的时代,中国未来的新婚群体数量会继续减少,随着结婚年龄的推迟又会进一步使结婚率降至更低水平。

二、离婚率的发展变化趋势和前景

(一) 离婚登记对数变化及分析

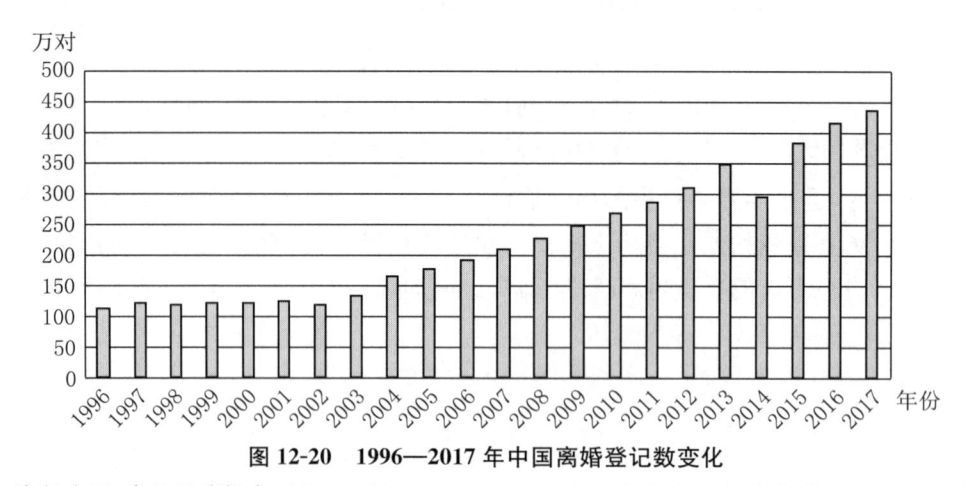

图 12-20 1996—2017 年中国离婚登记数变化

资料来源:参见民政部官网(http://www.mca.gov.cn/article/sj/tjgb/)发布的 1996—2019 年相关社会服务发展统计公报。

结合 1996—2017 年中国离婚登记数变化数据可知,2002 年之前的离婚登记对数是相对平稳的,而在这之后离婚登记对数持续上升,只在 2014 年有过下跌,但在次年迅速回升后继续保持增长,尤其是在社会变革和经济快速发展时期,离婚登记数增长较快。

(二) 离婚率发展趋势和前景分析

从 2007—2017 年中国粗离婚率变化情况可以看出,我国的粗离婚率逐年上升。离婚率的变化是我国社会整体婚姻稳定情况的集中反映。已婚家庭在社会转型期中会遇到诸多不稳定因素,离婚率很大程度受此影响。此外,家庭婚姻破裂的原因还受个体条件、社会环境、家庭观念、经济状况、传统观念等多方面因素影响。需要指出的是,虽然存在个别地区的家庭因地方"楼市限购"而离婚买房的现象,导致个别地区某段时间内

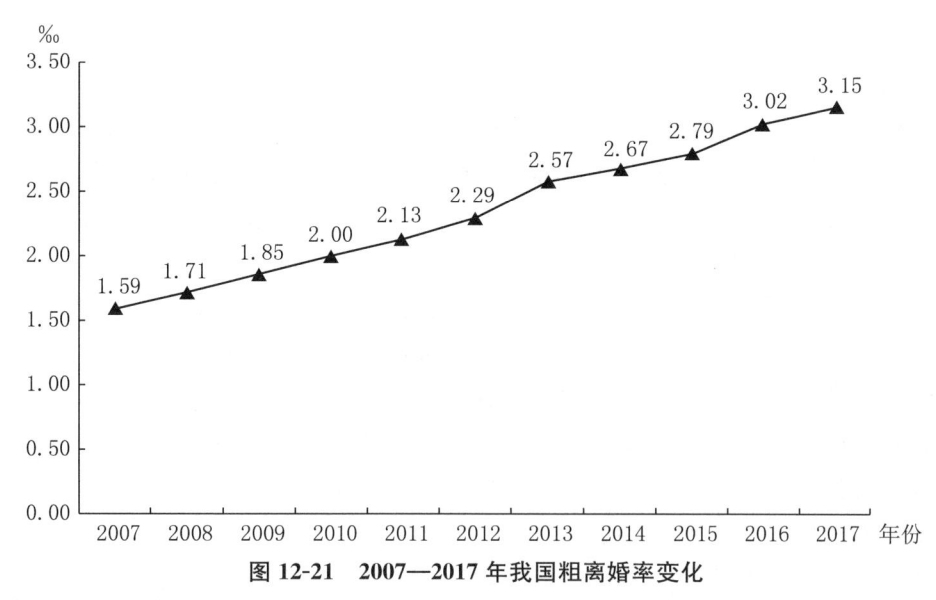

图 12-21　2007—2017 年我国粗离婚率变化

资料来源：参见民政部官网（http://www.mca.gov.cn/article/sj/tjgb/）发布的 1987—2018 年相关社会服务发展统计公报。

的离婚率突然升高，但我国离婚率的上升是大趋势，预计离婚率在未来仍将保持较高态势。

可以预计，在未来相对较长的一段时间内，离婚率还将继续上升，而随着我国社会的发展和经济水平、人均素养的全面提高，以及社会整体结婚率的下降，我国的离婚率在将来回落的可能性较大。

三、应对我国婚姻状况变化的对策建议

（一）深入治理保持合理的出生性别比

我国人口出生性别比失衡是当前我国社会婚配市场问题的根本原因，适婚男性数量大大高于女性，使得广大青年男性连同年龄段的女性都很难碰到，找对象就变得更加艰难。因此，国家和社会要继续大力倡导"生男生女都一样"的生育观念，让女孩和男孩一样健康快乐地成长，从根本上扭转我国出生人口性别比长期失衡的状态。对于社会上进行婴儿性别鉴定的违法行为，相关部门要扩大监管范围并强化执法力度，及时取缔进行非法鉴定活动的医疗场所。

（二）倡导健康向上的新婚姻观

我国正处于社会转型期，社会大众也迫切需要转变根深蒂固的传统婚恋观念，在培养女性独立意识的同时，倡导"男女平等"的择偶梯度理念，平衡男女青年之间的婚姻优势。同时，从家庭到全社会还需提倡理性的结婚消费，拒绝盲目攀比。婚恋观念与婚姻习俗的文化转变和进步，以及结婚成本的下降，可以很大程度上缓解因主观和客观原因而造成的青年适婚人群"结婚难"压力。

(三)完善支持婚姻和家庭发展的社会政策

1. 完善社会救助体系

国家统计局数据显示,2019年末我国的贫困人口数仍有五百余万,主要集中于农村地区,贫困对个人和家庭也在产生各种各样的影响,不利于家庭和谐和婚姻稳定。政府应继续推进扶贫攻坚,完善各地区的最低保障制度,提高低收入人群的收入水平,同时进一步健全和完善"8+1"社会救助制度体系基本框架,建立社会互助机制,推动社会道德的进步,在全社会范围内倡导我为人人、人人为我的道德风尚。此外,要推动相关社会救助法规的制定,从法制上保障贫困人口和低收入群体的基本生活。同时,完善社会岗位培训制度建设,为低收入群体提供更多好的就业途径,以减轻贫困人口和低收入人群的生活成本压力,进一步降低其婚前及婚后的生活压力,促进家庭婚姻的和谐和社会环境的稳定。

2. 完善社会婴幼儿照护制度

目前,我国有3岁以下(不含3岁)婴幼儿5 000万左右。相关数据显示,2016年至2018年,全国新生儿数量分别为1 846万、1 758万和1 523万,数据背后是千万数量级的婴幼儿需要照护,以及千万为此辛勤付出的家庭。由于不少产后妈妈需要及时返回工作岗位,亟须完善的社会性托育体系来支持对婴幼儿的照护。国家卫健委的数据显示,我国婴幼儿在各类照护服务机构的入托率仅为4.1%,近80%的婴幼儿是由祖辈参与看护和照料,家庭照料负担较重,照护服务人员和相关设施的供给不足已经成为当下各地托育工作面临的主要难题。

此外,各地的婴幼儿照护机构还存在学前教育资源严重不足、社会力量参与存在障碍、服务体系缺乏规范监管、民办机构运营压力大等问题。在托育需求日益旺盛和公办投入无法立即满足的情况下,政府应引导托育市场的健康发展,使社会力量在婴幼儿托育工作中更好地发挥出来。

相关部门要及时建立健全婴幼儿照护制度,将推动婴幼儿照护服务纳入经济社会发展相关规划。通过政策扶持、用地保障、队伍建设、信息支撑、社会支持等保障措施,鼓励和支持社会力量发展婴幼儿照护服务,为民营机构或组织参建的幼托机构提供补助、减税等相关优惠政策,帮助和引导社会机构参与到托育公共服务中,同时鼓励家庭或个人参与到机构的监管体系中,让家庭和个人加入到全社会的托育服务体系建设工作中。

总之,构建起完善的社会婴幼儿照护体系,能从根本上降低家庭对婴幼儿的养育照护成本,提高婴幼儿的发育质量,在减少青年人对婚后生活后顾之忧的同时,也提高了青年人的结婚意愿,意义重大。

3. 完善住房政策

中国正处于城镇化快速发展时期,面临世界历史上最大规模的城乡人口迁移,城镇的住房供需关系较为紧张。要从我国人多地少的基本国情出发,建立科学合理的住房建设模式和住房供给模式。在我国资源承载率相对不足的客观现实下,相关部门不仅要合理规划住房用地,节约用地以减少住宅发展的资源环境代价,还要在具体的建设过程中确定适当的住房套型、面积、建筑形态和建筑容积率,并提高住房的节能环保水平和住房品质。

此外,要建立和完善市场调节和政府保障相结合的住房政策体系,继续强化政府对困难群众和低收入群体的住房保障职责,完善保障房制度,确保不同住房充足且合理的配置,同时加强对房地产市场的调控,合理确定廉租住房保障范围和保障水平。要规范购房制度,建立多渠道的投融资机制,进一步完善住房公积金制度,向青年群体特别是青年人才群体提供更多的融资买房途径,并因地制宜提供相应的购房福利,以保障居民基本的住房需要,降低青年人群体的居住成本,进而减少因住房压力而产生的结婚成本压力,降低因住房问题给家庭婚姻带来的负面影响,同时避免假离婚买卖房现象的发生。

（四）缩小城乡和地区差距

《中国统计年鉴》中关于我国居民人均可支配收入来源显示,我国的工资性收入存在较大的地区差距。

城乡之间、东西部居民之间较大的收入差距是我国目前的基本国情。缩小城乡和地区差距,尤其是缩小城乡和地区居民收入差距,需要政府深化劳动力市场机制变革,突破劳动力和要素流动的体制机制障碍,提高落后地区的劳动者素质和收入水平,缩小城乡和地区差距,同时进一步深化农村土地"三权"分置的制度变革,让农村居民的土地经营权得到运用,为农民创收。此外,要深化经常性转移支付制度的改革,增强农村居民经常性转移支付力度,提高农村居民的转移净收入水平,缩小城乡居民的收入差距。

政府要承担起缩小城乡公共服务差距的主体责任,进一步推进户籍制度改革,减少因城乡差异大而造成的城乡公共服务水平不均衡的现状,减少因城乡差距或地区差距过大而影响适婚群体择偶和婚配的不利因素。

参考文献

胡卫.离婚率计算探讨[J].中国统计,2006(10).

张文霞,朱东亮.家庭社会工作[M].北京:社会科学文献出版社,2005.

埃什尔曼.家庭导论[M].北京:中国社会科学出版社.

莱斯利.社会脉络中的家庭[M].北京:华夏出版社,1982.

肖武.中国青年婚姻观调查[J].中国青年研究,2016(6).

陈晨.当代青年恋爱与婚姻状况分析[J].中国青年研究,2007(7).

田丰,陈振汴.农村青年结婚高额彩礼问题探析——以福建省大田县为例[J].中国青年社会科学,2016(2).

王樱洁,潘彦霖.婚姻成本:中国青年初显成人期的出现之因[J].中国青年研究,2018(11).

李煜,吴家麟.择偶中的生肖匹配——基于层叠拓扑模型的实证研究[J].青年研究,

2011(6).

李建新,王小龙.初婚年龄、婚龄匹配与婚姻稳定——基于CFPS 2010年调查数据[J].社会学,2014(3).

Donnellan, MB'RD Conger, et al. The Big Five and Enduring Mar-riages[J]. Journal of Research in Personality, 2004.

叶文振,徐安琪.中国婚姻的稳定性及其影响因素[J].中国人口科学,1999(6).

许琪,于健宁,邱译奇.子女因素对离婚风险的影响[J].社会学研究,2013(4).

张波.父辈因素对子辈夫妻离婚风险影响的实证研究[D].上海:华东师范大学,2019.

Nye, F. I., et al. Annual Meeting of the National Council on Family Relations: A partial theory of family stability[D]. Washington, D. C., 1969.

汪国华.从熟人社会到陌生人社会:城市离婚率趋高的社会学透视[J].北京科技大学学报(社会科学版),2007(1).

曾迪洋.劳动力迁移对婚姻的影响[D].北京:清华大学,2014.

刘玉萍,郭郡郡,喻海龙.婚前同居、同居蔓延与中国居民的婚姻稳定性:自选择及其变化[J].西北人口,2019(1).

梁海艳.人口流动对婚姻稳定性的影响研究[J].人力资源管理,2017(9).

李沛霖.城市"剩女"形势令人担忧[J].经济视角,2011(8).

穆光宗,余利明,杨越忠.出生人口性别比问题治理研究[J].中国人口科学,2007(3).

李南.高出生性别比及其婚姻后果[J].中国人口科学,1995(1).

李树茁,Monica Das Gupta.性别歧视和婚姻挤压:中国、韩国和印度的比较研究[J].中国人口科学,1998(6).

宁鸿."剩女"现象的社会学分析[J].社会观察,2008(12).

伦丽.大龄青年婚恋问题研究——以剩男剩女现象为视角[D].遵义:遵义医科大学,2013.

干建平,郑忠梅,李国光.中国高老龄人口年龄别死亡率及其性别差异[J].中国人口科学,1997(6).

曾新颖,齐金蕾,殷鹏,王黎君,刘韫宁,刘江美,周脉耕,梁晓峰.1990—2016年中国及省级行政区疾病负担报告[J].中国循环杂志,2018(12).

高颖,张秀兰,祝维龙.北京近年涉外婚姻状况研究[J].人口与经济,2013(1).

第十三章　中国社会分层与公共服务均等化

社会分层是社会发展过程中存在的普遍现象,公共服务均等化要求人与人之间享有大致相同的基本公共服务,两者之间具有天然的联系。本章简要梳理了社会分层和公共服务均等化的概念内涵、中国社会分层的特征与趋势、中国推进公共服务均等化的政策举措等。

第一节　社会分层概述

一、社会分层概念与内涵

社会分层(social stratification)是人类社会普遍存在的社会成员或群体之间的差异现象,是描述和解释一个社会内部结构的重要概念,并且对于社会关系、社会矛盾、社会和谐等具有相当大的解释力。与社会分层紧密相关的概念包括社会结构(social structure)、社会流动(social mobility)等,以及与其相关的空间化过程,形成了社会空间分异(differentiation)、极化(polarisation)和隔离(segregation)等概念。

社会结构是社会各要素或各部分相互之间的一种比较稳定的关系模式或互动模式,包括社会经济结构、社会阶层结构、社会职业结构和社会组织结构等,分别反映的是社会经济要素、社会群体要素、社会职业要素和社会组织要素的一种比较稳定的关系模式。个体是构成社会的基本单元,社会结构则是超越个人之上的关系,以一种宏观的模式制约着每一个人的行为,在人与人之间形成一种比较稳定的关系。一般来说,社会成员或群体在社会中的地位结构更为人们所关注,具体包含两个方面:一是社会地位的垂直结构,指社会成员或群体在社会中位置的高度,如因拥有财产或经济收入不同形成的贫富结构、政治权力不同形成的权力结构等;二是社会地位的水平结构,指社会成员或群体在社会中的横向关系,如人口的地区分布、性别分布和产业分布等。

在各种各样的社会结构中,处于核心位置的是社会成员或群体因为经济收入、经济地位、财产地位等占有社会资源不同而形成的一种垂直的社会结构,也就是社会分层结构,或称为社会分层现象。按照李强于 2008 年对此作出的定义,社会分层是指社会成员、社会群体因社会资源占有不同而产生的层化或差异现象,尤其是指建立在法律、法规基础上的制度化的社会差异体系。其中,社会资源是对任何有价值的资源的总称,包括政治资源、经济资源和文化资源等,社会资源的多元性决定了社会分层现象也是多种多样的,正如马克斯·韦伯确定了社会分层的 3 个基本维度,即财富和收入(经济地位)、权力(政治地位)、声望(社会地位)。社会分层本质上反映了社会成员或群体之间占有的社会资源或所处的社会地位是不均等或高低不同的,这种客观的差异是普遍存在的。当这种社会成员或群体之间占有社会资源或所处社会地位的差异变成了差距,则意味着不平等,社会分层就被赋予了价值判断。

社会结构与社会分层反映的都是社会成员或群体所处的既定社会位置,是一种静态的描述,但社会一直处于动态发展过程中,社会成员或群体所处的社会位置也会存在动态变化,这就涉及社会流动概念。社会流动指社会成员或群体在社会分层结构中位置的变化和在地理空间结构中位置的变化两个方面,社会分层研究中更多关注社会地位高低的变化,如财富和收入的变化、政治权力的变化等,都属于社会流动的领域。社会分层与社会流动是一个事物的两个方面,两者密切相关。社会分层关注的是社会的不均等结构或地位差异结构,即社会分成高低不同的层次;社会流动关注的是社会成员或群体是怎样进入到地位差异结构中来的,聚焦社会分层的动态演化。人们常说读书改变命运,其作为一个普遍关注的社会现象,实际上是社会流动的一个重要途径。

二、社会分层理论与演进

社会分层理论是伴随着社会学研究的不断深化而不断发展的。传统的社会分层理论中,人们较多关注马克思的阶级理论和韦伯的分层理论。库恩在 1962 年出版的《科学革命的结构》一书中首先使用"范式"概念描述科学史中理论观点的基础性转变,新旧范式之间的差别不在于方法,而在于看待世界和在其中实践科学的不可通约性,是一种质的差异。当理论范式被广泛地应用于社会学理论当中,西方社会分层研究的两种理论范式逐渐明晰,包括功能论范式和冲突论范式。相应的,涂尔干的分层理论及其演化的功能主义分层理论成为重要的一极。由此,形成了马克思的阶级理论、韦伯的分层理论和涂尔干的分层理论 3 个流派,逐步演化出新马克思主义分层理论、新韦伯主义分层理论、新涂尔干主义分层理论和功能主义分层理论等,并不断出现新流派、新观点。

冲突论的社会分层理论认为,社会分层虽然是普遍存在的,但并非不可避免,竞争、冲突和征服产生社会阶层,并因此阻碍了社会和个人的功能,经济结构是社会结构中的主要结构,权力被社会中的少部分人所控制,工作与报酬分配是不合理的,社会阶层的改变是经由革命来完成的。马克思的阶级理论是以强调对阶级的经济分析和阶级斗争为特征的,马克思理论中的阶级结构首先是一种两极结构。在两极的阶级结构中,阶级关系表现为阶级之间利益的对立,这一对立同时意味着阶级内部利益的一致性,而阶级意识正是建立在对阶级利益的体认上。韦伯的分层思想在一定程度上也受到了马克思的影响,但他更加强调社会是多元的分层体系,社会分层包含3个基本维度,财富指全部经济财产的构成,因财富的不同,人区分为穷人和富人,权力是指一个人或一群人对他人实施控制和施加影响的能力,声望则是一个人从他人那里获得的良好评价或社会的公认。社会成员或群体的阶层划分在3个基本维度方面具有相对的独立性,但又是交织在一起并相互影响的。概括来说,韦伯的社会分层理论是从多维的角度来看待社会成员或群体的各种差别的,这一倾向使其描绘的社会分层形象更趋近于复杂的现实世界。新马克思主义分层理论是在1950年代末至1970年代各种社会矛盾激化、各种社会冲突形成背景下,不少学者采取马克思主义的、冲突的理论视角,根据变化了的政治、经济和社会状况,重新对马克思主义分层理论和变化了的社会现实进行新的阐释,典型代表包括达伦多夫、沃勒斯坦和马尔库塞等。新韦伯主义分层理论秉持了韦伯主义分层理论的多元思想,典型的如吉登斯,提出了"阶级关系的结构化"思想,并以3种重要的市场能力作为基础,即对于生产资料的财产占有、对于教育或技术资格的占有和对于体力劳动力的占有。由此产生出资本主义社会的3个基本阶级:上层资产阶级、中产阶级、下层阶级或称工人阶级。其他典型代表还包括帕金、戈德索普和洛克伍德等。

功能论的社会分层理论认为,阶层是满足社会需要的必然存在,每一个社会都会因需要整合、协调和团结而产生社会阶层,阶层反映了社会的共享价值观,提高了社会与个人的功能,经济结构不是社会中的主要结构,权力在社会中是合法分配的,工作与报酬是合理分配的,社会的阶层结构经由社会变迁而改变。一般认为,涂尔干是功能主义分层理论的奠基人。功能主义认为,社会是由相互联系、相互作用的众多部分所构成的统一体,每一部分都为维持社会整体的平衡发挥着一定功能。涂尔干的分层理论认为,社会分工的最大意义在于对社会整体发挥作用,提高劳动生产率只是社会分工的一个附带功能,即部分与整体之间具有十分密切的相互作用关系,这就解释了社会分层体系的必要性。在一个转型的社会,功能主义分层理论的核心概念是"社会整合"和"共同体"概念,涂尔干更多是从积极意义上论证分层,强调充分发挥职业群体的社会整合功能,以克服和纠正因社会转型所带来的社会失范、社会无序和道德沦丧等问题。同样,注重从分工和社会整合角度来探讨社会分层的理论,可以称之为新涂尔干主义分层理论。与涂尔干分层理论作为传统的欧洲理论相对应,美国的功能主义社会分层理论建立在美国社会不存在等级森严的阶级体系,阶层之间的社会流动相对较多的基础上,典型代表包括帕森斯、戴维斯-摩尔、辛普森等。同样,在功能主义社会分层理论之后,又有新功能主义社会分层理论。

此外,20世纪后期以来,在上述社会分层理论之外,又出现了一些社会分层理论的新流派,包括新自由主义的社会分层理论、布迪厄的后现代文化分层理论等。

三、社会分层测量与分析

社会分层是可以测量的,测量方法包括定性和定量两种方法,包括客观测度和主观评价两个角度。对于社会分层的测量,也就是对于人们社会地位高低的测量,首先要认识到,社会成员或群体有多种社会地位,包括经济地位、政治地位和声望地位等,针对这些不同性质的社会地位,也就有多种的社会分层测量方法。在所有这些地位中,一方面,经济地位是最核心的,经济地位的测量,也就是测量社会成员或群体的经济收入和财产等;另一方面,声望地位在中国社会学界特别是社会分层研究领域,一直是一个倍受关注的问题,也是最具社会学特点的地位测量。

在经济地位方面,测量社会成员或群体的经济收入和财产差距的具体方法较多,从简单到复杂,简要介绍如下几个方法。不平等指数方法,用最高收入者和最低收入者的比例之和表示社会的不平等程度,即将最高收入者占总人口的比例与最低收入者占总人口的比例相加,两者之和代表不平等程度,该方法的关键在于对最高和最低收入者标准的界定。如果不平等指数高,意味着社会贫富分化程度高;如果不平等指数低,表明社会中间阶层占大多数,社会分化程度低。等分方法,其原理是将全部居民(家庭)按其收入水平由低到高顺次排序,然后依次按相同人数分组,如分为 5 个收入组。通过计算和比较各收入组的收入在总收入中的份额或者不同收入组的平均收入的差距,可以得到全体居民总收入按收入组分布的情况。等分法是一种相对简单、直观和容易理解的方法,但没有形成一个综合的数值来体现总体收入分配的均等性,在其基础上可以建立库兹涅茨指数、阿鲁瓦利亚指数等分析指标。基尼系数方法,基尼系数(Gini Coefficient)是在洛伦兹曲线基础上建立的测量分配不平等程度的指标,目前已成为国际上通用的、用以衡量一个国家或地区居民收入差距的常用指标。基尼系数最大为"1",最小等于"0",基尼系数越接近 0,表明收入分配越是趋向平等。

在声望地位方面,声望地位的测量主要把握社会上的绝大多数人对某个人或某个群体的综合性价值评价,代表了社会成员或群体所受到的社会尊敬程度。与经济地位差异相比较,声望地位的等级差异具有更强的稳定性和更持久的影响力,测量方法通常采用问卷调查方法。以职业声望调查为例,中国社会科学院李春玲研究员基于 2001 年全国抽样调查数据研究发现,决定人们声望地位的主要因素是教育、收入、权力、就业单位性质,以及是否从事受歧视职业,主导声望地位评价的标准是工业化社会的普遍主义价值,但同时,相互冲突的多元评价标准仍有可能存在。具体来看,处于社会地位最高等级的人是高级领导干部和高级知识分子,也就是说,对拥有最多权力资本的人和拥有最多文化资本的人,人们给予最高的声望评价;与高级领导干部和高级知识分子相比,企业家的社会声望地位略低;所有制因素对人们的价值评价仍有影响,外资企业员工的声望地位高于公有制(国有制和集体所有制)企业员工,声望地位最低的是私营企业员工;一些特权部门(如公检法及工商税务等)和高经济收益行业(如银行等)的从业者获得较高声望评价;农业劳动者(农民、渔民)的声望排名略有提高。清华大学李强教授在

2009年的一项职业声望地位调查中发现,排名前十位的职业分别是科学家、物理学家、飞行员、大学教授、高级军官、公司董事长、社会学家、经济学家、音乐家和医生;另一项1997年的调查,排名前十的职业分别是科学家、大学教授、工程师、物理学家、医生、经济学家、社会学家、法官、飞行员和检察官。总的来看,声望地位同样具有动态性,人们对于知识和专业技能的认可度较高,科学家和社会学家等职业的声望非常稳定。

第二节 中国社会分层的特征与趋势

一、中国社会分层结构的演进

1926年毛泽东同志在《中国社会各阶级的分析》中开宗明义提出关键问题:"谁是我们的敌人?谁是我们的朋友?这个问题是革命的首要问题。"以此为出发点,研究形成了当时中国社会各阶级阶层的情况,包括地主阶级和买办阶级、民族资产阶级(中产阶级)、小资产阶级、半无产阶级、无产阶级、游民无产者阶层、农民阶级等。直至1949年中华人民共和国成立,该阶段属于新民主主义革命阶段,革命的主要任务是反帝反封建,改变半殖民地半封建的社会形态。

1949年中华人民共和国的成立,标志着新民主主义社会的建立,通过没收官僚资本等措施改变了原来的经济体制和经济结构,同时也改造了旧中国的社会阶级阶层结构,形成了新的社会结构。1949—1952年经济恢复时期,中国的社会阶级阶层得到了重构。官僚买办阶级、地主阶级消灭了,工人阶级、农民阶级的经济社会地位有了极大提高,成为国家的领导力量和社会基础,形成了工人阶级、农民阶级、小资产阶级、资产阶级"四个阶级"的格局。1953—1956年社会主义改造时期,围绕"一化三改"总路线,即逐步实现国家的社会主义工业化,逐步实现国家对农业、手工业和资本主义工商业的社会主义改造。随着所有制的变革,中国的社会结构发生了巨大的变动,演化为工人阶级、农民阶级和知识分子阶层组成的所谓"两个阶级、一个阶层"的阶级阶层结构。1957—1977年阶级斗争激烈时期,在"两个阶级、一个阶层"的阶级阶层结构下,形成了中国特有的城乡二元经济社会结构。在1977年的总人口中,农业户口的人占82.4%,农业劳动力占就业人数的74.5%,中国还是农业国家的社会结构,但农民阶级被组织在人民公社的体系里,受到了诸多限制。工人阶级在这一国家工业化大发展时期发展很快,职工人数逐年增加,并享有很高的政治、社会地位,《宪法》明确规定,工人阶级是共和国的领导阶级。知识分子阶层规模随着经济的发展,在科学技术、教育、卫生、文化等领域得到迅速扩大,但也受到各项运动的严重冲击。

1978年,中国实行改革开放,原来以工人阶级、农民阶级、知识分子阶层组成的社会阶层结构发生了深刻的变化。农民阶级分化了,规模缩小了;工人阶级分化了,但规模有了很大的扩展;知识分子阶层的变化最大,社会地位普遍提高,队伍也越来越大;还产生了一些新的社会阶层,整个社会阶层结构呈现出向多元化方向发展。社会分化和社会流动的机制变化了,社会流动渠道增加,流动速度加快,整个社会充满活力,正在向与社会主义市场经济体制相适应的现代社会阶层结构的方向演变。2002年中国社会科学院陆学艺研究员领衔的"当代中国社会结构变迁研究课题组"认为,在当代中国社会,阶层的分化越来越趋向于表现为职业的分化。提出了以职业分类为基础,以组织资源、经济资源和文化资源的占有状况为标准来划分社会阶层的理论框架,并勾画了当代中国社会阶层的基本形态,包括十个社会阶层和五种社会经济地位等级。十个社会阶层是:国家与社会管理者阶层、经理人员阶层、私营企业主阶层、专业技术人员阶层、办事人员阶层、个体工商户阶层、商业服务业员工阶层、产业工人阶层、农业劳动者阶层和城乡无业失业半失业者阶层。五大社会经济等级包括上层、中上层、中中层、中下层和底层,其中,中下层和底层全部或部分包含了十大社会阶层中的个体工商户阶层、商业服务业员工阶层、产业工人阶层、农业劳动者阶层和城乡无业失业半失业者阶层。

伴随着中国社会分层结构的变迁,我国社会分层与流动研究经历了完全由政治主导的阶级理论逐步走向理论取向多元、主题视角多维度和多层面、研究方法实证导向、关注现实问题和政策效应的严谨深入的学术研究。我国的社会分层与流动研究既受到西方社会分层理论和经验研究的影响,同时也具有突出的时代特征和中国特色,其理论取向、研究议题和关注焦点紧紧追随中国社会变迁的进程,直接反映现实社会中重大的社会分化现象及其演变。1949—1978年,以马克思阶级理论为基础的冲突论分层观占据绝对主导地位,强调阶级之间的利益冲突,追求社会经济均等化,否定社会分化现象;1980—1990年代,功能论分层观逐步成为主流,主张打破"大锅饭"、消除平均主义,肯定社会经济分化的正向社会功能;进入21世纪以来,冲突论分层观再度兴起,马克思阶级分析理论一度有所回归,社会经济不平等问题及其社会后果受到越来越多的关注,促进社会公平和机会平等、构建橄榄型的现代化社会结构成为社会分层与流动研究的主流取向,从而形成冲突论与功能论分层观共存的局面。

二、中国社会分层变化新趋势

从改革开放前的"四个阶级""两个阶级、一个阶层",到改革开放后的多元化社会阶层结构,中国社会分层始终处于动态变化过程中。尤其是改革开放以来,中国社会分层从一个曾经是高度集中、相对同质性的社会结构体系逐渐分化为资源、地位、机会和利益相对分散、相对独立的结构体系;社会结构分化最重要的表现是整个社会正在逐渐分化为一个阶级阶层化的社会,或者说是从过去国家建构的简单的"两个阶级、一个阶层"框架或"身份等级"社会转变为复杂的阶级阶层社会;在这个过程中,阶级阶层代际之间的相对流动率经历了一个由低到高、又由高到低的波动过程。结构的分化和相对流动率的波动反映了中国社会转型的复杂过程。

进入新发展阶段,中国社会分层结构又表现出新的特征与趋势。在社会分层整体结构方面,其一,城乡人口结构发生根本变化。据2020年第七次全国人口普查数据,居住在城镇的人口为90 199万,占63.89%;居住在乡村的人口为50 979万,占36.11%。

这一比例结构与 2000 年第五次全国人口普查数据正好相反,中国形成以城市常住人口为主体的社会结构。其二,城乡人口结构变化带来居民生产方式、生活方式的巨大变迁。数亿人的生产方式从农村的农业劳动,转变为城市、城镇的工业劳动和服务业劳动,生活方式转变极大提高了市场消费水平。其三,职业结构发生了巨大变迁。转型期中国社会分层结构变化的一个重要现象是中间阶层和新社会阶层正在迅速形成和发展壮大,社会流动活跃得益于城乡二元结构的破解带来大量农民进城务工,他们变成中国产业工人的主力军,产业结构的转型也给人们的职业流动创造了更大的机会。其四,大城市、超大城市人口社会经济地位与小城市、小城镇人口社会经济地位的巨大分化。这种大城市与中小城市之间的分化主要体现在职业构成、资源配置和以房产为代表的资产积累上。

具体来看,社会分层的几个重要维度需要特别关注。一是扩大中产阶层与中等收入群体数量。扩大中产阶层与中等收入群体数量是党和国家在新时期提出的重大战略,并为此提供了相应的政策保障。值得注意的是,市场机制是改革开放以来社会流动和阶层分化的主要动力,创造有利于广大中小微经营者的制度环境成为关键。二是持续推进贫困群体的条件改善。2020 年底,我国现行标准下 9 899 万农村贫困人口全部脱贫,832 个贫困县全部摘帽,12.8 万个贫困村全部出列,完成了消除绝对贫困的艰巨任务,而处理不同地区、不同社会群体和不同阶层之间的相对贫困问题,将是中国特色社会主义建设的一项长期任务。三是筑牢新的社会阶层的统一战线。随着新的社会阶层不断涌现,从统一战线的角度看,最大限度地团结更多的社会力量,将有利于推动中国特色社会主义建设事业的蓬勃发展。四是保持合理的社会流动。随着我国快速城市化和产业化的逐步完成,社会高流动率的基础条件将逐步消失,需要通过破除多种体制机制障碍,以合理的社会流动保持社会活力。五是分阶段促进共同富裕。从允许一部分人、一部分地区先富起来,到打赢脱贫攻坚战,全面建成小康社会,为促进共同富裕创造了良好条件。到"十四五"末,全体人民共同富裕要迈出坚实步伐,居民收入和实际消费水平差距逐步缩小。到 2035 年,全体人民共同富裕要取得更为明显的实质性进展,基本公共服务实现均等化。到 21 世纪中叶,全体人民共同富裕要得到基本实现,居民收入和实际消费水平差距缩小到合理区间。

第三节 公共服务均等化概述

一、公共服务均等化概念与内涵

公共服务均等化更确切的表述应该是基本公共服务均等化。公共服务的范畴较广,基本公共服务是公共服务的一个子集。相较于公共服务,国内学术界的主要观点认为,基本公共服务:一是指与低层次消费需要有直接关联的和人们无差异消费需求的公共服务;二是指与民生密切相关的纯公共服务;三是指建立在一定社会共识基础上,根据一国经济社会的发展阶段和总体水平,为维持本国经济社会的稳定、基本的社会正义和凝聚力,保护个人最基本的生存权和发展权,为实现人的全面发展所需要的基本社会条件。总体上,较具一致性的观点认为,基本公共服务的"基本"一词体现了阿马蒂亚·森的"基本能力"概念,即关注个人的基本生存和发展权利,使人人都拥有基本的必需的条件去生存,以及拥有免于贫困的自由,其涉及的是人类共同的底线伦理要求,构成了评估贫困和剥夺的基准点。因此,2008年的中国人类发展报告指出,基本公共服务是构成人类发展的重要保障,任何国家要促进人类发展水平和公平程度的不断提高,都必须有效而公平地提供这些必不可少的基本公共服务。

按照萨缪尔森和布坎南的公共产品理论,公共产品具有非竞争性和非排他性两个基本属性,公共服务具有公共产品的基本属性。关于基本公共服务均等化的概念,顾名思义,包含两个要点:一是基本公共服务,二是均等化。基本公共服务是均等化的内容,均等化是基本公共服务供给的结果。中国经济体制改革总体设计课题组提出:公共服务水平均等化并非人均收入水平相等化,亦非完全消除地区发展的差异;相反,公共服务水平均等化应该是使不同地区的居民均能够享受相同的、基本的、大致均等的公共服务;并且"相同的""基本的"和"大致均等的"在不同的经济社会发展阶段具有不同的衡量标准。从概念和内涵上看,根据国务院发布的《"十三五"推进基本公共服务均等化规划》,基本公共服务是由政府主导、保障全体公民生存和发展基本需要、与经济社会发展水平相适应的公共服务,其核心是促进机会均等,重点是保障人民群众得到基本公共服务的机会,而不是简单的平均化,并起到重要的兜底作用。

具体来说,基本公共服务均等化的范畴是动态变化的,2006年10月发布的《中共中央关于构建社会主义和谐社会若干重大问题的决定》明确的范围包括教育、卫生、文化、就业再就业服务、社会保障、生态环境、公共基础设施和社会治安等8个方面;2017年3月发布的《"十三五"推进基本公共服务均等化规划》明确的范围包括基本公共教育、基本劳动就业创业、基本社会保险、基本医疗卫生、基本社会服务、基本住房保障、基本公共文化体育和残疾人基本公共服务等8大类,并细化为81个子类。2021年3月发布的《国家基本公共服务标准(2021年版)》明确的范围包括"幼有所育、学有所教、劳有所得、病有所医、老有所养、住有所居、弱有所扶、优军服务保障、文体服务保障"9个方面,22大类,80个服务项目。

二、公共服务均等化测度与分析

基本公共服务均等化的测算包括单一指标法和指标体系法两种类型。单一指标法的测度常用如下几种方法:一是使用单项财政支出在财政支出中的占比衡量公共服务水平,进而使用不同地区公共服务水平的比值作为公共服务非均等化的替代分析指标,可以对不同时期和地区间的非均等化特征进行定量分析;二是使用单项服务的产出衡量公共服务水平,一般选择人均数量作为替代指标,并利用不同地区公共服务水平的比值对不同地区间的非均等化特征及其时空演变进行定量分析;三是直接使用政策变量衡量公共服务水平,如最低工资标准、低保金额、救济金额和老年人福利机构数量等。指标体系法主要根据基本公共服务包含的具体类别构建多层指标体系,从基础层级的指标开始逐步合成为综合评价指标,不同的指标体系测度方法主要在如下 4 个方面呈现出差异:一是不同指标体系构建时的指标选择不同,不同时期不同地区的基本公共服务范畴不同,实际分析中往往选择其中部分指标构建指标体系,形成的测度结果也就有所不同;二是基本公共服务指标体系的权重确定方法不同,指标权重差异也会导致测度结果的差异;三是指标标准化的计算方法不同,具体的方法包括功效系数法、极差法、均值法、主成分分析法和信息熵等,在实际分析中使用极差法测算基本公共服务水平的方法较为普遍;四是基本公共服务均等化程度或非均等化程度的计算方法不同,如比值法、变异系数法、泰尔指数法和基尼系数法等,其中,变异系数法和泰尔指数法应用最为广泛。

基本公共服务设施是基本公共服务的载体,在 1959 年 Hansen 首次提出可达性的概念之后,可达性随即成为公共服务设施均等化绩效的重要表征。一方面,如 McAllister 于 1976 年所指出的,在设计城市公共服务中心系统时,规划师应基于公共服务中心的规模和间距兼顾公平和效率。从某种程度上讲,对于公共服务中心规模和间距的选择,公平相较于效率问题更为敏感。另一方面,如 Krumholz 等人于 1990 年以及 Talen 于 1998 年所言,由于弱势群体更加依赖公共服务设施,从公共服务的公平性出发,弱势群体所享有的公共服务设施可达性等服务水平应达到或超过社会平均水平。在可以界定弱势群体空间分布的情况下,规划师应充分考虑公共服务设施的空间分布,以减轻资源不足者的劣势状况。国内外对于公共服务设施分布的均等化研究涉及公共交通网络、公园、医院、学校、商业和文化设施等各种类型,测度和分析方法方面也形成了丰富的成果。

三、公共服务均等化与社会分层的关系

我国城乡之间和区域之间的社会贫富差别已经广为人知,在快速城镇化进程中,形成了数量庞大的弱势群体,而这种社会阶层分化还具有明显的空间属性,我国正在经历着社会阶层分化和社会空间极化的"双重过程",越来越多的低收入阶层正面临着社会地位和空间区位的"双重边缘化"。包容性发展越来越成为国内外的关注焦点,2016 年 10 月联合国第三次住房与城市可持续发展大会通过的《新城市议程》指出:我们的共同愿景是人人共享城市,即人人平等使用和享有城市和人类住区,我们力求促进包容性,并确保今世后代的所有居民不受任何歧视,都能居住和建设公正、安全、健康、便利、负担得起、有韧性和可持续的城市和人类住区,以促进繁荣、改善所有人的生活质量。

城市公共服务的供给事关城市居民生活质量和社会公共资源分配的公平公正。在社会阶层分化的背景下,诸多研究结果表明,在市场经济条件下,由于个人对公共服务的获取数量及质量取决于其购买能力,公共服务设施强烈的正外部效应使其成为居住选择的共同吸引物。基于较强的空间迁移选择能力,高层次、高收入阶层通过"用脚投票"的居住空间选择过程,实现对公共服务设施净外部效应享有的最大化,并引导城市

公共服务投资的空间指向。因而,公共服务与社会分层之间成为互为影响的两个概念:在需求端,社会分层导致了居民对公共服务需求偏好的差异;在供给端,公共服务的供给直接影响不同社会阶层享有公共服务的水平。

实际上,为应对社会阶层分化和社会空间分异可能带来的负面效应,存在两种应对思路:一是消除或缓解社会阶层分化和社会空间分异,回到相对单一、均质、混合的社会状态,这是理想化的目标导向促进社会融合;二是承认社会阶层分化和社会空间分异将长期存在,通过一系列公共政策手段等,促进基本公共服务均等化,以适应社会阶层和社会空间异质性的基本公共服务配置来消除或缓解因社会阶层分化和社会空间分异可能带来的负面效应,尤其是对弱势群体的影响,维护和促进社会公平正义。

第四节 中国推进公共服务均等化的回顾与展望

一、中国推进公共服务均等化的回顾

我国基本公共服务均等化政策在党的执政理念、经济发展水平、社会公共需求共同作用之下,经过了较为曲折的变迁过程。从价值取向来看,基本公共服务政策经历了"平均—效率—公平"的3次转换;从时间序列来看,基本公共服务均等化政策可以划分为1949—1978年、1978—2002年、2002年以后3个阶段;从政策内容来看,基本公共服务经历了低水平平均、严重失衡、迈向新的均衡3个时期。

从1949年中华人民共和国成立到1978年改革开放这一时期,是基本公共服务低水平平均发展阶段。这一阶段的社会背景导致基本公共服务政策制定主要考量的是要体现社会主义制度优越性、稳定社会秩序,呈现出鲜明的时代特征与运作逻辑。一是"平均导向、全面覆盖"的基本公共服务价值观。这一时期国家在价值取向上坚持平等优先,1949年《中国人民政治协商会议共同纲领》在第五章"文化教育政策"中对新中国公共服务体系的主要内容、主要目的以及制度创建提出了整体性设想,奠定了基本公共服务均等化的宪法基础。1954年通过的《宪法》确认了政府应当提供社会保险、社会救济、群众卫生事业和基础教育等基本公共服务的义务。在此理念指引下,新中国的公共服务从零起步,投资兴办了教育、卫生、社会保障和文化等一大批关系公民基本生存和发展的社会事业项目,基本公共服务进入了一个快速发展阶段。但是限于当时的经济社会发展水平,尽管初步实现了基本公共服务的全面覆盖、区域均等,但公共服务产品总体上严重短缺,公共服务供给水平非常低。二是"二元分治、城乡兼顾"的基本公共服务发展观。基本公共服务均等化是建立在城乡二元分治基础上的,"农业户口"和"非农业户口"之间享有的基本公共服务存在巨大差别,在城市实施"单位制福利",在农村实施以村集体经济作为农村公共服务的主要融资和供给主体的"集体福利制度",农村居民未能享受到与城市居民同等的基本公共服务。三是"高度集中、政府包揽"的基本公共服务供给观。在计划经济体制和相对匮乏的公共服务资源背景下,要实现公共服

的普遍可及和均等化，只能实行由政府向社会公众直接配给最迫切需要的基本公共服务，最低程度上满足城乡居民的基本公共需求。

从1978年改革开放到2002年这一时期，是基本公共服务效率优先、严重失衡发展阶段。这一时期我国的经济体制由计划经济转向市场经济转轨，基本公共服务政策及其价值取向也发生了转型。一是"效率优先、兼顾公平"成为基本公共服务配置的价值观。基本公共服务在计划经济下城乡失衡的基础上不断加剧，整体上呈现"城乡差距不断加大、覆盖范围不断缩小、区域差距不断加大、群体差距不断加大、个人负担不断加重"的特点。二是"城乡分割、以城为主"的基本公共服务发展观。在此阶段，我国基本公共服务体制改革沿袭了传统的城乡二元思路，但在城市已逐步开始推进公共服务的社会化与市场化改革，城市供给水平远远高于农村，基本公共服务供给处于城乡严重失衡状态。三是"地方负责、分级管理"的基本公共服务供给观。在政府行政管理体制和财政体制以"分权"为突出特征的改革过程中，地方政府对公共服务缺少常态化、规模化投入，大大降低了公共服务供给的普及性和均等化程度。

2002年中共"十六大"以来，在新的社会背景下，基本公共服务政策发生了深刻的变化。一是"民生导向、公平优先"的基本公共服务价值观。这一阶段，政府秉持"以人为本"和"科学发展"的指导思想，公共服务体系的构建显示出更为普遍和全面的特征：城乡免费义务教育全面实现，全面医保基本实现，城乡基本医疗卫生制度全面建立，城乡基本养老保险制度全面铺开，公共就业服务体系实现全覆盖，新型社会救助体系基本形成，最低生活保障实现了应保尽保，保障性住房建设加快推进，逐步形成了"广覆盖、趋于均衡、个人负担降低"新的均衡。二是"城乡一体、统筹发展"的基本公共服务发展观。在此发展观指导下，我国的公共政策发生了明显转向，农村居民、弱势群体更多地成为政策受益者，在农民工就业保障、城乡义务教育、医疗和养老保障各个方面，政府颁布和实施的系列政策文本均显示出政策重心的转移。三是"政府主导、多元协同"的基本公共服务责任观。这一阶段的公共服务制度改革，一方面不断强化政府的供给主体责任，另一方面也在不断推进公共服务的市场化、社会化，基本公共服务多元供给机制不断成熟和扩展，为缩小城乡间、区域间基本公共服务差距提供了机制支撑。

其间，2006年《国民经济和社会发展第十一个五年规划纲要》和《中共中央关于构建社会主义和谐社会若干重大问题的决定》将"基本公共服务均等化"纳入政府工作日程，标志着我国基本公共服务的价值理念发生了重大变化；2007年中共十七大报告突出强调以"加快推进以改善民生为重点的社会建设"为切入点，协调经济社会发展，保障和改善民生，促进社会公平正义；2012年发布的《国家基本公共服务体系"十二五"规划》指出，建立健全基本公共服务体系和促进基本公共服务均等化是构建社会主义和谐社会和维护社会公平正义的迫切需要。基本公共服务指建立在一定社会共识基础上，由政府主导提供的、与经济社会发展水平和阶段相适应、旨在保障全体公民生存和发展基本需求的公共服务。享有基本公共服务属于公民的权利，提供基本公共服务是政府的职责。2017年10月，中共"十九大"强调，中国特色社会主义进入新时代，我国社会主要矛盾已经转化为人民日益增长的美好生活需求和不平衡不充分的发展之间的矛盾，要着力解决好发展不平衡不充分问题，更好满足人民在经济、政治、文化、社会、生态等方面日益增长的需要，更好推动人的全面发展和社会全面进步。2017年国务院发布的《"十三五"推进基本公共服务均等化规划》再次强调，基本公共服务均等化是指全体公民都能公平可及地获得大致均等的基本公共服务，其核心是促进机会均等，重点是保障人民群众得到基本公共服务的机会，而不是简单的平均化。

二、中国推进公共服务均等化的展望

在我国全面建成小康社会、实现第一个百年奋斗目标之后，我国开启了全面建设社会主义现代化国家新征程、向第二个百年奋斗目标进军的新发展阶段，推进基本公共服务均等化面临着重大挑战。一是基本公共服务需求增长与供给不充分、发展不平衡并存的"新矛盾"，二是人口老龄化、少子化和城镇化的"新结构"，三是新兴信息技术改变服务理念和方式的"新技术"，四是新型冠状病毒感染疫情考验公共服务治理能力的"新疫情"，以及匹配国家治理现代化和提质增效的"新要求"。这对基本公共服务覆盖人群、供给结构、服务方式、资源分配、财力支持和治理策略等都将产生重大影响。推进公共服务均等化需要加强常态化治理的制度供给，健全基本公共服务法律体系，提升均等化政策执行能力，强化均等化政策绩效评估。

2021年3月，经国务院批复同意，国家发展改革委联合20个部门印发了《国家基本公共服务标准（2021年版）》，并发出通知，要求各地区结合实际认真贯彻落实。《国家基本公共服务标准（2021年版）》是严格界定基本公共服务范围，结合实际抓紧制定各地区基本公共服务具体实施标准，有效落实基本公共服务支出责任的重要依据。

享有基本公共服务是公民的基本权利，保障人人享有基本公共服务是政府的重要职责。党的十九届五中全会提出，"十四五"时期我国的基本公共服务均等化水平明显提高；到2035年，基本公共服务要实现均等化。做好普惠性、基础性、兜底性民生建设，健全完善国家基本公共服务体系，全面提高公共服务共建能力和共享水平，以标准化推动基本公共服务均等化，成为未来一段时期的重要方向。《国家基本公共服务标准（2021年版）》充分考虑现有财力状况，努力做到党中央、国务院文件明确的基本公共服务项目全覆盖、无遗漏、能落实，坚决兜住兜牢基本民生底线，共包含"幼有所育、学有所教、劳有所得、病有所医、老有所养、住有所居、弱有所扶、优军服务保障、文体服务保障"9个方面，22大类，80个服务项目。其中，幼有所育方面的服务项目有9项，学有所教有9项，劳有所得12项，病有所医16项，老有所养有4项，住有所居有3项，弱有所扶有14项，优军服务保障有4项，文体服务保障有9项。每个项目均明确服务对象、服务内容、服务标准、支出责任、牵头负责单位等。其中，服务对象是指各项目所面向的受众人群；服务内容是政府必须提供、群众依法享有的服务具体内容；服务标准是指各项服务目前的保障水平、覆盖范围、实现程度等；支出责任是指各项目的筹资主体及承担责任；牵头负责单位是指国家层面的主要负责单位，具体落实由地方各级人民政府及

有关部门、单位按职责分工负责。

与《"十三五"国家基本公共服务清单》相比,《国家基本公共服务标准(2021年版)》服务项目数量基本持平,最主要的调整是以服务对象作为分类标准,紧扣党的十九大报告关于"幼有所育、学有所教、劳有所得、病有所医、老有所养、住有所居、弱有所扶"的重要论述,统筹考虑优军服务和文体保障,分9个方面对基本公共服务项目进行了重新梳理,规范了项目名称,对部分内容进行了合并、拆分和完善,并按服务领域对服务项目顺序做了重新安排。新的调整既充分体现了党中央、国务院关于在发展中补齐民生短板、促进社会公平正义等的重大决策部署,又方便广大人民群众根据自身实际需求,分门别类查找自己可以依法享有的基本公共服务项目。

按照总体部署,各地在充分与国家标准和行业标准规范衔接的基础上,结合自身经济社会和财政情况,陆续制定出台地方基本公共服务标准,总体上围绕"幼有所育、学有所教、劳有所得、病有所医、老有所养、住有所居、弱有所扶、优军服务保障、文体服务保障"9个方面,明确了现阶段必须予以保障的基本公共服务项目范围和底线标准,并将随着工作推进不断优化完善基本公共服务项目范围和底线标准。

参考文献

陆学艺.当代中国社会阶层研究报告[M].北京:社会科学文献出版社,2002.

陆学艺.中国社会阶级阶层结构变迁60年[J].中国人口·资源与环境,2010,20(7).

李强.当代中国社会分层:测量与分析[M].北京:北京师范大学出版社,2010.

李强.社会分层十讲[M].北京:社会科学文献出版社,2011.

李强.21世纪以来中国社会分层结构变迁的特征与趋势[J].河北学刊,2021,41(5).

李春玲.当代中国社会的声望分层——职业声望与社会经济地位指数测量[J].社会学研究,2005(2).

李春玲.中国社会分层与流动研究70年[J].社会学研究,2019,34(6).

李路路.改革开放40年中国社会阶层结构的变迁[J].武汉大学学报(哲学社会科学版),2019,72(1).

荣娥,冯旭.西方社会分层研究述评[J].社会工作,2007(1).

侯钧生,韩克庆.西方社会分层研究中的两种理论范式[J].江海学刊,2005(4).

许光建,许坤,卢倩倩.我国基本公共服务均等化研究:起源、进展与述评[J].扬州大学学报(人文社会科学版),2019,23(2).

程鹏.大城市公共服务设施分布绩效评价——以上海中心城区轨道交通网络为例[M].北京:中国建筑工业出版社,2022.

范逢春.建国以来基本公共服务均等化政策的回顾与反思:基于文本分析的视角[J].上海行政学院学报,2016,17(1).

张启春,杨俊云.基本公共服务均等化政策:演进历程和新发展阶段策略调整——基于公共价值理论的视角[J].华中师范大学学报(人文社会科学版),2021,60(3).

第十四章 中国人力资本与人口质量提升

第一节 西方人力资本理论

20世纪六七十年代,人力资本理论在西方兴起,这一理论直接推动了经济学的发展,增强了经济学对社会经济现象的解释力。随着中国的改革开放,人力资本理论被引介到国内,并逐渐被接受,其影响力不断增加,运用范围也不断拓展。

一、早期人力资本思想溯源

(一)理论萌芽及人的货币价值视角

早期人力资本思想强调人在经济中的作用。这是最先从经济学的视角认识人的经济价值,从宏观和微观的角度评价人的货币价值,是人力资本理论的萌芽。其具体表现在早期人力资本思想能帮助法庭确定人身伤害和死亡赔偿的问题,证明一个民族的能力,评估战争的成本,等等。用货币价值来衡量人的经济作用,主要有两种方法:一是计算用于生产人力所使用的货币成本;二是计算一个人的未来收益。但早期人力资本思想有其局限性,因为用生产成本法计算人力资本不能保证成本与收益成正比关系,而计算人力投资的未来收益时应对比收益的现今价值。显然,按照这种思路无法得出现代意义上的人力资本理论。

(二)人的资本价值思想理论的提出

著名的古典经济学派代表亚当·斯密(Adam Smith)在其1776年出版的《国富论》中初步提出了人力资本的思想。他认为,固定资本中包含所有居民或社会成员的才能。这种才能是通过包括学校和学徒过程的教育而获得的,一般都需要付出现实的成本。因此,其可以被看作是固定在个人身上的、已经实现了的资本。他建议由国家推动、鼓励,甚至强制全体国民接受最基本的教育。

法国古典经济学家让·巴蒂斯特·萨伊(Jean Baptiste Say)在他1803年出版的《政治经济学概论》中表达了同样的思想。他特别强调人才,尤其是具有特殊才能的企业家,在生产过程中发挥的特殊作用。

德国古典经济学家冯·杜能(Heinrich von Thunen)在1826年出版的《孤立国同农业和国民经济的关系》中也把人力资本包含在固定资本之中,并进一步主张将资本概念应用于人不仅不会贬低人格,或者有损于人的尊严;相反,如果不用这个概念,在战争中则是有害的。

19世纪40年代,德国经济学家弗里德里希·李斯特(Friedrich List)在《政治经济学的国民体系》中提出精神资本的概念,认为精神资本来自智力方面的成果和积累,各国现在的状况是在我们以前许多世纪的一切发现、发明、改进和努力等积累的结果,这些就是现代人类的精神资本。李斯特在这里所说的精神资本,在某种程度上接近于当代西方经济学所使用的人力资本概念。

当代经济学创立者阿尔弗雷德·马歇尔(Alfred Marshall)则认为教育可以开发人的智力,教育投资的得失不能看其直接投资,而要看其给劳动者带来的能力和劳动力得到利用的机会。教育投资会使原来默默无闻的人获得发挥他们潜在能力的机会。他从抽象的数学观点出发,认为一个伟大的工业天才的经济价值,足以抵偿整个城市的教育费用,因为一种新思想能增加英国的生产力,等于十万个人的劳动那样多,并由此提出了一句有名的格言:知识是推动生产力发展的最强大的火车头。

这一时期的经济学家,认为人及其能力和获得的技能都应被包含在资本的范围之内。尽管古典政治经济学家已经看到劳动是创造价值的源泉之一,但他们仍然认为劳动的报酬只是工资,而资本的报酬才是利润。不管是斯密的三要素说,还是马歇尔的四要素说,都是建立在资本一元导向的基础上的。他们至多是在比喻意义上认为劳动也是一种资本,但从来没有真正地将其当作资本。他们承认对人力资本投资的重要性,但是却反对使用这种方法做任何计算,或为了某种目的而应用他们的计算结果。尽管如此,这些经济学家通过对人力资本思想的研究,奠定了人力资本理论研究的基础,开创了人力资本学派。因而,他们在人力资本理论的发展进程中的影响是不可忽视的。

二、现代人力资本理论形成

进入20世纪后,西方经济学界对人力资本问题的研究取得了新的进展。美国经济学家欧文·费雪(Irving Fisher)在1906年出版的《资本的性质和收入》一书中首次提出人力资本概念,并将其纳入经济分析的理论框架中。1924年,苏联经济学家斯特鲁米林(Strumilin)在其发表的《国民教育的经济意义》一文中率先提出了教育投资收益率的计算公式,他用劳动简化计算法算出,对工人进行一年的初等教育可比同样时间在工厂工作提高劳动生产率1.6倍,他也是最早用数量计算公式来阐述教育经济意义的经济学家。1935年,美国哈佛大学的沃尔什(Walsh)发表了《人力资本观》一文,将个人教育费用和以后收入相比较来计算教育的经济效益,用教育效益的分析方式来计算高中和大学教育在经济上是否有利的问题。新制度学派的代表人物加尔布雷斯(John Kenneth Galbraith)在1958年出版的《丰裕的社会》一书中指出,现代经济活动需要大量受过训练的人,对人的投资和对物质资本的投资同样重要,改善资本或者技术进步几乎完全取决于对教育和科学的投资。没有对人的投资,物质投资虽也能使产量增加,但这种增长是有限的。第二次世界大战以后,世界各国经济迅速复苏,科学技术迅速发展,处于主流学派的新古典经济学频频受到新出现的经济问题的挑战。新古典经济学的增长理论和资本理论紧紧抓住资本同质、劳动力同质的假设不放,而基于这种假设的理论对一些新出现的经济问题很难解释,甚至出现矛盾。一时间,经济学出现了很多难解之谜。一些学者敏锐地察觉到这种变化,为了求解这些经济之谜,他们开始对前人在人力资本领域的思想进行挖掘和发展,开创了现代人力资本理论的研究,形成了人力资本理论。20世纪50年代,美国芝加哥大学和哥伦比亚大学的经济学家们从这两个视角对教育与工资的差别、劳动力市场问题进行了研究,从而形成了现代意义上的人力资本理论。

(一) 经济增长领域

在该领域构建人力资本理论的最重要的代表人物是美国芝加哥大学的西奥多·舒尔茨(Theodore W. Schultz)。他在20世纪50年代末60年代初连续发表了一系列重要文章,成为现代人力资本理论的奠基之作。特别是在1960年出任美国经济学会会长时发表的题为《人力资本投资》的演讲中,他大胆而明确地阐述了人力资本概念与性质、人力资本投资内容与途径、人力资本在经济增长中的作用等思想。他不仅第一次明确地阐述了人力资本投资理论,使其冲破重重歧视与阻挠成为经济学的一个新的领域,而且进一步研究了人力资本形成的方式与途径,并对教育投资的收益率和教育对经济增长的贡献做了定量的研究。舒尔茨因其在人力资本理论方面的贡献而荣获了1979年诺贝尔经济学奖。在舒尔茨之后,美国的爱德华·丹尼森(Edward Denison)运用实证计量的方法证明了人力资本在经济增长中的作用。

由于在用传统经济分析方法估算劳动和资本对国民收入增长所起的作用时,会产生大量未被认识的、难以用劳动和资本的投入来解释的残值,丹尼森对此做出了最令人信服的解释。他最著名的研究成果是通过精细的分解计算,论证出美国1929年至1957年的经济增长有23%归功于教育的发展,即对人力资本投资的积累。由于教育水平的提高,劳动力的平均质量提高了0.9个百分点,对美国国民收入增长率的贡献是0.67个百分点,占人均国民收入增长的42%。丹尼森的研究为舒尔茨的理论提供了有力的论据,并引发了从20世纪60年代起长达十多年的全球各国教育经费的猛增。

(二) 收入分配领域

在收入分配领域作出突出贡献的是美国经济学家雅各布·明塞尔(Jacob Mincer)。他在1957年完成的博士论文《人力资本投资与个人收入分配》中,首次建立了个人收入分析与其接受培训量之间关系的经济数学模型。之后,他在另一篇论文《在职培训:成本、收益与某些含义》中,根据对劳动者个人收益率差别的研究,估算出美国对在职培训的投资总量和在这种投资上获得的收益率。明塞尔是最早提出收益函数的经济学家之一,他用收益函数揭示了劳动者收入差别与接受教育和获得工作经验长短的关系。明塞尔的研究从人的后天差别及其变化入手。他认为,工人收入的增长和个人收入差距缩小的根本原因是人们受教育水平的普遍提高,是人力资本投资的结果。

(三) 人力资本理论的系统化

舒尔茨和明塞尔的研究,是从分析和解释其各自领域内出现的经济之谜出发的,虽然构建了相关领域人力资本理论的基本框架,但是缺乏对其进行更深层次的分析,没有对整个理论进行抽象化和系统化。加里·贝克尔(Gary S. Becker)正是进行了这方面的研究。他系统地阐述了人力资本与人力资本投资的问题,对人力资本的性质、人力资本的投资行为提供了有说服力的理论解释。

贝克尔获得了1992年的诺贝尔经济学奖,他的著作《人力资本》被西方学术界认为是经济思想中人力资本投资革命的起点。贝克尔提出了较为系统的人力资本理论框架,进一步发展了人力资本理论,使之成为系统而完整的理论体系。

从总体上看,西方人力资本理论的产生及发展,使人在物质生产中的决定性作用得到复归。人力资本理论重新证明了:人,尤其是具有专业知识和技术的高层次的人,是推动经济增长和经济发展的真正动力。这一时期的人力资本理论全面分析了人力资本的含义、人力资本的形成途径及人力资本的知识效应,并把人的消费视为一种重要的投资。这一理论也对资本理论、经济增长理论和收入分配理论的发展产生了革命性的影响。

三、当代人力资本理论发展

1956年,索洛(R. W. Solow)发表了题为《对经济增长理论的贡献》的论文,此后,一大批经济学家投入了对增长理论的研究。他们将人力资本因素结合进严谨的经济数学模型,使得人们能像用生产函数方法分析资本和劳动要素投入的数量对经济增长的贡献那样分析人力资本,从而提出了一些以人力资本为核心的经济增长模型。在罗默和卢卡斯的模型中,人力资本不仅被纳入进去,并且被内生化,同时也克服了经济均衡增长取决于劳动力增长率这一外生变量的缺陷。

(一) 乌扎华:扩展的新古典经济增长模型

20世纪60年代中期芝加哥经济学派的日裔教授乌扎华(Hirofumi Uzawa,又译宇泽)在1965年发表的题为《经济增长总量模型中的最优技术变化》一文中修改了索洛单纯生产部门的模型,引进教育部门,把只包含单纯生产部门的新古典经济增长模型,拓展到包含教育部门和生产部门的两部门模型。由于乌扎华在模型中加入了教育的因素,因而被认为是最早的人力资本增长模型。

(二) 罗默:内生经济增长模型

保尔·罗默(Paul Romer)在其1986年发表的《收益递增经济增长模型》一文中提出了罗默模型。罗默的增长模型实现了技术进步的内生化。罗默的内生增长模型对于经济增长理论的发展有着极其重要的作用。他将知识作为一个独立要素纳入了经济增长模式,并认为知识积累是促进现代经济增长的重要因素。由于知识的外溢性,资本收益率成为资本的递增函数,从而修正了传统经济增长中收益递减或不变的假定,这充分解释了目前世界经济高速增长的原因,同时也说明了发达国家和发展中国家经济水平差距日益扩大的缘由。

(三)卢卡斯:人力资本积累增长模型

1995 年诺贝尔经济学奖获得者罗伯特·卢卡斯(Robert Lucas)后来从另一角度解释了经济增长的内在机制。卢卡斯的增长模型以乌扎华建立的模型为基础,模型结构与阿罗-罗默模型相近,但强调了人力资本的重要性。他在 1988 年发表的著名论文《论经济发展的机制》中,把舒尔茨的人力资本理论和索洛的技术决定论的增长模型结合起来并加以发展,形成人力资本积累增长模型。其模型为:$H=h(t)\delta(1-u(t))$。式中 $h(t)$ 表示表现为劳动技能的人力资本,H 表示人力资本的增量,δ 表示人力资本的产出弹性,$u(t)$ 表示全部生产时间,$1-u(t)$ 表示脱产学习的时间。公式表明:如果 $u(t)=1$,则 $H=0$,即无人力资本积累;如果 $u(t)=0$,则 H 按 δ 的速度增长,即 H 达到最大值。由此可见,卢卡斯在模型中强调劳动者从正规或非正规的教育中所积累的人力资本对经济增长的作用。卢卡斯以阿罗(K. J. Arrow)模型为基础,建立了人力资本积累模型,强调了外部溢出效应对人力资本积累的作用。

(四)斯科特:资本投资决定技术进步模型

与罗默、卢卡斯的增长模型不同,英国经济学家斯科特(A. D. Scott)提出了资本投资决定技术进步模型,虽然该模型与新增长理论相同,认为技术进步是经济增长的主要因素,但强调技术进步的作用与投资密不可分,这种作用可以用投资的数量来测量。这个模型依据对十个国家一百多年经济增长的统计和技术专利史的研究,强调了技术进步对资本投资的依赖关系,即资本投资决定技术进步。

斯科特模型说明,产出的增长率由年均投资率与年均生产率所决定。这个模型强调资本投资决定技术进步,但不是简单地重复古典的资本积累论,而是同时强调了经济增长中知识和技术对劳动力质量和劳动效率的影响。除此之外,他还强调了不发达国家发展国际贸易的意义,即国际贸易可以产生一种赶超效应,通过贸易来吸引外国的先进技术和管理经验,就会少走弯路,从捷径赶超发达国家。

第二节　中国人力资本和人口质量发展现状

"人力资本"由费雪最早正式提出,但直到 20 世纪 60 年代,这一概念才随着舒尔茨发表关于"人力资本投资"的演讲而被正式纳入主流经济学范畴。1964 年贝克尔在其经典著作中对"人力资本"的含义做了更为详细具体的论述。其后,国内外学者在定义"人力资本"时,基本是在贝克尔提出的定义上做更细致的扩充和说明,但本质都强调人力资本是通过后天在健康、教育及技能和经验等方面的投入而形成,包含于人体中,能为劳动者和社会带来经济财富。

人力资本与非人力资本（主要是指物质资本）相比，既有共同点，又有自身的特性。在共性方面，主要是指两者都为资本所体现的特点，即"因投资而形成、自身具有价值和使用价值、能带来剩余价值，并且具有剩余收益分配权等"。人力资本的自身特性则主要体现为附着性、创新性、发展性、积累性和外部性等。

一、中国人力资本与经济增长的关系

自 1978 年改革开放以来，中国经济实现了超高速增长。GDP 总量由 1978 年的 3 678.7 亿元上升到 1986 年的 10 376.2 亿元，实现 1 万亿的突破。而后截至 2000 年，中国名义 GDP 总量为 100 280.1 亿元，实现 10 万亿的突破。2012 年中国 GDP 总量是 2000 年的 5 倍多，达到 519 470.1 亿元。截至 2017 年，GDP 总量达到 827 121.7 亿元。另外，按照林毅夫、蔡昉和李周 2014 年在《中国的奇迹：发展战略与经济改革（增订版）》序言中的数据，从 1978 到 2013 年，中国经济已经实现超过 9.8% 的年平均增速，中国的 GDP 总量达到了 8.3 万亿美元。中国经济在总量规模不断扩大的同时，人均 GDP 也在不断增加，由 1978 年的 385 元增加到 2017 年的 59 660 元，年均 GDP 增长率为 9.59%。此外，从国际比较的视角来看，根据世界银行报告发布的 2016 年全球各个国家的 GDP 数据，全球 GDP（国内生产总值）总量达 74 万亿美元。其中，总量排名第一的美国占比 24.32%；排名第二为中国，总量占比 14.84%；排名第三、第四的分别是日本、德国，占比分别为 5.91%、4.54%。中国在亚洲经济增长排名中位列第一，成为亚洲经济增长的引擎。

然而，自 2008 年国际金融危机以来，中国经济增长速度明显降低，GDP 增长速度由 2007 年的 14.2% 下降为 2008 年的 9.7%，继而继续下降为 2014 年的 7.3%，截至 2017 年，GDP 增长速度仅为 6.9%。至此，中国经济已由过去的高速增长阶段转变为现如今的"中高速增长"，步入"经济发展新常态"，出现所谓的"L 形增长"。党的十九大报告指出，"发展是解决我国一切问题的基础和关键"，"实现'两个一百年'奋斗目标、实现中华民族伟大复兴的中国梦，不断提高人民生活水平，必须坚定不移把发展作为党执政兴国的第一要务……推动经济持续健康发展"。因此，如何确保经济持续健康稳定增长，是我国面临的重大而现实的问题之一。

中国正经历人口转变，第一个特征是人口数量结构的转变，即人口红利效应日益降低，而人口老龄化问题却日益突出，中国目前已经进入诺特斯坦（Notestein）1945 年提出的人口转变过程的第三阶段，即"低出生、低死亡、低增长"阶段，"少子化""老龄化"已成为中国人口结构转变的新特征。过去 40 年时间里，人口出生率的下降和劳动年龄人口占总人口数量比重的增加推动了中国经济的快速增长，但这种人口年龄结构所产生的人口红利效应正随着时间的推移逐渐下降。根据《新中国人口六十年》及历次人口普查数据，1950 年我国人口死亡率为 18‰，出生率为 37‰，人口自然增长率处于较高水平。据统计，1949—1953 年人口平均增速是 1840—1949 年平均增速的 8 倍。之后，除 1960 年外，中国人口死亡率持续降低，出生率下降缓慢，因此人口自然增长率大幅上升,并在 1960 年代达到顶点。随后由于计划生育政策的实施及其他社会经济因素的作用,中国的人口动态格局有了变化,出生率从 20 世纪 70 年代开始持续降低。20 世纪 80 年代后,改革开放加快了经济和社会发展,计划生育政策在全国范围内严格执行,大幅降低了中国的人口出生率,人口自然增长率也随之下降,自 1998 年后,中国人口自然增长率降至 1‰以下。进入 21 世纪,随着人口出生率的降低和人均期望寿命的延长,2000 年后,中国 65 岁及以上人口数量占总人口比重超过 7%,代表着中国已经正式进入人口老龄化社会。此阶段人口金字塔特征表现为塔顶变宽、塔中部膨胀、塔底变窄,属于缩减型人口金字塔,人口增长速度降低。截至 2016 年,中国 65 岁及以上老年人口数量升至 1.5 亿,占总人口的比重为 10.8%,高龄化趋势愈加明显。

中国人口转变的第二个特征,表现为人口质量结构的不断优化。人口质量结构主要指在某一特定区域内的总人口中,按照专业技能、健康水平、特殊能力、受教育程度等划分的人口的分布情况,其实质反映了总人口中人力资本存量及其增量情况。因此,人口质量结构对经济增长的影响机制,实际上是人力资本的变动对经济增长的影响。中国历年每十万人口中高中阶段、大专和大学在校生数量,研究生学历人员数量均不断增加,受教育程度的提高有助于将中国巨大的人口压力转化为人力资本优势,进而促进中国经济的持续增长。

人口质量结构对经济增长的影响主要有 3 个途径:技术进步、劳动生产率和产业升级。首先,以人力资本增量和存量水平为代表的人口质量结构转变通过自主创新能力、新技术适应能力影响技术进步,进而影响经济增长。一定量的人力资本水平是确保技术进步的关键因素。对于发展中国家而言,自主创新与技术模仿是实现技术进步进而促进经济增长的两个主要途径。然而,要实现自主创新与技术模仿,必须要有高素质的人力资本的推动与传播,因此,对经济活动主体特别是政府而言,必须不断地加大对人力资本的投入,从而不断提高从事研究与开发(R&D)工作的人力资本水平,具备自主创新和技术模仿的人力资本基础。既有研究认为,衡量一个国家在一定时期内的技术进步以及 R&D 的人力资本基础,常用的测量方法为每 1 万人、每 10 万人或每 100 万人口中所拥有的科学家及工程师的规模,如在发达国家,每 10 万人口中科学家与工程师的规模至少在 2 000 人以上,而绝大部分的发展中国家的科学家与工程师数量一般在 10—200 人之间。此外,曼昆、罗默和威尔(Mankiw、Romer、Weil)于 1992 年也提出,加大教育人力资本投资会影响经济增长。随着人力资本投资规模的不断增加,人力资本存量不断扩大,可促进该国的经济持续发展。杜伟等人 2014 年的研究结论表明,人力资本能够提高技术创新(模仿)的能力,进而提高经济增长。其次,以人力资本增量和存量水平为代表的人口质量结构转变通过劳动的边际产出、全要素生产率(Total Factor Productivity,TFP)影响劳动生产率,进而影响经济增长。以卢卡斯、罗默等人为代表的新经济增长理论认为,持续的经济增长源于边际要素报酬递增,能够实现这种边际要素报酬递增的源泉则来源于人力资本。卢卡斯于 1988 年在其经济增长模型中将人力资本变量作为一种生产要素。由此,人力资本与物质资本一样,都被视为促进经济增长的核心要素,甚至人力资本的作用要大于物质资本的积累。罗茨(J. E. Rauch)于1993年运用美国1980年的截面数据估计人力资本的溢出效应,结果表明,受教育年限每增加1年,工资收入就会由2.8%上升到5.1%,而当社会平均经验年限增加1年,工资收入就会由0.2%上升至0.7%,人力资本水平提高了劳动收益率和劳动供给,进而促进了经济增长。此外,人力资本不仅可以提高劳动生产率,还会通过影响全要素生产率,进而影响经济增长。国外已有的关于人力资本对经济增长影响的实证研究认为,人力资本的增加能够显著提高TFP,从而促进经济增长。最后,以人力资本增量和存量水平为代表的人口质量结构转变通过生产要素集聚、人力资本投资影响产业升级,进而影响经济增长。保证经济持续发展的过程,实际上包含了产业结构由原始的、低级的产业结构向先进的、高级的产业结构转变,而人力资本作为科技知识和技术创新的重要载体,通过自主学习、"干中学"以及知识外溢等活动诱发科技创新和技术进步,从而提高生产率,促进经济增长。因此,具有一定规模较高水平的人力资本是促进产业结构升级的基础和关键因素。实证研究也证明了相关观点。冉茂盛等人于2008年研究认为,由于人力资本拥有特殊的生产功能,即人力资本作为生产投入要素之一具有要素功能和由于自身存量的增加能够加速其他生产要素的集聚而具有效率功能,使得人力资本的提高能够加快产业结构的升级。张国强等人2011年的研究也发现,提升人力资本存量以及优化其结构能够加快产业结构的升级,这也成为保证中国区域经济实现持续、健康协调发展的重大引擎。

二、中国人力资本两大要素现状——教育与健康

从1996年开始,我国只接受过初等教育的人口数量逐年下降,这表明随着改革开放政策的逐步落实和人民生活水平的显著提高,"科教兴国"政策的作用已经初步体现。全体民众逐渐开始注意到教育的作用,在接受初等教育之后,更多的人选择继续接受中等甚至高等教育。尤其是在国家推行了"九年义务教育"制度以及一系列鼓励农村孩子上学的政策之后,初等教育在法律及各种政策舆论导向上得到了保障,有效地推动了教育事业的发展,使受教育人口基本上都会选择接受最起码的初等教育之后再考虑继续读书或参加就业的问题。接受初等教育女性的数量在绝大多数的年份中都高于男性,这一方面可能是因为我国人口性别比例引起的,另一方面也说明"重男轻女"现象依然存在。更多的家庭选择支持男性继续接受更高层次教育,而女性则在接受了基本的教育之后参加就业,放弃了更好的学习机会。我国接受中等教育的人口基本上每年都在逐步增加,越来越多的人愿意在接受初等教育之后,继续接受更高层次的教育。同时从性别来看,女性接受中等教育的人数明显少于男性。接受高等教育的人口也在逐年增多。各个地区的平均受教育年限都基本呈现逐年递增的势态。从3个地区的比较来看,东部地区各年的平均受教育年限均略高于中部地区和西部地区,西部地区每年的平均受教育年限每年均处在最低水平。这和各地区的经济发展水平以及政府的教育投入等紧密相关。

在健康方面，不管是卫生、医疗还是保健等都属于人力资本投资的范围。随着人们不断改善医疗卫生条件，以及注重保健，都增加了人力资本投资，使得人类的平均期望寿命逐渐延长。很显然，人们平均期望寿命的延长将直接带来人力资本总量的增加。人们发挥自己聪明才智的时间延长，人力资本的价值也就随之增加。另外，医疗卫生以及保健条件的改善使得人们的体质增强，人类在发挥人力资本的作用时不再受到更多疾病的困扰，人力资本发挥的效果进一步增强，这也同时提高了人力资本的质量。通过使用以死亡率为代表的单一指标法研究发现，我国各地区的死亡率基本上相差不大，而使用多指标综合分析得出的健康人力资本则显示，东部地区的健康人力资本状况最好，北京、上海、天津等地区几乎每年都处于前三的位置。

第三节　中国人力资本与人口质量的挑战与机遇

长期以来，中国发展基础教育的"瓶颈"是经费。基础教育事业发展的现状是基础教育经费十分短缺，同经济增长和社会发展对基础教育事业发展的要求严重不相适应。1997年，国家财政性教育经费支出占GDP的比例仅为2.49%，并且地区间基础教育投入差距进一步拉大。这种教育经费不足的原因是多重的，但人口众多，特别是需要接受基础教育的少年儿童总量大，而在目前经济发展水平阶段上可以用来发展基础教育的经费有限，是最具有制约性的因素。当前，中国实际上是用全世界教育经费的1%多一点，支撑着占世界20%的受教育人口。

通过教育立法，确保各级政府教育经费支出在财政支出总额以及国民生产总值中占有一定比例，同时发挥多种积极性，开发和疏通多种资金渠道，筹集社会资金支持基础教育事业的发展，无疑是克服基础教育发展经费"瓶颈"的根本途径。改革开放以来，在疏通基础教育经费渠道方面，中国已经取得了巨大的成就，可用于这个领域的资金的稳定增长已有所保障。与此同时，人口年龄结构变化也为中国基础教育发展带来机遇。近年来，基础教育经费投入总量有很大提高，已经建立起多渠道投入机制，包括各级政府征收用于教育的税费，企业办学校教育经费，校办产业、勤工俭学和社会服务收入用于教育的经费，社会团体和公民个人的办学经费，社会捐集资办学经费，学费、杂费以及其他教育经费等。自1993年起，中国对义务教育经费进行单独统计，义务教育拨款迅速提高。1993—1995年期间年均增长率高达28.03%，高于同期财政教育拨款26.33%的年均增长率；相应义务教育拨款占财政拨款份额也由51.39%提高至53.24%。中央、省、地级市、县逐步建立起义务教育专项补助费。教育部和财政部组织实施了1995—2000年国家贫困地区义务教育工程，此外还通过增设税种、征收附加、兴办产业、社会捐助、设立基金等多条渠道筹措基础教育经费。根据预测，从21世纪初开始，劳动年龄之前的少年儿童人口数量绝对下降，从2000年的2.8亿下降到2010年的2.3亿和2050年的1.5亿；其占全部人口比重也相应下降，从2000年的21.7%下降到2010年的16.8%和2050年的9.5%。人口年龄结构的这种变化将大大缓解基础教育经费不足的矛盾,假设国家和社会对教育领域的投资增加趋势不变,伴随着接受基础教育人口减少的趋势,共同产生的效果将是生均占有的教育资源的大幅度增加。而如果中国经济增长率可以保持过去20余年的势头,政府对教育的重视程度不断提高,上述可能性的预测就完全可以成为现实。

人口转变类型与疾病流行模式有密切的联系。一般的规律是随着人口转变类型向低出生率阶段过渡,在一个社会占主体地位的疾病类型也会发生相应的变化。国际上通常把疾病和伤害分为三大组:第一组包括传染病、孕期及围产期发生的疾病,以及营养不良造成的疾病;第二组包括心血管疾病、癌症、精神疾病等非传染疾病;第三组包括故意或非故意的伤害。暂且不考虑第三组疾病和伤害,第一组疾病类型与第二组疾病类型之间的相对比重标志着人口从高出生率向低出生率转变,以及与此同时流行病死亡率的下降。随着中国逐步进入低出生率的人口转变阶段,其占主导地位的疾病流行模式也相应地发生变化,即在中国的以病残调整生命年(Disability Adjusted Life Year,DALY)损失中,第二组疾病所占比重已经于1990年达到71%,第一组疾病所占比重相应下降到29%。这与发达国家的情况十分接近,而大大不同于其他发展中国家的情形。我们将若干国家和地区按照人口老龄化程度(60岁及以上人口比重)由高到低排列可以看到,一方面,国家和地区的人口老龄化程度是与疾病流行模式密切相关的,即低收入国家和地区人口结构相对年轻,第一组疾病流行模式占主导地位,而随着人均收入水平的提高,第一组和第二组疾病的相对比重发生变化,即高收入国家和地区人口老龄化程度高,第二组疾病占主导流行趋势;另一方面,中国在1990年就已经接近发达国家的人口老龄化水平以及疾病流行模式,第二组疾病流行模式起比较重要的作用。

在中国步入第二组疾病流行模式阶段的同时,城乡之间、地区之间所处的阶段仍然有差异,如城市和农村导致死亡的前十位病因及其排序就有所差别。这种疾病流行模式转变的阶段性特征,对中国的养老保障体系、营养改善和医药体制等事业的发展提出了严峻的挑战。我们既要应对人口老龄化所带来的老年人口医疗保障新要求,又要应对低收入水平下营养不良、广大农村缺医少药的难题。

健康是人力资本的重要组成部分。营养水平和医疗卫生保障程度,直接从生理学角度影响着人口的健康状况,间接从经济学意义上影响劳动生产率,进而影响经济增长。许多研究不仅揭示了健康与生产率之间的正相关关系,还给出了在什么范围内健康状况改善余地更大,从而产生正的生产率效应。一系列研究通过实证方法,都表明健康状况对成人存活率影响很大,但这种影响存在着一个可以用人均收入水平表示的拐点,即超过一定的收入水平,健康状况改进的余地对经济增长的影响就微不足道了。例如,一项研究给出的这个人均收入水平拐点是按1987年价格计算的690美元,或按购买力平价计算的3 554美元[1]。有趣的是,这个拐点的人均收入水平与中国目前的人均

---

[1] Bhargava A, D T Jamison, Lau L J, Murray C J L. Modeling the Effects of Health on Economic Growth [J]. Journal of Health Economics, 2000, 20:423—440.

收入水平十分相近。根据世界银行2000年的统计,1998年中国的人均国民生产总值为750美元,按购买力平价方法计算的人均国民生产总值为3 220美元。一方面,上述实证研究中提供的拐点数字为1987年价格,至今应该已经被缩减为较高的现价人均国民生产总值;另一方面,中国历来被认为是在同等人均收入水平下有着较高的人类发展水平的国家,即按照相同的人均收入水平标准,中国的健康状况要高于同等收入水平国家。假设上述两个因素可以互相抵消,我们可以大致观察到中国通过改善健康状况而提高生产率,进而加速经济增长的潜力。

1999年,中国城镇居民平均可支配收入为5 854元,农村居民平均家庭纯收入为2 210元。按人口加权平均后,城乡居民人均收入为3 336元。我们假设低于这个拐点收入水平的人口都有通过改善健康状况提高生产率的潜力。通过粗略推算,这一年全国城市有接近20%的家庭人均收入低于这个拐点,农村有超过80%的家庭低于这个拐点,即城市有7 000多万人口,农村有7亿多人口年平均收入未达到这个可以通过改善健康状况提高生产率的拐点。换句话说,全国尚有8亿左右的人口,有潜力通过改善营养、医疗卫生条件从而改善健康状况,提高劳动生产率,进而推进城乡经济增长。

中国能够在21世纪继续其过去20余年的高速经济增长,在很大程度上取决于人力资本存量的增加。人口转变的新阶段既为基础教育的发展和质量提高提供了机会,也对健康的进一步改善提出了挑战。抓住机会和应对挑战,有赖于从人力资本积累的3个支柱上进行一系列改革与建设。相对于其他领域来说,教育体制和卫生体制的改革迄今是滞后的,包括养老保障和医疗保障在内的社会保障体系建设也尚未完成。因此,我们仍然任重道远。

第四节 促进中国人力资本积累和人口质量提升的政策建议

一、促进中国人力资本积累的政策建议

我国改革开放以来,大量剩余的农村廉价劳动力向城市转移,形成较长时期的"人口红利",从而有力推动了改革开放后经济的快速增长。但近年来,劳动力数量增长趋缓,产业部门对专业技术人员的需求不断上升,这都意味着高素质劳动力的重要性在上升。2013年,我国的人均GDP已达6 920美元。自2008年全球金融危机后,我国开始大力谋求经济增长方式的转型升级,已取得较大进展。在当今经济全球化趋势不断加强的知识经济时代,经济的发展和国家竞争力的提高对人力资本的质量提出了更高的要求。根据上文的分析,本章对我国提升教育人力资本水平提出以下相应的建议。

第一,要增加政府教育经费支出。1993年,《中国教育改革和发展纲要》就提出国家财政性教育经费支出占GDP的比值在20世纪末要达到4%,然而,这一目标直到2012年才以4.28%的占比实现。根据《国际统计年鉴(2013)》的数据显示,2000年公共教育经费支出占国内生产总值的比重,世界平均水平为3.97%,高收入国家为4.96%,

中等收入国家为3.96%,我国仅为1.91%,而当时同为世界人口大国的金砖国家之一的印度,这一比例也已达到4.41%。由此可以看出,在经济快速发展的进程中,我国教育经费的投入严重不足,不仅远远落后于世界平均水平,还落后于同是人口大国的印度等国家。因而,进一步加大教育经费的投入力度,对于促进教育的发展是至关重要的。

第二,要重视基础教育阶段的教育质量。有学者的研究表明,高质量的教育水平对一国的经济发展起着至关重要的推动作用,从日本、韩国和新加坡等国家由中低收入国家跨入高收入国家行列的经验中可以看出,高质量的教育对其经济的发展助益颇多;而拉丁美洲许多国家陷入"中等收入陷阱"也与其对适龄儿童基础教育阶段的教育质量的忽视密切相关。目前,在我国大部分地区九年义务教育的普及情况良好,随着经济发展和人们对科学文化知识的重视程度加深以及教育观念的改变,人们越来越意识到接受高等教育的重要性,但仍需看到,我国提高教育质量之路还很漫长,基础教育的质量问题应越来越多地得到政府及社会的重视,尤其是在相对偏远、贫穷的农村地区,当前的教育水平和质量仍十分低下,只有对这一问题引起重视并加以改进才能进一步缩减城乡基础教育的质量差距。

第三,在跨越"中等收入陷阱"的关键时期,要重视教育的结构问题。近年来,在劳动力市场的"民工荒""技工缺"和"大学生就业难"等现象并存的情况下,要求我们在重视教育和培养高层次、创新型人才的同时,要注重实施产学研相结合的教育政策。根据产业结构优化升级所需的知识和技能要求,为广大专科及以上的青少年学生提供与未来就业需求更加匹配的教育。

二、提升人口质量的政策建议

健康作为人力资本的重要组成部分,通过提高劳动者的质量和数量等方面直接或间接地促进经济增长。根据上文的理论探讨和实证分析可以发现,我国经济产出增长中健康人力资本发挥着显著的作用。因此,在经济发展过程中我国需要加强对健康人力资本积累的重视,同时要加大相关的经费投入,才能更充分发挥其对经济增长的支持和促进作用。

第一,要重视健康投资,增加政府对公共医疗卫生的投入。医疗卫生投资作为健康人力资本投资不可替代的主体,能为人们的健康水平提供有效的保障。已有的很多研究成果都表明,加大对公共医疗卫生的投入对推动经济增长有重要作用,如谭永生的研究表明,公共医疗卫生的投资每增加1个百分点,可以推动GDP增长0.7841个百分点。按照《世界卫生统计(2012年)》的统计数据,全球卫生总费用支出占GDP的比重为9.4%。其中,高收入国家为12.5%,中高收入国家为6.1%,我国为5.1%,仍然处于较低水平,差不多是世界卫生组织(WHO)规定的最低标准(占GDP比重不低于5%)。因此,我国在未来的经济改革过程中不应把健康投资只看作是一种福利性消费,而应该提高对健康投资的重视程度,并将其当作对人力资本积累的投资,从总量上加大对公共医疗卫生事业的投入力度。

第二,扩大政府卫生投入的范围,并改善投资结构。近年来,由于卫生投资政策偏向城镇,农村公共医疗卫生体系资金不足,农民医疗负担加重。2000年农村人均卫生费用为214.9元,比全国人均水平低147元,到2010年这一差额达到了823.8元;2006年,农村人口占全国总人口的55.66%,而在政府对卫生事业的总投入中,农村卫生费用大约占33.14%。城乡间卫生资源分配不平等的格局,由此可见一斑。政府要重视对农村公共医疗卫生服务的投入,才能有效缩减城乡间卫生服务水平的差距。

参考文献

Becker G S. Human Capital(2nd ed)[M]. Chicago:The University of Chicago Press,1975.

Becker G S. Human Capital:A theoretical and empirical analysis with special reference to education[M]. Chicago:The University of Chicago Press,1993.

Benhabib J,Spiegel M M. The role of human capital in economic development evidence from aggregate cross-country data[J]. Journal of Monetary economics,1994,34(2):143—173.

Gill I. Technological Change,Education,and Obsolescence of Human Capital[D]. Chicago:University of Chicago,1989.

Grammy A P. New Evidence on the Effect of Human Capital on Economic Growth[J]. Applied economics letters,1997,4(2):121—124.

Kiker B F. The Historical Roots of the Concept of Human Capital[J]. Journal of Political Economy,1966,74:481—499.

Lucas R E. On the mechanics of economic development[J]. Journal of Monetary Economics,1988,22:3—42.

Mankiw N G,Romer D,Weil D N. A contribution to the empirics of economic growth[J]. The quarterly journal of economics,1992,107(2):407—437.

Mincer J. A study of personal income distribution[M]. New York:Columbia University,1957.

Mincer J. Human Capital Responses to Technological Change[Z]. NBER Working paper,1989,12.

Notestein F W. Population-The long view[J]. Food for the World,1945:36—57.

Rauch J E. Productivity gains from geographic concentration of human capital:evidence from the cities[J]. Journal of urban economics,1993,34(3):380—400.

Romer P M. Endogenous technological change[J]. Journal of Political Economy,1990,98,5(2):S71—102.

Romer P M. Increasing Returns and Long-run Growth[J]. Journal of Political Economy,1986,94(5):1002—1037.

Schultz T W. Investment in human capital[J]. American Economic Review, 1961, 51(1):1—17.

Schultz T W. The Value of the Ability to Deal with Disequilibrium[J]. Journal of Economic Literature, 1975, 13(3):827—846.

蔡昉.人口转变、人口红利与经济增长可持续性——兼论充分就业如何促进经济增长[J].人口研究,2004(2).

蔡昉.人口转变、人口红利与刘易斯转折点[J].经济研究,2010(4).

杜伟,杨志江,夏国平.人力资本推动经济增长的作用机制研究[J].中国软科学,2014(8).

李竞能.现代西方人口理论[M].上海:复旦大学出版社,2004.

林毅夫,蔡昉,李周.中国的奇迹——发展战略与经济改革(增订版)[M].上海:格致出版社,2014.

冉茂盛,毛战宾.人力资本对经济增长的作用机理分析[J].重庆大学学报(社会科学版),2008,14(1).

张国强,温军,汤向俊.中国人力资本、人力资本结构与产业结构升级[J].中国人口资源与环境,2011,21(10).

朱玲.健康投资与人力资本理论[J].经济学动态,2002(8).

第十五章　中国人口状况与社会治理

第一节　中国人口状况

一、中国人口总体分布

全国总人口已超过 13.3 亿人，总体空间分布百年来一直呈现主要分布于"胡焕庸线"东南侧的格局①。人口密度较高的连片区包括黄淮平原、江淮平原、长江三角洲、四川盆地、珠江三角洲等地区。按照省级行政区计算常住人口密度，排名前三的为上海、北京、天津 3 个直辖市，均超过 1 000 人/平方千米；省份里面排名靠前的为江苏、山东、广东、河南、浙江，均超过 500 人/平方千米，这些省份主要分布在东部沿海和中原地区；人口密度低于 50 人/平方千米的省区有内蒙古、新疆、青海、西藏，均位于西部地区，密度最低的西藏人口密度不到 3 人/平方千米（图 15-1）。

二、中国人口结构特征

（一）性别结构

2010 年，全国人口总体性别比为 104.90。各省区市中，常住人口性别比均高于 100，其中最高的为天津市，达到 114.52，最低的为江苏省，为 101.52（图 15-2）。除了天津，性别比较高的省区市还有海南、广东、广西，均超过 108；除了江苏，性别比较低的省区市还有河南、山东、辽宁、重庆、吉林、河北、黑龙江，均低于 103。

（二）年龄结构

2010 年，全国 0—14 岁、15—64 岁、65 岁及以上人口占总人口的比重分别为 16.61%、74.47%、8.92%。

---

① 数据来源为 2010 年第六次人口普查，数据不含中国港澳台地区，本小节中若无特殊说明，均同此口径。

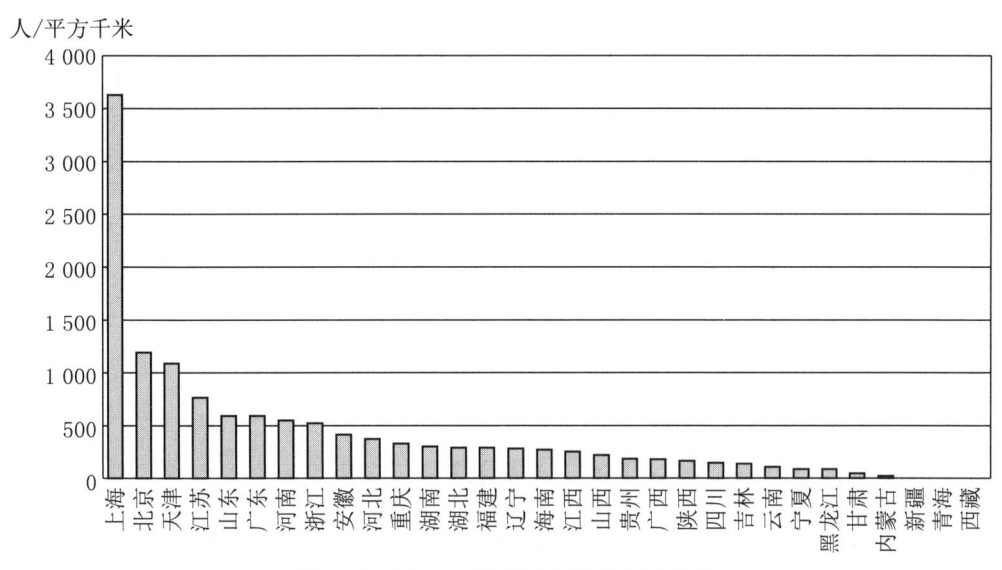

图 15-1　2010 年各省区市常住人口密度

资料来源：常住人口数据来自全国第六次人口普查，面积数据来自全国行政区划信息查询平台，中国港澳台地区资料暂缺。

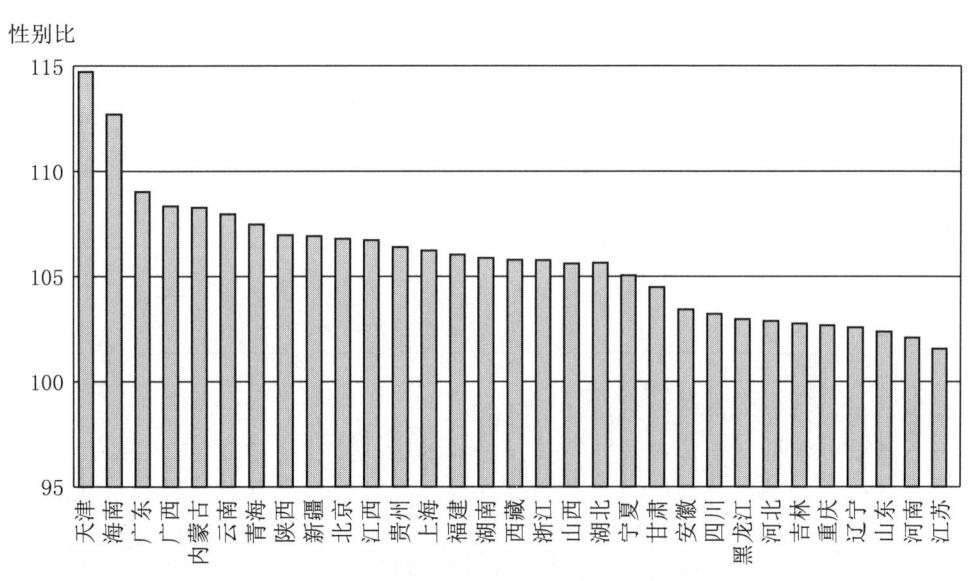

图 15-2　2010 年各省区市常住人口性别比

资料来源：数据来自全国第六次人口普查，中国港澳台地区资料暂缺。

按常住人口计算，各省区市的少儿人口（0—14 岁）占总人口的比重值区间为 8.60% 至 25.26%，比重值最高的 3 个省区市为贵州、西藏、江西，比重值最低的 3 个省区市为北京、上海、天津，该数值一定程度上反映了人口资源的潜力（图 15-3）。各省区市的壮年人口（15—64 岁）占总人口的比重值区间为 66.03% 至 82.68%，比重值最高的 3 个省区市为北京、天津、上海，比重值最低的 3 个省区市为贵州、广西、江西，该数值一定程度上反映了现有劳动力资源的情况（图 15-4）。各省区市的老年人口（65 岁及以上）占总人口的比重值区间为 5.09% 至 11.72%，比重值最高的 3 个省区市为重庆、四川、江苏，比重值最低的 3 个省区市为西藏、青海、宁夏，该数值一定程度上反映了老年抚养的需求（图 15-5）。

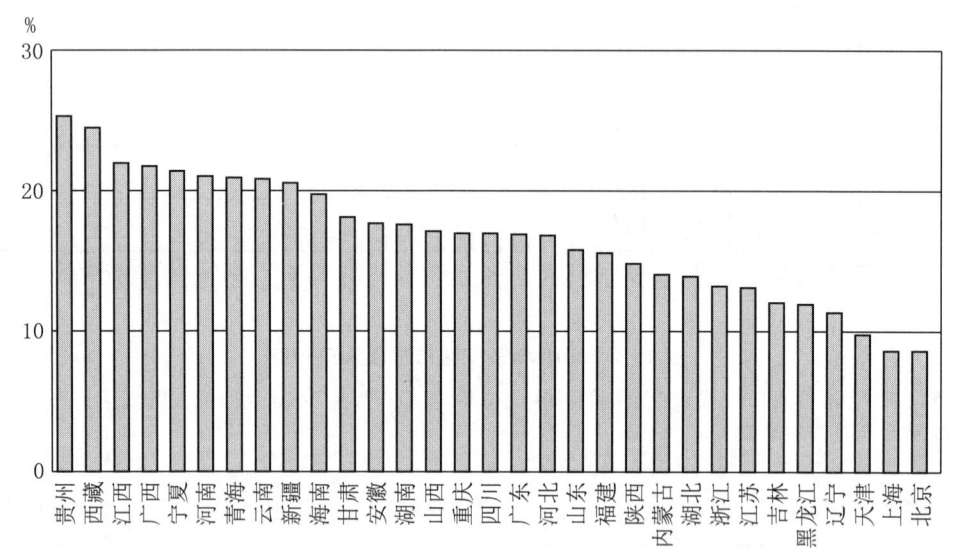

图 15-3　2010 年各省区市 0—14 岁人口占总人口比重

资料来源：数据来自全国第六次人口普查，中国港澳台地区资料暂缺。

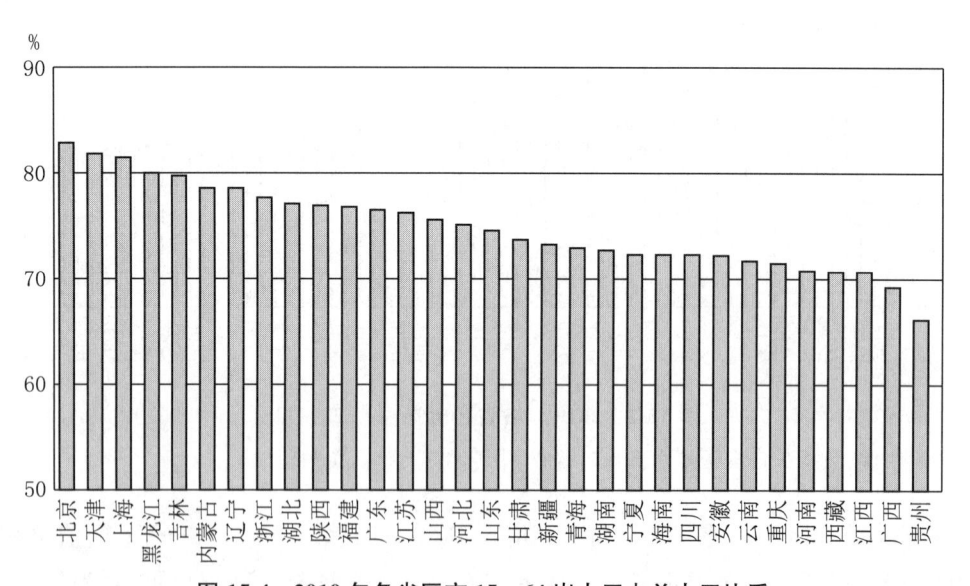

图 15-4　2010 年各省区市 15—64 岁人口占总人口比重

资料来源：数据来自全国第六次人口普查，中国港澳台地区资料暂缺。

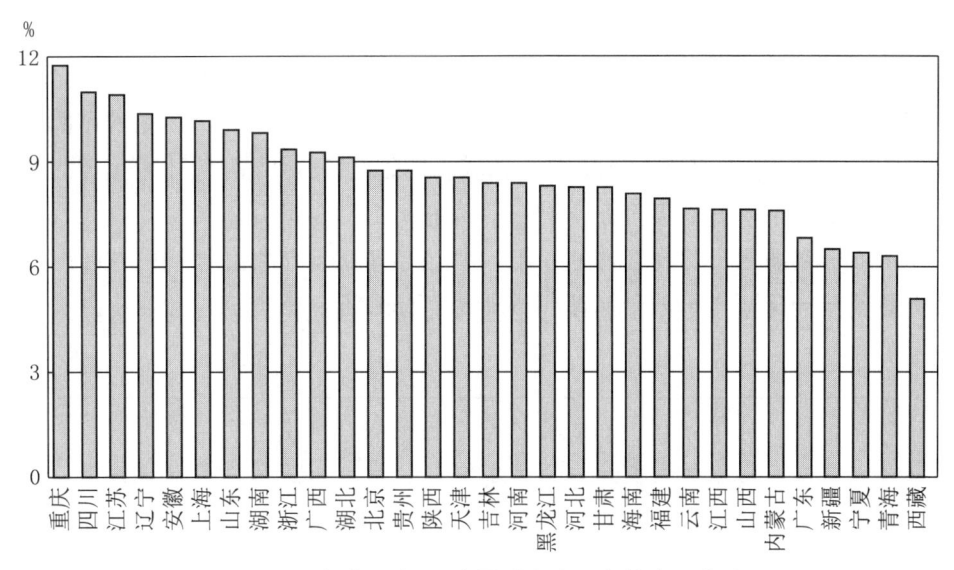

图 15-5　各省区市 65 岁及以上人口占总人口比重

资料来源:数据来自全国第六次人口普查,中国港澳台地区资料暂缺。

(三) 家庭结构

2010 年,全国家庭户共有 4 019.3 万户,集体户共有 1 578.9 万户,平均家庭户规模为 3.09 人。各省区市中,家庭户规模平均值位于 2.45 人至 4.23 人之间。其中,最高的为西藏,最低的为北京。除了西藏,家庭户规模较高的省区市还有江西、云南、甘肃、河南、海南、青海,均超过 3.4 人;除了北京,家庭户规模较低的省区市还有上海、浙江、重庆、辽宁、天津,均低于 2.8 人(图 15-6)。

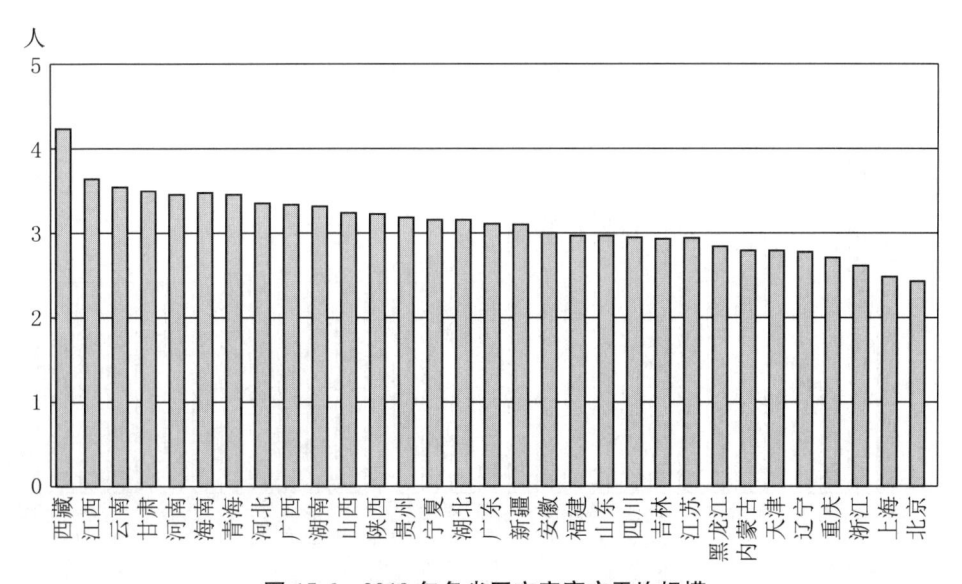

图 15-6　2010 年各省区市家庭户平均规模

资料来源:数据来自全国第六次人口普查,中国港澳台地区资料暂缺。

（四）婚育状况

根据10%左右的抽样调查，2010年，全国15岁及以上人口中，未婚的比例为21.6%，有配偶的比例为71.3%，离婚的比例为1.4%，丧偶的比例为5.7%。其中，未婚的比例方面，各省区市的数值区间为18.5%至34.1%，比重值较高的省区市为西藏、广东、海南、北京、陕西，比重值较低的省区市为黑龙江、重庆、内蒙古、山东、辽宁（图15-7）。2010年，全国总和生育率为1 181.10‰，各省区市的数值区间为706.70‰至1 789.75‰，数值较高的省区市为广西、贵州、新疆、海南、安徽，数值较低的省区市为北京、上海、辽宁、黑龙江、吉林（图15-8）。

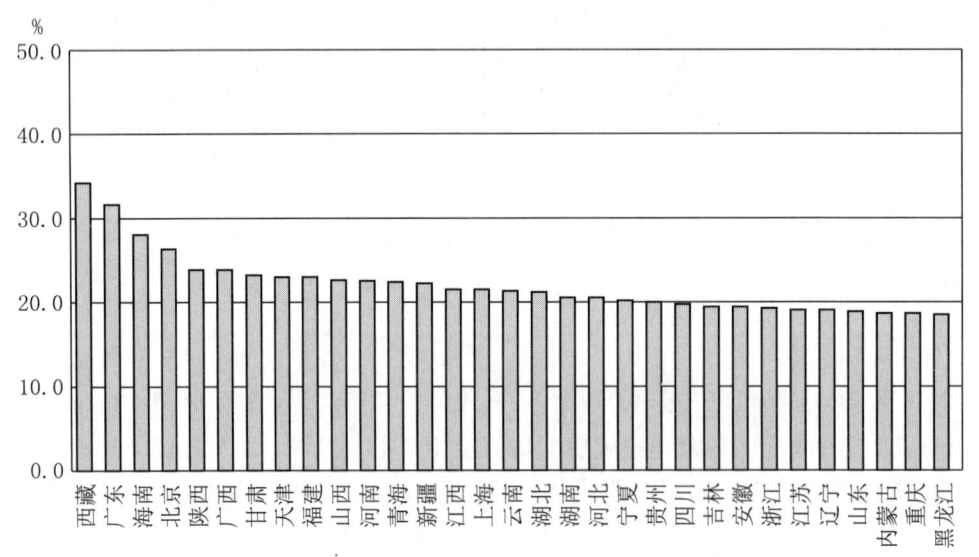

图15-7　2010年各省区市未婚人口占15岁及以上人口比重

资料来源：数据来自全国第六次人口普查，中国港澳台地区资料暂缺。

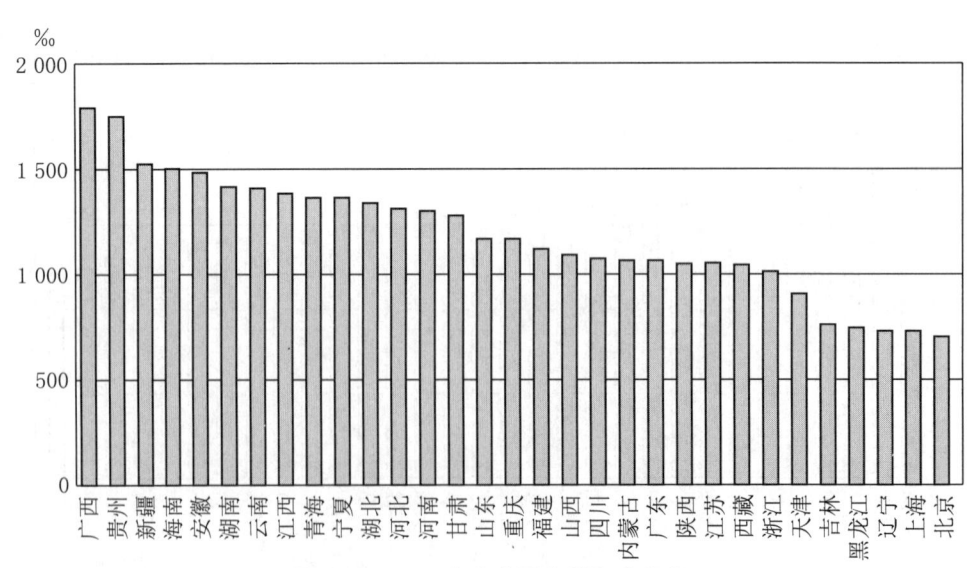

图15-8　2010年各省区市总和生育率

资料来源：数据来自全国第六次人口普查，中国港澳台地区资料暂缺。

(五) 教育程度

2010年,全国6岁及以上人口约12.43亿人。其中,未上过学的人口0.62亿人,占6岁及以上人口比重为5.00%;小学教育程度人口3.57亿人,占6岁及以上人口比重为28.75%;初中教育程度人口5.18亿人,占6岁及以上人口比重为41.70%;高中教育程度人口1.87亿人,占6岁及以上人口比重为15.02%;大学专科教育程度人口为0.69亿人,占6岁及以上人口比重为5.52%;大学本科教育程度人口为0.46亿人,占6岁及以上人口比重为3.67%;研究生教育程度人口为413.86万人,占6岁及以上人口比重为0.33%。各省区市中,大学专科及以上学历人口占6岁及以上人口比重数值位于5.82%至32.84%之间,比重较高的省区市为北京、上海、天津、辽宁、新疆,比重较低的省区市为贵州、西藏、云南、广西、河南(图15-9)。

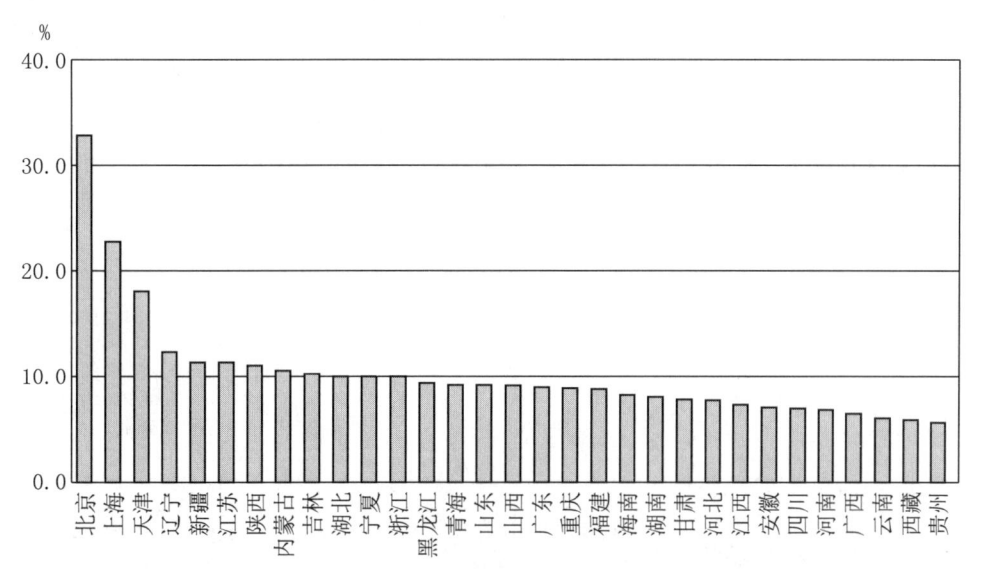

图15-9 2010年各省区市大学专科及以上学历人口占6岁及以上人口比重

资料来源:数据来自全国第六次人口普查,中国港澳台地区资料暂缺。

(六) 就业结构

根据10%左右的抽样调查,2010年,全国16岁及以上人口中,经济活动人口的比重为71.0%,非经济活动人口的比重为29.0%。其中,在经济活动人口中,就业人口比重为97.1%,失业人口比重为2.9%。各省区市中,就业人口占经济活动人口的比重值位于94.7%至99.0%之间,比重较高的省区市为西藏、云南、山东、安徽、青海,比重较低的省区市为天津、海南、上海、北京、山西(图15-10)。根据行业类别分类,全国就业人口中比重最高的5个行业类别为:农、林、牧、渔业,占48.34%;制造业,占16.85%;批发和零售业,占9.30%;建筑业,占5.48%;交通运输、仓储和邮政业,占3.56%(图15-11)。

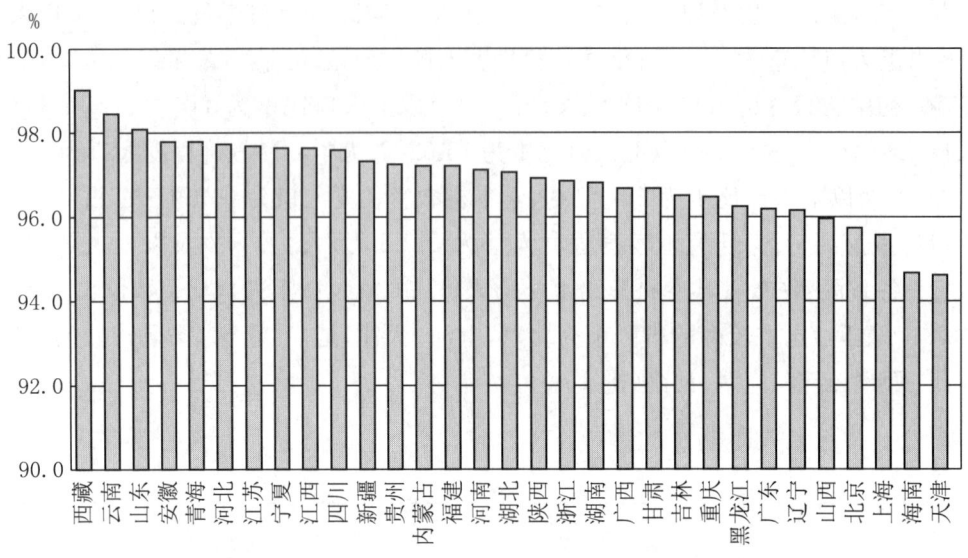

图 15-10　2010 年各省区市就业人口占经济活动人口比重

资料来源：数据来自全国第六次人口普查，中国港澳台地区资料暂缺。

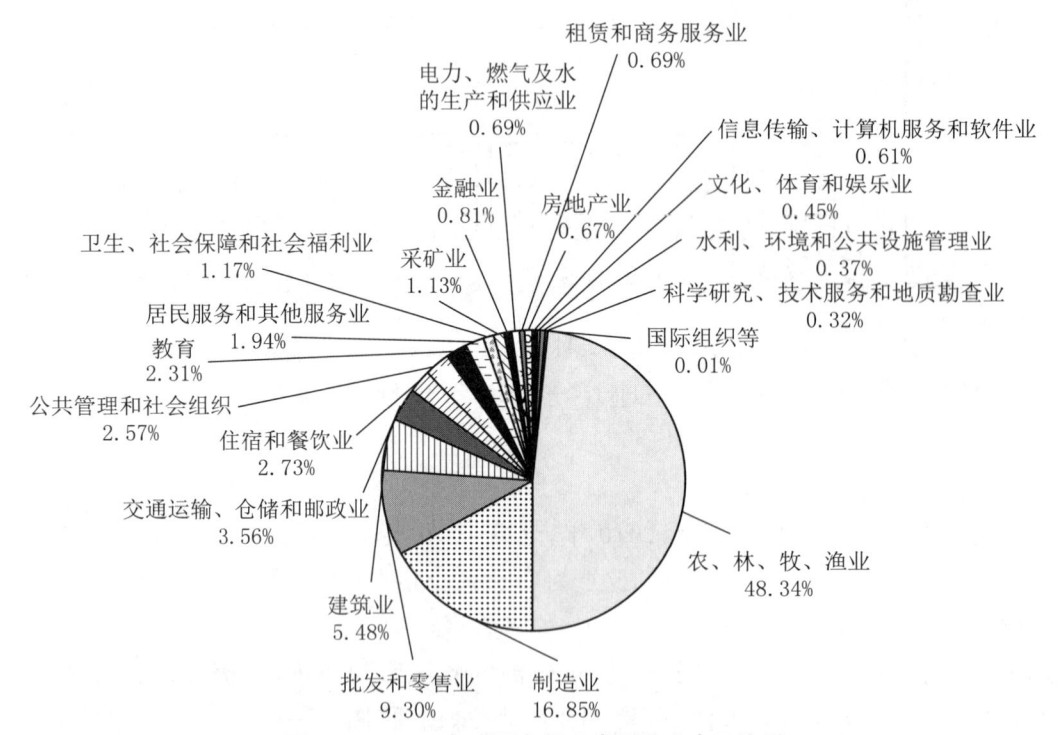

图 15-11　2010 年全国各行业类别就业人口比重

资料来源：数据来自全国第六次人口普查，中国港澳台地区资料暂缺。

三、中国人口城乡分布与流动

（一）城乡分布

2010年，全国常住人口中，居住在城市的有约4.04亿人，居住在镇的有约2.66亿人，居住在乡村的有6.63亿人，分别占总人口的30.29%、19.98%、49.73%（图15-12）。各省区市中，城镇人口占常住人口的比重数值位于22.7%至89.3%之间，比重较高的省区市为上海、北京、天津、广东、辽宁，比重较低的省区市为西藏、贵州、云南、甘肃、河南（图15-13）。

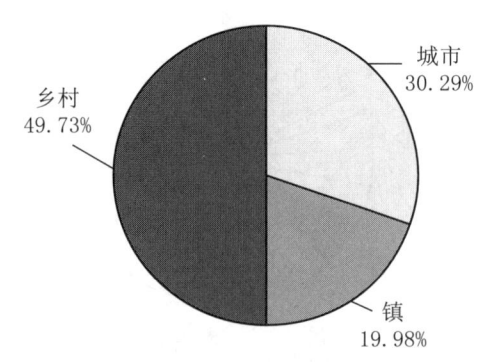

图 15-12　2010年全国城市、镇、乡村常住人口比重

资料来源：数据来自全国第六次人口普查，中国港澳台地区资料暂缺。

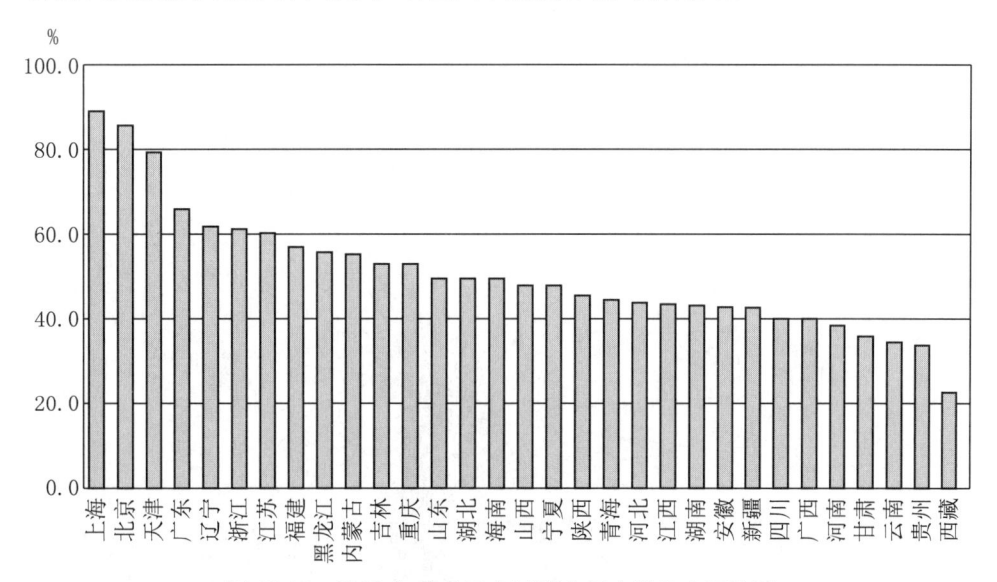

图 15-13　2010年各省区市城镇人口占常住人口比重

资料来源：数据来自全国第六次人口普查，中国港澳台地区资料暂缺。

（二）流动情况

2010年，相比户口登记地，全国常住人口现住地在外省区市的人口共有8 587.63万人。这部分人口中，户籍来源地前五的省区市为安徽、四川、河南、湖南、湖北，分别占11.2%、10.4%、10.0%、8.4%、6.9%（图15-14）；现居地前五的省区市为广东、浙江、上海、江苏、北京,分别占 25.0%、13.8%、10.5%、8.6%、8.2%(图 15-15)。

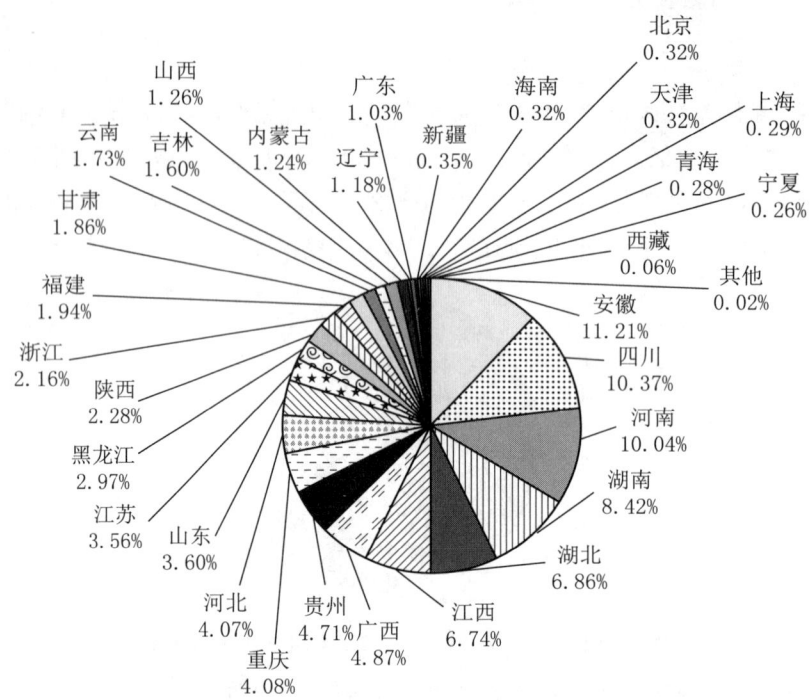

图 15-14 2010 年全国跨省流动的人口中户籍来源地构成比例

资料来源:数据来自全国第六次人口普查,中国港澳台地区资料暂缺。

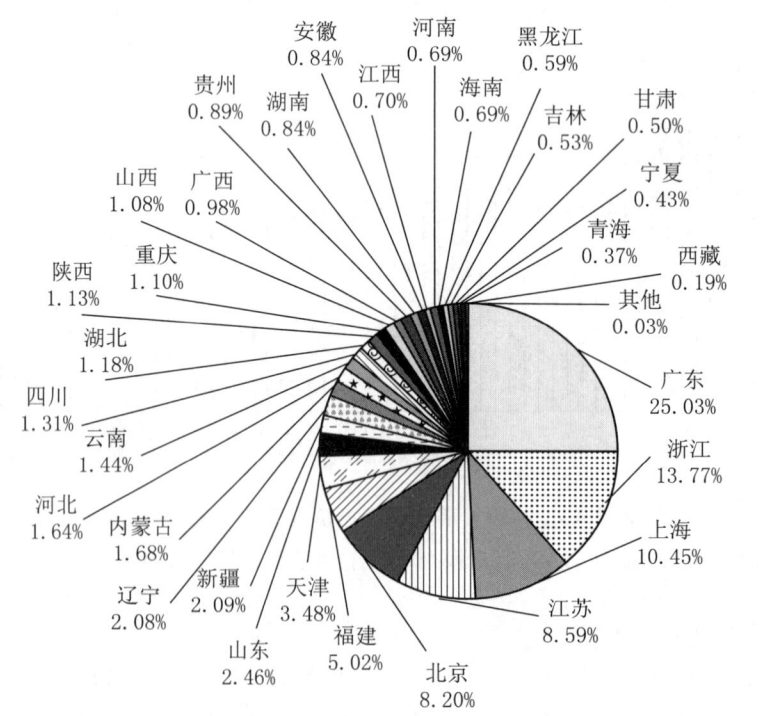

北京 0.32%
山西 1.26%
广东 1.03%
海南 0.32%
天津 0.32%
上海 0.29%
云南 1.73%
吉林 1.60%
内蒙古 1.24%
新疆 0.35%
青海 0.28%
宁夏 0.26%
甘肃 1.86%
辽宁 1.18%
西藏 0.06%
其他 0.02%
福建 1.94%
安徽 11.21%
浙江 2.16%
四川 10.37%
陕西 2.28%
河南 10.04%
黑龙江 2.97%
湖南 8.42%
江苏 3.56%
山东 3.60%
湖北 6.86%
河北 4.07%
贵州 4.71%
广西 4.87%
江西 6.74%
重庆 4.08%

图 15-15 2010 年全国跨省流动的人口中现居地构成比例

资料来源:数据来自全国第六次人口普查,中国港澳台地区资料暂缺。

安徽 0.84%
河南 0.69%
黑龙江 0.59%
贵州 0.89%
湖南 0.84%
江西 0.70%
海南 0.69%
吉林 0.53%
甘肃 0.50%
山西 1.08%
广西 0.98%
宁夏 0.43%
青海 0.37%
西藏 0.19%
陕西 1.13%
重庆 1.10%
其他 0.03%
湖北 1.18%
广东 25.03%
四川 1.31%
云南 1.44%
浙江 13.77%
河北 1.64%
内蒙古 1.68%
上海 10.45%
辽宁 2.08%
新疆 2.09%
天津 3.48%
江苏 8.59%
山东 2.46%
福建 5.02%
北京 8.20%

第二节　中国社会治理的概况

一、社会治理的内涵

2013年党的十八届三中全会通过《中共中央关于全面深化改革若干重大问题的决定》,其第十三部分为"创新社会治理体制","社会治理"一词逐渐在官方场合出现。在此之前,"社会治理"的相关内容一般被称为"社会管理",从"管理"到"治理",体现了理念的变化。

关于"社会治理"的定义,并无唯一标准。不少学者从不同角度对"社会治理"的含义进行了探讨和界定。童星认为,所谓社会治理是指:对"社"的管理,即社区管理;对"会"的管理,即民间组织(社会组织)管理;对"社会事务"的管理,包括户籍、婚姻等一系列事务的管理。[①]向德平和苏海认为,社会治理理论打破了传统的、高度集中的、政府主导下的等级组织管理方式,为协调国家、市场和社会三者的关系提供了一个新的实现渠道。[②]姜晓萍认为,社会治理是以实现和维护群众权利为核心,发挥多元治理主体的作用,针对国家治理中的社会问题,完善社会福利,保障改善民生,化解社会矛盾,促进社会公平,推动社会有序和谐发展的过程。[③]王浦劬认为,"社会治理"实际是指"治理社会",就是特定的治理主体对于社会实施的管理,我国的社会治理是指在执政党领导下,由政府组织主导,吸纳社会组织等多方面治理主体参与,对社会公共事务进行的治理活动。[④]2013年的《中共中央关于全面深化改革若干重大问题的决定》中关于创新社会治理体制的内容主要包括:改进社会治理方式,激发社会组织活力,创新有效预防和化解社会矛盾体制,健全公共安全体系。

社会治理的概念最早源自西方,因此中国的社会治理的研究往往以西方的相关理论作为研究的起点和基础,主要包括服务型政府理论、治理和善治理论、社会建设理论3个方面。[⑤]

二、中国社会治理的内容

（一）主要构成

社会治理的主要构成内容大致可以从制度、体系、地域空间、方式等视角进行分类。[⑥]从制度上看,社会治理包括户籍、就业、社会保障等制度;从体系上看,社会治理包括社会组织、公共服务、公共安全等体系;按地域空间分,社会治理包括家庭、社区、城市

[①⑤] 童星.中国社会治理[M].北京:中国人民大学出版社,2018.
[②] 向德平,苏海."社会治理"的理论内涵和实践路径[J].新疆师范大学学报(哲学社会科学版),2014(6):19—25.
[③] 姜晓萍.国家治理现代化进程中的社会治理体制创新[J].中国行政管理,2014(2):24—28.
[④] 王浦劬.国家治理、政府治理和社会治理的基本含义及其相互关系辨析[J].社会学评论,2014(3):12—20.
[⑥] 魏礼群.中国社会治理通论[M].北京:北京师范大学出版社,2019.

等治理；从方式上看，社会治理包括法制、道德、文化等治理。

（二）主要关注领域

中国社会治理主要关注的领域和方向包括国家治理、政府治理、社会治理主体和客体、社会自治与合作治理、社会建设、社会政策、社会治理创新等方面。

国家治理是指在中国特色社会主义道路的既定方向上，在中国特色社会主义理论的话语语境和话语系统中，在中国特色社会主义制度的完善和发展的改革意义上，中国共产党领导人民科学、民主、依法和有效地治国理政。①

政府治理通常包含三方面的内容：一是政府通过对自身的内部管理，优化政府组织结构，改进政府运行方式和流程，强化政府的治理能力；二是政府作为市场经济中"有形之手"，进行经济和市场治理活动；三是政府作为社会管理主体，对社会公共事务进行管理活动。②

社会治理主体多元化也是主要关注领域之一，最重要的是打破政府本位主义，确立起"他在性"的原则，根除行政傲慢，通过服务型政府建设创新社会治理，同时在社会治理创新中促进服务型政府建设。③

政府与社会的关系是社会治理逻辑中的关键核心之一，主要关注点包括政府与社会的互动关系、公民社会自治与政府管理的关系和边界、政府与公民社会的平等关系的建立及合作等。④

社会自治与合作治理亦是热点关注问题。在社会自治体系中，治理主体与治理客体之间会经常性地易位，治理者同时也是被治理者，被治理者又是治理活动的积极参与者。⑤

社会建设强调社会的总体利益、社会的共同性，其意义在于满足社会成员的基本需求，其重点是解决社会问题从而缓解社会矛盾。⑥

社会政策日益受到重视。杨团将社会政策概括为一定时期、一定区域内的各种社会力量为解决社会问题的协调的成果，是一个具有生命周期的社会过程，有其存在的理由和内在的发动机制。⑦

社会治理创新的主要方向包括：实现政府治理和社会自我调节、居民自治良性互动；鼓励和支持社会组织参与社会治理，激发社会活力；建立畅通有序的诉求表达、心理干预、矛盾调处、权益保障机制；健全公共安全体系等。⑧

（三）面临的主要问题

一是治理理念和手段相对滞后于经济、社会和技术发展。社会治理与当前的"以人

---

① ② 王浦劬.国家治理、政府治理和社会治理的基本含义及其相互关系辨析[J].社会学评论,2014(3):12—20.
③ 张康之.论主体多元化条件下的社会治理[J].中国人民大学学报,2014(2):2—13.
④ 周红云.从社会管理走向社会治理：概念、逻辑、原则与路径[J].团结,2014(1):28—32.
⑤ 张康之.论新型社会治理模式中的社会自治[J].南京社会科学,2003(9):39—44.
⑥ 李强.和谐社会与社会建设[J].中国特色社会主义研究,2007(6):43—46.
⑦ 杨团.社会政策的理论与思索[J].社会学研究,2000(4):16—26.
⑧ 李立国.创新社会治理体制[J].求是,2013(24):14—18.

为本""可持续发展""创新发展"等要求仍有明显距离,技术应用还不够充分有效。

二是多元治理主体的格局尚不成熟,主体职能界定不够明晰。社会治理的主体仍相对单一,社会组织参与社会治理的程度仍然相对有限,多元治理主体的格局尚未有效形成。同时,社会治理主体的职能界定还不够清晰,也是限制多元治理体系发展的原因之一。

三是治理成效不能充分满足人民群众日益增长的需求。人民对于美好生活的追求包括基本物质需求、精神文化需求、环境需求等方面。我国的社会治理工作起步相对较晚,治理经验相对不够成熟,治理成效与人民群众对于美好生活的期待仍有一定距离。

(四)面临的主要挑战

一是错综复杂的形势与各类风险隐患。近年来,国内外自然、经济、社会层面的风险与挑战日益增加,例如气候灾害、金融风暴、环境污染等。不少风险具有不确定性、难以预测性、快速蔓延性等特征,一旦发生往往发展迅速,给社会治理带来极大的挑战和压力。例如,新型冠状病毒肺炎(COVID-19)疫情给各国经济社会发展带来的重大影响,也给社会治理工作带来极大压力。

二是社会结构和阶层特征的变化。从年龄结构上看,中国正快速迈向老龄化社会,对社会照护等工作带来了较大压力。年轻人的价值关注趋向多元化,婚姻和生育的年龄普遍推迟,不少年轻人选择不婚不育,家庭规模与结构变化也对相应的社会服务提出了新的要求。在社会阶层方面,财富结构变化开始导致局部居住隔离特征的出现。

三是现代社会生活方式的改变。现代人社会生活方式不断改变,体现在自我意识不断加强、个人空间与公共空间边界不断明确、自主决定意识不断提升等方面。原有的社会网络结构、社区特征因此发生重要变化,体现在人口流动强度的提升、社区熟人社会的淡化、社区共同价值观念的变化等。

四是现代人在精神层面的需求和现实压力。随着物质文明的不断发展,现代人对于精神层面的关注和需求也日益重视。现代社会快速发展,人们对于周遭环境变化的感知也变得更加敏感。人们对于自我精神实现的要求不断提升,但是面对客观现实的制约(例如快节奏的工作),又存在无法充分释放、充分满足自我的精神需求的矛盾。

(五)面临的主要机遇

一是经济社会的稳定迭代发展。一方面,经济持续发展过程中,不断扩大的中等收入阶层将会驱动消费迭代升级;另一方面,物质文明发展促进精神文明水平提升,有利于社会稳定。

二是信息数字等新兴技术的快速发展。新兴技术加速了包括交友、知识获取、娱乐休闲等生活方式的改变,同时也能促进社会治理发展。例如,基于大数据挖掘和分析可以开展相关领域的趋势预测,基于生物信息识别的技术在保护个人信息安全的前提下可以提高社会治理效率,基于互联网深度应用的服务可以提升社会服务的深度和广度。

三是全面依法治国战略的不断推进。成熟的社会治理体系必须建立在完善的法律法规和制度体系的基础上。我国不断推进全面依法治国,也正是未来我国社会治理领域面临的重要机遇。

第三节　中国社会治理的发展

一、中国社会治理的发展阶段

改革开放以来,中国的社会治理得到长足发展,经过了大量的探索实践,形成了丰富的经验和成果。蔡潇彬将我国改革开放以来的社会治理历程总结归纳为4个显著的发展阶段,即初步探索阶段(1978—1992年)、基本形成阶段(1992—2002年)、全面建立阶段(2002—2012年)、全面深化阶段(2012年至今)。①

社会治理初步探索阶段即1978—1992年,主要探索包括实行家庭联产承包责任制,实施基层群众自治制度,在政府的社会管理方面持续探索创新等。

社会治理基本形成阶段即1992—2002年,随着全面建立社会主义市场经济体制政策的确立,包括社会领域在内的各领域的市场化运动全面开展。例如,1992年开启了医疗产业化改革和教育产业化改革,1994年开启了城镇住房市场化改革。

社会治理全面建立阶段即2002—2012年,具有全面提升社会建设重要性、全面建立社会管理体制、全面完善社会自治体制机制等特征。

社会治理全面深化阶段即2012年至今,逐步从封闭走向开放,从被动转为主动,从层级式转为扁平式,从单一主体转向多元主体。②

二、中国社会治理部分领域发展现状③

(一)面向不同群体的社会工作

面向不同群体的社会工作包括老年人福利、儿童福利和收养登记、残疾人服务等,其形式包括提供住宿和不提供住宿两种。

关于提供住宿的社会服务,根据《2020年民政事业发展统计公报》,截至2020年底,全国注册登记的提供住宿的各类民政服务机构共计4.1万个,机构内床位515.4万张。其中,养老机构床位488.2万张,精神疾病服务机构床位6.7万张,儿童福利和救助保护机构床位10.1万张,其他提供住宿机构床位10.4万张。年末收留抚养人员235.6万人。

不提供住宿的社会服务中,根据《2020年民政事业发展统计公报》,截至2020年底,全国共有3 853.7万老年人享受老年人补贴,全国共支出老年福利经费385.7亿元,养老服务经费131.3亿元;2020年全年办理儿童收养登记1.1万件;2020年全国有困难残疾人生活补贴对象1 214.0万人,重度残疾人护理补贴对象1 475.1万人。

---

①② 蔡潇彬.变迁中的中国社会治理:历程、成效与经验[J].中国发展观察,2019(1):30—34.
③ 本部分资料来源:中华人民共和国民政部发布的《2020年民政事业发展统计公报》。

（二）社会救助

社会救助包括最低生活保障、特困人员救助供养、临时救助等。

关于最低生活保障，根据《2020年民政事业发展统计公报》，截至2020年底，全国有城市低保对象488.9万户，805.1万人，全年支出城市低保资金537.3亿元；全国有农村低保对象1 985.0万户，3 620.8万人，全年支出农村低保资金1 426.3亿元。

关于特困人员救助供养，根据《2020年民政事业发展统计公报》，截至2020年底，全国共有农村特困人员446.3万人，全年支出农村特困人员救助供养资金424.0亿元；全国共有城市特困人员31.2万人，全年支出城市特困人员救助供养资金44.6亿元。

关于临时救助，根据《2020年民政事业发展统计公报》，2020年全年共实施临时救助1 380.6万人次，其中，救助非本地户籍对象8.4万人次；全年支出临时救助资金165.7亿元，平均救助水平为1 200.3元/人次。

（三）慈善事业和专业社会工作

慈善事业和专业社会工作包括慈善服务、专业社会工作、福利彩票等。

关于慈善服务，根据《2020年民政事业发展统计公报》，截至2020年底，全国共有经常性社会捐赠工作站、点和慈善超市1.5万个；全年有2 401.4万人次在民政领域提供了5 741.1万小时志愿服务，社会组织捐赠收入达1 059.1亿元。

关于专业社会工作，根据《2020年民政事业发展统计公报》，全国持证社会工作者共计66.9万人。其中，社会工作师16.1万人，助理社会工作师50.7万人。

关于福利彩票，根据《2020年民政事业发展统计公报》，2020年福利彩票销售1 444.9亿元，全年筹集彩票公益金444.6亿元，全年民政系统共支出彩票公益金229.9亿元。其中，用于社会福利160.7亿元，用于社会救助10.5亿元。

（四）社区服务

关于社区服务，根据《2020年民政事业发展统计公报》，截至2020年底，全国共有社区综合服务机构和设施51.1万个，社区养老服务机构和设施29.1万个，城市社区综合服务设施覆盖率100%，农村社区综合服务设施覆盖率65.7%。

（五）社会组织与自治组织

关于社会组织，根据《2020年民政事业发展统计公报》，截至2020年底，全国共有社会组织89.4万个，吸纳社会各类人员就业1 061.9万人。

关于自治组织，根据《2020年民政事业发展统计公报》，截至2020年底，全国基层群众性自治组织共计61.5万个。其中，村委会50.2万个，村民小组376.1万个，村委会成员207.3万人，居委会11.3万个，居民小组123.6万个，居委会成员61.6万人。

三、中国社会治理的发展经验

蔡潇彬对改革开放以来中国社会治理的发展经验进行了总结，主要有以下几个方面。一是国家与社会的再平衡，促使中国的国家与社会关系从"强国家—弱社会型"向"强国家—强社会型"转变；二是政党与政府的协力合作，在具有中国特色的政治体制下,政府大力推进国家与社会关系渐进调整,积极引入社会力量,为社会治理的推进提供了重要的体制框架;三是有效控制与适度发展的有机结合,在政府部门和社会力量之间创建了一种松散耦联的弱关联形式,实现了政府对社会力量既控制又发展的目的,减轻了政府的社会管理压力,同时也促进了社会力量的合理生长;四是常规式治理与运动式治理的有机结合,常规式治理构建起了系统的治理架构,运动式治理则起到针对特定领域特定事项精准施策、强力补短板的作用。

四、中国社会治理的趋势

一是在既定明确发展目标下,中国的社会治理体制机制将会在实践中不断得到加强和完善。二是基层社会治理体系将日趋成熟,基层政权和社会组织将在社会治理体系中承担关键性的角色,基层民主制度将进一步完善。三是互联网技术、大数据应用、人工智能等新兴科学技术推进智慧治理持续发展。我国互联网应用庞大,应用场景丰富,有利于治理手段的科学性与治理措施的效率的提升。四是社会治理的法制化也将会是一个坚定不移的推进方向,公众参与在社会治理中的地位也将日益提升。五是社会治理将日益重视人的需求,重视人民的获得感、幸福感、安全感。六是社会治理持续向精准化、精细化方向发展。

第四节　中国社会治理的典型案例

一、典型案例评选

自2014年开始,《人民日报》社、人民网和国家行政学院开展了全国"创新社会治理典型案例"的征集和推广活动,通过典型案例发掘探索地方社会治理创新规律,推进社会治理创新实践。案例征集的领域包括社会应急体制风险治理、基层参与式社区(乡村)治理、社会治安协同治理、维护市场经济秩序、经济组织治理、群众权益维护治理、社会组织治理、人口服务治理、互联网治理、社会矛盾化解。该评选每年举办一次,通过网上投票和自荐、专家评选等流程,每年评选出10个最佳案例、20个优秀案例以及50个入选案例。表15-1为2020年的最佳案例和优秀案例。

表15-1　2020年全国"创新社会治理典型案例"最佳案例和优秀案例①

最佳案例 (排名不分先后)	• 浙江省宁波市鄞州区:创新升级"365社区治理工作规程",探索社区治理"鄞州解法" • 山东省济宁市嘉祥县:建立"平安周例会"制度,打造新时代"枫桥经验"嘉祥版 • 重庆市南岸区:建设"六个美丽",共享"幸福街道" • 广东省佛山市南海区:"147"矛盾纠纷多元化解工作机制 • 吉林省延边州敦化市:以德治促政风、正行风、育民风

① 资料来源:人民网2020年7月13日发布的《2020年全国"创新社会治理典型案例"征集活动结果公布》一文。

(续表)

最佳案例 (排名不分先后)	• 重庆市合川区:坚持党建引领基层社会治理,构建共建共治共享的城乡治理新格局 • 四川省成都市青羊区:以创新场景营造凝聚社区发展治理新优势,提升少城片区融合治理新动能 • 江苏省南京市六合区:党建引领、网格为基、自治法治德治相结合助力乡村治理 • 湖南省株洲市醴陵市:全面推行监督与服务微信群,走好新时代网上群众路线 • 四川省成都市成华区:"大联动·家空间"智慧社区建设助推市域社会治理现代化
优秀案例 (排名不分先后)	• 福建南平市:创新突破整治库区用电秩序,打造新时代"枫桥经验"南平样板 • 云南省昆明市:构建多民族融荣与共的社会治理"同心圆" • 重庆市璧山区:党建引领、小区治理,完善城市基层治理体系 • 四川省自贡市:沿滩区深入推行"道德银行"工作法,探索城乡社区治理新路子 • 江苏省扬州市:智治支撑社会治理的"江都实践" • 黑龙江省双鸭山市岭东区:创新社区治理和服务,探索社会治理新路子 • 河南省新乡市:家事审判"法院+"多元解分模式助推市域社会治理现代化 • 山东省淄博高新区:以"速裁+特邀调解"机制助力矛盾纠纷多元化解 • 安徽省淮北市:根治"难办证"问题,推动治理现代化 • 吉林省长春市:打造检察品牌,奏响创新社会治理"主旋律" • 上海市宝山区:探索"四治三融两平台"沉浸式治理,绘就大都市近郊乡村和谐新画卷 • 青海省西宁市:积极推进居家和社区养老服务围绕需求 • 广西河池市巴马县:"塑魂·凝心·聚力"党建引领打造县域社会治理共同体 • 浙江省湖州市吴兴区:创新基层社会治理一体化实训模式,提升平安建设实战化水平 • 甘肃省兰州市:"共享集市"引领新型社区志愿服务 • 江苏省无锡市江阴市:构建矛盾纠纷化解共同体,激发基层社会治理新动能 • 陕西省延安市:新时代"十个没有"平安建设,构建基层社会治理新格局 • 天津市北辰区:全力打造"一核一网多元共治"市域社会治理新格局 • 安徽省合肥市包河区:推行"大共治",创新社会治理新模式 • 湖南省娄底市涟源市:群众说事、屋场共治——"屋场会群众工作法"基层治理实践探索

二、典型案例特征

(一)多方协作,发展多元治理体系

典型的案例有上海陆家嘴打造社区多元治理"共同体"、天津北辰区打造"一核一网多元共治"市域社会治理新格局等。

上海市浦东新区陆家嘴街道以居民区和商务楼宇为单位,以网格化综合管理责任区为基础,以片区楼宇综合服务站为枢纽,探索建立了若干个以"楼—居""楼—楼"为单位的片区区域党建共同体,通过社会化运作、项目化实施、制度化保障的办法,动员片区内的社会力量积极参与运作机制。①

---

① 案例参考资料:人民网上海频道发布的《浦东新区陆家嘴街道:以"金色纽带"推进社区多元共治》(http://sh.people.com.cn/n2/2019/0820/c393389-33270087.html)。

天津市北辰区初步形成了"一核引领、一网覆盖、六治融合"的社会治理格局。其中,"一核引领"是指党建引领基层治理创新;"一网覆盖"是指在综治警务网格治理模式的基础上,打造基层治理"一张网";"六治融合"是指在基层治理中提升"政治"效能,夯实"自治"基础,强化"法治"保障,推动"德治"先导,加强"心治"疏导,强化"智治"支撑。①

(二)以人为本,保障维护民生利益

典型案例有江苏省淮安市清江浦区"百群万家法润民生"工程、广东省深圳市坪山区以民生诉求改革为抓手构建共建共治共享新格局等。

江苏省淮安市清江浦区"百群万家法润民生"工程通过平台,向百余个微信群内的数万名成员每天推送普法资讯,精准满足群众普法需求,并且提供律师咨询精准法律服务,开设线上调解室受理调解申请,打通服务群众的"最后一公里"。②

深圳市坪山区以打造服务型政府为目标,推动政务服务改革,坚持把解决服务企业和群众"最后一公里"问题作为改革的聚焦点,加强政府信息公开,积极探索政民互动新模式,打造政务自助服务平台,建立了区级民生诉求分拨系统,构建了全方位、全覆盖、全天候的办理模式。③

(三)共治共享,营造社区生活共同体

典型案例有重庆市南岸区探索"四公"治理模式构建社区生活共同体、江苏省江阴市构建矛盾纠纷化解共同体等。

重庆市南岸区探索"四公"社区治理模式,构建互信互助、共建共享社区生活共同体,主要做法有:立足公众协同,构建共治共建治理体系;拓展公共空间,搭建互联互通交流平台;培育公共精神,共建睦邻友好幸福家园;做优公共服务,创建互惠共享品质社区。④

江苏省江阴市构建矛盾纠纷化解共同体,完善矛盾纠纷多元化解机制,具体做法可以概括为:发挥党政部门、社会力量的多元主体作用,整合相关部门资源;深化村(社区)干部走进基层法庭、基层法官走进村(社区)活动;建立健全司法调解、行政调解和人民调解有机高效协同的工作机制;落实组织保障机制、多元联动机制、考核激励机制、经费保障机制。⑤

---

① 案例参考资料:天津长安网发布的《践行四中全会精神 打造"一核一网多元共治"社会治理新模式》(http://www.tjcaw.gov.cn/szqh/2019-12-30/detail-iihnzhfz9206480.shtml)。
② 案例参考资料:淮安市人民政府发布的《清江浦"法润民生"智慧普法全覆盖》(http://www.huaian.gov.cn/col/16656_366471/art/20181220145751_cNlV2kDR.html)。
③ 案例参考资料:坪山新闻网发布的《坪山推动"数字政府"改革建设向纵深发展》(http://ipingshan.sznews.com/content/2019-12/12/content_22696706.htm)。
④ 案例参考资料:重庆文明网发布的《南岸探索"四公"治理模式 构建社区生活共同体》(http://cq.wenming.cn/nawmw/naFocusNews/201902/t20190218_5005968.shtml);《探索"四公"治理模式 构建社区生活共同体》(https://twgreatdaily.com/zh/2MzLQ3QBURTf-Dn5W-JO.html)。
⑤ 案例参考资料:人民网发布的《江苏省江阴市:构建矛盾纠纷化解共同体 激发基层社会治理新动能》(http://jl.people.com.cn/n2/2020/0615/c349771-34087621.html)。

（四）智慧应用，技术革新治理手段

典型案例有四川省成都市成华区的大联动微治理基层智慧治理应用平台、陕西省延安市宝塔区的"宝您满意"智慧民生系列数字应用平台等。

成都市成华区构建三大平台，组织成立"智慧治理联合实验室"，主要举措有：打造安全防控平台，建立预警预测体系确保城市安全，建立联动处置体系确保社会安定；打造政企互动平台，优化政务服务促进职能大转变，建立数据库促进数据大服务，推进网络理政促进效能大提升；打造政民互动平台，推进"互联网＋服务"实现市民办事便捷化，推进"互联网＋民生"实现民生供需智能化，推进"互联网＋社区"实现多元治理精细化。①

延安市宝塔区携手腾讯、百度、阿里等互联网公司，集中打造了智慧民生系列数字应用平台，平台主要功能有：智慧乡村治理微信开放平台、整合硬件和软件的掌上社区、线上线下相结合的数字宝塔平台、全民城管系统、信用街区、数字商圈、阳光政府等。②

（五）精准精细，联动提升治理效能

典型案例有山东省青岛市崂山区"三建联动"网格化治理工作机制、内蒙古呼和浩特市全面推进城市精细化管理等。

青岛市崂山区探索建立了"三建联动"网格化治理机制，主要工作有：构建"区—街道—管区（片区）—社区—网格"五级"三建联动"网格化治理体系和组织架构；划分网格，划定职责，因地制宜划定城市社区和农村社区基础网格；精细掌控，精准服务，运用信息化支撑，坚持多元化参与，推送全程化服务；强化队伍建设；突出党建引领。③

呼和浩特市近年来在全市范围内开展了城市精细化管理百日攻坚重点整治行动，整治重点包括进一步健全网格化管理机制，进一步提升市容市貌管理水平，提升住宅小区物业管理水平，加强环境卫生治理，加强公厕管理，加强施工扬尘治理，推进垃圾分类工作，改善静态停车管理，推进智慧城市建设，加快法治建设进程等 10 个方面。④

参考文献

蔡潇彬.变迁中的中国社会治理：历程、成效与经验[J].中国发展观察，2019(1).
姜晓萍.国家治理现代化进程中的社会治理体制创新[J].中国行政管理，2014(2).
李立国.创新社会治理体制[J].求是，2013(24).

---

① 案例参考资料：人民网发布的《建立三个平台推进智慧治理 打造城市治理体系和能力现代化典范城区 成都市成华区：构建大联动微治理基层智慧治理应用平台，全面创新社会治理机制》(http://unn.people.com.cn/n1/2019/1212/c420625-31503545.html)。
② 案例参考资料：人民网发布的《延安市宝塔区：守正创新 积极探索社会治理共同体的基层实践》(http://jl.people.com.cn/n2/2019/1128/c349771-33584419.html)。
③ 案例参考资料：人民网发布的《青岛市崂山区：创新"三建联动"网格化治理机制》(http://unn.people.com.cn/n1/2018/1203/c14717-30438567.html)。
④ 案例参考资料：内蒙古自治区人民政府发布的《呼和浩特市开展城市精细化管理百日攻坚行动》(http://www.nmg.gov.cn/art/2020/7/28/art_152_333342.html)。

李强.和谐社会与社会建设[J].中国特色社会主义研究,2007(6).

童星.中国社会治理[M].北京:中国人民大学出版社,2018.

王浦劬.国家治理、政府治理和社会治理的基本含义及其相互关系辨析[J].社会学评论,2014(3).

魏礼群.中国社会治理通论[M].北京:北京师范大学出版社,2019.

向德平,苏海."社会治理"的理论内涵和实践路径[J].新疆师范大学学报(哲学社会科学版),2014(6).

杨团.社会政策的理论与思索[J].社会学研究,2000(4).

张康之.论主体多元化条件下的社会治理[J].中国人民大学学报,2014(2).

张康之.论新型社会治理模式中的社会自治[J].南京社会科学,2003(9).

周红云.从社会管理走向社会治理:概念、逻辑、原则与路径[J].团结,2014(1).

第十六章 中国人口健康与医疗卫生公共服务

党的十九大报告将实施健康中国战略纳入国家发展基本方略。2016年,中共中央、国务院印发了《"健康中国2030"规划纲要》,作为推进健康中国建设的宏伟蓝图和行动纲领,内容涵盖普及健康生活、优化健康服务、完善健康保障、建设健康环境、发展健康产业5个方面。

中华人民共和国成立以来,特别是党的十八大以来,健康中国建设取得重要进展。中国在深化医疗体制改革、健全全民医疗保险制度、建立国家基本药物制度、推进基本医疗和公共卫生服务均等化等方面取得了重大成效。比如,建立了世界上最大的全民基本医保网,大病保险制度惠及10多亿公民;医疗卫生服务体系不断完善,多样化、个性化的健康需求不断得到满足;公共卫生安全防控屏障经受住了传染病疫情的严峻考验;公民看病就医负担明显减轻,个人卫生支出占其卫生总费用比重明显降低。2018年中国卫生健康事业发展统计公报显示,中国人均预期寿命提高到77岁,居民主要健康指标总体上优于中高收入国家平均水平。

本章主要介绍提高人口健康与加强医疗卫生公共服务建设方面所取得的进展,分析健康治理面临的主要问题,并提出建议对策。

第一节 健康水平

一、健康水平持续提高,健康需求发生显著变化

(一)健康水平不断改善

2018年末,中国大陆总人口(包括31个省、自治区、直辖市人口和中国人民解放军现役军人,不包括中国香港、澳门特别行政区和台湾省,以

及海外华侨人数)139 538万人,比上年末增加530万人。全年出生人口1 523万人,人口出生率为10.94‰;死亡人口993万人,人口死亡率为7.13‰;人口自然增长率为3.81‰,自然增长率呈现不断下降的趋势。从年龄构成看,65周岁及以上人口16 658万人,占总人口的11.9%,与2015年末相比增加了1.43%,老龄化程度不断加深①②。居民人均预期寿命由2017年的76.7岁提高到2018年的77.0岁,孕产妇死亡率从19.6/10万下降到18.3/10万,婴儿死亡率从6.8‰下降到6.1‰③。2018年版《世界卫生统计报告》(World Health Statistics)④显示,根据2016年的数据,中国预期寿命为76.4岁,全球排名第52位,与2013年相比进步了31位。

(二) 传染病疫情得到有效控制

2018年,全国甲、乙类传染病报告发病306.3万例,报告死亡23 174人,甲、乙类传染病报告发病率、死亡率分别为220.51/10万、1.67/10万。甲、乙类传染病发病率从1980年的2 079.79/10万下降至1993年的189.49/10万,呈现明显下降趋势,之后保持低水平波动变化;而甲、乙类传染病死亡率总体虽呈现下降趋势,但近年来死亡率呈逐年上升状态。2018年报告发病数居前5位的是病毒性肝炎、肺结核、梅毒、淋病、细菌性和阿米巴性痢疾,占甲、乙类传染病报告发病总数的92.2%。报告死亡数居前5位的

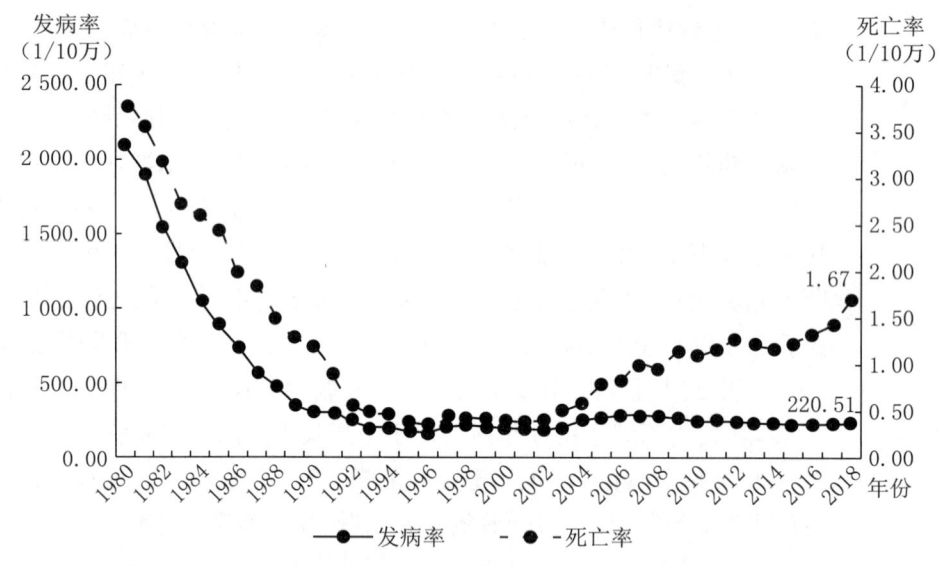

图16-1 1980—2018年甲、乙类传染病报告发病率、死亡率变化情况

---

① 中华人民共和国中央人民政府.我国大陆2018年末总人口接近14亿[EB/OL].(2019-01-21)[2019-12-12]. http://www.gov.cn/shuju/2019-01/21/content_5359797.htm.
② 国家统计局.2015年全国1%人口抽样调查主要数据公报[EB/OL].(2016-04-20)[2019-12-31]. http://www.stats.gov.cn/tjsj/zxfb/201604/t20160420_1346151.html.
③ 中国新闻网.2018年我国卫生健康事业发展统计公报[EB/OL].(2019-05-24)[2019-12-12]. http://www.chinanews.com/gn/2019/05-24/8846044.shtml.
④ World Health Organization. World health statistics 2018: monitoring health for the SDGs, sustainable development goals[R]. Geneva: 2018.

是艾滋病、肺结核、病毒性肝炎、狂犬病、乙型脑炎,占甲、乙类传染病报告死亡总数的 99.3%。2018 年,全国丙类传染病除丝虫病无发病和死亡病例报告外,其余 10 种共报告发病 470.8 万例,死亡 203 人,丙类传染病报告发病率为 338.9/10 万,死亡率为 0.014 6/10 万[①]。

(三)慢性病成为主要疾病负担

《中国居民营养与慢性病状况报告(2015)》数据显示,2012 年全国 18 岁及以上成人高血压患病率为 25.2%,糖尿病患病率为 9.7%,与 2002 年相比,高血压、糖尿病患病率呈上升趋势[②],慢性病成为制约我国居民健康水平的主要因素。40 岁及以上人群慢性阻塞性肺病患病率为 9.9%。根据 2013 年全国肿瘤登记结果分析,我国癌症发病率为 235/10 万,肺癌和乳腺癌分别位居男、女性发病首位,十年来我国癌症发病率呈上升趋势。2018 年城市与农村居民恶性肿瘤死亡率分别为 163.18/10 万、158.61/10 万,与 2004 年相比分别增长了 28.30%、22.72%(图 16-2)。

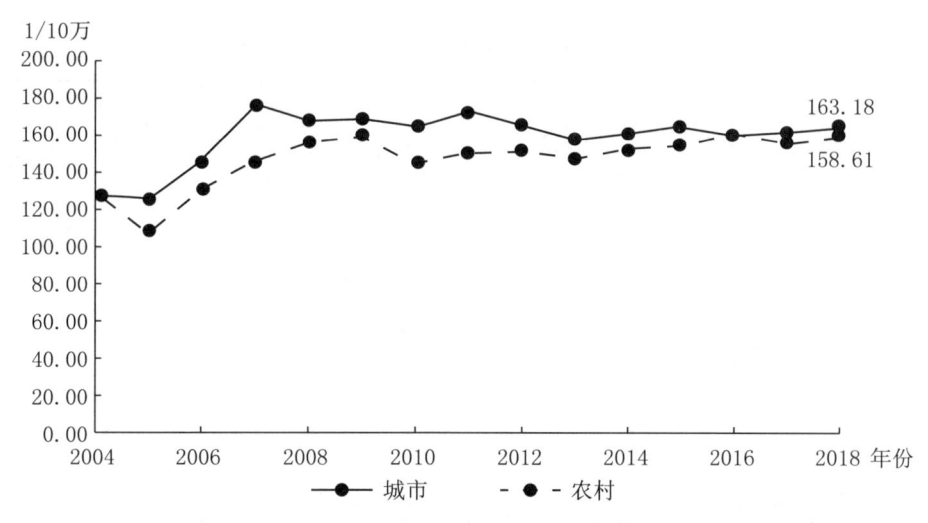

图 16-2　2004—2018 年城市与农村居民恶性肿瘤死亡率变化情况

2012 年全国居民慢性病死亡率为 533/10 万,占总死亡人数的 86.6%。心脑血管病、癌症和慢性呼吸系统疾病为主要死因,占总死亡的 79.4%。其中,心脑血管病死亡率为 271.8/10 万,癌症死亡率为 144.3/10 万(前 5 位分别是肺癌、肝癌、胃癌、食道癌、结直肠癌),慢性呼吸系统疾病死亡率为 68/10 万[③]。

---

① 中国新闻网.2018 年我国卫生健康事业发展统计公报[EB/OL]. (2019-05-24) [2019-12-12]. http://www.chinanews.com/gn/2019/05-24/8846044.shtml.
② 李立明,饶克勤,孔灵芝,等.中国居民 2002 年营养与健康状况调查[J].中华流行病学杂志,2005,26(7):478—484.
③ 国务院.卫生计生委等介绍《中国居民营养与慢性病状况报告(2015)》有关情况[EB/OL]. (2015-06-30) [2019-12-12]. http://www.gov.cn/xinwen/2015-06/30/content_2887030.htm.

二、城乡居民健康状况存在差异

2018年,中国城市居民死因前5位分别为恶性肿瘤、心脏病、脑血管病、呼吸系统疾病、损伤和中毒外部原因,占比分别达到了25.98%、23.29%、20.51%、10.83%、5.67%,共占城市居民疾病死亡的86.28%。而中国农村居民死因前5位分别为心脏病、脑血管病、恶性肿瘤、呼吸系统疾病、损伤和中毒外部原因,占比分别为23.47%、23.19%、22.96%、11.24%、7.45%,共占农村居民疾病死亡的88.31%。恶性肿瘤成为导致城市居民死亡的主要疾病,而心脏病则是农村居民死亡的主要疾病。

从年龄看,中国城市与农村居民年龄别死亡率总体呈现"J"型,不满1岁组死亡率较高,城市和农村分别为299.61/10万与266.81/10万,5—10岁组死亡率最低,分别为29.26/10万与34.74/10万,15岁以上的各年龄组的死亡率随年龄增加而递增,85岁及以上年龄段居民死亡率最高,分别为19 036.34/10万、16 755.63/10万。除不满1岁、80岁以上与85岁及以上,农村居民死亡率均高于城市居民。

表16-1 2018年城市、农村居民主要疾病死亡率及构成

疾病名称	城市 死亡率(1/10万)	城市 构成(%)	城市 位次	农村 死亡率(1/10万)	农村 构成(%)	农村 位次
传染病(含呼吸道结核)	5.96	0.95	10	7.26	1.05	10
寄生虫病	0.04	0.01	17	0.08	0.01	16
恶性肿瘤	163.18	25.98	1	158.61	22.96	3
血液、造血器官及免疫疾病	1.43	0.23	13	1.19	0.17	15
内分泌、营养和代谢疾病	21.15	3.37	6	17.01	2.46	6
精神障碍	2.96	0.47	11	2.81	0.41	11
神经系统疾病	8.62	1.37	8	8.39	1.21	8
心脏病	146.34	23.29	2	162.12	23.47	1
脑血管病	128.88	20.51	3	160.19	23.19	2
呼吸系统疾病	68.02	10.83	4	77.67	11.24	4
消化系统疾病	14.54	2.31	7	14.57	2.11	7
肌肉骨骼和结缔组织疾病	2.49	0.40	12	1.96	0.28	12
泌尿生殖系统疾病	6.84	1.09	9	7.44	1.08	9
妊娠、分娩产褥期并发症	0.05	0.01	16	0.07	0.01	17
围生期疾病	1.30	0.21	15	1.58	0.23	13
先天畸形、变形和染色体异常	1.33	0.21	14	1.48	0.21	14
损伤和中毒外部原因	35.63	5.67	5	51.48	7.45	5
诊断不明	2.56	0.41		2.24	0.32	
其他疾病	6.42	1.02		6.17	0.89	

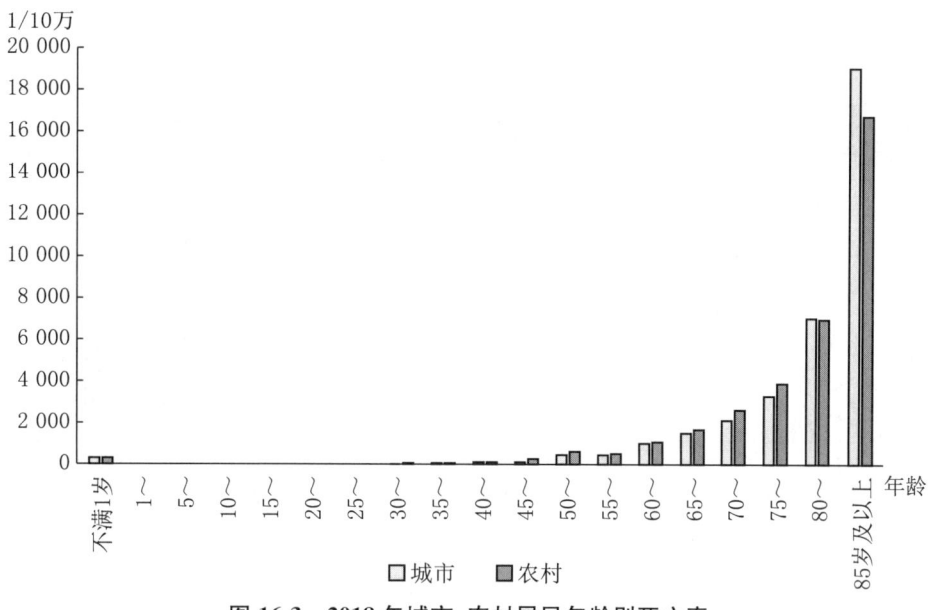

图 16-3　2018 年城市、农村居民年龄别死亡率

从两周患病率看,2013 年调查结果显示,中国居民两周患病率为 24.1%,与 2008 年相比增长了 5.2%,呈现上升趋势。其中,男性患病率 22.4%,女性患病率 25.9%,女性两周患病率高于男性[1]。从年龄段看,两周患病率呈现"U"字形,0—4 岁组患病率稍高,为 10.6%,然后呈现下降趋势,在 15—24 岁组处达到最低,为 3.7%,然后呈现上升趋势,在 65 岁及以上组处达到最高,为 62.2%。从城乡分布来看,城市居民两周患病率(28.2%)显著高于农村(20.2%),各年龄段城市居民两周患病率均高于农村居民。

表 16-2　2013 年调查地区居民两周患病率

	总　计	城　市	农　村
两周患病率(%)	24.1	28.2	20.2
每千人患病天数	2 237	2 628	1 865
每千人休工天数	141	94	177
每千人休学天数	24	19	29
每千人卧床天数	189	156	181

---

[1] 徐玲,孟群.第五次国家卫生服务调查结果之二——卫生服务需要、需求和利用[J].中国卫生信息管理杂志, 2014,11(3):193—194.

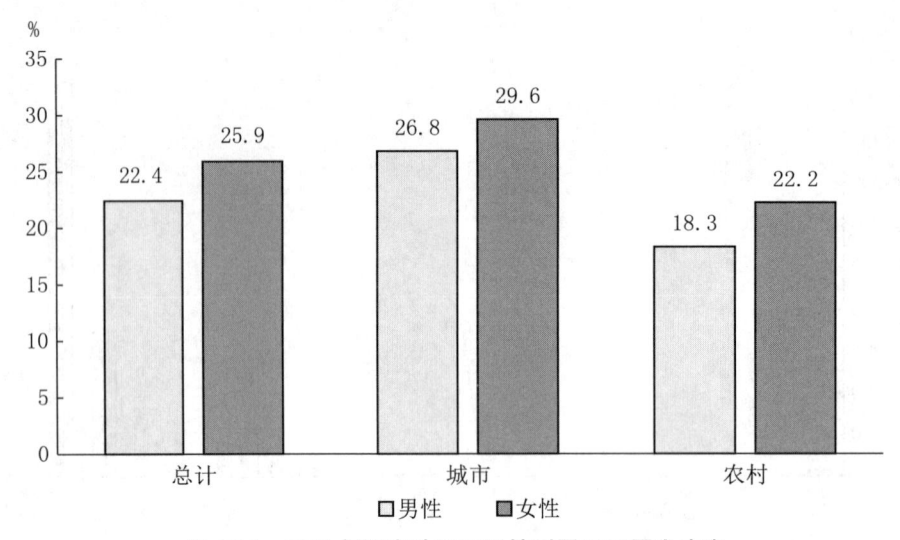

图 16-4　2013 年调查地区不同性别居民两周患病率

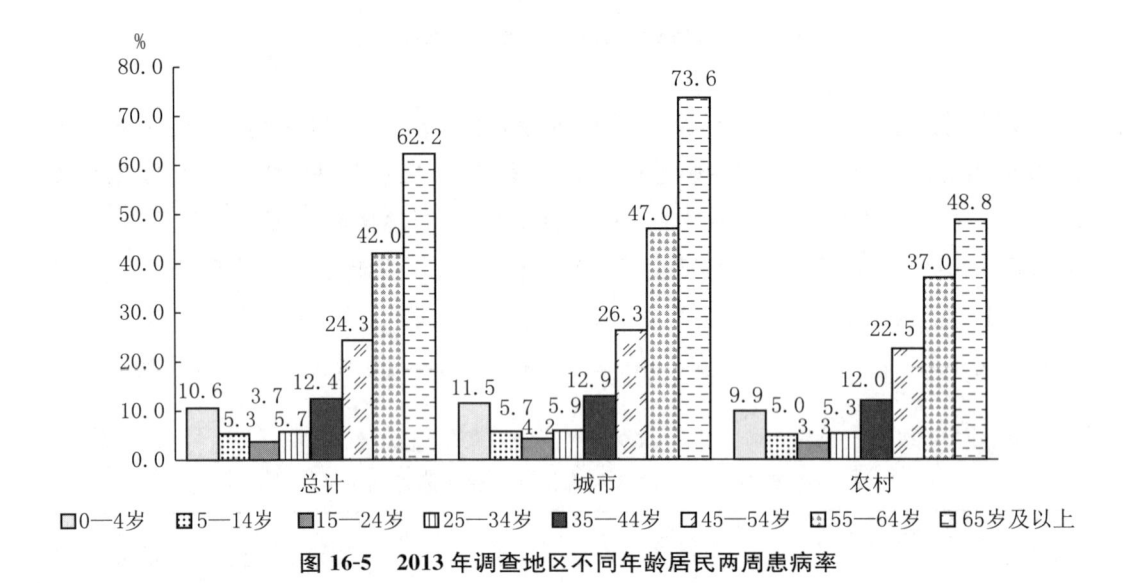

图 16-5　2013 年调查地区不同年龄居民两周患病率

三、东部地区居民健康状况优于中西部地区

2010 年预期寿命显示,中国居民总体预期寿命为 74.83 岁,与 2000 年相比增长了 3.43 岁①。其中,男性期望寿命 72.38 岁,女性期望寿命 77.37 岁,女性期望寿命高于男性。从地区看,上海和北京的预期寿命较高,分别为 80.26 岁与 80.18 岁,西藏、云南、青海的预期寿命较低,分别为 68.17 岁、69.54 岁以及 69.96 岁,安徽、湖北的预期寿命处于中等水平,分别为 75.08 岁与 74.87 岁,上海与西藏两地的期望寿命相差 12.09 岁。地区分布总体呈现东部地区的期望寿命较高,中部处于中等水平,西部地区的期望寿命较低。

---

① 黄明安,陈钰.中国人口老龄化的现状及建议[J].经济研究导刊,2018(10):54—58,66.

表 16-3 2010 年各地区居民预期寿命

地 区	2010 年居民预期寿命(岁)		
	合 计	男	女
	74.83	72.38	77.37
北 京	80.18	78.28	82.21
天 津	78.89	77.42	80.48
河 北	74.87	72.70	77.47
山 西	74.92	72.87	77.28
内蒙古	74.44	72.04	77.27
辽 宁	76.38	74.12	78.86
吉 林	76.18	74.12	78.44
黑龙江	75.98	73.52	78.81
上 海	80.26	78.20	82.44
江 苏	76.63	74.60	78.81
浙 江	77.73	75.68	80.21
安 徽	75.08	72.65	77.84
福 建	75.76	73.27	78.64
江 西	74.33	71.94	77.06
山 东	76.46	74.05	79.06
河 南	74.57	71.84	77.59
湖 北	74.87	72.68	77.35
湖 南	74.70	72.28	77.48
广 东	76.49	74.00	79.37
广 西	75.11	71.77	79.05
海 南	76.30	73.20	80.01
重 庆	75.70	73.16	78.60
四 川	74.75	72.25	77.59
贵 州	71.10	68.43	74.11
云 南	69.54	67.06	72.43
西 藏	68.17	66.33	70.07
陕 西	74.68	72.84	76.74
甘 肃	72.23	70.60	74.06
青 海	69.96	68.11	72.07
宁 夏	73.78	71.31	75.71
新 疆	72.35	70.30	74.86

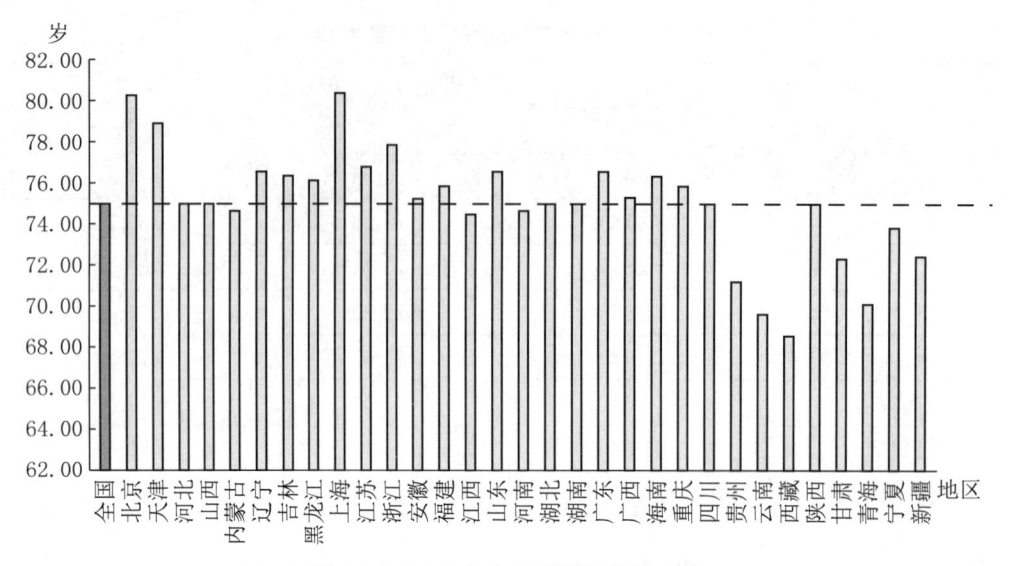

图 16-6　2010 年各地区居民预期寿命

2013 年国家卫生服务调查结果显示，中国居民两周患病率为 24.1%，其中，城市 28.2%、农村 20.2%，城市居民两周患病率高于农村。从位置分布来看，东部城市居民两周患病率为 32.1%，高于中部和西部的 26.4% 与 26.2%；东部农村居民两周患病率为 25.7%，高于中部和西部的 19.5% 与 15.9%。城市和农村均基本呈现东部地区居民两周患病率高于中部和西部居民的现象，但西部城市女性的两周患病率为 27.9%，高于中部城市女性居民的 27.4%。

表 16-4　2013 年调查地区按东、中、西分布居民两周患病率

		合计	城市				农村			
			小计	东	中	西	小计	东	中	西
年龄别两周患病率	0—4 岁	10.6	11.5	9.9	9.1	14.9	9.9	12.7	10.3	7.2
	5—14 岁	5.3	5.7	5.9	3.8	7.4	5.0	7.0	4.8	3.6
	15—24 岁	3.7	4.2	5.1	2.7	4.7	3.3	3.9	3.0	3.2
	25—34 岁	5.7	5.9	6.4	5.0	6.5	5.3	5.7	6.0	4.5
	35—44 岁	12.4	12.9	12.5	12.0	13.9	12.0	13.4	11.8	10.9
	45—54 岁	24.3	26.4	27.6	25.8	25.6	22.5	26.2	21.8	19.3
	55—64 岁	42.0	47.0	50.0	46.8	43.3	37.0	44.6	34.3	31.5
	65 岁及以上	62.2	73.6	80.7	69.4	69.6	48.8	58.9	45.5	40.4
严重程度	每千人患病天数	2 237	2 628	3 065	2 520	2 297	1 865	2 406	1 786	1 435
	每千人休工天数	141	94	69	86	125	177	155	214	167
	每千人休学天数	24	19	23	13	20	29	37	29	22
	每千人卧床天数	189	156	136	164	169	181	168	183	192

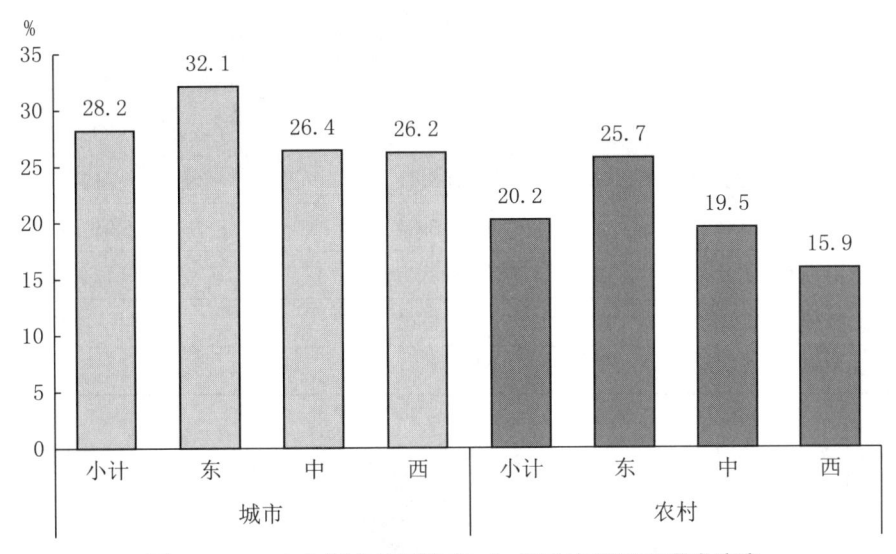

图 16-7　2013 年调查地区按东、中、西分布居民两周患病率

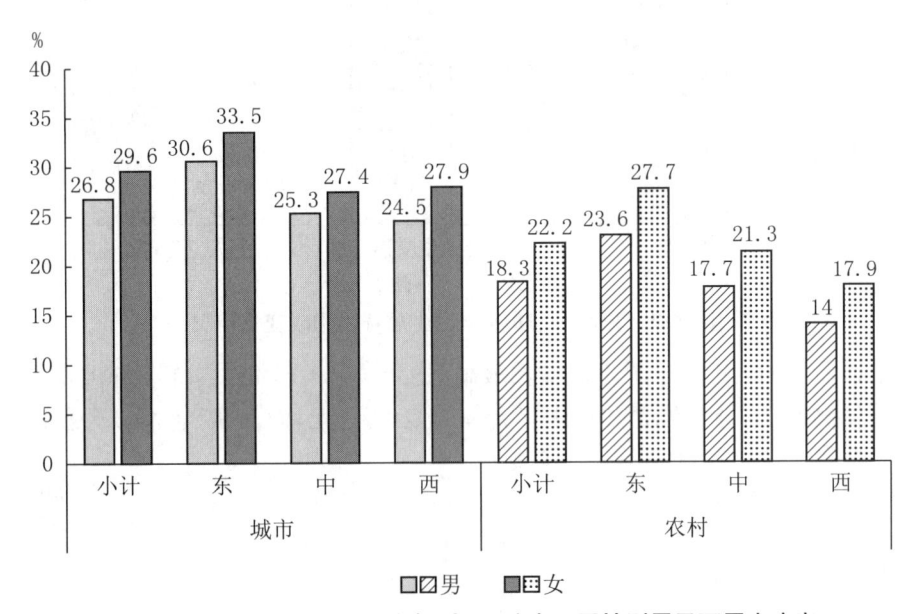

图 16-8　2013 年调查地区按东、中、西分布不同性别居民两周患病率

四、卫生费用不断增长

2019 年中国卫生健康统计年鉴数据显示,2018 年中国卫生总费用达 59 121.91 亿元。其中,政府卫生支出 16 399.13 亿元(占 27.74%);社会卫生支出 25 810.78 亿元(占 43.66%);个人卫生支出 16 911.99 亿元(占 28.61%)。人均卫生总费用 4 273.0 元,卫生总费用占 GDP 百分比为 6.57%。根据初步推算,2018 年卫生总费用中个人卫生支出占比较上年下降 0.16 个百分点,卫生总费用占 GDP 的比重较 2017 年增长 0.21 个百分点。

表 16-5　2017 年、2018 年全国卫生总费用

指　标	2017 年	2018 年
政府卫生支出(亿元)	15 205.87	16 399.13
社会卫生支出(亿元)	22 258.81	25 810.78
个人卫生现金支出(亿元)	15 133.60	16 911.99
卫生总费用(亿元)	52 598.28	59 121.91
卫生总费用占 GDP(%)	6.36	6.57
人均卫生费用(元)	3 783.8	4 273.0

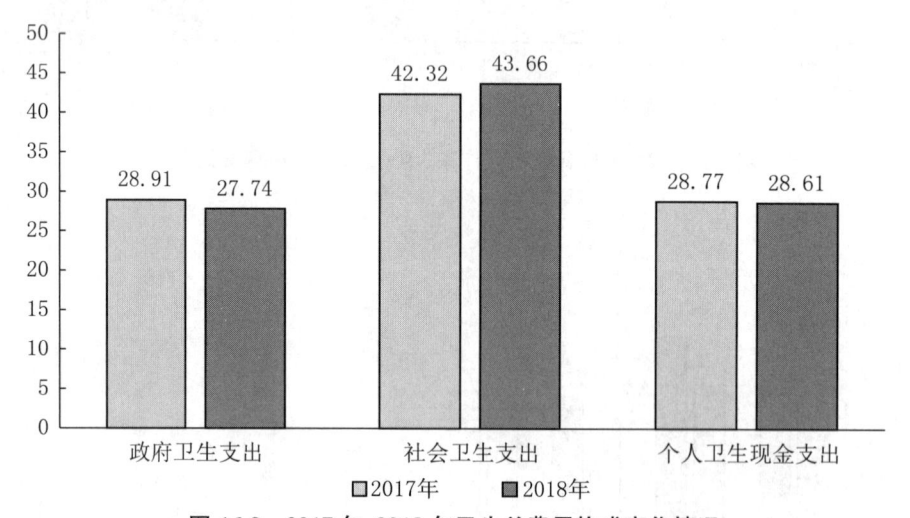

图 16-9　2017 年、2018 年卫生总费用构成变化情况

从地区看,2017 年广东卫生总费用最高,达到 4 619.23 亿元,江苏和山东卫生总费用也处于较高水平,分别为 3 691.21 亿元、3 570.82 亿元,而西藏、青海、宁夏、海南卫生

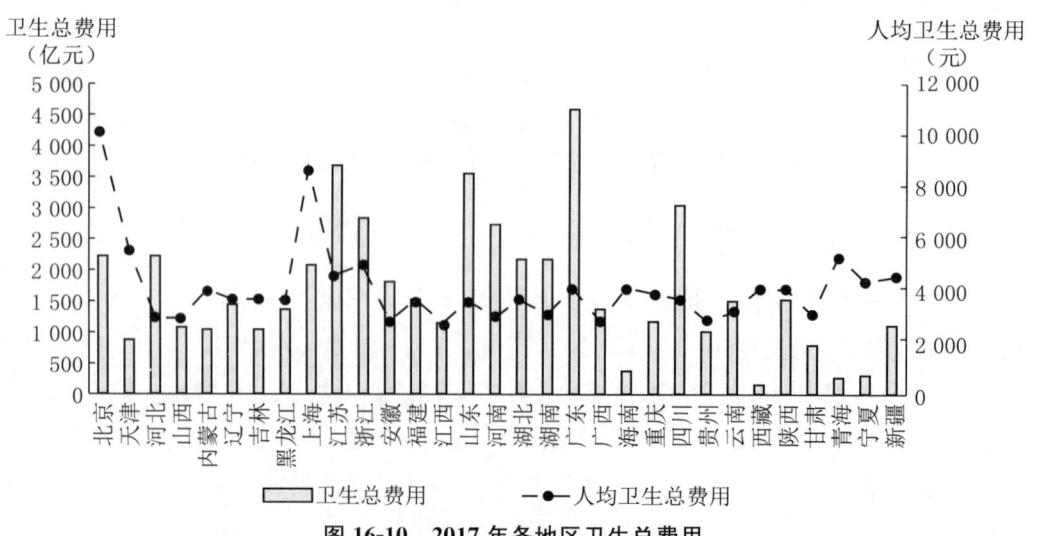

图 16-10　2017 年各地区卫生总费用

总费用相对较低,分别为 139.28 亿元、270.08 亿元、298.86 亿元和 369.49 亿元。2017 年北京和上海人均卫生总费用相对较高,分别为 10 106.42 元、8 630.30 元,而江西、广西、河南、安徽、贵州、河北人均卫生总费用相对较低,仅为 2 717.89 元、2 851.55 元、2 874.43 元、2 897.37 元、2 916.38 元、2 921.86 元。

五、当前中国居民健康水平存在的主要问题

(一) 慢性病高发,相关危险因素居高不下

虽然近 20 年间城市居民前 5 位死因合计死亡率和死因构成数值有所下降,但还是占据死因的绝大部分。同期,农村居民前 5 位死因合计死亡率和死因构成数值均呈现增长趋势。另外,导致居民患慢性病的危险因素,如烟草使用、过量饮酒、高盐、高脂饮食和缺乏体力活动等,还处于较高流行水平,大多数可控的危险因素仍处于失控状态。

(二) 重大及新发传染病仍然存在

虽然中国卫生事业的发展使得传染病总体发病得到很好控制,但病毒性肝炎、结核和性传播疾病等发病率仍居高不下,加上新发和不明原因传染病时发,成为我国必须面对的社会问题。进入 21 世纪以来,中国发生或流行过甲型流感、猪链球菌感染和禽流感等新发传染病,2019 年出现新型冠状病毒感染,不仅威胁居民健康而且容易造成社会恐慌,严重影响社会稳定和经济发展。

(三) 不同地区健康水平存在显著差异

虽然中国整体健康水平有显著提高,人均寿命逐渐延长,但人均预期寿命、新生儿死亡率、孕妇死亡率和两周患病率等健康指标仍然存在显著地域差异。东部地区优于中、西部地区,城市优于农村。

六、对策建议

(一) 完善健康相关的财政投入政策和保障机制

要加快基本医疗保障制度建设,维持较高水平的医保覆盖面,进一步加大政府和社会的投入力度,提高城乡居民医保报销水平,进一步降低卫生费用的个人自付比例。需要尽快完成医保的异地报销政策和转移接续问题,实现实时报销,方便群众看病就医。加大对公共卫生的财力支持,从而保障疾病控制"关口前移"有经费保障,继而吸引更多优秀人才加入公共卫生行业。鼓励健康相关产业的发展并提供优惠政策,加大对国内药品创新、器械研发的投入和政策支持。推广适宜的卫生技术,特别是要发挥传统医学的优势,将更多符合成本效益的技术应用到社区。

(二) 创新政府各部门的工作方式,加强流动人口管理和卫生服务

中国的流动人口越来越多,带来一系列健康问题,如新发传染病、性传播疾病的传播等。所以不论是免疫接种、计划生育服务和慢性病的社区控制,还是医保的转移接续、即时结算,都需要公安、民政、卫生、计生、财政和发改委等部门协同工作,共同保障

流动人口的健康,也为中国的经济社会发展做好保障和支持。

（三）完善城镇社会保障制度,努力消除城乡和地域差异

在城镇化快速推进的背景下,应把提升城镇化发展质量作为重中之重,发挥其积极作用,减少其负面影响。就居民健康而言,应着重改善城镇环境质量,完善城镇社会保障制度,进一步提高中国城镇化进程中的居民健康保障水平和城镇化发展质量。为实现促进居民健康的政策目标,中国相关政策措施的出台必须考虑地域差异的影响。有必要采取措施促进西部地区的城镇化建设,促进城镇化的均衡发展。在城镇化进程中,应增加对西部农村公共卫生资源的投入,逐步消除城乡医疗卫生水平的差距,提高农村公共卫生和基本医疗保障水平,提升居民健康水平。

第二节 公共卫生服务

一、基本公共卫生服务水平持续提升

国家基本公共卫生服务项目,是促进基本公共卫生服务逐步均等化的重要内容,是深化医药卫生体制改革的重要工作内容,是中国政府针对当前城乡居民存在的主要健康问题,以儿童、孕产妇、老年人、慢性疾病患者为重点人群,面向全体居民免费提供的最基本的公共卫生服务。目前,国家基本公共卫生服务项目包括14大类55项基本公共卫生服务项目工作内容,即居民健康档案管理、健康教育、预防接种、0—6岁儿童健康管理、孕产妇健康管理、老年人健康管理、慢性病患者健康管理(包括高血压患者健康管理和2型糖尿病患者健康管理)、严重精神障碍患者管理、肺结核患者健康管理、中医药健康管理、传染病及突发公共卫生事件报告和处理、卫生计生监督协管、免费提供避孕药具、健康素养促进行动等。开展服务项目所需资金主要由政府承担,城乡居民可直接受益[①]。

表16-6 国家基本公共卫生服务项目一览表

序号	类别	服务对象	项目及内容
一	居民健康档案管理	辖区内常住居民,包括居住半年以上非户籍居民	建立健康档案
			健康档案维护管理
二	健康教育	辖区内居民	提供健康教育资料
			设置健康教育宣传栏
			开展公众健康咨询服务
			举办健康知识讲座
			结合信息化开展个体化健康教育

---

① 国家卫生计生委关于印发基本公共卫生服务规范(第三版)的通知[EB/OL].（2017-02-28）[2019-12-12]. http://www.nhc.gov.cn/jws/s3578/201703/d20c37e23e1f4c7db7b8e25f34473e1b.shtml.

(续表)

序号	类别	服务对象	项目及内容
三	预防接种	辖区内 0—6 岁儿童和其他重点人群	预防接种管理
			预防接种
			疑似预防接种异常反应处理
四	儿童健康管理	辖区内居住的 0—6 岁儿童	新生儿家庭访视
			新生儿满月健康管理
			婴幼儿健康管理
			学龄前儿童健康管理
五	孕产妇健康管理	辖区内居住的孕产妇	孕早期健康管理
			孕中期健康管理
			孕晚期健康管理
			产后访视
			产后 42 天健康检查
六	老年人健康管理	辖区内 65 岁及以上常住居民	生活方式和健康状况评估
			体格检查
			辅助检查
			健康指导
七	慢性病患者健康管理（高血压）	辖区内 35 岁及以上原发性高血压患者	检查发现
			随访评估和分类干预
			健康体检
	慢性病患者健康管理（2 型糖尿病）	辖区内 35 岁及以上 2 型糖尿病患者	检查发现
			随访评估和分类干预
			健康体检
八	严重精神障碍患者管理	辖区内诊断明确、在家居住的重性精神疾病患者	患者信息管理
			随访评估和分类干预
			健康体检
九	结核病患者健康管理	辖区内确诊的常住结核病患者	筛查及推介转诊
			第一次入户访视
			督导服药及随访管理
			结案评估
十	中医药健康管理	辖区内 65 岁及以上常住居民和 0—36 个月儿童	老年人中医体质辨识
			儿童中医调养

(续表)

序号	类别	服务对象	项目及内容
十一	传染病和突发公共卫生事件报告和处理	辖区内服务人口	传染病疫情和突发公共卫生事件风险管理
			传染病和突发公共卫生事件的发现和登记
			传染病和突发公共卫生事件相关信息报告
			传染病和突发公共卫生事件的处理
十二	卫生计生监督协管	辖区内居民	食源性疾病及相关信息报告
			饮用水卫生安全巡查
			学校卫生服务
			非法行医和非法采供血信息报告
			计划生育相关信息报告
十三	免费提供避孕药具	省级卫生计生部门作为本地区免费避孕药具采购主体依法实施避孕药具采购	
		省、地级市、县级计划生育药具管理机构负责免费避孕药具存储、调拨等工作	
十四	健康素养促进行动	健康促进县(区)建设	
		健康科普	
		健康促进医院和戒烟门诊建设	
		健康素养和烟草流行监测	
		12320 热线咨询服务	
		重点疾病、重点领域和重点人群的健康教育	

2019年,国家卫健委、财政部、国家中医药管理局联合发布《关于做好2019年基本公共卫生服务项目工作的通知》[①],其中明确提高经费补助标准,2019年人均基本公共卫生服务经费补助标准为69元,新增5元经费全部用于村和社区,务必让基层群众受益。其次,新划入19项基本公共卫生服务相关工作,包括:地方病防治工作、职业病防治工作、重大疾病与健康危害因素监测工作、人禽流感和SARS防控项目管理工作、鼠疫防治项目管理工作、国家卫生应急队伍运维保障管理工作、农村妇女"两癌"检查项目管理工作、基本避孕服务项目管理工作、贫困地区儿童营养改善项目管理工作、贫困地区新生儿疾病筛查项目管理工作、增补叶酸预防神经管缺陷项目管理工作、国家免费孕前优生健康检查项目管理工作、地中海贫血防控项目管理工作、食品安全标准跟踪评价项目工作、健康素养促进项目管理工作、国家随机监督抽查项目管理工作、老年健康与医养结合服务管理工作、人口监测项目工作、卫生健康项目监督管理工作。2019年起将原重大公共卫生服务和计划生育项目中的妇幼卫生老年健康服务、医养结合、卫生应

[①] 关于做好2019年基本公共卫生服务项目工作的通知[EB/OL].(2019-09-09)[2019-12-12]. http://zhengce.chinabaogao.com/yiyao/2019/0c44K922019.html.

急、孕前检查等内容纳入基本公共卫生服务。

近10年来,国家基本公共卫生服务覆盖人群和服务范围不断扩大,服务质量和数量逐步改善,基本公共卫生服务提供和管理日趋规范。筹资水平从2009年的人均15元增长到2019年的人均69元。基本公共卫生服务在中国得到普遍实施,截至2016年底,健康档案建档率已达到88.94%,较2015年增长18.33%;预防接种率超过95%;老年人健康管理率达到71.83%,较2015年增长10.95%;高血压患者规范管理率为70.31%,2型糖尿病患者规范管理率为65.57%,较2015年增长2.39%、2.71%;重性精神病患者管理人数为478.9万人,较2015年增长13.8%;老年人中医药健康管理率为55.27%,0—36个月儿童中医药健康管理率为59.41%,较2015年增长7.27%、8.12%;肺结核患者健康管理率超过98%,传染病疫情报告率和卫生监督协管信息报告率均达到99%[1]。

传染病、地方病防控取得较大的成效。全国共有15.7万个预防接种单位,预防接种人员近40万,服务网络已覆盖全国城乡,服务能力明显提升,每年预防接种免疫规划疫苗约5亿剂次。2013年以来,国家免疫规划疫苗接种率以乡为单位实现了90%的目标,并一直保持在较高水平,成功实现了普及儿童免疫的目标。大多数疫苗可预防传染病发病率降至历史最低水平。5岁以下儿童乙肝病毒携带率已从1992年的9.7%降至2014年的0.3%,显著减少人群乙肝病毒感染后造成的肝炎、肝硬化和肝癌等病例发生。数据显示,中国2007—2018年与预防接种相关主要传染病发病率总体呈现下降趋势,肺结核发病率由2007年的88.55/10万降到2018年59.27/10万,流行性脑脊髓膜炎发病率持续降低,由2007年的0.09/10万降低至2018年的0.01/10万,病毒性肝炎发病率由2007年的108.44/10万降低至2018年的92.15/10万,麻疹发病率由2007年的8.29/10万降低至2017年的0.43/10万[2],2006年后连续13年无白喉病例报告,许多免疫规划疫苗针对传染病发病率与死亡率降至历史最低水平。国家免疫规划实施以来,降低婴儿和5岁以下儿童死亡率显著[3]。针对碘缺乏症等地方病的防治,已经有全国94.2%的县保持消除碘缺乏症。

慢性病防治和精神卫生工作稳步推进。全国建成365个国家级慢性病综合防控示范区,发挥了以点代面、推动整体、带动全国的示范作用。2010—2016年,中国高血压规范管理人数激增,由2010年的4 215.9万增长至2016年的9 023万,高血压规范管理率达到70.31%,东、中部地区管理人数远高于西部地区,与高血压地区分布特征相符。其中,规范管理人数最高的3个省份为河南、江苏、河北。2010—2016年,中国2型糖尿病规范管理人数逐年增加,2016年2型糖尿病患者规范管理人数为2 781万

---

[1] 北京大学医学部.国家基本公共卫生服务项目2017年度评估报告[R].北京:北京大学医学部,2017.
[2] 刘子言,肖月,赵琨,等.国家基本公共卫生服务项目实施进展与成效[J].中国公共卫生,2019,35(6):657—664.
[3] 国家卫健委:我国已实现普及儿童免疫目标[EB/OL]. (2019-04-26) [2019-12-12]. https://www.jfdaily.com/news/detail?id=147446.

人,规范管理率为65.57%,相比2010年增加1 697.2万人。中国糖尿病患病率与居民生活水平高低紧密相关,呈现东高西低的分布特征。从各省数据来看,人口大省,往往也是糖尿病大省,其中,规范管理人数最高的3个省份为河南、四川、河北,均超过220万人[1]。同时,贯彻落实精神卫生法,会同22个部门印发了《关于加强心理健康服务的指导意见》。截至2017年底,全国在册严重精神障碍患者5 806 352例,报告患病率0.424%,管理率92.66%,规范管理率74.85%,服药率69.50%,规律服药率34.65%,病情稳定率75.01%。与2016年相比,在册患者增加405 202例,管理率、规范管理率、服药率、规律服药率、病情稳定率分别增加2.42%、6.98%、22.69%、5.13%、6.33%,严重精神障碍患者管理和服药水平有所提高[2]。

二、健康服务提供仍有地理差异

2018年,全国共发生诊疗人次数3 577 375 208次。其中,绝大部分在公立医院,占比达到85.29%,而民营医院占比仅为14.71%。从地理分布来看,东部地区发生诊疗人次数最高,为1 905 737 294人次,占比达到53.272%,而中部和西部分别占23.144%与23.584%,中部略低于西部。2018年全国共发生健康检查人次数193 085 412人次。其中,公立医院占比82.34%、民营医院占比17.66%。从地理分布看,东部地区健康检查人次数最多,为100 095 670人次,占比达到51.84%,中部和西部分别占比22.30%、25.86%。

表16-7 2018年各地区医院门诊服务情况

地区	诊疗人次数			健康检查人次数		
	合计	公立	民营	合计	公立	民营
东部	1 905 737 294	1 632 536 194	273 201 100	100 095 670	80 215 289	19 880 381
中部	827 946 505	699 196 439	128 750 066	43 066 978	35 867 824	7 199 154
西部	843 691 409	719 504 543	124 186 866	49 922 764	42 897 696	7 025 068
总计	3 577 375 208	3 051 237 176	526 138 032	193 085 412	158 980 809	34 104 603

2013年国家卫生服务调查显示,全国居民两周就诊率为13.0%。其中,男性为11.9%,女性为14.1%,女性高于男性。从城乡分布来看,城市居民两周就诊率13.3%,略高于农村居民的12.8%。从地理分布看,西部城市居民两周就诊率最高,为15.8%,略高于东部城市,远高于中部城市。而农村居民两周就诊率则呈现东部地区最高,为16.1%,中部和西部地区分别为11.4%与11.0%。

---

[1] 刘子言,肖月,赵琨,等.国家基本公共卫生服务项目实施进展与成效[J].中国公共卫生,2019,35(6):657—664.
[2] 国家卫健委:我国已实现普及儿童免疫目标[EB/OL].(2019-04-26)[2019-12-12]. https://www.jfdaily.com/news/detail?id=147446.

表 16-8　2013 年调查地区居民两周就诊率　　　　　　　单位:%

地区	合计	城市				农村			
		小计	东	中	西	小计	东	中	西
调查人数	273 688	133 393	44 499	44 774	44 120	140 295	45 875	44 883	49 537
就诊人次数	35 681	17 728	6 835	3 944	6 949	17 953	7 389	5 108	5 456
两周就诊率	13.0	13.3	15.4	8.8	15.8	12.8	16.1	11.4	11.0
分性别两周就诊率									
男性	11.9	12.2	14.4	8.1	14.2	11.7	15.3	10.5	9.4
女性	14.1	14.3	16.2	9.5	17.2	13.9	16.9	12.3	12.7

从妇女保健工作开展情况来看,2018 年 3 岁以下儿童系统管理率为 91.2%,7 岁以下儿童系统管理率为 92.7%,妇女保健系统管理率则为 89.9%。从各地区分布来看,上海和北京儿童和妇女保健工作开展情况较好,3 岁以下儿童系统管理率分别为 98.0%、95.6%,7 岁以下儿童系统管理率分别为 99.5%、98.9%,妇女保健系统管理率分别为 96.2%、96.1%;西藏儿童和妇女保健工作开展情况较差,3 岁和 7 岁以下儿童系统管理率以及妇女保健系统管理率分别为 71.3%、71.0%、54.4%。东部地区儿童和妇女保健工作开展情况明显优于西部地区。

孕产妇健康管理率与地区经济发展水平及基层医疗服务体系建设水平密切相关,东部地区孕产妇系统管理率高于全国和中、西部地区孕产妇系统管理率;2010—2016 年,中国东、中、西部地区孕产妇系统管理率均呈上升趋势,2016 年东、中、西部地区孕产妇系统管理率为 93.72%、90.68%、90.10%,较 2010 年增加 7.3%、11.48%、9.37%,东、中、西部地区平均增长速度为 1.4%、2.4%、1.9%,中部地区孕产妇系统管理率增幅大于西部地区[1]。

2010—2016 年,中国东、中、西部地区 3 岁以下儿童系统管理率逐年增加,由 2010 年的 86.73%、77.11%、77.69%增长至 2016 年的 92.77%、89.92%、89.37%,东部地区 3 岁以下儿童系统管理率高于全国及中、西部地区水平;中、西部地区平均增长速度为 2.7%、2.5%,高于东部地区的 1.2%,东、中、西部地区间差异逐年缩小,至 2016 年,中、西部地区 3 岁以下儿童系统管理率均接近 90%。

从食源性疾病[2]暴发情况来看,2018 年共发生食源性疾病暴发事件 6 537 个,较 2017 年增加了 1 395 个。其中,东部地区发生事件数最高,达到 2 732 个,中部地区发生事件数较少,仅为 1 581 个,西部地区发生事件数稍高。2018 年食源性疾病暴发患者数为 41 750 人,较 2017 年增加了 6 769 人。其中,东部地区患者数量最多,为 18 993

---

[1] 吴霞民,马宁,王勋,等.2017 年全国严重精神障碍患者管理治疗现状分析[J].中华精神科杂志,2019,52(1):82—88.
[2] 中华人民共和国中央人民政府.国家卫生健康委关于印发食源性疾病监测报告工作规范(试行)的通知[EB/OL].(2019-10-17)[2019-12-31]. http://www.gov.cn/xinwen/2019-10/22/content_5443246.htm.

表 16-9　2018 年各地区儿童妇女保健工作开展情况　　　　单位：%

地　区	儿童保健情况 3 岁以下儿童系统管理率	儿童保健情况 7 岁以下儿童系统管理率	妇女保健情况 系统管理率
北　京	95.6	98.9	96.1
天　津	91.5	93.7	93.1
河　北	90.7	92.5	88.4
山　西	87.7	89.4	83.5
内蒙古	94.1	94.0	93.7
辽　宁	92.9	94.1	90.2
吉　林	91.5	92.6	86.8
黑龙江	92.1	92.8	89.9
上　海	98.0	99.5	96.2
江　苏	94.7	97.7	89.9
浙　江	96.3	97.3	95.9
安　徽	87.5	91.5	86.6
福　建	93.0	95.2	91.5
江　西	90.0	89.3	91.0
山　东	92.6	92.3	91.9
河　南	87.2	88.2	85.3
湖　北	91.7	91.0	92.1
湖　南	92.0	94.8	94.0
广　东	90.2	94.5	91.9
广　西	91.3	92.2	93.5
海　南	86.4	91.4	86.8
重　庆	90.0	91.2	90.3
四　川	94.2	94.1	93.6
贵　州	90.3	91.3	89.0
云　南	88.6	90.9	75.6
西　藏	71.3	71.0	54.4
陕　西	94.1	95.1	93.6
甘　肃	91.6	91.3	91.3
青　海	91.4	89.4	91.6
宁　夏	93.8	95.3	96.1
新　疆	92.3	94.1	87.0
总　计	91.2	92.7	89.9

人,高于中部和西部地区。

表 16-10　各地区食源性疾病暴发报告情况

地　区	事件数(个) 2017 年	事件数(个) 2018 年	患者数(人) 2017 年	患者数(人) 2018 年
东　部	1 799	2 732	13 352	18 993
中　部	1 477	1 581	9 515	9 309
西　部	1 866	2 224	12 114	13 448
总　计	5 142	6 537	34 981	41 750

三、公共卫生服务项目实施过程中存在问题

(一) 基层卫生服务机构承担任务过重

基本公共卫生服务项目实施前,除城乡居民健康档案管理、预防接种外,其余的基本公共卫生服务项目工作大多由专业公共卫生机构承担。项目实施后,所有工作任务下沉,全部由基层卫生服务机构承担,造成基层卫生服务机构公共卫生服务任务猛增。基层卫生服务机构除承担儿童、孕产妇、老年人、高血压患者、2 型糖尿病患者、重性精神疾病患者等 6 类重点人群健康管理工作外,还要填写、录入、汇总、整理每个项目的各类表格,而且经常需要走村串户调查摸底、登记、访视,为行动不便居民提供上门服务等,加上农村居民外出打工、城市拆迁等原因造成人口流动大,户籍与居住地分离,服务对象跟踪管理难度非常大,给基层带来的工作任务越来越重。

(二) 基层卫生服务机构人员数量和能力双重匮乏

在基层卫生服务机构从事公共卫生服务工作的大多是护理人员等,科班出身的公共卫生人员十分少。因公共卫生服务项目没有单独列支培训经费,基层卫生服务机构很多从事公共卫生服务的工作人员没有进行系统培训。即使有参加过培训的,也都是短期、不全面的培训,难以让基层医护人员公共卫生服务能力得到质的提升。在实施基本公共卫生服务均等化项目后,无论是对公共卫生服务数量还是质量的要求都有很大的提高,而基层人员的数量和质量并未有较大的提升,难以适应项目工作需求。社区卫生工作人员与大医院医生相比,社会地位低,受尊重程度差,工作辛苦,而且工资待遇、培训考核、职称评定等政策尚不配套,影响工作人员的工作积极性,队伍变动频繁。

(三) 各自独立,少交流,医防融合不佳

由于传染病的突发性特点,中国疾病预防控制中心在无疫情时会长时间处于一种"待命"状态,造成人员得不到充分锻炼,技能容易滑坡。相对于疾病预防控制中心,医院经常高负荷工作,人员技能反复锤炼,人员素质保持持续提高。如果有人员从医院向疾病预防控制中心流动的激励机制,疾病预防控制中心将有足够高素质的人力储备,以在关键时刻指导医院的疫情控制工作。然而,在实际工作中,医院和疾病预防控制中心是相对独立的,正常的人员交流互动机制缺乏,而且由于医院薪酬普遍高于疾病预防控

制中心,人员从疾病预防控制中心向医院反向流动。此外,更深层次的原因是人才的培养问题。中国医学院校大多实行的是定向培养制度,也就是说,疾病预防控制人才与临床医师人才的培养相分离。一方面,疾病预防控制与临床形成了两种话语体系,疾病预防控制人员与医院内人员交流困难,疾病预防控制机构与医疗机构间相对隔离;另一方面,疾病预防控制机构内的各专业自身专业性较强,壁垒较多,互相亦独立。如此状态导致医防融合不佳,疾病预防控制工作的远期前景堪忧。

(四)中国公共卫生服务不均等问题仍然存在

根据国际经验,基本公共卫生服务的均等化是以公共财政能力的均等化为基础和实现手段的。经济发展的不平衡与公共财政体制的不完善制约公共卫生服务均等化进程。此外,群众对公共卫生服务认知差异、公共卫生服务提供能力差异等问题均限制均等化的实现。

四、对策建议

(一)明确职责、加强相关部门协作

由于基本公共卫生服务项目内容涉及面广,不仅需要卫生、财政等相关部门间的协调,而且也涉及卫生部门内部各单位、各处室的内部合作。因此,需要建立责权一致的分工机制。按项目管理原则,明确项目责任部门及其职责、任务,并签订责任协议。建立政府部门、卫生行政部门及基层卫生组织之间综合管理机制。在组织和业务技术方面进一步加强沟通和协调,同时需要明确各级部门的职责,使该项工作形成一种既有分工又有协作的有机整体,共同做好项目的实施与管理工作。

(二)优化人事制度,组建适宜公共卫生服务团队

建议尽快改革基层卫生服务机构人事分配制度,建立岗位聘用、竞争上岗、合同管理和能进能出的用人机制,按需定岗,按岗聘任,实行定编、定岗、不定人的人事制度。基本公共卫生服务项目内容涉及临床、护理、公共卫生、检验等多个医学专业领域,应优化人员结构,建立由全科医师、全科护士和公共卫生医师等专业人员组成的公共卫生服务团队,以为居民提供优质、高效的基本公共卫生服务。根据国家基本公共卫生服务项目内容,每个公共卫生服务团队应不少于3—5人,至少应涵盖临床、护理、公共卫生三方面专业技术人员,针对覆盖居民数量,建立适宜的公共卫生服务团队数。

(三)明确政府的主导地位,结合各地实际循序开展和落实公共卫生服务项目

国内外的经验表明,无论市场的力量如何强大,都不能解决公共资源分布均衡的问题。必须明确政府在公共卫生中的责任和提供基本公共卫生服务、促进基本公共卫生服务均等化的主导地位。因此,一方面,要明确政府的主导地位,对城乡之间、区域之间的公共卫生资源进行战略性调整,促使公共卫生资源合理分布,尤其是引导和促进城市现有卫生资源向周边农村辐射和转移,实现城乡资源的共享。另一方面,结合中国具体国情,明确界定各级政府在基本公共服务供给中的管理权限和支出责任,对于群众最关心、最迫切需要且外部性溢出明显的基本公共卫生服务,应彻底改变以基层财政为主安

排公共卫生支出的制度,加大转移支付力度,增加中央和省级政府的支出比重,将支出重心适当上移,减轻省级以下特别是县乡政府的支出压力,确保经费足额及时到位。

各地应当根据当地公共卫生状况与需求明确公共卫生服务的范围,克服在制定公共卫生服务项目过程中求大求全的现象。目前,公共卫生服务项目范围过大是各地存在的一个普遍现象,一方面向公众承诺提供大而全的公共卫生服务,另一方面现有的资源状况和服务能力又无法满足公共卫生服务包的要求,造成居民对基本公共卫生服务均等化事前的不合理期望和事后的失望抱怨。因此,各地应充分结合本地实际情况和经济发展水平,合理确定本地基本公共卫生服务的内容和标准,随着经济社会的逐步发展循序渐进地实施和落实各项公共卫生服务。

(四)巩固已有的四级疾病预防控制体系,并把体系拓展到医院、社区和社会

医防结合方面,省、市两级疾病预防控制中心要有医疗业务支撑,或直接办医院,或打通疾病预防控制机构的人员在医院兼职行医的渠道。

对接社区方面,县级疾病预防控制中心要拓展健康管理业务,其公共卫生执业医生可在社区卫生服务中心执业,并拥有一定疾病诊疗范围内的处方权,比如说针对高血压、糖尿病。

对接社会方面,要通过政府购买服务,中心负责经办的方式,将各类社会力量纳入疾病预防控制网络中。

(五)在政府领导干部培养培训过程中强化疾病预防控制教育

将疾病预防控制中心定位为技术服务机构,意味着在各项疾病预防控制工作中,无论多高层级的疾病预防控制中心,都必须服从同级别卫生行政部门和政府一把手的命令。疾病预防控制中心在提供专业化建议时,政府一把手具备相应的意识和一定的知识,方能采取正确的措施。健康中国战略背景下,已经具备了在领导干部培训中增加疾病预防控制教育的条件,目前要做的是切实推进。要让政府领导干部特别是一把手切实理解疾病预防控制的运作机制,包括防控传染病、慢性非传染性疾病和环境危害,这对人民健康、社会稳定和经济发展有着极其重大的意义。在中国社会治理体系背景下,这一点特别重要。

第三节 基本医疗保险

一、基本医疗保险覆盖率持续上升,医保基金收不抵支现象加重

2010—2018年,基本医疗保险参保人数不断增加,2018年参保人数达134 458.6万人,对比2010年的43 262.9万人,年均复合增长率15.23%。其中,居民基本医疗保险(简称"居保")参保人数102 777.8万人,城镇职工基本医疗保险(简称"职保")参保人数31 680.8万人,对比2010年,年均复合增长率分别为23.07%和3.68%。城镇职工基本医疗保险基本维持稳定,增长率始终低于10%。居民医保增长率始终高于城镇职工医

保,除 2013 年、2014 年较低外均保持在 20% 左右,2017 年的猛增是由于城镇居民医保和新农合二保合一逐步实现,统计数据从城镇居民参保人数变为城乡居民参保人数导致。

2018 年基本医疗保险覆盖率达到 96%,其中,城乡居民医保覆盖 74%,城镇职工医保覆盖 23%。基本医保覆盖率较 2017 年增长 10%。

图 16-11 2010—2018 年基本医疗保险参保人数及年增长率

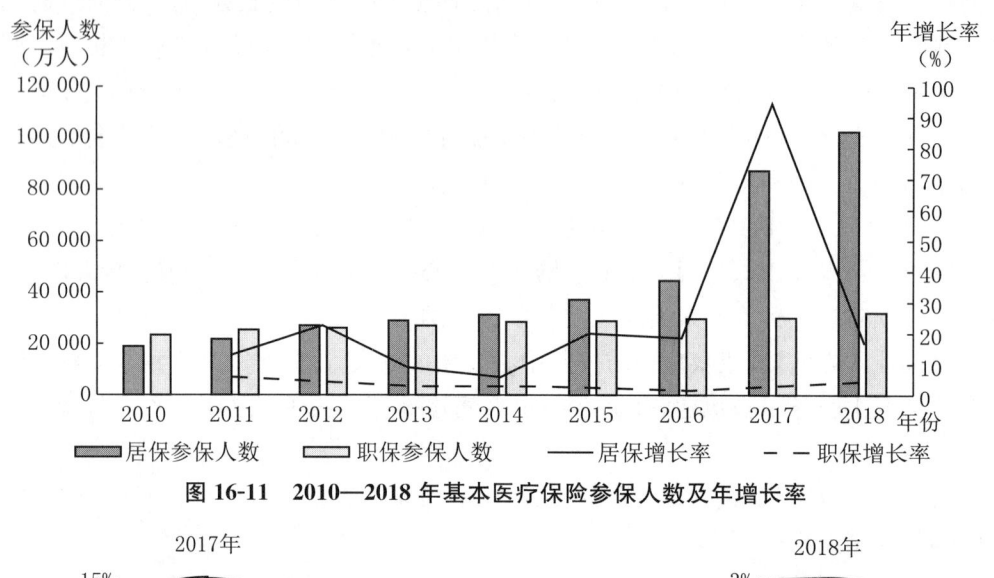

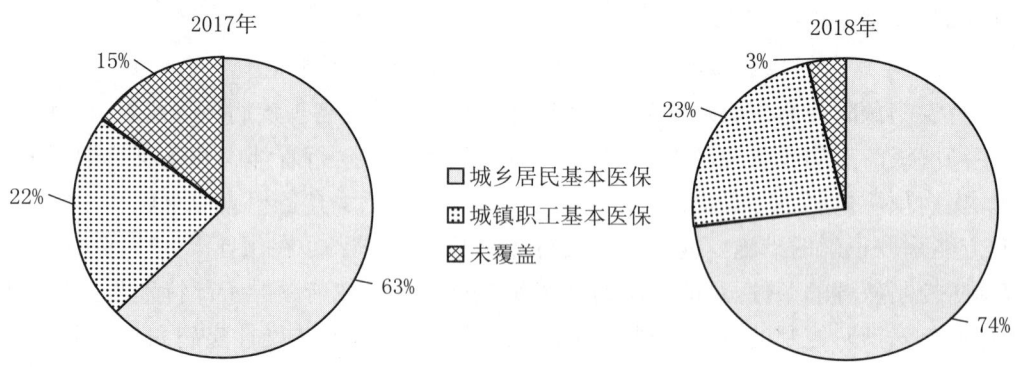

图 16-12 2017 年、2018 年基本医保覆盖率

2018 年基本医保基金收入、基金支出分别为 21 384.20 亿元和 17 822.50 亿元,2017 年则分别为 17 931.60 亿元和 14 421.70 亿元。据此计算,2018 年医保基金收入、基金支出分别增长了 3 452.6 亿元和 3 400.8 亿元,增长率分别为 19.25% 和 23.58%。虽然在绝对金额上,医保支出的增长不及医保收入,但在增长率上,支出超过收入。

如果对比历年的基本医疗保险累计结余和支出数据可以发现,结余可用年数(累计结余/当年医保支出)始终保持在 1.3 年以上,但存在较大波动。

对比城镇职工基本医疗保险和居民基本医疗保险收支及累计结余情况可以发现,城镇职工医保收支增长率高低交替变化的同时呈下降趋势,2018 年收入增长率创历史新低(10.26%),同期支出增长率为 13.10%,结余可用年数自 2015 年起稳步增长,2018 年达 1.75 年。而居民医保收入增长率除少数年份均低于支出增长率,基金结余可用年数自 2011 年起逐年下降,截至 2018 年仅为 0.66 年。

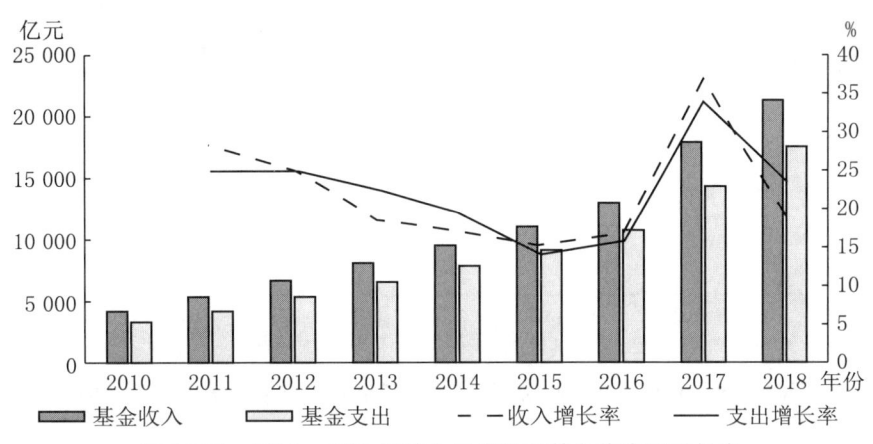

图 16-13　2010—2018 年基本医疗保险基金收支及增长率

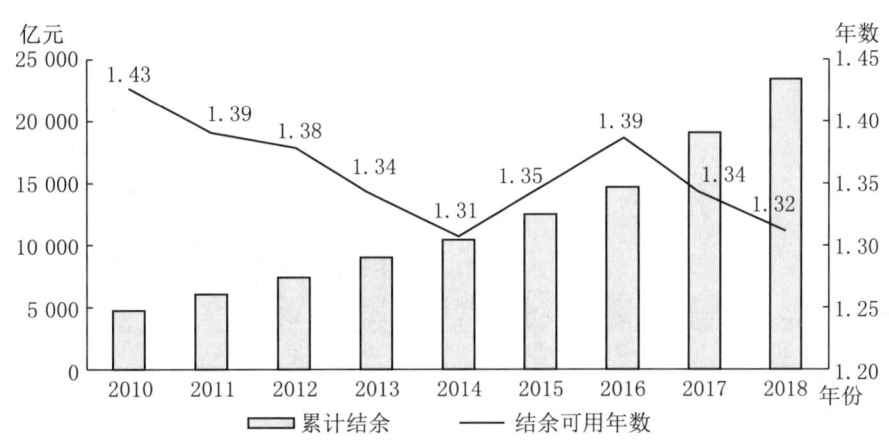

图 16-14　2010—2018 年基本医疗保险基金累计结余及结余可用年数

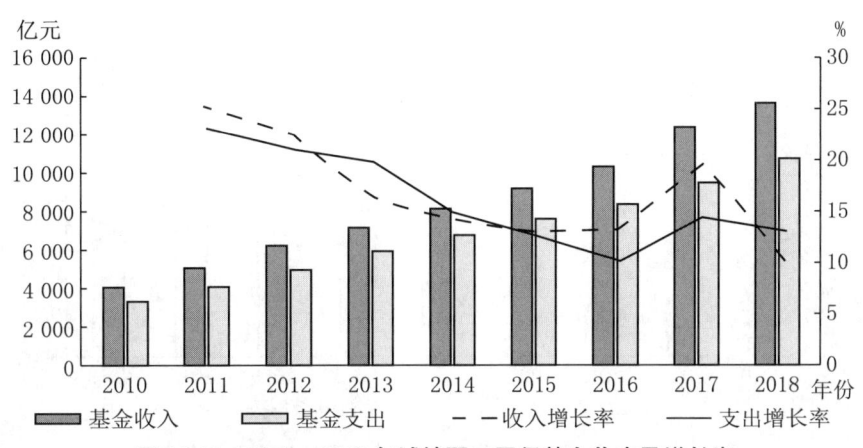

图 16-15　2010—2018 年城镇职工医保基金收支及增长率

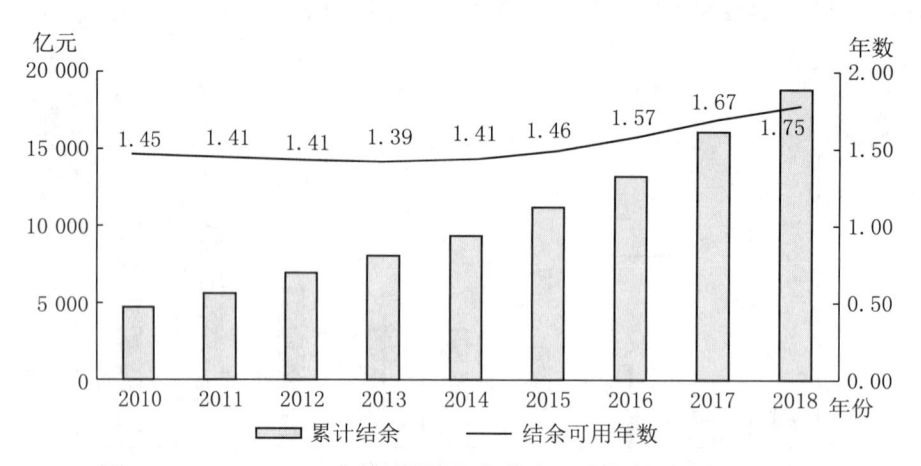

图 16-16　2010—2018 年城镇职工医保基金累计结余及结余可用年数

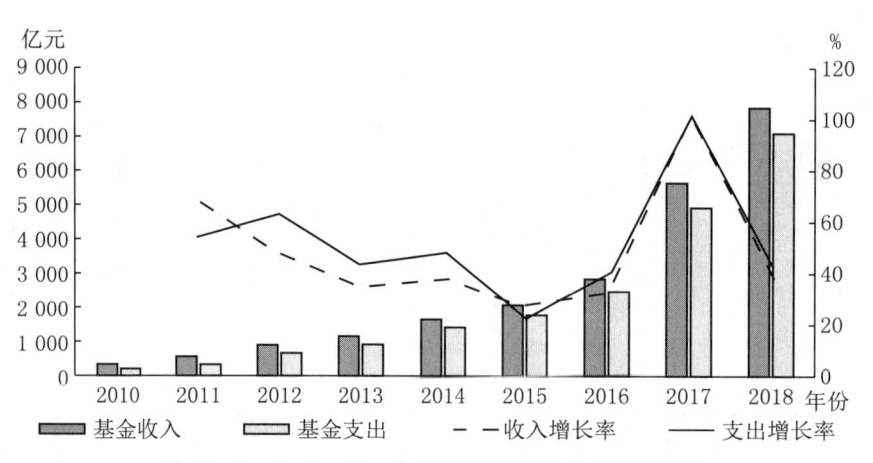

图 16-17　2010—2018 年居民医保基金收支及增长率

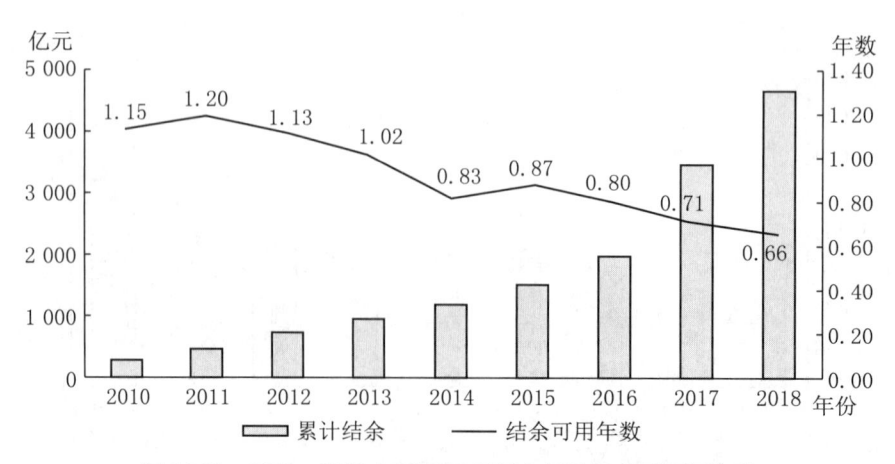

图 16-18　2010—2018 年居民医保基金累计结余及可用年数

对比不同地区城镇职工和居民差异,可以发现城镇职工医保收支差值和可用年数变化趋势基本一致,呈上升趋势,整体东部地区最高,中部地区最低。2018年东、中、西部收支差值分别为1 748.40亿元、456.50亿元和626.60亿元,可用年数分别为1.82年、1.54年和1.72年。居民医保收支差值东部地区逐年增加,中部、西部地区则在2017年出现明显变化,而结余可用年数均呈下降趋势,东部地区下降最缓慢,中部地区下降速度最快,整体中部最高、东部最低。2018年东、中、西部收支差值分别为280.00亿元、123.00亿元和327.80亿元,可用年数分别为0.60年、0.67年和0.74年。

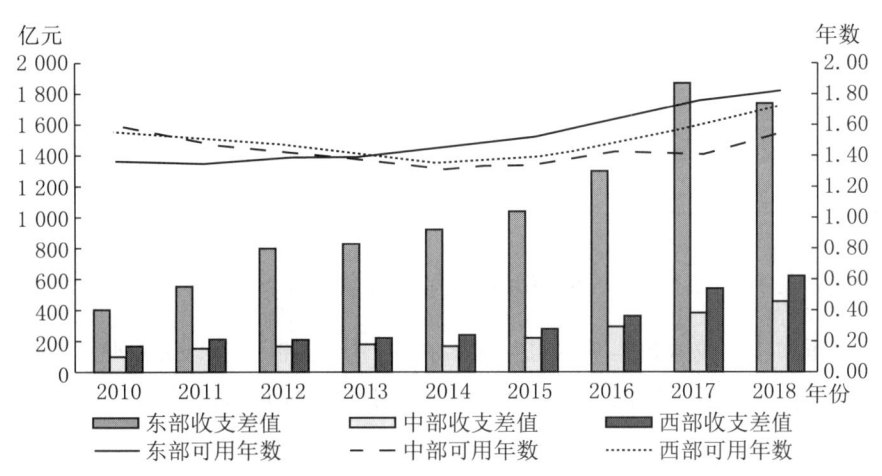

图16-19 2010—2018年东、中、西部地区城镇职工医保收支差值及结余可用年数

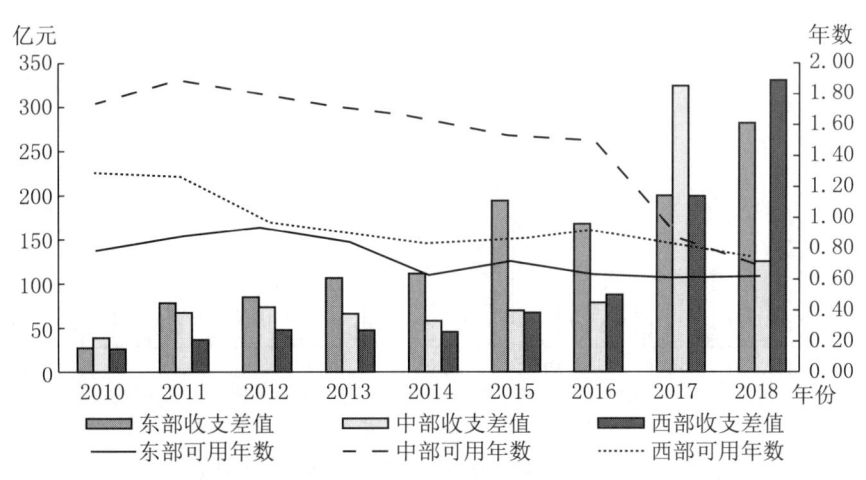

图16-20 2010—2018年东、中、西部地区居民医保收支差值及结余可用年数

随着居民医保基金规模不断扩大、医保支出尤其是居民医保支出增速快,越来越多地区出现收不抵支的现象。居民医保出现收不抵支现象的省市从2010年的2个增至2018年的5个。

表 16-11 2010—2018 年当期收不抵支省份数量情况

年 份	合 计	职工医保	居民医保
2010	0	0	2(北京、上海)
2011	0	0	2(北京、西藏)
2012	1(北京)	1(北京)	2(云南、西藏)
2013	0	0	3(北京、西藏、青海)
2014	0	0	2(浙江、青海)
2015	0	0	3(上海、西藏、青海)
2016	0	0	3(上海、西藏、青海)
2017	0	0	5(上海、山东、陕西、青海、宁夏)
2018	0	0	5(上海、河南、内蒙古、陕西、甘肃)

二、基本医疗保险覆盖、基金情况存在地区差异

对比不同地区,城镇职工基本医疗保险在东、中、西部地区均保持平稳,东部地区参保人数明显高于中、西部地区。居民基本医疗保险方面,东部地区参保人数逐年上升,中、西部地区则在 2010—2016 年上升较缓慢,2017 年出现爆发式增长,2018 年保持快速增长势头,2018 年中部地区居民基本医保参保人数超过东部。

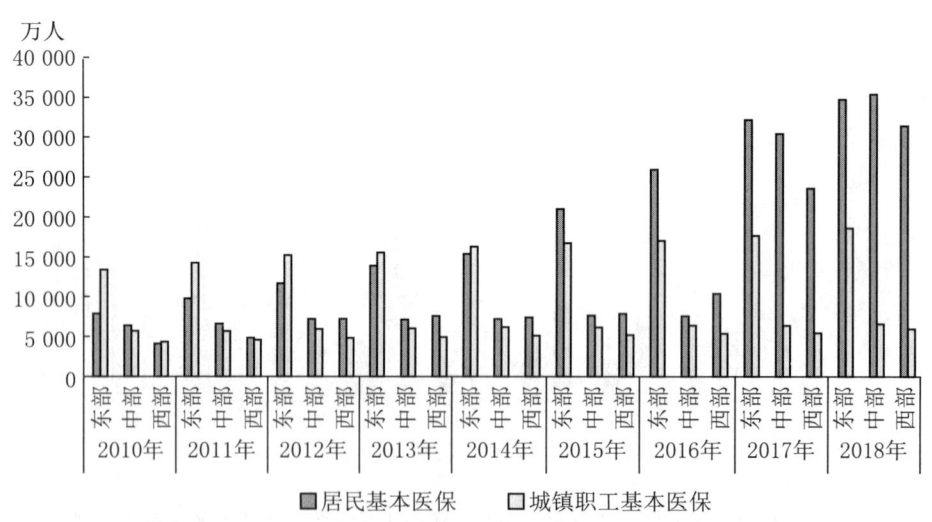

图 16-21 2010—2018 年东、中、西部地区基本医疗保险参保人数

2018 年基本医疗保险覆盖率各地区均超过 90%。东部地区 2010—2018 年覆盖率平稳增长,中、西部地区则在 2010—2016 年缓慢增长,覆盖率始终低于东部地区和全国平均水平,2017 年迅速提高,并于 2018 年超过东部地区和全国平均水平。

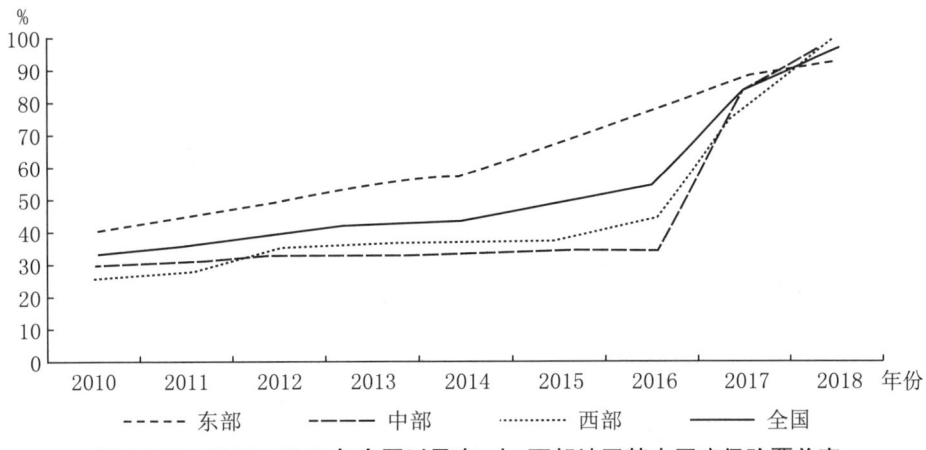

图 16-22　2010—2018 年全国以及东、中、西部地区基本医疗保险覆盖率

城镇职工医保在人均收支水平上均显著高于居民医保。但在趋势上两者相同，人均基金收支 2010—2018 年均逐年上升，并且人均收入增长更快，人均收支差距逐渐增大。2018 年，城镇职工医保人均基金收支分别为 4 273.19 元和 3 379.52 元，同期居民医保人均基金收支分别为 763.43 元和 692.36 元。

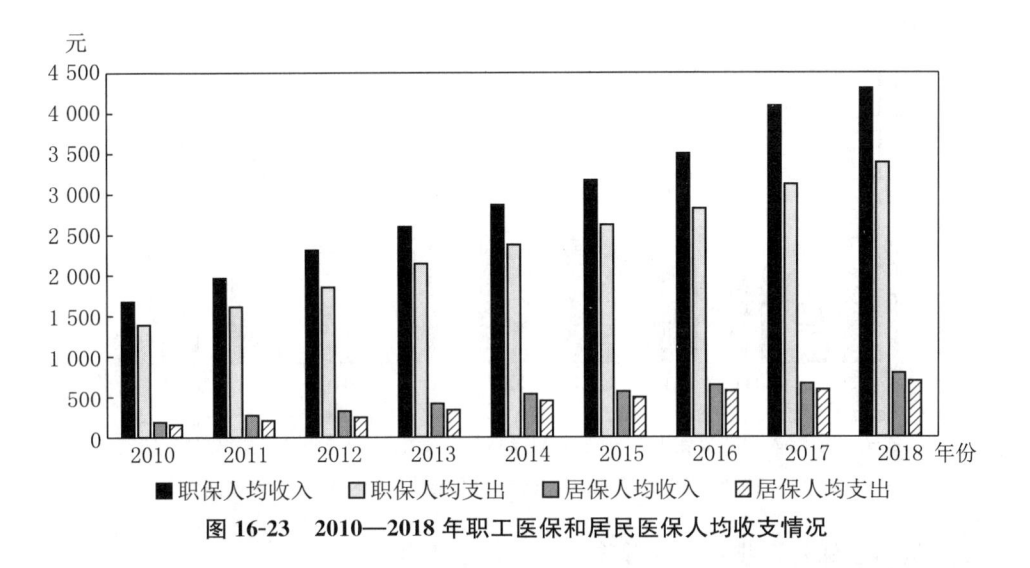

图 16-23　2010—2018 年职工医保和居民医保人均收支情况

对比东、中、西部地区城镇职工医保人均基金收支情况，人均收入均高于人均支出，并且均呈上升趋势，东、西部地区基本相等，中部地区人均收支均明显低于东、西部地区。2018 年东、中、西部地区城镇职工医保人均基金收入分别为 4 455.47 元、3 638.30 元和 4 416.91 元；同期城镇职工医保人均基金支出分别为 3 519.34 元、2 963.47 元和 3 412.47 元。

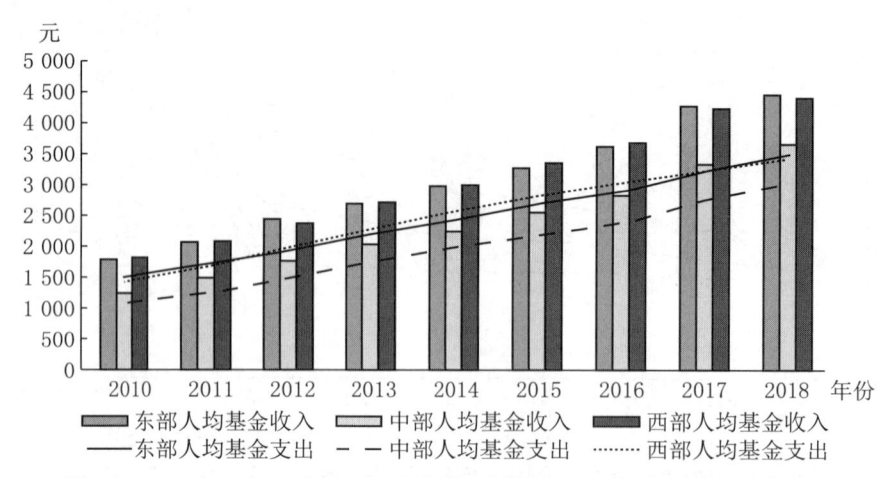

图 16-24　2010—2018 年东、中、西部地区城镇职工医保人均基金收支情况

对比东、中、西部地区居民医保人均基金收支情况，中部地区人均基金收支始终保持最低，自 2011 年起东部地区人均收支高于西部地区。2018 年东、中、西部居民医保人均基金收入分别为 868.76 元、681.35 元和 739.76 元；同期居民医保人均基金支出分别为 788.92 元、646.97 元和 637.09 元。

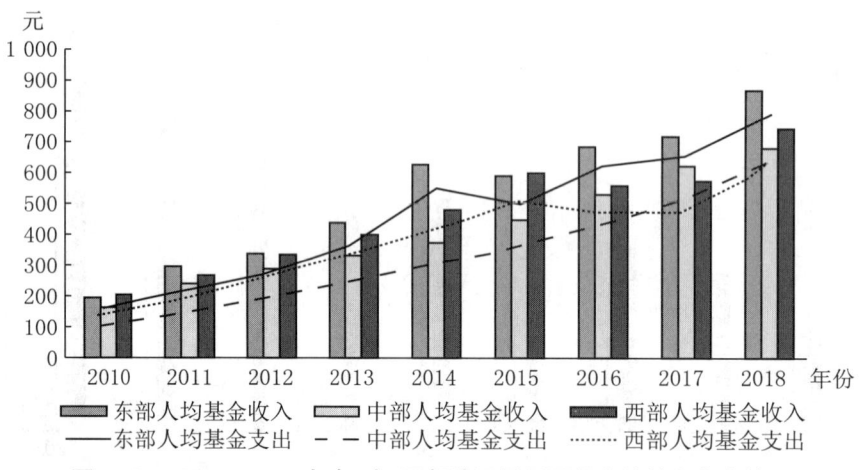

图 16-25　2010—2018 年东、中、西部地区居民医保人均基金收支情况

三、基本医保基金收入中保费收入占比迅速下降

城镇职工医保的支出基本可由保费收入及职工医保结余产生的利息覆盖，对财政补贴的依赖较少。根据财政部《关于 2017 年全国社会保险基金决算的说明》，2017 年城镇职工医保的收入为 12 134.65 亿元。其中，基本医疗保险费收入 11 224.43 亿元，财政补贴收入 103.53 亿元。支出 9 298.36 亿元。医保保费收入占基金收入百分比始终在 90% 以上，但 2017 年占比出现大幅下降。

居民医保包括城镇居民医保和新农合。根据财政部《关于 2017 年全国社会保险基金决算的说明》，居民医保的收入极大地依赖财政补贴。2017年居民医保收入6 838.33亿元。其中，缴费收入1 812.72亿元，财政补贴收入4 918.68亿元，也即收入中的71.9%来自财政补贴。但个人缴费占基金收入百分比逐年上升。

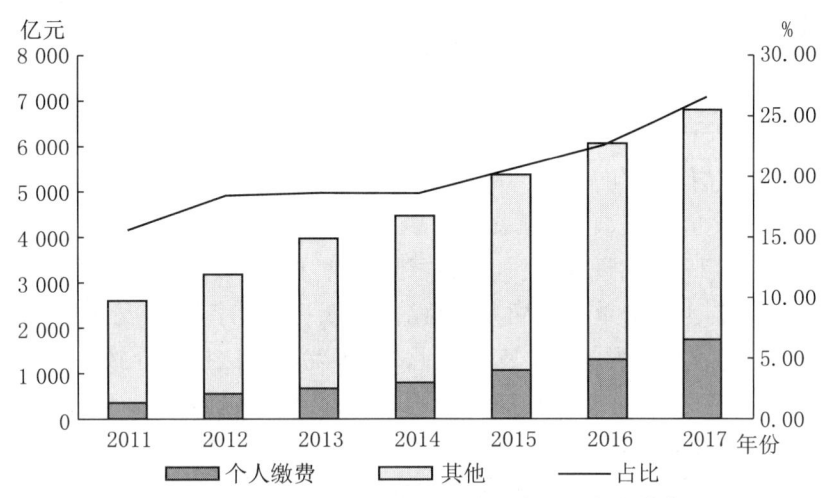

图 16-26 2011—2017 年居民医保收入来源及个人缴费占比

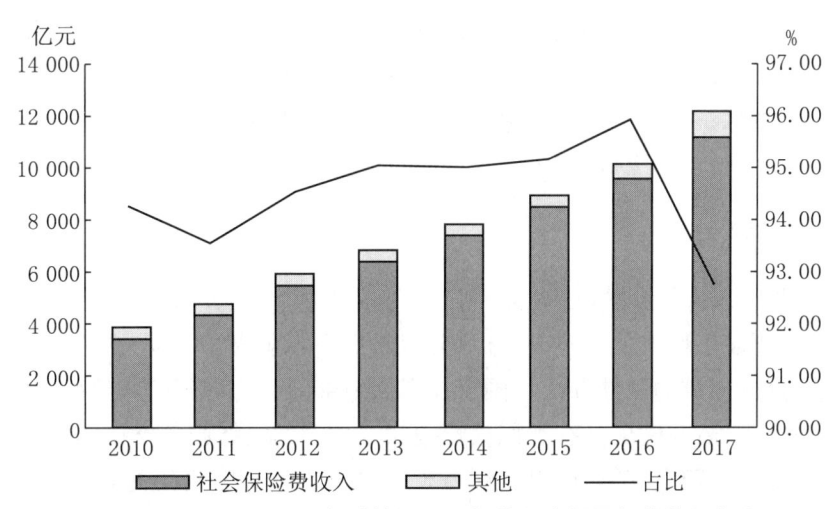

图 16-27 2010—2017 年城镇职工医保收入来源及保费收入占比

四、基本医疗保险存在的主要问题

（一）居民医保制度统筹层次低

中国城镇居民医疗保险制度的统筹层次一般为县、市级统筹。统筹层次低，不仅不利于进一步分散风险，也不利于资金在全国范围内调剂和发挥更大的医疗互助共济作用。从保障水平来看，由于各地区经济发展水平呈现出很大的不平衡性，导致现有保障水平尚难以满足人民群众的需求。所以许多地区还是以保障住院和门诊大病医疗支出为主，最高报销上限也有待进一步提高。

（二）医疗保险保障力度不足，居民负担较重

中国现行的医保体系已经基本建成，卫生支出力度与医疗保险支持力度仍在加大。但医保保障力度不足一直是中国医疗保险制度里较为突出的矛盾，医疗保险的保障水平较低，享受待遇的条件较多且相对苛刻，由于不存在应对重大灾难性医疗费用的止损机制，从而部分丧失了其保障功能。在目前的城镇职工基本医疗保险制度下，中国个人卫生支出比例仍然过高，居民负担较重，2018年中国个人卫生支出占总卫生支出的比例为28.6%，高于发达国家平均的10%—20%区间，"看病贵、看病难"仍然困扰广大人民，"因病致贫""因病返贫"的社会问题依然严峻。

（三）政策性支出加大了医保基金收不抵支风险

"光明·微笑"工程、儿童"两病"、贫困家庭妇女"两癌"、尿毒症、重性精神病等十种重大疾病免费救治，十五种重大疾病专项救治，门诊一般诊疗费、特药报销、家庭医生签约服务费等政策均需大量医保支出支撑。此外，医院药占比控制导致各种检查费用大幅攀升，各类检查费用、护理费用及治疗费用收费标准政策性提高。可以说，各种政策性支出透支了医保基金，加大了基金运行风险。

（四）医保制度不公平，城乡地区差异巨大

当前中国医疗卫生资源在城乡之间分布极为不平衡，优质的医疗资源大多分布在经济文化发展水平较高的东部城市及沿海地区，而在经济相对落后的中西部城市以及广大农村地区，优质医疗资源就相对稀缺，给这些地区居民的看病就医带来不便，加剧了医疗保险制度的不公平性。同时由于农村地区宣传力度不足、筹资水平不高、参与率相对较低，保障水平也无法保证。

五、对策建议

（一）不断提高统筹水平，逐步实现全省、全国统筹

当前最重要的工作就是要解决医保跨区域联网问题，建立跨区域的医保联网是解决异地转诊、就医困难的最佳办法。国家社会保障部门和管理部门应尽快制定统一、科学、规范的政策措施，开发出具有类似银行银联卡功能的网络服务支持体系，以实现省、市、县联网。要实现跨省统筹，可以在试点省级区域内城市实行统筹，这样可以在更广的范围内运营基金，条件成熟后再逐步实现全国统筹。同时，为了保证参保者在一定区域内正常流动，劳动、卫生、民政等部门应建立协调机制，将城镇职工医保、城乡居民医保制度有机衔接，使其适应人们的工作岗位、身份变动频繁这一特点。可以在部分城市化较高的地区，尝试整合医保制度。在此基础上，根据不同的收入状况设置多种缴费标准的险种，建立各险种之间的通道，使得居民能够在险种之间流动。

（二）千方百计保基本，严格规范基本医保责任边界

2018年7月10日，中共中央政治局常委、国务院副总理韩正到国家医保局调研时指出，要千方百计保基本，坚持尽力而为、量力而行，聚焦基本医疗需求，满足人民群众最迫切的愿望和要求。要始终做到可持续，健全医保筹资机制，强化医保基金监管，确

保医保资金合理使用、安全可控。国务院办公厅2017年发布的《关于深化基本医疗保险支付方式改革的指导意见》（国办发〔2017〕55号，以下简称"55号文件"）强调，要严格规范基本医保责任边界。要求各地要充分考虑医保基金支付能力、社会总体承受能力和参保人个人负担，坚持基本保障和责任分担的原则，按照规定程序调整待遇政策。可以说，坚持基本医保保基本的原则，严格规范基本医保责任边界，是医保制度可持续的基本保障，在任何时候、任何情况下都要坚持。凡是不属于基本医保保障范围的政策，应通过加大财政投入和其他方式解决。

（三）加快推进医保支付机制改革

医保支付是基本医保管理和深化医改的重要环节，是调节医疗服务行为、引导医疗资源配置的重要杠杆。新医改以来，医保支付机制改革在保障参保人员权益、控制医保基金不合理支出等方面取得积极成效，但医保对医疗服务供需双方特别是对供方的引导制约作用尚未得到有效发挥。因此，亟须按照55号文件的要求，深化基本医保支付机制改革，坚持"以收定支、收支平衡、略有结余"的基金管理原则，不断提高医保基金使用效率，着力保障参保人员基本医疗需求，促进医疗卫生资源合理利用，筑牢保障底线。支付机制改革的又一条基本原则是发挥医保第三方优势，健全医保对医疗行为的激励约束机制以及对医疗费用的控制机制，建立健全医保经办机构与医疗机构间公开平等的谈判协商机制，以及"结余留用、合理超支分担"的激励和风险分担机制，提高医疗机构自我管理的积极性，促进医疗机构从规模扩张向内涵式发展转变。

参考文献

中华人民共和国中央人民政府.我国大陆2018年末总人口接近14亿[EB/OL].（2019-01-21）[2019-12-12]. http://www.gov.cn/shuju/2019/01/21/content_5359797.htm.

国家统计局.2015年全国1％人口抽样调查主要数据公报[EB/OL].（2016-04-20）[2019-12-31]. http://www.stats.gov.cn/tjsj/zxfb/201604/t20160420_1346151.html.

中国新闻网.2018年我国卫生健康事业发展统计公报[EB/OL].（2019-05-24）[2019-12-12]. http://www.chinanews.com/gn/2019/05-24/8846044.shtml.

World Health Organization. World health statistics 2018: monitoring health for the SDGs, sustainable development goals[R]. Geneva: 2018.

中国新闻网.2018年我国卫生健康事业发展统计公报[EB/OL].（2019-05-24）[2019-12-12]. http://www.chinanews.com/gn/2019/05-24/8846044.shtml.

李立明,饶克勤,孔灵芝,等.中国居民2002年营养与健康状况调查[J].中华流行病学杂志,2005,26(7).

国务院.卫生计生委等介绍《中国居民营养与慢性病状况报告（2015）》有关情况[EB/OL].（2015-06-30）[2019-12-12]. http://www.gov.cn/xinwen/2015-06/30/content_2887030.htm.

徐玲,孟群.第五次国家卫生服务调查结果之二——卫生服务需要、需求和利用[J].中国卫生信息管理杂志,2014,11(3).

黄明安,陈钰.中国人口老龄化的现状及建议[J].经济研究导刊,2018(10).

国家卫生计生委关于印发基本公共卫生服务规范(第三版)的通知[EB/OL].(2017-02-28)[2019-12-12].http://www.nhc.gov.cn/jws/s3578/201703/d20c37e23e-1f4c7db7b8e25f34473e1b.shtml.

关于做好2019年基本公共卫生服务项目工作的通知[EB/OL].(2019-09-09)[2019-12-12].http://zhengce.chinabaogao.com/yiyao/2019/0c44K922019.html.

北京大学医学部.国家基本公共卫生服务项目2017年度评估报告[R].北京:北京大学医学部,2017.

刘子言,肖月,赵琨,等.国家基本公共卫生服务项目实施进展与成效[J].中国公共卫生,2019,35(6).

国家卫健委:我国已实现普及儿童免疫目标[EB/OL].(2019-04-26)[2019-12-12].https://www.jfdaily.com/news/detail?id=147446.

吴霞民,马宁,王勋,等.2017年全国严重精神障碍患者管理治疗现状分析[J].中华精神科杂志,2019,52(1).

中华人民共和国中央人民政府.国家卫生健康委关于印发食源性疾病监测报告工作规范(试行)的通知[EB/OL].(2019-10-17)[2019-12-31].http://www.gov.cn/xinwen/2019-10/22/content_5443246.htm.

第十七章　中国贫困人口变化与精准扶贫

贫困问题因为涉及公平、福祉等诸多社会方面,具有复杂性和综合性,是各国政府一直致力攻克的难题。在 2000 年 9 月召开的联合国大会上,贫困问题上升成为全球关注的重点问题,中国以及其他 188 个国家共同签署了《联合国千年宣言》,约定将消除贫困作为其发展目标之一,以 1990 年的贫困水平为标准,计划在 2015 年之前减少一半的贫困人群。在千年宣言到期之时,联合国又召开了可持续发展峰会,会议通过了《改变我们的世界:2030 年可持续发展议程》,并制定了消灭贫困的下一个发展目标:在 2030 年前消除全世界一切形式的贫困。

中国在消除贫困的道路上一直是国际上的领跑者,是第一个提前并高质量达成联合国千年发展减贫目标的发展中国家。按照 2010 年人均纯收入 2 300 元贫困标准进行测算,我国农村贫困人口从 1978 年的 77 039 万人锐减至 2018 年的 1 660 万人,全国贫困发生率从当时的 97.5% 下降到 30.7%,7 亿多农村贫困人口实现脱贫[1]。中国反贫困取得的成绩得到广大发展中国家以及国际组织的认可。全面梳理我国贫困人口变化轨迹和精准扶贫政策的发展路径,不仅有利于准确地认知我国扶贫政策,也有助于向其他发展中国家提供中国方案。

第一节　有关概念的界定和理论综述

一、有关概念的界定

(一) 贫困

贫困一般是指物质上的贫苦,即一个人或一个家庭的生活水平达不

---

[1] 白永秀,刘盼.全面建成小康社会后我国城乡反贫困的特点、难点与重点[J].改革,2019(5):29—37.

到一种社会可接受的最低标准,通常以贫困线为标准,以收入或消费支出为测度对象进行计量和统计。[①]

人类对贫困的认识是一个渐进的过程。最初,人们对贫困的定义仅仅是指人不能满足基本的温饱需求的状态,1901年英国学者朗特里也只是通过"维持体力的最低需要"而所需的货币收入数量来定义贫困。但随着社会发展和物质水平的提升,人类对贫困的认识逐渐深入,1958年,美国著名经济学家加尔布雷思指出"一个人是否贫困不仅仅是取决于他拥有多少收入,还同时取决于其他人的收入水平"。1971年,英国社会政策学家唐森德对此进行了完善,认为贫困是因为缺乏资源而被剥夺了享有常规社会生活水平和参与正常社会生活的权利,因此贫困标准还与研究对象所处的特定地区和时间有关。1998年阿玛蒂亚·森根据能力方法,以人类的发展历程为视角,重新定义并测量了贫困,认为贫困是贫困人口创造收入能力和机会上的贫困,贫困人口缺少获取和享有正常生活的能力,例如贫困人口获得健康权、养老权、教育权、居住权的能力缺失[②]。

如今,学界将贫困划分为绝对贫困和相对贫困。绝对贫困仅指物质层面的贫困,其收入低于社会接受的最低标准,无法满足基本的温饱需求。绝对贫困问题在发展中国家较为突出。而相对贫困则是从多维层面进行测量,如果居民收入能够满足基本温饱需求,但生活水平未能达到社会中的某一标准水平,则认为该居民处于相对贫困状态。相对贫困标准根据各国情况的不同,通常由各国自主设定。相对贫困问题在发达国家更为突出。虽然我国目前仍以消除绝对贫困为奋斗目标,但相对贫困问题在贫富差距逐渐增大的大型城市中成为不可忽视的民生问题。基于此,本章主要分析中国绝对贫困问题的变化,同时也涉及目前日益凸显的相对贫困问题的变化。

(二)贫困线

贫困线,又称为贫困标准,是指维持人们基本生存需求所必需的最低费用,生活费用在该线以下的人群被划分为贫困人群。以国家界定的消费数量和消费结构为依据,贫困线标准是按照农村居民消费价格指数进行设定的[③]。随着社会生产力的发展和整体生活水平的提高,基本生活必需品的范围会随之扩大,贫困线也会相应提高[④]。

目前,国际上确定贫困线的测量维度可分为3类:收入标准、人类发展指数(HDI)以及多维贫困指数(MPI)[⑤]。

其中,收入标准可用3种方法来确定:第一种方法是收入比例法,即根据一个地区或国家的居民收入或平均收入的一定比例作为贫困线;第二种方法是生活需求法,亦称

---

① 万喆.新形势下中国贫困新趋势和解决路径探究[J].国际经济评论,2016(6):47—62,5.
② 王小林.贫困标准及全球贫困状况[J].经济研究参考,2012(55):41—50.
③ 李力,欧涉远,李霞.对农村贫困线及贫困发生率的反思——基于国家统计局和民政部的数据[J].宏观经济研究,2012(8):54—61.
④ 沈小波,林擎国.贫困范式的演变及其理论和政策意义[J].经济学家,2005(6):91—96.
⑤ 王小林.贫困标准及全球贫困状况[J].经济研究参考,2012(55):41—50.

"市场菜篮子"法,通过列出当地维持最低生活水平所需的物品和服务的清单,根据此清单计算所需金额从而确定贫困线;第三种方法是恩格尔系数法,将居民家庭的恩格尔系数的一定标准设定为贫困线,超过这个标准的家庭被视为贫困户。人类发展指数,是由联合国开发计划署设计,从健康长寿程度、知识获取能力和生活水平3个维度进行测量。多维贫困指数则源于阿玛蒂亚·森的能力方法理论,其中包括健康、教育和生活三大维度,三大维度下又细分为十个子维度,据此来确定综合的多维贫困标准。

国家统计局从1998年开始,使用人均收入和人均消费双指标衡量一个农户是否属于贫困人口[①]。1985年我国将人均年纯收入200元作为贫困线,2009年将标准提高为1 196元,增长约5倍;2011年则将农民人均纯收入2 300元作为新的国家扶贫标准,比2009年提高了92%,此后贫困线都以2011年不变价[②]为标准。

(三) 贫困县

贫困县的划定标准是以当地人年均纯收入作为参考标准。随着生产力的发展和通货膨胀的发生,贫困县标准也会进行相应的调整。截至2018年9月,全国共有585个国家贫困县(包括县级行政单位区、旗、县级市),这些贫困县主要集中在中西部地区,并且大多集中于革命老区、少数民族地区以及边疆地区(通常合称为"老少边穷"地区)。

(四) 贫困地区

贫困地区指人均消费水平未达到全国人均消费水平的地方,主要集中在中国的中部地区、西部山区、西南以及东北地区,如西藏和四川省藏区、南疆四地州、四川凉山、云南怒江、甘肃临夏、贵州的局部山区等地区。截至2017年,中国东部、中部、西部农村贫困人口分别为300万、1 112万、1 634万,占全国农村贫困人口的比例分别为9.85%、36.51%、53.64%[③]。

贫困地区的特征一般为:自然环境恶劣,资源紧缺,基础设施不完善;当地财政收入水平低,公共投入严重不足;人口增长过快,教育、卫生等社会服务水平不匹配。

(五) 贫困人口

贫困人口通常是指年收入或者消费支出低于贫困线的群体,其基本生存需求无法得到满足。与贫困的定义相似,可将贫困人口分为绝对贫困和相对贫困人口。绝对贫困人口是指物质生活水平未达到标准;而相对贫困人口的标准则较为主观,是指年收入相对于全国家庭收入平均数而言。随着物质水平和生活需求的提高,相对贫困人口的涵盖范围亦随之扩大。

(六) 低保人口

根据我国的《社会救助体系暂行办法》规定,国家对共同生活的家庭成员人均收入

[①] 王萍萍.中国贫困标准与国际贫困标准的比较[J].中国农村经济,2006(12):5—8.
[②] 不变价是为将不同年份之间用价值量表现的实物量进行综合对比,以单纯反映实物量变化而采用的价格形式,目的是消除各时期价格变动的影响,保证前后时期指标之间的可比性。
[③] 陈志钢,毕洁颖,吴国宝,何晓军,王子妹一.中国扶贫现状与演进以及2020年后的扶贫愿景和战略重点[J].中国农村经济,2019(1):2—16.

低于当地最低生活保障标准,并且符合当地最低生活保障家庭财产状况规定的家庭,给予最低生活保障。接受这项生活保障的中国居民被称为"低保户",其中的最低生活保障标准,由省、自治区、直辖市或者设区的市级人民政府按照当地居民生活必需的费用确定、公布,并根据当地经济社会发展水平和物价变动情况适时调整。

低保政策是一项微观层面的社会救助政策,该政策由民政部指导,由各地人民政策管理执行。社会救助的主要手段为现金补贴,并且各地标准自行划定。从政策目的来说,扶贫政策主要针对有劳动能力但缺乏市场响应能力的群体,而低保政策主要针对缺乏劳动能力从而缺乏市场响应能力的群体。两者在政策设计上没有重叠,但在实际执行过程中,往往会出现重叠现象。并且随着精准扶贫政策的推进,部分地区也开始试点"两线合一"政策,将低保人口和贫困人口统一管理。

(七)反贫困政策

反贫困政策是指通过定点和定向的教育倾斜、资源扶持、经济改革、财政支持等针对性手段,通过改善生存环境,增强生存能力,从而实现帮助贫困人口和贫困地区脱贫的政策。中国农村的反贫困道路是循序渐进的,在不同的时期,依据不同的贫困特征和贫困类型制定具有针对性的反贫困策略是中国农村反贫困取得成功的关键,这也是中国农村反贫困道路的特点[①]。

在2014年之前,中国农村反贫困政策是以区域为重点,采取的主要手段是开发当地区域的发展能力,比如改善地区的基础设施、发展农业生产等;在2014年之后,以区域发展为重点的反贫困政策难以进一步解决贫困原因更为复杂和多样的村和个人的贫困问题,为了提高资源使用效率,攻坚贫困难点,中国农村反贫困政策开始以家庭和个人为重点,采用精准扶贫政策[②]。

(八)对口支援与区域协作

对口支援是由我国经济发达或实力较强的地区对经济不发达或实力较弱的地区实施援助的一种政策性行为,是社会主义制度优越性和地区协作精神的体现。目前可分为3种模式:一是有对口帮扶关系的对口支援;二是重大工程或领域内的对口支援,如东西部的教育支援和医疗支援、三峡工程等;三是遭受重大自然灾害后的对口支援,如汶川地震、玉树地震的灾后修建等[③]。

区域协作则是指在一定的地理区域或者行政区域,因具有共同的发展目标,相关主体在政治、经济、文化、产业等领域实行合作和协调发展,最终实现共同进步的方式[④]。

整体而言,区域协作发展是一种多样性、整体性和综合性的发展方式,通过区域协

---

① 王博,朱玉春.改革开放40年中国农村反贫困经验总结——兼论精准扶贫的历史必然性和长期性[J].西北农林科技大学学报(社会科学版),2018,18(6):11—17.
② 贺雪峰.中国农村反贫困战略中的扶贫政策与社会保障政策[J].武汉大学学报(哲学社会科学版),2018,71(3):147—153.
③ 郭旭鹏.我国对口支援的历史演进及发展趋势[J].管理观察,2013(25):17—19.
④ 张永亮,罗光宇.论新扶贫开发的区域协作[J].湖南人文科技学院学报,2012(2):21—24.

作,形成良性并紧密的合作关系,从而带动共同发展。而对口支援则更偏向于帮扶,经济发达的一方投入资源和财力带动另一方的发展。在我国反贫困战略中,对口支援与区域协作两种措施并用。

1979 年,国家将对口支援定位为国家政策,确立支援 5 个自治区和 3 个少数民族集中省的政策,其中,西藏为重点支援对象,并加强横向的经济联系与协作。该政策至今已发展 40 多年。随着政策不断完善,对口支援的方式和主体更加多样化,支援结对范围也进一步扩大。其中,东西扶贫协作是对口支援政策的重要补充完善,也是区域协作的体现。我国于 1996 年启动了东西扶贫协作帮扶计划(东部发达地区对西部贫困地区进行结对扶贫协作),2000 年国务院扶贫办调整了东西扶贫协作关系,2013 年国务院又对其进行了细微地部署调整。扶贫协作方式为多层次、多形式,大体可分为政府援助、企业协作、社会帮扶、产业发展、干部交流、人员培训以及劳务输出等形式[1]。各省(直辖市、市)扶贫关系与对口支援的关系历程如下表所示。

表 17-1　1996 年东西扶贫协作结对关系[2]

帮扶地区	北京	上海	江苏	山东	福建	天津	广东	辽宁	深圳、青岛、大连、宁波
被帮扶地区	内蒙古	云南	陕西	新疆	宁夏	甘肃	广西	青海	贵州

表 17-2　2016 年东西扶贫协作关系[3]

帮扶地区	被帮扶地区
北京	内蒙古、河北张家口市和保定市
天津	甘肃、河北承德市
上海	云南、贵州遵义市
广东	广西、四川甘孜州
广州	贵州黔南州、毕节市
佛山	四川凉山州
中山、东莞	云南昭通市
珠海	云南怒江州
江苏	陕西、青海西宁市和海东市
苏州	贵州铜仁市
浙江	四川
杭州	湖北恩施州、贵州黔东南州
宁波	吉林延边州、贵州黔西南州
山东	重庆
济南	湖南湘西州
青岛	贵州安顺市、甘肃陇南市
大连	贵州六盘水市

---
[1] 韩广富,周耕.我国东西扶贫协作的回顾与思考[J].理论学刊,2014(7):34—38.
[2][3] 数据来源参见人民网(politics.people.com.cn/n1/2016/1213/c1001-28946962.html)。

(续表)

帮扶地区	被帮扶地区
福建	宁夏
福州	甘肃定西市
厦门	甘肃临夏州

表 17-3　对口支援西藏、新疆的省市

被支援地区	支援省市
西藏	北京、江苏、上海、山东、湖北、湖南、天津、重庆、广东、福建、浙江、辽宁、河北、陕西、黑龙江、吉林、安徽
新疆	北京、广东、深圳、江苏、上海、山东、浙江、辽宁、河南、河北、山西、福建、湖南、湖北、安徽、天津、黑龙江、江西、吉林

注：曾参与支援西藏的四川省自2004年起不再承担援藏任务。

表 17-4　支援川、滇、甘、青四省藏区的省市

支援省市	被支援青海藏区	被支援川、滇、甘三省藏区
浙江	海西州	四川阿坝州、木里县
江苏	海南州	—
山东	海北州	—
北京	玉树州	—
天津	黄南州	甘肃甘南州、天祝县
上海	果洛州	云南迪庆州
广东（含深圳）	—	四川甘孜州

表 17-5　上海支援地区和具体被支援县、市、区

被支援地区	具体被支援县、市、区
新疆喀什地区和阿克苏市	莎车县 泽普县 叶城县 巴楚县 温宿县
青海省	果洛藏族自治州
云南省	普洱市 云南文山壮族苗族自治州 红河哈尼族彝族自治州 迪庆藏族自治州
西藏自治区	日喀则地区 江孜县 亚东县

(续表)

被支援地区	具体被支援县、市、区
西藏自治区	拉孜县 定日县 萨迦县
贵州省	遵义市
重庆市	万州区
湖北省	宜昌市夷陵区

（九）精准扶贫

精准扶贫相对于粗放式扶贫，是指针对贫困农户和区域环境的具体状况，运用科学的手段和程序，对扶贫对象实施精确识别、精确帮扶、精确管理的治贫方式。精准扶贫有六大要义：扶贫对象精准、项目安排精准、资金使用精准、措施到户精准、因村派人精准、脱贫成效精准，以确保各项政策好处落实到扶贫对象身上[①]。该思想最早由习近平总书记在2013年11月到湖南湘西考察时首次提出，并做出"实事求是、因地制宜、分类指导、精准扶贫"的重要指示。

精准扶贫的帮扶措施有以下几大措施。

第一是产业扶贫，因地制宜，帮助当地就业，培育发展富民产业，研发农业技术，对传统劳动力进行改造。对这类贫困地区和贫困人口，要把脱贫攻坚重点放在改善生产生活条件上，着重加强农田水利、交通通信等基础设施和技术培训、教育医疗等公共服务建设，特别是要解决好入村入户等"最后一公里"问题。

第二是易地扶贫搬迁，生存条件恶劣、自然灾害频发的地方，通水、通路、通电等成本很高，贫困人口很难实现就地脱贫，需要实施易地搬迁。虽然这部分贫困群体所居住的地方自然条件非常恶劣，没有农产业发展潜力，但是在集体搬迁后可以保留原始的村落，可以考虑对当地进行旅游业开发。

第三是医疗扶贫，该措施针对因病致贫的群体，实行"两保三助一兜底"："两保"是指城乡居民基本医疗保障制度和大病补充保险制度；"三助"是指民政医疗救助制度、计生利益导向资金救助制度、残疾人医疗救助制度；"一兜底"是对特殊人群政策叠加兜底保障制度。"两保三助一兜底"实施层层医疗兜底，有效遏制群众因病致贫、因病返贫现象的发生。

第四是教育扶贫。治贫先治愚，扶贫先扶智。教育是阻断贫困代际传递的治本之策。通过为贫困地区的孩子提供专项助学金，免去学费和住宿费，并为当地提供良好的师资，让贫困的孩子能够上得起学，并能享受良好的教育，阻断贫困代代传递。

---

① 朱梦冰，李实.精准扶贫重在精准识别贫困人口——农村低保政策的瞄准效果分析[J].中国社会科学，2017(9)：90—112，207.

第五是增强内生动力脱贫路径,即从精神脱贫,摆脱等、靠、养的懒惰思想,积极引导无正当职业、对生活缺乏信心的贫困群体,将扶志与扶智结合。

二、相关文献综述

(一)贫困成因

贫困具有多重性、复杂性和综合性三大特点,因此我们可从多学科视角出发,系统地归纳当前中国贫困形成机理。经济学、社会学、地理学、文化学、心理学等学科及其影响因素是分析贫困问题产生机理的理论基础[1][2]。

从经济视角来看,经济落后、公共投资不足是贫困的重要成因。如在中部、西部以及东部部分经济较为落后的地区,其经济资源和财政收入水平并不足以支撑实现有效脱贫。此外,经济落后的贫困地区由于人均收入水平低,储蓄能力弱,导致产品消费能力和资金供给不足,难以扩大生产规模,同时抵抗风险的能力弱,致使其容易陷入贫困的恶性循环[3]。而在教育、农业研发、基础设施、医疗等公共领域投资不足也容易导致贫困,一方面不能通过公共基础设施建设来为贫困人口提供工作岗位,为其提供脱贫的条件;另一方面,教育和农业研发实力薄弱,不能有效地提高贫困人口自主脱贫的能力,尤其是对早期儿童教育的欠缺将会使得贫困儿童输在起跑线上,并导致代际贫困[4][5]。

从社会角度来看,邻里流动性、社会保障以及社会排斥是贫困的重要成因。根据群体效应理论,群体之间通过同群效应、榜样效应、社会学习和社会互补性4个方面来影响和干预成员行为[6]。因此,邻里因素对于贫困人口来说有重大影响。邻里流动性越强的群体,邻里间披露的信息就越充分,社会学习的能力也越强。一旦有成员通过外出打工或者某一方式获得较高工资后,便会吸引更多成员进行模仿,以摆脱贫困。但是贫困地区的人员流动性通常都极差,因为信息的闭塞以及对于土地的依赖心理,导致当地人口外出打工意愿极低,难以实现自主脱贫[7]。而在社会保障因素中,如医疗保险、养老保险等社会保障方面,贫困地区通常有人员参与率低的特点,使其因老而贫、因病致贫、因病返贫现象频频发生,即使短期内成功脱贫,在未来仍有大概率发生返贫现象。从数据上来说,农村返贫率通常在20%以上,有些年份甚至能达到60%,其中在

---

[1][3] 何仁伟.中国农村贫困形成机理研究进展及贫困问题研究框架构建[J].广西社会科学,2018(7):166—176.
[2] 李力,欧涉远,李霞.对农村贫困线及贫困发生率的反思——基于国家统计局和民政部的数据[J].宏观经济研究,2012(8):54—61.
[4] 何仁伟,李光勤,刘邵权,徐定德,李立娜.可持续生计视角下中国农村贫困治理研究综述[J].中国人口·资源与环境,2017,27(11):69—85.
[5] 陈烨烽,王艳慧,赵文吉,胡卓玮,段福州.中国贫困村致贫因素分析及贫困类型划分[J].地理学报,2017,72(10):1827—1844.
[6] Durlauf S N. The memberships theory of poverty: the role of group affiliations in determining socioeconomic outcomes[R]. General Information,2000.
[7] 方迎风,张芬.邻里效应作用下的人口流动与中国农村贫困动态[J].中国人口·资源与环境,2016,26(10):137—143.

2009年,贫困人口中就有约62%为返贫人口①。西北、西南是返贫高发地区,甘肃省返贫率一般在30%左右,灾年可以达到45%以上②。由于当地社会保障的缺位与不足,导致返贫现象成为扶贫过程中难以攻克的关卡。在社会排斥因素中,贫困人口容易在劳动力市场以及婚姻、教育等市场中受到不公正对待和歧视,令其困境雪上加霜。如在就业市场中,贫困人口由于自身能力限制或者信息、渠道匮乏,往往只能从事最危险和最劳累的工作,这类工作不仅薪资低廉,同时难以拥有就业保障和社会保障,因工患上疾病也难以获得企业的补贴,失业后更是难以找到下一份工作③。

从自然环境角度看,资源缺乏、地形崎岖、地理偏僻是导致贫困的重要因素。上文提到的中西部地区、革命老区、少数民族地区以及边疆地区这类"老少边穷"地区,往往存在水资源匮乏、物产资源欠缺的特点,再加上当地地形崎岖,可用于耕种的土地面积零星分布,使得资源环境承载力低,经济发展潜力小,并且抵御自然灾害的能力低下。而地理位置的偏僻更是加大了公共交通的修建难度,导致与外界沟通交流的能力受到影响,使生存环境更加闭塞④,缺乏脱贫所需的信息和手段而加深贫困程度。

从文化角度看,贫困地区往往具有深重的小农文化,表现为得过且过、听天由命、故步自封的人生观,铺张浪费、大操大办的面子观,传宗接代、重男轻女的生育观,好逸恶劳、不劳而获的思想观⑤。这种思想往往加剧了贫困程度,容易形成自我蒙蔽和封闭的心理特点,并抗拒外界力量的介入,为贫困代际遗传埋下了隐患。

(二)贫困人口特点

以下从个人基本特征、个人家庭特征、个人社会特征以及个人其他特征4个维度进行分析论述⑥。

在个人基本维度中,通常受教育程度低、年龄较大或健康状况较差的群体或个人更容易陷入贫困⑦。而在个人家庭维度中,家庭人口数量较多或子女数量较多,父母受教育程度低以及配偶受教育程度低的群体和个人更容易陷入贫困。家庭人口数较多或子女数较多往往意味着家庭消费开支大,而同时劳动力数量又不足以支持家庭开支,导致消费能力与人口数量不匹配,从而陷入贫困;父母受教育程度低带来的贫困则可能是因为后代获得源自父母的代际人力资本不足,无法帮助子女后代摆脱贫困。在个人社会维度中,未参与合作医疗和养老保险的群体和个人更容易陷入贫困。由于未参与用于抵御不确定性的社会保障计划,其承担疾病和其他风险的能力低,导致个人因病致贫或因病返贫的可能性显著提高。在个体其他特征中,没有非农工作、周工作时间较短、使用互联网频率低的群体以及位于落后地区的群体或个人陷入贫困的可能性更大。因为

---

① 万喆.新形势下中国贫困新趋势和解决路径探究[J].国际经济评论,2016(6):47—62,5.
② 杨立雄.高度重视扶贫攻坚中的返贫问题[J].中国民政,2016(5):18—20.
③⑤⑦ 何仁伟.中国农村贫困形成机理研究进展及贫困问题研究框架构建[J].广西社会科学,2018(7):166—176.
④ 陈烨烽,王艳慧,赵文吉,胡卓玮,段福州.中国贫困村致贫因素分析及贫困类型划分[J].地理学报,2017,72(10):1827—1844.
⑥ 张昭.中国农村贫困人口多维特征分析[J].西北农林科技大学学报(社会科学版),2017,17(3):31—42.

这部分群体或个人获得信息和资源的能力的方法与能力有所欠缺,而这种缺乏导致其无法有效地应对突变情况或者改善困境①。

(三) 我国反贫困战略和扶贫政策

国内学者多以改革开放作为时间起点,根据各自的研究角度,如反贫困策略与政策变迁的阶段特征、重大制度的改革、瞄准人群的变化等,大致将我国反、扶贫历程划分为三阶段、四阶段②或者五阶段③。贾玉娇以中国特色社会主义发展历程为依据,认为1978—1991年是以改革为重心的第一阶段,1992—2011年是以发展为重心的第二阶段,2012—2018年是以社会为重心的第三阶段④。左停等学者则是以扶贫政策变迁、贫困聚焦点变化为依据,将扶贫政策划分为4个阶段,分别是1978—1985年阶段、1986—2000年阶段、2001—2012年阶段、2013年至今⑤。向德平、华汛子则是以反贫困策略变迁、制度改革为依据,将扶贫政策划分成了5个阶段,第一个阶段是从1978年到1985年,第二个阶段是从1986年到1993年,第三个阶段是从1994年到2000年,第四阶段是从2001年到2010年,第五个阶段是从2011年到2020年⑥。

亦有学者以新中国成立为时间起点,将我国的扶贫工作大致划分为三大阶段:计划经济体制下的以救济性为主的扶贫阶段、改革开放以来以小康性为主的扶贫阶段、全面建成小康社会背景下的以共富性为主的扶贫阶段⑦;以及5个具体阶段:1949—1978年为保障生存的扶贫阶段,1979—1985年为体制改革的扶贫阶段,1986—2000年为解决温饱的扶贫阶段,2001—2010年为巩固温饱的扶贫阶段,2011—2020年为全面小康的扶贫阶段⑧。

在扶贫策略方面,1979—1985年我国反贫困策略是以经济体制改革促进经济增长,并制定了对口支援政策。扶贫策略则是以家庭联产承包制和农产品价格调整作为扶贫方式,以无偿救助为主⑨。1985年后,国家开始了扶贫策略的调整,此时政策以生产帮助为主,无偿救助为辅,为贫困农户和贫困地区设立了专项基金和专项贷款,开始大力修建基础设施以提供就业岗位,并加强基本的农田建设,鼓励贫困地区发展多种经营,开发资源。这段时期扶贫政策从单纯的资金输出转向综合型的技术、人才、管理、教

---

① 张昭.中国农村贫困人口多维特征分析[J].西北农林科技大学学报(社会科学版),2017,17(3):31—42.
② 王博,朱玉春.改革开放40年中国农村反贫困经验总结——兼论精准扶贫的历史必然性和长期性[J].西北农林科技大学学报(社会科学版),2018,18(6):11—17.
③⑤ 左停,徐卫周.改革开放四十年中国反贫困的经验与启示[J].新疆师范大学学报(哲学社会科学版),2019,40(3):92—99,2.
④ 贾玉娇.反贫困的中国道路:1978—2018[J].浙江社会科学,2018(6):17—26,155.
⑥ 向德平,华汛子.改革开放四十年中国贫困治理的历程、经验与前瞻[J].新疆师范大学学报(哲学社会科学版),2019,40(2):59—69.
⑦ 白永秀,刘盼.全面建成小康社会后我国城乡反贫困的特点、难点与重点[J].改革,2019(5):29—37.
⑧ 曾小溪,汪三贵.中国大规模减贫的经验:基于扶贫战略和政策的历史考察[J].西北师大学报(社会科学版),2017,54(6):11—19.
⑨ 汪三贵,曾小溪.从区域扶贫开发到精准扶贫——改革开放40年中国扶贫政策的演进及脱贫攻坚的难点和对策[J].农业经济问题,2018(8):40—50.

育等多方面输出。整体而言,"七五扶贫"是解决基本温饱问题,"八五扶贫"则是以"授之以渔"为重点,向贫困农户和地区提供多元帮助,鼓励当地经济发展。之后的《国家八七扶贫攻坚计划》和《中国农村扶贫开发纲要(2001—2010)》都是对"八五扶贫"这一综合性扶贫目标的进一步完善。而随着我国反贫困事业顺利推进,贫困人口数量得到有效控制,更复杂、更深层次的贫困问题逐渐凸显,以区域为重心的综合性扶贫政策难以满足当下贫困问题,我国提出了精准扶贫指导下的反贫困战略,将反贫困瞄准目标由区、县、细化到村与家庭,并提出了民生兜底、医疗保健脱贫、教育救助、产业增收、法律援助、增强内生动力、易地扶贫搬迁、公共服务提升、社会帮扶等扶贫策略,以争取在2020年实现全面脱贫。

第二节 我国贫困人口发展变化过程与特点

世界银行曾推荐过代表两类温饱水平的贫困线的通用方法,在使用中简化为"日均1美元"的绝对贫困线和"日均2美元"的低贫困线。这两个贫困标准是由世界银行根据购买力平价计算得出的。而中国使用的贫困标准目前由国务院制定,由国务院扶贫开发领导小组办公室进行相关事务的管理。在实际进行的贫困分析中,也会借鉴世界银行的贫困标准体系。

在改革开放之后,根据全国的经济发展水平,针对农村地区的赤贫问题,扶贫开发办公室也设立了贫困标准,贫困标准政策可以简单地与世界银行的1美元标准相对应,一般认为其是绝对贫困标准。而相对贫困标准则与地区的收入差距呈正相关关系,国内对此尚未有明确标准。不过国内的低保政策可作为一个相对贫困标准的前行指标,中国从中华人民共和国成立初期就有临时性质的紧急生活救助,逐渐发展成为定期定量救助,直到改革开放之后,由试点城市逐渐发展建立以居民最低生活保障(简称"低保")制度为核心的新型社会救助体系。低保标准针对的是缺乏劳动力的群体,不同于集中在"老少边穷"地区的贫困人口,这部分群体广泛存在于全国各地。而各地低保标准是根据各地的经济发展情况自行设定,一般存在城市高于农村、经济发达地区高于落后地区的规律。因此,一方面低保水平可以简单与"人均2美元"的相对贫困标准进行类比,另一方面由于低保标准应当高于贫困标准,但又受制于当地政府的财政水平,可以将低保标准看作贫困水平的先行指标。

一、低保户的发展变化

根据我国的《社会救助体系暂行办法》规定,国家对共同生活的家庭成员人均收入低于当地最低生活保障标准,并且符合当地最低生活保障家庭财产状况规定的家庭,给予最低生活保障。接受这项生活保障的中国居民被称为"低保户"。其中,最低生活保障标准由省、自治区、直辖市或者设区的市级人民政府按照当地居民生活必需的费用确定、公布,并根据当地经济社会发展水平和物价变动情况适时调整。

根据民政局历年统计公报和历年政策文件分析,截至2017年,国内的社会救助大致可分为3个阶段:1957—1977年、1978—1992年、1993年至今。

在第一阶段,随着三大改造的基本完成、公有制主导地位的确立,社会救助模式开始逐渐逐步由临时性社会救助转向常规性社会救济,此时农村救济主要依托农村人民公社开展,城市社会救济主要依靠企事业单位组织开展。

在第二阶段,中共十三届三中全会之后,民政部正式恢复成立,开始探索定期定量救济。虽然这一时期的社会救济工作得到较快的恢复和发展,但救助体系仍然没有突破原有的体制和框架,城市和农村的救助模型仍然呈现双轨发展的态势,各类规章都亟待完善[①]。

在第三阶段,开始了对新型社会救济体系的探索。由于市场经济的确立,"铁饭碗"现象正逐渐被打破,大型城市中开始出现大量的失业下岗人员,使得城市贫困人口大量增加,城市贫困人群构成发生了根本性质的改变;而东部沿海城市,受益于生产经济带来的经济飞速发展,使东部地区城镇居民的收入比中、西部地区高四成左右,而非国有制企业职工收入比国有制职工高出1/3,在此期间城市的贫富差距正逐年扩大,相对贫困问题日益严重。在这样的社会大背景下,作为当时东部地区重要的城市,上海于1993年下发了《关于本市城镇居民最低生活保障线的通知》,该通知标志着我国社会救济制度开始进入改革阶段。同年厦门市也开始建立城市低保制度。1994年第十次全国民政工作会议明确将"对城市社会救济对象逐步实行按当地最低生活保障线标准进行救济"纳入"民政工作今后五年乃至本世纪末的发展目标",并决定在问题较为严峻的东南沿海地区开始试点。民政局从1995年开始,于正式统计公报中正式使用"城市社会救济改革"这一名词,并开始披露城市低保的统计数据。

民政部的积极推动最终促成了中央级别城市低保制度的出台。1996年3月,八届全国人大四次会议通过的《中华人民共和国国民经济和社会发展"九五"计划和2010年远景目标纲要》在加快社会保障制度改革的部分中提出,要"建立城市最低生活保障制度"。1997年3月,在八届全国人大五次会议上,时任总理李鹏在《政府工作报告》中指出,"……最低生活保障制度,这是保障居民基本生活需要的重要措施,也是适合我国国情的一种社会保障办法,要逐步加以完善"。1997年国务院下发的《关于在全国建立城市居民最低生活保障制度的通知》更是明确将城市低保所需资金列入地方财政预算,要求所有城市应当于1999年底完成建制工作,并规定了基本的制度框架。到1999年,得益于中央政府的有力推动,中国所有城市都完成了城市低保的建制工作[②]。

在启动城市低保的建制工作的同时,农村低保制度也开始在一些地区探索建立。1996年末,民政部印发了《关于加快农村社会保障体系建设的意见》,明确提出了"凡开展农村社会保障体系建设的地方,都应该把建立最低生活保障制度作为重点"。1996年

---

① 刘喜堂.建国60年来我国社会救助发展历程与制度变迁[J].华中师范大学学报(人文社会科学版),2010,49(4).
② 朱旭峰,赵慧.政府间关系视角下的社会政策扩散——以城市低保制度为例(1993—1999)[J].中国社会科学,2016(8):95—116.

至1997年，多省出台相关文件，开始建立农村低保体系。2001年，就有2 000多个县市已经初步建立或实施农村低保。对于仍未建立农村低保政策的地区，民政部从2003年开始重新部署农村贫困户救助制度的建设工作。其中一项重要举措是在全面摸清农村特困户底数的基础上，决定在未开展农村低保制度建设的地区建立农村特困户救助制度，由此在中国广大的农村地区形成了农村低保制度和农村特困户救助制度"双轨并行"的局面。这一创新性的制度安排，为顺利实现"全民低保"目标奠定了坚实的基础。党的十六大以来，部分地区根据中央部署，积极探索建立农村最低生活保障制度，为全面解决农村贫困人口的基本生活问题打下了良好基础。2004年以前，全面建立农村低保制度的仅有北京、天津、上海3个直辖市和浙江、广东两省，并且维持了较长时间。2004年以后，发展态势有了明显变化。当年，福建、辽宁、江苏三省出台了相关文件，建立农村贫困户救助制度的县(市、区)达到了1 206个；2005年，新增了吉林、四川、河北、陕西、海南五省，建立此项制度的县(市、区)总数增加至1 534个。在2004年的统计公报中，民政局正式宣布国家已初步建立农村贫困户救助制度。2007年的《国务院关于在全国建立农村最低生活保障制度的通知》确立建立农村最低生活保障制度的目标，即通过在全国范围建立农村最低生活保障制度，将符合条件的农村贫困人口全部纳入保障范围，稳定、持久、有效地解决全国农村贫困人口的温饱问题。在2007年9月底，全国已基本建成农村最低生活保障制度。

随着城市和农村低保户制度不断完善，数据披露也更加规范。值得注意的是，从2015年起，城市(5 431.2元)和农村的平均低保户标准(3 177.6元)皆高于国家贫困标准(2 855元)，截至2017年底，全国所有县(市、区)农村低保标准均达到或超过了国家的扶贫标准[①]。

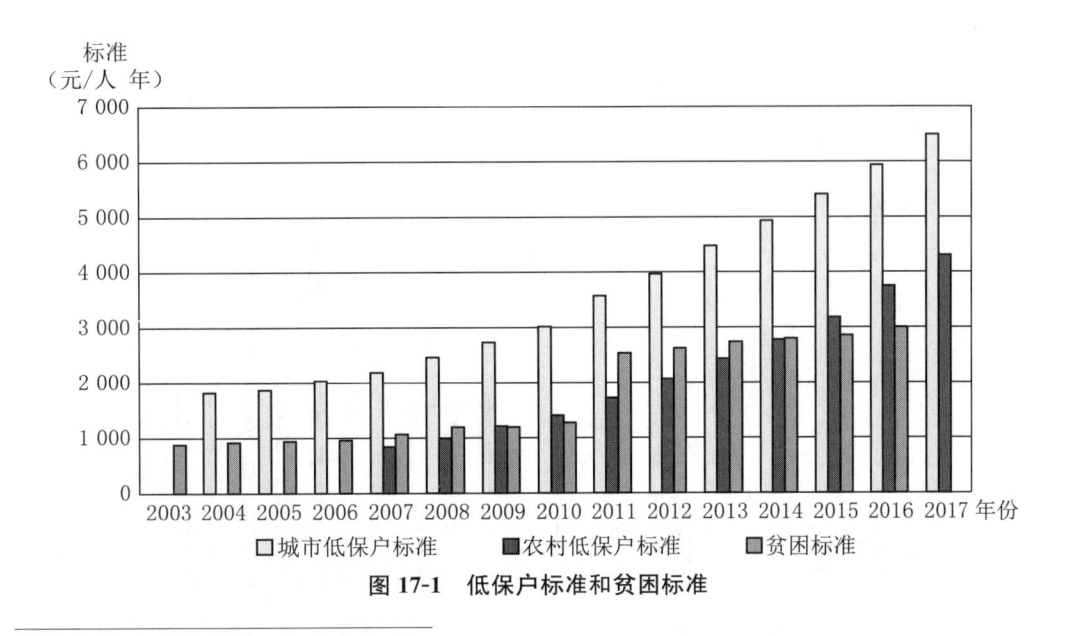

图17-1 低保户标准和贫困标准

---

① 韩秉志.我国农村低保标准均达到或超过国家扶贫标准[N/OL].经济日报，[2019-04-24]. http://www.gov.cn/xinwen/2018-04/26/content_5285981.htm.

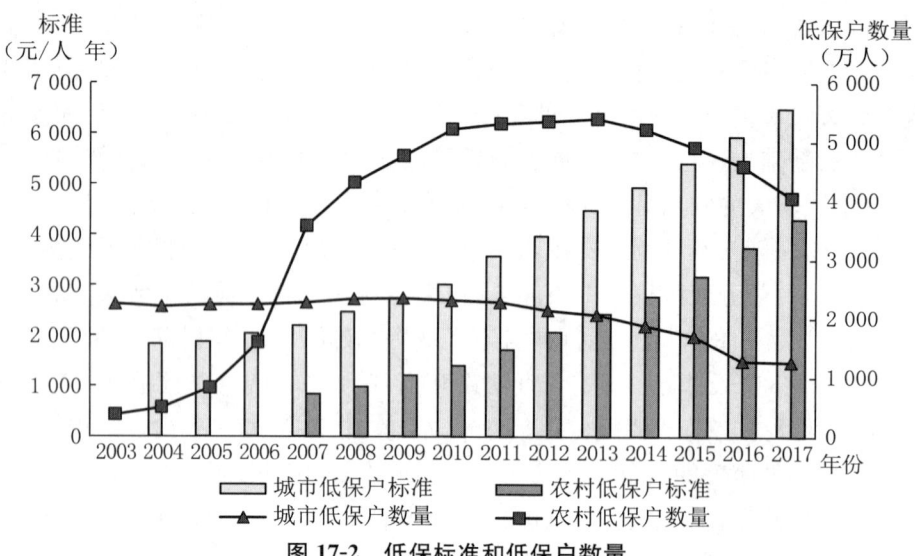

图 17-2 低保标准和低保户数量

从 2010 年前后开始,国家扶贫开发政策进入了新的扶贫攻坚阶段,集中攻坚特困连片地区。在这个阶段,国家设立了更高的新贫困标准,而各地分别设立的低保标准在 2014 年前后与该贫困标准基本平齐,说明这个阶段农村的极端贫困地区状态已出现好转,农村低保户数量也随之下降。而对城市低保户来说,在 2003—2010 年区间,城市低保标准没有大幅变动的情况下,低保户数量大幅上升,这一方面是经济衰退的影响,另一方面是大众对于低保政策的接受程度上升,低保覆盖的群体数目开始扩大。而在 2010 年之后,低保标准开始快速上升,而前期低保群体数目保持相对稳定,说明这时候低保仍未完全覆盖真实相对贫困群体,低保政策所带来的脱贫速度与贫困新增速度保持相对静止;而在 2014 年之后,随着城市低保标准的上升,城市低保人口数目开始下降,这反映了低保政策这时使更多的贫困人口脱离低保标准,城市常住人口的贫困状态出现了好转。

(一)城市低保户

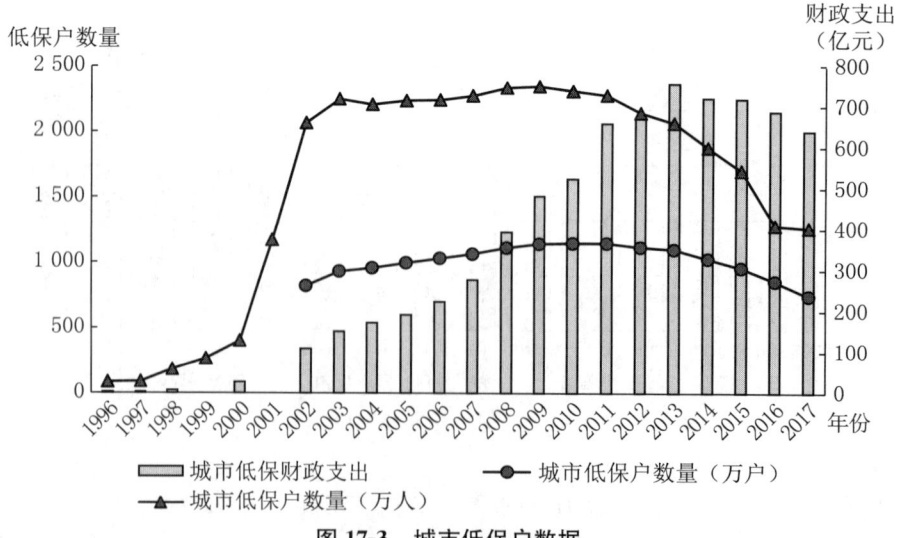

图 17-3 城市低保户数据

虽然城市低保政策早在 1999 年就已经在全国建立,但是在民政局的数据公报中,直到 2002 年才开始有完整的低保政策数据披露。从中可以清楚地观察到在 2002 年当年,城市低保财政支出和城市低保户数量有大的增长。从这个时期开始,城市低保户人数大致控制在 2 200 万人左右,而户数也基本保持在 1 000 万户左右,而与此同时,城市低保财政支出大体呈现指数增长趋势。从 2010 年开始,随着中央财政的大幅增长,城市低保户脱离贫困的速度也随之增长,表现为从 2010 年开始,城市低保户数量开始降低,并且在 2016 年到达稳态。

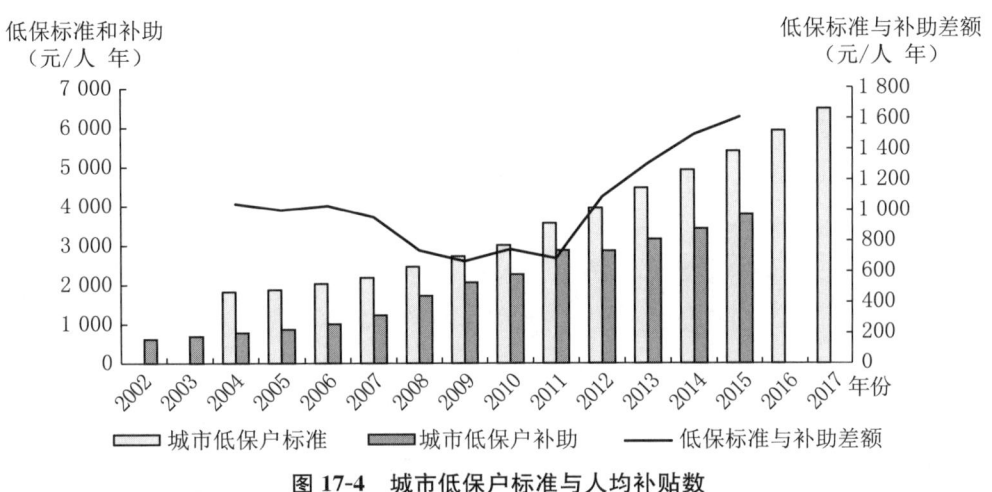

图 17-4 城市低保户标准与人均补贴数

从城市低保户标准的变化趋势来看,在 2011 年前后,标准基本维持稳定增长的状态,当年的城市低保补助的增长速度到达高点,低保标准和低保补助的差额到达近年最低水平(仅高于 2009 年)。而在 2011 年之后,标准与补助的差额开始逐渐增大,而与此同时,低保户却在不断减少。从某种意义上讲,低保户群体对于低保补助的依赖程度正在不断降低,依托于完整的社会保障体系,低保问题正在走向良性循环,各地城市相对贫困状况正在不断好转。而从中央财政补贴数量的变化趋势来看,中央逐渐开始将政策重心转移到农村地区的贫困问题上面,而城市贫困问题由各地政府在科学的标准体系指导下负责解决。

(二) 农村低保户

建设农村社会保障体系的探索从 1996 年开始,但直到 2007 年 9 月底,全国 31 个省市自治区才全部建立农村低保制度,因此 2007 年以前的农村低保数据都不具有普遍性,故不在分析范围内。

不同于城市低保财政支出,农村低保财政支出大致呈现线性增长趋势,但在"十二五"期间增速开始逐渐降低。而低保人数和低保户数基本稳定在 5 000 万人、3 000 万户左右,在"十二五"期间,两者均有不同程度的减少。

图 17-5　农村低保户数据

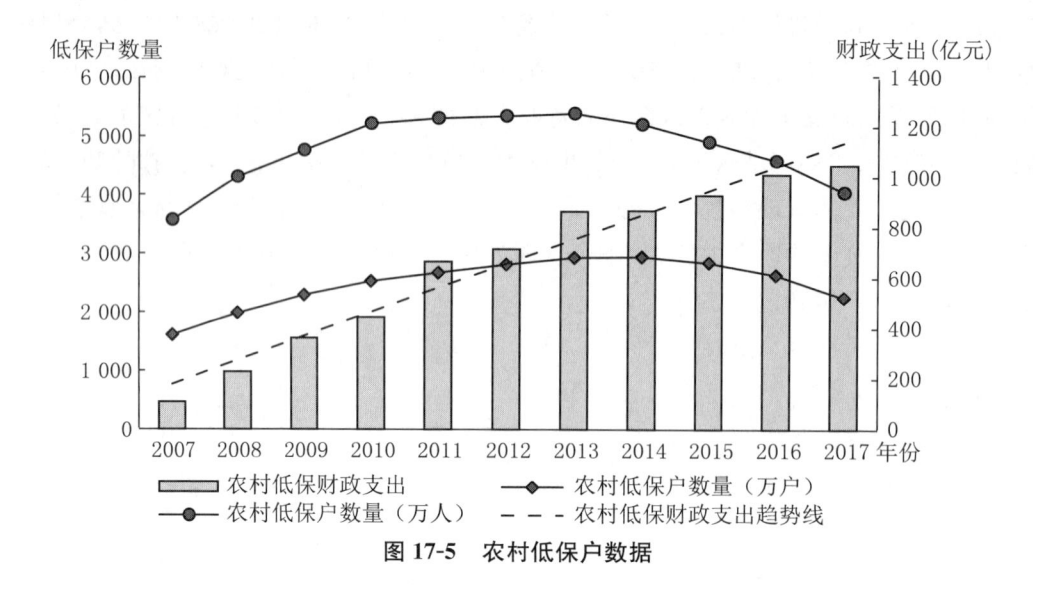

图 17-6　农村低保户标准与人均补贴数

贫困标准和低保户补助变化拐点出现在 2010 年至 2011 年间。2011 年之前,农村低保户标准以及农村低保户补助之间具有一个稳定的差值,而在 2011 年之后,这个差值开始逐渐增大。同时也可以发现贫困标准也在拐点时刻出现一个较大的飞跃,并在之后时期保持一个稳定水平,这是因为 2010 年更换了新的贫困标准计算方式,下文会继续讨论这点。2015 年,农村低保户标准首次超过了农村贫困标准,并且到 2017 年底,全国各地区农村低保标准均高于贫困标准。

二、贫困标准的发展变化

根据国家统计局农村社会经济调查总队的记录,中国农村贫困标准在 1985 年、

1990年、1994年、1997年根据全国农村住户调查分户资料测定[①]，其他年份则是通过农村居民消费价格指数进行更新。有记录的最后一次详细测定绝对贫困标准是在1997年，使用了世界银行推荐的马丁法进行测定。中国先是采用每人每日2 100大卡热量作为最低营养需求，然后再根据贫困人口实际消费价格、消费结构确定最低食品支出，并以此作为食物贫困线。同时计算出低食物贫困线，由两者一同确定贫困标准。

在1997年测定的贫困标准下，农户食物消费支出份额高达85%。根据同期民政局的统计公报数据来看，受制于20世纪八九十年代严峻的自然灾害形势和劳动力生产力水平，当时存在着严重的温饱问题。因此当时的扶贫目标是持续、大规模地帮助未解决温饱问题的农村贫困人口。

而在2000年前后，中国贫困标准有小幅度上调，一方面是因为当时国家经济形势好转，劳动生产力水平得到提升；另一方面是因为20世纪八九十年代设立的贫困标准只是临时性质，未能满足人们的健康保障。在原先温饱水平基础上，只保障了热量的摄入，没有考虑蛋白质等其他重要营养物质的摄入，而如果长时间维持在低蛋白质摄入水平，贫困人群难以维持健康，并且儿童的生长发育也将受到严重影响。2006年温家宝考察时，也曾表述过"我有一个梦，让每个中国人，首先是孩子，每天都能喝上一斤奶"。牛奶是重要蛋白质来源，也侧面印证了当时贫困人口难以获得足量蛋白质摄入的状况。2000年，旧有贫困标准下贫困人数已经不足5 000万人，但当时中国的贫困问题并未得到根本性解决，赤贫群体的饮食结构需要优化，赤贫问题需要使用更加科学、更加多元的最低生活标准来评估。因此在此背景下上调贫困标准，将更多的低收入人群纳入贫困扶持群体是合理而正确的。

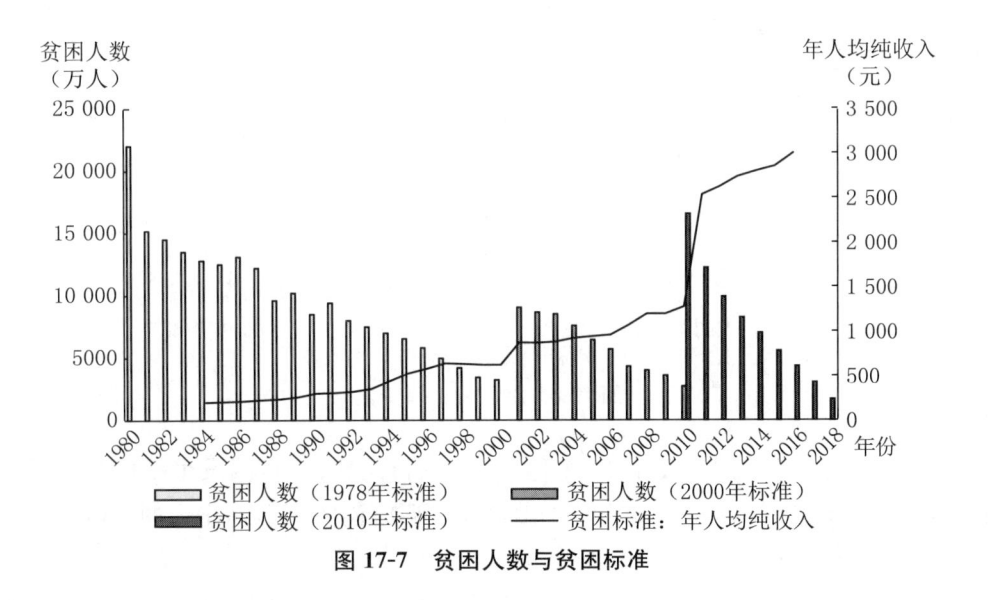

图17-7 贫困人数与贫困标准

[①] 国家统计局农村社会经济调查总队.2003中国农村贫困监测报告[M].北京：中国统计出版社，2003.

2010年以前，中国贫困标准处于缓慢爬升的状态，基本属于稳定的线性增长，经过中国政府的努力，1980年高达2.2亿的贫困人口数目锐减至2010年的2 688万（以2000年贫困标准模式计算），已经超额完成联合国千年发展目标中贫困人口减半的目标。但占中国家庭总数10%的最富裕家庭财产总额与同样占中国家庭总数10%的最贫困家庭财产总额之比，已经由2004年时的32倍进一步扩大至2009年时的40倍，而且这种差距还会通过代际传递带来更严重的动态不公[1]。在威胁生存的绝对贫困现象基本消除的基础上，相对收入取代绝对收入，成为人们行为决定性的因素，而这一点落至实处的突出反映就是，相对贫困正日益成为各种社会矛盾产生的诱因。2010年后的国家扶贫标准已经发展至多维度，不仅保障贫困人口的吃饭问题，还要使贫困人口获得教育、医疗、住房、社会保障等诸多方面的公共服务，因此2011年的中央扶贫开发会议决定将农民人均纯收入2 300元（2010年不变价）作为新的国家扶贫标准，相对于2010年标准提升了90%，使得更多的低收入人口能够享受国家的贫困补助政策。另一方面，值得强调的是，2011年新标准根据购买力平级计算，中国新的贫困标准按照2010年价格为日均6.3元人民币，计算通货膨胀系数之后，相当于2005年的5.46元，这个标准已经十分接近世界银行的贫困线基准——2005年美国每人每日消费1.25美元[2]。

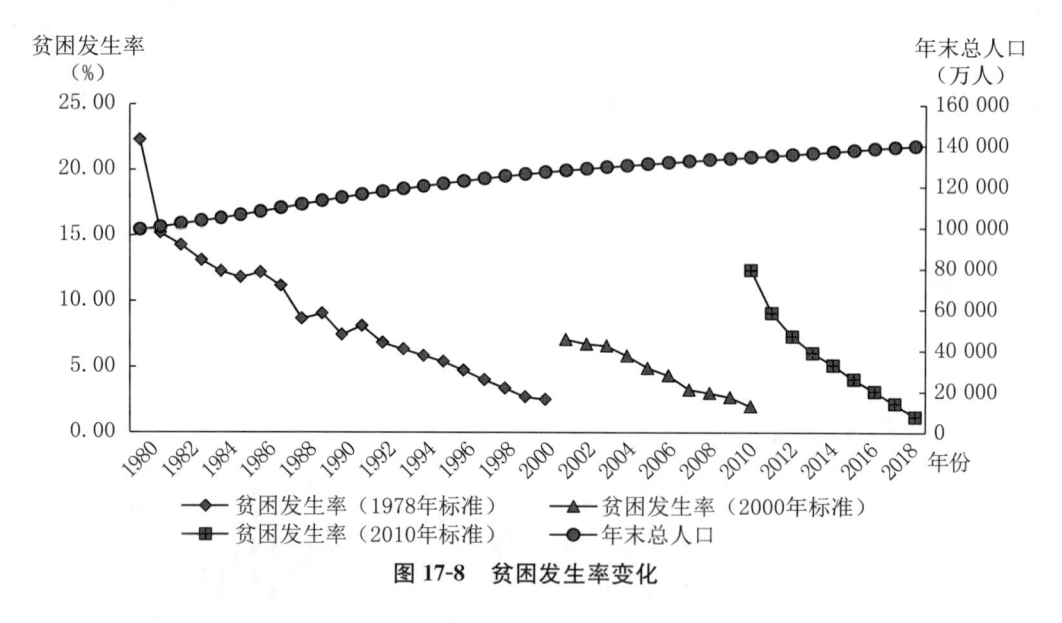

图17-8 贫困发生率变化

贫困发生率是贫困人口数目与当年总人口数目的比值，贫困发生率比贫困人口数目更能体现国家贫困状况。从计划生育在1982年被定为国策起，中国的人口增长速度

---

[1] 中国经济周刊评论员.消除绝对贫困勿忘相对贫困[N/OL].中国经济周刊，[2019-04-24]. http://www.cpad.gov.cn/art/2011/3/15/art_721_23154.html.
[2] Poverty elucidation day[N/OL]. The Economist，[2019-04-24]. https://www.economist.com/free-exchange/2014/10/20/poverty-elucidation-day.

就开始逐渐减缓,而相对于人口的缓速增长,贫困发生率出现了迅速下降趋势。1980年22.3%的贫困发生率,到2000年下降至2.53%(1978年标准)。而2010年标准下的贫困发生率也从2010年的12.4%下降至2018年的1.2%,这说明国家的扶贫政策到目前为止取得了巨大的成功。

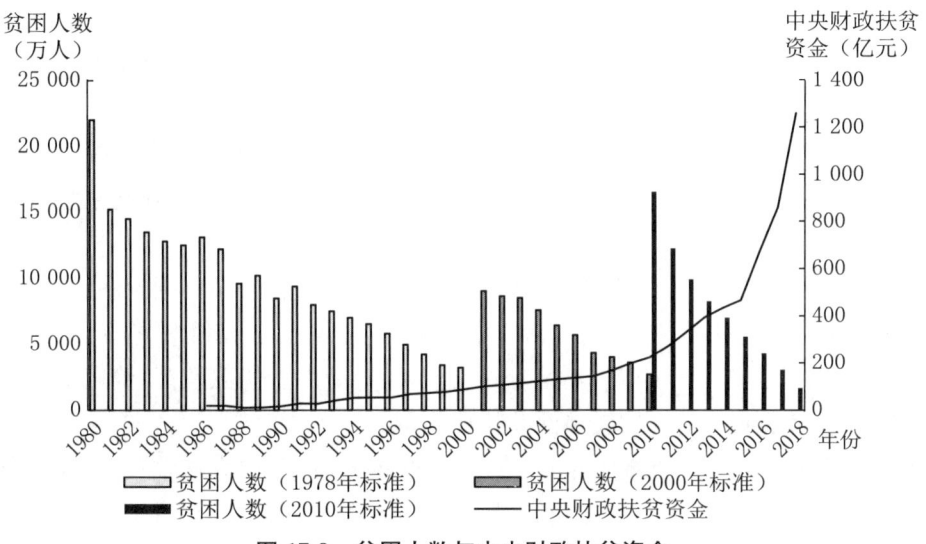

图 17-9 贫困人数与中央财政扶贫资金

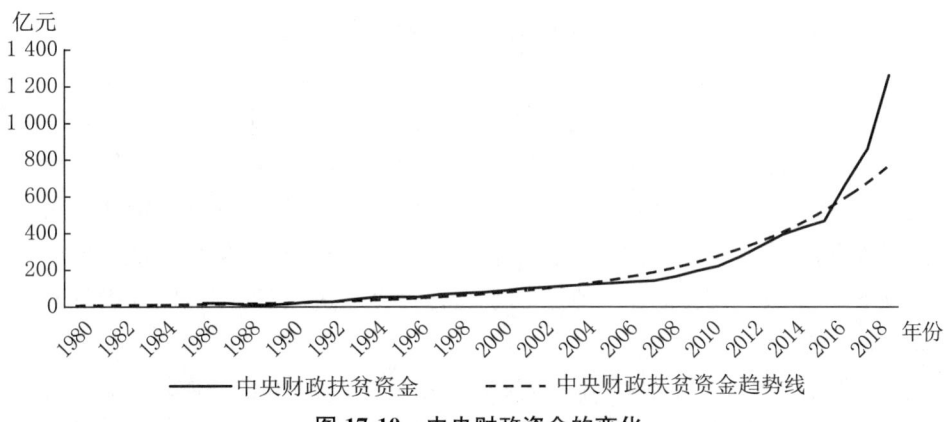

图 17-10 中央财政资金的变化

根据公开的中央财政扶贫资金的数据来看,扶贫资金大体呈现指数式增长。其中,2015年出现一个明显的拐点,2015年后的增速明显高于指数变化。中国共产党第十八届中央委员会第五次全体会议审议通过了《中共中央关于制定国民经济和社会发展第十三个五年规划的建议》。在这份建议中,对于解决贫困问题的目标使用了以下描述——"现行标准下农村贫困人口实现脱贫,贫困县全部摘帽,解决区域性整体贫困",并于2016年发布《国务院关于印发"十三五"脱贫攻坚规划的通知》,通知中规定"扩大中央和地方财政支出规模,增加基础设施和基本公共服务设施建设投入。各省(区、市)要积极调整省级财政支出结构,切实加大扶贫资金投入"。而中央扶贫财政资金也在2015年度、2016年度出现了较大的增长。2010年新贫困标准实施后,贫困人数每年呈线性减少,平均每年减少2 000万左右的贫困人口。

三、国家重点贫困县

参照国务院扶贫开发领导小组办公室的报告,中国农村的反贫困政策大体可分为5个阶段:

第一阶段是从1978年到1985年,为体制改革推动扶贫阶段。由体制改革去推动扶贫,通过改革土地经营制度,逐步放开农产品价格以及推进农村工业化来缓解农村贫困现象。

第二阶段是从1986年到1993年,为大规模开发式扶贫阶段。国家制定了以"促进区域发展"为目标的扶贫战略,于1986年正式建立政府首长统领的实质性扶贫机构——"国务院扶贫领导小组"。安排专项资金,制定专门的优惠政策,确定了开发式的扶贫方针。贫困县或贫困村的设立由此拉开序幕。

国家级贫困县的正式审批工作于1986年底开始。由于中央财政资金有限,所以只按1985年人均收入低于150元的标准确立了331个贫困县,以防止扶贫资金的分散使用。

第三阶段是从1994年到2000年,为扶贫攻坚阶段。中国政府以"满足贫困人口的基本需求"为目标,颁布了《国家八七扶贫攻坚计划》,并调整了贫困县名单。

1994年分税制改革后再次提高标准,对人均纯收入低于400元的全部纳入国家级贫困县的范畴。从1995年开始,扶贫办将集中连片贫困地区定义为扶贫工作重点县而单独划列出来,从此建立了一个"国家扶贫工作重点县"名单,这些县又简称国家级贫困县。由此,财源贫乏、财政自给能力低的贫困地区得到相当规模的财政资金补贴。在此基础上,国务院扶贫办也第一次正式提出标准,要求1992年年人均纯收入超过700元的,一律退出国家级贫困县名单。在经历了这样一个净进入过程后,国家级贫困县的数量也随之增加到592个。

第四阶段是2001年到2010年,为新阶段开发式扶贫阶段。国家制定并颁布实施了《中国农村扶贫开发纲要(2001—2010年)》,明确提出继续解决和巩固农村贫困人口温饱问题,促进贫困地区全面发展,为达到小康水平创造条件的奋斗目标。

贫困县在早期的确立标准不明确,只考虑了当时的人均收入,而未考虑其他因素,并且贫困县的进出机制也较为粗糙,只设立了两个不同的基础标准。而从第四阶段开始,贫困县的进出机制得到进一步明确,重点县的调整确定也更加定量化。2002年,扶贫办对外公布了调整标准,即"631指数法"原则,"农民人均纯收入较低"占60%权重,"人均GDP低"占30%,"人均财政收入低"占10%。扶贫办在2006年进一步确定了592个县(旗、市)为国家扶贫开发工作重点县。其中,将东部33个重点县指标全部调到中西部,东部不再保留国家级重点县。

表 17-6 贫困县标准的发展变化过程

年 份	阶 段	特 点	贫困县数量(个)
1978—1985 年	体制改革推动扶贫阶段	由体制改革去推动扶贫,通过改革土地经营制度,逐步放开农产品价格以及推进农村工业化来缓解农村贫困现象	—
1986—1993 年	大规模开发式扶贫阶段	建立了"国务院扶贫领导小组",统一安排专项资金,制定了专门的优惠政策,确定了开发式的扶贫方针;开始了国家级贫困县的正式审批工作	331
1994—2000 年	扶贫攻坚阶段	将集中连片贫困地区定义为扶贫工作重点县,并建立了"国家扶贫工作重点县"名单;明确了贫困县退出标准	592
2001—2010 年	新阶段开发式扶贫阶段	贫困县的进出机制得到进一步明确,重点县的调整确定也更加定量化,并公布了贫困县调整标准,即"631 指数法"原则	592
2011—2020 年	新阶段脱贫攻坚阶段	精准扶贫,将连片特困地区作为主战场;实现扶贫开发和农村最低生活保障制度有效衔接	592

而从 2011 年到 2020 年,则是第五个阶段,即新阶段脱贫攻坚阶段。国家制定并颁布实施了《中国农村扶贫开发纲要(2011—2020 年)》,提出把连片特困地区作为主战场,把稳定解决扶贫对象温饱、尽快实现脱贫致富作为首要任务。坚持开发式扶贫方针,实现扶贫开发和农村最低生活保障制度有效衔接。

2012 年,国务院扶贫办第一次把贫困县名单调整的权力下放到省,允许各省根据实际情况,按"高出低进,出一进一,严格程序,总量不变"的原则进行调整,从而进一步更新了国家级贫困县的名单,其中有 38 个县区被调出,同时又新调进 38 个,贫困县的名单总数仍为 592 个[①]。

四、低保政策与扶贫政策的两轮驱动

中国的贫困政策可以大致分为 3 个层面,分别是宏观层面经济发展、中观层面的开发扶贫以及微观层面的社会保障。其中,开发扶贫政策重在环境建设,为贫困地区有劳动力的农户家庭增收脱贫创造物质条件并给予社会帮助;而社会保障政策(低保)则是为所有因为劳动力缺失而缺少响应市场条件的农户家庭提供最基本的生活保障[②]。在解决贫困问题的过程中,随着贫困人口的不断减少以及社会环境的不断发展,不同时间

---

① 万海远.为什么争当国家级贫困县?[N/OL].南风窗,[2019-02-24]. https://finance.ifeng.com/a/20140227/11758154_0.shtml.
② 贺雪峰.中国农村反贫困战略中的扶贫政策与社会保障政策[J].武汉大学学报(哲学社会科学版),2018,71(3):147—153.

节点上的关键矛盾发生了变化,由早期的经济发展的需求和条件的矛盾逐渐演化成由于发达地区和极度贫困地区的贫困差异不断加剧而产生的矛盾。在矛盾的发展过程中,扶贫政策和最低生活保障政策的定位和内涵也逐渐进行了调整。

2007年,国务院以国发〔2007〕19号文件下发了《关于在全国建立农村最低生活保障制度的通知》,从此,我国农村扶贫工作进入了农村最低生活保障和开发式扶贫"两轮驱动"的新阶段。中共十七届三中全会强调:"完善国家扶贫战略和政策体系,坚持开发式扶贫方针,实现农村最低生活保障制度和扶贫开发政策有效衔接。实行新的扶贫标准,对农村低收入人口全面实施扶贫政策。"2008年11月25日,回良玉副总理在国务院扶贫开发领导小组全体会议上强调:"要推进农村最低生活保障制度和扶贫开发政策的有效衔接。低保制度是社会救助,扶贫开发是提高能力;低保制度是维持生存,扶贫开发是促进发展。二者相辅相成,相互促进,不能相互替代。"

农村贫困标准是绝对贫困标准,其是一个全国性质的指标,是维持贫困人群正常生活的生命线;而低保标准则是各地政府根据各地财政收入水平和消费结构设立的地方指标,是当地生活的最低保障水平。扶贫开发政策的目标是消除贫困,在表现上是消除国内的贫困县和贫困村。根据时任扶贫办主任刘永富的解释,目前贫困县和贫困村的退出标准就是绝对贫困人口数量,中部地区要降到2%以下,西部地区降到3%以下。而贫困户的脱贫,就是要做到2020年时收入达到4 000块钱左右,并且做到不愁吃、不愁穿,基本医疗、义务教育、住房安全有保障[①]。

扶贫政策下设立的贫困标准和社会保障体系下的低保政策本应服务于不同层面,但随着贫困人口的不断减少,剩下的部分贫困人群的贫困问题更加多元,贫困分布更加弥散。而且由于贫困县的范围对于剩下的贫困人群分布范围来说更大,容易出现部分位于非贫困县的贫困村得不到政府扶持,而位于贫困县的贫困村却得到了政府的大力扶持的现象,因此中央在2014年提出了精准扶贫这一议题,希望将以区域为中心的开发扶贫政策细化到对建档立卡的贫困户的精准扶贫,对其进行一对一的帮扶。此时,本应位于中观层面的扶贫政策进入微观层面实施,并与现有的社会保障体系发生了重叠。在此背景下,由于两个政策的重叠容易造成效率损失,那些并无政策响应意愿、具有劳动能力的农户具有搭便车的可能性,在实际操作中容易出现一部分"等、靠、要"的农户,因此如何高效地推进低保政策和扶贫政策便成为了新的议题。

"十三五"规划中,中国在2020年要消灭贫困人口。这一方面需要开发式扶贫策略,让连片特困地区人民发挥主观能动性,通过产业扶持和优惠政策,使其自主脱贫,自立脱贫;另一方面,对于几千万丧失部分劳动能力和完全丧失劳动能力的贫困人口,政府需完善生活保障制度,通过扶贫政策为这部分人兜底,使其在2020年脱离贫困线。根据统计数据来看,农村低保标准逐渐超过贫困标准,低保人群和贫困人口逐渐开始分

[①] 刘永富.贫困村县脱贫有严格标准和程序[N/OL].中国新闻,[2019-04-24]. http://www.sohu.com/a/299639481_123753.

离,相对贫困标准与绝对贫困标准的含义区分也更加明晰。而部分省市也开始了将两类标准线合一的政策可行性探索。

在新阶段脱贫攻坚阶段,通过中央财政扶持和当地政府的努力,按照扶贫开发规划,将扶贫资金落实到贫困乡、村,重点用于改变基本生产生活条件和基础设施建设。对于贫困群体,政府一方面提供财政资金完善当地基础设施建设,如建设光伏电站、水电改造、造桥造路等;另一方面提供生产生活保障,如教育、医疗专项资金以及产业贷款等。在满足贫困人群基本生活保障的情况下,发动并鼓励其积极发展生产力,通过自身的努力,永久地走出贫困,实现自主脱贫。

综合而言,由于全国经济发展水平的多样性,城市和农村都有着保障当地最低生活水准的当地低保政策体系,但面对农村普遍相对落后的基础建设水平,特别是连片特困地区,政府需要使扶贫政策和低保政策双轨运行,保障贫困人群都能脱离贫困线,保障基础生活水平。对于仍存在劳动力不足或缺失的家庭,需要地方低保政策进行补位,以保障这类贫困人口在当地能够正常生活。

第三节　我国从反贫困到精准扶贫战略实施的发展历程

从1979年起,反贫困治理过程中我国的贫困目标从粗放到精准,方式从以经济手段为主到综合手段并行,参与主体从单一到多元,并形成完善的"中央统筹、省负总责、市(县)落实"这一责任体系,成功走出一条具有中国特色的扶贫开发道路。有学者将中国贫困治理的经验总结为"政府主导型的贫困治理、渐进式的贫困治理、以宏观经济的平稳发展来确保贫困治理的长效性、引导社会力量参与来构建多元化的贫困治理主体、确立开发式扶贫是我国减缓贫困的根本途径"[1]。

中国反贫困的历程从改革开放至今的政策文件中也可窥见一斑。改革开放初期,《国家八七扶贫攻坚计划》(1994—2000年)将592个贫困县作为脱贫瞄准的单元;《中国农村扶贫开发纲要(2001—2010年)》则根据贫困人口分布特征的变化,采用了贫困县和贫困村的识别和瞄准机制;《中国农村扶贫开发纲要(2011—2020年)》则提出了精准扶贫这一具有时代性的反贫困战略,根据贫困人口分布特征的变化,将扶贫政策进一步调整为针对14个集中连片特困地区、贫困县、贫困村、贫困户的精准扶贫、精准脱贫的贫困治理措施[2]。

依据我国的反、扶贫战略与扶贫策略变迁所呈现出的阶段特征,我们可以将我国反、扶贫到精准扶贫战略实施的发展历程大致划分为5个阶段。

一、体制改革推动扶贫阶段(1978—1985年)

1978年,中国是当时世界上最贫困的国家之一,贫困发生率为30.7%(当时贫困线

---

[1] 林闽钢,陶鹏.中国贫困治理三十年回顾与前瞻[J].甘肃行政学院学报,2008(6).
[2] 王小林.贫困标准及全球贫困状况[J].经济研究参考,2012(55):41—50.

为每年人均收入 100 元左右),贫困人口规模达到 2.5 亿人①。造成如此大规模的贫困的主要原因是在此之前推行的人民公社运动、大跃进运动等运动严重违背了经济发展的规律,而随后的 3 年间发生的严重自然灾害以及文化大革命,更是严重阻碍了农村经济的发展,使农村经济停滞不前甚至发生了倒退②。同年,中共十一届三中全会召开,提出"贫穷不是社会主义,发展太慢也不是社会主义"这一论断,并逐渐认识到造成农村大规模贫困的根本原因是农村生产力受到落后体制的束缚。因而于次年通过了《中共中央关于加强农业发展若干问题的决定》,正式打响了中国反贫困战役的第一炮。在这一阶段,我国反贫困的重点在于解放生产力,通过生产和经济发展来带动脱贫,运用市场机制来增强群体的劳动生产力,发展其脱贫能力③。具体措施如下。

(一)推行家庭联产承包责任制

解决农村贫困问题的核心就是解放农村潜在的生产力,通过变革农村土地经营制度,实施家庭联产承包制,使得土地所有权在仍归集体所有的情况下,"分田包产到户,自负盈亏",为农民提供了自主能力,极大提高农民生产的积极性,解放了农村生产力。这一举措既提高了粮食产量,又增加了农民的收入,让更多农民可以吃饱饭,同时为有利于落后地区的"滴漏效应"④产生创造了条件。

(二)实行多项经济改革措施

在改革土地经营体制的同时,我国还辅以其他经济改革措施来开放市场,进一步解放生产力。首先放宽了对农产品的价格约束,并同步放开农副产品流通市场,建立了市场化的农村交易制度,赋予了农民更多的自主权。其次是放松农村人口就业制度,允许农民自带口粮进城务工经商,扩大了农民的就业范围⑤。最后是鼓励乡镇企业和社会企业的发展。这些措施一方面促进了第二、三产业的发展,另一方面也为农民提供了更多的就业岗位⑥。通过这些经济改革措施,让数量众多、有脱贫能力的贫困群体有机会通过自主劳动走上发家致富的道路⑦。

(三)支援"老少边穷"地区

在这一时期,"老少边穷"地区的贫困问题也是政府关注的重点。中央在 1979 年提出,由国务院设立跨部门的委员会,专门负责西北、西南一些贫困地区以及一些革命老

---

①⑦ 曾小溪,汪三贵.中国大规模减贫的经验:基于扶贫战略和政策的历史考察[J].西北师大学报(社会科学版),2017,54(6):11—19.

② 王博,朱玉春.改革开放 40 年中国农村反贫困经验总结——兼论精准扶贫的历史必然性和长期性[J].西北农林科技大学学报(社会科学版),2018,18(6):11—17.

③ 贾玉娇.反贫困的中国道路:1978—2018[J].浙江社会科学,2018(6):17—26,155.

④ 滴漏效应,又称涓滴效应(trickle-down economics),指在经济发展过程中并不给予贫困阶层、弱势群体或贫困地区特别优待,而是由优先发展起来的群体或地区通过消费、就业等方式惠及贫困阶层或地区,带动其发展和富裕,或认为政府财政津贴可经过大企业再陆续流入小企业和消费者之手,从而更好地促进经济增长。

⑤ 向德平,华汛子.改革开放四十年中国贫困治理的历程、经验与前瞻[J].新疆师范大学学报(哲学社会科学版),2019,40(2):59—69.

⑥ 左停,徐卫周.改革开放四十年中国反贫困的经验与启示[J].新疆师范大学学报(哲学社会科学版),2019,40(3):92—99,2.

根据地、偏远山区、少数民族地区和边境地区的扶持任务,帮助这些地区发展经济①,并将对口支援政策上升至国家政策层面。

政府实行了一系列针对性措施来对这些地区进行"输血"。1980年,国家设立支援经济不发达地区发展资金,以支援经济不发达的革命老根据地、少数民族地区、边远地区以及穷困地区,这是中央财政设立的第一笔财政专项扶贫资金。1982年,设立国务院三西地区(甘肃河西地区、定西地区和宁夏西海固地区)农业建设领导小组,由农业部、国家经委、水电部、财政部等十多个部门的负责人组成,并启动实施"三西地区"农业建设扶贫工程,以"三西地区"为主体来识别和瞄准西北、西南最贫困的区域。通过设立"三西地区"农业建设资金,以及颁布《三西地区农业建设(1982—2002年)》报告,来推动"三西地区"的农业发展,这是中国区域性扶贫开发的开始。1983年,中国人民银行专门安排了专项"发展少数民族地区经济贷款";1984年,国务院提出要将"老少边穷"地区作为各级政府扶贫重点,出台《关于帮助贫困地区尽快改变面貌的通知》,并划定了18个集中连片贫困区进行重点扶持,设立了以工代赈资金。1980年至1984年,中央财政累计安排扶贫资金29.8亿元,年均增长11.76%②③。这些政策的实施不仅直接促进了部分极端贫困地区经济的发展和生产生活条件的改善,也为后来实施制度化的农村扶贫开发举措积累了经验。

经过一系列的努力,按1978年100元的贫困线估计,中国农村贫困人口由1978年的2.5亿人减少到1985年的1.25亿人,贫困发生率从1978年的30.7%下降到1985年的15%,年均减贫1 786万人。这一时期的扶贫开发工作由政府主导,是具有区域性和政策性的"外部输血"式扶贫,国家从资金、技术上帮助农民发展农业生产。该阶段具有扶贫面积广、收益范围大、政策措施目标明确、实施全面的特点④。

二、大规模开发式扶贫阶段(1986—1993年)

在改革政策的推动下,农村贫困状况在1979—1985年得到了快速缓解。绝大部分的农村地区在此期间得到了长足发展,但是有部分内陆地区和边远山区由于自然、地理、历史、社会等因素限制,受到经济体制改革的影响较小,发展速度缓慢,使得经济水平远远落后于东部地区,区域间发展不平衡问题开始逐渐凸显⑤。在1985年,中国1.25亿的贫困人口主要分布在东、中、西部18个贫困地区,尤其集中在"老少边穷"地区。另一方面,由于城市的发展速度快于农村,城市居民和农村居民的收入差距不断拉大。贫困问题开始从普遍性贫困转向分层、分块、分区性贫困,整体性的制度变革和经

---

①④ 王博,朱玉春.改革开放40年中国农村反贫困经验总结——兼论精准扶贫的历史必然性和长期性[J].西北农林科技大学学报(社会科学版),2018,18(6):11—17.
② 左停,徐卫周.改革开放四十年中国反贫困的经验与启示[J].新疆师范大学学报(哲学社会科学版),2019,40(3):92—99,2.
③ 向德平,华汛子.改革开放四十年中国贫困治理的历程、经验与前瞻[J].新疆师范大学学报(哲学社会科学版),2019,40(2):59—69.
⑤ 周文,冯文韬.贫困问题的理论研究与减贫实践的中国贡献[J].财经问题研究,2019(2):12—18.

济增长带来的"滴漏效应"已经无法解决现有的贫困现状,需要制定更有针对性的帮扶措施来带动这部分地区发展①。

因此,这一时期,中国在过去"输血"救济式扶贫基础上向开发式扶贫转变,将提升贫困人口劳动能力作为主要目标。由此,中国的扶贫工作进入了一个新的历史时期,大规模开发式扶贫的体制机制开始逐渐确立②。具体措施如下。

(一)成立专门的扶贫机构进行针对性帮扶

1986年,党和政府成立了国务院贫困地区经济开发领导小组(1993年改称国务院扶贫开发领导小组),由农业、教育、财政、民政、交通、水电等14个相关部门构成,专门负责扶贫开发工作的拟定、规划与实施。当时的瞄准目标是"贫困地区",采用的开发手段是"经济开发",从机构组成的部门来看,既涉及与生产相关的农业、交通、水电部门,又涉及教育、健康、民政等社会发展部门,可见此时的扶贫措施具有多维度性。1993年机构更名后,组内成员拓展至20多个相关部门,新增了全国总工会、全国妇联、中国科协、中国残联等动员社会力量和关注弱势群体的机构③。随后,各有关部委以及各省(区)、地(市)、县(旗)也分别成立了扶贫开发的组织领导机构。

(二)贫困瞄准机制以县为单位,重点关注革命老区和少数民主地区

1986年,中国启动大规模开发式扶贫计划,重点扶持开发18个集中连片贫困地区,以贫困户、贫困村为具体帮扶对象。1986—1989年,将331个贫困县列入国家重点扶持对象,将370个贫困县列入省级重点扶持对象。以县为单位的贫困瞄准机制,使得贫困目标相对集中,一方面有利于提升资金的利用率,改善了上一阶段"撒胡椒面"式的扶持方式,另一方面,通过县一级的行政管理体系来实施开展扶贫工作,降低了扶贫工作的管理成本④。

此外,国家依然十分关注革命老区和少数民族地区的发展问题,进一步完善了对口支援和定点帮扶政策,改善当地的基础设施,并推进开发式移民工作,为革命老区和少数民族地区提供人才资源⑤。

(三)加大资源传递规模

在前期各项资金扶持政策的基础上,中央财政进一步扩大了扶持资金的规模,主要安排了3项扶贫专项资金,分别是支援不发达地区发展资金(简称"发展资金")、以工代赈资金和扶贫贴息专项贷款,这一时期中央财政累计安排扶贫资金201.27亿元,年均增长16.91%⑥。

在这一阶段,中国依据计划和扶贫纲领组织了大规模式的扶贫开发,并设立了专门

---

① 曾小溪,汪三贵.中国大规模减贫的经验:基于扶贫战略和政策的历史考察[J].西北师大学报(社会科学版),2017,54(6):11—19.
②⑤⑥ 左停,徐卫周.改革开放四十年中国反贫困的经验与启示[J].新疆师范大学学报(哲学社会科学版),2019,40(3):92—99,2.
③ 王小林.贫困标准及全球贫困状况[J].经济研究参考,2012(55):41—50.
④ 向德平,华汛子.改革开放四十年中国贫困治理的历程、经验与前瞻[J].新疆师范大学学报(哲学社会科学版),2019,40(2):59—69.

的扶贫机构,将反贫困工作正式确立为一项有组织、有计划、专门的社会发展工作,而不再是传统的社会救济工作。1986—1993年,国家级贫困县农民人均纯收入增长了2.3倍,全国农村贫困人口由1.25亿减少到8000万,平均每年减少640万人,年均递减6.2%,贫困人口占农村总人口的比重从14.8%下降到8.7%,贫困发生率14.7%下降至8.72%,降低了41%的贫困发生率[1]。

三、"八七"扶贫攻坚阶段(1994—2000年)

经过15年的反贫困治理,我国农村贫困人口不断减少,但贫困原因多样化和复杂化的特性逐渐凸显出来,东、西部经济发展差距仍在拉大,贫困地区仍集中于中西部地区。贫困程度深、脱贫难度大、返贫率高是这些贫困地区的特点。造成中西部地区贫困的原因是多方面的,但主要因素还是自然环境恶劣、资源贫乏、社会发展落后[2]。政府需要为其制定更为具体、更强有力的扶贫策略来解决贫困问题。

为此,国务院在1994年制定了《国家八七扶贫攻坚计划》,明确提出集中财力、物力、人力以及社会各界力量,力争用7年左右的时间,解决农村8000万贫困人口的温饱问题,这是中国历史上第一个具有明确目标、明确对象、明确措施和明确期限的扶贫开发纲领,同时也是这一阶段的总纲领[3]。八七计划强调在坚持开发式扶贫方针不变的条件下,采用多元化帮扶方式,以改善贫困地区的基础设施建设,以及教育、医疗和卫生条件,开发贫困地区的经济发展能力。具体措施如下。

(一)调整贫困县标准

因经济发展、生活水平提升及通货膨胀,原有的贫困县标准已不再适用于当下的实际情况,故1994年国务院扶贫开发领导小组重新制定了国家级贫困县标准:1992年年人均纯收入低于400元的县为国定贫困县,而1992年年人均纯收入高于700元的原国定贫困县则不再符合国家扶持标准。调整后,更多的县被纳入国家扶持范围,国家贫困县从331个增加至592个。

(二)全方位开展扶贫

开展各行业的扶贫工作,全方位提升了贫困地区的发展能力。在农田水利上,中央及地方各级政府大力推行农业综合开发等农村公共工程,宣传推广提升贫困地区的农业生产技术。在教育、科技、文化、卫生、道路交通等方面出台了教育扶贫、以工代赈、科技扶贫、贴息贷款、财政发展资金支持、社会扶贫等多项开发式扶贫政策[4]。

(三)建立东西部扶贫协作机制

1994年,中央对中西部扶贫工作进行新部署,建立了由东部沿海地区支持西部欠发达地区的扶贫协作机制,制定了资金、任务、权利和责任"四个到省"的工作责任制。

---

[1][2][3] 王博,朱玉春.改革开放40年中国农村反贫困经验总结——兼论精准扶贫的历史必然性和长期性[J].西北农林科技大学学报(社会科学版),2018,18(6):11—17.
[4] 向德平,华汛子.改革开放四十年中国贫困治理的历程、经验与前瞻[J].新疆师范大学学报(哲学社会科学版),2019,40(2):59—69.

1996年,中共中央国务院印发《关于尽快解决农村贫困人口温饱问题的决定》,正式启动了东西扶贫协作工作。中共中央、国务院确定京、津、沪3个直辖市,沿海6个经济较发达的省,4个计划单列市,分别对口帮扶西部10个省、自治区[①]。发达地区支援贫困地区政策是"先富带动后富"的体现,一方面可以合理分配资源,缩小区域发展差异,维护社会稳定,另一方面,加强了东西部的联系,有利于区域协作发展。

（四）改革扶贫主体

因为社会力量的多样性可以带来更多的扶贫资源,八七计划还动员社会力量一起参与扶贫工作。自《国家八七扶贫攻坚计划》实施以来,中央和地方党政机关呼吁联合企事业单位、各民主党派、工会、共青团、妇联、科协、残联、中国扶贫基金会和其他各类民间扶贫团体、大专院校、科研单位、人民解放军和武警部队发挥各自的专业优势,广泛参与到扶贫开发工作中[②],为贫困地区提供科技、教育、卫生、资金等各类资源,带动当地发展,帮助当地群众获得脱贫能力。

（五）采取多元化的帮扶策略

针对致贫原因的多样化,中国政府通过采取多元化的帮扶措施,如财政支持、劳务输出、产业扶持、卫生教育对口支援、生态移民、政策保障等,以改善贫困地区就业环境和社会环境。1994—2000年,中央政府每年增加10亿元以工代赈资金、10亿元扶贫专项贴息贷款,累计安排财政扶贫资金约531.81亿元,年均增长9.81%[③]。此外,中央及地方各级政府还重点发展当地民众可以赖以生存的种植业和养殖业,大力扶持资源开发型和劳动密集型的乡镇企业,带动当地经济发展,提供更多就业岗位;针对自然环境恶劣的地方,有计划、有组织地进行劳务输出,利用邻里效应带动贫困地区的发展;对没有开发潜力的村庄和区域,实行开发式移民政策;加强基础设施建设,重点解决贫困地区饮水、交通问题[④]。

通过《八七扶贫攻坚计划》的实施,农村贫困人口从1993年的8 000万减少到2000年的3 000万,贫困发生率由8.72%下降至3%左右,八七扶贫攻坚目标基本实现[⑤]。在这一阶段,国家的扶贫策略开始转变,扶贫主体由单一政府主导转变为社会各主体共同参与,由传统的区域"救济式扶贫"转变为全民共同帮扶和横向分工、纵向分权的扶贫方式。

[①] 方珂,蒋卓余.东西协作扶贫的制度特点与关键问题[J].学习与实践,2018(10):105—113.
[②] 向德平,华汛子.改革开放四十年中国贫困治理的历程、经验与前瞻[J].新疆师范大学学报(哲学社会科学版),2019,40(2):59—69.
[③] 胡静林.财政部副部长解读中央财政专项扶贫资金[N/OL].中国经济网,[2016-08-27].http://tuopin.ce.cn/news/201608/27/t20160827_15302531.shtml.
[④] 汪三贵,曾小溪.从区域扶贫开发到精准扶贫——改革开放40年中国扶贫政策的演进及脱贫攻坚的难点和对策[J].农业经济问题,2018(8):40—50.
[⑤] 王博,朱玉春.改革开放40年中国农村反贫困经验总结——兼论精准扶贫的历史必然性和长期性[J].西北农林科技大学学报(社会科学版),2018,18(6):11—17.

四、新阶段开发式扶贫阶段(2001—2010年)

2001年国务院印发了《中国农村扶贫开发纲要(2001—2010年)》,指出扶贫开发是建设中国特色社会主义事业的一项历史任务,要求坚持开发式扶贫、坚持全面综合可持续发展、坚持自力更生、坚持政府主导和社会参与的扶贫方针,这表明我国扶贫任务是在巩固前期扶贫工作成果的基础上,进一步解决贫困问题,为实现我国小康目标奠定基础。随着我国城市化和工业化的发展,我国的贫困人口有了新特点:一是贫困人口集中度降低,呈现"大分散、小集中"的趋势,边缘化程度上升;二是共同性致贫因素减弱,个体性致贫因素愈发显著;三是贫富差距不断拉大,区域发展差异日益显著[1]。

因此,在这一阶段,我国扶贫政策更加多元化,扶贫战略从注重经济开发向立体综合的社会开发转型,扶贫政策强调用再分配手段来反贫困,关注点由单维贫困转向多维贫困,强调综合开发和市场力量,并注重剖析贫困背后的深层次制度和社会背景原因,实行均衡发展战略[2]。具体措施如下。

(一)瞄准机制精细化,以村为单位

由于贫困人口分布"大分散、小集中"的特点,2001年新调整后的592个国家扶贫开发工作重点县也仅覆盖全国61.9%的贫困人口,非贫困县下属的村也有贫困人口,贫困县下属的村也未必都是贫困村,如果还是以县为瞄准单位,将会遗漏上述贫困群体,并且也会导致扶贫资源外溢到非贫困户。因此,国家调整了瞄准目标,实行以村为单位的瞄准机制,扶贫目标重心下移,将低收入人口纳入扶贫对象。

再以扶贫资源村级瞄准机制为基础,以贫困村为重点,实行"整村推进"的专项扶贫工作,辅以产业扶贫和劳动力培训与转移为主的"一体两翼"开发战略,制订大规模参与式综合发展扶贫规划,让村民积极参与反贫困工作中,既聚焦了帮扶对象,又调动了帮扶者和被帮扶者的积极性。

(二)继续开展定点帮扶和对口帮扶,并拓展到社会帮扶

这一时期,政府继续将中西部少数民族地区、革命老区、边疆地区和特困地区作为扶贫开发的重点,积极开展定点帮扶、对口帮扶、社会帮扶。中央财政累计安排财政专项扶贫资金约1 440.34亿元,年均增长9.3%。推进党政机关定点扶贫工作,选派干部深入贫困地区进行扶贫,帮助贫困地区开发建设。沿海发达地区对口帮扶西部贫困地区的关系不变,提高合作水平,扩大协作规模。同时鼓励非政府组织、企业等社会力量积极向贫困地区的开发建设贡献力量。

(三)继续推行产业扶贫和劳动转移

政府非常注重利用市场力量减缓贫困,通过劳动力转移培训和龙头企业产业化扶

---

[1] 左停,徐卫周.改革开放四十年中国反贫困的经验与启示[J].新疆师范大学学报(哲学社会科学版),2019,40(3):92—99,2.

[2] 曾小溪,汪三贵.中国大规模减贫的经验:基于扶贫战略和政策的历史考察[J].西北师大学报(社会科学版),2017,54(6):11—19.

贫的方式,增加贫困人口进入市场的机会,并以此摆脱贫困,拓展了开发式扶贫的深度和宽度。国务院扶贫办在2004年8月出台《关于加强贫困地区劳动力转移培训工作的通知》,明确实施贫困地区劳动力转移培训工作("雨露计划"),通过职业教育与培训等方式,帮助贫困地区具有劳动能力的群体解决就业困难,鼓励具有劳动能力的群体进行转移就业、自主创业。产业扶贫政策则是通过确定当地的主导产业,规划主导产业的发展,建立生产基地,以建立当地的经济支柱。同时,扶持当地的龙头企业,提供优惠的政策,进一步带动当地的经济发展。

(四)推行强农、惠农政策

从2004年开始,国家先后设立农作物良种补贴、农资综合补贴和种粮直接补贴3项补贴,同年中国正式启动了政策性农业保险试点工作,2006年全面取消农业税等惠农政策极大地促进了农业的进一步发展,大幅减少了贫困人口的数量,2008年,又通过了《中共中央关于推进农村改革发展若干重大问题的决议》,为农村发展提供了更进一步的保障。

(五)以社会保障兜底

政府引入了带有兜底性质的保障性扶贫措施,探索实行扶贫开发和农村最低生活保障制度的有效衔接,逐步建立和完善社会安全网制度。政府先后建立了新型农村合作医疗制度、农村最低生活保障制度、新型农村养老保险制度以及农村迁移工人参加城镇企业职工社会保险的制度等,拓宽了扶贫的政策维度。

以2010年贫困线1 274元为标准,农村贫困人口数量从2000年底的9 422万人减少到2010年底的2 688万人。总体而言,在这一时期,政府开始更加注重以宏观政策的视角审视贫困问题,并在改进和创新的基础上保持扶贫政策的连续性、一贯性。国家扶贫战略从国家发展战略中单列出来,形成了比较完备的反贫困政策体系,涵盖救灾、救济、"五保"和"低保"等救济性扶贫,教育、卫生、科技、文化和生态等预防性扶贫,以及开发式扶贫等内容[①]。

五、新阶段脱贫攻坚阶段(精准脱贫,2011—2020年)

(一)精准扶贫的必要性

新阶段贫困人口问题特点和上一阶段相同,但是在表现程度上的状况更为严峻。一是在贫困分布上,从体制改革推动扶贫阶段起,通过大规模的扶贫开发,使大量的农村贫困人口脱离贫困,成果显著,但是不能忽视的是,扶贫对象依旧呈现"大分散、小集中"的特点,中西部的一些省(自治区、直辖市)贫困人口规模仍然较大,而剩下的贫困人口多集中于"老少边穷"地区,并且这些地区的分布范围更为集中,深度贫困问题更为多见,必须要根据这些地区的具体情况,实行针对性举措,进行精准扶贫。二是在贫困类

---

① 曾小溪,汪三贵.中国大规模减贫的经验:基于扶贫战略和政策的历史考察[J].西北师大学报(社会科学版),2017,54(6):11—19.

型上,特殊类型贫困问题日益凸显,这类贫困人群的贫困程度深,致贫原因复杂,并且自我发展能力弱,扶贫开发不仅成本高,难度也大,返贫发生的概率高[1],采用原有的扶贫方式已经无法解决这类贫困,必须精准扶贫,对症下药。三是在发展差异上更为严峻,这个阶段既存在地理区域差异,又存在城乡差异,导致贫困人群更加难以融入城市化过程[2],扶贫难度加大,救济式扶贫效果减弱。

参考《中国工业化进程报告(1995—2015)》[3]的指标体系,中国在 2010 年刚刚进入工业化后期前半段,在这个阶段,第一产业产值占比从 15% 逐步下降到 10% 以下,但 2010 年的就业人员中有 37% 仍然从事第一产业相关工作。随着扶贫政策的推进,作为农村主流产业的第一产业中的尾部效应加剧(2005—2010 年中,就业人员占比减少了 2.3%,而 GDP 占比减少了 8.1%),极端贫困户收入困难状况更为严峻。而根据人口统计学指标计算,在 2010 年,中国城市化率已经达到 49.95%,从工业化国家的例证中可知,城市化率在 40% 至 50% 之间的时候就是一个国家工业化起飞阶段结束,进入逐渐成熟阶段。在这样的阶段中,农村向城市人口转移开始减速[4]。因此从 2010 年起,我国的贫困问题阶段实际上就开始向新阶段转变,依靠传统的经济增长方式和快速城市化模式来解决新阶段农村人口就业和增收的路径阻力明显增大[5],使得过往的扶贫开发政策在这个阶段减贫边际效应不断下降,增收难度不断加大,成为一块难啃的"硬骨头"[6]。因此在这一阶段,需要通过精准扶贫的方式,加大贫困人群的受惠力度,提高贫困人口的内生动力。

(二) 精准扶贫的主要措施

过去贫困面大,一项普惠政策就可以使许多贫困人口增加收入,越过温饱线。现在,贫困人口大多数自身能力弱,或者居住在不适宜人类生存的地方,仅靠自身很难参与发展进程,享受发展成果[7]。对此,政府将扶贫群体进一步精细化,扶贫目标进一步多维化,扶贫措施进一步多样化,确立了精准扶贫的方针,来针对性地解决目前的贫困难题,通过精准扶贫的方式,增大贫困人群的受惠力度,提高内生动力。2015 年,《关于建立贫困退出机制的意见》明确提出中国政府消除贫困的目标是到 2020 年实现农村贫困人口"不愁吃、不愁穿,义务教育、基本医疗和住房安全有保障,确保我国现行标准下农村贫困人口实现脱贫,贫困县全部摘帽,解决区域性整体贫困"。具体措施如下。

---

[1][6][7] 刘永富.以精准发力提高脱贫攻坚成效[N/OL].人民日报,[2019-08-15]. http://opinion.people.com.cn/n1/2016/0111/c1003-28034823.html.
[2] 曾小溪,汪三贵.中国大规模减贫的经验:基于扶贫战略和政策的历史考察[J].西北师范大学学报(社会科学版),2017,54(6):11—19.
[3] 黄群慧.中国工业化进程报告:1995—2015[M].北京:社会科学文献出版社,2017.
[4] 周金涛,沈楠.走向成熟——罗斯托理论、长波与中国的工业化扩散[R].武汉:长江证券,2008.
[5] 刘彦随,周扬,刘继来.中国农村贫困化地域分异特征及其精准扶贫策略[J].中国科学院院刊,2016,31(3):269—278.

1. 建立完善的责任管理体制

《中国农村扶贫开发纲要(2011—2020年)》强调要坚持中央统筹、省负总责、县抓落实的管理体制;将扶贫开发与基层组织建设充分结合起来,进一步发挥贫困地区基层党组织的领导作用。此外,要使第一书记和驻村工作队驻扎到贫困村中,针对农户和村的具体情况,实行精准扶贫,把脱贫攻坚任务落实到"最后一公里"。

2. 构建"三位一体"大扶贫格局

《中共中央国务院关于打赢脱贫攻坚战的决定》中提出:"健全东西部扶贫协作机制、健全定点扶贫机制、健全社会力量参与机制……构建专项扶贫、行业扶贫、社会扶贫互为补充的大扶贫格局。"在此格局下,需要以政府为代表的多元主体共同参与贫困治理,为贫困人口带来各类资源,满足贫困人口具有多元和差异化特点的现实需求,将需求与资源精准对接,从而有效提升扶贫工作的精准性和作用。

3. 瞄准机制实行"区域加个人"双主体

《中国农村扶贫开发纲要(2011—2020年)》中提出,扶贫工作要瞄准连片特困地区、重点县和贫困村,以及在扶贫标准以下具备劳动能力的农村人口。在此基础上,精准扶贫战略通过为贫困人口建立档案,进一步将目标精准化。"区域+个体"扶贫瞄准机制,考虑到了致贫的双因素:地域性因素和个体因素。既从区域整体大环境入手,改善贫困地区的居住环境和社会环境,又真正落实到个人,因人施策,解决个人贫困因素,真正做到了"精准扶贫、不落一人"。

4. 实施"五个一批"工程

围绕"两不愁三保障"的目标,以精准扶贫战略思想为指导,政府运用发展生产、易地搬迁、生态补偿、发展教育、社会保障兜底等措施,帮助贫困地区、贫困人口摆脱贫困。各级政府则根据当地地区和人口的具体情况,实施"五个一批"工程。这体现了中国在扶贫开发中因地制宜、灵活多元的扶贫方式:通过产业发展和教育发展,为贫困人口提供脱贫机会和脱贫能力;对于不适宜开发的贫困地区则采用搬迁和生态补偿的方式;对于特殊群体,则提供社会保障帮助脱贫[1]。

5. 进一步完善扶贫机构

2015年之后,扶贫开发领导小组的成员部门已经拓展至超过47个。因为贫困的成因是多维度的,所以治理贫困也需要多维度方式,建立跨部门的扶贫机构是解决贫困问题的有效制度。中国的扶贫机构与大部分发展中国家的设置不同。大多数国家的扶贫工作被设定为社会救济,因此扶贫机构多是由社会福利部、社会工作部、民政部等社会福利宏观管理机构进行管理,其政策工具主要是资金支持和社会救助。而中国的扶贫工作是被设定为专门的社会工作,小组成员的多元化使得扶贫领导小组几乎开展任何维度的扶贫方式,因此中国既有开发式扶贫,也有保障式救助[2]。

---

[1] 向德平,华汛子.改革开放四十年中国贫困治理的历程、经验与前瞻[J].新疆师范大学学报(哲学社会科学版),2019,40(2):59—69.

[2] 王小林.改革开放40年:全球贫困治理视角下的中国实践[J].社会科学战线,2018(5):17—26.

这一时期，党中央将扶贫开发摆到治国理政的重要位置，围绕全面建成小康社会这一目标，全面推动贫困地区的经济、政治、文化、社会、生态文明等全方位建设。"十二五"期间，中央财政累计安排财政专项扶贫资金约1 898.22亿元，年均增长14.5%。2016年全国财政专项扶贫资金投入超过1 000亿元，2017年全国财政专项扶贫资金超过1 400亿元，2013—2017年，中央财政投入的专项扶贫资金从394亿元增长至861亿元[1]。截至2017年末，按照2 300元的扶贫标准，中国贫困人口减少至3 046万人，贫困发生率降低到3.1%[2]。精准扶贫战略实施以来，153个贫困县实现脱贫摘帽，在解决区域性整体贫困上迈出了坚实的步伐。

六、总结

总体来说，中国这40年的反贫困治理过程有以下几大特点。

一是坚持由政府主导的贫困治理。中国政府始终对扶贫工作承担主体责任。

二是坚持开发式贫困治理。1994年以来，国家推行的政策始终以开发式贫困治理为基础。同时除了对贫困地区进行经济开发外，还将开发式治理延续到基础设施建设、教育、卫生、文化等方面。在《中国农村扶贫开发纲要(2011—2020年)》文件中，开发式贫困治理理念尤为突出，提出要将区域开发、生产能力开发、就业能力开发、人力资本开发与可持续减贫相结合。

三是坚持多维度综合治理贫困。多维度贫困治理的理念在第四阶段和第五阶段的政策纲领中尤为凸显。尤其是在最新的《中共中央国务院关于打赢脱贫攻坚战的决定》中，明确提出了"不愁吃、不愁穿，义务教育、基本医疗和住房安全有保障"的扶贫目标，并强调在基础设施、教育科技、产业发展、生态扶贫等多领域进行贫困治理。

四是建立了广泛的社会动员机制，参与扶贫开发。《国家八七扶贫攻坚计划》(1994—2000年)就提出"社会动员"的概念。《中国农村扶贫开发纲要(2001—2010年)》则建立起体系完整的社会扶贫动员机制[3]。在印度、孟加拉国等发展中国家，社会扶贫以非政府组织(NGOs)主导为主，而中国的社会扶贫动员机制则是以政府为主导，社会主体共同参与，既有由政府主导的东西扶贫和定点扶贫，以及国有企业参与的社会扶贫，也有民营企业、社会组织和公民个人自发、自主地参与社会扶贫。特别是随着中国互联网技术的发展，使得人们可以借助互联网平台进行高效便捷的"众筹扶贫""电商扶贫"。在阿里巴巴、京东等电子商务平台上，已经形成了"购买贫困地区和贫困人口的商品和服务就是扶贫"的新理念[4]。基于移动互联网，各类社会主体通过手机就可精准

---

[1] 数据来源参见《国务院关于脱贫攻坚工作情况的报告》(http://www.npc.gov.cn/npc/xinwen/2017-08/29/content_2027584.htm)。
[2] 数据来源参见新华网(http://www.xinhuanet.com/politics/2018-02/01/c_1122353906.htm)。
[3] 王小林.改革开放40年：全球贫困治理视角下的中国实践[J].社会科学战线，2018(5):17—26.
[4] 阿里巴巴脱贫基金半年报：300余贫困县建仓做电商，半年销售260亿[N/OL].36氪，[2019-06-15]. https://36kr.com/newsflashes/127979.

扶贫,这是中国贫困治理的又一特色①②。

第四节　我国减少贫困人口和精准扶贫战略面临的挑战和对策探讨

一、面临的挑战

(一) 返贫危机

在探讨扶贫政策成果时,有一个重点指标是返贫率,指的是已经脱离贫困的人口因为某些原因又重新成为贫困人口的比例。这其中的原因是多元的,可能是因为失业、疾病,也有可能是因为经济萧条或者产业转型所导致的贫困。要达到消灭贫困人口的目标,不仅要使贫困人口脱离贫困,更重要的是让脱贫人口摆脱返贫危机,永远地摘掉贫困这顶帽子。

导致返贫危机的因素主要分为两类:直接因素和间接因素。

直接因素有企业发展和经济转型过程中,无法避免的职业岗位的调整和优化因素;在生态脆弱地区,由于环境条件的不稳定造成的收入不稳定;由于当地产业发展不完善造成的岗位稀缺。这类情况造成的失业是客观的、无法避免的,而对于拥有较少储蓄资金的脱贫家庭来说,应对这类不确定性情况的能力不足,容易因此重返贫困。

间接因素有因病返贫等,由于家庭中的主要劳动力突发疾病,造成的生活来源短暂缺失以及医疗储蓄金的不断消费,在短时间内就可能使一个家庭重回贫困。

(二) 贫富差距扩大

在经济发展过程中,不同人群的收入发展水平差距会加大贫富差距。特别是在经济活动更为活跃的地区,贫富差距的变化速度更为明显。在这类地区中往往会出现"假脱贫"现象,脱贫群体虽然能满足马斯洛需求矩阵中的基础生活需求,但是他们在追求更高等级的需求的时候,由于资源的稀缺性以及社会的流动性缺失,需要付出相对于其他地区更高的成本,成为隐性贫困人口。

(三) 扶贫领域的单一

在我国早期的扶贫政策中,由于当时的国内形势,解决的主要是贫困群体的生存需求问题,而直到2010年才开始重点关注特殊群体的医疗、教育问题。对于贫困群体来说,贫困往往不是单一领域的,还伴随着信息贫困、教育贫困、医疗贫困、基础设施贫困以及心理贫困。

信息贫困指的是获得信息的渠道匮乏,信息的质量低劣、时效性弱的情况。由于缺乏有效有力的信息来源,造成部分具有劳动能力的人群缺乏响应市场能力。一方面可

---

① 王小林.改革开放40年:全球贫困治理视角下的中国实践[J].社会科学战线,2018(5):17—26.
② 陈志钢,毕洁颖,吴国宝,何晓军,王子妹一.中国扶贫现状与演进以及2020年后的扶贫愿景和战略重点[J].中国农村经济,2019(1):2—16.

能导致其不了解是否有更合适的岗位或者方法可以帮助其脱贫,另一方面则是没有特定知识或者信息帮助其高效劳动或者工作。这种信息贫困造成了劳动资源的低效和浪费。

教育贫困是全国性质的问题。根据2017年教育发展统计公报,全国共有1.45亿在校生,而专任教师只有949.36万人,同时教育资源分配具有分布不均匀的特点。在东南沿海经济发达地区,教师资源丰富,教育思想先进,而在乡村地区只有大概290万乡村教师(含幼教),只占教师总数的1/4左右,可见贫困地区还存在教育贫困问题。2015年进行的一项当时规模最大的贫困和儿童脑发育研究结果显示,在贫困家庭成长的儿童脑结构与成长于富足家庭的儿童有所差异,其负责语言、阅读、执行控制以及记忆等能力的区域更小,并且这种差距与家庭忍受的稀缺程度成正比[1]。如果不加以控制补偿,这种代际传递会加剧贫困程度。

医疗贫困,目前医疗资源的紧缺问题在贫困地区更为严峻。一方面,贫困地区人口通常具有散居的特点,人口分布不如城市紧密,乡村医疗机构难以照顾到片区的每一个角落,医疗常识宣传工作和重点疾病的预防和早期发现工作难以进行;另一方面,乡村医疗设施的部分缺失,使片区居民在重病、大病时,难以进行早期治疗以及早期诊断,导致患者在更高级别医院确诊时病情往往出现恶化,加剧因病返贫现象的影响。

基础设施贫困主要出现在偏远地区以及高海拔地区。在四川省的重点贫困地区,如凉山悬崖村,由于地势险峻,当地居民因为电力不足而难以脱贫。直到2017年底,在四川省发改委的号召下,悬崖村才正式合闸通电。悬崖村的情况并非特例,在部分贫困地区,仍然面临水电不通、道路泥泞阻塞等基础设施短缺问题。

心理贫困往往被社会所忽视。近些年来,有不少学者围绕资源不足的状况与个体心理和行为特点之间关系进行了研究。最新的一项研究显示,经历过贫困和经历过富足的个体在消费和规划过程中存在着不同的行为特点,实验中的稀缺状态在一定时间内改变了人们价值评估和消费目标确立的规律,使得经历过稀缺的个人更容易高估商品的价值,同时还无法有效地树立远期目标,出现过于追求短期收益的特点。这两点都容易使得贫困人群陷入更深的贫困状态中[2]。2012年,经济学家塞德希尔·穆来纳森和心理学家埃尔德·沙菲尔开展了一项著名的心理学实现,研究了稀缺性对于风险的认知能力,在实验过程中,处于稀缺状态的受试者更倾向于使用高利率借贷来缓解资金压力,然而这种高风险行为导致其资金状况不断恶化,越陷越深[3]。还有学者认为,贫困人群易形成封闭、自卑、不求进取的心理趋向,进而产生负面的价值观念、工作态度、

---

[1] Noble K G, Houston S M, Brito N H, et al. Family income, parental education and brain structure in children and adolescents[J]. Nature Neuroscience, 2015, 18(5):773—778.

[2] Huijsmans I, Ma I, Micheli L, et al. A scarcity mindset alters neural processing underlying consumer decision making[J]. Proceedings of the National Academy of Sciences, 2019, 116(24): 11699—11704.

[3] Shah A K, Mullainathan S, Shafir E. Some Consequences of Having Too Little[J]. Science, 2012, 338(6107): 682—685.

社会行为及家庭行为等。在这种心理状态下形成的贫困文化不仅无助于贫困者脱贫,反而可能造成贫困向下一代的延伸①。

(四) 贫困群体的识别与追踪

目前的贫困人群最低生活保障的申请依旧依托于户籍制度,需要申请人以家庭为单位,向其所管辖的居委会或者乡镇街道人民政府进行申请。在这个过程中存在许多问题。例如对于外地务工人员的判定、外地上学子女的判定、一同生活却拥有不同户籍的家庭判定,特别是家庭同时拥有城市和农村户籍的情况如何判定。由于目前低保政策管理机构仍然是各地政府,采取的是基于户籍体系的社会救助政策。在该项政策的实施过程中,由于对共同生活的家庭判定复杂,对于人户分离项目没有相应便利措施,容易造成骗保、漏保的现象出现。

而在精准扶贫理念指导下的扶贫政策也希望通过对贫困人群建档立卡进行一对一帮扶,在这个过程中,使用哪些方面的信息进行贫困影响因素分析,如何获取那些信息,以及信息更新和维护等都是需要考量的方面。

国家统计局从1998年起使用人均收入和人均消费双指标②衡量农户是否属于贫困人口,而在低保申请过程中,申请人的收入与消费状况材料是其主动提交的,需要主动申请,随后由专门的工作人员进行实地走访调研,来决定是否为其提供最低生活救助。在这个申请流程中,没有有效的方法核实申请人提交的资料是否真实而全面,并且也没有有效的理论支撑保障这类标准能够涵盖所有需要社会救济的社会群体。另一方面,各深度贫困地区的贫困成因各不相同,在精准扶贫政策下需要我们识别不同人群的特点,进行贫困人群的细分,使社会扶持精细化、高效化。

(五) 政策实施过程的不透明性以及随意性

在精准扶贫政策指导下,现有的扶贫方式从过去的"大水漫灌"式逐渐发展成"精细滴灌"式,在这个过程中,首要问题就是如何精准定位并解决扶持谁、谁来扶、怎么扶、如何退这4个子问题。

在过去粗放的扶贫过程中,由于农村之间的根深蒂固的血缘宗亲关系,难以实现对执行人员行为的监管以及对政策效果的准确评估,在政策实施过程中经常出现干部依据个人的利益关系随意分配扶贫资源的现象,导致资源分配过程中出现实施不透明,导致资源的浪费。

另一方面,在以村、县为单位的扶贫过程中,由于较为富裕的家庭具有更强的市场响应能力,比极度贫困户更容易从政策中获得帮助,因此容易出现"精英俘获"现象,虽然后期可以依靠涓滴效应缓解因此产生的不平衡,但是需要政府公职人员准确定位"精英俘获"现象,并将扶贫资源输送至迫切需求的贫困户手中,而非随意地将资源放置于田野,让其自由拾取。不仅如此,由于各地微观环境的差异性,不同地区的贫困原因往

---

① 刘喜堂.当前我国城市低保存在的突出问题及政策建议[J].社会保障研究,2009(4):55—61.
② 如果某一住户的人均可支配收入或人均消费支出中的一项低于贫困标准,而另一项低于某一较高标准,就可认定为贫困户。

往各不相同,但是贫困因素的定位和解析往往是通过当地村官干部来执行,而贫困资源分配也暂未体现出一地一策的特点,因此在扶持方式上也存在着随意性。如部分地区的扶贫工作,盲目跟风,违背经济发展规律,推广一些不符合当地实际的扶贫方法,导致扶贫措施的可行性、有效性很低,无法帮助"贫困户"如期脱贫。

从扶贫对象的退出环节来看,受制于政策运作环境及治理技术条件的限制,某些地区未能形成"进出有序"的扶贫动态退出机制。扶贫工作因缺乏有效监管,一些已达到脱贫标准的"贫困户",因村干部的"特殊照顾"而未能予以及时退出,导致"精准扶贫"政策"寻租空间"的形成。

二、对策探讨

(一)科学制定低保标准和阶段性脱贫目标

在确立贫困政策和低保体系双轮驱动体系之后,两者的目的更为明晰。贫困政策用于帮助部分丧失或完全丧失劳动能力的居民或者家庭,而低保政策则保障居民家庭在常住地能正常生活。低保标准的设立一方面取决于当地政府的财力,另一方面取决于当地的生活模式。根据《国务院关于进一步加强和改进最低生活保障工作的意见》(以下简称《意见》),各地政府要公开低保政策制定规则,科学制定最低生活保障标准,健全救助标准与物价上涨挂钩的联动机制,综合运用基本生活费用支出法、恩格尔系数法、消费支出比例法等测算方法,动态、适时调整最低生活保障标准,最低生活保障标准应低于最低工资标准。不过目前暂无国家级别的标准制定统一细则颁布,只是建议省级政府研究制定本行政区域内相对统一的区域标准。

颁布标准制定细则的好处有两点:一方面各地参考标准细则可以规定各地政府的低保标准下限,半强制性地要求当地政府关注贫困群体,把扶贫任务摆在首位;另一方面,财政紧张的地方政府可以申请财政补贴和扶贫政策帮助,能够避免为了政绩而隐瞒或误报当地贫困状况的事情发生。

此外则是需要根据不同低保群体的特点设置不同的低保政策。对于拥有学龄儿童的家庭和独居家庭来说,两者使用低保补助的模式有所区别,需要社会给予的帮助也有所区别。如何区分不同类型的低保人群、如何识别低保户所属的群体类型、根据群体类型设置更细化的社会安全网政策是三座不可绕过的大山。一旦解决了这些问题,我们便可以通过低保政策的精细化区分,更加高效地使用社会资源,给予低保户更加人性化的关怀。

(二)开发贫困地区特色产业,实施跨地区劳务协作与跨地区移民

对于贫困地区,如何发展当地经济是首要任务。正如20世纪八九十年代的农村标语——"想致富,先修路"一样,只有当地产业得到发展,当地住户才有可能就地脱贫。在这个前提下,有3种解决方案。

特色产业扶持是当地政府的首选方案,是长期稳定的集体脱贫方案。其中,有利用当地独特的自然环境发展特色农副产品种植出口进行脱贫的方案,如云南地区的咖啡

种植园经济、湖南炎陵县的黄桃出口经济等，也有依托当地得天独厚的自然风光进行的旅游资源开发的方案，如凉山悬崖村就打算将险峻的自然环境打造成旅游景点，进行旅游脱贫。这些方案都通过利用当地资源进行配套开发，使其在新的时代背景下得到发展，带动当地经济发展，从而整体脱贫。

跨地区劳务协作是短期见效的部分脱贫方案。根据《人民日报》的报道[1]，长沙市从2016年起，就开始制订对接湘西开展劳务协作的脱贫方案，研讨建立地缘劳务协作脱贫合作机制。通过跨地区劳务协作脱贫，工作提供地区可以缓解当地"招工难"问题，而劳务提供地区可以促进当地贫困劳动力尽早实现就业脱贫。

跨地区移民则是当地政府可选的紧急方案。对于部分环境恶劣地区，一方面难以通过特色产业扶持进行整体脱贫，而另一方面则是对当地进行基础设施建设的开销大、收益少。在这种情况下，可由当地政府进行思想工作，劝导当地住民进行跨地区移民。移民一方面可以将分散的贫困户集中管理，形成合力，集体进行脱贫建设工作，另一方面在更良好的生活环境和经济环境下，贫困户更容易脱贫。

（三）构筑多维的社会安全网

贫困问题作为最基础的问题，往往会带来其他问题，即贫困问题不会单独出现。因此我们在解决贫困问题时，需要考虑与之相关的其他问题，比如医疗问题、教育问题、失业问题等，所以当地政府应当构筑起多维社会安全网，从各个维度为贫困人口提供社会关怀，防止其再次返贫。

为贫困人口提供医疗保险补助，并定期检查。一方面，医疗保险作为政府提供的非营利性医疗保险，理应覆盖到价格敏感的贫困群体，防止因病致贫的现象发生；另一方面，由于受制于有限的收入，贫困人口在饮食结构上的投入相对于其他人群来说较少，因而容易出现由于长期营养结构受限导致的慢性疾病。而在疾病治疗上往往有着"小病小治，大病大治"的规律，如果能通过定期检查，及时调整日常膳食结构，就能够及时避免慢性病的发生，或者在早期就及时干预疾病的发展，减少治疗开支。另外也可根据当地设施情况，借助网络技术试点远程诊疗技术，快速提升医疗贫困地区的医疗水平。

推广农业保险等保险体系，防范环境风险。由于目前贫困人口大部分仍分布在农村，对其的扶贫政策也是基于当地的自然资源和历史文化资源进行开发。在这类环境下，由于气候变化等不确定性较大，造成其收入有不确定性。贫困人群由于自身的脆弱性，对于这类不确定性的抵御能力不足，需要政府引导当地发展诸如农业保险、建筑保险等保险业务，并宣传教育农户参与，通过建立保险体系结构，防范不确定性风险。这类保险业务，可减少贫困群体的经济波动性，尽可能地避免稀缺性对他们的决策产生干扰，有助于帮助其树立富有成效的远期脱贫目标。

---

[1] 跨区劳务协作对接51个贫困县[N/OL].人民日报，[2019-06-02]. http://www.xinhuanet.com/politics/2017-11/07/c_129734222.htm.

利用网络等工具,保障教育公平。在部分条件允许地区可以试点网络教育,通过网络教育加教师当面引导的形式,在教育资源短缺的情况下缓解部分地方教育资源受限的问题。另外,通过教育对口援助制度,由资深教师在线指导贫困地区教师,保证当地教师能够了解最新的教育动态,缩小教育资源差异。与此同时,针对贫困家庭的幼儿,还需要针对性地设置特殊的训练课程,通过系统性地课程提升儿童的认知能力①。

依靠社会工作者或者医疗机构,为贫困人口提供心理咨询和心理宣传服务。随着心理学研究的进一步深入,人们对于诸如抑郁症、焦虑症等隐性心理疾病的认知不断加深。贫困人口对于自身出现的心理问题是否能够正确认知是阻碍脱贫的一大隐性障碍。因此对他们进行心理方面的知识宣传与教育是十分重要的,并且需要在他们正确认知之后提供专业的心理咨询服务。

发展生态友好型经济发展体系。在经济发展和科技革命过程中,我们已经深刻地认识到如果不注重生态友好建设和可持续发展,会导致事后需要付出更多的代价用于修复。对于已经形成的生态脆弱地区,其可选择的发展产业和可承载的就业人数都会受到限制。因此我们需要发展生态友好型经济,从生态的角度进行社会保障,防止并遏制贫困发生。

(四)鼓励第三方组织参与扶贫工作

从国际经验来看,多数国家的社会救助工作都是由政府、非政府组织,甚至私人组织合作进行②。而国内则是通过社会动员机制,动员民营企业、社会组织和公民个人"新三样"社会扶贫力量来参与扶贫。

在实际操作中,诸如阿里巴巴、京东等公司都在推广农村覆盖布局,将网络购物的便利性主动惠及偏远地区,一方面便利了贫困地区的生活,另一方面也提供了新的信息渠道给贫困人群。中国邮政和顺丰也分别采用不同的方式提供物流运送服务,一方面可以将当地的农副产品快速送达市场,增加当地农户的收入,另一方面通过配送无人机等技术,可以将物流包裹送达以往难以送达的地区,使用社会力量改善当地的基础设施条件。除此之外,还有爱心人士在河南贫困县推进的"智慧课堂"项目,通过网络技术,将教育发达地区的优势资源迁移至贫困县学校,全面而精确地帮助贫困县的学龄儿童获取优秀学习资源并提前适应城市生活③。

在微观层面,由"新三样"发起并推动实施的扶贫尝试,虽然不如国家推动的政策覆盖范围广,但是通过发挥各自在特定领域的积累优势,可将其高效地转化为脱贫推动力,发挥特有的灵活性,成为微观扶贫政策的有效补充。

---

① Neville H J, Stevens C, Pakulak E, et al. Family-based training program improves brain function, cognition, and behavior in lower socioeconomic status preschoolers[J]. Proceedings of the National Academy of Sciences, 2013, 110(29):12138—12143.
② 刘喜堂.当前我国城市低保存在的突出问题及政策建议[J].社会保障研究,2009(4):55—61.
③ 春晓.在国家贫困县,一场悄无声息的教学革新正在进行[N/OL].中国经济网,[2019-06-15]. https://www.huxiu.com/article/303051.html.

(五) 加强贫困地区人口的职业培训与教育扶持

首先需要为贫困地区提供职业咨询和宣传服务,日积月累地改善贫困人群中根深蒂固的小农观念,让其认识到自力更生、自主脱贫的可能性,并使其产生相应意愿,避免"等、靠、要"的搭便车现象发生;其次需要进行专业知识技能的培训,如农业知识技术的培训以及计算机使用等其他职业技能的教授,让其丰富自身能力体系,提升劳动能力;最后还需要加强对于贫困地区的宣传指引,人为设置引导贫困群体设立远期目标,并且从早期就做好知识教育的普及,防止贫困的代际传递。

(六) 打破数据孤岛,提高反贫困工作决策和管理效率

《意见》要求各政府部门应当配合低保户的识别工作,为低保政策的实施提供相应的数据。而在现行的信息交互系统下,信息的传递是单向的、人工的,在这个过程中需要花费额外的精力进行任务的交接和管理。在政府工作数字化的趋势下,理应打通不同部门之间的信息流通壁垒,打破数据孤岛现象,使得各政府部门的数据都可以服务于低保户的识别和管理工作,降低低保政策的行政成本并提高低保政策的执行效率。

此外还有学者认为处于稀缺状态的个体由于过度关注稀缺本身,而无法将精力有效用于处理其他事物,以致无法准确把握改善决策的机会[①]。因此在政策实施过程中,应当降低政策实施成本,以去除多余的流程性内容,简化工作手续[②],帮助贫困群体更好地把握脱贫机会。

(七) 实现扶贫过程的数字化、智能化

精准扶贫的目标群体是建档立卡的贫困家庭,其内生要求就是对于现有信息进行数字化、电子化。面对扶贫过程中的不透明性和随意性较大的特点,需要统一标准的信息管理系统来辅助当地村官、执行人员进行决策和管理,通过数字化的基础设施建设来实现扶贫过程的数字化和智能化。

对于"扶持谁"这个问题,我们在对贫困户建档立卡之后,就应将评判贫困户的权力从当地村官手中收回。通过贫困信息管理系统,可以手动设定或采取计算机分析的方式,快速定位贫困家庭,进行贫困户的精准管理。

对于"谁来扶"这个问题,我们对所有扶贫资源资金的使用都应当建档记录,通过对资源的数字化管理,将执行和评估操作解耦。一方面,在执行过程中由当地村干部根据当地特点进行操作;另一方面,在评估过程中可以由区域的行政人员进行评估。两者结合,借助数字化工具精准解决"谁来扶"的问题。

关于"怎么扶"的问题,我们可借助数字化管理工具,实现对于贫困家庭的全生命周期管理,从建档立卡起,一直追踪到稳定脱贫之后。在此基础上,可以对全国贫困户信息进行分析,通过已有的成功脱贫案例来指导相似的贫困家庭进行脱贫。另一方面,通过对贫困家庭基础信息以及其他周围信息进行分析,可以从多维度角度分析出当前家

[①②] Shah A K, Mullainathan S, Shafir E. Some Consequences of Having Too Little[J]. Science,2012,338(6107):682—685.

庭的贫困主因,从而达到一地一策,甚至一户一策的状态。

关于"如何退"的问题,我们可以通过推广"一听、二看、三查、四走访"的工作方式,提升村民收入统计数据的真实性,从而健全"进出有序"的动态扶贫机制。与准确识别贫困户一致,借助数字化工具实现准确识别脱贫户,健全扶贫政策的退出机制,完成贫困户的全生命周期管理。

参考文献

白永秀,刘盼.全面建成小康社会后我国城乡反贫困的特点、难点与重点[J].改革,2019(5).

万喆.新形势下中国贫困新趋势和解决路径探究[J].国际经济评论,2016(6).

王小林.贫困标准及全球贫困状况[J].经济研究参考,2012(55).

李力,欧涉远,李霞.对农村贫困线及贫困发生率的反思——基于国家统计局和民政部的数据[J].宏观经济研究,2012(8).

沈小波,林擎国.贫困范式的演变及其理论和政策意义[J].经济学家,2005(6).

王萍萍.中国贫困标准与国际贫困标准的比较[J].中国农村经济,2006(12).

陈志钢,毕洁颖,吴国宝,何晓军,王子妹一.中国扶贫现状与演进以及2020年后的扶贫愿景和战略重点[J].中国农村经济,2019(1).

王博,朱玉春.改革开放40年中国农村反贫困经验总结——兼论精准扶贫的历史必然性和长期性[J].西北农林科技大学学报(社会科学版),2018,18(6).

贺雪峰.中国农村反贫困战略中的扶贫政策与社会保障政策[J].武汉大学学报(哲学社会科学版),2018,71(3).

郭旭鹏.我国对口支援的历史演进及发展趋势[J].管理观察,2013(25).

张永亮,罗光宇.论新扶贫开发的区域协作[J].湖南人文科技学院学报,2012(2).

韩广富,周耕.我国东西扶贫协作的回顾与思考[J].理论学刊,2014(7).

朱梦冰,李实.精准扶贫重在精准识别贫困人口——农村低保政策的瞄准效果分析[J].中国社会科学,2017(9).

何仁伟.中国农村贫困形成机理研究进展及贫困问题研究框架构建[J].广西社会科学,2018(7).

何仁伟,李光勤,刘邵权,徐定德,李立娜.可持续生计视角下中国农村贫困治理研究综述[J].中国人口·资源与环境,2017,27(11).

陈烨烽,王艳慧,赵文吉,胡卓玮,段福州.中国贫困村致贫因素分析及贫困类型划分[J].地理学报,2017,72(10).

Durlauf S N. The memberships theory of poverty: the role of group affiliations in determining socioeconomic outcomes[R]. General Information,2000.

方迎风,张芬.邻里效应作用下的人口流动与中国农村贫困动态[J].中国人口·资源与环境,2016,26(10).

杨立雄.高度重视扶贫攻坚中的返贫问题[J].中国民政,2016(5).

张昭.中国农村贫困人口多维特征分析[J].西北农林科技大学学报(社会科学版),2017,17(3).

左停,徐卫周.改革开放四十年中国反贫困的经验与启示[J].新疆师范大学学报(哲学社会科学版),2019,40(3).

贾玉娇.反贫困的中国道路:1978—2018[J].浙江社会科学,2018(6).

向德平,华汛子.改革开放四十年中国贫困治理的历程、经验与前瞻[J].新疆师范大学学报(哲学社会科学版),2019,40(2).

曾小溪,汪三贵.中国大规模减贫的经验:基于扶贫战略和政策的历史考察[J].西北师大学报(社会科学版),2017,54(6).

刘喜堂.建国60年来我国社会救助发展历程与制度变迁[J].华中师范大学学报(人文社会科学版),2010,49(4).

朱旭峰,赵慧.政府间关系视角下的社会政策扩散——以城市低保制度为例(1993—1999)[J].中国社会科学,2016(8).

韩秉志.我国农村低保标准均达到或超过国家扶贫标准[N/OL].经济日报,[2019-04-24].http://www.gov.cn/xinwen/2018-04-26/content_5285981.htm.

国家统计局农村社会经济调查总队.2003中国农村贫困监测报告[M].北京:中国统计出版社,2003.

中国经济周刊评论员.消除绝对贫困勿忘相对贫困[N/OL].中国经济周刊,[2019-04-24].http://www.cpad.gov.cn/art/2011/3/15/art_721_23154.html.

Poverty elucidation day[N/OL].The Economist,[2019-04-24].https://www.economist.com/free-exchange/2014/10/20/poverty-elucidation-day.

周侃,王传胜.中国贫困地区时空格局与差别化脱贫政策研究[J].中国科学院院刊,2016,31(1).

万海远.为什么争当国家级贫困县?[N/OL].南风窗,[2019-02-24].https://finance.ifeng.com/a/20140227/11758154_0.shtml.

贺雪峰.中国农村反贫困战略中的扶贫政策与社会保障政策[J].武汉大学学报(哲学社会科学版),2018,71(3).

刘永富.贫困村县脱贫有严格标准和程序[N/OL].中国新闻,[2019-04-24].http://www.sohu.com/a/299639481_123753.

林闽钢,陶鹏.中国贫困治理三十年回顾与前瞻[J].甘肃行政学院学报,2008(6).

贾玉娇.反贫困的中国道路:1978—2018[J].浙江社会科学,2018(6).

周文,冯文韬.贫困问题的理论研究与减贫实践的中国贡献[J].财经问题研究,2019(2).

方珂,蒋卓余.东西协作扶贫的制度特点与关键问题[J].学习与实践,2018(10).

胡静林.财政部副部长解读中央财政专项扶贫资金[N/OL].中国经济网,[2016-08-

27]. http://tuopin.ce.cn/news/201608/27/t20160827_15302531.shtml.

汪三贵,曾小溪.从区域扶贫开发到精准扶贫——改革开放40年中国扶贫政策的演进及脱贫攻坚的难点和对策[J].农业经济问题,2018(8).

刘永富.以精准发力提高脱贫攻坚成效[N/OL].人民日报,[2019-08-15]. http://opinion.people.com.cn/n1/2016/0111/c1003-28034823.html.

黄群慧.中国工业化进程报告:1995—2015[M].北京:社会科学文献出版社,2017.

周金涛,沈楠.走向成熟——罗斯托理论、长波与中国的工业化扩散[R].武汉:长江证券,2008.

刘彦随,周扬,刘继来.中国农村贫困化地域分异特征及其精准扶贫策略[J].中国科学院院刊,2016,31(3).

王小林.改革开放40年:全球贫困治理视角下的中国实践[J].社会科学战线,2018(5).

阿里巴巴脱贫基金半年报:300余贫困县建仓做电商,半年销售260亿[N/OL].36氪,[2019-06-15]. https://36kr.com/newsflashes/127979.

Noble K G, Houston S M, Brito N H, et al. Family income, parental education and brain structure in children and adolescents[J]. Nature Neuroscience, 2015, 18(5):773—778.

Huijsmans I, Ma I, Micheli L, et al. A scarcity mindset alters neural processing underlying consumer decision making[J]. Proceedings of the National Academy of Sciences, 2019, 116(24): 11699—11704.

Shah A K, Mullainathan S, Shafir E. Some Consequences of Having Too Little[J]. Science, 2012, 338(6107):682—685.

刘喜堂.当前我国城市低保存在的突出问题及政策建议[J].社会保障研究,2009(4).

跨区劳务协作对接51个贫困县[N/OL].人民日报,[2019-06-02]. http://www.xinhuanet.com/politics/2017-11/07/c_129734222.htm.

Neville H J, Stevens C, Pakulak E, et al. Family-based training program improves brain function, cognition, and behavior in lower socioeconomic status preschoolers[J]. Proceedings of the National Academy of Sciences, 2013, 110(29): 12138—12143.

春晓.在国家贫困县,一场悄无声息的教学革新正在进行[N/OL].中国经济网,[2019-06-15].https://www.huxiu.com/article/303051.html.

第十八章 人口发展与公共安全

随着我国经济的快速发展,城市特别是大城市人口数量和密度大幅度增加,城市公共安全事故和灾难发生的频率也越来越高。与此同时,由于城市显著特征及人群高度聚集,事故后果也会无限扩大。如美国"9·11"事件、韩国大丘地铁事故等,均发生在人口密集区域。这些公共安全事故和灾难一方面威胁到民众的生命财产安全,影响了社会运行秩序,造成了严重的社会后果,另一方面也对各级政府在面对这些突发事件时的应急能力与处置水平提出了新要求。

党的十九大报告提出在加强和创新社会治理过程中,非常重要的环节在于健全城市公共安全体系,要在总体国家安全观的指引下,形成共建共治共享的社会治理格局。由于城市问题与安全问题的耦合,使城市安全问题研究变得异常复杂。尤其是随着城市规模的迅速扩大以及人口的大量导入,当前城市公共安全体系的建设需要紧密地把握现实出现的新问题与新挑战,结合国外城市公共安全管理的经验,合理地对城市公共安全进行维护,提高保障和改善民生水平的能力,推进城市化发展与现代化建设。

第一节 城市公共安全理论研究、主要特征及类型

现代化城市的形成与科学技术的发展密切相关,伴随城市物理空间的拓展、人口规模的扩大以及公共管理的形成,大型城市不断在世界范围内出现,并成为一个地区、一个国家经济社会发展程度的代表。这些推动城市不断发展的因素,也在很大程度上成为城市发展的风险因素。从国外对于城市公共安全风险的研究中,可以大体描摹出城市公共安全风险形成的基本路径。这些研究最早发端于 20 世纪 30 年代,逐步成熟于 20 世纪 50 年代。随着西方社会工业化的逐步完成以及信息化社会的到

来,欧美等国家对于公共安全的研究逐步呈现多理论、多视角以及精细操作化的态势。

一、城市公共安全理论研究

(一)国外城市公共安全理论研究

国外相关研究基本上是从理论支撑与实践操作两个层面展开。理论层面主要是风险社会理论、安全国家理论以及政府责任管理理论3个方面,分别从现代社会发展的特征、国家建设的内在属性以及政府的现代职能转型等视角来探讨后现代社会城市公共安全的基本特征以及发展态势。实践层面主要是围绕如何建设应急处置系统来应对城市社会各类型的公共危机事件,包括对公共风险的类型划分、危机事件应急处置的体系建设、风险治理的社会整合功能发挥、各类危机事件的经验总结以及社会组织参与公共安全维护等。

(二)我国城市公共安全理论研究

在相对完整的研究框架下,我国国内关于城市社会公共安全应急处置与维护治理的研究主要起步于20世纪90年代,这与中国的城市化发展阶段性密切相关。特别是在2008年以后,随着中国城市的快速发展,围绕城市社会安全以及风险防控的相关研究开始逐步增多,并根据不同主题深入细致地发展成为几条研究主线,这些研究领域的形成也大体反映出我国城市传统安全风险的演化路径。

首先,城市公共安全面临的问题呈现出明显的复杂性、多元性与综合性。在很长一段时期,由于我国城市化发展水平相对较低,城市公共安全问题基本上被分割成为几个单独的管理领域。例如由公安机关负责的城市治安工作,由各个单位、工厂负责的安全生产工作,后者中也包含消防工作。城市社会生产生活的单一性,以及城市人群组成的同质性决定了公共安全的管理工作基本上是以"防"为主。而进入2000年以后,中国的城市化发展速度迅速提升,城市之间以及城市内部的联系与分工日渐紧密和复杂,城市化进程中所凸显的各类安全问题打破了以往单一的类型化特点,越来越多地展现出复杂性、多元化与持续性的特点。由此,开始形成对城市公共安全管理体系存在问题的系列研究,并围绕不同的问题类型形成了不同的研究分析视角,特别是在2008年北京奥运会之后,针对特大型城市公共安全所存在的隐患与漏洞的研究开始逐步成为城市管理研究的主流。

其次,城市公共安全风险的积聚推动了应急管理体系建设的研究。特别是2010年以来发生的一系列重特大城市安全问题,对提升城市公共安全应急与管理能力提出了迫切的需求。作为重要的考核指标,保障城市公共安全逐渐成为中国各级政府需要面对的主要工作任务,特别是对城市突发事件的应对和管理成为最近几年城市政府公共管理能力的主要评价依据。而城市突发事件的频繁发生,一方面反映出城市发展水平的大幅度提升,另一方面也折射出传统城市安全问题正在发生显著变化。在信息化社会的影响下,城市风险的积累在一定程度上受到新兴技术的影响,并在特定情境下成为安全风险的诱发因素。针对不同安全问题,要结合不同城市的地域特点并借鉴国外经验。城市应急管理与公共危机事件处置成为我国各类城市安全管理体系的重要组成部分,应在系列研究的基础上对未来的城市安全趋势进行判断。

再次,城市公共安全事件的社会影响日渐显著。以往城市安全问题表现出单一的线性影响效果,即事件与问题的产生往往局限在小范围的时空场景中,社会影响程度有限。而随着我国城市社会的不断发展,在人群大量集聚、网络不断发展的时代,公共安全事件的影响逐渐成为社会性的公共议题,并吸引大量关注和讨论。很多时候,这些舆论情绪会进一步推动引发新的公共安全危机。在这样的背景下,城市公共安全体系的研究就不仅要有理论分析,更要重视对策研究,特别是针对公共安全的社会影响,需要借助理论工具,从角色、功能、类型等不同角度,探讨公共安全体系构建的组成部分与各自功能,对我国城市公共安全现状进行分析。同时,更需要充分地考虑中国社会转型的特殊阶段性因素,结合不同地域城市发展模式进行比较研究,在此基础上厘清社会问题产生的深层次原因,并提供相应的对策建议。与此同时,当前中国城市社会的公共安全问题也与转型阶段中国社会的文化变迁与群体价值观念重塑密切相关,特别是社会性的公共安全问题,有必要从不同学科的专业分析视角,研究事件全过程的演变轨迹与内在逻辑,研究不同事件应急处置措施的成败效果,同时探讨突发性公共安全事件造成的深层次社会影响。

二、人口城市化进程中城市公共安全问题的特征

20世纪以来,城市化成为世界性潮流,推动人类社会发展。在世界城市化过程中,人口快速向城市集聚,城市规模变得越来越大,涌现出一批千万人口以上的巨型城市。根据世界银行数据,从1960年到2017年,世界百万人口以上的特大城市的人口占全世界总人口的比重从13.4%提高到31.4%。然而,随着超大城市的空间、经济、社会、生态等子系统变得越来越复杂,城市,尤其是大城市的公共安全问题也日趋复杂,其变化呈现出如下趋势。

(一)城市公共安全问题呈现双重分化的基本态势

从总体来看,城市公共安全风险问题呈现"物—人"双重分化的基本态势。对于我国城市化进程来说,一方面在全球化影响下,经济发展的曲折动荡风险作用于城市的生产环节,社会结构深度转型风险作用于城市生活环节,城市基建脆弱风险作用于城市安全环节,3种风险同时对我国城市的公共安全维护造成严峻的挑战;另一方面,职业分化产生的工作差异容易导致生产场所与生产过程的风险累积,利益分化产生的群体矛盾容易借助新媒体技术,以暴力化的特征破坏正常社会秩序。而对于特大型城市来说,人员群体多地域、大规模、短时间的快速聚集与流动进一步增加了公共安全维护与社会治安管控的压力与难度,也为特定暴力分子制造群众伤害与社会破坏提供了条件与机会。

(二)城市公共安全问题社会敏感度日益升高

从城市公共安全问题的成因看,城市公共安全问题的扩大化与否,主要受3类因素

的影响：政府应对效率、群体情绪累积与媒体舆论导向。城市生活的流动性与多样性往往对政府公共管理的效度形成冲击，基层政府职能部门在风险的管控过程中始终伴随紧张感与压力感。同时，很多公共安全事件的产生看似偶发，实则存在必然的逻辑链条——监管的源头失效、处置的过程失当、善后的结果失衡。群体的社会情绪往往伴随公共危机事件的进展而演化，部分个体或者群体在日常生活中产生的心理落差容易因不同危机事件的刺激而导致情绪失控，进而引发暴力行为。而媒体舆论的导向具有双重性效果，公共安全事件的过度解读以及主观误读在一定程度上起到了扩散社会情绪并制造效仿对象的反向作用。

（三）城市公共安全脆弱性非常突出

由于人类活动强度特别剧烈，中国大城市的胁迫型脆弱也非常突出，对城市安全造成威胁。中国超大城市不仅人口数量大，而且人类活动强度大。一是城市的城区人口高度密集，并且流动人口较多，人际关系复杂。二是城市经济活动强度大，例如以特大城市为核心的十大城市群总面积占全国总面积的11％，人口比重达到39％，GDP占全国比重达到66％，市辖区GDP占全国的比重达40％以上。三是城市土地开发强度高，农田和生态空间不断缩小，由此造成生态环境恶化，生物多样性减少。四是城市的火车站、客运枢纽以及各繁华商业区域的交通流量特别大，市内交通拥堵现象屡见不鲜，交通事故也频频发生。总之，高强度的人类活动使得城市对自然或人为致灾因子的敏感度增加，城市安全风险日渐上升。

（四）问题高度集中于两项内容：人口规模控制和社会治理调整

城市公共安全涉及的内容在当前阶段主要围绕两个层面展开。首先是城市人口规模的控制问题，特别是特大型城市如何科学有序地进行人口安置，成为影响城市发展以及安全风险化解的重要因素。目前，我国城市在公共安全领域亟须破解的问题是，在大量国内人口导入的基础上，如何积极有效地应对人群的规模化积聚效应带来的风险问题，这一问题与保障和改善民生的议题紧密相关，涉及不同人群在就业、教育、养老、医疗等方面的诸多需求与诉求，处置不当会引发连锁反应。其次，公共安全问题的内容主要涉及城市社会的治理问题，既包括物品层面的安全防护，也包括人员群体的矛盾调处。目前中国城市的经济、社会、文化、生态等子系统存在发展失衡、匹配失调的现象。在人口向超大城市快速集聚的城镇化过程中，普遍存在"重经济，轻社会""重物质，轻文化""重开发，轻环保""重生产，轻生活""重建设，轻管理""重速度，轻品质""要数量，不要质量""要人手，不要人口"的现象。由于各子系统之间缺乏有机耦合和功能互补，超大城市普遍存在系统型脆弱，抗御安全风险的恢复力也就大打折扣。

三、中国大城市的新型公共安全问题类型

中国大城市存在各种安全问题，既包括政治、国土、军事、社会治安、公共交通等传统安全领域的安全风险，也包括非传统安全领域的新型安全风险。与世界其他大城市一样，中国大城市的安全问题也有着一些与世界大城市共通的特点。但在中国特殊的

经济社会发展趋势和城镇化发展格局下,中国大城市的新型公共安全问题突出地体现在以下六大方面。

(一)经济安全问题

在后全球金融危机时代,全球竞争将从个体竞争走向群体竞争,特别是走向以特大城市为核心的城市群竞争。中国大城市在引领城市群的产业转型、创造就业机会、维持经济增长方面具有举足轻重的作用,但同时也存在房价过高且上涨过快、城市政府的地方债务过高、抵御金融危机能力较弱等经济安全风险。此外,由于历史原因,城区中还存在一些高危化工企业,存在安全生产方面的风险。

(二)信息安全问题

在信息时代,大城市的信息安全显得尤为重要。中国各类重要信息主要集中在大城市,其向中小城市和乡村地区传播的速度也不断加快。然而中国大城市信息安全防护的能力与其信息中心的地位不相称。与发达国家的大城市相比,中国大城市在信息安全防护方面尚有较大的差距。

(三)社会安全问题

中国正处于经济快速发展期和社会矛盾凸显期。大城市吸纳了大量的外来人口,人口流动性较大,社会分层和居住分异现象明显,大量农民工和大学毕业生蜗居在城中村、棚户区和城市边缘区。加上经济利益分配格局不尽合理,各种社会文化相互冲突,使得大城市在城市贫困和失业、暴力犯罪等方面积聚了大量的安全风险。此外还有外部敌对势力、国际恐怖主义与各种分裂分子可能相互勾结,为了制造社会轰动效应,而故意选择在大城市制造各种暴力恐怖事件等。

(四)生态安全问题

中国人口快速向大城市集聚,经济活动程度越来越强烈,对生态系统的干扰也就越来越剧烈。很多大城市的农田和生态空间不断被吞噬,形成了大片的钢筋水泥丛林,城市生态系统的稳定性和生物多样性已经面临巨大挑战。不少大城市的地下水长期被严重超采,已经引发了地面沉降、"天坑"和房屋坍塌等地质灾害。还有不少大城市的PM2.5严重超标,雾霾天气频频出现,严重影响市民的生活质量和身心健康。

(五)资源安全问题

中国大多数大城市资源禀赋条件较差,水资源和土地资源日渐短缺,石油、天然气、粮食等战略物资高度依赖外部供给。然而中国大城市的战略资源储备数量非常有限。一旦发生重大事故灾难,资源供给途径若被切断,那么这些城市的正常运行势必面临严峻挑战。

(六)公共卫生安全问题

中国大城市人口密集,但市民的公共卫生意识淡薄,卫生习惯有待养成,这就为新型传染性疫情的传播扩散提供了天然土壤。例如非典型肺炎(SARS)、H7N9型禽流感等疫情的暴发,已经给中国大城市留下了深刻教训。此外,由于中国有些企业社会责任缺失,有关部门对食品卫生监管不力,大城市的食品安全也存在风险。

第二节　国外城市公共安全管理模式

在不断应对各种城市公共安全危机挑战的过程中,城市公共安全管理系统也同步发展起来。从近代发达国家的城市政府介入灾害应急管理开始,经过长期变迁和发展,发达国家的城市,尤其是大城市,在20世纪中后期已经逐渐建立了多元化、全方位、综合性的危机管理系统,其危机应急机制的运行状况和经验教训,对于我国处于初创阶段的城市公共安全管理机制建设,具有重要的参考借鉴价值。

一、纽约城市公共安全管理模式

纽约是美国第一大城市,是美国经济的引擎,也是全球经济、金融和贸易中心。纽约曼哈顿区集中了世界金融、证券、期货及保险等行业的精华。纽约是联合国总部的所在地,也是国际政治活动的中心之一。这种特殊的城市地位也给纽约的城市公共安全管理带来了严峻的挑战。纽约有世界上最多的摩天大楼,有世界上最繁忙的机场之一,平均每天都会发生两起有毒物质污染事故和一起绑架事件,极其容易成为恐怖袭击的目标。而同样的灾害,一旦发生在纽约,就会形成"放大效应"。

为应对这种挑战,纽约市政府逐渐建立了一套完备的城市公共安全应急管理体系。这套公共安全应急管理体系在应对2001年"9·11"恐怖袭击和2003年的停电事件中发挥了巨大作用。

(一)纽约市危机管理机制

纽约市危机管理办公室是纽约进行公共安全应急管理的常设机构,2001年成为一个正式的职能部门。其管理的危机事务具体有:制定法规、协调各方力量,制订危机预案,进行演习和训练,做好应急物资的储备。一旦大的危机爆发,便负责启动应急系统。

纽约市危机管理办公室所定义的危机事态几乎涵盖了所有可能对人们的生命和财产安全造成威胁的突发性事件,包括公共设施故障、恶劣天气、传染性疾病暴发、有毒或者化学物质泄漏、社会秩序动荡、恐怖袭击等。对每一种危机事态,危机管理办公室都有一套针对性的应急方案。

(二)纽约市危机管理办公室日常工作内容

一是危机监控。通过覆盖纽约五大区的信息系统,就地理状况、人口密度、基础设施、道路交通、建筑结构等提供详细数据和一目了然的示意图。一旦发生紧急事故,马上可以确定哪些地区的人口应紧急疏散、哪些道路最安全等。

二是危机处理。危机事件爆发时,协调各个机构之间的活动。对危机事件的情形进行评估。调配资源,充当危机处理指挥员以及作为协调者担任参与处理危机的各个机构之间的联系中介。根据具体情况启动相应指挥中心。

三是与公众进行信息沟通。其一,在危机发生之前教育公众,提高公众应对危机能力;其二,在危机发生的时候,向公众传递重要信息。

（三）纽约市的危机准备项目

为了能够出色地应对各种各样的危机事件，纽约市设计、开展了很多帮助城市市民和工商业界"做好准备"的项目。主要有以下几类。

一是针对社区的危机准备项目。帮助市民做好准备不仅可以减小危机事件对市民的直接影响，更重要的是可以在短时间内迅速动员起市民的力量，帮助政府机构处理危机事件。

二是针对商界的危机准备项目。危机管理办公室提供各种信息服务，帮助工商业主对可能对自己的业务造成影响的危机提前做好应对的准备。

三是训练和演习。为了更好地应对可能发生的危机事件，纽约市危机管理办公室针对各种危机事态的情形，设计并开展了很多训练和演习，培养能够对危机事件作出快速反应的专业人士。这些训练和演习一般和许多联邦、州和地方政府机构合作开展。

（四）纽约市的危机反应项目

纽约市危机管理办公室通过一系列的项目，为在危机发生时快速有效反应提供了信息、人员和组织上的充分保证。主要项目包括以下几种。

一是城市危机管理系统。2004年5月，纽约市危机管理办公室宣布纽约市危机管理系统正式开始运作。该系统以美国国家危机命令智慧系统为模板组建，对各个政府机构在危机处理中的角色和责任有清晰界定。

二是城市应急资源管理体系。这是一个以计算机网络为平台的信息系统，可以对需要的各种物资和人力资源进行准确定位，以迅速地调动这些资源。

三是"9·11"危机呼救和反应系统。

四是移动数据中心。其装备了及时更新的地理信息系统，能够进行数据收集和分析。利用移动数据中心的地图定位绘制功能和信息收集处理功能，移动数据中心的工作人员能够迅速掌握受危机影响地区的信息，提供给危机现场的救援人员和公共信息机构。

五是城市搜索和救援。

（五）纽约市的危机恢复项目

纽约市危机管理的最后一个重要环节，就是帮助受危机影响的个人、企业和社区尽快地复原，这个阶段从危机情况基本稳定，一直延续到所有的体系回归正常为止。

纽约市危机管理是全政府、全社会、全过程、多层次的城市公共安全和危机控制模式，以"预防为主，充分准备"为原则，不断完善其统一指挥、职责明确与协调联动的工作机制，民间组织广泛参与应对突发事件，应急教育日益普及。

二、伦敦城市公共安全管理模式

伦敦是英国首都，同时也是英国的政治、经济、文化和交通中心，其应急管理体制建设的发展已经比较完善，目前已形成了立体化、网络状的应急指挥协调体系。伦敦市应急管理体制框架分为3个层面，分别是国家、地方和地区，便于形成决策、组织、指挥和协调应急管理。在国家层面上,在英国内阁中,设立了专门的伦敦应急事务大臣,监督伦敦重大危机事项的事前准备工作和应对工作。在地方层面上,伦敦市应急体制的主要组成部分包括伦敦应急服务联合会、伦敦消防应急规划署、伦敦应急小组、地方卫生署、伦敦应急论坛、市长办公室和大伦敦议会以及伦敦政府办公室。在地区层面上,伦敦 33 个区政府都有自己独立的应急规划职能。

(一)伦敦应急服务联合会

该机构成立于 1973 年,联合会的委员会成员主要是应急服务组织和地方政府的代表,来自以下各部门:城市治安服务部、伦敦消防总队、伦敦市警察局、伦敦交通警察署、伦敦急救中心以及伦敦市各级地方政府。其平时负责地区危机预警,制订工作计划,开展应急训练。灾难发生后,负责人必须协调各方面的力量有效处理事务,并负责向相应的中央政府部门,如卫生部、国防部寻求咨询或其他必要的支援。

(二)伦敦消防应急规划署

该机构直接对大伦敦议会和市长办公室负责,是整个城市应对火灾、地震等各种灾害最重要的力量。伦敦消防和应急策划局在每个社区设立了消防站,其成员有市政管理人员,有消防安全专家,也有社区建设人员,能够随时提供多方位的救援措施。各个消防站还与专业救火、救灾队员建立起防灾教育体系。消防站几乎实现 24 小时值班,居民可以随时进入消防站,寻求帮助或者进行咨询。

预防灾害一直是伦敦消防应急规划署近年来的工作重点。1987 年,伦敦一地铁站发生大火,造成 31 人死亡,大量人员受伤。这场灾难发生后,伦敦消防应急规划署与伦敦地铁和铁路网络公司建立合作,以保证各个机构在灾难发生时履行各自的职责。鉴于 2006 年 7 月发生的地铁爆炸案,伦敦市政府采取了各种措施对地铁公共设施进行"升级服务",以提高对恐怖袭击等各类非法暴力行为的防范和应对能力,应急体系的完善措施就包括建立包含伦敦消防应急规划署和其他应急服务组织在内的更为完善的联动反应机制,并制订深层隧道救援计划。

2003 年,伦敦消防应急规划署发表第一份《伦敦安全计划》,为未来一年的城市灾害处理制定了细则。根据 2/3 的火灾遇难者年龄超过 60 岁的统计数据,伦敦消防应急规划署 2004 年开展了名为"你自己能活下来吗?"的活动,为 60 岁以上的公民建立了专门的火灾求助热线。热线开通第一周内,就有数千名老人和他们的亲戚朋友通过电话进行咨询。与此同时,伦敦消防应急规划署还建立了"青少年纵火者干预体系",对青少年进行防火教育,解答他们有关火灾的疑问。

伦敦消防应急规划署还与负责医疗急救的"国家健康服务体系"签订协议。在遭遇火灾或其他灾难的人因为慌乱而错拨求救电话时,这两个机构之间的通信交换系统能够自动转接到消防队。作为世界上第三大消防队的领导者,伦敦消防应急规划署还利用先进技术,协助救灾工作。2004 年,该机构对 2.5 万户家庭进行了防灾能力评估,并计划在 2005 年前在 82% 的伦敦家庭中安装火灾报警系统。该机构还与摩托罗拉等公司合作,改进消防部门的应急响应时间,达到使火灾数目、伤亡数目和虚假报警呼叫数目减少20%的目标。

（三）地方卫生署

该机构负责地方的救护车服务、急救服务以及基本医疗保障。在职能上与英国的突发公共卫生事件应对体系有交叉。英国突发公共卫生事件应对体系是一个综合体系，包括战略层面和执行层面。其中，战略层面的应对指挥由卫生部及其下设机构负责，而执行层面的突发事件应对则由国民健康服务系统及其委托机构开展。其中的"突发事件计划协作机构"的主要职责是制订、颁布、修改并维护突发公共卫生事件应对计划，并协调与应对系统中其他部门的合作；"国民健康服务系统"地区行政机构的职责是确保地方卫生服务机构在突发事件中做出快速恰当的反应。2002年4月计划修改后，更多的职能从"国民健康服务系统"转向了基本医疗委托机构，构建了一个更为完善的公共卫生网络。网络中的各机构在突发事件应对中各司其职，协调运作，形成了更为综合的突发公共卫生事件应对系统。

（四）伦敦应急小组

该机构是2001年美国"9·11"事件后设立的一个应急组织，主要职责是保证伦敦做好各种灾难事件的准备工作。

（五）伦敦应急论坛

该机构主要是监督伦敦应急小组的工作，其成员都是代表主要应急机构和关键合作部门的高级官员。

（六）市长办公室和大伦敦议会

市长办公室负责战略管理问题，协调全伦敦范围内的行动。大伦敦议会在危机预防和危机应对中没有正式的职责，只是通过伦敦政府协会为地方政府提供支持和援助。

（七）伦敦政府办公室

该机构主管伦敦应急小组，同时在危机预防和危机应对中协助一些政府部门。

三、东京城市公共安全管理模式

东京是日本首都，是日本的政治、经济、文化中心，是日本海、陆、空交通的枢纽，是现代化国际大都市和世界著名旅游城市之一。由于地处地震和火山活动异常活跃的环太平洋地带和地形、气候等原因，日本是地震、台风、海啸、火山喷发、暴雨等自然灾害频发的国家。日本高度重视防灾、减灾工作，无论是基础设施的建设，还是政府的危机管理机制和能力，甚至市民的意识，都发展到相当高的水平。

东京都政府制定形成了一整套危机管理规划体系，基本上以原有的防灾规划为基础，有综合防灾规划、健康保健等专项部门规划以及各部门规划中的防灾、安全、应急的规划等。根据国家《灾害对策基本法》第40条第1项，东京都政府召开"东京都防灾会议"指定地方防灾规划，每年必须讨论规划内容，在必要的时候进行修改。规划的目的是使都政府、区市村町、指定地方行政机构、指定公共机关、指定地方公共机关等防灾机构发挥各自拥有的全部功能，通过开展都地区发生的震灾、风水灾等灾害的预防，实施应急对策和进行灾后恢复重建,来保护居民的生命和财产。

根据地区防灾基本规划,东京都还制订了具体落实行政业务和公共投资项目的计划——东京都震灾对策事业 3 年计划。该计划是 2002 年制订的,其目的是为了实现《东京构想 2000》中明确指出的基本目标,即"建设使都民能安心居住的城市",保护都民以及聚集在东京的人们,明确防震抗灾对策的整体布局和各项政策措施的具体目标和方向。计划制定的基本方针是:吸取阪神大地震那样的城市直下型地震的教训,综合总结迄今为止的防灾对策、科技信息发展及社会经济变化,与《东京构想 2000》相整合;把危机管理作为重点,在警察、消防队、自卫队等防灾机构的携手合作下,加强和完善政府初次出动机制;通过八都县市的区域合作促进相互支援体制的建设,把都市圈作为一个整体,努力提高其防灾应对能力;根据紧急程度、重要性和实效性,明确项目实施的年度目标,使其成为一个更富有实践性的计划。

东京都健康医疗计划。在计划中提出了要加强健康危机管理体制,主要包括:确保食品、饮用水的安全,对医药品等的监控和指导以及健康食品对策,防止乱用药物对策和推进药品的适当使用,结合感染症对策,健康危机发生时的应对,等等。

为了适应国际都市建设的公共服务多样化以及改善现有防灾管理体系等方面的要求,东京于 2003 年 4 月建立了知事直管型危机管理体制(图 18-1)。该体制主要设置局长级的"危机管理总监"。成立常设机构"综合防灾部",建立一个面对各种危机时政府各相关机构统一应对的机制。危机管理总监汇总灾害各方面的信息向知事汇报,并在灾害发生时听从知事的指挥,协调各局的应急活动并加速向相关机构请求救援。综合防灾部直接辅助危机管理总监,在组织制度上发挥 3 项主要功能:强化信息统管功能、提高危机事态和灾害应对能力、加强首都圈大范围的区域合作。综合防灾部在日常工作时就与警察、消防厅、自卫队建立良好的沟通和协调机制,整合各机构的信息,不断充实实践型的危机训练管理预案,组织各种实操演习及图上演习。同时,东京也注重与周围的三县四市共同探讨广域防灾危机管理对策,并组织演习。

为了在整个危机管理过程中明确各相关方的责任与义务、保障危机管理的高效实施等,东京在国家制定相关法律后,会马上制定相应的条例和实施细则,并且根据自身需要也制订了一些条例和规划。东京都规定在成立灾害对策指挥部后,根据灾情发出 1 级到 5 级的紧急状态动员令,动员各局、各地方派驻机构以及政府总部的职员紧急出动。最高的紧急状态为第 5 级配备状态时,即在第 4 级配备状态不能应对或发生烈度 6 级以上的地震时,灾害对策指挥部总指挥发令动员约 13 万政府职员全部进入应急状态,并可以在就近的社区开展应急救援行动。

为了在危机发生时保证信息的有效传递,东京建立了防灾行政无线通信系统,其由国家主管的消防防灾无线系统和东京防灾行政无线系统构成,并包含 3 套子系统:国定式无线系统、移动式无线系统和地区卫星通信网络。危机发生后,按照规定以区、市、町、村为首,各有关机构都必须迅速将所辖范围内的受灾信息,通过事先规定的渠道,逐级向上汇报。而且按照规定,在灾害发生后,区、市、町、村须立刻与所在区域的警察、消

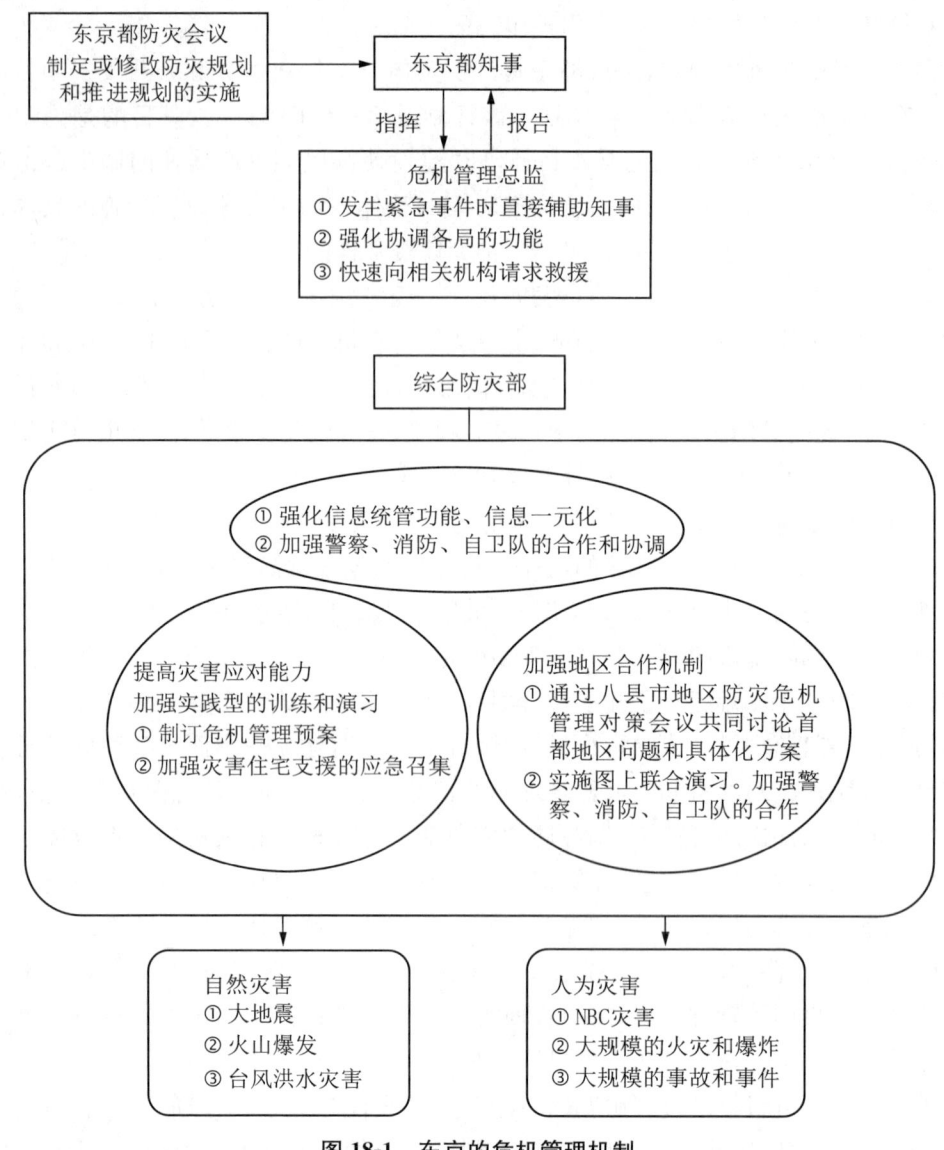

```
┌─────────────────┐
│ 东京都防灾会议    │
│ 制定或修改防灾规划 │──→  东京都知事
│ 和推进规划的实施  │      ↑ ↓
└─────────────────┘   指挥  报告
                     ┌──────────────────────┐
                     │ 危机管理总监           │
                     │ ① 发生紧急事件时直接辅助知事│
                     │ ② 强化协调各局的功能    │
                     │ ③ 快速向相关机构请求救援 │
                     └──────────────────────┘

                        综合防灾部
        ┌─────────────────────────────────────────┐
        │   ① 强化信息统管功能、信息一元化            │
        │   ② 加强警察、消防、自卫队的合作和协调       │
        │                                         │
        │  提高灾害应对能力       加强地区合作机制     │
        │  加强实践型的训练和演习  ① 通过八县市地区防灾危机│
        │  ① 制订危机管理预案     管理对策会议共同讨论首 │
        │  ② 加强灾害住宅支援的    都地区问题和具体化方案 │
        │    应急召集           ② 实施图上联合演习。加强警│
        │                        察、消防、自卫队的合作  │
        └─────────────────────────────────────────┘
              ↓                        ↓
        自然灾害                    人为灾害
        ① 大地震                   ① NBC灾害
        ② 火山爆发                 ② 大规模的火灾和爆炸
        ③ 台风洪水灾害              ③ 大规模的事故和事件
```

图 18-1　东京的危机管理机制

资料来源:赵成根.国外大城市危机管理模式研究[M].北京:北京大学出版社,2006。

防及其他机构共同合作进行必要的宣传报道、听取居民的反馈并请求媒体通过互联网、广播电视、公共场所的媒体和移动通信设备等进行报道。

在应急设备物资储备方面,按照相关发令规定,东京每年必须将前3年地方普通税收额平均值的5‰作为灾害救助基金进行累计。除了都政府之外,各区和市町村政府也进行大量物资储备,并建有1 500立方米的地下应急供水池47座、100立方米的地下应急供水池17座,简易厕所近4万个,设在学校、社区及其他区域的救灾物资储备仓库2 000多个。这些政府储备与企业储备以及每家每户自备的避难救急袋,能够维持灾后72小时的应对。

为了保证灾害发生时各民间团体、兄弟省市、志愿者组织有序、高效地组织救援和合作,东京采取灾前合同制的形式,与周围其他地方政府、其他大城市合作,签订多项72小时相互援助合作协议。协议中对于救灾物资的提供和调拨,救灾人员的派遣,救援车辆、船只的供应,医疗机构接收伤员,教育机构接收学生,以及自来水设施等的修复和供应,垃圾和下水处理等方面,都有十分详细的说明。一旦东京发出援助请求,签订协议的周围地方政府就会按照合同协议及时提供救援。

最值得一提的是,东京政府把建设一个"抗御灾害能力强的社会和社区"作为防止灾害发生、减少灾害损失的关键。"在防灾和危机管理中,通过法规和规划明确规定市民、防灾市民组织、事业单位等的具体责任,加强地区、社区和单位等的防灾对策和危机管理功能,把促进行政、企业、市民等横向合作作为目的,促进抗灾害能力强的社会和社区的建设",让每个市民树立"自己的生命自己保护"和"自己的城市和市区自己保护"的理念。

四、新加坡城市公共安全管理模式

新加坡市位于马来半岛,总面积只有 675 平方公里,岛上居住人口超过 420 万,是世界上人口最密集的城市,也是亚洲最重要的金融、服务和航运中心之一。同时,它被广泛认可为世界上最安全的城市之一。

新加坡受自然灾害影响的概率比较小,但是城市快速发展带来的人口聚集、高层建筑林立等问题所导致的人为灾害隐患不断增多。2005 年 10 月新加坡政府已经着手建立一套风险评估与侦测机制,以全面收集、分析及解读各种情报并进行灾难预测,评估内容包括自然灾害、疾病灾害、人为灾害以及战争和国际恐怖主义威胁灾害等。在应对各种灾害的过程中,新加坡建立了一整套围绕政策、运行和能力发展的比较完整的国家安全体系。

为了进行有效的政策协调,新加坡在政府的中心建立了国家安全协调秘书处(NSCS,图 18-2),直接受安全政策审查委员会(SPRC)的指导。安全政策审查委员会在总理的领导下,由国家安全统筹部长(the Coordinating Minister for Security and Defence)主持,国防部、内务部、外交部部长组成,定期举行会议,审查现行的国家安全措施。作为重要枢纽的国家安全协调秘书处(NSCS),办公地点设在总理办公室,主要负责国家安全规划和政策与情报的协调事宜,由国家安全及情报协调处的常任秘书领导。两个关键的部门——国家安全协调中心(NSCC)和联合反恐中心(JCTC)为秘书处的有效运转提供政策和情报支持。国家安全协调中心由各独立的小组组成,分别负责政策、规划和风险评估与侦测等工作;而联合反恐中心则主要针对恐怖事件提供情报和恐怖威胁评估。在防御准备方面,政府各部门都在其职能范围内确定明确的工作内容和计划,很容易就能够在物资储备、科技研发、改进装备、人员培训、演习训练、全民教育等方面编制出政府预算。其中,民防部队在灾害拯救计划方面就承担了对公共场所、生产和商业机构、社区家庭等灾害预测、损失评估、应对预案等方面的预算编制工作。

```
                            ┌──────────┐
                            │   总理   │
┌─────────────────┐         └────┬─────┘
│ 安全政策审查委员会│──────────────┤
│    （SPRC）     │              │
└─────────────────┘              │
     ┌───────────────────────────┴──────────────────┐
     │          国家安全协调秘书处（NSCS）            │
     │         ┌──────────────────────┐             │
     │         │      常任秘书        │             │
     │         │（国家安全及情报协调处）│             │
     │         └──────────┬───────────┘             │
     │     ┌──────────────┴──────────────┐          │
     │ ┌───────────────────┐  ┌───────────────────┐ │
     │ │国家安全协调中心(NSCC)│ │联合反恐中心（JCTC）│ │
     │ └───────────────────┘  └───────────────────┘ │
     └──────────────────────────────────────────────┘
```

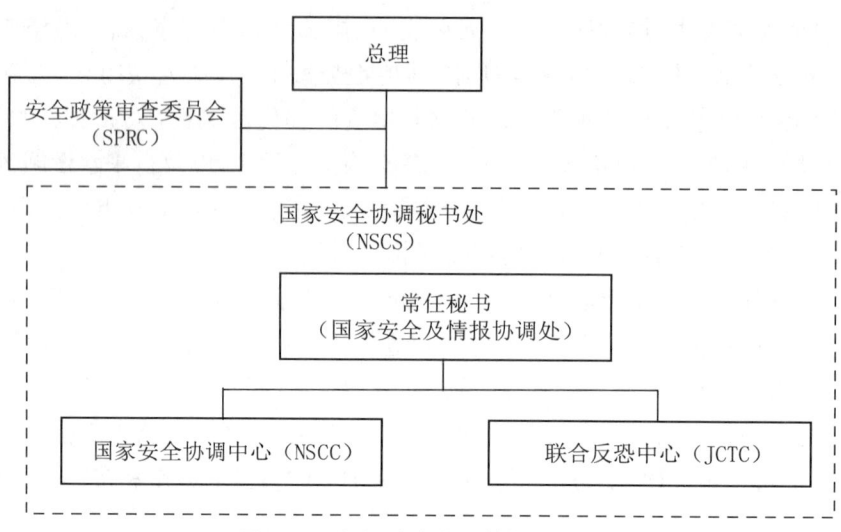

图 18-2　新加坡安全政策协调机构

资料来源：National Security Coordination Centre. The Fight Against Terror：Singapore's National Security Strategy[C]. Singapore：National Security coordination Centre，2004：37。

当灾害发生时，新加坡会立即启动"国土危机管理系统"。该系统由国土危机处理部长级委员会（HCMC）和国土危机管理执行小组（HCEG）组成。国土危机处理部长级委员会由内务部部长主持，各内阁部长作为主要成员。在危机发生时，委员会以"拯救生命和防止进一步伤害，尽量减少财产损失和消除或控制威胁"为目标，提供战略和政治指导。国土危机管理执行小组主要由各相关部门和政府机构的高级决策者组成，主要提供政策指导和战略决策，并且负责业务协调、跨部门沟通以及保障部长级委员会的决策和指令的有效实施。2006年1月，新加坡在公共场所举行了代号为"北斗星5号"的地下铁路遭恐怖袭击的灾害拯救演习。演习旨在测试22个参与机构（包括新捷运和smart粮价公共交通业者）的协作和紧急反应机制。演习结果表明，参与紧急演习部队人员能快速为救助伤者做出反应，封锁受影响的地铁站和公共汽车转换站，设急救站和疏导人潮。

城市运行安全离不开民间力量的广泛参与。新加坡市有5万多名民防志愿者接受过基本的民防技术培训并根据所在地区编成若干小组，一旦国家发生灾难或战争，即可转为全职的民防职员和国家公务员。同时，新加坡政府大力推动社区参与计划。2001年2月，向95万户家庭派发了各种语言的《民防实用紧急手册》。2005年，政府印制110万册《流感疫苗指南手册》，介绍禽流感和流感的预防措施等。推动社区参与计划的目的是使社会各个阶层、团体和学校在城市遭到恐怖袭击或遭遇重大灾害的时候，"能够做出集体反应，懂得如何面对及应对"。

五、结论和启示

从发达国家重要城市的安全应急管理经验中可以看出，危机管理出现多元化、立体化、网络化的发展趋势。许多公共危机不是某一部门或机构诸如警察、消防或医疗机构能够单独应对的,需要来自不同部门和机构的联合与协调,应以多元化、立体化、网络化的管理体系来应对城市安全风险问题。

因此,在城市的应急管理模式选择上,发达国家的经验给我们的启示有如下几点。

(一)建立政府主导和多部门合作联动机制

要通过立法明确政府不同部门和社会团体在城市公共安全管理中的职责定位,建立先进的信息管理系统。打破条块分割,建立起集中统一、层次分明、序列协调的新兴城市公共安全管理体系,承担起向全社会提供系统、全面的公共安全服务的职能。特别是要构筑完善的风险危机分级反应机制。该机制主要包括:确立城市紧急状态等级系统,确定风险危机的性质和严重等级,建立分级风险危机应对系统;成立应急决策中心、指挥中心或指挥部;根据风险危机的性质、种类和严重程度,迅速启动相应的应急预案,调动应急力量,应对风险危机。风险危机反应机制还应包括:及时发布危机信息;确保通信系统良好;保证城市交通系统正常运作;建立良好的城市搜索和救援系统;建立良好的风险危机恢复系统。

(二)完善预案

制订各种自然灾害和治安灾害的预防和处置预案,建立完善的应急预备系统。通过科学规划和资源储备,反复演习和专业训练,使政府管理者和危机所涉及的社会组织和人群能够按照既定的程序有条不紊地应对,最快地化解危机。

(三)健全网络

建立遍布全社会的应急网络,包括官方和民间的。完善紧急公共信息中心平台系统,主要包括卫星通信网络、可视电话系统和直升机电视传输系统、GIS 系统、相关数据库等有效共享机制。在受灾时,各级、各类应急救灾机构可以通过紧急公共信息中心平台系统进行无线通信,以保证紧急网络和信息收集、交换和传达,并使各系统网络相通,形成一个高覆盖的应急对策通信网。

(四)鼓励社会多方力量参与

鼓励民间组织广泛参与应对突发事件。除了靠政府动员广泛的人力、物力和财力资源,民间组织在救灾及灾后恢复过程中能够扮演非常重要的角色,成为政府主导力量的重要补充。

(五)平台结合,重在训练

没有平时的管理,战时不能马上适应,须不断地演练,才能防止真实事件到来时的慌乱和伤亡。

(六)广泛普及公共安全教育

加强宣传,使各方面的预案都让老百姓知道,普及全民应急知识。有关部门可考虑编制市民灾害防护指南,基本内容包括紧急事故防护对策、防护对策清单、警戒区域和疏散地图、飓风、水灾、龙卷风等灾害应对以及危机管理有关机构的常用电话号码等。广泛普及应急教育,有助于提高社会对重大突发事件的心理承受能力,可对重大突发事件的处置起到事半功倍的效果。

第三节 我国城市公共安全问题防控的思路

针对城市公共安全问题的新动向与新特征,城市公共安全问题防控需要具有清晰的问题意识,即城市公共安全问题借助何种因素与条件形成了影响社会秩序的危机事件,其问题传导路径的基本特征是怎样塑造的。围绕这一问题意识,公共安全的问题应对与化解思路就需要将问题的事前预警、事中处置与事后防治有效整合,从而形成制度化、立体化、系统化的公共安全综合治理网络,并探索从源头上去化解安全问题产生的因素。

针对当前我国城市社会出现的系列公共安全问题,一方面要分析特大型城市转型发展特征及其中不同社会群体生活方式的差异来探寻公共安全问题发生的内在根源与一般规律,分析社会性问题与群体性暴力相互转换的内在机制;另一方面需要进一步讨论媒体舆论在公共安全事件中的双向作用,揭示公共安全问题隐匿线索、触发条件与运转机制,进而提出有效的应急处置对策与社会治理措施。从体系构建到对策实践,需要设置并加强以下几个方面的工作。

一、形成特大型城市公共安全共建共享综合治理体制建设机制

城市公共安全的维护涉及社会生活的多个领域,有效统筹与整合协同各类社会资源是应对公共危机的关键。共建共享共治综合治理体制的建设不仅需要在技术层面上形成科学先进的侦破、监管、应急与善后支持体系,更需要重点研究如何使常规化的安全防控网络嵌入日常社会运行过程中,系统分析公共安全防治体系的方向、目标、路径、方法、步骤、标准等链条环节,既构建信息化规模应用与社会多元主体协调互动的治理机制,更要重视搭建基层社会力量共同参与的平台,以社区治安为核心推动群众工作,以文化融通为手段扩展基层弹性。在此基础上,实现城市公共安全网络全面覆盖与有效运行。

值得强调的是,在当前的城市应急管理体系建设中,需要在新技术的支撑下,构建强核心、跨区域、多平台的统一联动体系。在各种类型的突发性公共安全事件中,前置预警体系建设十分关键,可以利用大数据技术加强社会治安综合网建设,在日常生活中形成立体化、系统化的社会安全防控网络,以信息化手段加强风险预警的准确性与科学性。在事件的处置过程中,除了制订果断有效的应急响应机制和现场处置方案,更为重要的是形成常规制度化的领导核心体系,明确危机处置过程中的权责分配。同时更为重要的是,面对重特大公共安全事件,除了要在统一的指挥体系运行下,调动各个区域和多个职能平台的力量和资源共同应对事件,更要注重事件解决后的社会效果评估,注重相关群体的心理抚慰工作,避免矛盾以及风险的累积。

二、培育特大型城市社会矛盾化解的多元路径与有效机制

特大型城市公共安全问题更多的是由以人和群体为核心的社会矛盾所产生的,同时也是其反映。公共安全问题的防范不仅需要应急处置能力的提升,更需要在常态环境下对不同性质与类型的社会矛盾进行及时有效的预防化解。由于特大型城市群体生活方式的复杂性与流动的快速性,要实现相关社会矛盾问题的排查预警与调处化解,需要了解不同人群的生活状态以及行动逻辑,深入研究不同层面矛盾的生发、转化、扩散因素与基本路径,进而综合运用多种方式沟通、协商,应对与处置由于矛盾激化产生的公共安全事件。在实际的工作中,需要将维权和维稳相统一,把源头治理、过程控制、应急处置有机结合起来,完善社会稳定问题评估制度,拓宽基层社会多方参与纠纷化解的制度化渠道,牢牢掌握预防化解社会矛盾主动权。

与此同时,城市社会矛盾的化解在根源上需要不断强化城市治理的法治思维和法治方法,需要细化相关法规制度,提升职能队伍执法水平,生动宣传法治思想。社会的稳定和谐需要公平正义的法治精神弘扬,也需要各级政府在底线思维指导下来化解社会矛盾与维护民众合法权益。遏制公共安全问题一方面在于形成制度化的城市运行巡视、检查方法,充分明确基层公共安全维护的法律规范依据,建立社会稳定问题评估机制;另一方面在于加强队伍建设,强化执法人员法治观念,重建社会信任基础。在平衡兼顾各方利益的基础上,搭建文化融通平台,激发社会力量参与,破除公共安全预警体系的单一化与碎片化,整合社会资源,进一步落实普通群众的权益诉求,从根源上消除诱发公共安全问题的客观基础与主观条件。

三、注重特大型城市公共危机事件的网络动态管理与社会舆情引导

当前新媒体技术的广泛应用在为城市公共安全网络建设带来便利条件的同时,也增加了危机事件舆情引导的难度。部分公共危机事件借助网络平台迅速扩散影响,具有强大的"虹吸效应",在很短的时间内,裹挟各种主观情绪,吸引大量围观群众,在一定程度上推动了危机事件的进一步扩大化,并造成社会恐慌与民意扭曲,影响公共危机事件的处置。同时,网络空间本身也蕴含多重公共危机触发因素,作为现实社会的"倒影复制",网络社会不仅具备现实社会空间问题产生的基本要素,同时又增添了新的不确定性因素。一些领域、一些群体的特殊性问题在特定条件的刺激下很容易转化成危机事件,其危害效应往往超脱网络空间,形成线上线下力量交互影响的传导模式,放大了危机事件的破坏效果。因此,从公共安全问题的角度对网络平台进行的监管,应该以明确制度化的手段和方式实现日常工作的常态化、动态化管理。一方面,需要把握日常工作中如何实时搜集、掌握、研读网络舆情的各种信息数据,使发现问题、分析问题、解决问题、核实反馈4个环节紧密相连;另一方面,需要研究如何增强政府各级部门信息发布、媒体沟通、舆情引导的能力,牢牢确立政府在危机事件中信息掌握的权威性与信息发布的公开性,并且在实际处置中遵循制度的规范性,体现法律的正义性,保障群体的

权益,进而避免在网络公共危机事件中出现"舆论坍塌"的现象并引发不良后果。

参考文献

赵成根.国外大城市危机管理模式研究[M].北京:北京大学出版社,2006.

刘红波,赵晔炜.智慧安全:城市公共安全管理的新趋势[J].华南理工大学学报(社会科学版),2015(6).

曹惠民.风险社会视角下的城市公共安全治理策略研究[J].学习与实践,2015(3).

卢文刚,黄小珍.超大型城市公共安全治理:实践、挑战与应对——基于深圳市的分析[J].中国应急救援,2015(2).

陶鹏.从结构变革到功能再造:政府灾害管理体制变迁的网络分析[J].中国行政管理,2016(1).

曾大军,曹志冬.突发事件态势感知与决策支持的大数据解决方案[J].中国应急管理,2013(11).

董幼鸿.基于脆弱性理论范式分析公共危机事件生成的机理[J].上海行政学院学报,2014(5).

徐世甫.网络舆情:城市公共安全危机的新症候[J].南京社会科学,2012(4).

郁鸿胜.推进我国城市公共安全协调管理体系建设[J].中国建设信息化,2015(15).

夏玉珍,卜清平.高风险时代的中国社会问题[J].甘肃社会科学,2016(1).

简森·谭禅僧,李素菊.新加坡的紧急事务管理系统[J].中国减灾,2004(7).

崔和平.新加坡的风险管理与危机防范[J].城市管理与科技,2007(1).

National Security Coordination Centre. The Fight Against Terror: Singaporc's National Security Strategy[C]. Singapore: National Security coordination Centre, 2004.

第十九章　跨国人口迁移与跨国人口管理服务

在全球化的今天,跨国人口迁移已越来越成为一个引人注目的议题,其对国家的政治、经济、文化、人口等方面都会产生重大影响。在人类近现代文明史上,国际移民潮是伴随着国家的出现而产生的社会现象。经济的迅速发展刺激了人口的频繁流动,而人口的迁移反过来又推动了各国经济的发展。姑且不论欧洲和亚洲两大区域内各国人口的迁移规模、范围及其对经济发展的影响,就全球而言,比较典型的美国、加拿大、巴拿马、哥伦比亚、巴西、阿根廷、澳大利亚、新西兰和南非等国家基本上都是在近现代外来移民的推动下发展起来的。国际移民学界的共识之一是:当历史跨入21世纪时,人口跨境迁移潮已席卷全球。可以说,在当今世界上,已经没有任何一个国家能够完全置身于国际移民潮之外,不同之处仅仅在于有的国家是移民输出国,有的是移民输入国,有的是移民过境国。但在更多的情况下,则是3种现象在同一国家内相互交织并存。因此,"国际移民学"已成为全球化时代一个重要的研究领域。

第一节　跨国人口迁移与国际社会发展

过去5个世纪里,人口的国际迁移对世界经济的形成起到推动作用。在这个漫长的时期里,迁移包括劳动者的自愿迁移和被迫迁移。在横跨19世纪末和20世纪初的"迁徙时代",人口迁移达到前所未有的规模,出现了两种平行的劳动力迁移。第一种是欧洲过剩的劳动力人口大规模迁移至美洲和大洋洲充满活力的新的定居区。相对接收国的人口而言,1870年至1914年跨越大西洋的人口迁移所达到的规模程度,后世再未超过。第二种劳动力迁移是亚洲契约劳工(特别是中国和印度籍劳工)迁移至热带种植园和矿区。这两个进程平行展开,因为亚洲劳工基本上被挡在新的定居区之外,最终被阻止进入这些地区。第一次世界大战时期,特别是20世纪30年代的"大萧条",导致边界关闭,迁移人数骤减。这种情况一直延续到第二次世界大战结束后。自第二次世界大战结束以来,全球经济的新形势使人口迁移浪潮再次出现,在20世纪末开始了第二个"迁徙时代"。同过去一样,人口迁移的格局规模取决于工作机会。然而,同第一个"迁徙时代"形成对照的是,今天全球经济的特点是物资和资金的流动更加自由和不断扩大,而劳工、特别是低技能劳工的迁移却普遍受到限制。此外,发达国家和发展中国家收入差距很大,并且还在不断扩大,最具活力的发展中国家同世界其他发展中国家之间的收入差距也在日益扩大。

据国际移民组织(IOM)2008年发布的国际移民报告称,截至2007年,全球国际移民人数已达2亿,其中4 000万为非法移民。1990年至2005年,世界迁移者总数增加了3 600万,从1.55亿增加到1.91亿,其中包括难民。迁移者总数的增长率一直在上升,从1990—1995年的1.4%增加到2000—2004年的1.9%。在发达国家,1990年至2005年,迁移者人数增加了3 300万,发展中国家的增加数刚刚达到300万。2005年,所有国际迁移者中有61%的人居住在发达国家。仅仅欧洲就占了34%,亚洲28%,非洲9%,拉丁美洲和加勒比只有3%。另据联合国高级难民署在2008年发布的全球难民报告,截至2007年底,全球难民人数从2006年的990万人上升到1 140万人。另据统计,1990年至2004年,有2 150万难民自愿返回发展中国家,其中690万人返回阿富汗。难民人数占最不发达国家内全部国际迁移者的23%,占非洲迁移者的18%。

最近35年来,国际移民人数增加了一倍。特别是国际非法移民人数迅猛增长,非法移民的主要目的国是美国、欧盟、澳大利亚、加拿大等发达国家和经济体以及俄罗斯。欧洲地区有近300万。美国目前有非法移民1 200万,并且每年以40万的速度递增。据欧盟委员会的估计,每年有近50万非法移民进入欧盟。

国际移民问题对国家的政治、经济、文化等方面造成了难以估量的影响。在过去20年中,移民成为西方社会文化冲突并由单一社会向多元文化社会转型的重要原因。移民无疑对输出国、输入国的政治、文化、经济转型起到重要的作用。移民既是全球变化的结果,同时也是移民输出社会和输入社会进一步变化的推动力量。无论是美国还是欧洲的政策制定者都无不把国际移民问题当作其国内最大的政治问题及国家面临的最大挑战之一。2002年欧盟峰会在东道国西班牙的塞维利亚举行,西班牙总理阿斯纳尔指出减少非法移民是"目前欧洲政治最重要的问题"。同时在美国,关于如何有效遏制非法移民,特别是来自墨西哥的移民,以及如何对待古巴和海地难民的辩论持续不断。1993年美国总统克林顿宣称,在美国保持接纳合法移民和合法政治难民承诺的同时,如何遏制日益增长的非法移民潮是国内最大的挑战之一。国家的国际移民政策是决定国际移民发生、发展、模式及治理的至关重要的因素。如果数以万计想拥入发达工业化国家的人们是出于经济或政治方面的原因,那么国家的国际移民政策会最终决定这种迁移能否实现,以何种方式实现,以及国际移民的规模、范围等。

实际上,自从第二次世界大战结束以来,国际移民问题日益成为人们关注的热点问题,各国出于自我利益的需要和内外环境的限制,针对有关国际移民问题的政策一直处于不断调整中,总体趋势是各国的移民政策日益严格,由早期的欢迎移民到限制移民以及到选择性移民。就连传统的移民接收国,如美国、澳大利亚、加拿大等现在也不断收紧移民政策,提高了国际移民的门槛。欧盟国家面对蜂拥而至的国际移民更是协调行动,调整移民政策,共同应对国际移民这一棘手难题。2008年10月在法国的推动下,欧盟出台了统一的移民政策《欧洲移民与难民庇护公约》,其主要内容就是共同打击非法移民,加强边境管理和各方合作。很显然,国际移民问题已不再是一个"低级政治问题"了,其确实成为困扰世界各国和国际社会的一个"高级政治问题"。随着国际移民的不断增加,处理移民事务成为国际关系的重要方面,国际移民纠纷有可能演变为影响国际关系的不确定因素。

国际移民问题已真正成为影响国家安全与稳定的重要问题,其重要性有时可以说已不亚于传统的军事安全问题。特别是非法移民及难民对国际关系的挑战更为严峻,国家间由于国际移民问题造成的外交摩擦时有发生,甚至导致军事冲突或战争亦不鲜见。1971年,印度和巴基斯坦之间的战争就是由于东巴基斯坦的孟加拉人中的印度教徒大量逃往印度,印度政府为制止其不想接收的难民潮而出兵干预造成的。1999年前南斯拉夫科索沃地区的塞尔维亚人和阿尔巴尼亚人之间的民族冲突导致大量的阿族人逃离家园拥入德国等周边国家,以美国为首的北约国家指责南斯拉夫联邦的塞尔维亚共和国侵犯人权,并以故意制造难民潮为由,发动了对南斯拉夫的战争。由此可见,在主权国家为主要行为体的国际体系中,国际移民问题已成为影响国际关系的一个新的变量,移民安全已成为国家安全和稳定的重要因素。各国的移民政策各不相同,尤其是移民原籍国和移民接收国之间移民政策的不一致往往会导致国家间的矛盾和冲突,直接影响国际社会的和平与稳定。

第二节 跨国人口迁移的含义及国际移民分类

一、一般意义上的人口迁移

一般意义上的人口迁移即"移民"。"移民"这个词,最早出现在1787年,当时是用来专指迁移到美国的欧洲人。在此之前,这些人被称为殖民者。后来,"移民"的概念随着时空的变化,内涵不断丰富。按照一般的解释,移民是指越过政治或行政单元的边界,并至少居留一段时间的人。但是在现实情况中,"移民"指的是"迁往国外某一地区永久定居的人"或"较大数量、有组织的人口迁移",这种解释无疑包括了国外移民和国内移民两种情况。《大美百科全书》指出:"广义而言,人类的迁移是指个人或一群人穿越相当的距离而做的永久性移动。"这里强调了"相当的距离"和"永久性移动"。另有辞书这样定义:"移民是指人口在地理上或空间上的流动,从原住地移到目的地,因而居所发生改变,这种迁移是属于永久性的";有的则强调移民是"相对持久的运动";还有的认为人口迁移是"人们离开原居住地,超过一定行政界限,到另一个地方居住的移动",而"实行迁移的人口称为移民"。可以说关于移民的定义比较宽泛,也没有一个统一的界定。其既包括在一国范围内跨行政区域的人口迁移,也包括跨国界人口迁移。

二、跨国迁移的含义

跨国迁移,就是指那些越过民族国家边界,进入另外一国并居留一段时间的行为。跨国迁移者也叫移民。当然,跨越民族国家边界的并非都是移民,许多人可能只是去旅行、探亲、做买卖等,无意久留。按照斯蒂芬·卡斯尔斯的说法,移民意味着最少也得住上一段时间——譬如说6个月或一年。目前国际上对此尚没有一个统一的标准,各个国家的规定也相差很大。可以说,对移民的界定没有任何客观标准,完全取决于一个国家的政策和规定。不同的学者对此有不同的标准。国际著名移民问题专家托马斯·汉默和格瑞特·布罗克曼认为,移民是指移居到一个国家并在那儿定居超过特定的一段时间(3个月)的人,因为大多数国家通常只允许外国公民取得3—6个月的居住期限而无须签证或居住许可,所以他们在定义中将居住期限的标准定为超过3个月。此外还有一些学者、学生、艺术家和其他以"客人"身份居住在一个国家超过3个月的人也会被视作移民,即使他们原来没打算长期居住。根据联合国研究机构的定义,移民是指在其出生国或国籍所在国以外的国家居住时间超过12个月的人。

目前,国际机构多把国际移民称为"国际迁移者",指从一个国家迁往另一个国家的人,他们打算或可能在那里住一段时间,往往是一年或更长。从国家的角度看,他们或是迁入,或是迁出。虽然"迁移者"这个词往往是指外国人,但其实际上既涉及外国人,也涉及本国公民。本国公民可以作为出国移民迁出,或作为回返者迁回。一些问题之所以复杂化,部分原因是外国人和本国人的迁入和迁出相互影响。从政策角度看,外国人迁入必然受到每个国家移民政策的限制,但对于本国公民进入却没有这些限制。另外,世界上绝大多数国家对于出境都没有限制。因此,每一种跨国人口流动都会引起不同的政策反应。

三、国际移民的种类

有关国际移民的分类目前尚没有一个统一的界定,可谓众说纷纭,基本上取决于各国对移民政策的界定。当今世界移民状况与以前相比有许多新的特征,其一就是移民的类型有很大的变化,出现了一些新类型的移民。通过考察和分析,本章作者认为国际移民主要可分为以下几类。

1. 永久性移民

这类移民迁入目的国就是要长久定居在那里,永久性国际移民与其他几类国际移民相比,一是在迁移目的地停留的时间比较长,二是迁移者一般都是合法移民,他们或取得了移入国的永久居住权,或加入了移入国的国籍。如果移民取得了移入国的永久居住权,但没有取得该国国籍,就是侨民;如果移民取得了移入国的国籍,说明已经归化该国,属于该国正式公民。一般来说,永久性国际人口迁移包括家庭团聚类移民、留学移民、技术移民及投资移民等。

2. 临时性劳工移民

临时性劳工移民,也称"客工"或临时合同工,这些工人短期迁居,在迁入国从事季节性工作或短期合同工作,他们打工挣钱,寄款回国。

3. 非法移民

非法移民,又称非正常移民。按国际移民组织(IOM)的定义,国际非正常移民是一个集体性概念,包括非法买卖人口和偷渡移民,也包括其他形式的非正常移民或未持有合法证件的移民。其中,跨国非法买卖人口是指以剥削为目的,通过威胁、使用暴力或其他形式的强制,如通过绑架、欺骗、诱骗、滥用权力,利用受害者易受伤害的地位,或通过给予或收受报酬等使一个人同意受他人控制的招募、运输、转让、隐匿、收留的行为。剥削至少应包括:娼妓的剥削及其他形式的性剥削,强迫劳动或提供服务,奴隶或类似于奴隶的剥削,强迫从事劳役或器官摘除等。偷渡是指一个人为了直接或间接的经济利益或其他物质利益,非法进入一个非其公民身份所属国或非其永久居住地的国家。偷渡既指进入他国的方式,同时也与第三组织的参与有关。偷渡要取得成功,一般要通过中间人的帮助。因此非法移民往往与跨国犯罪组织有关。

4. 难民与寻求避难者

根据1951年联合国通过的《关于难民地位的公约》第1条的规定,"难民是指因种族、宗教、国籍、特殊社会团体成员或政治见解,而有恐惧被迫害的充分理由,置身在原籍国领域外不愿或不能返回原籍国或受该国保护的人"。目前,在保护难民方面,联合国先后有两个基本文件,即1951的《关于难民地位的公约》和1967年的《关于难民地位的议定书》。一些区域性的公约在联合国上述公约的基础上,也对难民问题做了进一步的扩展和细化。例如《关于非洲难民某些特定方面的公约》规定:"难民一词亦适用于由于其居住国或国籍国部分或全部地遭到外来侵略、占领、外国统治或出现严重危害公共秩序事件,而被迫离开自己的习惯居住地而在其居住国或国籍国以外寻求避难的任何人。"按照难民形成的原因,难民分为战争难民、经济难民和政治难民3种。

国际法确立的对难民保护的原则主要有两个,即"不推回"原则和"国际团结合作原则"。前者要求除非有正当理由认为难民有足以危害其所处国家的安全等其他严重情形,任何国家不得以任何方式,将难民驱逐或送回其生命或自由受到威胁的领土边界。后者强调世界各国在难民的接纳、安置、援助、保护、难民事务开支的分摊以及消除和减少难民产生的根源方面有责任加强团结与合作。按照联合国对于难民定义的解释,流亡人员应属于难民之列,是指那些生活在本国之外,由于种族、宗教、社会从属关系或持不同政见等原因不敢回国的人。

寻求避难者是指那些越过边境寻求保护、但未必严格符合1951年难民公约规定的标准的人。此外,除上面传统意义上的难民外,近来因生态环境恶化,如自然灾害、土地退化、环境污染等原因致使无法生存而被迫跨国迁移而沦为难民的人的人数急剧上升。

第三节　中国国际人口迁移现状及特征

《世界是平的》一书将 1492 年开始的全球化进程分为 3 个阶段：1.0 时代从 1492 年至 1800 年，主要推动力是国家与政府；2.0 时代从 1800 年至 2000 年，主要推动力是跨国公司；从 2000 年开始进入 3.0 时代，互联网和个人成为了主要推动力。学者们普遍认为，全球化时代的最重要特征是人口流动，国际人口迁移既是全球化的要素，也是全球化历史进程的产物。目前，全球人口流动的大趋势是从发展中国家流向发达国家，但部分发展中国家利用全球化机遇，吸引人口流入，比如中国。世界银行的报告显示，2011 年中国已成为世界第十大移民目的地国。

一、中国国际人口迁移现状

据 2013 年中国出入境管理处统计，外国人入境人数高达 2 629 万，韩、日本、俄罗斯、美国、越南是入境人数最多的 5 个来源国。另外，据英国汇丰银行 2013 年对全球近 100 个国家和地区的 7 000 名移居者的调查研究发现，中国凭借较高的经济收入和生活体验，成为全球最受欢迎的移居地之一。这是一个令人欣喜的趋势。经历改革开放多年来的发展，中国以低价产品和服务为主要竞争优势，依靠廉价劳动力推动经济发展的模式已不可持续。为了获得进一步发展，中国必须实现从"中国制造"向"中国创造""中国智造"的飞跃，将全球加工制造基地升级为全球知识、技术生产中心。因此，大量具备创造力和国际竞争力的高端人才成为急需的生产要素。然而，中国普通劳动力市场严重供大于求，具备创新素质的高端人才却相对紧缺。

一方面，本土人才教育培养体系滞后于社会发展需求；另一方面，根据中国社科院 2007 年发布的《全球政治与安全》报告，中国流失的顶尖人才数量在世界居首位，面临严峻的人才资本流失形势。在全国人才流失严重、国内人才无法适应发展要求的现实情况下，引进国外高端人才为我所用，亦是一条可循路径。

但是，面对全球化下的人口跨界迁移热潮以及引进海外高端人才的迫切需求，中国对此的重视程度不高，对在华跨国移民类型、特征了解不多，相关研究亦比较缺乏。在经济转型的关键时期，中国需要积极面对全球化及其带来的国际人口跨国迁移，并对由此产生的人口管理与服务需求进行研究和回应。本章通过对在华外国人的基础数据分析，试图刻画在华跨国移民的统计特征，通过时序分析和国家间比较总结归纳在华跨国移民的动态与特征，探讨比较其与发达国家移民的不同。

二、在华跨国移民动态特征

移民是指人口在地理或空间上的流动，从原住地移到目的地因而居所发生改变的行为。各国根据本国的经济政治需要，对"移民"给予不同定义。本章所指的移民遵循第六次人口普查(以下简称"六普")的定义,主要指跨越国界进入中国大陆(不包括中国港澳台地区)的在华居住或工作超过 3 个月的外籍人士(主要强调其非游客特征)。

(一)入境外国人显著增加,但跨国移民所占比例小

根据中国出入境统计及日本出入国管理统计,1996 年以来中国入境外国人从 674.43 万人波动上升到 2012 年的 2 719.1 万人,年均增幅达 10.2%。同期,日本入境外国人从 1996 年的 424.5 万人增加到 2012 年的 917.2 万人,年均增幅为 5.8%。

无论在入境外国人数量上还是增长速度方面,中国均高于日本的同期水平。然而,依据两国的人口普查数据,中国跨国移民占入境外国人比例 2007 年为 2.06%,2010 年为 2.27%;日本该数据 2000 年为 24.86%,2005 年为 20.88%,2010 年为 17.45%。由此可见,入境中国的外国人绝大多数滞留时间在 3 个月以下。虽然跨国移民比重从 2007 年到 2010 年有略微增加,但与日本相比,目前跨国移民所占比例相对较小。同为非移民国家,日本近来为争取更多高端人才,放松了工程师及其他专业人才移民的限制,给予其永久居住的资格,并为其入籍提供便利条件;而中国对所有外国人一如既往地采取严格控制的态度,取得长期居留签证异常困难。

(二)跨国移民主要来源于周边及发达国家

据"六普"统计,来源于韩国、日本、缅甸、越南、印度等与中国毗邻国家的移民约占 47%;来源于北美、西欧、亚洲的发达国家如美国、加拿大、法国、德国、澳大利亚、日本、韩国的移民有 321 211 人,占比约 54%。据日本 2010 年国势调查,日本跨国移民大部分也来源于周边的中国、韩国、朝鲜、菲律宾等东亚、东南亚地区国家,占比约为 67%;来源于美洲的美国、巴西、秘鲁的移民数量也较多;来自中国、菲律宾、泰国、印尼等发展中国家的移民过半,约占 53%。

目前,世界跨国移民主要从发展中国家流向发达国家,这与日本的情况相符;而以中国为代表的亚洲新兴国家正逐渐对移民产生强大的吸引力,使跨国移民流动出现从发达国家流向发展中国家的新流向。

(三)跨国移民以青壮年为主,男性多于女性,男女比例极不协调

根据普查数据,在年龄结构方面,2010 年中日两国跨国移民均以 20—49 岁的青壮年为主,占比分别为 52.7% 与 62.8%。性别结构方面,中国跨国移民男性远多于女性,性别比高达 1.31,可见中国跨国移民多为未婚或未携带家属的单身移民;日本跨国移民女性多于男性,性别比为 0.82。这印证了联合国报告中"发达国家女性移民略多于男性,而发展中国家则相反"的论断。两国跨国移民金字塔属于稳定型,但中国跨国移民各年龄阶段男女比例差距大,0—24 岁女性比例超过男性,25—44 岁男女比例较一致,45 岁以上女性比例迅速减少。日本跨国移民各年龄阶段女性比例略高于男性比例,处于较为均衡的状态。

(四)跨国移民在居留目的方面主要目的为学习、就业、商务

由于日本国势调查未对跨国移民居留目的进行调查,故采用其出入国管理统计关于"在留资格"(即居留目的)的调查作为参照。虽统计口径有所出入,但采用百分比类

型数据增加了其可比性。日本出入国管理统计中关于居留目的的分类与中国有所不同,在详细参阅其统计内容后,将其与中国统计分类相匹配:商务类对应日本投资·经营类在留资格,就业类对应技术、企业内轮岗、教育、国际业务、技能、演出类在留资格,学习类对应留学、研修类在留资格,定居类对应永住者、定住者、日本人的配偶、永住者的配偶类在留资格,探亲类对应家族停留类在留资格。中国跨国移民来华的主要目的为学习(25.87%)、就业(22.72%)、商务(18.31%),以定居为主要目的的比例相对较低;日本跨国移民中大部分以定居为主要目的,占比高达64.44%。这再一次凸显了中国跨国移民短期滞留的特征。

另据中国公安部对在华跨国移民的调查发现,2007年在华跨国移民有538 892人,其中28.3%为三资企业工作人员,20.1%为工作人员的家属,4.1%为外企驻华机构代表。日本2010年国势调查显示,日本15岁以上就业的759 363名跨国移民中,32.5%为制造业从业者,12.2%为服务业从业者。由此可见,日本就业的跨国移民以制造业和低端服务业为主,而中国跨国移民大多在跨国公司、驻外机构担任管理或技术职务,跨国移民受教育程度高。中国跨国移民受高等教育比例高,学历在大学本科以上的占比高达53.06%,而日本跨国移民占比仅为24.94%。包括日本在内的大多数发达国家目前进入老龄化社会,少子老龄化现象严重,社会抚养比高。发达国家社会存在大量本国年轻人不愿意从事但社会需求巨大的低端工作岗位,例如餐厅服务员、洗衣店员工等,从发展中国家迁移而来的受教育程度低的低端劳动力承接了这些工作。而中国尚处于人口红利期,从农村解放出来的劳动力弥补了城市的用工需求。目前在华跨国移民大多数是随跨国公司、驻外机构而来的受过高等教育的高端人才。

(五)跨国移民集中分布于沿海及边境各省

中国跨国移民高度集中于沿海经济发达、开放程度高的省市,上海、广东、江苏、山东、福建、浙江的跨国移民总计占比高达56%。单列各省市数据则显示,北京作为中国首都,有大量驻外机构及跨国公司进驻,跨国移民数量居全国第二位;云南省毗邻缅甸、老挝、越南三国,跨国移民数量多,居全国第四位;其他以上未提到的省市跨国移民数量均在2.5万人以下。在同样的数量级下,日本跨国移民的分布较为均衡,呈现大分散、小集中的状态。移民主要分布于以东京为核心的关东地区(包括东京、神奈川、千叶、埼玉、群马、栃木、茨城),以爱知为核心的东海地区(包括爱知、静冈、岐阜、三重),以大阪、京都为核心的近畿地区(包括大阪、兵库、京都、和歌山、奈良),广岛以及福冈也有较多跨国移民分布。

第四节 跨国人口管理服务政策

跨国人口管理服务政策即国际移民政策,由于涉及社会的方方面面,内容十分宽泛,难以界定。学者托马斯·汉默在1985年撰写了《欧洲移民政策比较研究》,最早对移民政策内容进行理论阐述,提出二分法,把移民政策(Immigration Policy)分为两部分,即移民迁入政策或称移民控制政策(Immigration Regulation and Liens Contral)和针对移民者政策。前者指的是对选择和允许外国公民入境进行管理,控制外国人逗留,包括公民和非公民,但是政策在应用时往往区别对待,对外来移民缺乏"公正",带有歧视性。此外,国际移民政策还可以从国际与国内两个层面加以区分。从国际层面上讲,涉及移民事务的国际条约和协定这类国际移民政策,主要包括就他国公民入境以及入境后所获得待遇进行的双多边约定,如《申根协定》《关于难民地位的公约》等;从国内层面上讲,涉及准入类移民政策、入境移民管理类政策、定居管理类政策,以及入籍管理类政策。

国际移民政策的主要理论流派及相应实践如下。

一、经济竞争论及发达国家的经济移民政策

这一理论的核心就是本国人和移民之间的竞争。按照哈斯本(Husbands)的观点,国际移民政策和种族主义的根源是因为不同民族集团之间对于稀缺资源以及经济利益的优先权竞争,造成了对在客居社会的移民团体经济影响的不同。按照弗泽尔(Fetzer)的说法,"阶级政治学"或"自我利益经济学"理论的观点是把移民假设成本国经济福利的威胁。这个理论反映了典型的个人理性选择,认为个人对移民政策的态度源于对自身经济利益的计算。个人经济利益考量主要集中在劳动力市场的竞争及社会服务的使用两个层面。倘若移民多从事非技术性、低工资的劳力职业,则会挤压劳工阶级的工资水平和工作机会,因此劳工阶级或低收入者会倾向于更严格的移民政策。另一方面,高收入群体,则可能因为移民使用了较多的社会服务资源(教育、医疗、社会救济),增加了他们的税赋负担或造成纳税者没享受到付出的回报,而产生反移民态度。

马克思主义方法论代表人物有拜尔(Beara)、玛绍(Marshall)、卡斯尔斯(Castells)、迈尔(Mile)、巴温克(Bovenkerk)等。他们认为经济因素及以阶级为基础的政治进程塑造了移民政策。这种理论认为资产阶级进口劳工以便降低工资,目的是提高他们的利润,并且分化工人阶级。新马克思主义观点强调资本家所主导的政治影响了一国的移民政策,基本上,国家的决策者偏向维护资本家的利益。新马克思主义的观点可以解释为什么资本家会喜欢引进外国劳动力,一般而言,移民工人拥有比较不完整的工作权,因而比本地劳工处于更脆弱的地位,可以被资本家进一步剥削。资本家说服国家引进外籍劳工以便压低工资并增加利润,进而还可以压抑国内劳工运动。因此,外籍劳工作为产业预备军是资本主义结构的一环。

2018年,澳大利亚对雇主资助的临时和永久技术移民计划进行了重大改革。2018年3月20日,政府引入"临时技能短缺"(the Temporary Skill Shortage, TSS)签证,为企业提供增长所需的关键技能人才,而在这些领域没有熟练的澳大利亚工人。贸易资助计划分为3个类别:短期、中期和劳工协议。"临时技能短缺"签证代替了临时工作(技术)签证,两者的差异包括更高的英语技能要求、扩大劳动力市场测试要求和至少两年的工作经验。2018年,加拿大推出了一项多年移民水平计划,旨在增加加拿大每年欢迎的永久居民数量。该计划设定了近年来最雄心勃勃的移民人数，2019年的接收目标为33.8万人，2020年为34.1万人，2021年为35万人。在经济移民方面，启动签证试点项目于2018年初转变为永久性项目。该项目的目标是吸引获得加拿大指定企业孵化器、天使投资集团或风险投资基金支持的创新型外国创业企业家。2018年，该项目录取了250名初级申请人，是迄今为止录取人数最多的一年。

二、文化冲突论和欧美的反移民潮

文化冲突论强调本国人与移民之间文化的非同质性。按照哈斯本的观点，这种理论首先把种族主义看成是移民接收社会对于陌生人的本能反应，而后是基于对于外来移民团体的风俗习惯的负面反应。这种理论的另一变种认为，种族主义是基于移民对于客居社会的种族的身份和地位的道德及象征意义的挑战。这些理论都强调文化价值的重要意义，并且通常把国民身份看作是移民政策的主要决定因素。弗泽尔分析了与之极为相关的两种方法：一种是边缘理论，强调移民与主流社会的本国人之间文化差异的影响；另一种是契约理论，强调外国出生比例的影响。一些以文化为基础的理论把移民政策的变化看作是对国际移民规模和移民与本国人之间文化差异的反应。另一种分支——国民身份理论认为，每一个国家的历史是独特的，其公民和国民身份的观念，以及关于社会中国民身份和社会冲突的争论，塑造了这个国家的移民政策。与上面提到的其他理论相比，国民身份理论低估了外部和情境因素的重要性。

研究移民政策国家层面的因素，除了标准的政治学变量，如政治体制之外，还必须加入政治行为者的理念旨趣的因素。政治体制学派认为，自由民主的程度可以解释移民政策的开放性，自由民主程度高的国家倾向于自由的移民政策，反之，则倾向于限制性移民政策。深受马克斯·韦伯强调行为者理念学说影响的布鲁贝克（Brubaker）在解释19世纪德国和法国在接纳外国人方面的政策差异时，将焦点放在德法两国的政治精英对国民性的认识上。他发现法国之所以愿意接纳第二代移民成为法国公民，是因为法国政治精英对国民性的理解采取的是同化论的观点；而德国之所以缺乏整合外国移民的政策，乃是因为该国政治精英认知德国的构成原则是基于族群文化的同质性。

近年来，欧美国家"白人至上"种族主义的死灰复燃和针对穆斯林群体的"文明冲突"加剧了西方国家的反移民情绪，并因此爆发了多起恶性事件，如2019年3月发生在新西兰赖斯特彻奇市清真寺的枪击案就是一起典型的以宗教冲突和反移民为标志的恐怖袭击，枪手以美国总统特朗普的反移民和反穆斯林口号为行动指引，并具有严重的种族主义倾向和极端排外思想。在欧洲社会的精英与中下阶层民众之间，白人极端主义在不断制造和加深对立情绪。有学者认为，欧洲的民粹主义在很大程度上是中下阶层的白人民族主义，其核心是反移民、反欧洲一体化、反全球化，目的是为陷入困境的土著白人争取更多的工作机会和社会福利。

三、国际关系论和国际组织的移民协议

国际关系论的代表人物有米勒(Miller)、温纳(Weiner)、塔克(Tucker)及佐尔伯格(Zolberg)等。这类理论研究的重点在于国际关系和多边条约对于国际移民政策的影响。与现实主义理论相关的一些研究认为,国家间现实的或潜在的冲突,包括军事冲突影响了移民政策。另一些研究采用新自由制度主义的方法,认为国际机制促使国家间在移民政策方面合作。

自20世纪80年代起,国际社会开始关注移民与国家安全的关系,如《申根协定》与《都柏林公约》将移民与恐怖主义、国际犯罪、边境控制等联系起来。但直到"9·11"事件后,移民与恐怖主义之间的关系才引起重视,国际移民问题也被列为反恐议程中的突出问题,成为各国国家安全政策的关注重点。

国际组织在全球移民治理体系中占有一席之地。其主要采用3种路径,即研究性方式、规范性方式和实践性方式参与移民治理。

(一)研究性方式

国际组织通过成立研究中心、建立数据库以及出版研究性刊物等手段,掌握国际移民的基本信息、动态趋势等知识,为后两种治理方式提供数据、智力等支持。

1. 成立研究中心

与移民问题相关的国际组织一般拥有一个或多个研究中心,如国际移民组织建立了全球移民数据分析中心,并与世界上多所大学及研究机构组成了研究共同体,联合国教科文组织设有亚太移民研究网络、非洲移民研究网络等。

2. 建立移民数据库

获取权威可靠的移民动态统计数据并对其进行分析,对于制定国际移民政策,设定与评估移民管理目标,推进国际移民项目至关重要。国际组织致力于移民数据库建设,主要包括联合国经社部人口司的全球移民数据库、"经合组织"的国际移民数据库、世界银行集团的移民与汇款数据库等。

3. 出版研究性刊物

公开发行出版物供相关研究人员和决策人员参考也是国际组织参与国际移民治理的重要方式。例如,国际移民组织创办有《国际移民》双月刊,"经合组织"自1997年起每年发布《国际移民展望》等。

(二)规范性方式

国际组织通过建立或参与全球移民问题磋商机制,制定国际公约等规范性方式,提高各方对国际移民问题的关注度,促进各行为体在移民问题上达成共识。

1. 全球性移民问题磋商机制

该机制主要包括移民与发展全球论坛、全球移民小组、国际移民对话以及国际迁移协调会议等内容,尤以前两者为主。移民与发展全球论坛作为联合国非正式、无强制约束力、自愿的磋商机制,力图在政策实践层面推动移民和发展的相互促进,最大限度地

减少移民对发展的负面影响,保证国家、区域和国际层面的协调一致,并推动与国际组织和学术界建立某种合作关系。全球移民小组是联合国关于协调移民问题的机构间小组,其目的在于促进相关机构间的合作协调,推动和移民有关的国际和区域规范的广泛施行,并鼓励采用更连贯、全面、协调的方法来解决国际移民问题。为了加强联合国系统在移民问题上的协调,发挥联合国作为思想来源者、政策指引者、组织沟通者的功能,更好地推进全球移民契约,2018年5月23日,联合国秘书长决定设立联合国移民网络替代全球移民小组。

2. 制定与国际移民问题相关的国际公约

这些公约总体上可分为两类,即一般性国际移民公约与专题性国际移民公约。一般性国际移民公约是指对跨境人口流动制定出一系列普遍适用的规范与目标,2018年联合国的《安全、有序和正规移民全球契约》便是其典型代表。专题性国际移民公约指的是与特定移民对象(如非法移民)相关的规范。例如,1957年第10届海洋法外交会议上与会国签订并于1991年生效的《关于偷渡者的国际公约》,对发现偷渡者后的移交、安置、遣返、接收的具体程序及其费用安排等一系列问题做了详细的规定。2000年《联合国打击跨国有组织犯罪公约》及其于2001年通过的两项补充议定书对于移民偷运和人口贩运之类跨国有组织犯罪的预防和打击做了相应规定。

(三) 实践性方式

在国际移民治理方面,尤其是非法移民治理,国际组织针对移民者个体以及与国际移民相关的国家开展了一系列具体务实的行动。对于移民者而言,国际组织利用巡回宣传以及与大众媒体合作等方式,对潜在迁移者进行广泛宣传。一方面普及移民知识,引导潜在迁移者通过合法程序、合法中介机构来进行正规移民,另一方面告知其非法迁移的风险性与危害性。国际组织对非法迁移者抱有同情态度,主张采取协助性方式而非惩罚性措施加以应对,主要包括搜救行动(如海难救援)、物质援助(如医疗救助)、非物质援助(如法律援助)等。与移民关系国展开广泛合作也是国际组织参与国际移民治理的重要途径。

四、中国的跨国人口管理服务

在国际移民治理机构建设方面,中国刚刚开始迈上专业化的道路,其标志是2018年中国国家移民管理局的成立。现有的国家移民管理局是在中国出入境管理局的基础上组建而成的,其主要职责较出入境管理局虽然有所扩大,但国家移民管理局的工作重点主要还是在来华外来移民的管理上。鉴于中国大量海外移民的存在,并且他们很多保有中国国籍,因此,国际移民治理机构既要重视在华外来移民的治理,同时也不能忽视海外华人移民的管理。

加强国际移民管理机构建设,优化国际移民治理组织职能,必须建立一支专业化的移民治理队伍。因此,还需要加强中国国际移民治理专业队伍的能力培训,建设国际移民治理人才培训中心。中国现有的国际移民管理队伍多是由之前的出入境管理人员组成,在专业化的国际移民管理经验方面还有所欠缺,因此,可以重点培训、规划中国国际移民政策方面的专业人才,建设中国海外移民管理与保护的专业队伍。

国际移民的治理机制是实现移民善治的基础。从机制建设上讲,可以做好以下工作。第一,积极利用国际移民的功能效应,充分吸引高素质国际移民为我所用,服务于国家发展战略。优化国际移民高端人才的绿卡制度,尤其是海外华人高端人才的绿卡制度。第二,在人工智能时代,要充分利用信息技术手段,建立非法移民识别体系,在非法移民治理薄弱的边境地带建立哨点监控制度,严厉打击非法移民和国际移民中的跨国人口贩运行为。第三,建立健全在华外来非法移民的管理制度,细化涉及非法移民婚姻、子女、财产、遣返等问题的法律制度。第四,建立与国际组织,尤其是国际移民组织的长效合作机制。中国目前的国际移民治理经验还不丰富,队伍建设还需加强,加强与国际组织,尤其是国际移民组织的合作,建立国际移民治理人才交流学习机制,应当成为中国国际移民治理体系建设的重要内容。

参考文献

Douglas S Massey, Joaquin Arango. Theories of International Migration: A Review and Appraisal[J]. Population and Development Review, 1993, 19(3): 431—466.

Meyers E. International immigration policy: A theoretical and comparative analysis[M]. New York: Springer, 2004:8—13.

Hania Zlotnik. International Migration 1965—1996: An Overview[J]. Population and Development Review, 1998, 24(3):429—468.

IOM. World Migration 2008: Managing Labour Mobility in the Evolving Global Economy[R]. 2008.

Massey D S, Arango J, Hugo G, et al. Worlds in Motion: Understanding International Migration at End of the Millennium[M]. Oxford: Clarendon Press, 1998: 1—10.

Paul White, Louise Hurdley. International Migration and the Housing Market: Japanese Corporate Movers in London[J]. Urban Studies, 2003, 40(4):687—706.

Paul White. The Settlement Patterns of Developed World Migrants in London[J]. Urban Studies, 1998, 35(10):1725—1744.

David L Sills, Robert King Merton. International Encyclopedia of the Social Sciences(vol.9)[M]. New York: Macmillan, 1968:100.

Stephen Castles. Ethnicity and Globalization[M]. London: SAGE Publications Ltd, 2000:187.

The International Bank for Reconstruction and Development. Migration and Remittances Fact Book 2011[R]. Washington D. C: the World Bank, 2011:7—16.

Hammar T. European immigration policy：A comparative study[M]. Cambridge：Cambridge University Press，1985：6—10

陈积敏.国际移民的非传统安全挑战与全球移民治理——以国际组织为例[J].社会科学文摘,2020(5).

高子平.我国外籍人才引进与技术移民制度研究[M].上海：上海社会科学院出版社,2012.

公安部出入境管理局.2007年在华常住外国人情况[EB/OL]. http://www.mps.gov.cn/n16/n84147/n84211/n84424/1295726.html.

公安部出入境管理局.出入境人员和交通运输工具数量统计(1996—2012)[EB/OL]. http://www.mps.gov.cn/n16/n84147/n84196/index_9.html.

广州统计信息网."外籍人口"咨询帖[EB/OL]. http://www.gzstats.gov.cn/hdjl/wszxun/hfzx_1/201301/t20130104_31070.htm.

国务院人口普查办公室,国家统计局人口和就业统计司.中国2010年人口普查资料(下册)[Z].北京：中国统计出版社,2012.

何亚平,骆克任.上海跨国迁移与流动人口的实证研究——以在沪日本人和赴日返沪人员为例[J].上海交通大学学报(哲学社会科学版),2007,15(2).

黄石鼎,宁超乔.在穗外国人生活状况调研报告[R]//汤应武,蒋年云.中国广州社会发展报告(2008).北京：社会科学文献出版社,2008.

卡特琳娜·维托尔·德文登.国家边界的开放[M].罗定蓉,译.北京：社会科学文献出版社,2010.

李芳田.国际移民及其政策研究[D].天津：南开大学,2009.

李慧玲.跨文化的互动与认同——义乌"国际社区"多元文化的考察与思考[J].广西民族大学学报(哲学社会科学版),2008,30(6).

李明欢.国际移民政策研究[M].厦门：厦门大学出版社,2011.

李其荣.发达国家技术移民政策及其影响——以美国和加拿大为例[J].史学集刊,2007(2).

李志刚,薛德升,等.全球化下"跨国移民社会空间"的地方响应——以广州小北黑人区为例[J].地理研究,2009,28(4).

联合国.全球化和相互依存：国际移徙与发展[Z].联合国A/60/871号文件,2006.

刘懋洲.外籍人才的引进与管理[J].国际人才交流,2010(4).

刘云刚,陈跃.1990年代以来在华跨国移民动态特征[J].世界地理研究,2014,23(4).

罗斯玛丽·塞尔斯.解析国际迁移和难民政策：冲突和延续[M].黄晨熹,等,译.上海：格致出版社,2011.

潘兴明.欧盟"蓝卡"计划与中国引进人才战略对策[G]//潘兴明.移民问题国际比较研究.上海：上海人民出版社,2011.

庞丽华.来华外籍人口特征[R]//王辉耀,刘国福.中国国际移民报告(2014).北京:社会科学文献出版社,2014.

邱立本.国际人口迁移与华侨华人研究[G]//时远.海外华人研究论集.北京:中国社会科学出版社,2002.

日本法务省入国管理局.出入国管理(平成 15 年;23 年;25 年版)[Z].东京:国立印刷局,2003;2011;2013.

日本总务省统计局.国势调查(平成 12 年;17 年;22 年版)[Z].东京:国立印刷局,2000;2005;2010.

上海市统计局,国家统计局上海调查总队.上海统计年鉴[M].北京:中国统计出版社,2004—2013.

斯蒂芬,凤兮.21 世纪初的国际移民:全球性的趋势和问题[J].国际社会科学杂志:中文版,2001,18(3).

宋全成.欧洲移民研究[M].济南:山东大学出版社,2007.

宋全成.外国人及港澳台居民在中国大陆的人口社会学分析[C]//刘国福,刘宗坤.出入境管理法与国际移民.北京:法律出版社,2013.

托马斯·L.弗里德曼.世界是平的(第二版)[M].何帆,等,译.长沙:湖南科学技术出版社,2010.

王辉耀,刘国福.中国国际移民报告(2012)[R].北京:社会科学文献出版社,2012.

王辉耀.中国海外国际移民新特点与大趋势[C]//王辉耀,刘国福.中国国际移民报告(2014).北京:社会科学文献出版社,2014.

熊一舟.经合组织:2019 国际移民展望[N].社会科学报,2019-10-13(7).

吴建设,王全淳.加强首都外国人聚居管理工作的思考与对策[J].北京人民警察学院学报,2004(3).

周龙.全球移民治理与中国角色[N].中国社会科学报,2019-01-17(4).

图书在版编目(CIP)数据

中国人口发展与公共服务 / 杨昕等著 .— 上海：上海社会科学院出版社，2023
 ISBN 978-7-5520-3466-0

Ⅰ. ①中… Ⅱ. ①杨… Ⅲ. ①人口—发展—研究—中国 ②人口—公共服务—研究—中国 Ⅳ. ①C924.24

中国国家版本馆 CIP 数据核字(2023)第 171364 号

中国人口发展与公共服务

著　　者：杨　昕　于　宁 等
责任编辑：曹艾达
封面设计：黄婧昉
出版发行：上海社会科学院出版社
　　　　　上海顺昌路 622 号　邮编 200025
　　　　　电话总机 021-63315947　销售热线 021-53063735
　　　　　http://www.sassp.cn　E-mail：sassp@sassp.cn
照　　排：南京理工出版信息技术有限公司
印　　刷：镇江文苑制版印刷有限责任公司
开　　本：787 毫米×1092 毫米　1/16
印　　张：24.75
插　　页：1
字　　数：538 千
版　　次：2023 年 9 月第 1 版　2023 年 9 月第 1 次印刷

ISBN 978-7-5520-3466-0/C·228　　　　　　　　　　　定价：198.00 元

版权所有　翻印必究